河钢唐钢

年鉴 2019

河钢唐钢党史厂志编纂委员会 编

北 京
冶 金 工 业 出 版 社
2021

图书在版编目(CIP)数据

河钢唐钢年鉴.2019/河钢唐钢党史厂志编纂委员会编.—北京：冶金工业出版社，2021.3

ISBN 978-7-5024-8744-7

Ⅰ.①河… Ⅱ.①河… Ⅲ.①钢铁厂—唐山—2019—年鉴 Ⅳ.①F426.31-54

中国版本图书馆 CIP 数据核字(2021)第 030276 号

出 版 人 苏长永

地　　址 北京市东城区嵩祝院北巷 39 号 邮编 100009 电话 (010)64027926

网　　址 www.cnmip.com.cn 电子信箱 yjcbs@cnmip.com.cn

责任编辑 张熙莹 美术编辑 彭子赫 版式设计 禹 蕊

责任校对 王永欣 责任印制 李玉山

ISBN 978-7-5024-8744-7

冶金工业出版社出版发行；各地新华书店经销；北京科信印刷有限公司印刷

2021 年 3 月第 1 版，2021 年 3 月第 1 次印刷

787mm×1092mm 1/16；28.5 印张；10 彩页；703 千字；434 页

180.00 元

冶金工业出版社 投稿电话 (010)64027932 投稿信箱 tougao@cnmip.com.cn

冶金工业出版社营销中心 电话 (010)64044283 传真 (010)64027893

冶金工业出版社天猫旗舰店 yjgycbs.tmall.com

（本书如有印装质量问题，本社营销中心负责退换）

河钢唐钢党史厂志编纂委员会

主任委员： 王兰玉　田　欣

委　　员： 李茂广　张　弛　赵丽树　张洪波
姚　力　武士勇　孙国平　宋嗣海
高永春　谭文振　张小帅　陶立国
刘铁力　王文德　崔晓冬　张爱民

河钢唐钢党史厂志编辑部

主　　编： 王兰玉（兼）

副 主 编： 李贺永　李振亮　宋江涛　刘　杰

编　　辑： 张卫华　王福生　张继柱　张　琴
高惠雅

摄影制图： 刘振建　刘会军　赵　辉　鞠月萍

河钢唐钢年鉴 2019

栏目编审

刘彦雷　王云阁　薛军安　史云波　庞得奇　王大成
赵寿强　贾成宁　于子庆　闫希才　郭明举　韩　毅
陶加富　刘连继　杨利东　许国新　于春渊　吴晓月
商　丽　周　明　姜丽丽

作出贡献者

孙学君　赵津玲　王　宇　翟雪川　杜　进　梁栋栋
王　磊　王　研　靳志伟

▲ 2018 年 3 月 24 日，河北省省长许勤（中）到河钢唐钢调研。

▲ 2018 年 1 月 5 日，河北省委常委、唐山市委书记王浩（左二）到河钢唐钢调研。

▲ 2018 年 11 月 2 日，河北省国资委党委书记、主任吕志成（中）到河钢唐钢调研。

▲ 2018 年 6 月 5 日，唐山市委副书记、市长丁绣峰（右一）到河钢塞尔维亚公司调研。

▲ 2018 年 10 月 1 日，河钢集团党委书记、董事长于勇到河钢唐钢调研。

▲ 2018 年 7 月 12 日，河钢集团总经理彭兆丰一行到河钢唐钢调研。

▲ 2018 年 1 月 12 日，武钢有限执行董事、总经理刘安，党委书记刘强一行到河钢唐钢访问。

▲ 2018 年 3 月 19 日，上汽集团副总裁蓝青松一行到河钢唐钢访问。

▲ 2018 年 7 月 6 日，以“技术创新驱动产业升级”为主题的国家重点研发计划项目推进会在河钢唐钢召开，会议介绍了集团牵头承担的“钢铁行业多工序多污染物协同控制技术”项目。

▲ 2018 年 8 月 23 日，河钢唐钢举行唐山佳华煤化工有限公司重整计划批准暨恢复生产启动仪式。

▲ 2018 年 9 月 8—9 日，由中国环境保护产业协会、中国冶金报社、找钢网联合主办的“找钢网杯”钢铁行业环保知识大赛在河钢唐钢举行。

▲ 2018 年 5 月 17—18 日，由中国设备管理协会主办、惠唐物联科技有限公司联合主办的第十三届中国钢铁工业设备采购与管理论坛在唐山举行。

▲ 2018 年 4 月 20—21 日，中国冶金政研会"中国新时代、钢铁新使命、党建思想政治工作新作为"研讨班在河钢唐钢举办。

▲ 2018 年 7 月 30 日，第九届"河钢杯"职业技能大赛启动仪式在河钢唐钢举行。

▲ 2018 年 1 月 12 日，河钢唐钢召开第二十二届职工代表大会第一次会议。

▲ 2018 年 3 月 31 日，河钢唐钢召开 2017 年度总结表彰暨 2018 年挖潜增效、全员创新推进大会。

▲ 2018 年 3 月 25 日，河钢唐钢党委召开 2018 年党委工作暨党风廉政建设工作会议。

▲ 2018 年 6 月 20 日，河钢唐钢召开党建研究会第二次会员大会暨 2018 年工作会议。

▲ 2018 年 6 月 26 日，河钢唐钢党委召开庆祝建党 97 周年暨总结表彰大会。

▲ 2018 年 12 月 28 日，河钢唐钢召开职工岗位创新大会。

▲ 2018 年 2 月 7 日，河钢唐钢召开高端人才座谈会。

◀ 2018 年 5 月 9 日，河钢唐钢“匠人讲堂”开班仪式。

▶ 2018 年 4 月 9 日，河钢塞尔维亚公司培训班在河钢唐钢开班。

▲ 2018 年，河钢唐钢践行新发展理念，经营业绩实现新突破，全年产铁 1379 万吨、产钢 1562 万吨、产钢材 1406 万吨。图为炼铁厂 3200 立方米高炉。

◀ 2018 年，河钢唐钢以效益为中心，强化协同能力，成本控制能力和盈利能力实现快速提升。图为中厚板公司生产线。

▶ 2018 年，河钢唐钢扩大市场覆盖范围，大型钢板桩成功打入华南、华东市场，月均销量接近国内市场份额的 15%。图为型钢厂大型产线一角。

▲ 2018 年，河钢唐钢持续聚焦市场和产品，加快推进“两个结构”优化，家电用钢销量达 16.23 万吨，汽车用钢销量达 32.59 万吨。图为高强汽车板生产现场。

▲ 2018 年，河钢唐钢加快非钢产业发展，由房地产公司开发的“钢城春邑”项目正式向公众开放。

冶金行业品质卓越产品

证　　书

生产单位：唐山不锈钢有限责任公司
产品名称：汽车结构用热轧钢带
牌　　号：700L
规格(mm)：(1.5～10) mm×(1010～1420) mm

经审定确认，上述产品的实物质量符合冶金行业品质卓越产品条件，特发此证。

证书编号：MIQU-18-035
发证日期：2018年10月18日
有效期至：2021年10月17日

冶金工业质量经营联盟

▲ 2018 年 10 月，河钢唐钢汽车结构用热轧钢带获“冶金行业品质卓越产品”称号。

全国市场质量信用等级证书

证书编号：CAQ2018CP2484008

河钢股份有限公司唐山分公司

产品名称：结构用热轧钢带
商标名称：HBIS

依据国家标准《企业质量诚信管理实施规范（GB/T29467）》、《企业质量信用等级划分通则（GB/T23791）》、《质量管理 顾客满意 组织行为规范指南（GB/T19010）》、《顾客满意测评模型和方法指南（GB/T19038）》、《顾客满意测评通则（GB/T19039）》、团体标准《顾客关系管理评价准则（T/CAQ10301-2016）》、《市场质量信用等级评价准则》、《市场质量信用等级评价管理办法》评为

全国市场质量信用A等
用户满意产品

公示等级：AA·用户满意级
证书签发日期：2018年11月
建议复评日期：2021年11月

在线查询系统

中国质量协会　　全国用户委员会

▲ 2018 年 11 月，河钢唐钢结构用热轧钢带获“全国用户满意产品”称号。

冶金产品实物质量品牌培育产品认定证书

金杯优质产品

企业名称：河钢集团有限公司
产品名称：深冲用冷轧低碳钢带
产品牌号：DC05
产品规格：(0.7～1.0)×(900～1420)(mm)
产品标准：Q/TB 303—2017
生 产 线：唐钢公司炼钢-1580热轧-冷轧部连退生产线

证书编号：CISA-SWZL2018-045
有 效 期：2019年1月1日至2021年12月31日

二〇一八年十二月三十一日

▲ 2018 年 12 月，河钢唐钢深冲用冷轧低碳钢带 DC05 获冶金产品实物质量“金杯优质产品”称号。

绿色产品认证证书

证书编号：GPC 18 P1 0006 R0 L

兹证明：

唐山钢铁集团高强汽车板有限公司

冷轧低碳钢板及钢带、连续热镀锌钢板及钢带、低合金高强度钢冷轧钢板及钢带、双向钢冷轧钢板及钢带、高强度无间隙原子钢冷轧钢板及钢带、电池壳用冷轧钢带

地址：河北省唐山市开平区唐山现代装备制造工业区

核算边界：烧结厂、炼铁厂、炼钢厂、轧钢厂、辅助及附属生产系统。

依据《自愿性冶金产品认证规则 绿色产品》（ZYRZ/GZ-LS-2017/0）及《绿色产品评价方法与要求——钢材产品》（CTS YJ015-2018），经核查，钢板及钢带产品为三星级绿色产品。核算产品及范围详见附件。证书附件与正本同时使用时有效。证书的有效性通过年度监督保持，可在查询网址中查询证书状态。

颁发日期：2018年12月25日
换发日期：2019年5月6日
有效期至：2021年12月24日　　签发人：

中冶检测认证有限公司
中国·北京·海淀区西土城路33号 100088，010-82227721
查询网址：www.zyjcrz.cn www.cnca.gov.cn

▲ 2018 年 12 月，河钢唐钢冷轧低碳钢板及钢带等产品获“三星级绿色产品”称号。

▲ 2018 年 2 月 5 日，河钢唐钢党委书记、董事长王兰玉慰问先模人物。

▲ 2018 年 2 月 16 日，河钢唐钢总经理田欣慰问一线职工。

◀ 2018年7月19日，唐山市总工会主席刘建国一行到河钢唐钢慰问一线职工。

▶ 2018年，河钢唐钢着力强化政治担当，积极推动精准扶贫，加快驻村帮扶脱贫致富步伐。图为11月15日，公司党委书记、董事长王兰玉等党员领导干部深入涞源县黑山村贫困户家庭慰问调研。

◀ 2018年7月26日，河钢唐钢总经理田欣等深入承德市二道营子村慰问调研。

▲ 河钢唐钢厂区掠影。

▲ 河钢唐钢厂区掠影。

▲ 2018 年 5 月 12 日，河钢唐钢举行庆祝河钢集团成立十周年系列活动启动仪式。

▲ 2018 年 3 月 7 日，河钢唐钢举办庆“三八”表彰会暨文艺演出。

▲ 2018 年 5 月 30 日，河钢唐钢举行青年集体婚礼。

▲本书主要编审人员合影。

编辑说明

一、《河钢唐钢年鉴》是由河钢唐钢党史厂志编纂委员会组织编纂，河钢唐钢党委办公室主管、河钢唐钢党史厂志编辑部主办，创办于2016年，全面记述河钢唐钢各方面情况的年度资料性文献，为读者了解、研究河钢唐钢提供基本资料。

二、《河钢唐钢年鉴（2019）》的编纂以习近平新时代中国特色社会主义思想为指导，紧贴公司生产经营实际，突出钢铁企业特色、时代特色、年度特色，凸显当年各项变革的主要举措和工作成效。文体语言、结构层次、计量单位均采用国家标准。

三、《河钢唐钢年鉴（2019）》根据年鉴体例的要求，除企业概况以外，其余部目均采用分目、条目体。设置特载、专文、企业概况、大事记、项目建设、科技创新、市场营销、生产经营与专业管理、战略管控平台、公共服务支撑平台、生产技术支撑平台、信息设备支撑平台、主业生产经营单元、平台外非钢单元、河钢集团直属单位、党群工作、附录等17个部目，70余万字。

四、《河钢唐钢年鉴（2019）》使用的单位名称，首次出现时用全称，再次出现习惯用简称。“河钢集团”“河钢”“集团”均指“河钢集团”，“河钢唐钢”“公司”均指“河钢集团唐钢公司”。独立法人单位称谓首次出现时以注册名称为准，简称为集团规定称谓。“全年”“年内”均指2018年，“上年”指2017年。

五、《河钢唐钢年鉴（2019）》刊用的文稿及资料，由河钢唐钢各单位、各部室提供。引用的统计资料数据由专业部门提供，具有归口性、真实性、权威性；其他各部目数据由供稿单位提供，因统计范围和口径的调整，部分数据不具有可比性。

《河钢唐钢年鉴（2019）》编纂工作得到公司各级领导和各单位、各部室相关人员的指导和帮助，在此表示感谢。全卷编纂中难免有不足和疏漏之处，诚盼读者指正。

河钢唐钢党史厂志编辑部

2019年12月

序

光阴之箭穿越年轮，抵达2019。

2018的主题环环相扣，赋予河钢唐钢独特的价值与发展的意义。“市场”和“产品”始终是我们的主战场，20亿元利润的成绩单，让我们为之骄傲，感到自豪。市场规则、产品理念从未像今天这样进驻我们的内心。

是的，这是产品的时代，是一个强调市场变化远超以往的时代。前所未有。我们因市场和产品而变化着，加快推进各领域工作，一切快和变，都在护持客户的需求。全球首卷2吉帕级别热成型汽车钢、传动轴管用钢等高端新品的问世，无一不在标注企业的新高度。专攻左旋和右旋锚杆钢、高强矿用支撑40U型钢、钢板桩等特色领域，深耕汽车用钢、家电用钢市场，映照下游产业链发展趋势和动向。在北京城市副中心、水曹铁路、雄安新区、北京冬奥“冰丝带”、杭州亚运主场馆、上海进博会等重点工程现场，中国经济建设奋斗的画笔，正在绘出最美的中国图景，河钢唐钢品牌助力千里奔涌、万壑归流的洪荒伟力，这正是数万员工的志之所向。

变化是表，不变是里。我们积极适应和创造变化，无论产品、技术，抑或管理都在迭代创新。轻量化白车身制作，“钢铁行业多工序多污染物协同控制技术”课题被列为国家重大科技专项，“100吨转炉流程生产窄规格汽车用钢冷轧基料的工艺技术创新与集成”项目、“加磷高强无间隙原子钢生产工艺”发明专利、“高强汽车板锌锅捞渣机器人”和“不锈钢成品钢卷库无人化天车”项目……无一不在锻造河钢唐钢的硬核品质。我们每一天都在感知变革中的喜悦，事业部管理架构与运行机制更趋协调，“双百行动”六方面综合改革富有成效，“强服务、提效率、转机制”活动力度空前，财务共享管理点上出彩，主体产线标准成本符合率线上结果，资金管控、金融创效、费用控制面上开花。

行动比什么都重要。行动是对未来趋势的积极回应。躬逢新时代，我们在坚持中创新，在创新中坚持，让岗位创新成为身边的坚持。在郑久强创新联盟的带动示范下，更多的员工投身创新的行列。我们共同分享523项优秀岗位创新成果，我们深知每一个涓滴改进都是员工踮起脚尖的触及。

在钢城儿女的心中，2018年留下了太多难忘的记忆——

这一年，我们更有力，再前行。着眼长远发展，全方位抓好乐亭钢铁项目和塞钢运营管理，区位布局调整步伐加快。

这一年，我们不畏难，不惜力。聚焦重点难点，加速锅炉烟气脱硫脱硝、烧结机脱硫脱硝、高炉冲渣水乏汽消白等环保项目建设，为绿色发展添注加解。

进步，一定要快些，再快些。建立健全非钢单位外部收入激励机制，高科技公司职业经理人及核心管理技术团队作用明显，非钢产业外部收入突破40亿元。

我们欢欣这一年的荣耀，也回味春夏秋冬的甘苦。时空坐标中，纷至沓来的客户，让我们懂得走向更好的明天，路就在脚下，初心和使命始终系在我们的心间眉宇。

叩问初心，知所从来；筑牢使命，明所将往。在贯彻党的十九大精神的开局之年，公司党委“两学一做”学习教育常态化制度化不断深入，巡视巡察反馈意见整改扎实推进，“三重一大”决策制度更加完善，分众化三级宣讲模式落地实施，党建工作三年规划、党建工作责任制全面展开，公司和24个子公司章程修改顺利实施，政治性警示教育开出醒脑良方，“双强双促”基层党建提升年筑牢组织根基，“两个责任”督导巡察提高履责效能。

四季流转，岁月为证，我们以优异成绩向改革开放40周年、集团成立10周年献礼，这一年的竭尽所能融汇了每一名员工贡献的智慧和力量。

历史不能选择，现在可以把握，未来可以开创。

2019年的变革，注定会在2018年里找到伏笔。我们再次上路，我们和我们的企业穿行在历史的经纬，担负起新时代的使命，迎着光，带着梦，向前行。

河钢唐钢党委书记、董事长

2019年1月12日

目　录

特　载

专　文

企业概况

大事记

项目建设

科技创新

市场营销

生产经营与专业管理

战略管控平台

公共服务支撑平台

生产技术支撑平台

信息设备支撑平台

主业生产经营单元

平台外非钢单元

河钢集团直属单位

党 群 工 作

附　　录

特　载

省长许勤到公司调研

2018年3月24日，省长许勤到公司调研，实地考察了高强汽车板有限公司高强汽车板生产线。许勤对公司坚持绿色发展、扎实推进供给侧结构性改革给予充分肯定，希望公司立足当前、着眼长远，把握好国家战略发展的机遇期，引导传统产业加快转型升级、减量提质，为河北省钢铁企业转型升级作出表率。

河北省委常委、唐山市委书记王浩，唐山市市长丁绣峰一同调研。公司党委书记、董事长王兰玉，副总经理谭文振陪同调研。

许勤认真听取了王兰玉对企业总体情况的汇报，对公司坚持绿色发展，视环境为企业的生命线，努力践行绿水青山就是金山银山理念的做法给予充分肯定，同时对公司扎实推进供给侧结构性改革，不断加大产品结构和客户结构调整，持续提高发展质量的做法给予高度评价。

在实地考察过程中，许勤边走边听介绍，仔细查看了高强汽车板生产线产品生产的全过程，详细了解产线的生产规模、产品类型、工艺技术等情况。在成品发货区，许勤仔细查看了刚刚下线的高端汽车钢产品，详细询问了产品的市场投放情况。他指出，河钢唐钢要发挥好装备技术优势，在质量和品质上下功夫，靠过硬的产品质量赢得市场认可。同时，要加大与国内自主品牌汽车的合作，实现优势互补、互利双赢。要树品牌、做标杆，推动唐山实现高质量发展，为河北省钢铁企业转型升级作出表率。

许勤强调，河钢唐钢要立足当前、着眼长远，积极适应新形势、新任务、新要求，把握好国家战略发展机遇，主动作为、乘势而上。在产品研发、市场合作等方面进一步解放思想，把先进的技术优势与市场更好地结合起来，加快降总量、提品质、延链条、增效益，引导传统产业加快转型提升，在新时代创造河钢唐钢高质量发展新业绩，加快推动唐山由经济大市向经济强市转变。

省委常委、市委书记王浩到公司调研

2018年1月5日，省委常委、市委书记王浩到公司调研，听取企业生产经营情况汇报，实地考察了高强汽车板生产线。市委常委、秘书长付振波参加调研。公司党委书记、董事长王兰玉陪同调研。

在高强汽车板展厅，王浩边走边看，边听取介绍边询问情况，详细了解公司应对市场变化，强力推进产品结构调整和高端市场开拓等方面的工作情况。当听到公司汽车板产品相继通过菲亚特、北汽、上汽、吉利等主机厂认证，家电板产品全面覆盖国内一流家电企业并进军海外市场时，王浩对公司面向高端市场，充分发挥装备优势，做大做强高端品牌的做法给予充分肯定和高度评价。

随后，王浩兴致勃勃地参观了高强汽车板生产线，从入口到出口，仔细查看产品生产的全过程，详细了解产品开发、质量控制、客户需求、市场投放等方面的情况。王浩指出，河钢唐钢作为河钢集团的核心企业，多年来为唐山市的经济发展发挥了十分重要的推动和促进作用。面向未来，希望河钢唐钢紧紧抓住“一带一路”、京津冀协同发展等国家战略深入实施的重大机遇，在转变发展方式、调整产品结构、推进供给侧结构性改革等工作中走在全市前列，努力实现由高速增长向高质量发展的转变，为推动唐山由经济大市向经济强市转变作出贡献。

省国资委党委书记、主任吕志成到公司调研

2018年11月2日，省国资委党委书记、主任吕志成到公司调研指导工作。省国资委副巡视员李合义一同调研。集团总经理、党委副书记彭兆丰，唐山市副市长孙文仲，公司党委书记、董事长王兰玉陪同调研。

调研期间，吕志成深入公司高强汽车板有限公司展厅和生产现场，认真听取了公司推动客户结构调整和产品升级工作情况的汇报。他指出，河钢唐钢积极响应国家要求，下大力转方式、调结构，加快传统钢铁企业转型升级步伐，效果明显、成绩突出，令人印象深刻，为省内其他钢铁企业作出了表率。

在汽车板展厅，吕志成观看了正在展示的车身骨架。吕志成十分关心公司汽车钢的产品研发和市场推广情况。汽车钢质量怎样，产量多少，是否符合汽车行业轻量化发展要求？吕志成逐一仔细询问。当得知公司已经实现全球最高强度级别2000兆帕薄板坯流程汽车钢的生产，并正在推进与国际顶级汽车品牌宝马汽车的认证时，他频频点头，给予充分肯定。

在整洁现代化的生产线，钢带在轧机中飞速通过、无人天车吊运着钢卷稳定行驶……产线生产正在有条不紊地进行着。吕志成被高度自动化、智能化的产线所吸引，沿着生产线，他边走边仔细询问“现在正在生产的产品是什么”“目前与哪些汽车品牌建立了合作”等问题。在得知公司汽车钢产品被广泛应用于汽车结构件、防撞件上，并且公司已经与菲亚特、上汽、吉利等众多知名汽车主机厂建立合作后，吕志成赞许地点头。他指出，高水平产线就要生产高质量产品，高质量产品就要占领高端市场。推进河北省高质量发展，河钢唐钢重任在肩，要扛起国企担当，凝聚干劲、再接再厉，在国内外市场上进一步提升产品和企业地位，奋力走在全省高质量发展最前列。

省委调研组来公司调研指导工作

2018年8月28日，省委政策研究室副主任，省委政策研究室、省委改革办机关党委书记张立恒率领省委调研组，围绕践行习近平新时代中国特色社会主义经济思想、

积极参与“一带一路”建设情况来公司调研。

集团领导齐跃章主持会议。公司党委书记、董事长王兰玉，党委副书记、工会主席王文德，河钢塞尔维亚公司总经理赵军参加调研座谈会。

在听取王兰玉关于公司贯彻落实习近平新时代中国特色社会主义经济思想，推进企业绿色发展、转型升级、结构调整，实现高质量发展的情况汇报后，张立恒充分肯定了公司近一个时期以来的发展成就，特别是对公司按照集团部署，积极响应“一带一路”倡议，推动河钢塞尔维亚公司（以下简称“河钢塞钢”）高质量发展的工作情况给予高度评价。他指出，河钢唐钢在河钢集团的坚强领导下，积极践行习近平新时代中国特色社会主义经济思想，深入贯彻新发展理念，积极响应“一带一路”倡议，充分利用集团全方位的技术、管理支持和全球资源配置能力，为河钢塞钢提供了大宗原料支撑和国际市场保障；践行“利益本地化、用人本地化、文化本地化”的“三个本地化”原则，将先进企业文化与河钢塞钢传统优势有机结合，发挥各自所长，实现优势互补，推动河钢塞钢在较短时间内实现了快速发展进步，成为了中国与中东欧国际产能合作和“一带一路”样板工程。他表示，希望此次调研能够更加深入细致地了解河钢集团践行习近平新时代中国特色社会主义经济思想，实现高质量发展的特色经验、具体实践，形成高质量高水平的调研成果，为中国企业借助“一带一路”更好地“走出去”提供借鉴参考。

王兰玉表示，近年来，河钢唐钢积极践行习近平生态文明思想，强力推进节能减排、清洁生产，实现了脱胎换骨的变化，为世界钢铁行业绿色发展树立了典范；坚持聚焦“市场”和“产品”两大主题，积极贯彻落实以“创新、协调、绿色、开放、共享”为核心内容的新发展理念，实现了由钢铁材料供应商向综合服务商的转变，助力集团成为国内钢铁企业第一大家电板供应商、第二大汽车板供应商；高度重视智能制造，将信息技术与钢铁生产深度融合，推进自动化、信息化、标准化“三化”融合，为企业结构调整和转型升级提供了重要支撑；按照集团战略部署，加快“走出去”步伐，高度契合了国家“一带一路”倡议，既是顺应国家经济发展的需要，也是企业发展壮大的需要。未来，河钢唐钢将坚定不移地贯彻落实中央、省委省政府和集团的决策部署，肩负“代表民族工业，担当国家角色”使命，在响应“一带一路”倡议上作出更大贡献。

在河钢唐钢二十二届职代会二次会议上的讲话

公司党委书记、董事长　王兰玉

各位代表，同志们：

刚才，田欣总经理代表公司作了《行政工作报告》，对公司2018年的工作作了全面总结，就2019年工作作出周密部署。大会还表决通过了十几项重要的议案。会后，各单位、各部门要认真传达学习，抓好贯彻落实。

刚刚过去的一年，是近年来国内钢铁市场形势最好的一年，也是钢铁生产受到多方面限制和影响最多的一年。一年来，公司上下认真落实集团公司决策部署，坚持聚焦市场和产品，攻坚克难，砥砺奋进，生产经营迈出较大步伐，重点工作实现大幅攀升，改革发展取得显著成绩。

一是盈利水平实现显著增长。2018年，公司紧紧抓住钢铁市场反弹回升带来的难得机遇，下大力量全面提升整体工作，使公司经营成果显著提升，创出十年来的最好成绩。同时公司重点岗位职工收入明显增长，职工队伍的自豪感和自信心显著增强。这些成果非常鼓舞人心、提振士气、催人奋进！

二是生产效率实现大幅提升。在过去的一年里，公司各单位以效率为中心，从夯实基础管理入手，在效率提升上突飞猛进。其中，炼铁系统尽最大努力克服各种困难，高炉生产明显好于往年，为公司钢轧系统生产创造了良好条件；炼钢系统以降低铁耗、增吃废钢为抓手，生产效率取得重要突破，使公司在铁产量受限降低的情况下实现了钢产量的逆势增长；轧钢系统取得巨大进步，多条产线达到并保持高效生产。此外，生产效率的提高对公司各方面工作起到了非常明显的支撑和带动作用。这是公司2018年可圈可点的成绩。

三是市场营销工作扎实推进。2018年公司销售战线取得显著成绩，重点客户开发、汽车主机厂认证进展较快，上汽、长安、北汽、长城等国内较大汽车主机厂的供货大门陆续被敲开，特别是与宝马等世界顶级品牌实现成功对接，标志着公司综合竞争力和品牌实力得到跨越式提升。此外，公司服务能力建设逐步深入，客户端保持稳定，重点客户合同兑现率、客户集中度、一对一直供比等指标稳步提升，产品售价与行业平均售价的差距在不断缩小。

四是产品结构优化成果丰硕。全公司围绕现有品种和规格，围绕产线效率开拓市场、做产品宽度，推动品种结构调整取得新的进步。目前我们很多品种的年销量已经提高到10万吨以上，有力地支撑了产线效率的提升。另外，公司产品开发亮点纷呈。其中，汽车板事业部镀铝硅产品的产量国内名列前茅，已具备年产20万吨生产能力；卷板事业部成功生产全球首卷2吉帕热成型钢，填补了国内外空白；成功开发培育了锌铝镁产品，已经展现出良好的市场前景。这些都是公司产品结构调整中迸发出的品牌亮点。可以这样讲，经过我们多年的努力，公司高端产品序列已跻身国内钢铁行业第一方阵。

五是企业抗风险能力不断增强。公司在频繁限产条件下，通过加强工艺、技术、设备、产品质量管理，创新推进模型化生产、智能制造，加大力度向市场和产品端配置人才等，使产线支撑和保障能力全面增强。2018年公司主要产品产量实现逆势增长，这主要得益于我们夯实了基础，加强了管理，推动了创新，增强了抗风险的能力。这是我们在应对外部挑战中磨炼出的强大“软实力”。

六是全员思想认识得到全面提升。我们提出并积极践行“生产为用户，产就高效率”“全面推进模型化生产”“做产品宽度”“加强废钢精细化管理”等生产经营新理念。从过去一年的情况看，这些观念得到公司上下的一致认可，公司上下形成了高度的思想统一。大家认识到：效率提升不是单纯追求产量得来的，而是靠信息化、自动化等技术手段和强大的基础管理来共同支撑的；模型化生产和做产品宽度对提高效率、降低成本能够起到巨大的拉动作用；在铁产量一定的情况下，通过增吃废钢、降低铁耗，可以最大限度地获取较高的冶炼水平和规模效应。这些理念的转变和认识的深化，是过去一年来我们获得的最大收获，为我们做好2019年工作奠定了坚实的思想基础。

总的讲，经过公司上下过去一年的共同努力，我们在市场和产品上与先进企业的差距在进一步缩小，各项工作正朝着集团指引的最具竞争力企业的奋斗目标阔步前进。在此过程中，公司全体干部职工始终保持强烈的大局意识和担当精神，不折不扣地落实公司战略部署；始终充满朝气和自信，在困难和挑战面前开拓奋进、勇于创造，使公司取得了来之不易的经营业绩。在此，我谨代表公司党委和行政，对公司全体干部职工一年来所做出的巨大努力和艰辛付出，表示衷心的感谢和崇高的敬意！

2019年，是新中国成立70周年，是中国钢铁工业迈向高质量发展新征程中十分关键的一年。纵观国内外经济形势和钢铁行业发展的大环境，我们发现当前钢铁行业发展的一些“新常态”正在逐步形成，已经对包括公司在内的所有钢铁企业带来深刻影响。我认为，这些“新常态”主要体现在以下三个方面：

一是京津冀环保限产已成常态。2018年，国务院印发实施《打赢蓝天保卫战三年行动计划》，河北省、唐山市也陆续出台相关行动方案。可以说，今后大气污染防治、环保督察的高压态势已成为常态，环保标准和排放要求将日益严格。作为京津冀地区重要的国有钢铁企业，我们面对着极具挑战的复杂环境。

二是钢铁工艺流程和原料结构改变已成常态。近年来，随着国家对“地条钢”等落后钢铁产能的取缔，给废钢资源利用腾出了巨大空间。同时，随着国家和地方对铁前系统焦化、烧结工序环保标准的提高，对钢铁工艺流程产生重大影响，废钢正在大量进入转炉、电炉流程，成为钢铁企业转炉炼钢乃至高炉炼铁流程的重要原材料。从全行业情况看，各地钢铁企业正不断加大废钢资源的利用力度，废钢资源的深度开发利用已经成为钢铁企业长远发展的战略考量和新的常态。

三是冷轧产品市场低迷基本已成常态。一方面随着前几年钢铁工业规模的扩张，冷轧卷板装备和产能严重过剩的局面已经形成；另一方面不断有ESP以热代冷等新技术、新工艺出现，成为传统冷轧工艺的“掘墓人”，使得行业内传统冷轧厂长期处于十分尴尬的境地。这些都对公司迈向高端循环形成了新的挑战。

前不久，在集团召开的2019年重点工作分析说明会上，于勇董事长对今年我们将面临的形势和挑战作了重要而深刻的阐述，指出我们将面临国内外钢铁市场需求变化、国际贸易保护主义抬头、新一轮同质化竞争加剧等多方面的压力和挑战。我们也深知，公司进入高端循环后，必然面临着新的竞争环境和“高大上”的竞争对手，这种竞争比以往相对低端的同质化竞争更激烈、更残酷；同时山东日照、河北纵横等一批新兴民营钢铁企业也在争相进入高端循环，与我们在高端板材领域形成了新的同质化竞争。因此新一年公司面临的外部形势将更加严峻复杂，承受的压力日益加大，承担的任务非常艰巨。

前段，集团先后召开重点工作分析说明会、二届职代会三次会议，对新一年的工作作出总体部署。公司上下要认真落实集团年度工作部署，积极应对钢铁行业的“新常态”和未来一段时期面临的新形势、新挑战，增强忧患意识，保持战略定力，坚定发展信心，坚决完成集团赋予公司的生产经营任务。

下面，结合落实集团部署，围绕做好公司 2019 年工作，我再强调几点意见：

一、解放思想，提高定位，推动 2019 年各项工作实现新跨越

前不久，集团召开二届职代会三次会议，正式提出 2019 年总体经营目标：钢铁材料板块全年创效目标为 133 亿元，其中我公司要实现利润 30 亿元。在市场条件和内外环境发生明显变化的情况下，如果没有巨大突破，就很难完成这一艰巨的任务。这就要求我们，真正从根本上解放思想，树立创新思维，拿出敢想敢做、比肩一流的勇气，用新理念、新目标、新举措、新抓手，去实现管理变革和工作创新，推动公司 2019 年工作取得大的突破和新的跨越。

一是要提升企业定位和工作定位。站得高，方能看得远。有些工作如果没有想到，就不可能做到。完成集团赋予我们的 2019 年生产经营任务，关键在于我们能否解放思想，能否设定一个更高的企业定位，不断地采取措施，朝着既定的目标前进，切实增强自身的本领和能力。新的一年，全体干部职工，特别是各级领导干部，要带头解放思想，把企业定位、专业定位提升到行业前沿的高度，跳出自我，敢破敢立，敢于与周边优秀钢厂比、与行业领先企业比、与全球最高水平比，推动公司各项工作实现新提升；公司广大职工，要把高目标、高标准、高要求融入具体的工作之中，立足岗位，扎实工作，把各项工作提升到一个全新的水平。

二是要对标新标杆，践行新理念。理念是行动的先导。只有敢于对标先进企业，吸收和践行先进理念，才能不断改进自身工作，实现新的进步和发展。回顾 2018 年，我们放眼全球，对标学习多法斯科经验，在效率提升、模型化生产等方面确实取得了巨大收获。近年来，我们与国内外、行业内外很多知名企业的交流与合作更加活跃、日趋紧密，这就为我们取人之长、补己之短创造了条件。2019 年，公司上下要把选树新标杆作为解放思想的关键，摒弃传统思维和习惯做法，瞄准标杆企业，融入新理念，迎接新挑战，缩短与先进企业的差距，以新理念引领公司各项工作取得新突破新进展。

三是要推动实现绿色化、品牌化、智能化。在过去一年里，我们在绿色发展、品牌建设、智能制造等方面做了大量工作，取得重要进展，但有些工作才刚刚起步，跟公司预期的目标还有较大差距。2019 年，公司上下要继续围绕绿色化、品牌化、智能化，做更深层次的工作：要进一步提升对环境保护、绿色发展重要性的认识，推动绿色制造向制造绿色转变，继续引领钢铁行业的绿色发展。要按照集团提出的“从钢铁制造商向材料服务商转变”总体要求，着力加强品牌建设，努力形成更加突出的产品特色，进一步提升公司产品的行业影响力。要延伸智能制造的功能和领域，将智能化拓展到更多产线，延伸到整个管理系统，努力向产线生产无人化和管理信息化、流程化的目标迈进。

二、聚焦市场和产品再发力，推进两个结构再优化

2019年，公司上下要保持定力，坚定不移地走高端循环路线，义无反顾地聚焦市场和产品开展工作。

一是要下大力持续优化产品结构和客户结构。近两年来，公司在汽车用钢和家电板等高端产品研发生产上确实实现了数量级的突破。但实事求是讲，公司整体的产品档次、客户档次仍处于中等水平。这一点也显现在产品售价上：我们的汽车板和家电板的售价，跟行业先进企业比，确实还存在一定的差距，这说明我们的产品结构和客户结构仍有待于进一步优化。下一步，公司技术研发部门、各事业部，一方面，要紧盯市场需求，进一步巩固提升现有的汽车板、家电板等高端产品的质量和档次，将数量逐步做大，将品牌尽快打响。另一方面，要瞄准以热代冷热轧板、冷轧板、镀锌板等重点高端类别，进一步拓展品种和规格，努力做到量产一批、试验一批、研发储备一批。只有这样，我们才能在行业高端循环的竞争中始终立于不败之地。

二是要进一步提高市场占有率和产品集中度。一个企业的产品做到一定程度，着眼于产品生产的合理性、经济性和规模效益，就必须考虑市场占有率的问题。为此，汽车板事业部要充分发挥高强钢的优势，把现有用户增量放到比开发新用户更重要的位置，把DP780以上高强钢和镀铝硅等优势品种做成熟，2019年汽车板销售要达到公司设定的奋斗目标。各事业部要进一步贴近市场、走进客户，实现与客户的无缝对接，瞄准年供货量10万吨以上客户，研究谋划供应链匹配工作，在市场和客户端寻找更多机会；要大力开发唐山周边市场，充分发挥区位、价格、物流等优势，主动对接招商引资项目，着力提高暖气片头、装配式住宅、高端轻钢龙骨等行业用钢的市场占有率，全力满足本地市场对高端钢材的需求。

三是要着力解决产品市场问题。一段时间以来，受多种因素影响，卷板系产品正经历着较大的市场冲击，订单比较紧缺，对公司连续化生产造成一定影响。面对这种形势，公司上下，尤其是汽车板、卷板两个事业部，要高度关注市场变化，重新研究自身工艺和产品定位的适应能力，从新工艺、新技术、新产品角度着手改进，对市场进行再适应，着力打造产品路线灵活的差异化优势，以此赢得市场和客户。比如镀铝硅、锌铝镁、桥梁钢、钢板桩等产品，公司四个产品事业部要作为开发生产重点，力争闯出一片新天地。销售部门要根据品种调整和结构变化，及时调整市场开发对策，下大力量把合同组织到位，保证产线正常生产，支撑公司差异化产品提质上量、打出品牌；要进一步细化和改进营销服务，努力培育营销工作差异化优势，靠出色的营销能力和高水平的营销服务抢抓市场份额。

三、全面提升企业运行效率，为公司实现全年目标提供强有力保障

2019年，我们要在总结经验的基础上，把产线效率稳定提升到一个新的高度。

一是树立信心，信心比黄金更重要。新的一年，公司很可能面临更加严酷的外部环境，可能来自市场震荡，可能来自环保限制，也可能二者兼而有之。全公司各单位能否把生产效率进一步提上来，是我们减少损失、提高效益的第一要务。各单位要树立强烈的自信心和责任感，要有大踏步前进的勇气和魄力，在生产安排、效率提升上放开手脚，围绕公司设定的目标，咬定青山不放松，下决心攻克既定目标。尤其是生产运行效率相对较低的单位，要奋起直追，迎头赶上，坚决完成公司设定的目标任务，为公司提升整体运行效率和综合效益提供支撑。

二是对标提升，紧紧咬住周边民营企业。山东日照、沧州纵横等周边企业具有很

高的生产经营效率，再加上他们具有较大的低成本优势，已经成为我们身边的强劲对手。新的一年，公司上下要紧紧咬住日照、纵横等新兴民营企业，虚心查找自身工作存在的问题，进一步提高生产效率。

三是夯实基础，全面推行模型化生产。效率提升需要强大的产线基础管理和标准化作业作支撑。下步，各生产厂要在夯实管理上做文章，着力解决影响效率的病灶，突出抓好设备管理、工艺质量控制等基础性工作。要进一步提高对模型化生产重要性的认识，高度重视各专业和工序间的协作，着眼于建立产品生产纵向模型，把模型化生产的理念和措施融入各工序、各环节的岗位标准和具体的工艺操作之中，提高驾驭产线全流程的能力，推动实现标准化作业，努力靠信息化、标准化、智能化实现企业在行业的弯道超车。

四是做产品宽度，提高产线生产集中度。一个订单，如果属于多品种、小批量，那么产线的效率就很难提上来。2019 年，公司各事业部和销售单元，要继续在做产品宽度上下功夫，兼顾效率和品种结构，通过做宽度，提高生产的连续性、经济性，从源头上为公司高效生产提供支撑。

五是瞄准产线，充分发挥作业长的引领作用。产线效率的提升，需要现场管理人员发挥重要作用。各生产系统要认真落实作业长负责制，高度重视作业长作用发挥，引导作业长瞄准产线，夯实基础，狠抓体系落地，通过顺畅高效的基层管理，真正把产线方方面面的效率提上来。

六是增强服务意识，提高管理效率。“强服务、提效率、转机制”是公司提高产线效率后，对整个管理系统提高效率提出的要求。公司两级机关、双职能单位，要进一步提高对这项工作的认识，认真梳理管理流程，合理调整组织架构，把公司综合管理的效率提高到新的水平，为推动公司整体效率提升提供管理支撑。

四、树牢效益观念，强化争先意识，进一步提高公司整体盈利水平

企业归根到底，要以效益为中心。在过去的两年里，我们在经营效益上实现了跨越式提升，但是与先进企业比，我们的差距仍然比较明显。为此，2019 年，我们必须强化整体效益观念，以勇于突破、敢为人先、誓争一流的精神，开创生产经营新局面。

一是树立理念争先意识。理念是行动的先导。唯有先进的理念，才能引领先进的行动。纵观国内外优秀企业，起决定作用的因素，归根到底还是领先一步的管理理念。为此，公司广大干部职工，特别是各级管理者，要在实际工作中，敢于对标先进，勇于否定自己，坚持以效益为中心的先进理念，努力追赶行业一流水平。

二是树立效率争先意识。从 2018 年上市钢企的总体情况看，所有高利润的企业，无一不是高效率生产的企业。公司要想获取较高的利润，也必须解决并处理好效率问题。为此，要正确对待品种与效率的关系，从销售端入手，增加品种集中度，减少小批量、低效益订单；产线生产时，要以效率为中心，充分释放成熟品种、高效品种的规模效应。在设备基础管理上，必须夯实再夯实，强化再强化，切实保证设备的完好率、可开动率和应有的功能精度，努力将设备利用效率发挥到极致，为公司生产效率提升提供不可或缺的关键支持。

三是树立技术争先意识。要实现长期稳定可预期的效益，就必须坚持技术为王，把技术领先作为市场竞争的关键法宝。要敞开心胸，勇于吐故纳新，勇于接受新鲜事物，勇于用新的技术手段，提高产品档次，改进传统工艺，改进设备功能，改进原料和能源结构，改进生产组织方式，最终提升企业的综合效益。

四是树立对标争先意识。当前，公司各单位还在深入开展“解放思想、对标赶超”主题活动。在此次活动中，希望大家着力改

变多年来形成的片面强调工序费用的“成本思维”和“成本型管理”，建立效益思维和效益型管理，努力从企业生产经营的全流程去观察和处理问题，立足公司全局，从企业整体利益出发，全面思考、系统谋划、统筹兼顾、整体施策，算大账、算总账，把效益作为生产经营管理的唯一出发点、落脚点，始终扭住不放松，全面提高经营业绩和盈利水平，切实增强企业的竞争硬实力。去年以来，中厚板公司经营体制改变后，生产经营面貌发生深刻变化，企业创效能力实现跃进式提升。公司各单位，要认真对标学习、虚心吸收借鉴中厚板公司的经验，坚持时时、处处、事事以效益为中心，最大限度地激发和调动有利于提高效益的一切积极因素，全力减少影响效益的各种不利条件，努力为企业争取最大的整体效益。

五、加快发展现代工业服务业，推动公司非钢产业实现突破性发展

当前，中国钢铁工业已经从追求产量和规模向注重产品质量和客户服务转变，中国的工业服务业和传统制造产业正在分离，为钢铁企业提供了更加富有内涵和活力的发展空间。基于上述认识，集团正全方位推进钢铁向材料、制造向服务的延伸。集团 2019 年重点工作分析说明会提出要举全集团之力进入新兴战略领域，将现代工业服务业板块打造成为集团转型升级和向战略性新兴领域推进的平台。接下来，公司钢铁主业单位和非钢单位，都要深刻领会集团关于非钢发展尤其是对发展现代工业服务业提出的新理念、新思路、新要求，认真学习借鉴西门子、蒂森克虏伯等先进企业的转型经验，着力提高主业和非钢在产业链条、产值、用人等方面的效率，推动主业和非钢共同实现华丽转身。非钢单位要以实施“双百行动”试点为契机，推动体制机制改革，重点引入市场化机制和职业经理人制度，努力打造治理结构科学完善、经营机制灵活高效、创新活力竞相迸发的优秀企业；要抓住公司区位调整的政策窗口期，充分利用好公司多年来打造的非钢发展基础，加大力度推动现代工业服务业，积极参与城市基础设施和城市园区建设，更好地融入唐山市的发展建设；要充分发挥员工价值，提高资源配置和整合能力，靠思想的解放、理念的领先、事业的开拓，赢得领先一步的优势，创造出原来不可想象的业绩，把自身打造成公司全新的创效链和价值链。非钢管理部要发挥好管理监督职能，深入抓好制度建设、绩效考核等导向性工作，鼓励非钢单位解决与市场脱节问题，深度拓展外部市场，大力增加外部收入，推动公司非钢产业实现突破性、跨越式发展。

六、高度重视安全生产和环境保护工作，争做安全环保优秀企业

从安全生产工作看，近年来，各级政府对企业安全生产工作的重视程度不断提高。公司也始终强调安全生产，动员部署、督导检查、考核问责逐步加严，但暴露出来的个别领导干部对安全工作认识不到位、职工习惯性违章等问题仍然在某些单位不同程度地存在。未来几年是公司区位调整和乐亭钢铁建成投产的关键期，安全管理面临人员调整、新老交替、岗位合并等新情况、新问题。各单位一定要高度重视安全生产工作，深刻汲取张家口市“11・28”爆燃事故教训，着力加强对易燃易爆粉尘、高温熔融金属、冶金煤气等极易发生群死群伤安全事故的危险源点和要害部位的排查整治。各单位领导班子要坚决压实安全管理责任，认真对待、定期研究安全工作；特别是各单位党政“一把手”要切实提高对安全生产重要性的认识，把规范职工的行为当成大事，把安全管理的要求传达到每一名岗位职工，保障职工的人身安全。公司各级安全部门和安全管理人员，要定期梳理、及时消除所辖区域安全隐患；要对安全管理岗位充满敬畏，对职工负责、对本单位负责、对公司负责，确保公司安全生产形势长期稳定。

从环保角度讲，在打赢蓝天保卫战、更

好满足人民群众美好生活需要的时代背景下，我们一定要从讲政治的高度，对环保工作给予再认识，从各方面不断去完善工作：要准确把握环保政策要求，密切跟踪各级政府环保政策信息和标准要求，加强与地方政府和环保部门的沟通协调，进一步完善公司的环保技术、环保设备和环保管理，坚决保持公司在环保方面的行业领先地位，以良好的社会形象争取更好的发展环境；要正确处理区位调整与环保的关系，着力谋划一些短平快的环保措施，改善区域污染物排放状态，为公司正常生产争取更多主动权；要加快“公转铁”措施落地，加大工作力度，最大限度利用铁路完成物流任务；要高度关注投建项目环保设施运行，加强环保设施运维管理，消除跑冒滴漏现象，确保环保设施正常运行、达标排放，为地方打赢蓝天保卫战作出应有的贡献。

七、加强党的建设，以高质量党建引领高质量发展

党的十九大报告提出了新时代党的建设总要求，为国有企业加强党的建设提供了根本遵循。进入新时代，公司各级党组织要坚持把党的政治建设摆在首位，树牢“四个意识”，坚定“四个自信”，做到“两个维护”；要把党的领导融入公司治理，充分发挥“把方向、管大局、保落实”的领导作用；要切实做好意识形态工作，坚持用习近平新时代中国特色社会主义思想武装头脑，为公司改革发展提供坚强思想保证和强大精神动力；要坚持党管干部、党管人才原则，加快专业人才市场化、干部队伍年轻化步伐，着力培养一支忠诚干净担当的高素质专业化干部队伍和矢志奋斗奉献、勇于创新创造的优秀人才队伍；要认真履行全面从严治党责任，特别是各级领导干部要严格遵守中央八项规定精神和廉洁自律相关规定，带头营造风清气正、干事创业的良好环境；要紧紧围绕公司生产经营中心，充分发挥党建工作优势和群团组织作用，努力把广大党员干部和职工群众的思想和行动统一到集团和公司2019年工作部署和目标任务上来，为公司实现全年目标提供强有力保障。

同志们，2018年的成绩坚定了我们的信心；2019年的目标让我们充满期待。让我们以习近平新时代中国特色社会主义思想和党的十九大精神为指引，认真贯彻落实河钢集团工作部署和公司此次职代会精神，解放思想、更新理念，开拓创新、奋勇前进，努力取得生产经营新成绩，为集团实现高质量发展作出更大的贡献！

谢谢大家！

在2018年党委工作暨党风廉政建设工作会议上的讲话

（2018年3月25日）

公司党委书记、董事长　王兰玉

同志们：

今天，我们召开2018年党委工作暨党风廉政建设工作会议。这次会议非常重要！主要任务是以党的十九大精神为指导，认真落实中央和上级党委决策部署，总结安排公司党委工作和党风廉政建设工作，为完成全年目标任务提供坚强保障。

2017年，在集团党委的坚强领导下，通过公司全体党员干部的共同努力，公司党的建设展现出新的气象，取得了显著成绩：

一是思想政治建设全面加强。公司党委把学习贯彻党的十九大精神作为首要政治任务，积极做好动员部署、学习培训、基层宣讲等各项工作，引导广大党员用习近平新时代中国特色社会主义思想和党的十九大精神武装头脑、指导实践，为公司做好当前和今后一个时期的工作注入了强大的思想动力。

二是党建工作水平明显提升。公司党委认真贯彻全国国有企业党的建设工作会议精神和十九大关于党的建设的总要求，充分发挥党组织的领导核心和政治核心作用，牢牢把握了公司改革发展的正确方向。以推进“两学一做”学习教育常态化制度化为抓手，持续强化党建基础工作，积极推进党建工作管理创新，使公司党建工作迸发出新的生机和活力。

三是“两个责任”进一步夯实。公司党委把落实“两个责任”作为推进全面从严治党的总抓手，在开展廉洁教育、查纠“四风”、问题整改、建章立制等方面做了大量工作，营造了风清气正的良好环境。特别是扎实开展以“忠诚、干净、担当”为主题的警示教育，提高了党员干部的廉洁从业意识；积极推进省委巡视反馈意见整改落实“回头看”，认真抓好集团专项巡察反馈意见整改落实，促进了“两个责任”的有效落地。

总的讲，在过去的一年里，公司各级党组织带领广大党员，在夯实企业党建、服务生产经营、促进改革发展中发挥了重要作用，为公司完成全年目标任务提供了政治、思想和组织保证。在此，我代表公司党委，对公司各级党组织和广大党员表示衷心的感谢！

同志们，随着党的十九大的胜利召开，中国特色社会主义进入新时代，国有企业党的建设站在了新的历史起点上。2018年是贯彻落实十九大精神的开局之年，是我国改革开放40周年，是集团组建十周年。做好2018年公司党的各项工作，对推动公司党的建设在新时代再上新水平、推动公司在转型升级中实现高质量发展至关重要！日前，集团党委先后召开一届二次全会、党风廉政建设工作会议，对集团党委2018年主要工作作出总体部署；公司党委近期也下发了《年度工作要点》。各级党组织要认真贯彻集团党委和公司党委年度工作部署，切实抓好贯彻落实。

下面，就公司党委2018年工作，我讲五点意见：

一、深入学习贯彻党的十九大精神，为公司在新时代实现高质量发展提供坚强的政治保证

学习宣传贯彻习近平新时代中国特色社会主义思想和党的十九大精神，以及刚刚闭幕的全国“两会”精神，是公司各级党组织和广大党员干部当前和今后一个时期的首要政治任务。各单位党委要高度重视，精心安排，突出抓好这项工作，掀起学习贯彻落实党的十九大和全国“两会”精神的新高潮。

在座的各位，绝大部分都是我们这个企业的中层及以上党员领导干部，大家在学习党的十九大和全国“两会”精神时，一定要紧紧把握这样一个根本，那就是：习近平同志是新时代中国特色社会主义的开创者，是实现中华民族伟大复兴中国梦的领航者，是全党拥护、人民爱戴、当之无愧的党的核心、军队统帅、人民领袖，是国家的掌舵者、人民的领路人。全体党员干部必须牢固树立“四个意识”，坚定“四个自信”，始终做到思想上高度认同核心、政治上忠诚维护核心、组织上坚决服从核心、行动上自觉紧跟核心，始终同以习近平同志为核心的党中央保持高度一致，自觉维护以习近平同志为核心的党中央权威和集中统一领导。

为切实达到上述学习目标，公司党委要求各级党组织和广大党员干部必须做好以下四点：

一是多层次开展学习。首先抓好中心组学习。坚持集中研讨和个人自学相结合，对十九大报告和习近平总书记“两会”重要讲话反复阅读、逐句领悟，写好心得体会，达到学深悟透、融会贯通、入脑入心。其次抓好党支部学习。结合推进“两学一做”学习教育常态化制度化，以“三会一课”为依托，切实组织好支部层面的研讨学习。第三抓好党员自学。引导全体党员定好学习计划，循序渐进、有条不紊地推进学习，努力把党的十九大精神铭记在心中、落实到行动上。

二是多形式组织宣讲。要组织好系统宣讲。充分发挥党委部门工作优势，系统组织开展十九大和全国“两会”精神的主题宣讲。要强化基层宣讲。广泛开展面向基层产线和班组的政策理论宣传，让大家深刻理解党的最新理论成果。要深化专题解读。通过公司微信群、公众号等形式，推出更多专题的宣传解读文章，让党的理论走近基层职工群众。

三是多角度进行督促。要加强考核评价。将学习十九大精神作为各单位党委书记抓基层党建工作述职评议的重要内容，作为党务系统绩效管理的关键参考，推动十九大精神的学习贯彻。要加强督导检查。宣传部门要按照公司党委部署，重点强化对各层次学习的督促、检查和指导；组织、纪检、党委综合部门，也要适时深入基层党委和支部，开展十九大精神学习贯彻情况巡察督导和专题调研，确保各项工作任务落地见效。要开展系列活动。各单位党委要围绕十九大主题，结合自身实际，组织开展形式多样的系列活动，推动学习贯彻十九大精神落到实处。

四是多内容付诸实践。知行合一、以学促行，是践行党的十九大精神的题中之义。为此，要以十九大精神为统领，对今后一个时期企业党的建设进行系统谋划，将十九大提出的新时代党的建设总要求融入公司党的各项工作。要把十九大和全国“两会”精神贯穿于企业生产经营管理各项工作，推动公司生产经营再上新台阶。要结合国家推进高质量发展的新形势，以党的十九大和全国“两会”精神统一职工思想，凝聚奋进力量，推动公司在转型升级中实现高质量发展。

二、进一步提高政治站位，充分发挥国有企业党组织的领导作用

党的十九大报告指出：“党政军民学，东西南北中，党是领导一切的”“党的领导是中国特色社会主义最本质的特征，是中国特色社会主义制度的最大优势”。对此，各级党组织要深刻解读，以实际行动加强党的全面领导。

一是充分发挥党组织在国有企业的领导作用。2016 年召开的全国国有企业党的建设工作会议明确提出“国有企业党组织要发挥领导核心和政治核心作用”，做到“把方向、管大局、保落实”。党的十九大进一步提出“坚持党对一切工作的领导，这是新时代党的建设的根本要求”。由此可以看出，今后国有企业党组织要总揽各方、统筹全局，在一切工作中发挥领导作用。对此，各级党组织要深刻把握、统一思想，清醒地认识到党的领导在国有企业生产经营和改革发展中的突出地位和重要作用。

二是把党的领导融入企业经营管理之中。发挥领导作用对国有企业党组织提出了更高要求。党的全面领导如何作用于企业经营管理，是各级党组织面临的一项全新课题。一段时期以来，我们按照发挥党委领导作用的要求，多次从公司党委层面督导企业经营管理重大事项，发现和解决了一些关键问题。同时，在今年调整事业部组织架构时，公司党委决定同步完善事业部党组织设置，实行事业部党委书记和事业部总经理“一肩挑”，以此强化事业部党委领导作用的发挥。对此，各单位党委要深刻理解，搞好工作谋划，认真落实上级党委关于加强国企党建的工作要求，把党委领导作用体现到企业生产经营管理的实践之中。

三是落实重大问题决策前置程序。“企业党组织研究讨论，是董事会、经理层决策重大问题的前置程序”，这是加强国企党建的一项重要内容。去年，我们按照这一要求，将有关内容写入了公司和各子分公司章程；我们每周召开董事会、经办会前，一般都要召开党委常委会，对公司决策的重大事项进行研究讨论，从制度和操作层面都严格落实了上述要求。公司各单位党委，特别是具有独立法人地位单位的党委，也要对照公司党委做法，完善各项制度，规范相关程序，以实际行动落实中央对国有企业党委“把方向、管大局、保落实”的政治要求。

三、认真落实新时代党的建设总要求，推动公司党建工作再上新台阶

党的十九大提出了新时代党的建设总要求，为我们加强和改进党的建设提供了根本遵循。站在新的历史起点上，公司各级党组织要严格执行中央和上级党委新要求，积极谋划开展党的各项工作，推动公司党建工作不断上水平。

一是讲政治，真正把党的政治建设摆在首位。党的十九大报告指出，新时代要把党的政治建设摆在首位。公司各级党组织要提高政治站位，坚决贯彻落实。要坚决维护党中央权威和集中统一领导。深刻认识党的各级组织和全体共产党员第一属性是姓党、为党、听命于党，牢固树立“四个意识”，自觉在政治立场、政治方向、政治原则、政治道路上同以习近平同志为核心的党中央保持高度一致。要严肃党内政治生活。各级党组织要严格执行《党内政治生活若干准则》；党员领导干部要落实好双重组织生活会制度，定期以普通党员身份参加所在支部组织生活，带头严肃党内政治生活。要加强党性锻炼。党员干部要对照党章党规党纪，经常进行党性分析，时刻校准前进方向，始终保持政治清醒和政治坚定。

二是重理论，用习近平新时代中国特色社会主义思想武装头脑。党的十九大把习近平新时代中国特色社会主义思想写入党章，

确立为全党必须长期坚持的指导思想。刚刚闭幕的十三届全国人大一次会议通过了《宪法修正案》，又将这一重要思想载入国家的根本大法。一个政党、一个国家，谋求进步和发展，需要有正确的理论指导；国有企业各级党组织，更要将习近平新时代中国特色社会主义思想作为最根本的理论指南，牢牢把握意识形态的主导权和话语权，以中央最新精神武装头脑、指导实践，更好地发挥“把方向、管大局、保落实”的领导作用，促进和保障企业健康发展。

三是明责任，在履行党建职责中展现新作为。从公司党委层面讲，我们每年一季度坚持召开党委工作会议，对全年工作进行部署和动员；我们每月下旬定期召开党委书记办公会，及时下发党委月度工作要点，对党委重点工作提出明确要求；一段时期以来，我们还不定期召开党委书记专题会、党委常委扩大会，对公司党委重点关注的事项进行专题调度和督导。这一系列举措，说明公司党委管党治党的责任意识在提高，对党建工作的督促和指导在加强。希望各单位党委、党委各部门，要紧紧跟上公司党委的步伐。我曾经讲过，一个党委部门掉队，公司党委在这个专业的工作就无法弥补；一个单位的党委不能履职尽责，党委的领导就会缺失，这个单位就会出现问题，就会变成一盘散沙。公司各单位党委、党委各部门，特别是党委书记和部门负责同志，要深刻体会党委工作沉甸甸的责任，切实把本单位、本部门的党委工作抓紧、抓实、抓到位、抓出成效。

四是谋创新，把公司党建工作提升到新的高度。从探索与实践角度看，近两年来，公司党委在党建管理方面探索了一些新的方法和手段，包括党群绩效管理、成立党建研究会等，对推动公司党建工作扎实深入开展、打造公司党建品牌起到了很好的作用。这方面的创新，今后还要进一步加强。从工作落实层面讲，公司党委重点工作安排部署后，首先要落实到党委部门，党委部门要落实到各单位党委，各单位党委要落实到各支部。由于各单位的特点不同、各层面的情况各异，这个贯彻执行的过程不应该“上下一般粗”，需要大家结合自身的特点，有针对性地落实工作，展现出更细的“线条”。这也是一个需要创新的过程。为此，各级党组织要把党建创新作为一项长期的重要任务来抓，随着形势的发展，在做好上级要求的规定动作的同时，不断对相关工作做一些改善和创新，打造更多具有自身特色、富有品牌效应的党建成果。

五是强基层，不断夯实公司基层党建基础。近两年来，中央以开展“两学一做”学习教育为抓手，推进党建工作不断向基层延伸，对基层党建工作的标准和要求也越来越高。刚才，七家单位党委的主要负责同志，就抓基层党建工作进行了很好的述职和表态发言，这对于全公司2018年基层党建工作来讲，是一个非常好的开端。希望大家充分认识、高度重视，进一步做好相关工作：一要加强系统谋划。今年，围绕基层党建，公司党委拟开展“基层党建工作提升年”活动。组织系统要对这项活动进行认真谋划，做到有计划、有落实、有总结、有提高，让基层党建工作展现出新的活力。二要加强阵地建设。就目前而言，公司党委层面有党建研究会、企业大学等党建平台；二级单位党委层面，不锈钢公司党委和高强汽车板公司党委率先建成了较高标准的党员活动阵地。除此之外，我们还需要在基层支部建设上进一步挖掘亮点，以标准化党支部和党员活动室为抓手，全面加强基层支部阵地建设，适时进行总结和提炼，把基层党建活动的优秀成果提炼出来、推介出去，以点带面，推动公司基层支部建设遍地开花。三要加强调研督导。党委各部门是党建专业管理的第一责任人，要推动本系统、本专业工作在基层的落实。去年，公司党委对部分单位党建工作进行了调研，很好地掌握了基层的情况，对有的放矢地开展工作起到了重要作用。今后党委部门要进一步加强这方面的工作，通过调研和督导，切实引起基层党组织对党建工作的重视，形成抓党建的浓厚氛围。在现场调研过程中，还要善于发现基层党建工作的好经验、好做法，加大宣传推广力度，带动公司基层党建工作整体水平持续提升。

四、深入贯彻落实党的十九大精神，将公司全面从严治党持续引向深入

习近平总书记强调：全面从严治党决不能半途而废，必须以永远在路上的韧劲和执着，把严字长期坚持下去，一以贯之，坚定不移，不松劲、不停步、再出发，在坚持中深化、在深化中发展，努力夺取全面从严治党更大战略性成果。各级党组织要认真学习贯彻十九大报告对新时代全面从严治党提出的新要求，深入领会十九届中央纪委二次全会精神，扎实做好党风廉政建设和反腐败各项工作，在全公司进一步营造风清气正、干事创业的良好氛围。

一是进一步压紧压实“两个责任”。落实“两个责任”是近年来中央和上级党委、纪委强调最多的一项内容，而且一年比一年抓得更紧。各单位党委、纪委要切实把“两个责任”担起来，把该管的事情管起来。有些行政工作，党委不直接参与具体业务，但党委是第一责任者，必须时刻关注、定期过问、加强监督；各单位行政一把手要自觉接受党委的领导和纪委的监督。对一些问题，我们应该也必须从“两个责任”和“一岗双责”的角度去看待：加强党风廉政建设，党委负有主体责任，党委书记是第一责任人；纪委负有监督责任，纪委书记是履行监督责任的第一责任人；每一位班子成员都担负着“一岗双责”。一个单位如果出现重大违纪案件，党委书记担主责，行政“一把手”和分管领导从“一岗双责”的角度也必须承担责任。对此，大家一定要有清醒的认识，时刻敲响警钟，管好自己的“责任田”，做到“为官一任，守土有责，保一方平安”。

二是做好巡视巡察有关工作。党的十八大以来，巡视巡察工作成为中央和上级党委的一种重要工作方式。今年春节刚过，十九届中央首轮巡视组便进驻河北，将进行为期三个月的常规巡视；九届河北省委第四轮巡视3月中旬已全面进驻地方展开工作。各级党组织要高度重视巡视巡察工作，以此为契机，加快夯实党的基础工作，提高企业规范化管理水平。首先，要做好迎接上级巡视准备。今年春节前，集团专门召开会议，就上级巡视可能涉及的八个方面工作进行了重点部署。公司党委各部门和各单位党委，要认真做好相关工作：一方面，要对照集团提出的八个方面内容，抓紧自查整改，及早堵塞漏洞，并用制度把相关工作进一步规范起来；另一方面，要按照公司党委部署，把2015年省委巡视反馈问题再进行一次全面梳理和“回头看”，确保相关问题整改到位。其次，要抓好集团巡察督导反馈意见整改落实收尾工作。要对照集团提出的4个方面、15项问题，逐一抓好整改，确保本月底前上报一份很好的整改报告。第三，要坚持做好公司党委系统内部巡察。要把公司党委内部巡察督导跟上级巡视巡察紧密结合起来，不断从方式方法上进行创新，真正把二级单位党委存在的问题找出来，在最短的时间内予以解决。第四，各单位党委要加强自我剖析、自我整改。光靠公司党委一两天的巡察，难以查找出基层的所有问题，更多需要各单位党委承担好“自保一方”的责任，主动查清并解决自己的问题，管好自己的人和事。

三是着力加强纪律建设。党的十九大把

纪律建设纳入党的建设总体布局，是十八大以来党的建设实践创新和理论创新的重要成果。无数案例证明，党员干部“破法”，最初始于“破纪”，只有把纪律挺在前面，才能用纪律管住全体党员干部。公司各级党组织要把纪律建设摆在更加突出重要位置，按照中央和上级要求，开展经常性纪律教育，把党章党规党纪作为党员干部的必修课；要巩固去年警示教育活动的成果，发挥反面典型警示教育作用，让党员干部知敬畏、存戒惧、守底线，习惯在受监督和约束的环境中工作和生活；要深入运用监督执纪“四种形态”，强化日常监督执纪问责，抓早抓小、防微杜渐，让各级党员干部自觉远离带电的“高压线”，心无旁骛地开展工作。

五、着力强化领导班子和干部队伍建设，为公司改革发展提供坚强的组织和干部保障

厂部级领导班子和领导干部，是公司发展建设的中坚力量，在公司事业全局中占据特殊的分量、地位和作用。厂部级干部以什么样的精神状态谋划和推动今后的工作，不仅关系到公司能否完成今年的生产经营各项任务，甚至事关我们这个企业的兴衰成败。

在这里，对厂部级干部，我再强调四点要求：

一是要切实提高政治站位。国有企业的干部是党的干部，讲政治始终是第一位的要求。公司各级党员干部，特别是领导干部，必须在思想上不断增强“四个意识”、始终坚定“四个自信”，政治上始终同以习近平同志为核心的党中央保持高度一致，行动上带头维护习近平同志在党中央和全党的核心地位，自觉维护党中央权威和集中统一领导。

二是要潜心培育专业能力。各级领导干部在各个领域的关键岗位上工作，一定的专业素养和专业能力是不可或缺的必备素质，是一个领导干部发挥领导力的根本所在。为此，各位领导干部一定要真正把学习作为工作和生活的一部分，立足本职岗位，以全行业的视野，钻进理论、实践和企业现实需要中去学习。这绝不是摆摆样子给谁看，是你发号施令的底气和资本！每一位领导干部，都要坚持以本领域专家、本专业领头羊的标准，加快提高自身素质，持续增强自身专业能力，立志成为本职工作领域公认的权威和带头人。只有这样，干部职工才能信服你、支持你、拥护你，各项工作才能顺利开展。

三是要全面增强执行能力。一分部署，九分落实。领导干部是推动公司决策部署贯彻落实承上启下的重要一环，这个环节如果脱钩掉链，后续落实落地的工作就会大打折扣。2018 年集团给公司下达了 30 亿元的利润目标。方向和任务明确了，各级干部就要咬定青山不放松，不达目的不罢休，决不能四平八稳、安步当车，甚至泰然处之、满不在乎。各级领导班子和领导干部，必须始终保持那么一种干事创业的锐气，始终保持那么一种充溢的奋斗热情和创造激情，始终保持那么一种不骄不躁、励精图治的精神状态，下大力提高班子和班子成员个人的执行力：要以上率下、真抓实干，雷厉风行地贯彻公司的战略意图和工作部署；要发扬钉钉子精神，盯着抓、抓到位，把公司下达的工作任务不折不扣、完完整整地做到底、做出成效，努力将公司确定的目标变为现实。

四是要勇于否定自我、超越自我。近年来，为提升管理水平，公司引入了很多先进的管理理念和现代化工具。但从实际应用效果来看，很多工具我们用得并不理想；很多工作我们反复抓、抓反复，始终不见大的起色。究其根源，其中很重要的一点，就是我们很多领导干部在思维定式中不愿意接受新事物、总感觉自己不含糊，认为自己干得差不多了，吃老底儿就行。这种惰性思维和不

求进取的精神状态，是我们工作上最大的敌人。公司推进供给侧结构性改革、践行新发展理念、推进转型升级、实现高质量发展，本身就需要一个否定自我、挑战自我、超越自我的过程。各级领导干部必须紧跟公司发展前进的步调，不忘初心，永远奋斗，拿出自我否定、自我革命的勇气，虚心接受新知识、新技术、新工具、新思想，善于用新思维、新视野、新方式开展工作，努力在吐故纳新、挑战八面来风中实现自我超越，更加有力地推动公司生产经营和改革发展实现新跨越！

同志们，公司 2018 年总体目标任务已经明确，重点工作已经全面部署，关键在于落实和落地。公司各级党组织要把“抓好党的建设、服务生产经营、推动改革发展”作为光荣的责任和使命，凝聚起推动公司高质量发展的强大力量，带领广大党员和全体干部职工，坚决完成 2018 年生产经营任务，开创公司生产经营、改革发展和党的建设的新局面，建功新时代，创造新业绩，向国家改革开放 40 周年、向河钢集团组建十周年献礼！

谢谢大家！

行 政 工 作 报 告

——在公司第二十二届职工代表大会第二次会议上

公司总经理　田　欣

各位代表、同志们：

下面，我代表公司向大会作行政工作报告，请予审议。

一、2018 年工作简要回顾

2018 年，是全国上下贯彻落实十九大精神的开局之年，是河钢集团组建成立十周年，也是国家供给侧改革持续深化、钢铁行业经营业绩全面大幅回升的一年。一年来，在河钢集团的坚强领导下，公司坚持以习近平新时代中国特色社会主义思想和党的十九大精神为指导，认真践行新发展理念，始终聚焦“市场”和“产品”，以新思维、新视野、新方式推进各项工作，以优异成绩向集团成立十周年献礼，生产经营和改革发展取得历史性突破，企业综合竞争力显著提升。

经营业绩实现新突破。公司全年产铁 1379 万吨，产钢 1562 万吨，产钢材 1406 万吨，钢产量同比增长 3.65%。全年实现营业收入 710 亿元，同比增长 3.95 %；预计实现利润 20 亿元，创出近十年来历史最好水平。

市场与产品再上新水平。公司全年重点产品产量完成 570 万吨，比 2017 年增长 36%；品种钢比例达到 74.5%，比集团目标高出 2.5 个百分点；产品一对一直供比达到 48%，同比提高 11%；全年汽车用钢、家电用钢销量分别达到 240 万吨、110 万吨，同比分别增长 40%和 49%。

重点工作取得新成绩。主体工序生产效率实现大幅提升，多条产线持续保持高效生产；全年废钢消耗量比 2017 年增加 63 万吨，为公司发挥规模效应、实现提产增效提供了强劲支撑；模型化生产全面展开，标准化、智能化生产实现整体加速。

非钢产业展现新气象。各非钢单位全面加速发展，整体实现营业收入 123 亿元，其中外部市场创收 40.5 亿元，占总收入的 33%，在负担全部 16 亿元人工成本后实现盈利 3.5 亿元。

职工队伍建设又有新亮点。职工岗位创新遍地开花、蔚然成风，创新激情竞相迸发，创新成果更多向产线聚集；职工培训层层有序推进、深入开展，职工队伍整体素质与能力实现新提升。

一年来，公司主要开展了以下工作：

（一）下大力强化市场和产品，两个结构调整取得历史性成绩

坚持聚焦市场和产品，牢牢抓住“以客户结构调整推动产品升级”主线，在“树品牌、做宽度”上持久用力，有效地激发了客户端优化和产品结构调整的巨大潜力。

在树品牌上聚焦发力。一方面从客户端入手，充分发挥集团销售渠道、各个产品事业部及驻外销售网点的协同作用，围绕汽

车、家电等钢铁下游新市场、新产业、新业态，积极开发具有高端产品需求和行业领导地位的客户，重点推进汽车主机厂认证、知名企业对接和国家重点工程供货，在行业内树立了良好的企业形象。另一方面从产品角度着眼，大力实施品牌战略，集中精力开发代表下游用钢行业发展方向的战略性产品，组织每条产线重点培育 2～3 个特色品种，公司产品知名度和品牌影响力显著提升。2018 年，汽车板事业部热轧汽车用钢与宝钢型钢等国内 12 家有影响力企业建立合作关系，完成多牌号汽车用空心稳定杆用钢的产品开发和市场培育；冷轧汽车用钢重点培育高强汽车板及深冲钢特色产品，成功开发热冲压成型高强钢、传动轴管用钢等高端新品种；积极开拓国内汽车自主品牌和新能源车企，并向合资品牌渗透，年内实现与宝马汽车的认证对接，通过国内 10 家汽车主机厂认证，高强钢、深冲钢、镀铝硅等高端产品稳定直供吉利、菲亚特等近 20 家国内外知名汽车主机厂及其配套厂，汽车主机厂全年订货量达到 10 万吨；家电用钢构建起“5+2+3”高端客户体系（5 家大批量供货、2 家小批量供货、3 家正在开发），高端家电板成功应用于国际高端家电品牌卡萨帝冰箱的面板制造。卷板事业部打造了以热成型汽车钢、药芯焊丝钢等为代表的特色产品；成功开发生产全球首卷 2 吉帕级别热成型汽车钢，初步形成“以热代冷”能力，填补了国内外薄板坯连铸连轧工艺生产超高强钢的空白，为抢占高端汽车钢市场增添了重要砝码；成功开发锌铝镁产品，涵盖结构钢、高强低合金钢、双相钢、深冲钢等，接单品种实现全覆盖，并一举打入欧洲市场，成为公司新的拳头产品；成功轧制国内最薄规格 1.2 毫米花纹板；热轧薄规格板材稳定供货国内最大集成货架制造商；药芯焊丝钢实现与行业前十大客户的全面合作。中厚板事业部与中建钢构、上海建工等国内排名前 20 家企业建立结构用钢战略合作关系，实现高级结构用钢全系列供货，Q420q 等高端产品应用于杭州亚运主场馆、上海进博会主场馆等国内外 100 多个重要工程项目，基本确立了公司国内结构用钢第一品牌地位；高端工程机械用钢初具规模，与小松建机、神钢建机等日资企业建立全面战略合作关系，成为国内日资工程机械企业最大供货商；模具钢品种不断扩展，成功开发多品种塑料模具钢并形成批量订单。型线事业部重点打造左旋和右旋锚杆钢、高强矿用支撑 40U 型钢、钢板桩等特色产品。其中，短期内开发业内大型钢板桩领军客户 8 家，成功打入上海迪士尼二期、深圳大空港、珠海香海大桥等国内重点工程；年内开发中型矿用钢终端煤企用户 6 家，16 号角钢成功助力深中通道这一国务院批复重大基础设施项目建设；积极供货北京城市副中心、水曹铁路、雄安新区、北京冬奥“冰丝带”等重点工程项目优质棒材，产品被评选为“2018 年度中国优质建筑用钢品牌”。

在做宽度上深度着力。充分发挥四个产品事业部的产销研用协同作用，实行用户集中度指标考核，重点围绕现有品种和规格，针对性优化客户结构和产品结构，有效提高了产线生产的连续性、产品质量的稳定性以及客户服务的针对性。2018 年，汽车板事业部汽车用钢方面前十家终端客户销量占比达到 51%；实现吉利远景 X3 内板供货全覆盖，全年吉利供货量达到 5.9 万吨；家电用钢方面海尔、格力、美的、奥克斯等四大家电企业全年订货量占公司家电用钢总销量的 81%，客户集中度较 2017 年提高 20 个百分点。卷板事业部药芯焊丝钢月均销量达到 0.8 万吨，市场占有率达到 35%；热轧薄规格板材月均销量达到 4.1 万吨，与 2017 年相比实现大幅增长。中厚板事业部全年结构用钢销量达到 160 万吨，超过产品总销量的 50%，前十大终端用户销量占比达到 38%；

年采购量超过5万吨的终端用户达到9家，全年对安徽鸿路、东南网架、上海建工的供货量分别达到32万吨、24万吨、11万吨，分别占用户钢材总采购量的40%、60%、70%，产品宽度、用户宽度进一步提升。型线事业部中型矿用钢国内同类产品市场占有率达到47%；大型钢板桩成功打入华南、华东市场，月均销量接近国内市场份额的15%，稳居华南市场首位，占据了国企钢板桩产销龙头地位，打破了国内钢板桩市场的产销格局，树立了公司钢板桩的品牌形象。

加大本地市场开拓力度。抢抓京津产业转移、高新技术成果在本地产业化落地的有利时机，成立唐山区域经理部，对唐山周边用钢企业开展深度调研，密切跟踪装配式住宅、立体车库、钢铁深加工、汽车及动车零部件制造等招商引资项目，不断拓宽发展领域、培育新的增长点，提高了公司在周边用钢市场的影响力。2018年，公司与唐山周边31家客户建立合作关系，成功开发20家周边新用户，唐山周边市场月均直销量明显提高，公司暖气片头用钢在唐山周边地区的市场份额达到30%。

强化供应链和服务渠道建设。加快推进由钢铁产品制造商向钢铁材料综合服务商转变，积极推进钢材剪切加工配送中心建设，着力完善高端产品销售链条。重点推进长春五矿新港、台州吉利、天津国能和保定板材（改造）等4个项目，取得明显进展，为高端产品实现售价提升打通了路径。2018年，公司产品同口径吨材售价比2017年提升85元/吨，与行业平均水平差距进一步缩小，部分产品售价高于行业主流钢厂。

全面提升客户服务水平。学习河钢石钢经验，树立特钢思维和特钢标准，致力于服务客户、成就客户、为客户创造价值，成立客户服务中心并实施实体化运作；组建吉利、屹丰等汽车板大客户服务组，推进EVI先期介入，加强汽车主机厂保供能力建设，深入服务用户从开发到制造的每一个环节，为用户提供一揽子解决方案，提升客户黏度，客户服务能力全面提升。借助信息化手段，完善按单生产管理系统，切实保证客户订单准时交付，客户投诉和质量异议明显减少，客户满意度大幅提升。2018年，公司开发重点直供用户90家；大客户销量完成280万吨，完成全年目标的126%；高强汽车板DP780及以上超高强钢的交货期由原来的45天缩短到35天；热轧重点产品交货期较2017年缩短10天。

（二）持续发力四大支撑体系建设，产线与产品支撑保障能力不断提升

深入开展四大支撑体系建设“回头看”，主动适应市场和客户新需求，各产线对接市场与客户的能力显著增强。

矢志推进技术进步和科技创新。着力加强与河钢东大研究院等技术研发平台的合作，深入开展产线诊断、工艺优化和靶向攻关，推动解决了制约产品升级的关键问题。与湖南大学共建汽车板研发中心，有序推进重点专题项目，年内合作完成轻量化白车身制作，并在全国汽车轻量化会议期间展出。积极承担“钢铁行业多工序多污染物协同控制技术”等国家重大科技专项项目，取得重要进展。高度关注钢铁行业新技术、新工艺以及未来发展趋势，重点研究非高炉炼铁技术、高炉应用热压铁块工艺以及海外球团资源战略等，为公司长远发展提供了战略储备。得益于科技创新和产学研技合作，公司年内在用户技术研究、产品研发和机理研究、产线控制能力提升、新工艺新技术推广应用上取得长足进步。其中，高强钢生产板型和尺寸控制得到全面优化，DP1180、2吉帕产品实现工艺贯通，先进高强钢生产跨入国内一线梯队，高强度极限薄规格镀锌家电背板生产达到国内领先水平；中厚板轧线功能提升、技术升级、品种优化效果全面显现；1580线高强钢生产实现减薄突破；高

铝双相钢连浇技术达到行业先进水平；公司自主实施的“100吨转炉流程生产窄规格汽车用钢冷轧基料的工艺技术创新与集成”项目为国内中小型转炉生产高端汽车用钢提供了示范。公司与东北大学等合作完成的“宽厚板连铸坯重压下关键工艺与装备技术的开发与应用”项目形成了具有自主知识产权的宽厚板连铸坯重压下技术，荣获2018年度河北省科技进步奖一等奖。2018年公司形成了以“加磷高强无间隙原子钢生产工艺”发明专利为代表的一大批具有自主知识产权的专利技术，全年共申报专利320项，授权专利200项，完成软件著作权登记48项。

以体系建设和产品认证为主线全面夯实质量管理。狠抓质量体系建设，建立重点产品全流程质量管控模式，提升了质量体系运行和落地水平。以产品认证为抓手，大力培育以“受控、严谨、无缺陷出厂”为核心的质量文化，积极开展质量体系内审、质量管理培训、项目拉练，提高全员质量和规则意识，提升各级技管人员使用质量管理工具的能力，为高端产品生产提供了支撑。面向终端用户需求，深化品种质量策划，客户认可度和满意度持续提升。借助信息化手段，在重点产线实现钢轧工序全流程无人参与质量判定。年内，公司荣获“全国用户满意企业”“2018年省冶金行业质量管理活动优秀企业”等称号；汽车结构用热轧钢带被冶金工业质量经营联盟授予“冶金行业品质卓越产品”称号；镀锡基板被中国质量协会授予“产品用户满意度奖”。公司年内还顺利通过了北汽新能源、美的、长城、海信的二方审厂认证。

激发产线信息化、自动化和智能化潜能。加强信息化系统开发与应用，年内完成ODS系统二期开发、APS系统优化、高强汽车板MES系统完善等项目，为产线生产组织、质量控制、效率提升提供了支撑。推进自动化系统升级改造，年内实施冷轧3号镀锌改造、1700粗轧主传动系统升级、1580轧线提速改造等项目，促进了产线控制能力和设备功能精度的提升。以高强汽车板被列入“中国制造2025”试点为契机，在不锈钢、高强汽车板及中厚板区域全面开展智能制造项目建设，年内完成高强汽车板锌锅捞渣机器人、不锈钢成品钢卷库无人化天车等项目，为推动公司生产制造向智能制造转型奠定了基础。

全方位大力度强化人才支撑。落实集团关于专业人才市场化、干部队伍年轻化的相关要求，全面完善《高端人才引进与管理办法》，及时有效规范人才市场化引进及管理流程。加大市场化选聘高端人才力度，全年成功引进高端人才17名，相关人才在客户现场服务、产品技术沟通及导师带徒等方面发挥了重要的引领作用。探索推行积分制管理，初步构建了科学合理的人才评价体系，激发了员工的创新原动力。修订《大学生员工招聘管理办法》，继续推行三星计划，构建了较为完整的人才引进、培养和使用管理体系。实施专业技术系列岗位体系改革，优化宽带薪酬配套激励机制，推动了专业技术人才和相关激励政策进一步向产线和研发、营销等关键岗位倾斜。充分发挥专家队伍创新引领作用，年内公司各级专家完成40余项管理和技术领域重点课题。推进产线技管人员素质提升，通过外部引入、内部培养、建立平台和机制等手段，逐步培养出一批懂技术、用工具、会管理的关键岗位技管人才。创新职工培训方式方法，推行“点餐”式精准培训，开展五大体系专项培训和“匠人讲堂”活动，职工整体素质全面提升。

（三）坚定不移狠抓重点工作落实，推动公司基础工作持续上水平

将提升效率、强化废钢应用、推行模型化生产作为全年重点工作，创新思路与举

措，拓宽方法与路径，推动公司基础管理攀上新高度。

着力提高企业运行效率。一是着力提高生产组织效率。借鉴加拿大多法斯科钢厂经验，倡导“生产为用户，产就高效率”理念，引导生产系统以服务用户作为核心任务，抓订单、保交期，全力加快市场响应速度；把提升效率作为重中之重，在产品高端化条件下，瞄准历史最高水平，抓基础、保衔接，讲品种、求效益，统筹兼顾，合理平衡，营造并保持了快节奏、高效率的生产格局。铁前系统构建了常态化环保限产条件下全新的高效生产组织模式，高炉整体稳定性实现大幅提升，铁水产量恢复到历史较高水平，为公司改善经营业绩提供了强大支撑。炼钢系统各区域转炉冶炼节奏明显加快，全年钢产量接近历史最好水平。轧钢系统轧机管理快速进步，一钢轧厂 1700 线达到稳定日产 1 万吨的能力；1810 线实现单流连铸连轧生产效率提升和半无头轧制常态化运行；高强汽车板酸轧机组以及低合金高强钢等产品机时产量达到国内先进水平；中厚板公司铁钢轧日产、月产屡次刷新历史纪录。二是提高装备运转效率。坚持把设备管理作为提升产线效率的关键，持续抓好点检定修、功能精度保障等基础工作，高标准开展提高机时产量和产线作业率攻关，装备潜能得到全面释放。不锈钢公司 1580 线全年机时产量突破 490 吨，轧机作业率达到 80%；中厚板公司具备全年粗钢产量突破 500 万吨的能力水平；一钢轧厂初步具备了年产 550 万吨钢的生产能力，1700 线机时产量突破 500 吨，作业率达到 80%。三是提高能源利用效率。根据采暖季低铁耗及生产不饱和条件下的用能特点，深入开展烧结机漏风治理等攻关，实施烧结机栏板加高等改造，年内公司吨钢能源外购成本降低 20 元，公司成功入选钢铁行业 2018 年重点用能行业能效“领跑者”企业。四是提高库存周转效率。定期召开生产库存专题会，按照“高位保持铁前原料库存，低位控制钢后半成品及成品库存”的总体原则，统筹抓好外矿平衡、销售资源平衡以及铁前原料增储、物流供应、质量保障等工作，确保各类物料达到安全库存水平。年内公司整体库存资金占用降至 48 亿元以下。五是提高部门管理效率。开展“强服务、提效率、转机制”活动，重点引导两级机关和双职能单位，重新梳理管理流程，调整管理架构，增强服务意识，提高管理效率，推行管理信息化、办公无纸化，为公司持续提升生产经营效率提供了管理支撑。

下大力气强化废钢利用。将降低铁耗、增加废钢比作为促进公司长远发展的关键，从技术和管理角度双管齐下，积极开展多层面多轮次攻关。加强废钢技术应用，大力推广添加补热剂、铁水包加盖、废钢预热、二次燃烧氧枪等实用工艺，促进了转炉系统废钢消耗量的增加。加强废钢质量管控，采取废钢质量监装、巡查以及出水率检测等手段，实现了废钢质量的全面可控。加强废钢供应商管理，提高供应商准入门槛，保证了资源渠道的统一和质量的稳定。加强废钢精细化管理，学习借鉴多法斯科钢厂废钢分类管理经验，基本实现不同品种冶炼加入不同废钢，最大限度减少了废钢使用对产品质量的影响。探索开展铁前配加废钢工作，逐步建立了相对成熟的高炉加入废钢工艺制度，较好地满足了炼钢正常生产的需要。积极建立废钢利用经济模型，全面致力于实现“精细化计算成本，有效益地利用废钢”。2018 年，公司通过加大废钢应用增加钢坯产量 55 万吨，增创效益 1.66 亿元。

探索推广应用模型化生产。学习借鉴多法斯科钢厂管理经验，将模型化生产作为实现标准化作业的全新抓手，从炼铁、炼钢、热轧、冷轧等全工序入手，积极建立产品全流程生产模型，最大程度减少现场操作人员对生产和装备的干预，推动公司真正走上标准化作业的轨道。2018 年，公司铁前流程数据管控模型实现集成应用，促进了铁前各项指标的改善。炼钢各区域均建立起低铁耗生产模式条件下基于产品质量控制、工艺顺行、成本优化、安全环保的全流程生产模型；不锈钢、中厚板、一钢轧厂自动炼钢比例分别稳定保持在 99%、99% 和 90% 以上。轧钢各区域标准化作业水平显著提高，其中高强汽车板成熟产品生产模型实现全覆盖，一键式轧钢模型、一键式焊接模型，以及三条镀锌线和连退退火炉数学模型应用效果显著。

（四）着力深化体制机制改革与管理创新，有效激发了企业的内生动力与发展活力

重点着眼于企业流程再造、组织架构调整、资源配置优化，以及国企综合改革，全面推进改革与创新，企业发展迈入新境界。

着力完善事业部组织架构与运行机制。进一步将技术、市场等派驻人员直接划拨到产品事业部，在事业部设置营销服务中心和产品研发中心，将各种优质资源向事业部和产线深度配置和倾斜，使产销研资源更加集中、协同配合更加紧密，形成了以事业部为核心，流程更优、效率更高的扁平化管理架构。年内，公司累计向各事业部配置各类人员 415 人，有效推动了事业部的实质化运行。

充分发挥绩效管理的激励导向作用。建立和完善与事业部协同机制相适应的绩效评价模式，加大产品研发、市场开拓、客户服务、质量提升等关键岗位的激励力度，事业部利润主体和经营主体的责任意识明显提升。建立混合所有制和市场化独立运营试点单位绩效与利润挂钩的绩效评价机制，促进了试点单位扭亏增盈、提质增效。印发实施《2018 年关键岗位贡献奖奖励办法》和《2018 年四季度挖潜增效奖励办法》，有效激发了全体干部职工立足岗位、深入挖潜、多创效益的积极性。

积极稳健启动开展“双百行动”试点。以入选全国“双百企业”名单为契机，按照国务院国资委和省国资委部署，公司从健全法人治理结构、完善现代企业制度、完善市场化运营机制、健全激励约束机制、解决历史遗留问题等六个方面入手，积极制定《“双百行动”综合改革实施方案》，稳步推动有关试点和具体实施，公司综合改革迈出崭新步伐。

（五）毫不放松地抓好成本管理，挖潜增效取得新成绩

把成本控制提到全新高度来认识，深入开展挖潜增效攻关，全年实现挖潜增效总额 46.8 亿元，折合吨钢增效 292 元；全年压减各类费用 2.65 亿元，折合吨钢增效 17 元。

坚定不移抓好成本管理。集中开展成本大讨论，正视成本差距，着力解决理念和站位问题，开展成本效益对标，全方位提升成本管理意识、领先意识和控制能力，并注重以新技术、新工艺引领成本改善。强化标准成本管理，加强对各产线、各工序的成本分析，深度应用信息化系统，推动实现日清日结，公司各工序成本指标明显改善，部分消耗指标接近历史最好水平。2018 年，公司主体产线标准成本符合率由年初的 20% 提高到 70%。其中，炼铁工序可比成本比 2017 年降低 65 元/吨；炼钢变动加工费比 2017 年降低 18 元/吨；轧钢变动加工费比 2017 年降低 12 元/吨。

着力加强资金管控和金融创效。严格落实集团“不挪用生产资金，不形成新增贷款”的要求，强化现金流管控，全力压减非预算、超预算和非生产性支出，更多通过管理手段解决现场问题，把有限的资金投入到节能环保、科技创新和产业链延伸上，保证了资金的高效利用和资金链安全。严控固定资产投资，加强基建技改项目立项管理、

投资控制和事后评价，基本保证了建设项目满足质量、进度和投资收益要求。拓宽融资渠道，优化融资结构，公司全年金融创效超过2.35亿元。全面推行财务共享管理，以集团打造金融体系为契机，推进财务共享中心财智云服务平台建设及业务应用，初步建立了企业财务共享服务体系。

持续加力挖潜增效和费用控制。适时推出挖潜增效新举措。制定和实施5—6月生产经营奋斗目标，积极开展向集团成立十周年献礼活动，较好地激发了干部职工的创效热情；不失时机地推出四季度挖潜增效计划，采取有力措施推进实施，推动公司生产经营局面实现明显改善。坚持强化费用控制。大宗原料采购方面，密切关注市场动态，不断调整资源开发和物料采购策略，提高战略合作比例，建立采购价格对标分析机制，推动采购费用降低，全年采购降本创效超过4亿元；物流方面，积极响应全市“公转铁”安排部署，优先发展以铁路和集装箱运输为重点的绿色物流，加强物流业务组织，精细管控物流费用，全年公司吨钢物流成本完成304元，比年度计划吨钢降低24元；备品备件方面，持续优化设备全生命周期管理平台，完善机旁备件功能，挖掘装备再制造中心潜力，全年备件修复率超过41%。

（六）多管齐下，综合施策，非钢产业发展取得丰硕成果

认真落实集团2018年非钢产业工作会议和发展现代工业服务业工作会精神，聚焦集团发展非钢产业战略部署，创新非钢单位体制机制，公司非钢发展再创新业绩。

健全完善非钢单位体制机制。深入落实现代企业制度，进一步健全法人治理结构、运行机制和决策程序，非钢单位运营管理更加规范合理。制定和实施《新增外部收入奖励办法》，鼓励非钢单位从外部市场增加收入，全年外部市场创收40.5亿元，占非钢板块总收入的33%。加强对标管理，着力优化各项经营指标，年内109项指标中有60%以上得到改善；强化对亏损单位的月度经营监管分析，唐钢华冶、保定板材、重机装备等单位全年减亏增盈工作取得新进展。

引入市场化机制和职业经理人制度。运用市场化机制和手段，适时引入惠唐物联和渤海国信两家高科技公司的职业经理人及核心管理技术团队，为两家企业快速发展增添了新的引擎。2018年，惠唐物联公司内外部交易额累计达到460亿元，营业收入突破3000万元，利润765万元，成为集团供应链管理平台核心管理团队；渤海国信公司全面承接了河钢乐亭智能制造及信息化系统集成项目，成功进入石化、化工、医药领域，企业步入发展快车道。

加快培育现代工业服务业。深刻吸取借鉴蒂森克虏伯等国际钢铁巨头的发展经验，积极延伸钢铁主业产业链，培育壮大现代工业服务业。其中，公司ICT产业具备冶金自动化全流程控制软件设计能力，智能无人天车系统市场份额国内第一；微尔云计算中心通过T3认证，完成苹果公司、招商银行等10多家外部客户入驻，并陆续承接了集团供应链平台、财智云、乐亭钢铁数据中心等高端服务项目，业务范围和规模日益扩大；气体公司全年盈利1.3亿元，其中外部市场液氧、液氮、液氩销量显著增加，外部市场利润占总利润的70%以上，气体公司预计2019年在香港联交所上市；检修分公司重点设备核心维检技术取得新的进步，在公司主体设备维检中发挥了重要作用。

积极拓展非钢国际市场。2018年，气体公司液氩产品实现对越南、泰国等多个国家和地区出口，出口总额国内领先；唐龙（唐昂）公司出口矿渣粉总量占国内同类产品出口份额的20%；时创高材公司耐材产品远销多个国家和地区，出口量占国内同类产品出口总量的10%。同时，公司充分利

用河钢塞钢平台，主动跟进中塞友好工业园区建设，带动了公司轧辊、冶金炉料、滑板砖等非钢产品和服务的对外输出，取得可喜进展。

（七）全方位做好塞钢运营管理和乐亭钢铁项目建设等工作，为集团发展提供了不可或缺的重要支撑

倾力抓好塞钢运营管理。牢记总书记嘱托，着眼于不辱使命、将塞钢打造成“一带一路”建设样板工程，深入落实集团部署，充分利用集团全球资源配置能力，积极构建高效畅通的联络管理机制，统筹抓好塞钢降成本、提售价、拓市场、设备改造以及公辅系统建设等工作，使塞钢继续保持了稳定向好的良性发展态势。全年生产钢坯168万吨，销售钢材153万吨，实现利润2200万美元，完成年度经营目标。塞钢的发展变化受到中塞两国领导人的高度评价和各方面的广泛赞誉。同时，积极推进中塞友好工业园区入园项目有关工作，取得新的进展。

全面支持乐亭钢铁项目建设。按照集团总体部署，围绕推动建设“绿色化、品牌化、智能化”钢铁企业，举全公司之力全方位支持乐亭钢铁项目建设，特别是在新工艺新技术应用、人力资源优化配置、公辅系统项目建设、客户端和供应链建设等方面深度着力，全力配合项目部开展工作，为项目一期工程2019年投产提供了全方位保障。

积极稳妥推进区位布局调整。坚决落实省委省政府、市委市政府决策部署，按照集团区位布局调整的要求，围绕服从和服务于城市发展的需要，深入谋划推动企业向沿海转移，取得重要进展，为集团区位结构调整和战略发展奠定了基础。

持续拓展国际合作和产品出口。抢抓“一带一路”沿线国家建设机遇，紧跟集团“走出去”战略步伐，积极对接集团在菲律宾、俄罗斯等国家的国际合作项目，取得阶段性成效。根据国内国外两个市场情况，适时调整钢材出口策略，积极开发汽车用钢、锌铝镁等高端产品市场，保证了公司产品出口量的总体稳定。2018年，公司累计出口各类钢铁产品173万吨，出口创效1.07亿元。

（八）强力抓好安全生产和环境保护，公司生产经营保持了和谐稳定的良好局面

锲而不舍地狠抓安全生产。践行“一切安全事故、隐患可防可控”的理念，严格落实安全生产责任制，建立完善安全履职清单，提升了各级管理人员履职尽责保安全的意识。深入开展重大事故隐患排查整治，编制公司重大事故隐患判定手册，开展安全风险辨识管控，提升了企业整体安全隐患排查治理水平。在高强汽车板和不锈钢公司试点推行能量锁定和机械防护工作，提升了公司现场本质化安全管理水平。深化作业区和班组安全建设，强化事故警示教育和职工思想教育，促进了安全管理向作业区、班组和岗位的延伸。加强消防安全管理，深化安全应急管理，强化职业健康安全管理体系和安全标准化建设，年内公司保持了“国家冶金安全标准化一级企业”称号。

不遗余力地强化环境保护。站在讲政治、顾大局和推进企业高质量发展的战略高度，坚持将环保视为企业的生命线，聚焦行业绿色发展关键共性技术，加大环保项目投入，先后实施锅炉烟气脱硫脱硝、烧结机脱硫脱硝、高炉冲渣水乏汽消白等环保项目，推动企业实现超低标准排放。深入研究各级政府《打赢蓝天保卫战三年行动计划》，高度关注区域环保信息，认真实施采暖季错峰生产方案，特别是积极开展CO减排技术攻关，在全市率先实施高炉炉顶均压煤气减少放散项目，在唐山地区乃至整个钢铁行业起到了引领示范作用。目前，公司工业废水处理率、外排废水达标率以及工业固体废弃物处置率、利用率均达到100%；环保设施同步运行率和完好率达到99%以上。

（九）切实加强企业党建工作，坚持依靠职工办企业，为公司健康发展提供了重要保障

全面加强企业党建工作。一是加强企业党的领导。按照“把方向、管大局、保落实”的要求，致力于充分发挥党组织在企业的领导作用，坚决夯实党的基础工作，确保了公司改革发展始终沿着正确政治方向前进。二是树立正确选人用人导向。坚持严管和厚爱结合、激励和约束并重，努力建设高素质、年轻化、专业化干部队伍，为公司发展提供了人才保障。三是落实全面从严治党要求。压紧压实党风廉政建设“两个责任”，持之以恒正风肃纪，在全公司营造了风清气正、干事创业的发展环境。

着力加强职工队伍建设和职工民主管理。紧紧围绕公司生产经营中心工作，大力开展职工劳动竞赛，积极弘扬新时期劳模精神和工匠精神，打造了一支勇于创新、敢于担当、善于创造的职工队伍。特别是公司职工靳三峰、韩一杰在世界钢协第十三届模拟炼钢挑战赛中分获冠亚军，为公司争得了荣誉。全心全意依靠职工办企业，认真落实以职代会为基本形式的职工民主管理制度，较好地落实了职工各项民主权利。全力保障职工生活，坚持开展暑期“双服务”、两节“送温暖”等活动，切实做好困难职工帮扶，使广大职工切实感受到了企业的关怀和温暖。加强职工矛盾纠纷排查调处，维护职工合法权益，真心实意为职工办实事办好事，企业与职工的劳动关系保持和谐稳定。年内公司获得“2018年度和谐劳动关系企业”称号。

总之，一年来，公司全体干部职工认真落实集团和公司战略部署，开拓进取，扎实工作，推动公司取得了多年来最好的经营业绩，值得全体唐钢人骄傲和自豪。在此，我代表公司，向一年来辛勤工作的公司全体干部职工，表示衷心的感谢！

成绩值得充分肯定，但公司在生产经营中也存在一些亟待解决的问题，需要我们高度重视。主要有以下四个方面：一是公司整体盈利水平有待提高。公司高端产品售价对固定费用和高成本的消化能力还相对较弱，主要工序成本与周边民企和行业先进企业比仍存在不小的差距。二是公司客户结构和产品结构需要进一步优化。与“绿色化、品牌化、智能化”的要求相比还有差距，战略客户开发、服务渠道建设等工作还存在一定短板。三是企业整体运行效率还不能完全适应企业高质量发展的需求，特别是产线整体作业效率和企业综合管理效率仍有很大提升空间。四是应对各种风险和挑战的能力还需要进一步提升。国内外经济形势、钢铁市场走势等情况变化莫测，很难把握，需要高度关注、深入研究、快速反应、妥善应对。这些问题需要我们在今后工作中着力加以解决。

二、2019年的形势和任务

2019年，是新中国成立70周年，是全面建成小康社会的关键之年，也是河钢集团推进高质量发展至关重要的一年。对于钢铁行业来讲，受内外经济环境的影响，新的一年机遇与困难相互交织，有利条件与不利条件错综复杂，不稳定不确定因素进一步增加，特别是国内外钢铁市场需求发生明显变化、国际上贸易保护主义重新抬头、新一轮同质化竞争进一步加剧等，这些都将给公司生产经营和改革发展带来巨大压力和空前挑战。前不久召开的中央经济工作会议指出，我国发展仍处于并将长期处于重要战略机遇期，明确提出推动制造业高质量发展等七项重点任务。这就为企业改革发展创造了相对较好的外部环境。公司上下必须充分认识2019年的形势，深入贯彻党的十九大精神，顺应新时代的发展潮流，在非常时期，举非常之力，用非常之功，积极主动推动供给侧

结构性改革，全力以赴推进公司转型升级和高质量发展。

前不久，集团先后召开 2019 年工作务虚会、重点工作分析说明会，强调要抓住机遇、保持定力、坚定信心、更新理念、拓宽视野，大力推进产品结构和客户结构再优化，用新的理念、新的视野、新的目标、新的举措、新的标准，推动集团最具竞争力钢铁企业建设再上新台阶。

公司作为河钢集团的核心骨干企业，要认真贯彻落实集团 2019 年工作部署，增强忧患意识，保持战略定力，事争一流、敢为人先，始终以效益为中心，有的放矢地狠抓重点工作落地，坚决完成好集团赋予的各项任务，继续当好集团各项工作的排头兵和引领者，为集团开创高质量发展的新局面贡献更大力量。

为此，公司确定 2019 年总体工作思路是：

以习近平新时代中国特色社会主义思想和党的十九大精神为指引，深入贯彻落实集团 2019 年工作部署，解放思想，提高定位，更新理念，拓宽视野，以新标准、新目标、新举措深入扎实推进各项工作，深化改革，创新突破，大力推进产品结构和客户结构再优化，推动公司运营效率和整体效益再提升，打造差异化竞争新优势，开创公司高质量发展新局面，为集团建设最具竞争力钢铁企业做出新贡献。

公司 2019 年生产经营的主要目标是：

全年产铁 1620 万吨，产钢 1800 万吨，商品材坯 1759 万吨。

全年实现营业收入 900 亿元，实现利润 30 亿元。

全年挖潜增效 50 亿元，吨钢增效 278 元。

品种钢比例达到 76% 以上，高端产品产销量达到 731 万吨。

生产经营资金占用控制在 52 亿元以下。实现长周期安全生产。

为确保完成上述目标，要重点做好以下工作：

（一）坚定不移地走高端循环路线，持续推动客户结构和产品结构再优化

把“两个结构”调整优化作为常抓不懈的工作，树立新目标，采取新举措，全力深挖其中蕴藏的潜力和效益，推动产业链迈向行业中高端水平。

以新目标推动客户结构再优化。深入落实供给侧改革要求，认真研究宏观经济形势变化对公司客户端带来的影响，加强市场对接和深度营销，坚持以市场为导向，抓好产线、产品和市场的细分，以客户的高度带动产品的高度，在新客户开发中树品牌，在老客户维护中做宽度，最大限度释放装备潜能。2019 年，公司计划开发重点直供用户 72 家，一对一直供比要力争达到 50% 以上，国内前十大终端客户销量占比要达到 40%。其中，汽车板事业部要瞄准新能源汽车、绿色农业、冷弯型钢等领域，加强镀铝硅、超高强汽车钢产品的市场推广，在自主品牌汽车主机厂认证取得突破的基础上，努力实现宝马、路虎、通用、大众、福特等合资品牌汽车主机厂的认证突破；新能源汽车方面，重点对接国能汽车、广汽新能源、爱驰汽车等客户，年内完成 4 家以上主机厂认证。年内吉利、上汽、北汽福田、菲亚特等 2018 年以前开发的汽车主机厂销量要力争达到 22 万吨；北汽、国能、长安、长城等 2018 年通过认证的汽车主机厂年销量要达到 8.5 万吨。卷板事业部要进一步优化药芯焊丝钢交期服务，拓展高端用户供货量，巩固品牌价值；巩固拓展锌铝镁家电行业采购渠道，并重点开发光热等行业知名用户，扩大锌铝镁产品品牌影响力；集中精力拓展罩退产品山东市场，年内要实现 3 家直供用户和 2 家大型剪切加工用户开发，山东地区罩退产品年销量要达到 10 万吨。深耕唐山周边市场，

持续发力暖气片头用钢市场，年内暖气片头用钢销量要达到18万吨，市场占有率达到50%；加强与区域行业龙头企业的对接合作，带动立体停车、装配式住宅、钢结构行业开发以及公司自有剪切加工生产线加工增量，全年周边市场一对一直供销量要达到35万吨。中厚板事业部着力深化与国内顶级结构用钢企业的战略合作，重点提高重点品种在重点工程供货中的占有率，巩固扩大“国内结构用钢第一品牌”优势地位；要扩大与小松建机等国际知名企业工程机械用钢合作品牌效应，拓展高端用户群；要积极推动船板用钢进入造船行业，辐射更多高端用户。型线事业部要以开拓新产品市场、开发直供用户为主，锁定更多国家重点工程，推广新标螺纹钢，扩大新老客户订货量，提高螺纹钢一对一直供比，确保为国家级重点工程保供；要继续增加型材产品国内市场份额；要满足新一轮特高压建设大型角钢需求，争取更多高端大规格角钢订单；要扩大钢板桩在华南、华东地区的市场份额，辐射东南沿海甚至东南亚地区，提升产品品牌影响力。

用过硬的产品推动品牌建设。解放思想、创新领先，持续发力做高端，出精品、出红旗产品，加大敢为人先类产品的技术研发和市场推广，快速占领市场，推动锌铝镁、镀铝硅、高强桥梁钢、钢板桩等公司领先产品实现新突破，打造更多能够代表公司高度的顶尖产品。2019年，公司品种钢比例要达到76%以上，高端产品产销量要达到731万吨，其中汽车板销量要达到260万吨，家电板销量达到120万吨。汽车板事业部要将锌铝镁作为重点产品去攻关，以供货宝马汽车为切入点，加强高等级汽车面板和锌铝镁产品开发，将锌铝镁打造成业内领先品牌；2019年，780及以上超高强钢计划8.5万吨，力争10万吨；镀铝硅计划10万吨，力争12万吨；瞄准1吉帕超高强钢产品，逐渐增加500兆帕以上高强、冷弯耐候、DR材产品、极限薄规格等重点产品产销比例；全流程优化汽车稳定杆产品工艺，确保年内实现批量化稳定生产。卷板事业部要着力提高锌铝镁以及热轧薄规格、酸洗汽车结构用钢等重点产品的生产比例，年内完成热轧薄规格60万吨、锌铝镁18万吨、酸洗汽车结构钢15万吨以及440兆帕以上结构级镀锌12.5万吨的产销目标。中厚板事业部要聚焦并着力加快高强度桥梁钢以及高强钢、顶级建筑结构用钢、高端模具钢、双抗管线钢等钢种的研发生产，实现高端品种开发生产的系列化、规模化，全年重点产品产量要达到120万吨。型线事业部要提高钢板桩产品的质量档次和生产规模，与津西和新日铁对标，争创一流水平；积极推进新规格钢板桩研发，年内具备批量生产能力并力争实现系列化。特色钢板桩和高端大规格铁塔角钢全年销量要力争达到30万吨。高端大规格铁塔角钢直供国家电网并争做国内钢企供货量第一。棒材产品品质以及矿材产品品质与市场占有率争做国内第一。

着力提升产品售价。把客户资源作为公司的战略资源，着眼于提升定制化服务水平、满足高端客户的现实和潜在需求、为客户创造价值，深度研究开发客户资源，加强客户管理和客户维护，推进客户服务保障体系建设，提高客户满意度，增强市场话语权，全力为高端产品实现高端售价、高端利润打通路径，带动公司产业链条向价值链的中高端迈进。认真研究解决在高端产品研发、技术装备操控等方面的不足，释放高端装备潜能，以顶尖拳头产品引领产品档次升级和售价提升。根据市场变化，及时调整营销策略和价格策略，调整市场资源投放，优化品种结构，完善价格政策，加大激励考核力度，提高产品创效能力。创新营销管理机制，探索网上超市模式，提升产品售价。发挥集团价格平台监督作用，加强重点品种价格对标分析，及时发现和解决价格政策、销售机制等方面存在的问题。2019 年，公司产品综合售价同口径要力争比 2018 年提升 100 元/吨。

加快推进供应链建设。落实集团战略部署，加快推进长春五矿、台州吉利、保定板材、天津国能等剪切加工配送项目建设，年内要完成保定板材改造、台州吉利等项目建设，着力完善汽车板等高端产品的销售链条，切实解决对接客户的瓶颈障碍，提高市场响应速度和客户服务能力，实现与客户的无缝对接。虚心学习借鉴钢材加工配送先进企业运营经验，为剪切加工项目建成后的运营管理和高效率生产打下基础。

（二）全方位高标准强化产线支撑体系建设基础工作，从根本上提升企业核心竞争力

着眼于增强产品适应性、推进市场多元化，继续瞄准产线，夯实基础，强化体系落地，真正把企业竞争力落实到产线上，把产线打造成为服务市场和用户的发源地，推动产线高质量发展。

专注技术进步和科技创新。坚持创新驱动发展战略，持续强化技术创新对企业发展的核心作用，进一步加大技术创新投入力度，完善与高端用户和科研机构深度融合的技术创新体系。针对钢铁市场新变化，重新研究各产线工艺适应能力和产品方向定位，从新工艺、新技术、新产品角度着手改进，更好适应新的市场。牢牢把握“装备能力释放”这条主线，深化与河钢东大产业技术研究院等集团内外研发平台的交流与合作，针对高炉利用系数、烧结机电耗等指标，加快推进新工艺、新技术应用。其中，锌铝镁镀层产品在巩固现有行业应用的基础上，立足自主创新和产学研合作，持续改善产品质量，加强家电特别是汽车行业推广应用。加大镀铝硅在内的热成型钢的研发应用，加强基础研究，完善性能系列化，努力实现自主知识产权。有序推进“冷轧超高强双相钢的研制与应用”等重大科技专项课题，及时总结提炼科研成果，确保取得预期成效。紧跟集团战略步伐，积极参与河钢—中建钢构建筑用钢、河钢—北汽新能源等集团客户创新研发中心建设，加强用户技术支撑能力建设，重点做好长安客车轻量化降本攻关，与汽车轻量化联盟开展项目论证，年内实现超高强汽车板品种全覆盖，完成 780 兆帕以上高强钢数据库建设，快速提升客户技术服务能力。以重点产线为依托，深入开展炼钢机理研究与模型化建设，为公司向智能炼钢迈进提供支撑。在部分产线逐步推广柔性化控制工艺，开展 780 兆帕、980 兆帕及 1180 兆帕复相钢研发、试制和市场推广，为提高产品生产灵活性提供保障。

扎实强化产品质量支撑。践行“严谨、受控、无缺陷出厂”的质量方针，以更高的质量意识带动质量标准提升，以更高的质量标准带动高端产品质量控制能力提升。狠抓质量管理体系落地和标准化作业，坚持“体系工作日常化，日常工作体系化”思维，导入质量体系内部用户评价机制，加强质量管理培训，持续开展项目拉练，注重用体系的视角和工具处理问题，提升解决质量问题的能力。以冶金数据库为基础，建立在线产品质量性能预报机制和在线质量控制，动态优化影响产品质量过程控制的关键参数。加强信息化系统应用，年内冷轧系统要基本实现产线自动排产规划和资源计划管理。加大 KPI 指标库应用，推动质量管理数字化。

充分挖掘和发挥人才优势。加大市场化选聘高端人才力度，深化职业经理人制度，实现专业人才市场化，努力形成高端人才“引得进、留得住、用得好”的良好环境。全面实施技管人员素质能力提升培训，开展课题攻关，推动新方法、新工具的普及和落地，提升技管人员的综合技术能力。全面推

行积分制管理，推动积分制管理系统上线投运并加强运维管理，保障员工素质能力积分管理落地。聚焦关键产线和关键岗位，抓好薪酬分配制度改革和生产操作系列岗位体系改革，加大对有突出贡献人员的奖励力度，提高全员创新创效的积极性。落实《专家管理办法》，做好专家研修、座谈、回访、提案等工作，为专家作用发挥提供保障。深化推进作业长制落地，加强与体系的深度融合，完善示范作业区评比等管理办法，组织作业长资格培训和素质能力提升培训，提高作业长队伍的整体水平。及时合理优化人力资源，配合乐亭钢铁项目做好人员配备，为集团沿海钢铁基地建设提供人力支撑。

加速推进智能制造。学习多法斯科钢厂经验，积极稳妥、循序渐进地推进智能工厂建设，转变理念、解放思想，完善技术和工艺路线，加大智能技术应用，重点抓好智能制造项目实施和信息化系统优化升级，建立起精准的智能制造体系，为公司提升产线差异化优势、迈入高端循环提供支撑。推广应用模型化生产经验，将热轧产线模型化技术成果向冷轧产线移植，建立高强汽车板等全流程模型化生产样板；在公司基本实现单工序模型化生产应用的基础上，细化推进工作，切实将模型化生产的理念和措施落实到产线，融入工艺和设备操作中，最大程度减少人为干预，年内基本实现多工序、全流程一体模型化生产目标，为实现生产制造智能化打好基础。

以更高标准提升生产运行效率。生产组织方面，继续秉持“生产为用户，产就高效率”理念，针对外部环境和条件变化，及时科学合理调整生产组织和品种结构安排，高效应对市场变化，充分适应和满足市场需求。对标行业先进，加强生产精细化管理，科学组织生产衔接、能源调配、产线维检等环节，努力把装备能力和效率发挥到极致。其中，炼铁系统要围绕“提升产量、降低成本、创新管理”三条主线，开展铁前工序对标，确保“稳定、优质、高产”，为钢轧系统提产创效提供最大支撑。一钢轧厂要对标阿维迪等先进企业，抓好高强薄规格轧制等课题攻关，年内实现“炼钢日产1.75万吨、3号连铸日产5500吨和1700线日产过万吨”的目标。二钢轧厂要借鉴安徽贵航钢铁经验，加快构建并固化高效率、快节奏、低铁耗的生产模式。中厚板公司要对标五矿营口中板公司，兼顾生产效率和产品结构，扩大高附加值产品产销规模。设备管理方面，继续秉承“受控、高效、零缺陷运行”管理理念，深度推进设备标准化、精益化、信息化管理，切实用好设备全生命周期管理和在线监测系统，强化关键装备功能发挥和精度管理，以更高标准开展提高机时产量和产线作业率攻关，努力使在线装备运转达到节奏最快、效率最高。库存管理方面，要在保证生产顺行前提下，紧盯供销两端，盘活内部资源，加快物资周转。强化产销衔接，将产成品和半成品降库攻关作为重点，倒逼各环节加快周转、提高效率。

（三）稳步推进综合改革和全员创新，充分激发企业内生动力和发展活力

深入开展“双百行动”试点。贯彻落实国务院国资委和省国资委各项部署，围绕“五突破、一加强”目标，积极稳妥实施《公司综合改革实施方案》，重点推进混合所有制改革，增强内部约束和激励引导，充分调动广大干部职工的积极性，为公司高质量发展提供支持和保障。完善市场化运营机制，扩大市场化选聘职业经理人范围，进一步探索推行经理层任期制和契约化管理，努力打造一批懂经营、善管理、能创新的企业家队伍。

充分发挥绩效管理的激励导向作用。积极推广积分制管理，健全和完善企业绩效评价应用体系，着力构建以客户和产品结构优化为主线、以利润为核心的绩效考核评价体系，明确考核导向，严格考核纪律，促进各单位更加关注制约经济效益、竞争力提升的核心工作，充分发挥绩效评价的牵引激励作用，促进公司经营管理水平进一步提高。

进一步加大全员创新推进力度。在坚持推进技术创新和管理创新的基础上，重点在职工岗位创新上做文章，积极推动开展职工各专业领域创新工作，发动全员瞄准产线和基层，围绕自身岗位，开展小微式自主创新，让创新成果真正落实到产线，以创新激发企业潜能，推动企业跨越式发展。

继续深化“强服务、提效率、转机制”活动。在重新梳理管理流程、重新搭建组织架构的基础上，逐渐将事务性工作与业务性工作分开办理，并将信息化手段应用到公司管理体系中，从根本上提高两级机关和双职能单位的管理效率，更好地适应公司提升生产经营管理整体运行效率的需要。

（四）毫不动摇地扭住并狠抓效益不放松，全面增强抵御市场风险的能力

2019 年，公司上下要摆脱单纯的成本思维定式，始终坚持以效益为中心，统筹抓好成本费用管理各项工作，积极稳健应对市场变化。

以效益为中心统领成本管理。公司各系统、各单位要始终紧紧围绕企业整体效益这个中心，在算好公司整体效益大账的基础上，做好自身生产组织和成本管理。炼铁系统要在提高生产效率和生产水平的基础上，优化焦炉、烧结和高炉原料结构，降低结构成本。炼钢系统要在降低铁耗、增吃废钢、提升产量水平的基础上，调整转炉炉料结构，降低冶炼成本。轧钢系统要在合理安排订单排产的基础上，努力实现满负荷高效率生产，为降低成本创造条件。

加强资金管控和融资创效。实施更加严格的资金管控标准，确保资金流动性和“造血”能力。严控固定资产投资，把有限的资金投入到科技创新和产业链延伸上，严把工程安全、质量、投资、进度关，保证资金高效利用和资金链安全。积极盘整全产业链中蕴藏的内外部资源，深度挖掘产业链金融属性，拓宽融资渠道，优化融资结构，实现融资创效。深入推行财务共享模式，完善共享中心标准化、智能化建设，深度挖掘客户端结算方面蕴含的资金潜力，推动建立更加规范、科学、高效的运营管理体系。认真研究公司区位调整实现资产对冲和债务结构优化的途径，为公司顺利实施区位调整创造有利条件。

坚持抓好费用控制。要整体优化全供应链物流业务，建立物流全费用数据库，力求降低各环节物流费用；积极转变物流组织模式，加快推进重点铁路改造项目，推广原料集装箱铁路运输模式，促进“公转铁”运输增量，降低运输费用。要加强设备全生命周期管理，实施精准维修，节省检修费用和维护成本；坚持以“性价比最优、总成本最优”为原则，建立新型备件采购计划管理和多元化采购模式，提高备件修旧再利用比率，降低备品备件采购费用。

（五）抓住历史机遇期，推动非钢产业换挡升级

按照集团发展非钢产业战略部署，举全公司之力，抢抓“双百行动”和区位调整历史机遇，加快推动优质资源向现代工业服务业倾斜，着力培育差异化竞争优势和比较优势。

推进非钢体制机制改革创新。以实施“双百行动”改革试点为契机，对条件成熟的非钢单位，加快谋划实施股权多元化及混合所有制改革。健全非钢企业法人治理结构，强化约束和激励引导，为非钢产业新一轮发展奠定基础。完善市场化经营机制，探索建立厂部级经理层任期制和契约化管理，畅通经营管理层市场化转换通道，研究建立更加科学、规范的职业经理人制度，为非钢

单位加快发展注入强大动力。

加快钢铁主业产业链延伸。围绕钢铁产业链条，推进钢铁向材料延伸，由材料向零部件、由零部件向模块化服务延伸，不断赋予钢铁新的内涵，提供更丰富的增值服务，推进钢铁产业链条向先进制造业纵向延伸、横向拓展，为集团加快建设以钢铁材料为基础的跨国产业集团作出应有贡献。

全力发展现代工业服务产业。致力于融入现代化经济体系，以打造国内领先的现代工业服务平台为目标，着力构建信息技术服务、钢铁深加工与资源开发、绿色产业与新型化工、装备制造与工程技术服务、现代物流等五大现代工业服务产业集群，加快各板块核心技术、核心产品研发及外部市场开拓，全力提升现代工业服务业的外部市场竞争力、品牌影响力和创效能力，推动非钢产业向高端、高新、高效方向发展。

聚焦发力战略性新兴产业。按照国家战略性新兴产业发展指导意见及集团部署，集中技术、人才、资源优势，重点发展新一代信息技术、智能制造、节能环保等战略性新兴产业，通过合资合作、技术引进等手段，谋划在新能源产业取得突破，择机进入氢能源和大宗化工原料领域，促进非钢板块实现跨越式发展。

以新思维拓展城市服务领域。紧盯智慧唐山建设，通过引入优质合作伙伴，创新合作运营模式，积极推动微尔自动化公司的云计算中心作为智慧唐山数据中心，积极参与智慧唐山各类项目建设，着力打造城市服务新生态圈，实现钢铁企业与城市发展的融合共生。

抢抓机遇谋划转型发展。抢抓企业区位调整政策窗口期，依托现有资源，借鉴成熟开发经验和运营模式，主动推动现代绿色物流园区、数据产业园等项目落地，以创新思维提升新产业、新业态、新模式发展能力，推动后“十三五”时期公司非钢产业转型升级。

（六）积极融入集团国际化和区位调整进程，为集团打造“世界的河钢”提供支撑

全力抓好塞钢运营管理。以中塞两国领导人的高度肯定为动力，继续用足用好两国优惠政策，充分借助集团资源配置能力和公司管理优势，引领塞钢加快技改投资项目建设，降成本、拓市场、提售价，进一步提升经营业绩。2019 年，塞钢钢坯产量要达到 175 万吨，销售钢材达到 165 万吨，实现利润 2760 万美元。同时，在集团统筹下，积极推进中塞友好工业园区建设，在为塞钢提供配套服务的同时，提升公司多元产业发展水平。

积极推进国际合作和产品出口。紧跟集团“走出去”战略步伐，在集团全球化布局的大框架下，积极参与国际竞争，在国家“一带一路”建设上主动担当作为。重点围绕公司闲置设备再利用，稳步推进与俄罗斯、菲律宾等国家和地区的国际产能合作，积极打造公司国际化发展差异化优势。在兼顾短期效益与长期利益、准确研判国内外钢铁市场的基础上，适时调整出口策略，优化市场布局，实施精准营销，强化协同运营，重点拓展汽车用钢、中厚板材出口空间，发挥出口对产品升级的带动作用。2019 年，公司汽车、家电用钢出口量要达到 12 万吨；锌铝镁产品每月力争出口 1 万吨；全年钢铁产品出口总量要达到 193 万吨。

切实做好助力乐亭钢铁项目和推进公司区位调整工作。在集团领导和指挥下，以建成世界一流、国内领先、引领行业的“绿色化、品牌化、智能化”新一代流程钢厂为指引，积极助力和配合乐亭钢铁抓好项目建设、公辅配套、采购渠道和客户端布局，为 2019 年上半年一期一部建成投产提供全面支撑。重点支持做好气体、石灰、钢渣、焦化等项目，确保按时完成。同时，按照省委省政府、市委市政府统一部署和集团要

求，稳步推进公司有关区域退城搬迁相关工作，努力完成各节点目标任务，为公司长远发展奠定基础。

（七）以空前力度坚决抓好安全生产和环保工作，为公司健康发展提供坚强保障

站在讲政治顾大局的高度狠抓安全生产。强化法制思维，落实主体责任，坚守安全底线，夯实安全生产基础，促进公司安全生产再上新水平。建立以安全理念、安全制度、安全环境、安全行为为主要内容的“四位一体”安全文化，并将其融入生产经营全过程，提高公司本质化安全管理水平；落实各级管理人员安全履责清单，强化隐患排查治理；强化产线安全管理，推动安全规程、安全制度真正落实到产线。规范应急标准化企业建设，完善应急管理体系，确保消防、煤防等各类应急救援力量有效备战、高效联动。

矢志不渝推进能源环保管理。环保方面，深入践行“生态优先、绿色发展”理念，坚持以科技进步和管理创新为手段，全力抓好污染防治，确保重点减排支撑项目在内的所有减排设备稳定高效运行，坚决保持公司全行业绿色制造领先地位。全年颗粒物、二氧化硫、氮氧化物排放量同比上年要分别下降10%、15%、20%以上，确保达到《唐山市钢铁行业超低排放标准》。能源方面，加强信息化手段运用，实施高强汽车板压空系统节能改造、一钢轧厂电极节能改造等项目，进一步提高能源系统管理效率。全年吨钢能源外购成本力争在2018年基础上再降10元。

（八）切实做好党群工作，为公司高质量发展提供政治保证

持续强化党建基础工作。一是强化政治保障。把党的政治建设放在首位，旗帜鲜明讲政治，进一步树牢“四个意识”、落实“两个维护”，始终在政治上同以习近平同志为核心的党中央保持高度一致。二是强化组织保障。健全党的组织体系，提升基层党组织战斗力，激发基层党组织活力；坚持严管和厚爱结合、激励和约束并重，建设高素质专业化干部队伍，汇聚起推动公司高质量发展的强大合力。三是强化文化保障。在集团企业文化框架和先进理念引领下，充实并丰富唐钢企业文化的特质、底蕴和内涵，增强职工的归属感和认同感，提高干部职工的凝聚力和战斗力。四是强化作风保障。认真履行党风廉政建设主体责任和监督责任，驰而不息正风肃纪，强化制度建设、监督制约、廉洁教育，构建并保持良好政治生态。

着力加强职工队伍建设与管理。认真落实《新时期产业工人队伍建设改革方案》，大力弘扬新时代劳模精神和工匠精神，鼓励职工立足产线和岗位开展形式多样的岗位创新活动，全面提升职工整体素质，建设一支知识型、技能型、创新型职工队伍。实施星级职代会创建活动，规范职工代表大会制度，坚持开好公司两级职代会年度会议，认真落实董事长总经理联络员制度，充分发挥职工代表在企业民主管理中的重要作用。切实做好关心关爱职工各项工作，深入开展送温暖活动，千方百计为职工排忧解难，真情传递企业关爱，全力提高职工的获得感、幸福感和安全感，让广大职工快乐工作、幸福生活。

同志们，时代更替，岁月变迁，历史车轮滚滚向前，企业发展不能停步。新的一年已经到来，让我们在河钢集团和公司的坚强领导下，坚定信心，保持定力，以奋斗者的姿态，以一往无前的勇气和魄力，聚精会神地做好2019年各项工作，奋力开创公司转型升级和高质量发展新局面，为集团建设最具竞争力钢铁企业作出新的更大的贡献！

中共河钢集团唐钢公司委员会
2018年工作总结及2019年工作要点

一、2018年工作总结

2018年，在河钢集团党委的坚强领导下，公司党委深入学习贯彻习近平新时代中国特色社会主义思想和党的十九大精神，按照中央和上级党委决策部署和工作要求，认真部署开展了政治性警示教育、中央巡视整改、作风纪律专项整治等活动，进一步加强了企业党的领导和党的建设，较好地发挥了党委“把方向、管大局、保落实”的领导作用，为公司生产经营和改革发展、为促进集团综合竞争力全面提升提供了坚强保证。年内，公司党委被省国资委党委授予“先进基层党组织”称号。

（一）认真学习贯彻党的十九大精神，坚持以习近平新时代中国特色社会主义思想武装头脑、指导实践

公司党委认真落实中央、省委、省国资委党委和集团党委安排部署，切实把学习、宣传、贯彻党的十九大精神作为全年首要政治任务，通过组织开展专题讲座、撰写心得体会、评选精品党课、开展主题党日活动等形式，引导各级党组织和广大党员在学懂、弄通、做实上下功夫，着力提高政治站位和政治觉悟，树牢“四个意识”、增强“四个自信”、践行“两个维护”，在思想上、政治上、行动上始终同以习近平同志为核心的党中央保持高度一致，推动十九大精神在全公司落地开花，为公司做好各项工作注入了强大的精神动力和思想保证。一年中，公司党委中心组共开展十九大精神专题学习6次，组织专题报告2场次，组织厂部级以上领导干部参加集团专题培训4场次，党员领导干部的政治能力和政治觉悟得到持续提升。

（二）切实加强企业党的领导，充分发挥党委“把方向、管大局、保落实”的领导作用

加强对党内制度建设的领导。结合贯彻落实党的十九大精神，组织修订完善《公司党委工作规则》并严格执行，保证了党的大政方针政策、重大决策部署在公司的贯彻执行。落实党委研究讨论是董事会、经理层决策重大问题前置程序的要求，制定公司党政《贯彻落实“三重一大”决策制度实施办法》，规范了党组织参与重大问题决策的基本程序。制定实施公司《党建工作三年规划》《党建工作责任制实施办法》等指导性文件，进一步压实了党建工作责任。推进公司章程修改工作，年内推动完成了公司和24个子公司章程的修改工作，明确了党组织在公司治理结构中的法定地位。

加强对党的基础工作的领导。坚持利用《党委年度工作要点》、年度党委工作会议、党委系统七一表彰大会等时机、载体和形式，对党委工作进行总结和部署；坚持每月下发《党委工作要点》、召开党委书记办公会和公司月末例会，逐月部署党建重点任务并督导基层党组织抓好落实，提高了各级党组织管党治党的责任意识。此外，公司党委全年召开常委会会议38次，研究重大议题120余项，切实把党的领导融入了公司经营管理的全过程；及时传达中央、省委省政府和集团党政决策部署，集中研究公司贯彻落实举措，确保了公司改革发展始终与上级党委政府决策部署和集团战略同向同行。

加强对党风廉政建设的领导。在落实全面从严治党要求、推进企业党风廉政建设中，充分发挥党委领导的政治指南针作用，指导全公司扎实开展政治性警示教育和“彻底肃清周本顺等人恶劣影响，进一步优化政治生态”教育，引导各级党组织把党的政治建设放在首位，认真汲取严重违法违纪案件的深刻教训，以案为鉴，警钟长鸣，干净彻底地从政治上、思想上、组织上、作风上肃清省内腐败案件的恶劣影响，确保了公司党风廉政建设始终沿着正确政治方向发展。

（三）认真贯彻落实新时代党的建设总要求，公司党建工作整体水平实现新提升

加强党的组织建设。一是积极开展“双强双促”基层党建提升年活动。将2018年确定为“基层党建工作提升年”，以抓实基本组织、基本队伍、基本活动、基本制度、基本保障为重点，扎实开展系列活动，强化活动指导、宣传推介、监督检查、激励考核等工作，制定实施《基层党支部工作管理标准》，扎实做好集团党建调研反馈意见整改落实，公司党建工作标准化、规范化水平得到全面提升。二是完善基层党组织设置。结合调整事业部制运营模式，按照“有利于发挥党组织作用、有利于开展党建工作和党员教育管理、有利于促进企业发展”的原则，及时调整基层党组织设置，年内先后成立各事业部党委，明确普锐特公司、惠唐物联公司等单位党组织关系隶属，推动独立法人单位及时成立党组织，保证了全公司党组织设置的全覆盖。三是推进基层党组织换届选举和党委委员增补工作。年内指导和推动7个单位党委完成换届选举、6个单位党委完成党委委员增补工作，公司基层党委班子建设得到进一步加强。四是落实基层组织生活制度。组织两级班子成员召开政治性警示教育、巡视整改等专题民主生活会，推进落实领导干部双重组织生活会制度，督导基层党支部落实“三会一课”等基本制度，公司党内组织生活更加扎实、规范。五是加强党建工作述职考评和对标交流。通过开展基层党委书记抓党建年度述职测评、党建工作现场观摩等形式，总结经验、改进工作，进一步强化了基层党委书记抓党建工作的责任意识。

加强党员教育管理。一是加强党员基础管理。做好发展党员工作，年内新发展党员186名，全公司党员总数达到13500余人，党员队伍结构进一步优化。在节假日前夕，坚持走访慰问困难党员和老党员，全年发放慰问款项54万余元，有效传递了公司党组织的关心关爱。制定实施《关于进一步加强党费收缴使用管理的规定》和《党组织工作经费作用管理规定》，进一步规范了党费和党组织工作经费管理。二是深入开展党内特色活动。以“不忘初心 牢记使命”为主题，开展纪念建党97周年系列活动和“两优一先”评比表彰、党员重温入党誓词等活动，激励广大党员以实际行动向建党97周年献礼。紧密围绕企业生产经营中心，组织党员开展“亮身份、比党性，亮指标、比业绩，亮事迹、比奉献”主题实践活动，每季度评选百名市场营销明星、产品研发明星、产线创效明星、岗位服务明星，引导广大党员充分发挥先锋模范作用，以饱满的热情参与企业生产经营和改革发展。三是加强党员活动室建设。明确党员活动室基本内容、标准和要求，认真开展党员学习教育等活动，使一个个党员活动室真正成为了党员之家。四是加强党建信息化管理。认真做好全国党员信息系统、河北省12371网涉及公司的工作，提高了公司党员管理信息化水平；坚持定期在公司党群工作平台上传党委重点工作及活动信息，全年上传信息400余篇，为公司开展党建工作提供了新阵地。

推进党建管理工作创新。一是推行网格化管理。在总结上年试点经验基础上，推广实施党群工作网格化管理，组织对30家单位党委开展网格化检查并督促问题整改，基本搭建了系统化、网格化的党群工作管理体系。二是加强党建研究。利用党建研究会平台，深入开展党建课题立项和研究，在各级党组织和全体党员中营造了关心重视党建、齐心协力抓党建的浓厚氛围。年内完成党建课题立项89项，其中两项课题分别荣获省国企党建研究课题成果一等奖和三等奖。以《钢铁先锋》为载体，打造企业党建特色专刊，充分展示了企业党建研究成果和党建工作风采。三是深入开展“强服务、提效率、转机制”活动。借助信息化手段，推动建立党务工作体系化和流程化的工作方式，促进了党务管理的效率提升和党务干部的作风转变。四是深化党群系统绩效管理与考核。结合事业部组织架构调整及新成立党委的实际，完善党建工作责任考核评价体系，确保绩效管理工作覆盖全面、数据准确，并打通了公司党委、党群各部门和各单位党委之间的信息化管理通道。

（四）着力加强领导班子和干部队伍建设，为公司改革发展提供了坚强保障

加强领导班子建设。按照上级党委部署，先后组织两级领导班子召开政治性警示教育专题民主生活会、2017年度民主生活会、巡视整改专题民主生活会，放大政治教育功能，通过问题自查整改，进一步提高了两级领导班子的政治敏锐性和政治鉴别力。提出并践行“五型”（勤于学习创新型、乐于团结协作型、善于经营管理型、勇于责任担当型、严于清正廉洁型）领导班子建设目标，提升了厂部级领导班子的整体合力。以集团年度部署和企业战略为绩效导向，健全厂部级领导班子考核机制，激发了厂部级领导班子的整体功能。年内完成上年度厂部级领导班子和厂部级管理人员考核工作，评选有突出贡献领导班子5个、优秀领导班子14个以及63名优秀厂部级管理人员。

加强领导干部队伍建设。一是坚持党管干部原则，服务于集团转型升级战略实施和公司生产经营实际，及时为河钢乐亭钢铁等项目选配专业化、高素质领导干部，严格标准，规范程序，全年完成74名厂部级领导干部任免调整工作，完成涉及14家控股及参股子分公司的25名监事、董事任免审批工作，厂部级领导干部的年龄结构、知识结构得到进一步优化。二是坚持严管与厚爱相结合，积极开展领导干部不担当、不作为问题专项治理，扎实开展纠正“四风”和作风纪律专项整治、“一问责八清理”等专项自查整改，规范党员领导干部网络行为，营造了干事创业、奋发有为的浓厚氛围。三是完善后备干部梯队建设。制定实施《中青年干部挂职锻炼培养方案》，建立“人才素质评价模型”，形成科学、合理、规范的青年干部选拔、培养、任用管理体系，激发了中青年干部的工作积极性。

（五）扎实推进宣传思想和意识形态工作，为公司改革发展提供了强大的思想保证和精神动力

全面加强政治理论学习。一是印发实施《进一步加强公司两级党委理论学习中心组学习工作的通知》，加强两级党委中心组学习督导，重点组织学习习近平新时代中国特色社会主义思想和党的十九大精神，引导领导干部树牢“四个意识”、坚定“四个自信”、做到“两个维护”，以党中央的新思想、新理念、新要求武装头脑、指导实践。二是组织广大党员干部认真学习全国“两会”、全省“双创双服”活动动员部署大会、全市推进高质量发展大会以及集团、公司重要会议精神，引导广大党员干部以岗位建功的实际行动，积极投身国家、地方和公司高质量发展的新实践。

突出抓好形势任务教育。一是加强重点工作宣传。紧密结合集团和公司各时段面临的机遇与挑战，围绕落实集团和公司重要会

议精神，聚焦全年生产经营目标任务，充分利用报纸、电视、微信等媒体，多形式、多角度抓好形势任务教育，引导广大干部职工认清形势、明确目标、扎实工作，真正把企业党政决策部署贯彻到基层、落实到岗位，转化为职工的自觉行动。二是做好主题宣传策划。围绕集团成立十周年以及公司“决战四季度”等主题，聚焦“生产为用户，产就高效率”等全新理念，认真做好专题宣传，引导广大职工切实将思想和行动统一到公司中心工作上来，达到了提振信心、鼓舞斗志、凝聚力量的效果。三是探索实行分众化三级宣讲模式。提供“班组一张纸”学习提纲，推出职工学习“口袋计划”，进一步丰富和拓展了形势任务宣传教育的形式。四是加强职工思想调研。年内组织调研座谈30余次，助力了企业决策部署在基层的贯彻落实。

抓好企业文化和精神文明建设。一是深入开展纪念集团成立十周年系列活动。系统回顾和总结集团成立十年来公司在助力集团最具竞争力钢铁企业建设、实现自身高质量发展等方面取得的巨大进步和辉煌成就，引导广大职工以饱满的热情投身企业生产经营各项工作，以良好的生产经营业绩向集团成立十周年献礼。二是深入践行集团理念。落实集团要求，着力强化集团品牌标识使用管理，助力集团品牌影响力进一步扩大。三是开展工作信条征集活动。在集团愿景、使命和理念等企业文化体系框架下，通过“提炼”和“植入”等手段，总结出具有公司特色，适合企业发展定位、奋斗目标和工作作风的工作信条并积极推广，形成了持续推动企业发展的全新文化元素。四是开展质量文化培育活动。以打造“受控、严谨、无缺陷出厂”的质量管理理念为核心，大力营造质量文化，使“倡导工匠精神、追求质量至上”成为企业文化建设的重要组成部分。五是培育和践行社会主义核心价值观，深化群众性精神文明创建活动，切实将社会主义核心价值体系的各项要求落到实处。六是坚持做好季评“爱岗敬业十佳职工”工作，持续营造了比学赶超的浓厚氛围。

（六）压紧压实党风廉政建设“两个责任”，为企业营造了风清气正的良好环境

认真落实党风廉政建设主体责任。一是加强工作部署。认真贯彻党的十九大和十九届中央纪委二次全会精神，深入落实集团党委、纪委部署要求，切实把党风廉政建设纳入重要议事日程，通过召开年度党风廉政建设工作会议、七一总结表彰大会，以及制定印发党委年度工作要点等形式，对全年及各时段党风廉政建设重点任务进行部署，为推进党风廉政建设提供了保障。二是强化督导落实。通过定期召开党委书记办公会、印发党委月度工作要点、开展落实“两个责任”巡察督导等形式，着力加强党风廉政建设日常督导落实。同时，结合集团党委、纪委要求和新形势新任务，不定期召开党委常委会会议，专题调度、专门部署党风廉政建设重点事项和重点任务，确保了各项工作落到实处。三是严肃考核问责。完善落实“两个责任”实施意见和责任清单，组织各单位党委、纪委逐级签订《党风廉政建设责任书》，形成了系统完善的责任体系。坚持执行领导干部诺廉述廉评廉考廉制度，对落后的进行谈话约谈，对先进的予以表彰，有效发挥了考核问责的引导、激励和约束作用。年初完成厂部级领导班子及管理人员党风廉政建设责任制和廉洁自律考评，对20多名拟提拔厂部级干部进行了廉洁自律审查、廉政考试和廉政谈话。四是深入开展廉政风险防控工作。在开展试点工作并总结经验的基础上，在全公司推广廉政风险防控工作，梳理重要领域、关键岗位的重点职权并确定廉政风险防控措施，初步构建了公司各层面的廉政风险防控体系。

坚持加强党风廉政教育。一是深入学习贯彻党的十九大精神。组织各级党组织和广大党员干部认真学习十九大报告、新党章等，深入领会十九届中央纪委二次全会精神，充分认识新形势下国企党风廉政建设总要求，为推进企业党风廉政建设提供了思想保障。二是扎实组织政治性警示教育监督检查。认真学习贯彻全省、省国资委系统政治性警示教育大会精神，围绕方案制定、动员部署、集中学习以及召开专题民主生活会和组织生活会等环节，做好监督检查工作，引导全体党员干部特别是中层以上领导干部，充分认识严重违纪违法案件的深刻警示，围绕“五查”内容，认真查摆自身问题，全力抓好问题整改，提升了领导班子和班子成员个人的政治自觉、政治能力和政治担当。三是加强党规党纪教育。组织党员干部学习新修订的《中国共产党纪律处分条例》，引导广大党员干部严格遵守六项纪律，牢记各项廉洁自律要求。四是加强党风廉政教育。深入开展干部廉洁自律宣讲、廉政微党课、廉政专题征文等活动，召开警示教育大会，组织收看《警钟》等专题片，提高了党员干部和重点岗位人员的廉洁从业意识。五是推进基层示范性廉洁文化园地建设。通过创办廉政微信群、观看廉政教育电教片、举行廉政知识考试等方式，不断丰富廉洁教育的内容和形式，提升了党员干部遵规守纪的意识。六是举办纪检监察业务培训。由公司党委书记给广大党员干部上廉政专题党课，有效提升了党员干部的廉洁从业意识，提高了公司纪检监察干部的素质和能力。

持之以恒纠正“四风”。一是扎实开展纠正“四风”和作风纪律专项整治。紧密结合“一问责八清理”专项行动，指导和督促各单位党委认真组织自查和问题整改，引导各级干部带头纠正“四风”，有效防止了“四风”问题反弹。二是加强日常和敏感时段监督检查工作。坚持早教育、早发现、早预防，强化形势教育、警示教育和党纪党规教育，同时采取明察暗访、交叉互查等方式，对公款吃喝、收送节礼、婚丧事宜大操大办等严禁事项开展专项检查，营造了良好氛围。年内开展各类监督检查和明察暗访320余次，走访职工群众约1880人次。三是狠抓重点问题监督检查。重点加强对公务接待、办公用房、公务用车、领导干部违规兼职取酬、内部联谊宴请，以及重点岗位人员收受礼金、购物卡、烟酒、土特产等问题的监督检查，引导党员干部提高党性意识、遵规守纪、廉洁从业，避免了在“四风”问题上犯错误。

深入开展执纪审查。一是积极运用监督执纪“四种形态”。及时调查核实信访举报涉及领导干部的违规违纪问题线索，优先查办上级交办案件，严肃查处违规违纪问题，有效强化了执纪问责职能作用的发挥。年内共收到反映党员干部问题的线索18个，全部进行了初核。其中立案调查1件，给予党纪政纪处分1人，批评教育6人。二是支持纪委规范执纪审查工作程序。加强执纪审查谈话室建设，规范过程审批、谈话取证、案卷归档等工作程序，落实“领导包案”“一案双查”“签字背书”等工作纪律，做好信访举报来电、来信、来访接待和信访举报件处理、核查、归档等工作，提高了执纪审查的规范化水平。

着力深化专项监督监察。一是做好中央巡视河北和省委巡视组巡视唐山涉及公司的工作。按照巡视任务和内容安排，重点自查存在的问题，取得良好效果。二是大力完善2015年省委巡视反馈涉及的问题及整改台账，协调解决未完全整改的三项问题，取得重要进展。三是抓好集团巡察督导反馈意见整改落实。确定并落实四个方面问题的整改方案，确保相关问题得到及时整改。四是做好巡视巡察整改落实督导检查。成立三个督导检查组，围绕省委巡视、集团巡察督导等六方面内容，对35家单位和部门进行督导检查和问题整改“回头看”，有力推动了相关问题的整改落实。五是强化效能监察工作。印发实施《招投标执纪监督工作办法》，实行两级纪检监察部门全覆盖、分类负责的招投标执纪监督模式，促进了招投标监督执纪的规范化；健全“制度+科技”的监督体系，建立物联宝、智慧物流等信息化管理平台，推行公开招标和阳光采购，防止了廉政风险突出问题的发生。全年完成效能监察立项52项，避免和挽回企业经济损失960多万元。

（七）全面加强群团组织领导，广泛凝聚了推动企业发展的正能量

扎实开展工会工作。一是积极推进职工经济技术创新。创新开展“3+3+1+X”职工劳动竞赛，为公司重点经营指标改善提供了强大助力。年内，公司3座炉机先后16次荣获“全国冠军炉”“全国优胜炉”“全国创先炉”等荣誉称号。深化职工岗位创新，发挥郑久强创新联盟作用，积极开展职工岗位创新活动，助力企业重点工作实现新突破。扎实组织职工技术比赛，大力开展岗位练兵、技术交流、师徒帮教等活动，促进了职工队伍技能素质的提升。2018年，公司职工靳三峰、韩一杰分获世界钢协第13届模拟炼钢挑战赛冠亚军，公司选手包揽了中国赛区前十名；33名职工在全国钢铁行业、省、市和集团技术比赛中获奖。大力弘扬劳模精神和工匠精神，积极做好“河钢工匠”评选、“唐山工匠”比赛承办等工作，营造了尊重劳动、尊重创造的浓厚氛围。坚持开展职工劳动保护工作，健全完善企业劳动保护监督检查体系，推动了公司安全生产工作的新进步。2018年，公司共有15个班组荣获全国“安康杯”竞赛优胜班组称号，公司连续11年荣获全国“安康杯”竞赛优胜单位称号。二是深入抓好职工生活保障工作。扎实开展两节“送温暖”，全年为职工发放慰问款物价值300多万元。深入开展暑期“双服务”，进一步改善了一线职工生产生活条件。落实各级各类帮扶政策，全年向1875名困难职工发放救助资金275万元。坚持开展职工体检等普惠性活动，职工群众满意度普遍提升。三是着力加强职工民主管理。坚持落实以职代会为基本形式的企业民主管理制度，规范开好公司两级职代会，持续彰显了职工在企业的主体地位。坚持开好董事长及总经理联络员座谈会，较好地发挥了职工参与公司决策、管理和监督的作用。四是坚持抓好女工工作。广泛开展“巾帼竞风采 岗位建新功”主题活动，展示了公司女工“半边天”的新作为和新风尚。

加强和改进共青团工作。一是密切联系团员青年。落实“1+100”团干部直接联系青年制度，开展“走进基层，走进青年”基层调研等活动，增强了广大团员青年的幸福感、获得感和归属感。二是激发团组织活力。以“一团一品”创建活动为抓手，将创建工作从公司和各单位层面延伸到基层团支部，围绕产品研发、市场开拓等六类创建方向，引导基层团支部培育具有长效性的品牌活动。年内，160个基层团支部共打造86项品牌活动，提升了基层团组织的凝聚力、战斗力和向心力。三是推进共青团“七大工程”。围绕青年职工思想引领、岗位建功、创新创效、素质提升、安全保障、关爱青年和志愿服务等“七大工程”，创新开展系列活动，收到良好效果。2018年，公司各级团组织荣获市级以上荣誉60余项。

扎实做好武装工作。一是着力强化民兵思想政治教育和形势任务宣传教育，提升了广大民兵的责任意识、国防意识和应急意识。二是组织民兵开展产线创效、安全哨、护厂巡逻等生产参建活动，有效助力了企业生产经营中心工作。全年民兵通过参与挖潜创效立项累计创效1.2亿元，民兵安全哨查

改事故隐患1600余项，护厂巡逻检查超过1万次，有力保障了公司生产经营稳定和财产安全。三是落实年度民兵整组工作方案，圆满完成民兵整组任务。四是强化民兵应急力量建设。完成省、市军分区民兵应急检查点验任务，组织开展民兵军事训练，提升了民兵的综合应急处置能力。加强监督检查和提醒预警，圆满完成重点时段战备值班任务。五是加强国防教育、拥军优属、人民防空管理等工作，较好地完成相关任务。

（八）着力强化政治担当，全力做好驻村帮扶和信访稳定工作

着力推进驻村帮扶工作。认真贯彻落实中央和上级党委关于扶贫开发的工作部署，站在讲政治的高度，以产业扶贫为重点，大力支持公司三个驻村工作组开展工作，积极推动精准扶贫，取得较好成绩。全年组织104名党员干部结对帮扶502户贫困户，累计走访慰问2510户次，捐助帮扶资金90多万元，发放慰问金、慰问品价值26万余元，获得帮扶群众的高度认可。

全力抓好信访稳定工作。以“解决问题、化解矛盾、息诉罢访”为目标，深入开展信访积案攻坚化解行动，全面摸排影响企业稳定的重点领域、重点问题、重点群体和重点人员，切实保证了企业信访形势和周边关系的总体稳定。完善信访工作体系，建立健全信访督导制度，推进信访信息化建设，形成了信访工作长效机制。创新制定“信访事项督办通知函”，实现信访事项的流程管理。面向基层，搭建服务平台，化解疑难信访案件，提升了信访工作基层服务能力。2018年，圆满完成全国“两会”、中央巡视组驻省巡视等敏感时段维稳保障任务，为公司创造了和谐稳定的内外环境。

一年来，公司党委还坚持抓好保密、机要、统战、信息、史志编修以及老干部管理等工作，均取得可喜成绩，为企业生产经营和改革发展提供了重要保障。

二、2019年工作要点

公司党委2019年工作的总体思路是：以习近平新时代中国特色社会主义思想和党的十九大精神为指导，深入落实省委、省国资委党委和集团党委决策部署，坚持把党的政治建设摆在首位，着力加强思想政治建设、基层组织建设、纪律和作风建设、干部和人才队伍建设，适时组织开展“不忘初心，牢记使命”主题教育，在公司转型升级、打造竞争新优势中，更好发挥“把方向、管大局、保落实”的领导作用，以高质量党建引领和推动公司高质量发展，为促进集团最具竞争力钢铁企业建设提供坚强的政治保证。

2019年，公司党委要重点做好以下工作：

（一）深入学习贯彻习近平新时代中国特色社会主义思想和党的十九大精神，为公司转型升级和高质量发展注入强大思想动力

一是抓好两级党委中心组学习。坚持把习近平新时代中国特色社会主义思想和党的十九大精神作为核心学习内容，在学懂弄通做实上再加强，在转化学习成果上再深化，建立规范化、系统化、标准化学习机制，不断兴起学习、宣传和贯彻热潮，引导两级班子及成员切实增强“四个意识”、坚定“四个自信”、做到“两个维护”，并把学习成果转化为推动工作的强大动力。二是抓好基层党组织和广大党员的学习。坚持把学习党的十九大精神作为一项长期重要的政治任务，做好再动员、再部署、再学习、再培训等工作，引导广大党员领会思想内涵、汲取理论力量、转化实践成果，为公司做好当前和今后一个时期的工作注入强大思想动力。

（二）坚持把党的政治建设放在首位，全面提升公司党建工作水平

切实加强党的政治建设。一是坚持以习近平新时代中国特色社会主义思想武装头

脑，树牢“四个意识”、坚定“四个自信”、做到“两个维护”，严守党的政治纪律和政治规矩，坚决维护以习近平同志为核心的党中央权威和集中统一领导，确保在政治立场、政治方向、政治原则、政治道路上始终同以习近平同志为核心的党中央保持高度一致。二是坚持党的政治领导，把坚持正确的政治方向融入企业各项工作，充分发挥“把方向、管大局、保落实”的领导作用，确保党的路线方针政策和上级党委决策部署在公司得到不折不扣的贯彻执行。三是把营造良好政治生态作为党的政治建设的基础性工作，严格落实、规范执行新形势下党内政治生活若干准则，切实做到知行互促、知行合一，不断提高党员干部的政治觉悟和政治能力。

切实加强基层组织建设。一是认真贯彻落实公司党委印发的党建工作三项《制度》，以“组织力提升”为主题，突出政治功能，切实抓好基层党建工作，着力增强党的组织优势、组织功能、组织力量。二是认真学习《中国共产党支部工作条例（试行）》，大力推进基层党支部标准化、规范化建设，着力挖掘和培养先进典型，以点带面、选树推广，把公司基层党支部建设成为宣传党的主张、贯彻党的决定、团结动员群众、推动改革发展的坚强战斗堡垒。三是优化基层党组织设置，加强企业综合改革过程中的党建阵地建设和党务干部队伍建设，确保党组织设置全覆盖、党务干部应配尽配。加强党组织换届管理，确保程序严谨、规范。四是规范党内政治生活。严格执行中央关于党内政治生活的相关规定，确保党内组织生活更加扎实、规范。五是着力做好混改企业和海外企业党建工作，坚持做到“把方向、管大局、保落实”，同时注重总结混改企业和海外企业党建工作经验，打造亮点，树立品牌，确保党的领导和党的建设在公司深化综合改革和推进国际化发展中得到充分体现和切实加强。六是加大力度推进党建管理信息化，按照“强服务、提效率、转机制”总体要求，探索深化“互联网+党建”新模式，提升公司党建信息化水平。

加强党员教育管理。一是持续加强党员党性教育。在上级党委作出部署后，积极组织开展“不忘初心，牢记使命”主题教育，切实增强党员干部的党性观念和先进意识，切实把教育成果转化为坚定理想信念、砥砺党性心性、忠诚履职尽责的思想自觉和行动自觉。二是深化党员实践活动。坚持聚焦市场营销、质量提升、产品升级等重点工作，持续深化“三亮三比”党员先锋行主题实践活动，充分发挥党员的先锋模范作用，促进党建工作与企业生产经营的深度融合。三是探索利用“互联网+党建”“微党课”等方式，创建适合不同类型党员的学习教育平台，增强党员教育培训工作的吸引力、感召力。四是落实党内激励关怀帮扶机制，做好发展党员、党内表彰、困难党员慰问、党员志愿服务等工作，进一步夯实党建工作基础。

推进党务管理工作创新。一是深化党群系统网格化管理。结合开展“强服务、提效率、转机制”活动，坚持问题导向，理顺工作职责，固化工作机制，努力形成“上传下达、下情上传”的工作局面。二是深化党建课题研究。坚持运用党建研究会和《钢铁先锋》等阵地，有机融合党建课题研究和党建管理工作，重点研究解决公司内部党建共性问题，为公司提高党建工作整体水平、树立党建品牌提供支撑。三是深化党群系统绩效管理与考核。立足企业党委重点工作部署，充分发挥党群工作信息化平台优势，提升服务标准，提高管理效率，推动党建绩效管理工作再提升。

（三）全面加强领导班子和干部队伍建设，努力打造忠诚干净担当的高素质、专业化、年轻化干部人才队伍

加强领导班子建设。一是注重提高政治

能力。将学习贯彻习近平新时代中国特色社会主义思想作为一项长期重要的政治任务，面向两级领导班子展开多形式、分层次的学习培训，切实提高政治站位和政治觉悟。二是制定具体《安排意见》，切实组织开展好创建“五型”领导班子活动。三是健全干部考核激励机制。制定实施新一期《厂部级领导班子和厂部级管理人员三年任期激励考核办法》，细化考核指标及内容，强化激励约束机制，全面提升领导班子的综合实力。四是加强年度考核结果运用，组织召开领导班子建设专题民主生活会，促进班子整体功能充分发挥。

加强领导干部队伍建设。一是认真落实《省属国有企业领导人员管理办法》，坚持国企领导人员标准和好干部标准，坚持“对党忠诚、勇于创新、治企有方、兴企有为、清正廉洁”原则，加强政治能力建设，坚持教育培训和实践历练相结合，引导党员干部树立政治理想，把握政治方向，加强政治历练，不断增强政治敏锐性和政治鉴别力。二是认真贯彻新时代党的组织路线，坚持党管干部原则，树立正确选人用人导向，突出政治素质和专业能力，着力做好领导干部培育、选拔、管理、使用等工作，优化领导干部结构，努力打造高素质、专业化、年轻化干部队伍，更好地适应公司高质量发展的要求。三是继续开展领导干部不担当、不作为治理工作，营造“为担当者担当，让干事者无忧”的良好氛围。四是坚持党管干部原则与落实董事会职权相结合，以完善法人治理结构为导向，探索建立健全厂部级领导干部任期制和契约化管理机制，进一步激发干部队伍整体活力。

加强后备干部队伍和人才队伍建设。落实《中青年干部挂职锻炼培养方案》，将政治坚定、业绩突出、工作能力强、锐意管理变革和理念创新的中青年优秀干部充实进后备干部队伍中来，加强“精准滴灌”，建立“成长档案”，为公司高质量发展储备优秀年轻干部。持续推进高端专业人才市场化，通过公开选拔、竞聘上岗、机构猎聘等方式，积极引进企业发展急需的高端人才，扩大职业经理人制度试点范围，逐步建立以市场化选聘、契约化管理为主要形式的选人用人、绩效管理和激励约束新机制。

（四）扎实推进宣传思想和意识形态工作，为公司改革发展提供强大的思想保证和精神动力

坚持抓好理论学习。一是着力强化两级党委中心组的示范引领作用，深化马克思主义理论研究学习，深刻学习领会习近平新时代中国特色社会主义思想和总书记治党治国的一系列重要论述，确保党员领导干部在理想信念、价值理念、道德观念上与党中央保持高度一致。二是认真组织学习年内全国“两会”、中央和全省经济工作会议等重要会议精神，切实把学习成果转化为推动企业高质量发展的强大动力。三是健全完善学习计划、交流研讨、督导检查等制度，建立起规范化、系统化、标准化的学习机制，为抓好政治理论学习提供制度保障。

切实抓好形势任务教育。一是利用岁末年初一段时间，认真组织开展“解放思想，对标赶超，实现公司2019年整体工作快速提升”主题活动，着力解决干部职工在思想观念、思维模式、工作方法等方面的问题，推动公司各项工作实现跨越式进步。二是围绕公司重要会议精神和各时段生产经营重点任务，丰富宣教载体，改进宣教形式，引导广大干部职工知形势、明任务，以昂扬的斗志投身公司改革发展。三是定期组织开展职工思想舆情调研，坚持正确舆论导向，深入细致做好稳思想、聚人心、鼓斗志工作，确保企业发展大局稳定。

加强新闻宣传和意识形态工作。一是认真贯彻落实全国宣传思想工作会议精神，自觉承担起“举旗帜、聚民心、育新人、兴

文化、展形象”的使命任务，重点围绕纪念新中国成立七十周年等重大历史节点，加强专题宣传策划，系统报道和展示七十年来国家和企业翻天覆地的发展变化。二是围绕集团发展战略和公司中心工作，从宣传的载体、形式、内容、手段等方面开拓创新，深入宣传公司生产经营和改革发展的创新实践，特别是公司推进转型升级、实现高质量发展的新成绩，进一步增强宣传思想工作的传播力、动员力、吸引力和感染力，扩大公司品牌影响力，提升公司知名度和美誉度，增强职工的归属感和认同感，更好地凝聚职工的智慧和力量。三是强化意识形态工作责任落实，旗帜鲜明地坚持党管宣传、党管意识形态，高度关注全公司舆论导向，牢牢把握意识形态工作的领导权和话语权，切实维护意识形态领域安全。

加强企业文化和精神文明建设。一是落实集团企业文化建设工作部署，推广宣传集团品牌建设和核心理念，加大集团愿景、使命和理念等经营价值体系的学习宣传，确保集团理念入脑入心。二是组织拍摄制作《时光记忆·最美钢城》纪实画册，全方位展现企业改革创新、绿色转型的辉煌历程。三是以“宣传高质量发展理念”“讲好高质量发展故事”等为主题，充分挖掘近年来公司在高质量发展中涌现的先进典型和事例，讲好唐钢故事，传递企业声音、扩大公司影响。四是坚持开展季评爱岗敬业“十佳”职工活动，引导职工提高素质、立足岗位、创新创效。

（五）扎实推进党风廉政建设，为公司转型升级和高质量发展提供坚强纪律保障

着力强化政治监督。一是坚决维护党的政治纪律和政治规矩。切实加强对践行“四个意识”、贯彻执行党章和其他党内法规、执行党的路线方针政策情况的监督检查，督促党员领导干部把落实“两个维护”体现在实际行动上，坚决纠正有令不行、有禁不止的行为。二是严肃党内政治生活，加强对新形势下党内政治生活若干准则等制度执行情况的监督检查，加强对选人用人和党员领导干部廉洁从业情况的监督检查，着力优化企业政治生态。

着力强化党的纪律建设。一是压实“两个责任”。利用年初重要会议时机，对党风廉政建设年度工作进行全面部署，引导各级党组织认真履行全面从严治党的主体责任，组织各级党委逐级签订《党风廉政建设责任书》，建立完善“党委主责、书记首责、纪委专责、班子其他成员和部门分工负责”的“四责协同”、有效贯通的工作格局，推动管党治党责任全覆盖。二是强化责任考核。落实党风廉政建设报告和廉政谈话制度，全面梳理“两个责任”落实情况，开展党风廉政建设工作述职评议，切实增强各级党委、纪委落实“两个责任”的意识。三是严肃责任追究。大力支持纪检监察部门积极开展工作，以监督执纪问责为抓手，以问题为导向，强化对各级党组织落实“两个责任”情况的监督检查，做到失责必问、问责必严。四是强化廉政文化教育。将纪律处分条例、问责条例作为党员干部学习的重点，积极构建纪检监察网站、“清风唐钢”两级微信平台、报纸专刊和廉政主题文化长廊“四个平台”，发挥基层廉政文化阵地作用，推动党纪党规和廉政文化教育深入人心。五是建立长效机制。结合上级巡视巡察问题整改等工作，从建章立制角度，做好经验总结和成果提炼，建立公司党风廉政建设长效机制。

持之以恒纠正“四风”。一是认真落实习近平总书记指示精神，坚持不懈推进党员干部作风建设，进一步营造风清气正、干事创业的环境氛围。二是深入贯彻中央八项规定精神，持续加强对公务接待、公款消费、婚丧嫁娶等规定执行情况的监督检查，严防“四风”问题反弹。三是驰而不息抓好作风建设。结合形式主义、官僚主义突出问题表

现，持续深化纠正“四风”和作风纪律专项整治，坚决维护公司风清气正、干事创业的良好环境氛围。

持续强化执纪审查。一是支持纪委以“规范信访举报筛查、规范问题线索处置、规范纪律审查流程”为抓手，坚决查处违反“六项纪律”等问题。二是运用好监督执纪“四种形态”，探索构建运用第一种形态分层处置模式，加大廉政谈话和函询力度，努力将问题消灭在萌芽状态。

深入推进监督检查。一是实施精准监督。围绕企业经营管理风险点，对重点人员、重点领域、重点职权，定期开展内部监督检查，努力建立常态化监督工作机制。二是全面推进廉政风险防控工作。梳理重要领域、关键岗位、重点职权，制定好廉洁防控措施，努力从源头上防控廉政风险发生。三是创新效能监察工作。紧盯重点领域和关键岗位，强化对权力集中、资金密集、资源富集部门和人员的监督监察，充分发挥监督职能作用。

支持纪委加强队伍建设。完善教育培训、管理监督、考核评价机制，切实提升纪检监察干部的责任心、积极性。以纪检监察干部“能力强化年”为契机，开展“大调研、大学习、大培训、大提升”系列活动，努力锻造一支忠诚坚定、担当尽责、遵纪守法、清正廉洁的纪检监察干部队伍。

（六）充分发挥群团组织优势，为公司转型升级和改革发展汇聚强大合力

全面做好工会工作。一是围绕公司转型升级等战略部署，积极发挥工会系统桥梁纽带作用和群众工作优势，促进公司生产经营和改革发展上水平。二是广泛凝聚职工力量。紧紧围绕“当好主力军，建功新时代”主题，大力开展职工劳动竞赛、岗位创新、技术比赛等活动，积极弘扬新时期劳模精神和工匠精神，鼓励和引导职工积极融入公司高质量发展新实践。三是全力保障职工生活。提高帮扶标准，拓宽帮扶范围，加大帮扶力度，进一步夯实和巩固职工生活保障新防线。四是做好职工服务工作。坚持开展暑期“双服务”、两节“送温暖”等活动，开展生活后勤服务“窗口”竞赛，突出重点，体现特色，切实让活动进产线、到班组，送到一线职工的身边。五是维护职工合法权益。强化职工民主管理，增强职工主人翁意识；强化职工民主监督，让职工的知情权、参与权和监督权得到有效落实；加强职工矛盾纠纷排查调处，保持公司劳动关系和谐稳定。

切实抓好共青团工作。一是以“服务企业生产经营、服务青年成长成才”为目标，围绕“青年素质提升”主线，团结带领团员青年在推进公司高质量发展中发挥生力军作用。二是聚焦公司中心工作，服务公司发展大局。深化形势任务教育，引导团员青年统一思想、凝心聚力；组建“号手岗队”，开展技术交流、“五小”攻关等活动，引导青年围绕公司中心工作献计献策、岗位建功。三是关心关爱青年，服务青年成长成才。围绕团员青年的新需求，广泛开展导师带徒、职业生涯导航、志愿服务、联谊会、集体婚礼等活动，为青年成长成才搭建舞台。四是打造共青团工作品牌，增强团组织活力。深入开展“青年文化艺术节”“青年大学习”等品牌活动，打造共青团工作的品牌区、特色区和样板区。

坚持抓好武装工作。坚持党对武装工作的领导，持续强化民兵思想政治教育、形势任务宣传教育、应急动员教育，将民兵生产参建、民兵应急力量建设和民兵战备值班作为贯穿全年武装工作的三条主线，组织广大民兵积极投身公司生产经营建设，充分发挥民兵生力军作用。落实上级部门关于民兵整组、国防教育、拥军优属、人民防空等工作要求，结合企业实际，高效完成各项工作任务，进一步提升公司武装工作水平。

（七）持续抓好信访、保密、驻村帮扶等工作，切实体现国有企业的政治担当

持续强化信访稳定工作。一是深入开展

信访积案攻坚化解行动，严格落实领导干部接访包案与考核制度，努力实现信访案件“清仓见底”目标。二是全面推进信访工作规范化、标准化建设，运用科学方法，固化工作流程，实现信访事项登记、告知、办理、答复等全流程标准化管理，增强信访工作的预见性、针对性和实效性。三是将“服务+管理”融入信访主办和信访督办运行机制，提升信访管理效率，提高专业服务水平，推动信访工作由“职能+管理”向“服务+管理”模式转变。

切实做好保密工作。一是准确把握中央和上级党政对保密工作提出的新要求，以高度的使命感和责任感，筑牢保密安全防线，以中央精神引领保密工作开创新局面。二是全面贯彻上级保密部门工作部署，有效落实保密工作责任制，全力做好集团军工保密资格认定涉及公司的工作，确保完成有关工作任务。三是强化保密知识培训、保密法律法规宣传教育和保密警示教育，切实提升全员保密意识。四是加强保密工作规范化管理，推进保密自查自评工作常态化，加强涉密人员管理，强化网络保密，进一步提高保密工作的整体水平与保障能力。

切实抓好驻村帮扶工作。站在讲政治的高度，充分认识扶贫攻坚的重大意义，继续认真落实省委、省国资委党委要求和集团党委具体部署，加强对接合作，做实帮扶项目，确保所帮扶的贫困村如期脱贫出列，高质量完成上级党委和政府赋予的帮扶任务。

同时，公司党委还要坚持抓好信息、机要、统战、史志编修、老干部管理等工作，着力加强基础管理，扎实落实各项任务，全面推动企业党的各项工作再上新水平，更好地促进和保证公司转型升级和高质量发展。

专 文

与改革共潮起　筑梦百年钢企

——河钢唐钢改革开放40周年巡礼

四十年弹指一挥间。

风雨兼程，与改革共潮起；

钢筋铁骨，与开放共荣耀。

伴随改革开放的浩荡浪潮，作为“共和国转炉的故乡”，河钢唐钢解答改革命题，展现钢铁担当，累计产铁、钢、钢材分别为2.46亿吨、2.58亿吨、2.33亿吨，累计实现利税594.32亿元，利润258.55亿元，为国家经济建设和社会发展作出了重要贡献。

四十载驰骋改革开放之路，留下一串串闪光的足迹，不可磨灭地镌刻在钢铁行业的史册上。1988年，被授予“全国先进集体”“全国五一劳动奖状”。1986—1989年，连续4年保持河北省第一利税大户。1991年，晋升为“国家一级企业”。1996—1999年，每年实现利润总额均在2亿元以上，始终保持全行业前四名。2011年，被授予“全国五一劳动奖状”。2012年，唐钢党委被授予“2010—2012年全国创先争优先进基层党组织”称号。2014年、2017年，被授予“河北省文明单位”称号。

之一　从做大到做强做优的转变

在四十年不断探索的风云道路上，河钢唐钢一直在求索能做多大。

1978—1998年，从年产钢90万吨的工厂发展到250万吨规模；之后的1999—2002年，从250万吨发展到500万吨历时4年；2003—2005年，从500万吨发展到1000万吨，仅用时3年；2006—2009年，从年产钢1200万吨发展到1500万吨，用了4年时间。2010年，产钢1633.77万吨，首次突破1600万吨，具备1800万吨生产能力。产能规模在全国单体钢铁企业中位居第四。

河钢唐钢一直在努力，紧跟时代和社会发展步伐，其目标是做大做强做优。

从有钢有材无焦无铁，发展为集炼焦、炼铁、炼钢、轧钢、深加工于一体综合配套的特大型钢铁联合企业，工序结构明显改善。合建炼焦制气厂解决了无焦问题，二炼铁厂的建成投产使钢铁生产形成配套能力，主体装备从100立方米高炉到3200立方米高炉，从6吨氧气侧吹转炉到150吨顶底复吹转炉，从横列式和复二重轧机到冷轧高强度汽车板产线，装备实现了大型化、现代化、节能化。在国内率先试验成功碱性侧吹转炉、全连铸技术，高速线材生产、超薄热带生产、清洁生产、能源利用等多项技术达到国际领先水平。

品种结构由单一的长材发展到板、棒、线、型四大类，打造了矿山巷道支护用热轧U型钢、钢筋混凝土用热轧带肋钢筋、冷轧低碳钢带、焊接用钢盘条、连续热镀锌钢带、热轧酸洗钢带等名优产品。多项产品供给长江三峡水利、大亚湾核电站、京九铁路、北京奥运场馆、“一带一路”、港珠澳大桥等国家重点工程项目，培育出“三峡角”“薄规格”“借船出海”“铁塔大角”等品牌亮点，相继为海尔、格力、美的、西门子、长城汽车、吉利汽车等知名制造厂家供货，赢得了行业肯定、社会认可、良好口碑。

河钢唐钢一直在探路，顺应全球化发展

趋势，国际化道路越走越宽广。

自1992年8月取得自营进出口权后，产品从国内走向海外，开拓更加广阔的市场空间，步伐迈得越来越快。初期，海外订单屈指可数。1995年出口创汇2402万美元。2009年，着力推进国际化战略，与世界知名钢铁贸易商瑞士德高公司开启合作模式。2011年，实现出口107万吨的历史性突破，成为当时国内最大单体冷轧产品出口生产企业。2014年，出口钢材达404万吨，出口产品占比达30%以上，出口比例位居国内第一，出口品种结构显著优化，由冷轧产品逐步发展为高级别冷轧板、热轧板、中厚板材以及精品长材等多个系列，远销欧洲、美洲、非洲、东南亚等159个国家和地区，实现了量价齐升。国家“一带一路”倡议提出后，河钢唐钢的母公司河钢集团加紧谋划筹建境外钢铁项目。2016年，河钢唐钢接管河钢塞尔维亚公司日常运营，使之摆脱连续亏损困境，力保当地5000人就业，让“一带一路”建设及中国与中东欧国际产能合作样板工程闪耀多瑙河畔。

河钢唐钢随着改革开放而巨变，带动了钢铁产业链上下游企业的发展，有力支撑了地方和国家经济社会的发展。其发展历程和辉煌成就，有赖于党和国家战略的正确指导，有赖于省委省政府、市委市政府的统领部署，有赖于集团的战略决策，历代唐钢人总是在继承、创新与探索中前行。河钢唐钢各项事业的进步，既得益于一以贯之的历史传承，也源自于守正出新的时代创造，成就了昨天与今日里程碑式的辉煌跨越。

之二　三次历史性跨越从量的增长到质的提升

改革开放四十年，是河钢唐钢重生崛起的四十年。在此期间，历经三次历史性跨越，企业发展由量的增长到质的提升，为下一阶段的改革发展积累了可贵的历史经验。

第一次跨越，跻身全国先进企业行列。1985年国家改革投资体制，将企业建设项目由拨款改为贷款，唐钢根据这一政策，不失时机地制定了改扩建总体规划，于1986年开始实施大规模技术改造。“七五”“八五”期间，唐钢针对缺铁、少矿、无焦的矛盾，以扩建炼铁一二期工程为重点，累计投入46亿元，先后建成2座铁矿山、7座群采矿山、2座36孔焦炉、2座1260立方米高炉、6套连铸机，并从国外引进1套高速线材轧机、1套连续式棒材轧机，形成铁钢材200万吨配套的生产能力，由河北省级先进企业跨入全国先进企业行列。

第二次跨越，晋级千万吨级大钢行列。1996—2007年，落实“三步走”发展规划和“三极支撑”发展战略时期。20世纪90年代中期，以铁、钢、轧技术改造为主要内容，制定实施“三步走”发展战略，建成2560立方米高炉、150吨顶底复吹转炉、265平方米烧结机、二高线、超薄热带、制氧机改造、钢渣处理等一大批技改项目，实现了设备的大型化、现代化和薄板材产品零的突破。2002年，产钢506万吨，居全国十大钢第六位。

在此之后，确立建设千万吨级大钢的目标，“三极支撑”发展战略规划付诸实施，即完善老区，合作周边，加快开发曹妃甸。相继建成超薄热带二期、冷轧一二期等结构调整项目，新增冷轧、镀锌、彩涂板等新产品，将1260立方米、2560立方米高炉分别扩容到2000立方米和3200立方米。合资合作创办不锈钢公司、中厚板公司、司家营铁矿、钢源炉料公司等企业，整合德盛煤化工公司等企业。2005年，共有设备1.9

万多台（套），产钢 1006 万吨，跻身国内千万吨级大钢行列。与首钢合作曹妃甸钢铁精品基地于 2007 年 3 月开工建设。这一时期结束了无板材、无深加工产品的历史。

第三次跨越，成就绿色转型样本。2008 年以来，是河钢唐钢历史上综合实力提升最快、企业面貌变化最大、节能减排成效最显著，对内凝聚力和对外影响力显著提升的时期。这一时期，坚持开放性思维、全行业视野、国际化定位，以建设绿色唐钢、精品唐钢、幸福唐钢为主题，在绿色发展、挖潜增效、科技创新、能源利用、国际化经营等方面工作中取得了瞩目成就，综合竞争力显著提升。

河钢唐钢以创建科学发展示范企业活动为契机，以厂区环境综合治理为突破口，在业内率先推行绿色转型，推进清洁生产与生态环境保护，拆旧扩绿 78 万平方米，形成“四园一山一带”环境特色，建成了花园式工厂，被中钢协誉为“世界上最清洁的钢厂”。通过不遗余力推动节能减排、绿色发展，走内涵式发展道路，企业发生了历史性巨变，开创了城市型钢铁企业与社会和谐共存、良性互动、融合发展的范例；强化能源资源集约管理，建设除尘深度治理、余热发电、水处理及循环利用等工程项目，成为业内能源资源高效利用的企业典范。在国家工业和信息化部对《钢铁工业“十二五”发展规划》的解读中，要求现有城市钢铁企业学习唐钢经验；作为生态文明典型在全省乃至全国范围内宣传推广唐钢经验。河钢唐钢绿色发展不仅没有削弱企业的竞争力，反而发展了企业，壮大了企业。不仅使企业自身受益，提升了绿色生命力，而且服务城市发展，造福了社会。

此外，河钢唐钢构建集中、统一、高效管控平台，实现人、财、物等各种资源的优化配置、高效运转和资源共享，形成的“唐钢模式”被收录于《中国钢铁工业年鉴（2013 年）》“中国钢铁企业改革与管理”中模式创新的首例。

之三　科技进步驱动提质增效整体能力显著提升

河钢唐钢把科技创新作为转变发展方式、推动产业升级、增强核心竞争能力的重大举措，坚持不懈向前推进。1993—1995 年，实现炼钢铁水全热装、结束了延续 50 多年的化铁炼钢历史，实现转炉炼钢全连铸，淘汰了落后模铸工艺，对于提高炼钢系统整体技术水平具有划时代意义；1996 年、1997 年，“高速线材生产线开发与创新”“河北省炼钢连铸技术推广技术”成果被国家科学技术委员会分别授予科技进步奖一等奖和二等奖。“唐钢超薄热带生产线技术集成与自主创新”“钢铁企业低压余热蒸汽发电和钢渣改性气淬处理技术及示范”研究成果分别获得 2006 年度国家科技进步奖二等奖和 2013 年度国家科学技术进步奖二等奖。

河钢唐钢在技术进步的道路上经历了一个探索尝试、曲折上升的过程。回望发展历程，唐钢始终保持对前沿技术的敏锐，在技术改造和科技创新上下苦功夫、下深功夫，形成了较为完整的技术研究、成果应用推广的技术创新体系。科学技术协会、博士后科研工作站、院士工作站、产学研用一体化机制、三位一体创新体系的建设，引领河钢唐钢科技人员始终紧盯世界先进技术，攻关技术瓶颈，攀登科技高点，不断开发应用炼铁、炼钢、轧钢等新技术新工艺，凭借科技创新支撑了企业提质增效与转型升级。

之四　管理变革让决策部署落地见效

河钢唐钢一直行进在渐进式改革的道路上，从首轮国企改革的扩权让利开始，在经济转轨时期平稳过渡，于钢铁微利时期革弊图进，在深层次结构调整时期守正出新，充分利用党和国家搞活大中型企业的一系列方针政策，形成了富有自身特色且符合市场化改革方向的体制机制，呈现出较强的活力、控制力和竞争力。

1978 年，党的十一届三中全会召开后，河钢唐钢拉开了波澜壮阔的改革序幕。“先行先试”多次出现在唐钢改革方案中。起始于国家对国营企业的放权让利，唐钢作为河北省扩大企业自主权试点单位，1979 年试行企业利润留成办法。1982 年，试行经济承包责任制。1984 年，招收第一批合同制工人。1993 年，实行全员劳动合同制，同年执行岗位技能工资制。2001 年 1 月，实行岗位系数工资制。

四十年间，河钢唐钢昂首走在国企改革前列，推动改革步步深入。1994—1997 年，按照现代企业制度要求，实行规范的公司制改革，股份制改造由此开始：唐山钢铁股份有限公司（简称唐钢股份）注册成立；唐山钢铁（集团）公司改制为唐山钢铁集团有限责任公司（简称唐钢集团）；唐钢股份上市。2003—2005 年，自办 10 所普通中小学校和公安系统移交唐山市，对 5 个辅业单位进行了分离改制。2009 年，原唐钢股份、邯郸钢铁和承德钒钛通过证券市场吸收合并组建河北钢铁股份有限公司。

正是因为不断的探索与创新，河钢唐钢才得以走得更好。危机与变革，让企业探寻经济活动的最关键环节——资源配置方式。2010 年以来，启动创新管理模式工作，提出全资源经济运行理念，构建四大钢铁板块集中管控平台。实施大部制改革与一贯制管理，在公司层面推进工厂式管理，实现质量、生产、资金、环保、通信计量等各项专业管理纵向延伸、一贯到底。

一直以来，河钢唐钢坚持不懈把改革创新精神贯彻到生产经营各个环节，不失时机地推进重要领域和关键环节的改革创新。2014 年 10 月，为落实河钢集团改革创新工作会议精神，唐钢全面吹响改革创新号角。截至 2018 年 6 月底，作业长制、全员绩效管理、专家制度改革、大客户经理制、组织结构扁平化变革等举措统筹推进，改革创新工作全面发力、多点突破、纵深推进，系统性、整体性、协同性更强，体制机制日趋完善。

之五　锻造“钢筋铁骨”应对危机与挑战

市场大潮，物竞天择。在没有硝烟的商战中，河钢唐钢直面挑战，锻造搏击市场的“钢筋铁骨”，应对了通货膨胀、亚洲金融风暴、全球金融危机、钢铁产量触顶的严重冲击。

唐钢系中国钢铁行业层级对标挖潜先进经验的发源地。从 20 世纪 90 年代开始，唐山周边民营钢企的迅速崛起，形成了多种所有制经济的竞争。在此形势下，“九五”时期，唐钢创立推行层级对标管理，使得各项经济技术指标不断改善，吨钢成本降幅 100 元，并向全国冶金行业推广。“十五”时期，在已有装备基础上深挖潜能，2005 年有 7 项主要生产经营指标进入行业前三名。“十一五”时期，以炼铁工序指标为代表的 15 项主要技术经济指标实现历史性突破，跻身行业先进行列。“十二五”时期，把工作重心和优质资源转移到市场和用户上来，全面推进产线对标，大步追赶标杆企业，提升产品创效能力，2015 年钢材综合售价提升 130 元，超出集团考核指标 30 元；国内直销比达到 67.5%，品种钢直销比超过 95%。

在产能过剩的市场环境下，河钢唐钢不断超越自我，应对挑战的方法和路径愈来愈多。5S、TPM、精益生产、全员绩效等现代化管理思想、组织、方法和手段广泛应用于日常生产经营活动，市场配置资源成为企业管理现代化的重要标尺。2000 年、2003 年、2005 年，“层级对标管理”“生产经营与企业发展良性互动战略”“构建经济效益指数评价体系提高企业综合竞争能力”项目获得“全国企业管理现代化创新成果二等奖”；2010 年、2011 年、2013 年、2015 年、2016 年、2017 年，“大型钢铁企业绿色制造管理”“基于信息化的钢铁企业计量全过程管理”“钢铁企业提升成本控制力的资源结构优化”“大型钢铁企业海外市场拓展”“大型钢铁企业支撑小批量多品种的信息化架构体系”“大型钢铁企业以供给侧为导向的管理体系改革”项目获评“全国企业管理现代化创新成果二等奖”。

21 世纪以来，融入经济全球化的河钢唐钢，既是受益者又是贡献者。与强者为伍，比肩一流企业，追求更高层次、更高水平的竞争。采取追随战略，在与瑞士德高、西门子奥钢联、韩国浦项等众多知名企业的沟通、交流与合作中，学习借鉴并增长自身的智慧和能力。其中高强度汽车板项目完全对接国际领先管理模式，产线运行效率达到行业一流水平。国际化的视野带来了国际一流的发展理念，做精主业、做大非钢，削减附加成本，还原了钢铁主业先进性。

金融危机席卷全球，河钢唐钢以绿色转型应对时代“大考”。作为集团的排头兵，2008 年以拆除 450 立方米高炉为标志，创建科学发展示范企业，聚焦企业高速发展和钢材市场火爆时期掩盖的高耗能、高排放、高污染等问题，同步实施厂容治理、节能减排、能源管理、“三化”融合等关键部署，在脱胎换骨的巨变过程中，干部职工危中寻机的办法与对策愈来愈多，以自身的努力和实力的增强应对了危机、赢得了挑战。

在全行业粗钢产能利用率下降、大中型钢企负债率上升的形势下，河钢唐钢以全球最具竞争力的钢铁企业为标杆，围绕市场和用户深做文章，以此为导向调整优化全面预算管理、生产经营计划、绩效考核、体系建设，经营方略和创造价值无一不体现产品和用户，更多的非钢单位独立走向市场，自主开展对外业务；信息技术渗透到生产经营的全过程与各方面，使工艺控制、管理乃至办公模式发生了历史性变革；干部职工从突出问题改起，用一砖一瓦把基础打牢，让企业决策部署落地生根，使顶层设计与基层执行辩证统一。“唐钢现象”“唐钢力量”正是在种种急难险重的考验下、在疾风暴雨的跋涉中熔铸。

之六　涵养人文精神积淀企业文化

历史的峰回路转中，总有文化贯穿岁月、一脉相承，融入唐钢人血脉，激励企业行进在“建设最具竞争力钢铁企业”征程上。“志气钢”精神与“自强、奋进、创新、奉献”“进步慢了就是落后”“我们左右不了市场，但可以左右自身工作”“一切为了满足客户的需求”“员工是企业不可复制的竞争力”等理念及“久强精神”内涵，都成为河钢唐钢人文精神和企业文化的标签。

河钢唐钢四十年发展历程，是一次次更新理念、提升能力、自我完善的过程。从计划时代短缺经济到市场经济完全竞争的市场环境，没有理念上的不断更新，企业就不会与时俱进，甚至会被淘汰出局。在不同发展时期，正是因为不断催生新的理念、新的思路，引领干部职工打破一切僵化的思维习惯和做法，善于与德国巴登、韩国浦项、英国塔塔等国际优秀企业开展合作交流，善于学习和引进瑞士德高、西门子奥钢联、宝钢等企业成熟先进的经验和方法，善于利用国际国内两种资源、两个市场，吸收借鉴一切先进成果为我所用，才有了千万吨级大钢的突破、最清洁钢厂的蜕变。尤其是步入钢铁产量和消费峰值阶段，河钢唐钢以集团理念为先导，坚持以国际化的视野和战略思维调整发展路径，下大力气解决高盈利期屏蔽的高成本、高负债支撑的经营问题，使企业沉积多年的顽疾得到有效解决。在经济新常态下，面对供给侧结构性改革重任，不断深植的“市场”和“产品”理念，让河钢唐钢在行业困境中系统优化能力与市场应变能力同步提升。

之七　党的坚强领导引领企业健康发展

企业的建设发展，离不开党的旗帜引领。党的十一届三中全会以后，唐钢开始完善和健全组织发展工作制度，并逐步纳入正轨。1979 年，恢复党员预备期和党组织对积极分子的培养考察制度，作出发展党员预审规定，实行限额发展党员。下发《关于发展党员的工作意见》《发展党员工作细则》，规范了工作程序和要求。四十年来，河钢唐钢各级党组织不断发展壮大，由 3000 余名党员发展到 35 个基层党委、3 个直属党总支、1 个直属党支部、2 个直属党工委，377 个基层党支部、党员总数为 13753 人。

河钢唐钢各级党组织政治成熟、组织严密、作风优良、纪律严格、具有强大凝聚力，服务保障了企业持续健康发展。牢记一个“党”字：公司党委建好班子、把好方向，总揽全局、协调各方，管好干部、带好队伍。十届党委委员与纪委委员履职尽责，坚持民主集中制，领导体制持续完善；重视并抓好思想政治工作，定期组织政治理论学习。认真组织在全党范围内自上而下开展的工作部署，贯彻落实省市委、集团党委的统一安排，创造性地开展唐钢党建品牌活动，多次获得上级党组织授予的“先进基层党组织”称号。狠抓一个“实”字：党的基本路线、基本国情的“双基”教育、“三讲”教育、学习实践科学发展观、创先争优，党的群众路线教育实践活动及“三严三实”专题教育、“两学一做”学习教育等决策部署落地见效；着眼于思想、组织、作风和制度建设，夯实两级领导班子建设，着力加强基层党支部建设、党员教育管理和党的组织发展，达标创先、“四气”工程、党员能力与业绩“双提升”“双培双带”工程、服务型基层党组织建设、市场开拓与产品创效争先锋主题实践、党群系统网格化管理、“双强双促”基层党建提升年、“三亮三比”党员先锋行主题实践等活动举措扎实见效，党支部战斗堡垒作用和党员的先锋模范作用得到充分发挥。突出一个“廉”字：在不同发展形势下，全面加强党风廉政建设，着力完善党风廉政建设责任体系，狠抓“两个责任”落实，严肃认真推进巡视巡察反馈意见整改，逐步构建了“用制度规定流程，用流程规范行为，用行为优化管理，用管理完善制度”的权力运行风险防控机制，形成了一级抓一级、层层抓落实的全面从严治党工作格局。

河钢唐钢党员在关键时刻信得过、靠得住、顶得上。涌现出了“心系企业、情注职工的好公仆”张道存、“临危不惧、忠于职守的好职工”马金亭、“全国最美职工”“全国劳模”“全国敬业奉献道德模范”郑久强等一大批优秀共产党员代表，他们用不凡的业绩展现了党员的先进性和纯洁性，彰显了与时俱进的责任担当与积极作为。

40 年 · 钢城印记

岁月不惑，春秋正隆。企业发展的每个历史阶段都有其历史印记。1978 年改革开放大幕初启时，唐钢生产有了恢复性的增长；二十世纪八九十年代，唐钢抓住机遇、加快发展，拉动了起飞的引擎，创造了全省冶金企业的诸项第一；进入新世纪新阶段，面对 1800 万吨体量、3 万余名职工的巨大基数，河钢唐钢奏响绿色转型最强音。在时光的隧道中，我们铭记钢城崛起留下的历史印记，见证日新月异的时代巨变，以改革开放 40 周年成果向新时代高质量发展献礼。

（一）从国有国营到放权让利，工作重心转移到生产建设上来（1978—1985 年）

1978 年，中国迎来改革开放的春天。唐钢改革发展在这个阶段也拉开了序幕。这一时期，以改革为动力，以提高经济效益为中心，转移工作重点，重在搞活内部机制。

扩大企业自主权。唐钢改革起步于国家对国营企业的放权让利。1979 年，作为河北省扩大企业自主权试点单位，试行企业利润留成办法。1984 年，国家出台“扩权十条”，唐钢开始拥有一定的自主权，超计划的产品允许不按计划价格，按照市场协议价格自行出售。由此采取一系列措施，在人、财、物、产、供、销等方面承担起更多的经济责任，有效调动了广大职工的生产积极性。1978—1985 年，累计实现工业总产值 39.18 亿元，完成税金 3.38 亿元，实现利润 7.46 亿元。

全面整顿生产管理秩序。改革开放之初，唐钢以贯彻中共中央《关于加快工业发展若干问题的决定》（简称《工业 30 条》）为指导，提高产品质量，降低生产消耗。1982 年，全国国营企业进行全面整顿。编制《企业整顿五项内容达标规划》，于翌年通过河北省冶金厅验收。1984 年，达到“六好企业”标准，年底通过验收。1978—1985 年，调整生产结构，建成特殊轧钢厂、第二线材厂、高频焊管车间、钢研所调质钢筋车间，实施一炼钢厂铁水热装、二炼钢厂煤气回收、高温热风炉等节能工程。到 1985 年，钢、铁、材坯的年产量分别达到 123.29 万吨、31 万吨、105 万吨，炼钢电炉顶用高铝砖、煤矿支护用 25U 型钢被评为国优产品。

推行承包经济责任制。1982 年，唐钢学习首钢经验，试行以“包、保、核”为主要内容的经济承包责任制，把每个岗位的经济责任与收入挂钩，促进了生产的发展和职工收入的增加。承包责任制一方面赋予企业一定的经营自主权，另一方面企业用自主权调动了广大职工的积极性。

改革领导体制，党政工协调一致，密切配合。1985 年，各直属单位全部实行厂长（经理）负责制。制定“三个条例”的实施细则，确立和发挥党组织的政治核心作用、经理的中心地位和作用以及职工主人翁地位和民主管理作用。

形成安定团结、同心同德搞“四化”的大好局面。坚持四项基本原则，继续开展“实践是检验真理的唯一标准”大讨论，反对资产阶级自由化，从思想上拨乱反正；创办《唐钢报》，筹建唐钢电视台；广泛开展“五讲四美三热爱”活动；贯彻干部“四化”方针，加强领导班子建设；基层党支部工作逐步转向对行政工作发挥保证监督作用。

（二）从“计划温床”到“初闯市场”，转轨进程加速（“七五”时期1986—1990年）

“七五”时期，唐钢坚持走自我积累、滚动发展的道路，为实施改扩建总体计划，投资18.4亿元，先后兴建炼焦、矿山、炼铁、轧钢等一大批新的生产项目，基本扭转了缺铁、无焦、无矿、轧材能力不足的局面，改善了缺少钢前工序的面貌，为企业生产经营稳步发展奠定了基础。五年累计产钢710.54万吨，产铁213.26万吨，商品材坯624.46万吨，其中钢材530.14万吨，创产值37.15亿元，实现利税14.23亿元，分别比“六五”期间提高了131.71万吨、86.78万吨、124.79万吨、169.64万吨和10.49亿元、6.56亿元。

加强企业管理，全面提升企业素质。1986年，在国家加强工业企业管理的背景下，唐钢制定《“七五”期间抓管理、上等级，全面提高企业素质规划》，推动各项指标晋等达标，晋升为省级先进企业，1987年晋升国家二级企业；建立内部银行；深入开展创建文明工厂活动，分别被评为河北省和全国爱国卫生先进单位；开展双增双节运动，开展“爱我唐钢集资”“献百元”等活动，1986—1989年连续四年保持河北省第一利税大户的地位。

改建扩建、横向联合，形成配套能力。扩建炼铁一期工程、耐火材料工程、群采小矿山工程、庙沟铁矿工程，实施二炼钢厂一期连铸工程、二炼钢厂二期连铸工程、1.5万立方米/时制氧机工程、带钢一期改造、原料厂活性石灰车间工程、钢渣处理工程、扩建供电工程、高速线材工程等项目。合资建设炼焦制气厂工程，联营建成棒磨山铁矿工程，兼并濒临破产的唐山市柴油机厂，接管唐山市第二建筑公司。至1989年，基本形成年产铁、钢各150万吨的生产能力。

推广新技术新工艺，研制开发新产品。在炼钢系统实行“三位一体”浇钢，完成电炉煤-氧喷吹功能和氧气厂制氩车间建设，推行负偏差轧制。“经济断面角钢”在1988年河北省发明成果展览会上获金奖，为宝钢生产的高炉热风炉优质组合砖受到冶金部通电表扬。到1990年，钢材产品增至50个品种、120种规格。

强化安全生产，推行全面质量管理。对安全生产实施目标管理，即以“5051”作为年度奋斗目标；推行工资风险抵押措施；推广全国安全生产先进班组—炼铁厂冬文礼小组经验。1988年，夺得冶金部十五大钢厂安全生产评比第一名。二十世纪八九十年代，开展“一条龙”工序管理活动，下发管理条例，开始建设国际标准生产线。1990年，钢材“双标”率达到87.05%，“先标”率达到23.10%。

加强思想政治工作，建设“四有”职工队伍。大力加强和改进思想政治工作，把培养和造就一支过硬的“四有”职工队伍作为治厂之本、兴厂之道，实现了职工队伍的稳定和生产秩序的稳定。制定80类统一的职业道德规范和510种特殊工作职业道德规范，规范了全体职工的职业道德行为。坚持“两个文明”一起抓的方针，把重点放在班组，充分发挥“四长”“五员”作用，实现思想政治工作与生产经营的统一。

(三) 改革内部经营机制，跨入全国百强行列（“八五”时期 1991—1995 年）

“八五”时期，唐钢坚持以经济效益为中心，深化企业内部改革，加强管理，充分利用省委、省政府实行的投入产出总承包政策，抓住机遇，加快发展，企业面貌发生巨大变化。这一时期，职工总数最高达到 5.55 万人。

生产能力迅速扩大，经济效益显著提高。五年累计产铁 768.70 万吨，年均递增 52.09%；产钢 929.45 万吨，年均递增 6.16%。1994 年，铁、钢产量分别跃上 200 万吨台阶，提前两年实现二轮承包目标。五年共实现利税 43.2 亿元，其中利润 15.75 亿元，是“七五”时期的 3 倍。

工序结构趋于合理。先后完成以 2 号 1260 立方米高炉系统为重点的 19 个基建技改项目，年增炼铁能力 87.5 万吨、连铸能力 89 万吨、焦炭能力 36 万吨、铁矿采选能力 100 万吨，形成铁钢各 210 万吨、材 180 万吨配套能力。

工艺技术发生重大变化。在已有主体生产设备 45 台（套）中，有 21 台（套）达到国内国际先进水平，其中棒材生产设备为国际 90 年代先进水平，实现转炉炼钢铁水全热装，在全国率先攻克转炉炼钢全连铸技术，彻底结束模铸钢锭工艺。主要产品消耗不断降低，产品质量明显提高，钢材“双标”率提高到 89.76%，其中“先标”率提高到 46.39%，“八五”科技攻关 10 大突破目标基本实现。

产品结构明显改善。打造以矿用支撑钢、轻轨钢等为主的“名优特”拳头产品，线材、小型材、角钢、矿用钢、轻轨、焊管、优质耐火材料形成系列化生产，增强了企业竞争力。到 1995 年，钢材产品增至 100 多个品种、360 多种规格。共有 3 项产品被授予冶金产品实物质量“金杯奖”。在全国十年发明成果暨第九届发明展览会上，“高炉炉体衬造衬枪”“环氧煤沥青防腐涂料”获银牌。

研发能力提高。共取得各级各类科研成果 130 项。其中 4 项获国家级奖，38 项获部省级奖，29 项获市、厅级科技进步奖。开发新品种 30 多项，取得新产品产值 17.05 亿元，科技成果转化率达到 83.9%。

对外开放成果显著。把开拓国际市场作为营销目标之一，积极扩大出口。1992—1995 年，出口创汇 3557.5 万美元。招商引资、完成合资合作项目 3 个，另有 45 个项目签订合作意向书。

固定资产迅速增值。到 1995 年底，拥有固定资产原值 61.31 亿元，扣除评估增值 10.5 亿元，比 1990 年的 12.31 亿元增长了 3.13 倍。

内部改革不断深化。1991 年初晋升国家一级企业后，着手有步骤地对企业进行系统改革。积极推进劳动人事、分配、保险三项制度改革，实行全员劳动合同制、岗位技能工资制；组建和发展唐钢集团；创立唐钢股份有限公司；筹建唐山钢铁集团有限责任公司。经过改革改制，企业组织结构发生较大变化，唐钢初步建立起现代企业制度的框架。

党的建设夯实基础。唐钢党委确定“重心下移、重点北移”的工作方针，把工作着重点放在了基层和北区。开展党的基本路线、基本国情的“双基”教育，编印《雷锋精神在唐钢》。开展“达标创先”活动，全面实施“321”工程，建设标准化党小组。下发《唐钢共产党员行为规范》，开展“学理论、换脑筋、长知识、作贡献”活动和“三学”“三查”“一坚持”的专题教育。把领导干部和“三管”（管人、管钱、管物）、“六外”（外包、外联、外购、外销、外委、外协）人员作为教育重点，先后开展“五清一刹”和“三清两刹”活动，对违规问题予以纠正。

（四）唐钢股份成功上市，铁钢轧三大系统技术改造顺利实施（“九五”时期1996—2000年）

1996—2000年，是唐钢加快结构调整，加速推进铁钢技术改造，进入历史性转折的重要时期。五年间，唐钢深入贯彻“三改一加强”方针，落实上级党委政府重大决策部署，大力开展学邯钢和对标挖潜等活动，经受住了市场激烈竞争的严峻考验，实现了生产的持续发展和经济效益的稳步增长。

“九五”期间共产铁1459.37万吨，钢1413.86万吨，商品材坯1334.19万吨，其中钢材1223.97万吨，分别比“八五”期增长89.85%、52.12%、57.96%和60.40%。1999年铁钢产量双双跃上300万吨台阶；实现利税39.28亿元，其中利润12.85亿元，经济效益在同行业始终保持较好水平。

狠抓技术改造，胜利完成“三步走”规划的前两步并启动第三步。建成2560立方米高炉1座、150吨顶底复吹转炉2座、265平方米烧结机1台，以及2560立方米高炉喷煤、TRT发电、轧钢一火成材、制氧机改造、工业水循环利用等重点基建技改项目80个。先后引进2560立方米高炉热风炉、粒化渣系统、喷煤装置和150吨转炉控制系统等4套成套及关键设备。引进项目27项，总价值2000万美元。淘汰落后的侧吹转炉。高速线材和棒材轧机达到国际先进水平。

大力推进改革改制，企业组织结构得到调整，劳动生产率大幅度提高，国有资产实现保值增值。以建立现代企业制度为目标，加快公司化改制步伐，1997年4月唐钢股份在深圳证券交易所发行A股并上市，并完成配股、送股和内部职工股上市交易等一系列工作。共融资19.82亿元，国有资本比例从组建唐钢股份初期的83.43%降到2000年末的67.64%。将唐山钢铁（集团）公司依法改制为国有独资的唐山钢铁集团有限责任公司。债转股工作基本完成，涉及总额（含宣钢）35.3亿元。加大辅助单位分离改革力度，对非钢领域的子分公司和二级单位进行重组改制，实行规范运作。到2000年底，固定资产原值达到116.52亿元，比“八五”末增长90.05%。

积极深化体制改革，理顺管理职能，调整机构设置，开展减员增效工作。职工人数由“八五”末的5.37万人降到“九五”末的4.95万人，实现负增长。全员劳动生产率由1996年的5.09万元/(人·年)（按总产值计算），增加到2000年的12.12万元/(人·年)。活工资比率由“八五”末的25%，提高到“九五”末的33%。1.5万名离退休职工的养老金实现社会化发放。公有住房出售基本完成。

以层级对标为重点，加强经营管理，内部潜力得到进一步发挥。广泛深入开展“生存与发展”大讨论和成本潜力分析、“学先进、比指标、降成本、增效益”等活动，对高炉喷煤、溅渣护炉、负差轧制攻关，强化煤气、余热以及废弃物的回收利用，推广钢坯热装热送、TRT和热电联产等技术，实施工程施工和物资采购招投标，开展清理“三外”等工作，各项指标不断改善，成本持续降低，特别是“九五”后期成本降幅在100元/吨以上，消化了钢材价格大幅度下滑等减利因素。

积极推进科技进步，品种结构不断改善。以超薄带钢为代表的一批工艺技术达到国际先进水平，研制开发一系列新品种，产品服务范围扩大到机械制造、农机生产等相关产业。五年累计创造新产品产值 13.6 亿元。2000 年末，高附加值产品比重达 40%。五年累计取得省厅级以上科研成果 39 项，其中 20 项获省部级科技进步奖，科技成果转化率达 91.20%。

加强质量管理，通过 ISO 9002 质量保证体系认证。高强度建筑用钢、预应力钢筋、管桩用钢、焊接材料、非调质钢、铁路轻轨用钢 6 个品种成为拳头产品。矿用 U 型钢、Ⅱ级螺纹钢筋、高线盘条等产品，连续多年获得冶金产品实物质量“金杯奖”。2000 年，钢材“双标率”达 94.91%。

党组织凝聚力切实增强。深入开展以“讲学习、讲政治、讲正气”为主要内容的党性党风教育；组织开展“凝聚力工程”建设活动，将凝聚力工程中的 6 项工程分解为 20 个子工程，对唐钢顺利实施“九五”计划、向跨世纪宏伟日标迈进具有重要意义。召开第八次党代会；制定《职工行为规范》和《职工岗位职业道德规范》；建设“三过硬”党支部，开展“学邯钢、转观念，围绕效益作贡献”“三争先”等活动；组织开展“倡俭反奢，增收节支”教育实践活动及党风廉政建设“四集中”活动，建立党风廉政建设责任制。

（五）快速发展，建成千万吨级大钢（“十五”时期 2001—2005 年）

2001—2005 年，是唐钢实现快速发展的重要时期。在日益激烈的市场竞争中，唐钢积极推进改革发展，从生产技术、产品结构、生产规模到公司体制机制等各个方面都发生了重大变化，实现历史性转折，各项工作都取得可喜成绩。五年间在对标的 83 项指标中，有 14 项进入行业前 5 名，比 2000 年增加 7 项。五年累计降低成本 41 亿元。

主要产品产量翻一番，千万吨级大钢提前建成。五年共产铁 3306.06 万吨，产钢 3347.97 万吨，钢材 3001.52 万吨，分别比“九五”时期增长 126.54%、136.80% 和 145.23%。其中 2005 年产钢 1006.66 万吨（含不锈钢公司），提前两年完成千万吨级大钢建设任务。

利润总额翻两番，“十五”发展目标提前实现。五年累计实现产品销售收入 880.89 亿元，实现利税 129 亿元，其中利润 62.43 亿元，分别比“九五”增长 2.20 倍、2.28 倍和 3.85 倍。提前两年实现销售收入和利润翻一番的“十五”发展目标。

装备技术实现重大进步，结构调整迈出重要步伐。相继建成了超薄带钢、冷轧一二期、二棒材、1 号与 2 号高炉扩容大修、一炼钢与二炼钢技术改造等一大批结构调整项目，结束了公司不能生产板材、没有深加工产品的历史，形成 1000 万吨的综合能力和板、棒、线、型的产品结构。特别是增加了冷轧及镀锌彩涂等钢材深加工产品，延长了产业链。其中板材和高附加值产品比例分别达到 39% 和 30%。五年累计开发新产品 20 余种，实现新产品产值 201 亿元。完成科技成果 230 项，其中 24 项获省部级科技进步奖。授权专利 73 件。

循环经济型企业建设有序推进，能源综合利用水平明显提升。推行清洁生产，实现资源循环利用。实现轧钢加热炉、锅炉全烧煤气，五年累计节油 78 万吨，节煤 323 万吨。建设 58 台（套）水处理设备，废水回收处理率达到 100%，水重复利用率达到 94.7%，吨钢新水消耗由 2000 年的 10.35 吨下降到 5.13 吨。以高炉水渣为原料开发超细粉项目；钢渣、含铁尘泥、氧化铁皮等全部回收处理再利用。五年累计实现综合利用产值13.20亿元。对轧钢加热炉实施蓄热式改造，并使余热管网闭路循环，集中供热；扩建TRT和热电联产机组，2005年自发电量占比达到21%。是年，吨钢综合能耗完成713千克标准煤，比2000年降低255.6千克标准煤。

各项改革扎实推进，公司组织结构和产权结构进一步优化。深化三项制度改革、管理体制改革；与相关企业合资合作建设不锈钢公司、中厚板公司、司家营铁矿和曹妃甸钢铁精品基地等，公司的组织结构、产权结构得到优化，实力进一步增强。分离中小学和公安机构等企业办社会职能，共分离在职人员716名、离退休人员316名。对汽运公司、设计院、建安公司、耐材公司和轧辊公司5个辅业单位进行了分离改制。

党的领导、党的建设常抓不懈。深入开展“三个代表”重要思想学习教育，掀起“保持共产党员先进性教育”的学习热潮。扎实推进民主集中制学习教育；进行了抗击“非典”的宣传教育；举办建厂60周年纪念活动；组织“车间班组挖潜增效纵深行”活动；广泛开展“四创一旗”（即创新、创优、创先、创效和一名党员一面旗）等活动；以李真、丛福奎、程维高等重大案件作为反面教材开展警示教育活动，推行党风廉政监督员制度。

（六）危中寻机，建成世界最清洁钢厂（“十一五”时期2006—2010年）

2006—2010年，钢铁行业总体上呈现低增速、低盈利的运行态势。唐钢抓住和用好重要战略机遇期，在由唐钢、宣钢、承钢联合组建的唐钢集团和由唐钢、邯钢两大集团为主组建的河北钢铁集团的正确领导下，深入贯彻落实科学发展观，加快转变发展方式，努力打造生态唐钢、绿色唐钢，在生产建设、综合管理、节能减排、厂区环境治理等各方面取得显著成绩，实现全面快速发展。

钢铁产量较“十五”时期翻一番。五年间产钢7202.2万吨，生铁7330.52万吨，钢材6345.43万吨，分别比“十五”时期增长115.12%、121.73%、111.41%。其中2010年产钢1633.77万吨。

经济效益稳定持续增长。五年间累计实现营业收入2813.16亿元，比“十五”时期增长2.19倍。实现利税220.86亿元，其中利润103.25亿元，分别比“十五”时期增长71.21%、65.37%。

装备工艺水平提升迅速。先后淘汰拆除了3座400~450立方米级高炉及附属设施，拆除原三轧钢厂、四轧钢厂、电炉炼钢厂等落后装备和附属设施，累计投资108.11亿元，实施了172项技术改造，建成3200立方米高炉、冷轧产线等大型化、节能化装备，主体工艺装备国产化程度和先进水平达到国内一流。

技术创新和品种开发取得长足进步。1项成果获“2006年度国家科技进步奖二等奖”，2项成果获“冶金科学技术进步奖一等奖”。产品分为140多个品种、400多种规格，广泛应用于北京奥运会场馆等国家重大工程建设以及三峡工程、大亚湾核电站等国家重点项目。

节能减排成效显著。实施炼钢系统除尘深度治理、烧结机烟气脱硫系统、炼焦干熄焦改造和装煤出焦烟尘治理、城市中水与工业废水综合利用工程、余热余能发电等20余项重大节能减排项目，节能减排主要指标持续改善、能源综合利用效率得到大幅提高。累计节能量69.62万吨标准煤，超额完成省政府下达的节能量任务。获得“河北省2010年‘双三十’节能减排目标考核优秀单位”“国家首批资源节约型、环境友好型试点企业”等称号。

厂区环境综合治理成就绿色唐钢。自2008年起，以改善厂区生态环境、创建与城市和谐共融的绿色钢铁企业为目标，高起点、高站位、高标准进行厂区整体规划治理，重置综合管网、道路，工程量共计3.55万米，改造电缆入地总长260千米；新建厂区道路4.25万平方米，翻修道路7.75万平方米，生产用车由1700多辆锐减到360辆，堵塞了物资流失的漏洞。绿化覆盖率由20%提高至42%，打造了趋于自然式的“生态园林景观”，与唐山大城山公园和环城水系融为一体，被誉为“困境中诞生的钢铁花园”，因此获“全国生态文化示范企业”“全国绿化模范企业”等称号。

企业管理水平不断提升。以建设科学发展示范企业为方向，以打造最具竞争力企业为目标，构建集中管控平台，持续推进管理信息化，特别是在全面预算管理、精细化管理、绿色制造管理、5S管理、信息化建设、PM设备管理等方面取得进展和成果，五年累计挖潜增效63.45亿元。

企业文化和职工队伍建设取得成果。开展“企业文化宣传月”活动，制定《企业文化手册》。在金融危机袭来之时，唐钢干部职工提升理念、提高标准，经受了各种困难和挑战，历练了钢铁般意志和勇于担当的团队精神。这一时期，维护和保障职工根本利益，职工收入保持稳定，生产生活、医疗卫生和教育培训条件进一步改善，连续保持“全国劳动关系和谐企业”称号。

党的各项工作取得实效。唐钢各级党组织认真学习“三个代表”重要思想，不断加强党的建设和思想政治等工作，充分发挥政治核心作用。召开第九次党代会，选举第九届党委会与纪委会；广泛深入开展学习实践科学发展观、创先争优活动，组织实施以“树正气、提人气、鼓士气、倡和气”为主题的“四气”工程、“双培双带”工程、“创建党员精品岗位”等党内特色活动，开展标准化党支部建设，为打造精品唐钢、建设最具竞争力企业提供了坚强保证。获得“全国思想政治工作优秀企业”“河北省文明单位”等称号。

（七）绿色转型，与城市和谐共融（“十二五”时期2011—2015年）

2011—2015年，钢铁行业运行发生剧烈变化，进入峰值平台区，低增长、低效益、低价格、高压力成为新常态。唐钢贯彻落实集团决策部署，坚持开放性思维、全行业视野、国际化定位，以建设绿色唐钢、精品唐钢、幸福唐钢为主题，在装备升级、挖潜增效、科技创新、能源利用、国际化经营等方面工作中取得了巨大成就，综合竞争力显著提升，企业跨越式发展势头强劲。

这一时期，唐钢把推进“两个转变”、实现“两个提升”作为做强做优企业的基本方略，创新管理模式，走进市场、服务用户，将企业优势资源向产线、研发和市场等关键领域集聚，产销研用一体化效应逐步显现，“三位一体”全员创新机制初步建立，生产经营和企业管理与国际接轨，市场化改革创新步伐明显加快，为“十二五”规划收官画上圆满句号。

综合实力大幅提升。五年间，钢产量、营业收入、利润实现预定目标，利税稳步增长。累计产钢7716.88万吨，生铁7965.95万吨，钢材7510.89万吨，分别比“十一五”时期增长7.15%、8.67%、18.37%。累计实现营业收入3005.48亿元，比“十一五”时期增长6.84%。实现利税76.17亿元，利润21.42亿元。产能规模在全国单体钢铁企业中位居第四，技术装备达到国际先进水平；累计挖潜增效227.8亿元。期间获得“全国五一劳动奖状”。

市场应对能力显著增强。实施大部制改革、一贯制管理，企业资源趋向集约化；摒弃高成本、高产量、高负债支撑的生产组织模式，以全成本理念控制并削减附加成本，经济运行水平不断提高；推行精益生产、全面预算、非钢单位“一厂一策”等举措，管理变革成效显著；构建企业管理体系，形成管理预算和管理评审机制；深化事业部制，直面市场的营销服务体系初步搭建；运用特钢思维、技术营销实现扩销拓市；多措并举使企业成本控制力、产品创效能力显著提升。

科技创新提速突破。相继研发应用清洁生产、薄板坯连铸连轧生产线超薄规格热轧板卷大批量生产、钢铁企业制氧系统优化等先进工艺技术，推动了产品升级和结构调整，促进了企业转型升级和提质增效。1 项研究成果获得“2013 年度国家科学技术进步奖二等奖”。4 项科研成果获得“省科学技术进步奖一等奖”和“冶金科学技术进步奖一等奖”。“环保炼钢及钢材深加工国际科技合作基地”项目被国家科技部认定为 2015 年度国家示范型国际科技合作基地，填补了国内钢铁企业此类基地的空白。

品种结构明显改善。产线对标取得阶段性成果，品种质量明显改善，高附加值产品比例不断提升。以热轧薄规格产品、马口铁基板、高碳钢、电工钢等为代表的系列产品在竞争中占据优势地位，成为公司主要创效产品。于 2015 年建成高端标志性项目高强度汽车板产线，家电用钢、汽车用钢实现产品、市场双突破，有力带动了现有产线的重新定位与高端产品开发，获得冶金产品实物质量“金杯奖”产品增至 10 项，为企业决胜市场提供了有力保障。

绿色转型成为业内样本。在业内率先实施清洁生产、绿色制造、生态建设，成功实现绿色转型。建成“四园一山一带”花园式工厂，南区绿地面积达 96.8 万平方米，栽植各类乔灌木 18.8 万株；成为能源资源高效利用的企业典范，五年累计完成节能量 53.97 万吨标准煤；开创了产城共融的成功范例，具有示范样本意义，被中钢协誉为“世界上最清洁的钢厂”，被国家工信部授予“清洁生产示范企业”，唐钢的变化被业内称为绿色转型中的“唐钢现象”。

非钢产业健康协调发展态势良好。初步形成多元化产业格局，构建产品深加工、能源环保等六大产业集聚；还原钢铁主业先进性，大幅消纳主业附加成本；非钢单位公司化、市场化进程加快，拥有了区域竞争力强和市场前景好的优势产品；成功涉足 LNG、LED 等战略性新兴产业领域。与钢铁主业协同效应初显，非钢效益增长极作用逐步放大。

国际化进程加速推进。产品出口实现跨越式发展，总量由 2011 年的 118 万吨增至 2014 年的 404 万吨，出口比例达到行业领先水平，产品远销世界 159 个国家和地区。国际交流与合作日趋广泛深入，与瑞士德高、西门子奥钢联、韩国浦项、法国威立雅、美国哈斯科等国际知名企业建立合作伙伴关系，在项目、融资、技术、人才等方面开展全方位合作，国际化经营水平不断提升。

信息化应用成效逐步显现。整体信息化五期工程全部上线，标准化、自动化、信息化“三化”融合进入全面应用阶段。订单设计、生产排程、全工序质量管理等系统日益完善，实现了由单项覆盖向全系统集成提升过渡。日清日结深入开展，逐步形成自身特色的信息自动化五级架构体系与全面对接智能制造的整体规划及实施路径，有力支撑企业生产运营和规范管理。

改革创新实现良好开局。加强顶层设计，五个领域 21 项举措密集出台，79 项执行措施启动实施。扎实推进作业长制、全员绩效管理，改革试点初见成效；专家制度改革进展顺利，106 名专家评聘上岗；事业部制、大客户经理制等一系列改革方案有序落地；确立 1+6 薪酬分配制度改革方案，突出一岗多薪宽带薪酬设计，配套制定 6 种联效联薪分项改革；完全引入市场化体制机制，为“十三五”时期良好开局奠定基础。

职工队伍更具智慧、勇气和能力。五年间，唐钢干部职工直面危机和挑战，通过自身的努力增强实力、应对危机、赢得挑战。在实施绿色转型过程中，全员职业精神和职业素养在潜移默化中得到提升。打造幸福唐钢，最大限度地激发了职工的幸福感和创造热情；充分相信并依靠职工，经理联络员、职工民主参与月等活动发挥职工主人翁精神；职工队伍素质进一步提升；高端人才培养、使用和管理工作富有成效；职工在企业发展中普遍受益，企业成为替职工挡风遮雨的参天大树。

党的各项工作全面加强。先后组织开展创先争优、党的群众路线教育实践、“三严三实”专题教育，解放思想大讨论活动，全面加强和改进党的思想、组织、作风、制度和纪律建设，创新基层服务型党组织建设，引领带动干部职工在逆势中加快企业提质转型、蓄力发展，使党政工作同频共振、相互促进。召开第十次党代会，选举第十届党委会与纪委会；圆满完成首次巡视反馈意见整改任务。唐钢党委获得“全国创先争优先进基层党组织”称号。

（八）提质增效、做强做优，步入高质量发展阶段（2016—2018 年）

2016—2018 年，河钢唐钢聚焦“市场”和“产品”两大主题，在钢材市场、原燃料市场剧烈波动的经营环境下，着力推动产品向中高端跃升、向下游产业链深度延伸，在产品结构调整、市场拓展、成本控制等方面取得突出业绩，企业效益明显好转，综合实力跃上新台阶，呈现了组织结构优化、区域分布合理、工艺技术先进、质量品牌优、经济效益好、竞争力强的发展态势。

基地建设与区域布局日趋完善。河钢唐钢依法依规减量置换，服从服务于城市发展的需要，把发展基点放在已有沿海基地与新兴产业园区。提前关停拆除 450 立方米高炉、55 吨转炉。高强度汽车板项目实现投产即达产；中厚板区域 3 号高炉顺利投产，钢轧系统改造、2 号高炉及配套设施改造、提升产品结构改造等一系列项目如期竣工；不锈钢区域质量提升技改、动力系统改造、钢渣处理工程、烧结机系统扩建改造、余热余能综合利用等重点项目完工并投运。

生产运行与工艺技术持续向好。河钢唐钢不折不扣执行采暖季错峰生产政策、减排攻坚战限产政策，生产运营始终保持紧张有序、稳定均衡局面。实行 EVI 先期介入、定制化生产；逐步探索打通低铁耗、高废钢比条件下的炼钢工艺路径；产线作业效率稳步提高，铁前系统、轧线产材、精轧换辊效率同比提升显著；模型化攻关有效实施，高强汽车板成熟产品生产模型实现全覆盖；自动化炼钢技术、RH 炉精炼技术不断进步，板坯连铸机在国内首次采用重压下技术，科技进步贡献率不断提升。

产品结构与客户结构迈向中高端水平。坚持提品质、创品牌，全面加强技术、质量、人才、信息自动化等四大支撑体系建设，构建品种钢 PDCA 工厂质量保证体系，促进产品结构调整和客户结构升级。重点开发生产 1000 兆帕以上高强汽车钢，进驻国内一线汽车制造厂，电池壳用钢用于新能源汽车制造领域；家电用钢广受海尔、格力、美的等十多家知名企业青睐；确立“铁塔大角”特色品牌优势；有力支持北京冬奥会基建项目、北京行政副中心、亚投行总部等国家重点工程。热镀锌钢带和冷轧低碳钢带等名优产品被中质协授予“全国用户满意产品”称号，并被评为“全国用户满意企业”。

走好生态优先、绿色发展之路。坚持科学施策、标本兼治，抓紧抓实料场棚化升级改造、烧结机机尾除尘改造、烟气脱硫等环保项目，深入研究“焦炉烟气多污染物协同控制技术及示范”等大气治理专项课题，对重点污染源和高架源在线监测作用明显，为唐山世园会环保构筑绿色屏障，向当地群众交出合格环保答卷。2016年，“城市中水替代地表水、深井水作为钢铁生产唯一水源”成果代表集团获世界钢协“可持续发展卓越奖”；2017年，被国家工信部评为“首批绿色制造体系示范工厂”。

改革创新成效超出预期。依靠改革创新破解难题，压减层级、提质增效取得积极进展。依托事业部制改革，同步实施产销研用协同、公共平台支撑、管理重心下移的体制机制，着力推进以产线为独立市场单元的组织结构扁平化变革，厚植基础性管理、关键性业务优势；建立健全涵盖20个专业62个类别的专业管理体系；中厚板公司混合所有制改革迈出实质性步伐；完善作业长五制配套制度，资源下沉配置到产线；抓紧剥离“三供一业”办社会职能，涉及8300余户居民、19个小区的移交业务；实行标准成本考核，用系统优化意识和持续改善思维推进挖潜增效。全员创新行动纵深推进，职工岗位创新蔚然成风。

智能制造引领转型升级。把发展智能制造作为主攻方向，全面加强基础自动化、生产过程控制、制造执行、企业管理不同层级的信息化系统建设。启动实施典型产线智能制造项目，建设公司级订单设计二期、中厚板信息自动化系统等系统工程，高强度汽车板钢铁企业智能工厂项目入选国家2025智能制造试点示范项目，作为冶金行业唯一上榜的智能制造试点示范项目获2016年度中国自动化领域十大最具影响力工程项目，“冶金企业面向智能制造转型的信息系统架构再造”成果达到国际先进水平。通过“两化”融合体系贯标认证。荣膺“河北省制造业与互联网融合发展示范项目企业”。

非钢板块发展质量不断提升。探索实践新技术新业态新商业模式，鼓励和支持非钢企业增强独立运营能力，推动传统产业生产、管理和营销模式变革。整合物联宝、郅易达、智郡社区资源，成立惠唐物联公司，年外部交易额逾10亿元，工程项目线上招标降费超过40%，使集团内部企业广泛受益。云计算中心投入运营，吸引美国苹果公司等国内外知名企业入驻；建成首个屋顶分布式光伏发电项目，进军新能源领域提升价值链；板材加工配送中心提升产业链竞争力，形成创效支点。矿渣超细粉、耐材、轧辊、钢材深加工产品热销国际市场。哈斯科公司被授予“全国工业固废综合利用科技成果转化平台冶金渣综合利用示范基地”称号。每年消化人工成本14亿元，非钢资产比例、收入贡献率、外部市场收入比例、利润贡献率同步提升。

支撑保障集团发展能力持续提升。以习近平主席亲临河钢塞钢视察为动力，按照集团统一部署，全力抓好塞钢运营管理，多维度构建支撑平台，使之摆脱连续亏损困境，生产经营步入良性循环，力保当地5000人就业，让“一带一路”建设及中国与中东欧国际产能合作样板工程闪耀多瑙河畔。高起点规划、高站位支持河钢乐亭钢铁项目，集中全公司优质资源，全方位服务保障管理架构搭建、关键岗位配备、技术交流合作、项目融资、设备招标、公辅系统建设，倾力支撑河钢乐亭钢铁公司发展。

党的领导、党的建设、全面从严治党更加坚强有力。深入推进“两学一做”学习教育，把党建工作总体要求写入公司章程，率先推行党群系统绩效管理、督导巡察机制，抓好公司党群系统网格化管理、“双强双促”基层党建提升年、“三亮三比”党员先锋行主题实践活动。制定“两个责任”清单、相关追究意见和考核办法，常态化开展反腐倡廉警示教育、政治性警示教育，认真落实党中央八项规定精神，坚决纠正“四风”，深化“把纪律和规矩挺在前面”试点经验推广。严肃认真整改巡视巡察反馈意见，不折不扣推进整改落实“回头看”，锲而不舍巩固成果、防止反弹。广大党员不忘初心，担当使命，勤勉尽责，干事创业，为企业生产经营和改革发展提供坚强保证。

时代潮流，浩浩荡荡，唯有弄潮儿能永立潮头。

历史车轮，滚滚向前，唯有奋斗者能乘势而上。

历史如镜，初心可鉴；前景可待，未来可期。置身世界经济发展的风起云涌，走过 75 载征程的河钢唐钢，紧握奋斗之桨，高扬奋斗之帆，奋进在新时代改革开放的大潮中，将最好呈现给世人，为河钢增色添彩。

王兰玉　李振亮　刘 杰　张卫华

企业概况

基本情况

【历史沿革】 河钢集团唐钢公司（以下简称河钢唐钢）始建于1943年4月，前身是日本东洋纺绩株式会社开办的唐山制钢所。1948年12月12日唐山解放，改称唐山制钢厂。1950年6月，进行机构整编，取消军管，撤销军代表和经理，唐山制钢厂改为唐山钢厂。1972年8月14日，经河北省革命委员会冀革〔1972〕89号文批准，唐山钢厂改为唐山钢铁公司。1973年唐钢正式改为公司建制，20个生产车间改为厂矿，19个职能组改为部、处、室。

1992年11月25日，组建了以唐钢为核心企业的唐山钢铁（集团）公司。1994年6月29日，唐山钢铁股份有限公司正式成立。1996年1月，依据《公司法》，经河北省政府批准，唐钢（集团）公司改制为国有独资公司唐山钢铁集团有限责任公司，并被授权经营唐钢集团的国有资产。1997年4月16日，经中国证监会批准，唐山钢铁股份有限公司在深圳证券交易所发行A股并上市。

2006年1月23日，唐钢、宣钢、承钢联合组建唐山钢铁集团有限责任公司完成注册登记，注册资本50亿元，原唐钢资产占唐山钢铁集团有限责任公司资产总额的67%。同年2月28日，唐山钢铁集团有限责任公司创立暨揭牌仪式在石家庄举行。

2008年6月24日，由唐钢、宣钢、承钢组成的唐钢集团和邯钢集团联合组建的河北钢铁集团有限公司注册成立。自此唐钢成为河北钢铁集团有限公司的骨干企业之一。2008年6月30日，河北钢铁集团有限公司在石家庄正式挂牌成立。2009年12月31日，原唐钢股份、邯郸钢铁和承德钒钛三家上市公司强强联合，通过证券市场吸收合并组建河北钢铁股份有限公司，唐山钢铁股份有限公司更名为河北钢铁股份有限公司。2010年1月5日，注册成立河北钢铁股份有限公司唐山分公司。同月15日，河北钢铁集团将其代管的唐钢集团业务划转唐钢管理，并将唐钢集团公章交由唐钢管理。2010年1月19日，唐钢恢复使用唐山钢铁集团有限责任公司印章，印章使用范围仅限于唐钢集团管辖的原唐钢口径涉及的业务。

2015年10月30日，根据河钢集团有限公司〔2015〕5号文件《关于集团更名并统一规范集团名称标识的通知》要求，河北钢铁集团唐钢公司更名为河钢集团唐钢公司、河钢唐钢。

2016年1月19日，河北钢铁集团有限公司依法在河北省工商行政管理局履行注册变更手续，更名为河钢集团有限公司，简称河钢集团。7月15日，河北钢铁股份有限公司唐山分公司更名为河钢股份有限公司唐山分公司。

河钢唐钢是中国转炉炼钢的发祥地，被誉为“转炉的故乡”，有着悠久光荣的历史文化，为中国钢铁工业的发展作出了重要贡献。解放前，唐钢最高年产钢仅有1904吨。解放初期，唐钢被国家重工业部确定为技术试验工厂，承担部分重要钢种的开发试验任务。1952年，唐钢侧吹碱性转炉炼钢法的试验成功，在我国炼钢史上具有划时代意义。当年8月，重工业部对此予以通报表扬。1964年，唐钢“侧吹碱性转炉炼钢法”被国家科委列为重大发明项目，并给予重奖。

1976年唐山大地震前，唐钢的生产能力达到了年产钢82.5万吨。1976年7月28日，唐山发生震惊世界的大地震，唐钢被夷为一片废墟，18229名职工震亡1788人、重伤1241人，固定资产损失三分之一。遭受巨大自然灾害后的唐钢职工，在党和国家的亲切关怀和全国人民的大力支援下，积极响应国家提出的“独立自主、自力更生、重建家园”的号召，在震后28天就炼出了第一炉“志气钢”，11月底全部简易恢复生产。1978年邓小平同志视察唐钢时高度称赞“唐钢工人阶级是地震震不垮的、困难吓不倒的队伍”。

震后的唐钢积极发展生产，1979年被列入河北省企业扩权试点单位，试行企业利润留成办法，当年产钢突破100万吨，跨入全国十大钢行列。1982年在全公司实行了承包经济责任制。1985年6月，实行了经理负责制。1988年唐钢晋升国家二级企业，1991年1月晋升国家一级企业。1994年，唐钢铁钢产量突破双200万吨，提前一年实现“八五”计划。这一阶段，唐钢主要解决缺铁少焦的工序配套问题，实现了生产工艺的重大改进。

1996—2000年，是唐钢加强结构调整，加快铁钢技术改造，进入历史性转折的重要时期。在这五年间，深入贯彻“三改一加强”方针，实施铁、钢、轧三大系统技术改造，大力开展学邯钢和对标挖潜等活动，经受住了市场激烈竞争的严峻考验，实现了生产的持续发展和经济效益的稳步增长。“九五”期间共产铁1459.37万吨，钢1413.86万吨，商品材坯1334.19万吨，钢材1223.97万吨，分别比“八五”期间增长89.85%、52.12%、57.96%和60.40%；实现利税39.28亿元，利润12.85亿元，经济效益在同行业始终保持较好水平。其中1999年，铁钢产量双双跃上300万吨台阶，提前一年实现了省委、省政府确定的“九五”发展目标。

2001—2005年，是唐钢实现快速发展的重要时期。期间，唐钢坚持以党的十六大精神和“三个代表”重要思想为指导，落实科学发展观，相继建成了超薄带钢、冷轧一二期等一大批结构调整项目，形成了1000万吨的综合能力和板、棒、线、型的产品结构；深化三项制度改革、管理体制改革，实现了历史性转折，成为唐钢发展史上又一重要里程碑。五年间在对标的83项指标中，有14项进入行业前5名，累计降低成本41亿元。“十五”期间共产铁3306.06万吨，钢3347.97万吨，钢材3001.52万吨，分别比“九五”期间增长126.54%、136.80%和145.23%；实现利税129亿元，利润62.43亿元，分别比“九五”期间增长2.28倍和3.85倍。其中2005年产钢1006.66万吨（含不锈钢公司），跻身于国内千万吨级大钢行列，提前两年完成了千万吨级大钢建设任务，成为华北地区首家钢产量突破千万吨的企业。

2006—2010年，唐钢抓住和用好重要战略机遇期，在唐钢、宣钢、承钢联合组建的唐钢集团和河北钢铁集团的正确领导下，深入贯彻落实科学发展观，加快转变发展方式，努力打造生态唐钢、绿色唐钢，在生产建设、综合管理、节能减排、厂区环境治理等各方面取得了显著成绩，实现了全面快速发展。在业内率先实施绿色转型，建成花园式工厂，被中钢协专家评价为“世界上最清洁的钢厂”，走出了一条精品唐钢、绿色唐钢和幸福唐钢的全新道路。“十一五”期间共计产铁7330.52万吨，钢7202.2万吨，钢材6345.43万吨，分别比“十五”时期增长121.73%、115.12%、111.41%；实现利税220.86亿元，利润103.25亿元，分别比“十五”时期增长71.21%、65.37%。其中2010年产钢1633.77万吨，比“十五”期末的2005年增长62.3%，年均增长10.17%。

2011—2015年，唐钢贯彻落实集团决策部署，坚持开放性思维、全行业视野、国际化定位，以建设绿色唐钢、精品唐钢、幸福唐钢为主题，把推进两个转变、实现两个提升作为做强做优企业的基本方略，创新管理模式，走进市场、服务用户，将企业优势资源向产线、研发和市场等关键领域集聚，产销研用一体化效应逐步显现，三位一体全员创新机制初步建立，生产经营和企业管理与国际接轨，市场化改革创新步伐明显加快，在装备规模、科技创新、能源利用、挖潜增效、国际化经营等方面取得瞩目成就，钢产量、营业收入、利润实现预定目标，利税稳步增长，综合竞争力显著提升。“十二五”期间共计产铁 7965.95 万吨，产钢 7716.88 万吨，钢材 7510.89 万吨，分别比“十一五”时期增长 8.67%、7.15%、18.37%。实现利税 76.17 亿元，利润 21.42 亿元，产能规模在全国单体钢铁企业中位居第四，技术装备达到国际先进水平；累计挖潜增效 227.8 亿元。尤其是 2015 年初投产的高强汽车板项目，代表了当今世界钢铁冷轧技术最高水平，依托国际化模式建设和运营，成为唐钢制造高端精品钢材的标志性生产线，带动和促进了企业结构调整和转型升级。2011 年，唐钢获得“全国五一劳动奖状”。

2016—2017 年，唐钢聚焦“市场”和“产品”两大主题，积极实施组织结构扁平化变革，以市场化改革和全员创新为动力，强力推进产品升级和结构调整，全面启动以产线为独立市场单元的组织结构扁平化变革，加速推进提质增效和转型升级，深入抓好技术、质量、人才、信息自动化等涉及产线和产品的四大支撑体系建设，企业综合竞争力持续提升，主要经营目标如期实现。具有铁、钢、材 1800 万吨的配套生产能力，产品主要包括高强度汽车板、热轧薄板、冷轧薄板、镀锌板、彩涂板、中厚板、不锈钢、棒材、线材、型材等，其中精品板材占产品总量的 80%以上，产品广泛应用于建筑、汽车、煤炭、机械、电力、交通和家用电器等诸多领域，远销欧洲、美洲、非洲、东南亚等 150 多个国家和地区。两年间，共计产铁 2716.7 万吨，产钢 2814 万吨，钢材 2669 万吨。

【2018 年概况】 河钢集团唐钢公司（简称河钢唐钢）是全国特大型钢铁企业，河钢集团的骨干企业，是我国碱性侧吹转炉的发祥地。

2018 年，河钢唐钢坚持以习近平新时代中国特色社会主义思想和党的十九大精神为指导，认真践行新发展理念，始终聚焦“市场”和“产品”，以新思维、新视野、新方式推进各项工作，生产经营和改革发展取得历史性突破，企业综合竞争力显著提升。全年，产铁 1379 万吨，产钢 1562 万吨，产钢材 1406 万吨，钢产量同比增长 3.65%。

加强客户端优化和产品结构调整，聚焦市场和产品，抓住“以客户结构调整推动产品升级”主线，在“树品牌、做宽度”上持久用力，促进客户端优化和产品结构调整取得历史性成绩。全年，重点产品产量 570 万吨，同比增长 36%；品种钢比例达 74.5%，比集团目标高出 2.5 个百分点；产品一对一直供比达 48%，同比提高 11%；汽车用钢、家电用钢销量分别达到 240 万吨、110 万吨，同比增长 40%、49%。与宝钢型钢等国内 12 家有影响力企业建立合作关系，与中建钢构、上海建工等国内排名前 20 家企业建立结构用钢战略合作关系，成功轧制国内最薄规格 1.2 毫米花纹板，开发生产全球首卷 2000 兆帕级别热成型汽车钢，药芯焊丝钢实现与行业前十大客户全面合作，积极供货北京城市副中心、水曹铁路、雄安新区、北京冬奥“冰丝带”等重点工程项目优质棒材，产品被评选为“2018 年度中国优质建筑用钢品牌”。

强化市场开发，开发重点直供用户 90 家，大客户销量 280 万吨，高强汽车板 DP780 及以上超高强钢交货期由原 45 天缩短到 35 天，热轧重点产品交货期同比缩短

10天。成立唐山区域经理部，对唐山周边用钢企业开展深度调研，密切跟踪装配式住宅、立体车库、钢铁深加工、汽车及动车零部件制造等招商引资项目，与唐山周边31家客户建立合作关系，成功开发20家周边新用户；建设钢材剪切加工配送中心，重点实施长春五矿新港、台州吉利、天津国能和保定板材（改造）等4个项目，为高端产品实现售价提升打通了路径。

强化技术、质量、信息化、人才四大支撑体系建设，加强与河钢东大研究院等技术研发平台合作，承担“钢铁行业多工序多污染物协同控制技术”等国家重大科技专项项目，促进DP1180产品实现工艺贯通，高强度极限薄规格镀锌家电背板生产达到国内领先水平，高铝双相钢连浇技术达到行业先进水平，自主实施的“100吨转炉流程生产窄规格汽车用钢冷轧基料的工艺技术创新与集成”项目为国内中小型转炉生产高端汽车用钢提供了示范；积极培育以“受控、严谨、无缺陷出厂”为核心的质量文化，获“全国用户满意企业”“省冶金行业质量管理活动优秀企业”等称号，“汽车结构用热轧钢带”被冶金工业质量经营联盟授予“冶金行业品质卓越产品”称号，镀锡基板被中国质量协会授予“产品用户满意度奖”；推进ODS系统二期开发、APS系统优化、高强汽车板MES系统完善等项目，实施冷轧3号镀锌生产线改造、1700毫米生产线粗轧主传动系统升级、1580毫米生产线提速改造等项目，完成高强汽车板锌锅捞渣机器人、不锈钢成品钢卷库无人化天车等项目，为推动公司生产制造向智能制造转型奠定了基础；全方位强化人才支撑，完善《高端人才引进管理办法》，加大市场化选聘高端人才力度，实施专业技术系列岗位体系改革，优化宽带薪酬配套激励机制，发挥专家队伍创新引领作用，创新职工培训方式方法，开展五大体系专项培训和“匠人讲堂”活动，促进职工整体素质全面提升。

聚焦集团发展非钢产业战略部署，创新非钢单位体制机制，加快培育现代工业服务业，促进非钢产业发展取得丰硕成果，实现营业收入123亿元，其中外部市场创收40.5亿元，占总收入的33%，在负担全部16亿元人工成本后实现盈利3.5亿元。

【组织机构设置】 2018年，河钢唐钢根据公司发展变化及时调整组织机构。2月14日，重构事业部组织机构，设置炼铁事业部、卷板事业部、汽车板事业部、型线事业部、中厚板事业部等五个事业部。其中炼铁事业部由炼铁厂、美锦煤化工有限公司组成；卷板事业部由一钢轧厂、冷轧薄板厂组成；汽车板事业部由不锈钢有限责任公司、高强汽车板有限公司组成；型线事业部由二钢轧厂、型钢厂组成；中厚板事业部由中厚板材有限公司组成。并将原冷轧薄板厂拆分为冷轧薄板厂（含板材深加工产线）和高强汽车板有限公司；卷板事业部、汽车板事业部分别成立营销服务中心、产品研发中心；型线事业部成立营销服务中心，将公司技术中心、市场部的研发和营销力量分别充实到有关事业部的产品研发和营销服务中心。在卷板事业部、汽车板事业部、型线事业部分别成立党群工作部，加强党建管理力量。10月，唐山惠唐物联科技有限公司划归河钢集团进行运营管控，其供应链采购平台相关业务划入铁铁物联科技有限公司。12月，撤销惠唐乐港金属科技分公司行政机构，其原有机构与检修分公司合并。

2018年末，河钢唐钢组织机构设管控平台1个、支撑平台3个；共有炼铁事业部、卷板事业部、汽车板事业部、型线事业部、中厚板事业部所辖主业生产单元10个，平台外非钢单元12个。

主业生产经营单元：唐钢美锦煤化工有限公司、炼铁厂、一钢轧厂、冷轧薄板厂、不锈钢有限责任公司、高强汽车板有限公司、二钢轧厂、型钢厂、中厚板材有限公司、唐银钢铁有限公司。

平台外非钢单元：重机装备有限公司、唐钢气体有限公司、钢源冶金炉料有限公司、青龙炉料有限公司、唐龙（唐昂）新型建材有限公司、唐山惠唐新事业产业发展有限公司、城市服务有限责任公司（行政福利处）、房地产开发有限公司、河北华奥节能科技有限公司、唐山创元方大电气有限公司、唐山华冶（天津）钢材营销有限责任公司、教育中心（河北省冶金高级技工学校、河北冶金技师学院、唐山科技职业技术学院、唐钢大学）。

战略管控平台：运营改善部（董事会办公室）、人力资源部（组织部、老干部管理部、离退休职工管理部）、发展规划部、法律事务部。

公共服务支撑平台：办公室（党委办公室）、财务经营部、安全部、市场部、能源环保部、企业文化部（宣传部、统战部、党校）、监察部（纪委）、工会（团委、计划生育办公室）、非钢管理部、国际合作部、保卫部（武装部）。

生产技术支撑平台：总工程师办公室、生产制造部、技术中心、物流分公司、能源科技分公司。

信息设备支撑平台：设备机动部、信息自动化部、检修分公司、自动化信息公司。

河钢集团直属单位：河钢塞尔维亚公司、采购总公司唐钢分公司、销售总公司唐钢分公司、北京国际贸易有限公司唐山分公司、集团审计部驻唐钢审计处。

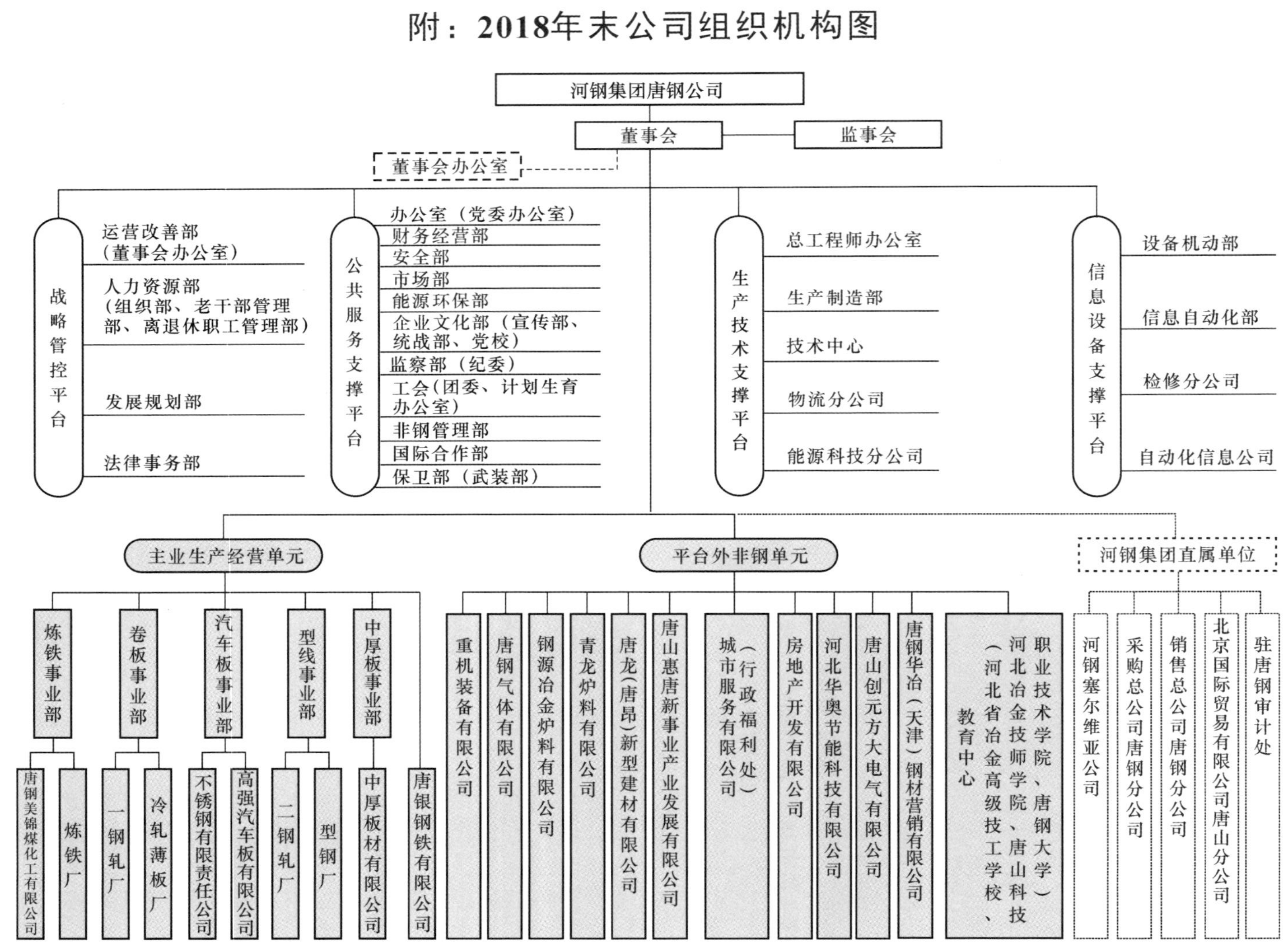
附：2018年末公司组织机构图
河钢集团唐钢公司
董事会
监事会
董事会办公室
战略管控平台
运营改善部（董事会办公室）
人力资源部（组织部、老干部管理部、离退休职工管理部）
发展规划部
法律事务部
公共服务支撑平台
办公室（党委办公室）
财务经营部
安全部
市场部
能源环保部
企业文化部（宣传部、统战部、党校）
监察部（纪委）
工会（团委、计划生育办公室）
非钢管理部
国际合作部
保卫部（武装部）
生产技术支撑平台
总工程师办公室
生产制造部
技术中心
物流分公司
能源科技分公司
信息设备支撑平台
设备机动部
信息自动化部
检修分公司
自动化信息公司
主业生产经营单元
炼铁事业部
唐钢美锦煤化工有限公司
炼铁厂
卷板事业部
一钢轧厂
冷轧薄板厂
汽车板事业部
不锈钢有限责任公司
高强汽车板有限公司
型线事业部
二钢轧厂
型钢厂
中厚板事业部
中厚板材有限公司
唐银钢铁有限公司
平台外非钢单元
重机装备有限公司
唐钢气体有限公司
钢源冶金炉料有限公司
青龙炉料有限公司
唐龙（唐昂）新型建材有限公司
唐山惠唐新事业产业发展有限公司
城市服务有限公司（行政福利处）
房地产开发有限公司
河北华奥节能科技有限公司
唐山创元方大电气有限公司
唐钢华冶（天津）钢材营销有限公司
职业技术学院、唐钢大学）
河北冶金技师学院、唐山科技
（河北省冶金高级技工学校、
教育中心
河钢集团直属单位
河钢塞尔维亚公司
采购总公司唐钢分公司
销售总公司唐钢分公司
北京国际贸易有限公司唐山分公司
驻唐钢审计处

董事会与监事会

【董事会】 2018年，河钢唐钢第七届董事会设董事5人，下设董事会办公室，负责董事会日常事务和会议管理。年内，定期或不定期召开会议41次，制定发布《董事会会议管理办法》，董事会会议管理的规范性进一步提升；印发《外派董事管理办法》，优化了外派董事行权管理流程；将党建工作要求写入公司章程，完善公司章程和议事规则，督导各子公司健全完善基本管理制度；全面自查梳理对外投资及产权管理实施情况、决策审批程序、产权登记、过程文件等资料，规范产权登记管理。

附：河钢唐钢2018年董事会会议决策情况（节选摘要）

第七届董事会第一百五十四次会议 1月8日，河钢唐钢召开第七届董事会第一百五十四次会议。会议议定以下事项：同意不锈钢公司将闲置天车转让给河北钢铁建设集团有限责任公司、将闲置电机转让给唐银钢铁有限公司、以零购方式购置2套辐射检测设备、实施升级改造整体规划和增建厂区视频监控项目；同意高强汽车板公司实施6号镀锌线增加镀铝硅喷铝粉控制小晶花装置项目、4号和6号镀锌线新增塔顶辊在线抛光器项目。

第七届董事会第一百五十五次会议 1月15日，河钢唐钢召开第七届董事会第一百五十五次会议。会议议定以下事项：同意实施公司北区烧结机脱硫脱硝及烟气循环改造工程；同意不锈钢公司实施132平方米烧结机脱硫脱硝及烟气循环改造工程，中厚板公司实施烧结机脱硫脱硝及烟气循环改造工程。

第七届董事会第一百五十六次会议 1月23日，河钢唐钢召开第七届董事会第一百五十六次会议。会议议定以下事项：同意实施公司北区2套78兆瓦高温超高压发电装置及配套能效提升项目；同意实施一钢轧厂钢包冷修安全改造项目、钢包热修安全改造项目。

第七届董事会第一百五十七次会议 2月3日，河钢唐钢召开第七届董事会第一百五十七次会议。会议议定以下事项：同意关于原铸管厂土地与不锈钢公司占用古冶区集体土地进行转用方案；同意唐山郅易商贸有限公司租赁考伯斯（中国）炭素化工有限公司丰润八里庄工厂的储罐，并签署《储罐租赁约定书》；同意检修分公司以设备零购方式购置无油空压机及电控柜各1套；同意实施河钢产业升级及宣钢产能转移项目配套气体项目；同意河钢唐钢气体公司持股路径调整方案，在香港设立上市平台，实现河钢唐钢气体公司间接上市。

第七届董事会第一百五十八次会议 2月8日，河钢唐钢召开第七届董事会第一百五十八次会议。会议议定以下事项：同意对重整佳华公司的报价；同意公司与河钢乐亭钢铁项目共同实施河钢唐钢化工园区项目。

第七届董事会第一百五十九次会议 2月12日，河钢唐钢召开第七届董事会第一百五十九次会议。会议议定以下事项：同意对河钢乐亭钢铁项目进行投资；同意公司编制的2018年股权投资计划；同意公司南区四轧场地及其南面路段环境综合治理项目、公司炼铁北区3号烧结机台车改造项目；同意重机装备有限公司浇注坑除尘系统改造项目。

第七届董事会第一百六十次会议 3月5日，河钢唐钢召开第七届董事会第一百六十次会议。会议议定以下事项：同意公司以零购方式购置三级点检系统（小神探巡点检系统）服务器硬件；同意不锈钢公司1号、2号连铸机结晶器增上在线自动调宽功能项目和1580毫米生产线轧辊冷却水改造项目。

第七届董事会第一百六十一次会议 3月12日，河钢唐钢召开第七届董事会第一百六十一次会议。会议议定以下事项：同意中厚板公司烧结矿料场棚化改造项目；同意不锈钢公司物料堆放场地棚化改造项目、新增视频监控项目；同意对河北钢铁集团矿业有限公司增资1.15亿元。

第七届董事会第一百六十六次会议 4月27日，河钢唐钢召开第七届董事会第一百六十六次会议。会议议定以下事项：同意公司“三供一业”分离移交的总体方案。

第七届董事会第一百七十次会议 5月21日，河钢唐钢召开第七届董事会第一百七十次会议。会议议定以下事项：同意与东北大学以“产学研”形式开展“高炉数据深度挖掘诊断预测系统”项目。

第七届董事会第一百七十一次会议 5月28日，河钢唐钢召开第七届董事会第一百七十一次会议。会议议定以下事项：同意实施唐山科技职业技术学院节水改造工程；同意将位于唐山市路北区龙泽路33号的原唐钢医院分院的西楼和理疗房出租给唐山弘慈医院有限公司；同意将位于唐山市开平区银河路东侧的1宗工业用途土地出租给唐银钢铁有限公司。

第七届董事会第一百七十二次会议 6月11日，河钢唐钢召开第七届董事会第一百七十二次会议。会议议定以下事项：同意唐山惠唐工业技术服务有限公司增加经营范围，经营范围新增项目内容包括“桥门式起重机安装、修理A级”和“非金属矿及制品批发的项目”；同意实施人力资源积分制平台项目；同意实施信息系统安全等级保护测评项目；同意检修分公司以设备零购方式购置1台激光跟踪仪；同意不锈钢公司实施燃气锅炉脱硫脱硝项目；同意中厚板公司实施2台150吨燃气锅炉烟气脱硫脱硝项目。

第七届董事会第一百七十五次会议 7月9日，河钢唐钢召开第七届董事会第一百七十五次会议。会议议定以下事项：同意对河钢乐亭化工园区项目作出规划调整；同意北京瑞钢联科技发展有限公司转让其所持中联钢47.6%股权给上海复行信息产业发展有限公司或其关联企业，并放弃对该股权的优先购买权；同意转让公司持有的中联钢3.4%股权给上海复行信息产业发展有限公司或其关联企业；同意将城市服务有限公司持有的唐山唐钢物业服务有限公司100%股权无偿划转给唐山唐钢房地产开发有限公司；同意唐山惠唐新事业产业发展有限公司与山西交城义望铁合金有限公司合作改造电炉生产线；同意不锈钢公司实施铁水罐加盖工程。

第七届董事会第一百七十六次会议 7月16日，河钢唐钢召开第七届董事会第一百七十六次会议。会议议定以下事项：同意实施炼铁厂高炉减少一氧化碳排放改造项目、2号高炉减少一氧化碳排放改造项目；同意实施一钢轧厂1700毫米生产线加热炉减少一氧化碳排放改造项目；同意中厚板公司实施600吨/日石灰窑和300吨/日轻烧白云石窑工程项目。

第七届董事会第一百七十八次会议 7月30日，河钢唐钢召开第七届董事会第一百七十八次会议。会议议定以下事项：同意炼铁厂购置4台新型号节能变压器；同意高强汽车板公司实施4号镀锌线炉鼻子技术改造项目；同意物流分公司以设备零购的方式购置2台PC300-8M0小松挖掘机，2个莲花抓和1个电磁吸盘；同意中厚板公司实施2号连铸机快换系统改造项目。

第七届董事会第一百七十九次会议 8

月 13 日，河钢唐钢召开第七届董事会第一百七十九次会议。会议议定以下事项：同意钢源冶金炉料有限公司设立乐亭分公司，投资建设、运营河钢乐亭钢铁项目——石灰窑系统项目；同意对炼铁北区小焦场地存放的固定资产进行处置；同意不锈钢公司实施1580 毫米生产线加热炉煤气换向吹扫系统项目；同意二钢轧厂建设废钢入炉前加热项目。

第七届董事会第一百八十次会议 8 月27 日，河钢唐钢召开第七届董事会第一百八十次会议。会议议定以下事项：同意由中国工商银行股份有限公司募集资金，通过华宝信托有限责任公司设立单一信托计划对公司进行增资扩股；同意河钢集团供应链管理有限公司以货币方式对唐山惠唐物联科技有限公司增资 2000 万元，占股 66.67%；同意加快推进对外投资企业及所属企业将党建工作要求写入公司章程有关事项；同意中厚板公司购置煤气防护救护车；同意一钢轧厂实施增建废钢储蓄场地项目。

第七届董事会第一百八十一次会议 9月 3 日，河钢唐钢召开第七届董事会第一百八十一次会议。会议议定以下事项：通过《唐钢“双百行动”综合改革实施方案》和工作安排；同意检修分公司以设备零购的方式购置 2 台 0.5 秒级全站仪；同意不锈钢公司实施废钢预热预熔项目；同意青龙炉料有限公司实施高湿高碱性超细颗粒物预荷电袋式过滤技术改造项目；同意中厚板公司实施轧钢一线 1 号、2 号推钢式加热炉“换向煤气放散治理”项目，轧钢一线 3 号步进式加热炉“换向煤气放散治理”项目，轧钢二线步进式加热炉“换向煤气放散治理”项目，轧钢二线加热炉风机调速节能技改项目；同意实施北区 5 号、6 号、7 号、9 号燃气锅炉烟气脱硫脱硝项目，北区 2 号、3 号燃气锅炉烟气脱硫脱硝项目，北区 8 号、10 号燃气锅炉烟气脱硫脱硝项目。

第七届董事会第一百八十二次会议 9月 10 日，河钢唐钢召开第七届董事会第一百八十二次会议。会议议定以下事项：同意保定唐钢板材有限公司实施加工设备升级改造项目；同意将城市服务有限公司全资拥有的唐山鸿源旅行社有限公司打造成公司商旅订票端口的共享平台；同意授权总工程师办公室对中厚板公司 240 平方米烧结机烧结烟气低温氧化脱硝项目、美锦（唐山）煤化工有限公司焦炉烟气多污染物协同控制项目、青龙炉料有限公司球团烟气多污染物超低排放项目、基于高炉炉料结构优化的硫硝减排项目进行管理；同意青龙炉料有限公司实施熔剂性球团生产改造项目；同意不锈钢公司实施高炉冲渣水消白项目；同意冷轧厂3 号镀锌生产线搬迁项目、唐龙（唐昂）新型建材有限公司年产 30 万吨矿渣粉生产线项目、时创高温耐材公司加工配送中心项目、重机装备有限公司轧辊科技服务公司工程项目 4 个拟入驻塞尔维亚工业园区项目立项。

第七届董事会第一百八十三次会议 9月 17 日，河钢唐钢召开第七届董事会第一百八十三次会议。会议议定以下事项：同意实施 1 号、2 号 210 平方米、265 平方米、360 平方米烧结机机头烟气脱硫脱硝项目；同意实施南区 1 号、2 号、3 号燃气锅炉烟气脱硫脱硝项目；同意实施炼铁北区 2 号、3 号高炉和南区高炉冲渣水消白项目；同意高强汽车板公司实施空压机系统节能改造项目；同意不锈钢公司新建 5 万立方米转炉煤气柜项目；同意对二钢轧厂浇钢 3 号 90 吨天车进行报废处置；同意中厚板公司实施 1号、2 号、3 号高炉冲渣水消白和竖炉烟气消白项目。

第七届董事会第一百八十四次会议 9月 23 日，河钢唐钢召开第七届董事会第一百八十四次会议。会议议定以下事项：同意在天津市宁河区现代产业园区独资设立公司，用于建设和运营高强汽车板加工中心。

第七届董事会第一百八十六次会议 10月8日，河钢唐钢召开第七届董事会第一百八十六次会议。会议议定以下事项：同意河北华奥节能科技有限公司在高强汽车板公司院内实施外供焦炉煤气焦油、萘脱除项目和锅炉改烧天然气项目；同意美锦（唐山）煤化工有限公司实施焦炉烟气回配项目；同意实施中厚板公司240平方米烧结机臭氧脱硝升级改造项目；同意实施不锈钢公司265平方米烧结机臭氧脱硝升级改造项目。

第七届董事会第一百八十七次会议 10月22日，河钢唐钢召开第七届董事会第一百八十七次会议。会议议定以下事项：同意不锈钢公司以零购方式购置1台高压电机；同意一钢轧厂以零购方式购置1套连铸保护渣自动加入装置；同意中厚板公司实施板材识别系统项目，与北京科技大学合作开展3号高炉智能自动喷吹技术开发项目。

第七届董事会第一百八十八次会议 10月29日，河钢唐钢召开第七届董事会第一百八十八次会议。会议议定以下事项：同意对河钢唐钢气体公司境外间接上市平台——中国气体工业投资控股有限公司（简称“CGII”，上市主体）的股权结构调整方案。

第七届董事会第一百九十一次会议 12月3日，河钢唐钢召开第七届董事会第一百九十一次会议。会议议定以下事项：同意收购大连捷通控制系统有限公司所持五矿新港长春钢材加工有限公司49%股权；同意微尔自动化有限公司实施云计算中心模块化机房扩容项目；同意中厚板公司实施1号、2号烧结机漏风治理项目，2号高炉热风炉双预热改造项目，以及3号烧结机主抽风机变频改造项目。

第七届董事会第一百九十二次会议 12月10日，河钢唐钢召开第七届董事会第一百九十二次会议。会议议定以下事项：同意对台州市向海钢材加工有限公司增资控股，由向海钢材加工有限公司在浙江省台州湾循环经济产业集聚区购置土地、建设运营32万吨汽车板加工项目；同意不锈钢公司购置1台ASPEX大型非金属夹杂物自动检测仪、1台能量色散型X射线荧光光谱仪；同意以捐赠的方式向唐山市金盾公安民警救助基金会捐赠100万元。

第七届董事会第一百九十四次会议 12月24日，河钢唐钢召开第七届董事会第一百九十四次会议。会议议定以下事项：同意中厚板公司与北京科技大学合作进行3号高炉智能自动喷吹技术开发配套项目。

【监事会】 2018年，河钢唐钢监事会工作办公室完善监事会工作制度体系，履行监督职能，参加公司董事会办公室组织的对外投资各项议案商讨、确定，并对议案提出行之有效的管理建议，确保了股东、公司和职工等各利益相关方的权益，规避了投资风险。全年，参加公司董事会35次，参加所出资企业董事会、股东会21次，审阅所有议案和会议材料，对发现的问题提出了独立意见和建议。年内，公司监事会由3人组成，设监事会主席1人、监事2人，由陶立国任监事会主席，李迎昌、闫希才任监事，其中闫希才为职工监事。

2018年河钢唐钢领导任职名录

党　委

党委书记　王兰玉
党委副书记　田　欣
党委常委　张洪波
党委常委　姚　力
党委副书记　张小帅
党委常委　陶立国
党委副书记　王文德（2018年3月始任）

董事会

董事长　王兰玉
副董事长　田　欣
董　事　李茂广
董　事　赵丽树
职工董事　孙国平

经理层

总经理　田　欣
副总经理　李茂广
副总经理　张洪波
副总经理　姚　力
总会计师　赵丽树
副总经理　武士勇
副总经理　孙国平（2018年3月始任）
副总经理　宋嗣海
副总经理　高永春
副总经理　谭文振
副总经理　刘铁力

监事会

监事会主席　陶立国

纪　委

纪委书记　陶立国

工　会

工会主席　孙国平（至2018年3月）
工会主席　王文德（2018年3月始任）

2018年末河钢唐钢高层管理人员

王兰玉
党委书记、董事长

田　欣
总经理、副董事长、
党委副书记

李茂广
副总经理、董事

张洪波
副总经理、党委常委

姚　力
副总经理、党委常委

赵丽树
总会计师、董事

武士勇
副总经理

孙国平
副总经理、职工董事

宋嗣海
副总经理

高永春
副总经理

谭文振
副总经理

张小帅
党委副书记

陶立国
纪委书记、党委常委、监事会主席

刘铁力
副总经理

王文德
党委副书记、工会主席

主要装备及职工队伍

【主要装备与生产设施现状】 2018年，河钢唐钢主要装备分布在铁前、炼铁、炼钢、轧钢、制氧、发电、运输及机车等系统，统计口径含不锈钢公司、中厚板公司、唐银公司。其中，铁前设备有65孔7米型焦炉2座；烧结机12台，分别是360平方米烧结机1台、265平方米烧结机2台、240平方米烧结机1台、210平方米烧结机4台、180平方米烧结机1台、132平方米烧结机1台、90平方米烧结机2台。炼铁设备有高炉13座，分别是3200立方米高炉2座、2000立方米高炉1座、1780立方米高炉1座、1580立方米高炉2座、1080立方米高炉1座、750立方米高炉1座、550立方米高炉3座、450立方米高炉2座；铸铁机6台。炼钢设备有转炉13座，分别是150吨转炉3座、120吨转炉5座、100吨转炉2座、80吨转炉1座、55吨转炉2座；LF精炼炉12座，分别是150吨LF精炼炉3座、120吨LF精炼炉4座、100吨LF精炼炉3座、55吨LF精炼炉2座；150吨RH真空精炼炉1座、120吨RH真空精炼炉1座、110吨RH真空精炼炉1座；110吨脱磷炉1座；铁水预处理装置5座；连铸机16台，分别是板坯连铸机10台、方坯连铸机5台、矩形坯连铸机1台。钢压延加工设备共有37台（套），分别是1810毫米热轧生产线1条、1700毫米热轧生产线1条、1580毫米热轧生产线1条、3500毫米中厚板轧钢生产线2条、高速线材生产线6条、棒材生产线3条、中型轧钢生产线1条、热轧窄带钢生产线1条、大型型钢生产线1条、酸连轧生产线2条、酸洗生产线1条、单机架生产线1条，镀锌生产线6条、连退生产线1条、彩涂生产线1条、平整生产线1条、重卷生产线3条、罩退生产线1条、包装生产线3条。制氧系统有制氧机12套，分别是8000标准立方米/时空气分离装置1套、1.55万标准立方米/时空气分离装置1套、1.6万标准立方米/时空气分离装置2套（唐银公司）、1.7万标准立方米/时空气分离装置1套、2万标准立方米/时空气分离装置3套（含中厚板公司2套）、2.5万标准立方米/时空气分离装置2套、2.8万标准立方米/时空气分离装置1套、4万标准立方米/时空气分离装置1套。发电系统有发电机组40台，总装机容量693.8兆瓦。其中：煤气发电机组18台，装机容量397.3兆瓦；高炉余压余能发电机组15台，装机容量183.5兆瓦；转炉、轧钢饱和蒸汽发电机组2台，装机容量27兆瓦；烧结余热发电机组4台，装机容量61兆瓦；焦化干熄焦发电机组1台，装机容量25兆瓦。石灰竖炉系统有600吨麦尔兹窑3座，300立方米竖窑9座，200立方米竖窑2座，回转窑1座。运输车辆有238辆。内燃机车49台。

【职工队伍】 2018年，河钢唐钢以深入推进作业长制为契机，加强职工队伍建设，构建人员动态调整机制，优化人员配置，做到人岗匹配，推动高素质人员向产线倾斜，助推产线效率提高。截至2018年末，河钢唐钢共有职工32311人，其中女职工5585人；在岗职工27757人，其中行政管理人员1819人，专业技术人员2420人，操作人员23384人，派驻单位人员86人。

附表　2018年末河钢唐钢职工情况一览

单位	在册职工人数	其中	在岗职工	其中				非在岗职工
		女工		行政管理人员	专业技术人员	操作人员	派驻单位人员	
唐钢集团合计	32311	5585	27757	1819	2420	23384	86	4554
其中：主业小计	21757	3844	17666	1251	1455	14874	86	4091
炼铁厂	1937	269	1841	111	90	1640	0	96
一钢轧厂	1397	125	1319	76	105	1138	0	78
二钢轧厂	1217	69	1098	70	62	966	0	119
冷轧薄板厂	787	99	739	57	54	628	0	48
型钢厂	675	56	673	45	19	609	0	2
不锈钢有限责任公司	3479	471	3310	110	169	3009	22	169
中厚板公司	2470	205	2388	161	161	2066	0	82
唐银公司	3420	980	3305	233	38	3034	0	115
高强汽车板公司	525	42	520	47	87	386	0	5
销售分公司	82	13	73	19	44	10	0	9
技术中心	104	46	101	14	77	10	0	3
生产制造部	539	206	501	44	101	356	0	38
设备机动部	218	80	203	31	52	120	0	15
保卫部	849	51	797	30	5	762	0	52
股份机关	619	276	603	164	327	48	64	16
集团机关	31	7	31	15	16	0	0	0
就业指导中心	3275	829	34	9	14	11	0	3241
塞尔维亚	5	0	5	4	1	0	0	0
商贸公司	62	16	60	11	31	18	0	2
板材加工中心	66	4	65	0	2	63	0	1
其中：非钢小计	10507	1739	10091	568	965	8510	0	416
焦化厂	535	65	502	9	15	478	0	33
检修分公司	1592	150	1524	29	14	1481	0	68
机械装备公司	159	24	144	1	1	142	0	15
能源科技分公司	1869	354	1817	62	79	1676	0	52
惠唐乐港金属科技分公司	100	2	99	15	4	80	0	1
行政福利处	873	226	795	37	39	719	0	78
唐钢宾馆	15	7	15	1	1	13	0	0
城市服务公司	25	4	25	1	4	20	0	0
教育中心	260	169	260	20	202	38	0	0
冶金炉料厂	54	10	54	3	0	51	0	0
物流分公司	1797	174	1712	101	58	1553	0	85

续附表

单位	在册职工人数	其中	在岗职工	其中				非在岗职工
		女工		行政管理人员	专业技术人员	操作人员	派驻单位人员	
重机装备公司	356	11	346	27	7	312	0	10
信息自动化部	760	139	741	53	214	474	0	19
微尔自动化公司	140	44	139	21	88	30	0	1
微尔机电安装有限责任公司	24	4	24	1	6	17	0	0
信息科技分公司	66	19	63	5	15	43	0	3
河北华奥节能科技有限公司	25	5	25	6	10	9	0	0
惠唐新事业公司	230	67	208	35	20	153	0	22
惠唐新事业产业发展公司（物资站）	26	2	22	2		20	0	4
房地产开发公司	105	26	105	15	26	64	0	0
保定板材公司	7	2	7	2	2	3	0	0
唐龙公司	83	22	82	9	13	60	0	1
唐昂公司	61	21	60	4	3	53	0	1
钢源冶金炉料公司	247	59	235	26	21	188	0	12
气体公司	404	64	400	20	47	333	0	4
青龙炉料公司	239	6	235	9	7	219	0	4
惠唐物联科技公司	15	2	15	4	7	4	0	0
惠唐工业技术服务公司	392	49	389	50	62	277	0	3
唐山创元方大电气有限责任公司	40	12	40	0	0	0	0	0
唐钢华冶（天津）钢材营销有限公司	8	0	8	0	0	0	0	0
其中：改制单位小计	47	2	0	0	0	0	0	47
设计院	1	0	0	0	0	0	0	1
原轧辊公司	21	1	0	0	0	0	0	21
建筑安装公司	7	0	0	0	0	0	0	7
天马物流有限公司	14	1	0	0	0	0	0	14
时创耐火材料公司	4	0	0	0	0	0	0	4

备注：创元方大、天津华冶统计口径为唐钢身份职工人数

大事记

2018 年河钢唐钢大事记

1 月

1 月 1 日 河钢唐钢下发《产品价格备案制管理办法（试行）》，进一步提高产销效率。

1 月 2 日 河钢唐钢召开二十二届一次职代会预备会议。公司党委书记、董事长王兰玉主持会议并提出要求，总经理田欣就职代会议案进行说明。

△ 河钢唐钢下发《关于印发 2018 年度普法工作计划的通知》，深入开展法治宣传教育，扎实推进法治国企建设，为公司改革发展营造良好法治环境。

1 月 5 日 省委常委、市委书记王浩到河钢唐钢调研，听取企业生产经营情况汇报，实地考察了高强汽车板生产线。市委常委、秘书长付振波参加调研。公司党委书记、董事长王兰玉参加调研。

△ 河钢唐钢 2017 年度党群部门管理评审会议在会议中心召开。公司党委书记、董事长王兰玉对党群部门工作给予点评并提出要求。

1 月 6 日 河钢唐钢召开 2018 年度法律事务工作会议。公司纪委书记陶立国出席会议并讲话。

1 月 8 日 冷轧薄板厂为客户量身定制的 500 吨高强结构级镀锌产品成功下线，产品用于全球第一大会展中心——深圳国际会展中心一期工程建设。

△ 冷轧薄板厂一套全新的 HMI 人机界面系统在 3 号镀锌生产线正式上线运行。

1 月 12 日 河钢唐钢召开第二十二届职工代表大会第一次会议。大会全面总结了 2017 年工作，安排部署 2018 年工作。公司党委书记、董事长王兰玉发表讲话。总经理田欣作《行政工作报告》。会议审议通过《行政工作报告》等 10 项议案，对 3 项涉及职工切身利益的议案进行无记名投票表决。

△ 武汉钢铁有限公司执行董事、总经理刘安，党委书记刘强，副总经理黄浩东一行 30 人，就能源环保工作来公司访问。公司党委书记、董事长王兰玉，总经理田欣在会议中心与客人座谈。

1 月 13 日 河钢唐钢党委中心组专题学习习近平总书记在中央政治局民主生活会上的重要讲话精神。公司党委书记、董事长王兰玉主持学习并讲话。总经理田欣，以及在家公司领导参加学习。

1 月 15 日 河钢唐钢召开第 31 届职工技术比赛表彰会。13 名职工获得“技术状元”称号，26 名职工获得“优秀技术能手”称号，24 名职工获得“技术能手”称号。公司党委书记、董事长王兰玉主持会议并讲话，总经理田欣以及其他在家公司领导出席会议。

△ 河钢唐钢召开 2017 年度安全生产总结表彰大会暨 2018 年首次安全生产工作会议。公司党委书记、董事长王兰玉主持会议并讲话，总经理田欣等公司领导参加会议。田欣与炼铁厂、一钢轧厂、不锈钢公司、物流分公司、行政福利处等单位负责人签订了安全生产责任书。会议表彰了 21 个“安康杯”竞赛先进单位、15 个职业卫生先进单位和 15 个消防先进单位。

1 月 16 日 不锈钢公司 3 号板坯连铸

机实现同一炉次钢水浇铸不同断面连铸坯的生产组织模式，解决了客户散单需求，一炉钢多断面技术填补了集团空白。

1月19日 河钢唐钢“100吨转炉流程生产窄规格汽车用钢冷轧基料的工艺技术创新与集成”项目通过中国金属学会在北京组织的科技成果评价会项目评价，成果达到国际先进水平。

△ 河钢唐钢制定下发《专业技术系列岗位体系改革实施方案》，进一步规范专业技术人员管理。

1月25日 河钢唐钢举行学习宣传贯彻党的十九大精神专题讲座。公司厂部级副职以上干部、各单位党办主任、纪检和宣传干事参加。

△ 河钢唐钢下发《非钢单位2018年经营绩效管理方案》及《非钢单位经营团队绩效评价方案》。

1月 河钢唐钢供货美的集团家电板7860吨，环比增加48%。

△ 河钢唐钢工伤保险企业缴费比例由2.88%下调至2.73%；生育保险企业缴费比例由0.5%恢复至0.8%。

△ 河钢唐钢党委从党费中下拨29.25万元，慰问27名新中国成立前入党老党员和246名生活困难党员。

△ 河钢唐钢研究决定将河钢唐钢气体公司子公司滦县唐钢气体有限公司交由河北华奥节能科技有限公司代为托管。

△ 技术中心组织正火轧制交货高建钢Q345GJBZ15及耐磨钢27MnTiB试制，性能合格；试验轧制125×125、140×140两个规格角钢，性能合格。

△ 美国苹果公司入驻微尔云计算中心，为其提供IDC机柜租赁服务，各项数据服务功能运转良好，全部满足客户要求。

△ 型线事业部300毫米级特大角钢获2018年度中国钢铁工业产品开发市场开拓奖。

1—2月 河钢唐钢以“心系职工情，温暖传万家”为主题，开展元旦、春节集中慰问活动，慰问职工达2.7万多人次，累计发放慰问款（物）近300万元。

2月

2月1日 河钢唐钢全面启用新能源通勤车，取代燃油通勤车，年可降低通勤费用430万元，同比可降低费用53%。

△ 一钢轧厂298吨铁道车辆用钢Q450NQR1在1700毫米生产线成功下线，产品各项性能指标均满足技术要求。

2月2日 市总工会党组成员、副主席周虎民一行到河钢唐钢慰问一线职工。

2月3日 河钢唐钢房地产公司开发的“钢城·春邑”项目正式向公众开放。“钢城·春邑”项目一期总建筑面积27.8万平方米，共有住宅16栋，涵盖27层高层和11层小高层。

2月4日 河钢唐钢党委书记、董事长王兰玉，副总经理李茂广，党委副书记张小帅，分别走访慰问公司离退休老领导及部分老领导遗属，向他们致以节日的问候和新春的祝福。

2月5日 河钢唐钢党委召开2017年度领导班子民主生活会。集团党委书记、董事长于勇参加并讲话。公司党委书记、董事长王兰玉主持会议并代表领导班子做对照检查。

△ 集团党委书记、董事长于勇到河钢唐钢看望慰问困难职工和先模人物，向他们致以节日的问候和新春的祝福。公司党委书记、董事长王兰玉，总经理田欣随同慰问。

△ 春节来临之际，河钢唐钢党委书记、董事长王兰玉，总经理田欣分别到困难职工和先模人物代表家中走访慰问，向他们致以节日的问候，送上温暖的关怀。

△ 河钢唐钢修订《专业技术人员管理办法》，建立专业技术人员动态管理机制。

2 月 5—6 日 河钢唐钢二钢轧厂首次在一棒材生产线批量生产 ϕ20 毫米螺纹肋和月牙肋锚杆用热轧带肋钢筋 550 吨、509 吨，各项指标均满足执行标准 Q/TB 103—2017 和 Q/TB 108—2017 要求。

2 月 7 日 河钢唐钢举行 2018 年离退休职工新春团拜会。公司党委书记、董事长王兰玉，总经理田欣出席团拜会。公司老领导、离退休厂部级干部代表、离退休职工代表 60 余人参加团拜会。

△ 河钢唐钢召开 2018 年度高端人才座谈会。公司党委书记、董事长王兰玉出席会议并强调，高端人才要有领头意识和带队意识，要着力做好产线基础工作、发挥知识创造力，释放产线潜能，推动企业实现更好发展。公司引进专家代表和博士生员工代表 40 余人参加会议。

2 月 9 日 高强汽车板有限公司成功开发直供吉利门板，实现批量供货。

2 月 10 日 河钢唐钢召开 2017 年度厂部级领导班子绩效考核述职大会。公司党委书记、董事长王兰玉，总经理田欣，公司领导李茂广、张洪波、姚力、高永春、谭文振、张小帅、陶立国、刘铁力出席会议，厂部级干部、各级专家以及公司职工代表近 200 人参加会议。

2 月 11 日 河钢唐钢召开 2017 年度作业长代表座谈会。公司党委书记、董事长王兰玉，公司党委副书记张小帅出席座谈会。各职能部门负责人、作业长代表及作业长制推进办人员 50 多人参加座谈。

2 月 12 日 河钢唐钢举行 2017 年新春团拜会。公司党委书记、董事长王兰玉发表新春致辞，总经理田欣，公司领导李茂广、张洪波、姚力、赵丽树、高永春、谭文振、张小帅、陶立国、刘铁力出席团拜会。

△ 河钢唐钢党委召开 2017 年度领导班子民主生活会情况通报会。公司党委书记、董事长王兰玉，总经理田欣等公司领导出席会议。公司厂部级副职以上领导干部、公司专家代表、党办负责人、公司经理联络员代表参加会议。

△ 河钢唐钢召开 2017 年度决战四季度“创效益、争先锋”主题攻关竞赛表彰会。公司党委书记、董事长王兰玉主持会议，公司总经理田欣等公司领导出席会议并为获奖单位颁奖。

△ 河钢唐钢召开 2017 年度党建课题表彰会。公司党委书记、董事长王兰玉主持会议并讲话。公司总经理田欣等公司领导，公司厂部级副职以上领导干部，公司专家代表，各单位党办负责人参加会议。

2 月 14 日 河钢唐钢下发《关于进一步完善事业部制运营模式的通知》，重构事业部组织机构，设置炼铁事业部、卷板事业部、汽车板事业部、型线事业部、中厚板事业部等五个事业部。

△ 经河钢唐钢党委研究决定，成立型线事业部党委，下设党群工作部。公司副总经理武士勇同志任型线事业部党委书记。同时，撤销二钢轧厂党委、型钢厂党委设置。

2 月 16 日 大年初一，河钢唐钢党委书记、董事长王兰玉，总经理田欣，公司领导李茂广、姚力、孙国平分别深入基层走访慰问一线职工。

2 月 22 日 河钢唐钢制定发布《董事会会议管理办法》，董事会会议管理的规范性进一步提升。

2 月 23 日 河钢唐钢对报纸和电视两大传统媒体进行改版。《河钢 · 唐钢版》改版后，由周三刊改为周二刊，每周二、周五出刊。《河钢唐钢新闻》由每周三期改为两期，首播日为周二、周五。

2 月 24 日 河钢唐钢党委中心组就党的十九大精神组织第五次专题学习，深入学习宣传贯彻党的十九届二中全会精神和习近平在十九届中央纪委二次全会上的重要讲话精神。公司党委书记、董事长王兰玉，总经理田欣，以及公司其他领导班子成员参加学习。

2月27日 河钢唐钢党委书记、董事长王兰玉以普通党员身份参加所在党支部基层组织生活会和党员大会。

△ 惠唐乐港公司15吨激光切割产品全部交付唐山利军机械制造有限公司。这是该公司激光切割业务的首个外部市场订单，同时填补了公司在精密加工业务领域的市场空白。

△ 唐银公司成功轧制ϕ6毫米HRB500E热轧盘螺，进一步拓宽了产品规格范围，提高了产品市场竞争力。

2月 河钢唐钢冷轧钢带（SPCC-SD，MS2651：2015）、镀锌钢带（G01，MS2385：2011），顺利通过马来西亚SIRIM认证机构监督审核，获得2018年度马来西亚SIRIM证书，具备出口马来西亚资质。

△ 物联宝平台与公司SAP、财智云对接，打通物联宝线上现金支付环节。

△ 一钢轧厂转炉不倒炉出钢率达78%，环比提高5%。

△ 河钢唐钢国际合作部成立海外项目管理科，主要负责海外项目的推进与管理工作。

△ 中厚板事业部转炉浊环水系统技术改造完工，消除了转炉浊环水池无法在线清泥的重大生产隐患。

3月

3月1日 河钢唐钢DC56D+Z、HC180YD+Z两牌号汽车钢通过吉利汽车认证，产品将用于吉利汽车一高端车型。

3月2日 河钢唐钢召开成本大讨论专题会议。公司党委书记、董事长王兰玉强调，要正视成本工作存在的差距，全方位剖析差距产生的原因，全流程查找存在的问题，抓住技术和效率两个关键，从基础管理入手做好全员、全流程成本管理，促进指标持续改善。总经理田欣等公司领导出席会议。

3月4—7日 唐银公司通过中国船级社认证公司认证。

3月5日 河钢唐钢团委组织40名青年志愿者到68号小区、龙华小区、税钢小区老干部活动站，为社区居民提供服务。公司青年志愿者服务月活动拉开帷幕。

3月5—7日 冷轧薄板厂S355MC、S420MC、S500MC产品通过本特勒汽车零部件有限公司认证。

3月6日 型线事业部首批80.6吨螺纹钢发往冬奥会速滑馆项目，实现了公司螺纹钢首次供应冬奥会场馆项目。

3月7日 河钢唐钢工会召开2018年庆“三八”表彰会。对获“河北省五一巾帼标兵岗”“唐山市巾帼建功标兵”“唐山市女职工巾帼建功立业标兵”“唐山市女职工建功立业巾帼先锋岗”及公司“女职工标兵”进行表彰。

3月8日 河钢唐钢总经理田欣以普通党员身份参加所在党支部基层组织生活会和党员大会。按照公司机关党工委统一安排，公司其他领导也分别参加所在党支部组织生活会和党员大会。

△ 不锈钢公司新研制生产的160余吨TS700L汽车用钢在山东某客户产线试用成功，产品性能完全满足使用要求，获得好评。

3月12日 河钢唐钢300吨Q345qD、Q420qD桥梁钢发往用户，产品用于被誉为上海“第二条交通大动脉”的北横通道建设。

3月13日 唐银公司测量管理体系通

过中启计量体系认证中心认证。

3 月 16 日 河钢唐钢举办学习宣传贯彻党的十九大精神专题讲座。公司各单位党办主任、党支部书记代表、分会主席代表、工会干事及机关部室科级干部共 180 人参加讲座。

△ 河钢唐钢在黑龙江龙煤集团网上招标会直播现场，成功获得龙煤集团 610 吨轻轨订单，这是公司首次实现与龙煤集团一对一合作。至此，公司矿用型钢产品实现东北三省重点煤炭企业全覆盖。

3 月 17 日 河钢唐钢党委中心组集中学习党的十九届三中全会和全国“两会”精神，对下步抓好贯彻落实工作提出要求。公司党委书记、董事长王兰玉，总经理田欣，以及公司其他领导班子成员参加学习。

3 月 19 日 上汽集团副总裁蓝青松一行到河钢唐钢访问。公司总经理田欣会见客人。公司副总经理李茂广、谭文振参加会见。

△ 型钢厂成功轧制 36 号槽钢。

3 月 20 日 中厚板事业部与终端大客户——二十二冶集团装备制造有限公司签订 700 余吨低合金结构钢板合同，用于 2022 年冬奥会北京冰上项目训练基地工程。

△ 型线事业部首批 58.8 吨右旋锚杆钢发往唐山铭峰商贸有限公司，实现了锚杆产品的首次小批量销售。

3 月 22 日 不锈钢公司为广东某亚洲最大车桥生产基地首次定制生产的 66.34 吨 Q460QK 汽车桥壳钢发往客户，产品几何尺寸、表面质量、力学性能等指标均达到客户要求。

△ 河钢唐钢采用双联工艺生产的 W780QX 高铝钢实现连浇炉数 5 炉，达到国际先进水平。

3 月 23 日 中厚板事业部与上海建工（江苏）钢结构有限公司签订 257.7 吨 Q345qD 订单，产品用于约旦油页岩发电厂项目，即约旦最大油页岩发电工程。

3 月 24 日 河北省人民政府省长许勤到公司调研，实地考察了高强汽车板有限公司。河北省委常委、唐山市委书记王浩，唐山市市长丁绣峰一同调研。公司党委书记、董事长王兰玉，副总经理谭文振陪同调研。

△ 河钢唐钢圆满完成市政供暖任务。公司高炉冲渣水余热利用工程于 2017 年采暖季正式投入使用，利用高炉冲渣水的余热经换热站产生热水，进入市政采暖管网，满足家庭冬季供暖。

3 月 25 日 河钢唐钢 2018 年党委工作暨党风廉政建设工作会议召开。会议全面总结公司党委 2017 年工作和党风廉政建设工作，对 2018 年工作进行全面部署。公司党委书记、董事长王兰玉发表讲话，公司总经理田欣主持会议。公司领导李茂广、张洪波、姚力、赵丽树、武士勇、孙国平、高永春、谭文振、张小帅、陶立国、刘铁力出席会议。

△ 河钢唐钢党委召开基层党建工作述职会，7 家单位作述职发言和表态发言，其他单位提交书面述职报告。

3 月 26 日 河钢唐钢召开专题会议，传达集团科技大会精神，公司党委书记、董事长王兰玉就做好贯彻落实工作提出要求。公司总经理田欣及其他在家公司领导出席会议。

3 月 29 日 河钢唐钢管理创新成果“大型钢铁企业提高供给质量和效益的管理变革”在北京召开的 2018 年全国企业管理创新大会上，获国家级企业管理现代化创新成果二等奖。

3 月 30 日 河钢唐钢举办学习宣传贯彻党的十九大精神专题讲座。

3 月 31 日 河钢唐钢 2017 年度总结表彰暨 2018 年挖潜增效、全员创新推进大会在公司俱乐部举行。会议全面贯彻集团 2018 年重点工作分析说明会、集团二届二次职代会暨2018年工作会议精神，落实集团于勇董事长在参加公司领导班子民主生活会时对公司各方面工作提出的明确要求，总结2017年工作，对2018年挖潜增效及全员创新工作进行动员和部署。公司党委书记、董事长王兰玉发表讲话。公司总经理田欣主持大会。

3月 经集团党委研究决定，王文德任河钢唐钢工会主席。

△ 市场部汽车板营销中心、家电板营销中心、品种板营销中心等3个营销中心统一划归汽车板事业部，并调整内部机构，重新划分职责，成立营销管理中心、客户服务中心、战略客户开发中心、供应链发展规划中心。

△ 河钢唐钢与湖南大学正式签署汽车板应用技术研究合作项目。

△ 河钢塞尔维亚公司成立改善工作环境委员会。

△ 河钢唐钢废钢进厂车辆放射监测系统正式投入使用，确保废钢供应质量的安全可靠，提升废钢保供效率。

△ 不锈钢公司“挡流桶”开浇技术成功应用于板坯连铸生产，标志着国内钢铁行业已具备板坯连铸开浇作业无挂钢及免人工防护的能力，填补了行业空白。

△ 河钢唐钢抽调技术中心、市场部等百余名研发、销售骨干充实到事业部一线，提供技术方案及销售服务支持，实现产销研一体化管理。

△ 一钢轧厂利用“半无头”轧制技术生产热板产品产量环比提升39.2%，创历史最好水平。

△ 美锦公司自主研发的“焦炉煤气回收净化工艺创新技术”成果获得河北省冶金（钢铁）科学技术奖三等奖。

△ 二钢轧厂“棒材低成本关键工艺模型研究与应用”课题获河北省冶金（钢铁）科学技术奖三等奖。

△ 型钢厂试轧9号角钢一次成功，具备小批量接单能力。

△ 二钢轧厂炼钢能源成本18.93元/吨，较挖潜指标降低2.33元/吨，创历史最好水平。

4月

4月1日 惠唐乐港公司钢领国际现货加工配送交易中心正式挂牌营业。

4月12日 河钢唐钢党委制定印发《关于开展“双强双促”基层党建工作提升年活动的安排意见》，立足于强化基层、夯实基础，促进党建工作规范化、品牌化。

△ 河钢唐钢党委制定印发《关于开展“三亮三比”党员先锋行主题实践活动的安排意见》，组织广大党员全力聚焦“市场”和“产品”，亮身份、比党性，亮指标、比业绩，亮事例、比奉献，激发党员立足岗位发挥先锋模范作用。

4月15日 型钢厂成功轧制40号槽钢，断面尺寸符合标准要求。

4月16日 河钢唐钢召开2017年度作业长制推进工作总结表彰暨2018年全面深化推进启动大会。公司党委书记、董事长王兰玉强调，要全面深化作业长制推进工作，总结成绩、坚定信心，查找不足、改进提升，确保在新的一年里作业长制推进工作取得新的进展和新的突破，为公司在新时代实现高质量发展提供有力的支撑和强大的保障。公司总经理田欣主持会议。

△ 河钢唐钢党委中心组集中学习习近平总书记在十三届全国人大一次会议闭幕会上的重要讲话精神。公司党委书记、董事长王兰玉，总经理田欣，以及在家公司领导参加学习。

△ 重机装备公司高铬钢辊环开发成功，并具备批量生产能力。

4月19日 河钢唐钢团委组织12名青年到遵化市娘娘庙乡大官屯小学，为10名贫困学生送去慰问金和学习用品。

4月20日 唐银公司顺利通过国家质检总局建筑钢带肋钢筋生产许可证实地核查和质量评价。

4月20—21日 河钢唐钢党委承办中国冶金政研会“中国新时代、钢铁新使命、党建思想政治工作新作为”研讨班。公司党委书记、董事长王兰玉致欢迎词。公司党委副书记、工会主席王文德介绍了公司有关情况。

4月21日 冷轧薄板厂3号镀锌生产线首次成功生产高耐蚀性锌铝镁产品1672吨，填补河北省空白。

4月27日 冷轧薄板厂3号镀锌生产线首次生产FB商品级正式订单，国内合同光整无锌花产品全部实现FB表面交货和订货。

4月 河钢唐钢制定下发《关于调整增值税税率的通知》，对财税政策变化涉及的相关问题予以规范。

△ 河钢唐钢开展专家年度调整工作。共调整专家33人，其中晋升首席专家3人、资深专家3人、专业专家（含作业师）27人。

△ 不锈钢公司轧钢工序吨钢能耗降低4.3元，创历史最好水平。

△ 河钢唐钢“高强汽车板冷轧产线关键技术集成创新与应用”项目通过省科技成果评价，项目创新成果突出，整体水平达到国际先进水平，部分指标达到国际领先水平。

△ 河钢唐钢生产系统物料库占资金环比降低约12亿元。

△ 汽车板事业部品种比突破九成，达到91.5%。

△ 河钢唐钢出口产品外发13.64万吨，环比增加70%。

△ 唐银公司综合焦比完成吨铁497.2千克，创历史最好水平。

△ 中厚板公司钢坯产量达到41.74万吨，同比增长46.45%；转炉作业率96%，机时产量213吨，两项指标均达到行业先进水平。

△ 冷轧薄板厂大梁钢TCX420L产销量3073.9吨，环比增长15%，创历史最好水平。

△ 高强汽车板有限公司通过清洁生产审核，二期工程通过环评验收。

△ 河钢唐钢民兵整组工作圆满结束。

△ 物联宝外部钢铁企业备品备件和钢材销售交易额均突破亿元大关。

5月

5月2日 河钢唐钢修订下发《作业区及作业长队伍管理办法》《示范作业区评选管理办法》《职能部室与作业长制推进单位双向评价管理办法》《以“作业长制”为中心的五制配套模式推进管理程序》等管理文件。

△ 河钢唐钢下发《组织机构管理办法》，为提高组织运行效率，增强公司综合竞争力提供保障。

△ 河钢唐钢下发《组织机构及部门职责》《岗位说明书管理办法》，建立和完善机构岗位及配套管理，明确岗位职责，为企业职工招聘、上岗、培训、晋升以及绩效评价等现代化企业管理提供基本依据。

5月3日 河北华奥在不锈钢公司进行石墨电极浸渍技术试验，并正式推广应用。

5月4日 河钢唐钢团委召开“五四”表彰暨先进青年代表座谈会。公司党委书记、董事长王兰玉受邀参加。王兰玉要求广大团员青年，紧紧抓住大有可为的历史机遇期，激情奋斗、快速成长，勇敢担当起新时代公司高质量发展赋予的历史使命。会议表彰了公司2017—2018年“十大杰出青年”“十大青年技术标兵”“十大青年营销先锋”“十大青年岗位能手”“青安杯”竞赛优胜单位等共青团工作先进集体和个人。

5月7日 自动化信息公司获“省软件和信息技术服务综合竞争力五十强企业”称号，成为河钢集团唯一入选企业。

△ 不锈钢公司成功开发TS700BL汽车大梁钢，首批223吨产品全部交付客户，产品几何尺寸、表面质量、力学性能等均达到客户标准要求。

5月8日 河钢唐钢为大客户中建钢构生产的板材在中厚板公司成功下线，产品用于迪拜地铁世博站钢结构工程。迪拜地铁世博站是“一带一路”重点工程。

5月9日 河钢唐钢“匠人讲堂”开班仪式在唐钢大学报告厅举行。公司党委书记、董事长王兰玉强调，大力弘扬工匠精神，传承职工在工艺技术、设备管理和岗位操作等方面长期积累的知识和技能，开创全公司尊崇工匠、培育工匠的文化和人才建设新局面，推动公司由快速发展向高质量发展转变。公司党委副书记、工会主席王文德主持仪式。200余名“匠人讲堂”授课教师参加开班仪式。

5月10日 河钢唐钢民兵整组工作顺利通过河北省军区和唐山军分区的检查验收。

△ 二钢轧厂成功开发以无烟煤为主、碳化硅球为辅的转炉高效补热技术，铁耗降低35~45千克/吨。

5月11日 河钢唐钢工会召开2018年工作会议，传达集团党委书记、董事长于勇在集团劳模座谈会上的讲话精神，系统总结2017年以来公司工会工作，安排部署下步重点工作。公司党委书记、董事长王兰玉出席会议并讲话，公司党委副书记、工会主席王文德主持会议，各单位工会主席和工会干部参加会议。

5月12日 河钢唐钢举行庆祝集团成立十周年系列活动启动仪式。公司党委书记、董事长王兰玉出席仪式并讲话。公司总经理田欣及其他在家领导出席仪式，公司党群行政部门负责人以及来自各单位的500多名职工代表参加启动仪式。

5月14日 河钢唐钢下发《关于组织做好2018年度职业技能鉴定报名工作的通知》，1557人报名参加职业技能鉴定。

△ 河钢唐钢最高强度级别冷轧汽车钢独家供货某品牌SUV安全部件。公司已获得客户连续3次追加订单。

5月15日 河钢唐钢“高强汽车板冷轧产线关键技术集成创新与应用”项目正式通过中国科学院评审鉴定。

5月15—16日 河钢唐钢举办党风廉政建设警示教育暨纪检监察业务培训。公司党委书记、董事长王兰玉作开班动员暨警示教育讲座。各单位党政主要领导，纪委书记、各级纪检监察干部，重点岗位科级管理人员，各部室负责人共150人参加培训。

5月16日 河钢唐钢总经理田欣、党委副书记王文德赴公司精准扶贫地点——承德市围场县牌楼乡西岔村对驻村队员进行慰问，并走访贫困户。

△ 河钢唐钢编制《智能制造整体解决方案》白皮书，加强自动化信息公司、信息自动化部、渤海国信公司、惠唐物联公司等ICT各业务单位的协同合作，推动各大业务合作共享。

5月17—18日 由中国设备管理协会和惠唐物联科技有限公司联合主办的第十三届中国钢铁工业设备采购与管理论坛在唐山召开。公司副总经理姚力在致辞中简要介绍了公司设备采购、设备管理与智能制造发展情况。

5月18日 河钢唐钢党委书记、董事长王兰玉到唐银公司贺功，代表公司党政为唐银公司记“振兴河钢唐钢”集体特等功。

△ 河钢唐钢优秀青年梁海强当选为团中央第十八次代表大会代表。

5月19日 河钢唐钢党委中心组集中学习省国资委系统政治性警示教育大会精神。公司党委书记、董事长王兰玉强调，要坚持以习近平新时代中国特色社会主义思想为指导，深入贯彻党的十九大精神和十九届中央纪委二次全会精神，落实省国资委系统政治性警示教育大会精神和工作部署，坚定不移推动全面从严治党向纵深发展，为公司实现高质量发展提供坚强的政治保障。公司总经理田欣及其他在家领导参加学习。

5月28日 河钢唐钢传达学习集团2018年非钢产业工作会议精神。公司党委书记、董事长王兰玉强调，要全面深入学习集团会议精神，领会精神实质，吃透精髓要义，进一步明确非钢产业发展方向和改革目标，使非钢产业成为支撑公司未来可持续发展的战略板块。

5月30日 河钢唐钢举办“爱在新时代 一世钢铁情”2018年青年集体婚礼，6对新人喜结连理。公司党委书记、董事长王兰玉，总经理田欣等公司领导出席婚礼。

5月31日 河钢唐钢党委书记、董事长王兰玉，总经理田欣在全国第十七个“安全生产月”来临之际，在《河钢·唐钢版》发表致广大职工及家属的一封信。

△ 河钢唐钢召开贯彻落实集团2018年非钢产业工作会议精神专题会。公司副总经理姚力出席会议。公司各非钢单位班子成员、专家团队及部分科级干部代表参加会议。

5月 河钢唐钢党委办公室组织党群工作网格化管理培训，来自公司各单位的党群工作人员80余人参加培训。至此，公司全面实施网格化管理的序幕正式拉开。

△ 河钢唐钢抽调二钢轧厂131人补充至不锈钢公司，保证不锈钢公司顺利生产。

△ 河钢唐钢以提升作业区管理水平，强化职能部门服务与支撑为目标，启动作业长制飞检工作。

△ 河钢唐钢热轧、酸洗产品通过劳氏质量认证公司（LRQA）认证，取得PED认证证书，标志着公司取得欧盟承压市场准入资格，为供货高端压缩机制造业提供资质保证。

△ 重机装备公司完成轧辊铸造产量1684.85吨，首次达产，创历史最高。

△ 重机装备公司首次为河钢塞尔维亚公司定制生产的2种、4支板带热轧工作辊，正式上线试用，获得用户好评。

△ 中厚板事业部单月盈利达到2.91亿元，创历史新高。

△ 信息自动化部自主设计开发的磨辊车间数据管理系统上线运行，提高了轧辊管理效率。

△ 河钢唐钢组织1100余名职工参加无偿献血活动。

6月

6月1日 河钢唐钢党委在各级党组织和全体党员干部中深入开展政治性警示教育第三阶段活动。该阶段活动以“以案为鉴，查摆问题”为主题。

△ 河钢唐钢掀开“庆祝集团成立十周年”宣传帷幕。通过多角度、多层面回顾和总结十年来在集团坚强领导下所取得的改革发展成就，鼓舞引导全体职工进一步坚定河钢自信，开启新时代企业高质量发展的新征程。

6月5日 唐山市市长丁绣峰访问河钢塞尔维亚公司。

6月6日 河钢集团副总经理王耀彬一行来公司调研。公司总经理田欣，副总经理李茂广、谭文振参加座谈。

6月7日 河钢唐钢成功入围国家工业和信息化部办公厅公布的2017年重点用能行业能效“领跑者”企业名单。

△ 新兴铸管股份公司党委副书记、工会主席巩国平一行来河钢唐钢对标交流。公司党委副书记、工会主席王文德会见客人。

△ 不锈钢公司为某汽车主机厂量身定制的300吨TS700Z传动轴管用钢，经客户检验，完全满足使用要求。

6月8日 国家人力资源和社会保障部副部长张义珍访问河钢塞尔维亚公司。

△ 河钢唐钢顺利通过北京国金恒信认证公司“两化”融合管理体系年度审核，继续保持体系认证资质。

6月12日 河钢唐钢党委组织部与财务经营部联合下发《关于将党组织工作经费列入预算管理的通知》，按照要求，党组织工作经费按照不少于上年度职工工资总额1%的要求列入企业年度预算。

6月14—22日 河钢唐钢党委书记、董事长王兰玉，总经理田欣，及其他公司党委领导分别到基层单位参加政治性警示教育专题民主生活会，并作点评讲话。

6月16日 河钢唐钢党委中心组集中学习习近平总书记在全国生态环境保护大会上的重要讲话精神。公司党委书记、董事长王兰玉，总经理田欣，以及公司其他在家领导班子成员参加学习。

△ 高强汽车板有限公司成功开发低合金高强镀铝硅产品HC340LAD+AS，丰富了镀铝硅产品种类。

6月20日 河钢唐钢党委召开党建研究会第二次会员大会暨2018年工作会议。公司党委书记、董事长王兰玉出席会议并讲话。总经理田欣主持会议。

△ 原唐山金恒劳务派遣有限公司更名为唐山金恒人力资源管理有限公司。

6月21日 河钢唐钢党委副书记张小帅、纪委书记陶立国赴公司精准扶贫地点——承德市围场县牌楼乡西岔村对驻村队员进行慰问，并走访贫困户。

6月22日 河钢唐钢党委书记、董事长王兰玉，总经理田欣分别走访慰问公司先进党员和困难党员。

△ 河钢唐钢举办2018年度普法培训。公司各单位副厂部级以上领导干部、专家、法律事务管理人员共计180余人参加培训。

△ 二钢轧厂HRB400E、HRB500E热轧带肋钢筋顺利通过中冶检测认证有限公司产品认证中心（简称“中冶MC认证”）的产品再认证现场评价。该厂生产的钢筋产品于2015年7月通过了中冶产品认证，证书有限期3年。

6月24日 河钢唐钢党委召开领导班子政治性警示教育专题民主生活会。集团党委书记、董事长于勇出席会议予以指导。公司党委书记、董事长王兰玉通报了领导班子政治性警示教育专题民主生活会的准备情况，代表公司领导班子进行对照检查。

6月26日 河钢唐钢党委隆重召开庆祝建党97周年暨总结表彰大会。公司党委书记、董事长王兰玉发表讲话，总经理田欣主持会议，公司领导李茂广、张洪波、姚力、赵丽树、孙国平、高永春、谭文振、张小帅、陶立国、刘铁力、王文德出席会议。18个先进基层党组织、50个先进党支部、128名优秀共产党员、58名优秀党务工作者受到表彰。

△ 河钢唐钢党委召开领导班子政治性警示教育专题民主生活会情况通报会。

6月29日 河钢唐钢为杭州亚运会场馆量身定制的首批1900吨60毫米厚度规格的Q420GJCZ25高建钢成功发往客户。

6月30日 型钢厂开发新品种180毫米×100毫米电极扁钢，实现电极扁钢客户定制化生产。

△ 型线事业部“300毫米级特大规格角钢产品开发及推广应用”项目获河北冶

金科学技术奖三等奖。

6月 河钢唐钢155名获得省管优秀专家、省级以上劳模（包括享受省级以上劳模待遇人员）、享受国务院特殊津贴专家、国家和省有突出贡献的中青年专家、获得亚洲以上冠军的运动员、市级劳模称号人员，纳入唐山市医疗保险事业局基本医疗保险缴费管理，享受公务员医疗补助待遇。

△ 河钢唐钢开展以“生命至上 安全发展”为主题的“安全生产月”活动。

△ 河钢唐钢全面启动“服务生产，服务职工”系列活动。在为期三个月时间里，为职工创造有利的工作和生活条件，助力暑期生产经营。

△ 中厚板事业部与中交三航局正式签订年度合作协议，采购量为10万吨。

△ 中厚板公司产钢45.13万吨，创历史新高。

△ 冷轧薄板厂1—6月为用户定制生产5个专属牌号的压缩机壳钢3.4万吨，是上年同期的7.57倍。

△ 型钢厂上半年角钢订单量3万吨，同比增长100%，创历史新高。

△ 一钢轧厂1—6月生产2.0毫米以下薄规格带钢24.95万吨，是去年同期的2.04倍。

△ 不锈钢公司日均铸坯产量突破8190吨，连铸机平均机时产量达到113.85吨，创历史新高。

△ 二钢轧厂“提高6号连铸机钢包旋转定位精度”项目获2018年度河北省冶金系统优秀管理成果二等奖。

△ 型线事业部“提高铁道垫板板型矫直合格率”成果获“2018年度河北省冶金系统优秀管理成果二等奖”。

△ 美锦公司自主研发的“焦炉煤气净化关键技术创新与应用”获得河北冶金科学技术奖。

△ 高强汽车板有限公司“高端冷轧、连退及镀锌产线关键技术应用与创新”项目获得河北冶金科学技术奖。

△ 河钢唐钢组织3.98万名职工参加唐山市第九期职工重大疾病医疗互助活动，为职工构筑起抵御风险的多重屏障。

7月

7月2日 河钢唐钢召开专题会议，传达学习集团2018年度重点工作分析推进会精神。公司党委书记、董事长王兰玉详细传达解读集团党委书记、董事长于勇讲话精神。公司总经理田欣及其他在家领导出席会议。

7月2—7日 河钢唐钢举行第五期中层领导干部脱产培训。至此，公司中层作业长制专题培训累计达到217人，实现中层干部全覆盖。

7月3日 河钢唐钢将自动消防设施值守、维保、年度检测、消防设施维修、改造及消防器材购置等职能由设备机动部划归至安全部。

7月5日 河钢东大产业技术研究院课题验收会在河钢唐钢召开。“热轧酸洗板表面质量提升与热轧免酸洗钢开发”“无缺陷大矩形坯连铸技术研究”等9项课题通过验收。集团副总经理王新东，河钢东大产业技术研究院院长、中国工程院院士王国栋出席验收会。公司副总经理张洪波介绍公司课题运行情况。

7月6日 国家重点研发计划项目推进会在河钢唐钢召开。会议介绍了集团牵头承担的国家重点研发计划“钢铁行业多工序多污染物协同控制技术”项目，以及“钢水质量窄窗口智能化稳定控制技术”课题的总体情况，对项目及课题推进作出部署。集团副总经理王新东出席会议。公司党委书记、董事长王兰玉，总经理田欣，副总经理张洪波、谭文振参加会议。

△ 河钢唐钢制定《作业长管理办法》，进一步加强作业长队伍管理。

7月7日 河钢唐钢党委中心组集中学习习近平总书记在中央政治局第六次集体学习时的重要讲话精神和关于脱贫攻坚工作重要指示精神。公司党委书记、董事长王兰玉，总经理田欣以及公司其他在家领导班子成员参加学习。

△ 河钢唐钢按照唐山市人民防空办公室的安排部署完成“七七”警报试鸣工作。

7月8日 高强汽车板有限公司成功开发0.5毫米厚度的镀铝家电薄规格产品DX53D+AS。

7月10日 中国工程院院士、钢铁研究总院名誉院长殷瑞钰来河钢唐钢作题为《关于智能化钢厂的讨论》学术报告。公司党委书记、董事长王兰玉主持讲座。总经理田欣以及公司其他在家领导出席讲座。公司各单位约200余人参加讲座。

7月12日 集团总经理、党委副书记彭兆丰到河钢唐钢调研指导工作。集团副总经理王新东、王竹民、迟桂友参加调研。公司党委书记、董事长王兰玉汇报了公司上半年生产经营情况。公司总经理田欣及全体在家公司领导班子成员参加会议。

△ 二钢轧厂铁包预热废钢项目开工，当月31日正式投产运行，转炉铁耗平均下降35千克/吨，有效促进了公司铁钢平衡。

7月13日 河钢唐钢修订《大学生员工招聘管理办法》。

7月16日 河钢唐钢纪委制定下发《关于开展廉政风险防控工作的实施方案》，要求构建重要领域关键岗位的重点职权廉政风险防控体系，履行好纪委监督职责，创新风险防范模式，做到精准监督。

△ 河钢唐钢纪委制定下发《关于对巡视巡察等落实整改“回头看”工作进行督导检查的实施方案》，集中一个月时间，对省委巡视、“一问责八清理”专项行动清理整改“回头看”等工作进行督导检查。

△ 经河钢唐钢第24次党委常委会讨论通过，公司团委对原有组织机构进行调整，撤销原团务部，增设青工部、组宣部两个科级部室。

7月19日 市总工会主席刘建国到高强汽车板有限公司生产线“送清凉”。公司党委书记、董事长王兰玉，党委副书记、工会主席王文德一同慰问。

7月20日 河钢唐钢召开董事长、总经理联络员座谈会。公司党委书记、董事长王兰玉出席会议。公司各单位30多名董事长、总经理联络员参加会议。

△ 河钢唐钢党委下发《关于做好基层党组织换届选举工作的通知》，对新成立的党委和任期届满应组织换届选举的单位进行督促提醒。

△ 二钢轧厂成功开发并试验棒材HRB400铌钒复合微合金化技术。

7月21日 河钢唐钢党委书记、董事长王兰玉会见前来访问的中国东方集团董事局主席兼首席执行官、津西集团董事长韩敬远一行。公司领导李茂广、姚力、赵丽树参加会见。

7月25日 河钢唐钢党委书记、董事长王兰玉会见俄罗斯托雷克斯集团董事长巴利斯基·巴维尔一行。公司总会计师赵丽树参加会见。

7月26日 河钢唐钢党委书记、董事长王兰玉到一钢轧厂1810毫米生产线慰问一线干部职工。此前18日，公司总经理田欣到炼铁厂南区4号高炉，慰问生产一线干部职工。

7月27日 河钢唐钢团委、高强汽车板有限公司党委联合举办的“青春 责任 担当”主题演讲比赛在会议中心举行。公司党委书记、董事长王兰玉，党委副书记、工会主席王文德出席活动。

7 月 30 日 第九届“河钢杯”职业技能大赛启动仪式在河钢唐钢会议中心举行，集团党委副书记、工会主席、大赛组委会常务副主任齐跃章出席启动仪式并讲话。公司党委书记、董事长王兰玉致辞。公司总经理田欣及河钢邯钢等单位领导参加启动仪式。

7 月 31 日 河钢唐钢制定下发《大学生员工培养和使用管理办法》，修订《实习生培养管理办法》《员工招聘复试费用管理办法》，同时废止《大学生员工培养和使用暂行管理办法》《博士生员工培养和使用暂行管理办法》。

△ 型钢厂成功开发轧制新品种 198 毫米×120 毫米、215 毫米×1110 毫米电极扁钢 2630 吨。

7 月 塞尔维亚总统武契奇访问河钢塞尔维亚公司，为管理层和员工提供支持。

△ 河钢唐钢为 2.64 万名退休人员调整待遇，人均月增资 154.21 元。

△ 河钢唐钢制定下发《2018 年公司作业长素质提升培训的通知》，开展作业长素质提升工作。

△ 河钢唐钢修订《培训管理办法》《外委送培管理办法》，废止《基层管理者培训实行自主选学及学分制的管理规定》。

△ 河钢唐钢组织按比例安置残疾人就业年审工作，实现免缴残疾人就业保障金目标。

△ 河钢唐钢引入华宝信托 20 亿元参股唐钢集团公司，有效改善了融资结构，降低了资产负债率；增加交银租赁 6 亿元，增加中信租赁 5 亿元，融资结构得到持续改善。

△ 河钢唐钢开始推行“河钢铁信”付款方式，替代原有商票付款方式。

△ 河钢唐钢顺利通过上汽乘用车产线审核，5 个牌号冷轧产品完成北汽新能源认证。

△ 气体公司医用氧实验室通过唐山市食品药品监督管理局验收，被确定为唐山市第一家医用氧标杆实验室。

△ 河钢唐钢强力支撑客户端持续优化，新开发重点直供客户 5 家，重点产品产量完成 50.6 万吨，品种比达 74.3%。

△ 一钢轧厂为国内大型焊材企业定制生产的 1.05 万吨药芯焊丝钢获得客户认可，产品经深加工后销往肯尼亚、卢旺达等“一带一路”沿线国家。

△ 炼铁厂北区储焦系统及原料系统环境治理升级改造工程竣工。该项工程于 2016 年 5 月立项，2017 年 4 月开工建设，概算投资 1.32 亿元，由唐山钢铁国际工程技术有限公司设计，唐山瑞丰建业集团有限公司、河北钢铁建设集团有限公司、河北省安装工程公司等单位承包建设。

△ 高强汽车板有限公司酸轧机时产量 259.85 吨，达到国内先进水平；镀锌作业区两条产线成材率分别达 98.5%、98.7%，均创历史新高。

△ 中厚板公司深度对接高端客户，模具钢销量同比增长 28%，并成功开发亚洲第一大模架制造企业龙记集团。

△ 高强汽车板有限公司低合金高强汽车板产量 8153 吨，同比提升 1.7 倍。

△ 河钢唐钢炼铁事业部南区 360 平方米烧结机、卷板事业部一钢轧厂 3 号 150 吨转炉在全国重点大型耗能钢铁生产设备节能降耗对标竞赛中分别获优胜炉称号，4 号 3200 立方米高炉获创先炉称号。

△ 型线事业部“提高铁道垫板矫直合格率”课题获河北省冶金行业协会优秀 QC 成果二等奖。

8 月

8 月 1 日 河钢唐钢为中交第三航务工程局生产的 2830 吨 Q345qD、Q420qD 桥梁钢产品全部集港。产品用于建设被誉为上海新的交通“大动脉”的S7高速公路。

8月2日 河北华奥与乐亭钢铁项目签订《余能利用服务协议》和《余能利用运维服务协议》及相应的技术协议。

8月3日 河钢唐钢党委书记、董事长王兰玉会见前来访问的中国宝武设计院院长、宝钢工程党委书记、董事长王建跃一行。

8月6日 不锈钢公司与江苏某金属材料公司成功签订月度采购1.7万吨高端镀锡基板产品订货协议，为双方建立稳定供求关系打下了坚实基础。

△ 唐银公司成立新唐银项目筹建组，正式启动该公司退城搬迁工作。

△ 二钢轧厂炼钢铁耗692.67千克/吨，实现日铁耗最低水平。

8月7—8日 集团炼钢系统对标交流平台建设启动会暨第一次技术交流会在河钢唐钢举行。公司副总经理张洪波出席会议并致辞。

8月8日 河钢唐钢被国务院国资委纳入“双百行动企业”名单。

8月10日 不锈钢公司成功为客户定制生产140吨26MnB5、34MnB5汽车空心稳定杆用钢。

△ 唐银公司连铸机完成氢氧切割改造并投入使用，填补了公司此项技术的空白。

8月13日 河钢唐钢党委组织部制定下发《党组织工作经费使用和管理办法》，明确党组织工作经费的提取、使用和管理等各项工作。

△ 河钢唐钢ODS系统“表面质量设计规范模块”正式上线，实现了系统内产品表面质量个性化需求及检验判定依据更明确、生产针对性更强，标志着公司板材产品表面质量控制又迈上一个新台阶。

8月15日 河钢唐钢工会组织召开先进模范代表座谈会。公司党委书记、董事长王兰玉强调，要大力弘扬先模精神，发挥示范引领作用，激发全体职工提升技术业务能力、岗位建功立业的热情，为公司改革创新发展贡献力量。公司总经理田欣出席座谈会。40余名公司先进模范代表参加座谈。

8月19日 河钢唐钢党委召开领导班子巡视整改专题民主生活会。公司党委书记、董事长王兰玉主持会议并强调，要以习近平新时代中国特色社会主义思想为指导，按照省委、省国资委党委和集团党委部署，以巡视整改促进企业改革发展，以改革发展检验巡视整改成效，凝聚起抓整改、强党建、促改革、防风险的强大力量，不断开创公司转型升级和高质量发展的新局面。总经理田欣及其他在家领导班子成员参加会议。

△ 河钢唐钢党委中心组专题学习全国组织工作会议精神。公司党委书记、董事长王兰玉主持学习。总经理田欣及其他在家公司领导参加学习。

△ 河钢唐钢党委召开领导班子建设专题民主生活会。公司党委书记、董事长王兰玉主持会议并强调，要解放思想，转变观念，继续保持良好的精神状态，坚定路径自信，坚定不移地走产品升级路线，以更加有力的举措，奋力实现各项工作新突破，为集团开创高质量发展新境界作出应有贡献。总经理田欣及其他在家领导班子成员参加会议。

8月20日 河钢唐钢党委召开领导班子巡视整改专题民主生活会情况通报会。公司党委书记、董事长王兰玉通报情况，总经理田欣及其他在家领导班子成员出席会议。

△ 一钢轧厂1700作业区丙班生产成卷带钢4864吨，创班产历史最高纪录，产品合格率100%，轧机作业率达91%。

△ 不锈钢公司1580毫米生产线生产的300吨QSTE500TM高强冷弯钢供货全球最大升降机公司，产品成功打入国际市场。

△ 型线事业部自主开发的“棒材轧

制加热炉管理系统 V1.0.0”软件、“棒材轧制管理系统 V1.0.0”软件、“反冲洗控制系统”软件分别获得国家计算机软件著作权登记证书。

8 月 22 日 河钢唐钢信息自动化部职工朱玉付在 2018 中国技能大赛暨唐山市第十七届职工职业技能大赛中，获得网络与信息安全组冠军。

8 月 23 日 河钢唐钢重整唐山佳华煤化工有限公司（简称“佳华”）计划批准暨恢复生产启动仪式在公司举行。唐山市委常委、政法委书记李彦明，公司党委书记、董事长王兰玉，市中级人民法院，唐山海港经济开发区等领导出席启动仪式。佳华位于唐山市海港经济开发区，是一家中外合资企业，2016 年 1 月佳华向唐山市中级人民法院申请破产清算，2018 年 8 月 22 日市中级人民法院裁定批准河钢唐钢对佳华的重整计划。

8 月 24 日 河钢唐钢党委书记、董事长王兰玉先后到和顺园和双新楼社区，走访慰问困难职工家庭，并将助学金送到即将开学的学子手中。公司“金秋助学”活动已坚持开展 16 年，累计发放助学金 193.51 万元，惠及困难职工子女 1098 人。

8 月 27 日 河钢唐钢党委书记、董事长王兰玉会见前来访问的中国二十二冶集团有限公司总经理、党委副书记袁斯浪一行。公司领导张洪波、刘铁力参加会见。

△ 高强汽车板有限公司连退生产线首次生产 500DP，实现了 700 兆帕以下双相钢产品的全覆盖。

8 月 28 日 省委政策研究室副主任，省委政策研究室、省委改革办机关党委书记张立恒率省委调研组，围绕践行习近平新时代中国特色社会主义经济思想、积极参与“一带一路”建设情况来河钢唐钢调研。公司党委书记、董事长王兰玉，党委副书记、工会主席王文德，河钢塞尔维亚公司总经理赵军参加调研座谈会。

△ 河钢唐钢生产的 140 吨 QSTE500TM 高强冷弯钢，在济南客户产线被加工成高强方管，该批方管供货给全球最大高空作业平台制造商。

8 月 29—31 日 河钢唐钢在 2018（第十二届）中国汽车轻量化技术研讨会上发布了与湖南大学联合研发的首款新能源商务白车身。作题为《河钢唐钢汽车板及车身轻量化材料解决方案》主题报告，这标志着公司已具备整车材料供货能力。

8 月 30 日 河钢唐钢型钢厂大型生产线成功试轧 PU400×125 钢板桩，初步具备小批量生产条件。

8 月 河钢唐钢完成 1193 名内退职工和 999 名离岗职工调待工作。

△ 唐银公司全力释放高附加值小规格产品生产能力，棒材 12 螺产量达到 3.28 万吨，创历史最好水平，小规格整体占比达到 72.5%，同比提升 12 个百分点。

△ 1—8 月，河钢唐钢 5.3 万吨热轧深加工产品出口越南。

△ 冷轧薄板厂 2 号镀锌生产线产量 3.99 万吨，创月产历史最高纪录。

△ 不锈钢公司吨钢铁水消耗 798.9 千克，创历史新低；炼钢月综合铁耗完成 799 千克/吨，创历史最好水平。

△ 二钢轧厂铁水消耗 774.88 千克/吨，创历史最好水平。

△ 型线事业部“燕山牌”钢筋混凝土用热轧钢筋被评为“2018 年度中国优质建筑用钢品牌”。

△ 河钢产业升级及宣钢产能转移煤气发电项目开工建设。

△ 河钢唐钢工会组织 40 名单身青年职工参加“第二届京津冀相亲大会”。

△ 河钢唐钢率先在唐山市完成 3 座高炉和 1700 毫米生产线加热炉一氧化碳减排项目，为唐山市一氧化碳减排工作探索出了

新的思路。项目概算投资1294万元。

△ 唐钢大学组织内训师选拔评审工作，涉及铁钢轧、信息自动化、设备、市场质量等多个领域，共有100位内训师通过选拔。

△ 城市服务有限责任公司（行政福利处）分离移交开平区物业资产及管理职能，涉及4040户。

9月

9月1—4日 河钢唐钢团委承办集团2018年度基层团干部培训班。

9月3日 河钢唐钢党委召开警示教育大会。公司党委书记、董事长王兰玉主持会议并强调，要提高政治站位，深化政治性警示教育，充分认识新形势下开展巡视巡察工作的重要性和必要性，彻底肃清周本顺等人恶劣影响，切实把督导检查成果转化为推动工作的强大动力。公司总经理田欣及在家公司领导出席会议。公司各单位厂部级副职及以上领导干部、纪检监察干部参加会议。

△ 河钢唐钢成功生产200吨厚度规格为1.2毫米花纹板，达到了国内生产的花纹板最薄规格，产品用于新能源农用车车厢底板和侧板。公司花纹板产品实现了1.2～10.0毫米规格全覆盖。

△ 高强汽车板有限公司通过保定长安客车制造有限公司认证，被纳入该公司供应商名录。

9月4日 中厚板事业部与安徽富煌钢构股份有限公司签署年度采购框架协议，协议年采购量5万吨。

9月6日 不锈钢公司研发生产的155吨1.5毫米薄规格客车骨架用钢TS700BL成功下线，产品各项指标均达到客户标准要求。

9月7日 气体公司与唐山市第三医院签订医用氧供应合同。至此，该公司医用氧唐山地区市场份额达97%。

△ 河钢唐钢《两级机关职能部门“强服务、提效率、转机制”实施方案》经公司党委常委会审批通过。

△ 河钢唐钢冶金工程质量监督站获得冶金建设工程质量监督机构考核合格证书。

△ 河钢唐钢与冶金工业规划研究院签订规划编制服务合同，开展《河钢唐钢非钢产业2019—2021年发展规划》的编制。

9月8日 冷轧薄板厂2号镀锌生产线班产量达637.63吨，创历史最高纪录。

9月8—9日 由中国环境保护产业协会、中国冶金报社、找钢网三家单位联合主办的2018“找钢网杯”钢铁行业环保知识大赛在河钢唐钢举行。集团副总经理刘键，公司党委书记、董事长王兰玉出席大赛开幕式。

9月10日 河钢唐钢党委印发《关于开展彻底肃清周本顺等人恶劣影响进一步优化政治生态教育的实施意见》，对教育作出部署安排。

△ 唐银公司“钢铁企业特色安全文化体系构建与实践”课题获2018年（第二十五届）省级企业管理现代化管理创新成果一等奖。

9月15日 河钢唐钢党委中心组专题学习全国宣传思想工作会议精神。公司党委书记、董事长王兰玉主持学习。总经理田欣及其他在家公司领导参加学习。

9月17日 河钢唐钢召开5—6月“创效争先”立功竞赛表彰会。公司党委书记、董事长王兰玉出席会议并讲话，总经理田欣及其他在家公司领导参加会议。经公司劳动竞赛委员会决定，授予炼铁厂和中厚板公司“创效争先”立功竞赛“集体特等功”。

9月17—20日 气体公司质量、环境、职业健康安全管理体系通过北京国金恒信认证有限公司换版监督审核。

9月19日 河钢唐钢纪委下发《关于2018年中秋国庆期间加强监督检查纠正“四风”问题的通知》，要求全体党员领导干部严格落实中央八项规定精神，切实加强“双节”期间“四风”问题监督检查，营造风清气正节日氛围。

9月25日 全球首卷2000兆帕级别热成型汽车钢在一钢轧厂1810毫米生产线成功下线。这是目前全球薄板坯连铸连轧工艺生产的最高强度级别钢种，填补了国际国内薄板坯连铸连轧工艺生产超高强钢的空白。

△ 能源科技分公司北区3号高炉冲渣水供市政供暖改造工程竣工。

△ 二钢轧厂自主开发的“炼钢生产模拟系统V1.0”软件、“连铸生产工艺设置系统V1.0.0”软件获得国家计算机软件著作权登记证书。

9月26日 河钢唐钢为华电曹妃甸重工装备有限公司生产的5120吨Q345D风电用钢有2500吨已送达客户手中。产品用于制造乐亭菩提岛海上风电场300兆瓦示范工程的风电塔筒。乐亭菩提岛海上风电场300兆瓦示范工程是我国北方首个海上风电项目。

△ 河钢唐钢为亚洲最大车桥生产企业定制开发的105吨Q690D高强汽车钢在1580毫米生产线成功下线，产品各项指标均达到客户标准要求。

△ 高强汽车板有限公司通过长城精诚工科汽车系统有限公司材料验证，成为该公司供应商。

9月27日 河钢唐钢完成公司增资扩股。

9月28日 河钢唐钢按照市人力资源与社会保障局部署的“百万燕赵工匠”计划，扎实抓好中级工以上级别2000人鉴定工作。

△ 钢源冶金炉料有限公司分公司——唐山钢源冶金炉料有限公司乐亭分公司注册成立，河钢乐亭石灰项目全面启动。

9月30日 河钢唐钢成功开发轧制220毫米×155毫米电极扁钢。

△ 不锈钢公司为客户定制生产的103.54吨10.0毫米厚度规格Q690D高强汽车钢落户亚洲最大车桥生产企业，成功替代客户原有16毫米厚度钢板，使汽车达到整体降重效果。

△ 中厚板公司烧结矿料场棚化改造工程竣工，工程概算投资2461.48万元。

△ 气体公司与中厚板公司签署资产转让协议，以1.58亿元收购2万标准立方米/时制氧机组2套。

9月 河钢唐钢组织开展以“由生产型制造向服务型制造转变”为主题的“质量月”活动。

△ 河钢产业升级及宣钢产能转移项目配套气体项目开工建设，项目概算投资8.24亿元。

△ 河钢唐钢在全公司范围内组织开展年度财产清查工作。

△ 河钢唐钢制定下发《土地租金管理办法》，规范公司关联交易行为，完善内控制度，降低财税风险。

△ 河钢唐钢自6月以来开展降水耗攻关，吨钢耗新水由3.66立方米降至2.74立方米，达到了河北省最新下发的取水定额标准。

△ 河钢唐钢与北汽福田建立合作关系，实现连续稳定供货。

△ 河钢唐钢生产的环保钝化涂油热镀铝钢带通过德国LFGB食品接触材料认证，标志着该类产品已达到绿色环保无毒害等级，使产品获得了更为广泛的应用空间。

△ 型线事业部为客户量身定制400毫米×170毫米规格钢板桩8850吨，销量环比增长176%。产品用于浙江舟山绿色石化基地等国家重点项目建设。

△ 河钢唐钢首次试轧成功98毫米×

120毫米电极扁钢，批量生产3000吨。

△ 中厚板事业部为上海建工（江苏）钢结构有限公司供货的钢结构用钢用于“一带一路”国家巴基斯坦卡西姆港燃煤电站项目建设。

△ 城市服务有限责任公司（行政福利处）分离移交古冶区“两供一业”资产及管理职能，涉及2739户。

△ 河钢唐钢自6月组织开展的暑期“双服务”活动结束，有效保证和改善了职工的工作条件。

△ 河钢唐钢职工尹景利作品《巡视》、张立新作品《跃动音符》，在“纪念改革开放40周年·河北省企业、行业界员工摄影比赛”中分别获二等奖、三等奖。

△ 城市服务有限责任公司（行政福利处）张明、夏飞、任艳萍在2018年中国技能大赛“幺麻子”全国饭店业职业技能竞赛（河北赛区）暨“琢酒”杯第七届唐山市饭店餐饮业职业技能创新大赛中获得金牌，张焕兴、李雨泽、赵红霞、向中锐获得银牌。

10月

10月1日 集团党委书记、董事长于勇到河钢唐钢调研，并现场督导安全环保工作。公司党委书记、董事长王兰玉汇报了公司1—9月生产经营情况，在市场和产品工作方面的新思路、新做法、新成效，以及围绕延伸钢铁主业产业链、培育壮大现代工业服务业方面所做的努力和取得的成果。

△ 集团党委书记、董事长于勇到河钢唐钢看望慰问困难党员和一线职工，向他们致以节日的问候和诚挚的祝福。集团副总经理王新东、刘键，公司党委书记、董事长王兰玉，党委副书记张小帅参加活动。

△ 冷轧薄板厂成功生产两卷锌铝镁双相汽车钢DP590，产品表面质量及性能指标全部合格，公司高端汽车钢家族再添新丁。

△ 创元方大公司与西门子（中国）上海开关有限公司签订西门子NXAirS高压开关柜产品技术转让合作生产协议。协议附带联合销售该产品的合作机制，实现该公司新产品开发与销售同步进行的模式。

10月8日 河钢唐钢召开专题会议，传达学习集团党委书记、董事长于勇10月1日来公司调研时的讲话精神。公司党委书记、董事长王兰玉，总经理田欣及其他在家公司领导出席会议。

△ 河钢唐钢与远东国际开发集团有限公司和阿尔马达股份公司三方签署《阿穆尔钢铁项目合作框架协议》。

△ 不锈钢公司265平方米烧结机臭氧脱硝改造工程开工建设。

△ 河钢唐钢一批锌铝镁产品在浙江经过加工后，被送至国内最大输送机辊筒企业，与客户联合开展技术攻关，实现用锌铝镁产品替代传统镀锌产品制作输送辊筒。

10月9日 河钢唐钢正式下达《2018年四季度挖潜增效计划》，提出20.3亿元四季度挖潜增效目标，以确保完成集团下达的2018年生产经营任务，坚决实现全年30亿元的利润目标。

10月10日 河钢唐钢完成对佳华公司的重整工作，佳华公司成为公司全资子公司。

△ 河钢唐钢安全部制定下发《生产安全事故评估制度》。

△ 中厚板事业部钢材日产量1.68万吨，创历史最好水平。

10月13日 河钢唐钢党委中心组专题学习中共中央办公厅、国务院办公厅印发的《地方党政领导干部安全生产责任制规定》内容。公司党委书记、董事长王兰玉主持学习，总经理田欣及其他在家公司领导参加学习。

△ 高强汽车板有限公司为海尔定制的0.3毫米极限薄规格镀锌结构钢S280GD+Z批量下线，此规格产品订单量达1610吨，是上半年的5倍。

10月15日 型线事业部角钢成功进入国务院批复建设的重点工程——深中通道项目。

10月15—16日 河钢—东大技术交流会暨河钢未来钢铁技术专项研究交流会在河钢唐钢召开。集团副总经理王新东出席会议并讲话。中国工程院院士、河钢东大产业技术研究院院长王国栋，公司副总经理张洪波出席会议。

10月18日 河钢唐钢制定《诉讼与非诉讼生效法律文书履行管理办法》，规范公司诉讼与非诉讼生效法律文书履行工作，防范法律风险，维护公司形象。

10月18—23日 一钢轧厂2号连铸机生产断面为1265毫米×180毫米冷轧基料SPHC11，连浇9个浇次、166炉钢水，创投产以来最高纪录。

10月19日 一钢轧厂1810毫米生产线3号连铸机生产小断面铸坯最高拉速达到5.5米/分，创国内同类产线连铸拉速最高纪录。

△ 二钢轧厂一棒材生产线日产达4001.18吨，创产线新高。

10月19日—11月12日 河钢唐钢组织参加唐山市文明交通志愿服务活动。

10月21日 河钢唐钢职工组成的百人跑团参加“2018唐山国际马拉松”。这是公司首次组团参加我市的国际马拉松赛事，成为本届比赛中最大的企业跑团之一。

10月22日 集团党委副书记李炳军率调研组来河钢唐钢调研指导党建工作。公司党委书记、董事长王兰玉，党委副书记张小帅，纪委书记陶立国参加调研座谈会。

10月25日 河钢唐钢独家供货唐山市二环路跨津山铁路斜拉桥支撑万吨级斜拉桥安全稳定的关键部件——128块重达600余吨的锚拉板桥梁钢。铁路斜拉桥自重达3.3万吨，顺时转动42度与引桥实现精准对接，当今世界单体转体重量最大的斜拉桥成功实现“空中转体”。

10月28日 河钢唐钢举行炼钢工艺专家学术报告会。多法斯科公司资深炼钢工艺专家廖冬生博士作了题为《炼钢过程的精准与集成控制》的报告。公司副总经理张洪波主持报告会。

△ 不锈钢公司2号连铸机日产量5036吨，刷新历史纪录，达到国内同类连铸机最好水平。

10月29日 河钢唐钢党委书记、董事长王兰玉会见前来访问的中国银行河北省分行副行长俞兆强一行。

△ 唐山惠唐物联科技有限公司划归河钢集团进行运营管控，其供应链采购平台相关业务划入铁铁物联科技有限公司。

10月30日 河钢唐钢第三十二届职工技术比赛理论考试在唐钢大学举行，拉开了本届职工技术比赛的序幕。公司党委副书记、工会主席王文德到理论考试现场进行巡视监考。

△ 炼铁厂1~3号烧结机、南区360平方米烧结机脱硝工程竣工并投入使用，项目概算投资3060万元。工程投入使用后，满足唐山市对钢铁企业烧结机机头废气超低排放要求。

△ 海尔全球供应链校企合作班组长项目招聘会在唐山科技职业技术学院科技报告厅举办，标志着唐山科技职业技术学院成为海尔集团校企合作班组长项目西北大区首个合作高校。

10月31日 唐银公司带钢加热炉改造工程建成投产，项目概算投资2800万元。同年1月20日开工建设。

△ 型钢厂成功开发轧制220毫米×130毫米电极扁钢1666吨。

10月 河钢唐钢举行人力资源系统从业人员素质能力提升培训开班仪式，开授第一堂课。

△ 河钢唐钢通过中企认证公司测量管理体系现场审核。

△ 河钢唐钢重新设计企业内外部网站，并完成企业文化内部网站建设。

△ 不锈钢公司提高脱硫命中率攻关取得成效，脱硫命中率由93%提高至96%，达到国内先进水平。

△ 河钢唐钢汽车结构用热轧钢带700L获得2018年度冶金行业“品质卓越产品”称号。

△ 二钢轧厂螺纹钢直供发货量达1.2万吨，占总发货量的12.4%，创月度重点工程直供发货量新高。

△ 高强汽车板有限公司生产冷硬产品3.5万吨，创今年以来月度最好水平。

△ 高强汽车板有限公司重点品种产量达9.8万吨，同比增长60%，创重点品种单月产销量最好水平。

△ 1—10月 河钢唐钢向菲亚特主机厂供货低合金高强钢、加磷无间隙原子钢等多个系列、多个牌号的产品1.14万吨，同比增长260%，并新增FEP02、FEE180IF、FEE210IF、FEE340F四个牌号汽车钢。

△ 中厚板事业部钢材月产量47.14万吨，创历史最好水平。

△ 城市服务有限责任公司（行政福利处）接收佳华煤化工公司后勤管理服务。

△ 气体公司负责的河钢产业升级及宣钢产能转移项目配套气体设施开工建设。

△ 河钢集团供应链管理有限公司对唐山惠唐物联科技有限公司注资2000万元。

11月

11月1日 河钢唐钢组织全体工会干部收看全省工会学习贯彻习近平总书记同全总新一届领导班子成员集体谈话时的重要讲话和中国工会十七大精神视频会议。公司党委副书记、工会主席王文德就贯彻落实会议精神作出部署。

△ 二钢轧厂日产钢6809吨，班产钢2380吨，两项指标均创历史最好水平。

11月2日 省国资委党委书记、主任吕志成到河钢唐钢调研指导工作。省国资委副巡视员李合义一同调研。集团总经理、党委副书记彭兆丰，唐山市副市长孙文仲，公司党委书记、董事长王兰玉陪同调研。

△ 河钢唐钢党委书记、董事长王兰玉会见前来访问的中国农业银行总行信用管理部副总经理成峰一行。公司总会计师赵丽树参加会见。

△ 不锈钢公司36.8吨800兆帕级别汽车大梁钢成功下线。至此，该公司实现了此钢种420L~800L牌号的全覆盖。

11月2—3日 2018中国车身大会在澳门举办。中国新能源造车新势力爱驰汽车展示了其首款车型U5智能电动车白车身。该白车身重要安全部件由河钢唐钢2吉帕超高强汽车钢加工而成。

11月3日 一钢轧厂1700毫米生产线日产钢1.31万吨，刷新历史最高纪录。

11月5日 一钢轧厂转炉日产钢114炉1.76万吨，创历史最高水平。

11月6日 河钢唐钢纪委召开廉政风险防控工作推进会。公司纪委书记陶立国出席会议并讲话。

△ 河钢唐钢召开首届唐山工匠技能大赛动员大会，炼铁厂、一钢轧厂、二钢轧厂等13家相关单位参加动员大会。

△ 河钢唐钢顺利通过欧盟建筑产品CE认证年度监督审核。

11月6—9日 河钢唐钢通过安全标准化一级企业复评，继续保持“安全标准化一级企业”称号。

11月7日 不锈钢公司1580毫米生产线轧制1015毫米×3.0毫米断面、长11.8米SAPH310J铸坯，机时产量达673吨/时，创同行业同类设备机时产量最好水平。

11月8—9日 由中国机械工业联合会主办、河钢集团和中国机经网承办的2018全国机械工业经济形势报告会在唐山举行。河钢唐钢党委书记、董事长王兰玉，副总经理张洪波参加报告会。期间，与会代表参观了公司厂区和生产线。

11月9日 集团党委书记、董事长于勇到中厚板公司调研。集团副总经理王新东，公司党委书记、董事长王兰玉参加调研。

△ 菲律宾卡加延德奥罗市菲佛德克工业园区管委会执行董事长富兰克林先生一行来河钢唐钢访问。集团副总经理王新东，公司党委书记、董事长王兰玉在会议中心与客人座谈。公司总会计师赵丽树参加座谈。

△ 河钢—重大西南研究院技术交流会在河钢唐钢召开。公司副总经理张洪波，重庆大学材料科学与工程学院党委书记、河钢—重大西南研究院执行院长王雨出席会议。

△ 冷轧薄板厂生产的300吨罩退产品发往芦台散热器部件配套商，供货散热器知名企业，市场占有率提升至40%以上。

△ 二钢轧厂生产的首批40吨优质HRB400E抗震螺纹钢筋下线，发往京雄高铁项目工程。

11月10日 不锈钢公司物料堆放场地棚化改造项目竣工并投入使用。项目概算投资1975.99万元，投入使用后，有效抑制尘土，解决了不锈钢公司物料露天堆放问题，达到环保要求。

△ 美锦公司VOCs尾气负压吸引工程竣工，同月12日硫铵VOCs尾气负压吸引调试成功。

11月12日 美锦公司焦炉烟气活性炭法脱硫脱硝中试工程进行初步试验，同年5月19日开工建设，6月11日完成土建施工，10月15日设备安装完毕。该工程为焦炉烟气多污染物协同控制技术及示范工程，概算投资1300万元。

△ 唐银公司被列为河北省2018年第二批认定的高新技术企业。

11月13日 河钢唐钢召开“强服务、提效率、转机制”工作会议。公司党委书记、董事长王兰玉强调，要以公司两级机关为重点，梳理业务流程，重塑组织架构，打造高效服务型机关，提高专业服务水平，提升管理效率，释放发展活力，以适应公司转型升级和高质量发展要求。

△ 由河北省工业和信息化厅、北京市经济和信息化委员会、天津市工业和信息化委员会、唐山市人民政府主办，河钢唐钢与河北省机械科学研究设计院承办的2018京津冀机器人产业对接会在唐钢宾馆召开。公司副总经理武士勇出席会议并致辞。公司信息自动化部作了《河钢唐钢工业机器人初步应用及未来需求探讨》的主题发言。

11月15日 二钢轧厂二棒生产线成功复产。

△ 二钢轧厂丙班在双炉双机生产模式下，炼钢班产2707吨，创历史新高。

11月16日 二钢轧厂质量管理体系通过BSI认证。

11月18日 河钢唐钢党委中心组集中学习习近平在同中华全国总工会新一届领导班子成员集体谈话时的重要讲话精神，习近平、李克强对脱贫攻坚工作作出的重要指示，10月31日中共中央政治局会议以及全国国有企业改革座谈会精神。公司党委书记、董事长王兰玉主持学习。总经理田欣及其他在家公司领导参加学习。

11月19日 河钢唐钢下发《操作维护系列改革实施方案（征求意见稿）》。

△ 不锈钢公司1580毫米生产线单班产量实现5174吨，创该产线投产以来最好水平。1580毫米生产线精轧换辊时间首次

降至11分钟以内，标志着该公司精轧换辊时间控制能力已达到国内同类产线先进水平。

11月19—21日 国家省际交叉核验组来河钢唐钢调研指导安全生产工作。公司党委书记、董事长王兰玉，副总经理张洪波参加会议。

11月20日 河钢唐钢党委书记、董事长王兰玉会见前来访问的日本伊藤忠丸红钢铁株式会社代表取缔役社长兼田智仁一行。公司副总经理李茂广参加会见。

△ 河钢唐钢党委组织部制定印发《劳务派遣员工发展党员和党员教育管理暂行办法》，促进公司劳务派遣员工发展党员和党组织关系管理工作全面规范。

△ 河钢唐钢承办首届唐山工匠职业技能大赛高炉炼铁工、转炉炼钢工、轧钢工三个工种技能比赛圆满结束，71名职工参加比赛。

△ 炼铁厂北区2号、3号高炉冲渣水消白项目，炼铁南区高炉冲渣水消白项目竣工并通过唐山市环保局委托的第三方公司验收。项目同年10月开工建设，概算投资2547万元。

△ 河钢唐钢660吨Q345B型钢产品发往世界首例特长海底沉管隧道——深中通道项目建设现场，用于隧道钢壳纵向加强梁的制造。该项目所需的1.6万吨纵向加强梁材料全部由公司独家供货。

△ 河钢唐钢参加2018中国（唐山）国际钢铁冶金工业博览会，按照“绿色环保智能制造高质量发展”的主题要求，设计参展方式，组织非钢单位确定参展展品、制作展品模型，为展会顺利召开、非钢产品宣介创造条件。

11月20—22日 乌克兰耶佛拉兹钢厂总经理根纳季·比尔格曼率代表团到河钢唐钢交流访问。公司总会计师赵丽树与客人座谈交流。

11月21日 河钢唐钢党委书记、董事长，唐山市钢铁工业协会会长王兰玉出席在唐山南湖国际会展中心举行的2018第二届中国（唐山）国际钢铁冶金工业博览会暨冶金行业绿色发展高峰论坛开幕式并致辞。

11月22日 河钢唐钢党委组织部下发《关于推行党员组织关系线上转接的通知》，对党员组织关系接转作出安排。自12月开始，公司全面推行党员组织关系线上转接方式，逐步取消直至完全停用纸质组织关系介绍信。

11月25日 二钢轧厂双炉双机生产模式炼钢日产7357吨，创历史新高。

11月27日 集团与浦项公司全面合作指导委员会第一次会议在河钢唐钢举行。公司总经理田欣出席会议。

11月28日 河钢唐钢下发《供应商参与采购活动注意事项》《规范采购行为要求》。

11月29日 河钢唐钢总经理田欣、党委副书记王文德赴公司精准扶贫地点——承德市围场县牌楼乡西岔村对驻村队员进行慰问，并走访贫困户。

11月30日 河钢唐钢为上海宝冶集团生产的350余吨高品质板材全部下线。此批产品将用于“一带一路”沿线国家巴基斯坦塔尔煤田II区块二期燃煤电站项目。

△ 型钢厂大型线成功轧制新品种PU400毫米×100毫米钢板桩，断面尺寸符合标准要求。

△ 中厚板公司1~2号烧结机烟气脱硫脱硝治理工程竣工。工程概算投资2.98亿元。

△ 不锈钢公司132平方米烧结机脱硫脱硝及烟气循环改造工程竣工。项目概算投资1亿元。

△ 唐银公司2台90平方米烧结机烟气脱硫脱硝治理工程建成投入使用。项目同年9月6日开工建设，概算投资4300万元，由浙江德创环保科技股份有限公司设计

承建。

△　唐银公司180平方米烧结机烟气脱硫脱硝除尘超低排放工程建成并投入使用。项目同年7月27日开工建设，概算投资9200万元，由北京博奇电力科技有限公司设计承建。

△　能源科技分公司不锈钢动力分厂热电作业区锅炉脱硫脱硝工程整体调试完毕。项目概算投资3725万元，由辽宁基伊能源科技有限公司设计、施工，同年9月21日开工建设。

11月　河钢产业升级及宣钢产能转移项目配套石灰窑系统项目开工建设。项目概算投资7.06亿元，由唐山钢铁国际工程技术股份有限公司设计，河北省安装工程公司负责施工。

△　河钢唐钢组织开展“新形势、新目标、新跨越”献计献策活动，共收到建议3902条，其中有价值建议75条，全部得到落实或答复。

△　河钢唐钢结合“119”全国消防宣传日，组织开展以“全民参与 防治火灾”为主题的消防安全月活动。

△　型线事业部大中型合同组织双双突破4万吨，其中钢板桩产销量1.9万吨，大型线实现扭亏。

△　河钢唐钢118吨优质HRB400E抗震螺纹钢筋在二钢轧厂下线，发往京雄高铁项目工程，这是公司抗震螺纹钢筋首次供货该项目。

△　按照《中国共产党章程》和《基层党组织选举条例》等相关要求，河钢唐钢卷板事业部、汽车板事业部、型线事业部、不锈钢公司、高强汽车板公司、青龙炉料公司、唐钢华冶公司等7个直属党组织完成换届工作。

△　河钢唐钢工会组织女职工参加唐山市女职工安康互助保障活动，为2964名女职工办理了相关投保手续。

△　城市服务有限责任公司（行政福利处）完成唐山唐钢物业服务有限公司的转出。

△　不锈钢区物料堆放场地棚化改造项目竣工投产，同年6月开工建设，概算投资1975.99万元。

△　美锦公司通过河北省第二批高新技术企业认定。

△　气体有限公司接收河钢唐钢中厚板材有限公司制氧系统39名职工（含劳务派遣9人）。

△　河钢塞尔维亚公司与贝尔格莱德冶金学院签署合作协议。

△　唐龙（唐昂）公司顺利通过国家二级安全生产标准化评审验收。

12月

12月3日　河钢唐钢召开专题会议，部署宪法宣传教育活动，全面掀起普法热潮。公司党委书记、董事长王兰玉强调，要落实集团关于学习宣传宪法工作的部署，开展好“大力弘扬宪法精神，共筑伟大中国梦”宪法宣传教育活动，深入学习宣传宪法精神，大力弘扬法治精神，营造全员尊崇宪法、普法守法浓厚氛围，保障企业持续稳定健康发展。总经理田欣及其他在家公司领导出席会议。

12月4日　河钢唐钢在第五个宪法日和首个“宪法宣传周”之际，开展国家宪法日宪法宣传教育活动。

12月6日　信息自动化部靳三峰、自动化信息公司韩一杰在世界钢铁协会公布第十三届世界模拟炼钢挑战赛中分别摘得中国赛区职业组冠亚军。他们将代表中国赛区参加2019年4月16日在西班牙马德里举行的世界总决赛。这是公司职工首次代表中国赛区入围该项赛事世界总决赛。

12月10日 河钢唐钢召开专题会议学习传达2019年集团重点工作分析说明会精神。公司党委书记、董事长王兰玉强调，要深入学习领会2019年集团重点工作分析说明会精神，保持定力、坚定信心，解放思想、开拓创新，以比肩世界一流企业的信念，谋划好2019年工作，持续推进产品结构和客户结构再优化，打造差异化竞争新优势，发挥核心企业示范引领作用，为集团建设最具竞争力钢铁企业贡献力量。总经理田欣及其他在家公司领导出席会议。

△ 菲律宾投资署署长兼贸工部副部长塞费里诺·鲁道夫一行到河钢唐钢访问。集团副总经理王新东，公司党委书记、董事长王兰玉会见客人。公司副总经理张洪波陪同参观。

△ 唐银公司高炉冲渣沟乏汽消白工程竣工并投入使用。项目同年9月7日开工建设，概算投资1460万元。

12月12日 中组部组织二局副巡视员储晓东带领调研组到河钢唐钢调研。公司党委副书记张小帅与调研组座谈交流。

△ 省国资委党委副书记曹海燕率参加省国资委系统企业“不忘初心 牢记使命”党委书记活动日的近百名成员到河钢唐钢调研。集团党委副书记李炳军陪同调研。公司党委副书记、工会主席王文德参加活动。

12月14日 河钢唐钢2018年度宪法宣传月法律培训在唐钢大学举行。公司纪委书记陶立国出席培训并讲话。来自各单位的200余名职工参加培训。

12月14—29日 河钢唐钢党委书记、董事长王兰玉，总经理田欣及其他公司领导分别到基层单位参加“解放思想，对标赶超，实现2019年整体工作快速提升”主题活动第一阶段汇报会，并作点评讲话。

12月15日 河钢唐钢党委中心组集中学习习近平总书记在第五个国家宪法日之际作出的重要指示精神、省委书记王东峰在全省安全生产电视电话会议上的讲话精神、集团党委一届三次全会精神和2019年集团重点工作分析说明会精神。公司党委书记、董事长王兰玉主持学习。总经理田欣及其他在家公司领导参加学习。

12月17日 二钢轧厂实施的转炉废钢连续预热线项目正式投入运行，同年9月4日开工建设。

12月20—21日 河钢唐钢5名代表参加共青团唐山市第十八次代表大会，公司团委副书记姜丽丽当选为共青团唐山市第十八届委员会常务委员。

12月24日 一钢轧厂3号转炉单炉座产钢18炉，创班产历史新高。

12月26日 一钢轧厂1700毫米生产线轧钢作业区产钢4968吨，创班产历史新高。

△ 能源科技分公司南区1~3号锅炉烟气脱硫脱硝改造项目开工建设。项目概算投资5500万元，由沈阳赛思环境工程设计研究有限公司设计，辽宁基伊能源科技有限公司施工。

12月28日 河钢唐钢召开2018年职工岗位创新大会。公司党委书记、董事长王兰玉，总经理田欣等公司领导出席会议。公司厂部级副职以上领导，创新工作室带头人，小微创新课题主创者，各级技能大赛优秀选手、优秀作业长、优秀青工代表，岗位创新工作相关人员参加会议。

△ 河钢唐钢党委副书记张小帅代表公司出席在南湖会展中心举行的首届唐山工匠职业技能大赛闭幕仪式。公司获“高技能人才培育先进单位”称号。

△ 河钢唐钢撤销惠唐乐港金属科技分公司行政机构，其原有机构与检修分公司合并。

12月29日 唐山钢铁集团金恒企业发展总公司福利总厂龙华制衣厂和唐山钢铁集团金恒企业发展总公司福利总厂印刷厂注

销，其业务全部转入唐山钢铁集团金恒企业发展总公司。

12 月 河钢唐钢党政联合发文专门部署，从本月起到 2019 年 1 月底，集中近两个月时间开展“解放思想，对标赶超，实现 2019 年整体工作快速提升”主题活动，深入贯彻集团 2019 年重点工作分析说明会精神，以新的理念、新的目标、新的视野、新的措施和新的标准，谋划 2019 年工作。

△ 河钢唐钢统筹规划内部人力资源，全力保证沿海新建项目人员配置，分 8 个批次抽调 414 名骨干职工支援河钢产业升级及宣钢产能转移项目建设。

△ 河钢唐钢通过唐山市应急管理规范化企业验收。

△ 河钢唐钢能源、环境管理体系通过北京国金恒信管理体系认证公司的体系认证审核。

△ 不锈钢公司自主设计开发的设备管理系统手机客户端 APP 正式上线运行，大幅提高了设备管理工作效率。

△ 河钢塞尔维亚公司炼钢钢铁料消耗 1126 千克/吨，创历史最好水平。

△ 河钢唐钢成功试生产出口用 980DP 产品，性能质量完全符合欧标 EN10346：2015 标准要求。

△ 河钢唐钢汽车结构用热轧钢带 700L、冷轧钢带 DC05 两项产品获 2018 年度冶金产品实物质量“金杯奖”。

△ 河钢唐钢职工在唐山市第十七届职工职业技能大赛中，取得高炉炼铁、电焊、网络安全三个工种第一名。

△ 城市服务有限责任公司（行政福利处）分离移交公司职工家属区供热相关设施及职能，涉及 17061 户。

△ 河钢唐钢工会组织完成当年职工全员免费健康体检任务，并为年满 45 周岁以上的职工增设了胃肠镜和冠状动脉 CT 血管造影（CTA）检查自选项目。全年参检总人数为 2.28 万人，有效保障了职工身体健康。

△ 河钢唐钢惠唐物联公司入选“2018 年度小微商贸服务业‘双创’示范企业”。

2018 年 河钢唐钢按上级党委要求，将党建工作写入公司章程，落实党组织在公司治理结构中的法定地位。

△ 河钢唐钢合理安排资金收支，增加铁信付款方式，12 家管控单位共开出铁信支付凭证 31.5 亿元。

△ 河钢唐钢做好出口退税工作，当年共收到出口钢材退税款 5.2 亿元。

△ 河钢唐钢主体产线标准成本符合率由年初的 20%提高到 70%。

△ 河钢唐钢 14 个新产品申报技术开发费，减免企业所得税 2085 万元，利用高炉煤气、余热等能源综合利用项目减免企业所得税 1080 万元，两项合计减免企业所得税 3165 万元。

△ 河钢唐钢共享中心商旅管控平台系统、供应商发票挂账及款项自动支付系统、财务任务管理平台系统等三个平台获得软件著作权证书。

△ 河钢唐钢制定《公司销售后评价管理办法（试行）》，进一步规范销售行为，防范经营风险。

△ 高强汽车板有限公司品种钢销售 123.8 万吨，占总商品量的 83.4%；家电板销售 37.5 万吨，同比增长 24.7%；汽车板销售 70 万吨，同比增长 25.7%；特色战略产品销售 11.02 万吨，占总商品量的 7.43%。

△ 不锈钢公司“高强汽车钢基料生产及质量控制稳定性研究”“高深冲用气雾罐顶盖与 DR 材的研制与开发”两项课题成果分别获河北冶金科学技术二等奖和河北冶金科学技术三等奖。

△ 一钢轧厂销售药芯焊丝钢 10 万吨，同比增加 6.89 万吨，牵手行业前 10 名客户；销售热轧薄规格 46.7 万吨，同比增加

40.9万吨；销售酸洗压缩机用钢5.5万吨，同比增加3.53万吨。

△ 中厚板公司板材产量329.72万吨，同比增长17.5%；品种钢销售270.64万吨，同比增长32%。

△ 河钢唐钢非钢板块实现营业收入120亿元，利润3.6亿元，100%消化非钢人工成本。

△ 钢源冶金炉料有限公司抓好河钢塞钢石灰窑项目建设，建立钢源塞尔维亚公司财务运转体系，完成境外投资1184万元；与河钢塞钢签订矿区资产转让协议，完成土地转让过户手续；与塞尔维亚GIP设计公司签署矿山新建破碎筛分系统项目设计合同。

△ 房地产公司销售商品房1526套，销售建筑面积约12万平方米，销售额达10.35亿元，去化率达85%，居行业领先水平。

△ 河钢销售总公司唐钢分公司销售本部内贸材坯526万吨，保产率达106.25%、产销率101.75%、货款回收率100%。

△ 河钢销售总公司唐钢分公司成功开发帝亚一维新能源汽车A级客户和精诚工科B级客户，开启河钢唐钢产品进军新能源汽车之门。

项目建设

基础项目及环保项目建设

【焦炉烟气活性炭法脱硫脱硝中试工程】 2018年5月19日，河钢唐钢美锦公司焦炉烟气活性炭法脱硫脱硝中试工程开工建设，6月11日完成土建施工，10月15日完成设备安装。11月12日开始进行初步试验。该工程为焦炉烟气多污染物协同控制技术及示范工程，是由中冶焦耐（大连）工程技术有限公司作为设计牵头单位，与中国科学院过程工程研究所、河钢共同申报课题研发的活性炭脱硫脱硝工程，由河北省建筑安装有限公司承包建设，概算投资1300万元。该工程采用“焦炉烟气活性炭脱硫脱硝”一体化工艺，焦炉烟气经引风机送至活性炭脱硫装置吸附塔，通过塔内活性炭吸附脱除二氧化硫，氮氧化物脱硫脱硝后烟气通过烟囱直接外排；吸附饱和后的活性炭通过链斗机输送至解析塔，释放二氧化硫富集气体；解析产生的富集气体进入洗涤塔生产硫氨母液送至焦化厂硫氨车间，实现副产品资源化利用，洗涤净化后的富集气返回至活性炭吸附塔前，解析再生后的活性炭通过链斗机回送至活性炭吸附塔循环利用；活性炭输送过程中产生的活性炭粉末作为污水吸附剂或配煤使用。

【二期焦化项目建设筹备工作】 2018年，河钢唐钢美锦公司继续开展二期焦化项目建设筹备工作，经多方努力取得一定进展。环评手续按照新导则要求通过专家复审会，省厅评估中心出具了评估意见。美锦二期130万吨焦化项目，占地面积40万平方米，概算投资16亿元，主要建设2座65孔JNX3-70-1型焦炉，配套建设干熄焦余热发电系统和萃取精制苯项目及唐钢气体公司LNG项目。

【炼铁厂北区储焦系统及原料系统环境治理升级改造工程】 2018年7月，河钢唐钢炼铁厂北区储焦系统及原料系统环境治理升级改造工程竣工。该项目于2016年5月立项，2017年4月开工建设。概算投资1.32亿元，由唐山钢铁国际工程技术有限公司设计，唐山瑞丰建业集团有限公司、河北钢铁建设集团有限公司、河北省安装工程公司等单位承包建设。建设内容主要包括新增焦炭贮运系统并新建除尘器以及PYT1除尘器异地新建等项目。项目建成后，有效缓解焦炭贮存场地问题，实现相关区域环保达标。

【炼铁北区2~3号高炉、炼铁南区高炉冲渣水乏汽消白项目】 2018年9月，河钢唐钢炼铁北区2~3号高炉、炼铁南区高炉冲渣水乏汽消白项目立项，同年10月开工建设，11月20日竣工并通过市环保局委托的第三方公司验收。项目概算投资2547万元，由南京常荣声学股份有限公司及香山红叶建设有限公司设计承建。主要建设内容是将高炉排渣循环水的流通环境进行封闭处理，通过通风管道在引风机的作用下将系统产生的乏汽进行收集和引流，最后利用声波团聚技术通过管束式除雾分离器脱除。项目投产后，冲渣水乏汽中含湿量降低50%以上，符合环保要求。

【炼铁厂北区1~3号、南区360平方米烧结机脱硝工程】 2018年8月，河钢唐钢炼铁厂北区1~3号烧结机、南区360平方米烧结机脱硝工程立项，同月开工建设，10月30日竣工并投入使用。项目概算投资3060万元，其中1号、3号烧结机由中晶环境科技股份有限公司及国家电投集团远达环保装备制造有限公司设计承建；北区2号烧结机、南区360平方米烧结机由辽宁基伊能源科技有限公司及沈阳赛思环境工程设计研究中心有限公司设计承建。项目主要是在防腐烟道或防腐塔内喷入脱硝氧化剂和液态的高价氮氧化物吸收剂，吸收绝大部分高价氮氧化物，剩余氮氧化物与二氧化硫随烟气一起进入脱硫塔内同步吸收。工程投入使用后，烧结机机头排放烟气满足唐山市对钢铁企业烧结机机头废气超低排放要求。

【能源科技分公司不锈钢动力分厂热电作业区锅炉烟气脱硫脱硝治理项目】 2018 年 9 月 21 日，河钢唐钢能源科技分公司不锈钢动力分厂热电作业区锅炉烟气脱硫脱硝治理项目开工建设，同年 11 月 30 日设备整体调试完成，2019 年 4 月 8 日投入使用。项目概算投资 3725 万元，由辽宁基伊能源科技有限公司设计、施工。该项目是根据市环保局下发的《唐山市钢铁行业污染深度治理方案》精神及最新制定的环保排放数据标准，于当年 8 月开始筹划项目建设。

【能源科技分公司南区热电作业区 1~3 号锅炉烟气脱硫脱硝改造项目】 2018 年 12 月 26 日，河钢唐钢能源科技分公司南区热电作业区 1~3 号锅炉烟气脱硫脱硝改造项目开工建设。项目概算投资 5500 万元，由沈阳赛思环境工程设计研究有限公司设计，辽宁基伊能源科技有限公司施工。项目主要是在南区热电作业区 1~3 号燃气锅炉南侧新建一套烟气脱硫脱硝系统，包括脱硫脱硝反应塔和增压风机，采用罗氏干法脱硫脱硝技术，利用高效复合氧化催化剂将氧化烟气中的二氧化硫氧化成三氧化硫，并将一氧化氮氧化成二氧化氮，实现脱硫脱硝达标排放。项目预计 2019 年 3 月完工。

【不锈钢公司颗粒物深度治理项目】 2018 年 3 月，河钢唐钢不锈钢公司颗粒物深度治理项目竣工。项目于上年 8 月 7 日立项，同月 25 日开工建设，概算投资 3378.55 万元，由唐山钢铁国际工程技术有限公司设计，唐山市远大建筑安装工程有限公司、唐山瑞丰建业集团有限公司、唐山中亿建筑安装工程有限公司、河北省安装工程有限公司等单位承包建设，主体设备由唐山市赛沃机器制造有限公司、泊头市环保机械有限责任公司、唐山创元方大电气有限责任公司等供货，唐山三环工程建设监理有限公司监理。主要建设内容是 1~2 号高炉修包间增设除尘；高炉炉顶卸料增设除尘；矿槽返焦返矿增设除尘；出铁场残铁口增设除尘；一期、三期散装料两个半地下料仓卸料棚设计安装皮带倒流门帘；三精炼除尘改造；脱硫站兑铁除尘改造；一期 2 号转运站除尘器改造；132 平方米烧结机成品仓增加除尘设施；新建干煤棚洗车台、污泥间洗车台、火车受料槽洗车台及钢渣库洗车台；1~4 号热风炉增设在线烟气检测仪表；1~3 号转炉三次除尘增设在线粉尘检测仪表；部分皮带通廊、窗户封闭等。项目建成后，达到各级环保部门关于冶炼工艺流程存在扬尘的厂房必须进行封闭并增加除尘设施的要求，全面改善环境状况，降低颗粒物排放。

【不锈钢公司物料堆放场地棚化改造项目】 2018 年 5 月，河钢唐钢不锈钢公司物料堆放场地棚化改造项目立项，同年 7 月开工建设，11 月 10 日竣工并投入使用。项目概算投资 1975.99 万元，由唐山钢铁国际工程技术股份有限公司设计，河北省安装工程有限公司施工。项目改造内容是对现有钢渣的物料存贮场地进行封闭作为烧结矿、污泥储存料库；烧结矿堆存一跨、二跨、污泥存储跨周围增设 3.5 米高挡墙；污泥存储跨厂房地面进行硬化抗渗；烧结矿堆存区域设计 5 个固定式射雾器进行抑尘。项目投入使用后，有效抑制尘土，解决了不锈钢公司物料露天堆放问题，达到环保要求。

【不锈钢公司 132 平方米烧结机脱硫脱硝及烟气循环改造工程】 2018 年 5 月，河钢唐钢不锈钢公司 132 平方米烧结机脱硫脱硝及烟气循环改造工程立项，同年 6 月开工建设，11 月 30 日竣工。项目概算投资 1 亿元，由九源天能（北京）科技有限公司、京鼎工程建设有限公司、福建龙净脱硫脱硝工程有限公司施工设计总承包，其中外网由唐山钢铁国际工程技术股份有限公司设计，河北省安装工程有限公司施工。工程改造内容主要包括新建132平方米烧结机烟气脱硫脱硝及烟气循环系统；配套供配电设施以及相应的公辅设施建设；拆除原有湿法脱硫设施。项目投产后，污染物排放指标满足超低排放标准要求。

【中厚板公司烧结矿料场棚化改造工程】 2018年3月，河钢唐钢中厚板公司烧结矿料场棚化改造工程立项，同年5月开工建设，9月30日竣工。工程概算投资2461.48万元，由唐山钢铁国际工程技术股份有限公司设计，唐山市远大建筑安装有限公司承建。项目主要建设内容是对烧结矿存贮场地进行封闭；封闭厂房内设5个固定式射雾器、设洗车平台1个。项目改造后，封闭烧结矿存贮场地，明显减少烧结矿粉尘颗粒物排放量，满足了环保要求。

【中厚板公司1~2号烧结机烟气脱硫脱硝治理工程】 2018年1月，河钢唐钢中厚板公司1~2号烧结机烟气脱硫脱硝治理工程立项，同年6月开工建设，11月30日竣工。工程概算投资2.98亿元，项目主体由九源天能（北京）科技有限公司、京鼎工程建设有限公司、福建龙净环保股份有限公司联合设计并承建，公辅系统由唐山钢铁国际工程技术股份有限公司设计，唐山天鸿建筑安装有限公司、唐山远大建筑安装有限公司等单位施工。项目主要是新建1~2号210平方米烧结机烟气脱硫脱硝及烟气循环系统；配套供配电设施以及相应的公辅设施建设；拆除原有湿法脱硫设施。项目投运后，烧结机污染物排放指标达到超低排放标准。

【中厚板公司燃气锅炉烟气脱硫脱硝治理工程项目】 2018年9月，河钢唐钢中厚板公司燃气锅炉烟气脱硫脱硝治理工程项目立项，同月开工建设，12月竣工。项目概算投资3951.55万元，由北京清新环境技术股份有限公司设计并承建。项目主要是对2台150吨燃气锅炉实施烟气脱硫脱硝改造，配套供配电设施以及相应的公辅设施建设。项目改造完工后，满足环保要求，实现超低排放。

【唐银公司高炉冲渣沟乏汽消白项目】 2018年5月30日，河钢唐钢唐银公司高炉冲渣沟乏汽消白工程立项，同年9月7日开工建设，12月10日竣工并投入使用。项目概算投资1460万元，由襄阳九鼎昊天环保设备有限公司设计承建。项目主要是为响应唐山市2018年重点企业大气污染治理任务有关工作要求，对2号、3号、4号高炉冲渣沟乏汽白色烟羽治理，封堵原有渣沟烟囱，并在冲渣沟合适位置开孔将乏汽引入ESA烟气消白装置，烟气经过EAS烟气消白装置处理后直排。该项目工艺先进、投资少、运行费用低、操作维护简便，各种设备、介质管道布局合理、操作检修方便，自动化水平按无人值守设计。项目投入使用后，排放指标符合国家及唐山地方环保要求。

【唐银公司带钢加热炉改造工程】 2018年1月20日，河钢唐钢唐银公司带钢加热炉改造工程开工建设，同年10月31日建成投产。项目概算投资2800万元，由江苏中冶新能源公司设计承建。该项目在拆除原有加热炉后新建1座高效能加热炉，主要包括加热炉本体，全套燃烧系统，加热炉区三电系统，加热炉汽化冷却系统及其他配套设备。项目改造后，带钢加热炉加热能力由100吨/时（冷装）提高至150吨/时（冷装），日产量由改造前不足3000吨提高到稳产3600吨以上；平均吨钢煤气消耗由400立方米降低到270立方米；钢坯定尺由6米改为7米，成品单卷重量增加，提高了下游客户深加工成材率；杜绝了跑漏煤气问题。

【唐银公司90平方米烧结机烟气脱硫脱硝深度治理工程】 2018年3月20日，河钢唐钢唐银公司2台90平方米烧结机烟气脱硫脱硝深度治理工程立项，同年9月6日开工建设，11月30日建成投入使用。项目概算投资4300万元，由浙江德创环保科技股份有限公司设计承建。项目主要是针对原有脱硝装置采用石灰石石膏湿法脱硫，脱硫塔后设置湿式电除尘器，新建1套脱硝装置及配套附属设备，采用SCR脱硝装置，对2台90平方米烧结机机头烟气进行脱硝处理，减少二氧化硫和氮氧化物排放，并改造原有脱硝系统。项目改造后，达到颗粒物小于10毫克/标准立方米，二氧化硫小于35毫克/标准立方米，氮氧化物小于50毫克/标准立方米。

【唐银公司180平方米烧结机烟气脱硫脱硝除尘超低排放工程】 2018年3月20日，河钢唐钢唐银公司180平方米烧结机烟气脱硫脱硝除尘超低排放工程立项，7月27日开工建设，11月30日建成投入使用。项目概算投资9200万元，由北京博奇电力科技有限公司设计承建，项目主要是为满足《钢铁烧结、球团工业大气污染物排放标准》，新建1套采用干法脱硫+SCR脱硝除尘工艺的烟气脱硫脱硝设施，主要设备有脱硫脱硝反应塔、GGH换热器、超净布袋除尘系统、增压风机等。该项目投入使用后，使环保配套设施更加完善，烧结烟气出口排放的二氧化硫控制在35毫克/标准立方米以下，氮氧化物在50毫克/标准立方米以下，颗粒物为10毫克/标准立方米以下，环保排放符合国家排放限值。

【河钢产业升级及宣钢产能转移项目配套气体设施建设】 2018年9月，河钢产业升级及宣钢产能转移项目配套气体设施开工建设。该项目于当年2月获批立项，概算投资8.24亿元，由中冶京诚工程技术有限公司和唐山钢铁国际工程技术有限公司共同设计，河北省安装工程有限公司负责主体施工。项目分两期建设，一期主要建设内容为6万标准立方米/时空分装置1套、110千伏变电站1座、6万标准立方米/时高压氧压机1台、2.3万标准立方米/时高压氮压机2台、1.8万标准立方米/时低压氮压机3台、3000立方米液氧液氮储罐各1座、2000立方米液氩储罐1座、冷却塔3座、水泵3台等设备，二期主要建设内容为6万标准立方米/时空分装置1套、110千伏变电站1座、6万标准立方米/时高压氧压机1台、5万标准立方米/时低压氧压机1台、1.5万标准立方米/时高压氮压机1台、1.8万标准立方米/时低压氮压机1台、冷却塔2座、水泵3台等设备。一期项目预计2019年11月建成投产。

【河钢产业升级及宣钢产能转移煤气发电项目】 2018年8月，河钢产业升级及宣钢产能转移煤气发电项目开工建设。该项目系河钢产业升级及宣钢产能转移项目子项目之一，于当年7月立项，概算投资6.25亿元。主要建设内容为260吨/时高温超高压煤气锅炉2台、配套78兆瓦中间一次再热凝汽式汽轮机2套、80兆瓦发电机2套、主厂房1座、110千伏升压站1座、100米高混凝土烟囱及配套的双曲线自然通风冷却塔1座、循环水泵站1座、化学水箱、发配电及自控系统。项目预计于2019年8月具备并网发电条件，投产后，可对企业生产产生的煤气进行高效利用，降低环境污染。

【河钢产业升级及宣钢产能转移项目配套石灰窑系统项目】 2018年8月，河钢产业升级及宣钢产能转移项目配套石灰窑系统项目立项，同年11月开工建设。项目概算投资7.06亿元，由唐山钢铁国际工程技术股份有限公司设计，河北省安装工程公司负责施工。项目主要是建设4×600吨/日双膛石灰竖窑生产线及1×500吨/日双膛轻烧白云石竖窑生产线，年产冶金石灰103.25万吨，轻烧白云石34.25万吨。工程预计2020年5月进行设备安装调试。

信息化项目建设

【高强汽车板公司智能制造项目】 2018年12月，高强汽车板公司智能制造项目竣工。该项目于上年4月获批立项，当月20日开工建设，概算投资1054.71万元，由唐钢信息自动化部设计，普锐特冶金技术（中国）有限公司、上海宝信软件股份有限公司、西门子工厂自动化工程有限公司、唐山银通科技有限公司承建。主要建设内容为5号、6号镀锌生产线设备在线诊断系统；磨辊间管理系统；增加6号镀锌生产线锌锅捞渣机器人；工控网络与信息安全等项目。

【不锈钢公司智能制造项目】 2018年12月，不锈钢公司智能制造项目竣工。该项目于上年4月获批立项，当月20日开工建设，概算投资6090万元，由唐钢信息自动化部设计，百时宜信息技术（上海）有限公司、迁安首信自动化信息技术有限公司、北京京城鼎宇管理系统有限公司、普锐特冶金技术（中国）有限公司、湖南千盟工业智能系统股份有限公司、承德市五岳测控技术有限公司、西门子工厂自动化工程有限公司、唐山钢铁集团微尔自动化有限公司、渤海国信（北京）信息技术有限公司承建。主要建设内容为钢区MSCC功能扩充及相关信息化接口升级；钢区天车定位系统及物流管理系统；1580毫米生产线一二级系统升级；1580毫米生产线3套主传动升级；板坯库、成品钢卷库天车定位及物流管理系统等项目。

【中厚板公司智能制造项目】 2018年12月，中厚板公司智能制造项目竣工。该项目于上年4月获批立项，当月20日开工建设，概算投资1456.89万元，由唐钢信息自动化部设计，北京冶自欧博科技发展有限公司承建。主要建设内容为中厚板公司1条3500毫米生产线冷区一二级系统升级。

特载

专文

企业概况

大事记

项目建设

科技创新

市场营销

生产经营与专业管理

战略管控平台

公共服务支撑平台

生产技术支撑平台

信息设备支撑平台

主业生产经营单元

平台外非钢单元

河钢集团直属单位

党群工作

附录

科技创新

产品研发

【高端战略产品研发】 2018年，河钢唐钢强化高端战略产品的机理基础研究和工艺优化研究，全面加速战略特色产品研发，实现超高强钢系列化，产品档次不断提升。全年，开发高端新品种14个，涉及烘烤硬化钢、超高强双相钢、热冲压成型钢、型钢等产品，均为研发型新产品。年内，充分发挥专家和高端研发人员的专业技术优势，针对北汽新能源和吉利试模情况，进一步优化烘烤硬化钢HC180B成分，对应不同汽车部件要求，开发含Nb系列烘烤硬化钢HC180B、HC220B、HC（X）180BD+Z及HC（X）220BD+Z，其中HC180B通过北汽新能源汽车黄骅基地6个零件试模验证，HC180BD+Z通过国能新能源汽车试模；加大高强钢研发力度，在原DP980基础上，进一步优化C、Ti成分，细化晶粒结构，完善退火温度及平整延伸率，使性能强度保持在较小范围波动，成功自主设计超高强双相钢CR820/1180DP，实现小批量供货，应用于某汽车品牌门槛等高强零件；加大与东北大学合作力度，成功开发厚度为1.8毫米的2吉帕热成型钢，具备以热代冷能力；以客户为中心，开发战略产品，针对制管企业使用要求，开发成分体系为C-Si-Mn的连退产品980DP，开发1000兆帕热轧高强汽车用钢、型钢9号等边角钢、15千克轻轨、38千克重轨、400毫米×170毫米钢板桩、400毫米×125毫米钢板桩等产品，满足不同用户需求。

技术创新

【用户应用技术研究】 2018年，河钢唐钢积极抓好用户应用技术研究，围绕用户技术开发、二方认证技术支持、疑难问题热线支持、用户先期介入EVI工作、产品材料数据库建设、与湖大开展项目合作等方面开展工作，完成18个疑难问题热线技术支持，为北汽新能源、定州长安、吉利等汽车主机厂试模进行技术支持，提供25组成型FLC、可焊接性、可涂装性等数据库，在二方认证中发挥了技术支持作用。年内，加大用户技术课题研究力度，以焊接、涂装腐蚀、成型仿真三个专业为重点，瞄准行业热点与前沿方向，开展机理、应用相关研究，进行热冲压成型钢T1500HS点焊工艺及接头力学行为研究，22MnB5热成型钢的涂装性和延迟开裂性分析、典型连退板可磷化性研究与产线工艺优化等8个项目，1个项目于年底结题；抓好主机厂认证试模技术支持和后期技术服务，推进与北汽新能源、定州长安、吉利汽车、上汽乘用车、长城汽车、上汽大通、帝亚一维、广汽、宝马等15家汽车主机厂（家电厂）认证试模，其中与北汽新能源就C10HB车型开展材料认证与试模认证，材料认证通过材料基础性能第三方（SGS）认证与涂装性能认证；抓好疑难问题技术支持，针对青岛海尔洗衣机面板成型可行性分析、北汽新能源T280VK汽车零部件冲压开裂问题分析、大金认证公司DC51D+Z耐蚀性提高解决方案、连退DP780扭曲回弹解决等难题，制定研究方案，完善流程控制，提供可行性技术分析，为公司产品开发、异议处理提供有力支持，提升了用户信任度。

【数据库建设】 2018年，河钢唐钢加快建立用户使用性能数据库，搭建软钢类、低合金高强钢、双相钢、加磷钢退火及镀锌产品等25个钢种用户使用性能数据库，包括材料生产工艺、成分、金相组织、夹杂物、SEM形貌、力学性能、静态拉伸曲线、成型性能、粗糙度、时效性能、动态拉伸曲线、疲劳性能等基本内容，逐步形成公司汽车板全品种覆盖数据库内容。组织进行零件数据库建设，涉及吉利路桥、长安试模、北汽试模、海马零件替换，湖大白车身和质量异议的零件名称、适用车型、板料尺寸、牌号、加工工艺等信息257个。

【用户先期介入EVI工作】 2018年，河钢唐钢全面深化用户先期介入EVI工作，深入走访对接用户，充分了解客户对原材料性能的要求，为客户提供优质产品和个性化服务。年内，先后赴海马汽车、定州长安汽车、吉利电动车研究院进行EVI项目合作交流、成型仿真工作，与长安汽车深入开展定州长安轻卡车型减重降本项目，优化材料选材、轻量化仿真，在不更改车架和底盘前提下，制定两套减重方案，从前期轻量化设计、仿真、选材建议等全面提供优化方案；进行海马汽车S5车型轻量化设计换材CAE仿真分析，对顶梁、纵梁、加强板、内板等18个零件进行QP980材料替换可行性模拟仿真分析，并结合分析结果对换材试制提出工程化建议，为后续材料替换试制提供依据。

【工艺技术研究】 2018年，河钢唐钢强化基础性机理研究，不断深化战略产品炼钢工艺研究，推广应用新工艺新技术，全面加强对产线技术服务支持，为高端产品研发和稳定批量生产提供支撑。年内，进行中锰钢研究，开展不同成分体系中锰钢中试试验，制定铸锭缓冷工艺，模拟凝固过程中温度分布、流动状况、元素偏析及不同冷却状态条件下柱状晶和等轴晶生长情况，确定冷却条件对凝固组织和内部质量的影响程度；加强高铝钢理论研究，进行高Al含量Al-TRIP钢技术文献调研，认真分析重点工艺环节炼钢及连铸过程，着重研究保护渣性能稳定性，具备开发Al-TRIP基础条件；加强对超高强钢焊接工艺研究，通过系列焊接试验，降低焊接过程中的冷裂纹敏感性以及降低焊接热影响区和熔化区硬度，使焊缝得到稳定轧制，保证产品稳定生产；开发超高强钢柔性化工艺，按照化学成分波动和力学性能之间关系，结合高强汽车板产线设备特点，采用按成分优化排产，辅以动态调整手段，使超高强双相钢力学性能合格率显著提升；自主设计和应用铁水包加盖项目，满足操作要求，不锈钢公司铁水包加盖项目安装7套并投入使用；加强工艺技术创新，申报的“100吨转炉流程生产窄规格汽车用钢冷轧基料的工艺技术创新与集成”项目，顺利通过中国金属学会组织的科技成果评价会项目评价，达到国际先进水平。

【推进模型化生产】 2018年，河钢唐钢学习借鉴多法斯科钢厂管理经验，将模型化生产作为实现标准化作业的全新抓手，加快设备与技术工艺融合步伐，推广应用工艺生产模型，加快建立信息化对企业管理的基础支撑作用，推动公司生产实现标准化作业。全年，实施模型化课题41项，高强汽车板公司成熟产品生产模型实现全覆盖，不锈钢公司及中厚板公司自动炼钢比例保持在99%以上，一钢轧厂自动炼钢比例保持在90%以上。年内，炼铁厂依托现有信息化平台，开发铁前数据管控模块系统，实现生产定量分析，有效改善各项运营指标，高炉顺行指数平均达到75以上，燃料比同比降低30千克/吨，有效降低生铁冶炼成本；高强汽车板公司从研发品种工艺和提高装备水平入手，开展高强钢冷轧过程关键数学模型开发与应用、退火炉温控模型的应用、激光焊接参数模型研究与应用等研究，促进全流程标准化和模型化，连退生产线模型化生产比例基本达到95%，镀锌生产线达到88%；中厚板公司应用板坯连铸智能化浇铸模型，C级品率提高30%，应用轧机自动控制模型一线即时冷自动控制模型设备，生产效率提高25%，最高月产量达31.5万吨；加快推进信息化项目建设，实施高强汽车板公司产品库智能天车项目，工作效率提高 27%，冷轧薄板厂 1 号镀锌生产线二级系统模型上线，将生产计划下发、数据采集管控和班组管理融为同一系统，生产组织效率进一步提高。

【产学研合作】 2018 年，河钢唐钢加强产学研合作，深入开展产线诊断、工艺优化和靶向攻关，推动解决制约产品升级的关键问题。年内，抓好公司内部产学研项目管理，与湖南大学、燕山大学、辽宁科技大学、中国科学院过程工程研究所、华北理工大学等院校签订“唐钢 1580 精轧机组 F2/F3 轧机动力学建模及稳定性研究”“焦炉烟气多污染物协同控制工艺与装备集成技术研究”等 8 项技术开发合同产学研项目，在研项目 14 项；组织“建立炼焦煤与焦炭新质量评价体系，优化焦化配煤与高炉用焦结构”等项目专家论证会 16 次，“纳米析出 2 吉帕高韧性热冲压钢的生产技术开发”等项目阶段验收会 18 次，“高强汽车板用钢夹杂物分析与铸坯内部质量控制”等 3 个项目结题验收会；加强集团产学研项目管理，完成河钢东大产业技术研究院、河钢北科大协同创新中心项目管理，组织“钢包电磁引流技术的开发及应用”等 7 项产学研项目签订，组织“LF 炉工艺优化与模型改进”等项目专家论证会 10 次，组织“无缺陷大矩形坯连铸技术研究”等 2 个项目结题验收，组织“唐钢热轧酸洗板表面质量提升与热轧免酸洗钢开发”等项目阶段验收会 17 次。

【与东北大学进行项目交流】 2018 年 10 月 15—16 日，河钢—东大技术交流会暨河钢未来钢铁技术专项研究交流会在河钢唐钢召开，集团副总经理王新东出席会议并讲话，河钢钢研总院院长、集团科技管理部总经理李建新主持会议，中国工程院院士、河钢东大产业技术研究院院长王国栋，公司副总经理张洪波出席会议。此次交流会着眼行业内战略性、前沿性、引领性问题，旨在推进行业先进新技术、新工艺，促进科技创新成果的转化与应用，实现科研合作项目和集团发展需求的深度融合，推进集团向高质量发展、可持续发展的目标迈进，组织 9 项推介课题、2 项在研课题交流和 2 项“回头看”课题；共同探讨炼铁、炼钢、轧钢、智能制造等领域 19 项课题，并提出下一步合作意向。

【专利管理】 2018 年，河钢唐钢重视专利管理与保护，围绕科研课题及科技成果培育项目等内容，深入挖掘高质量专利，营造技术创新氛围，形成一批具有自主知识产权的核心科技成果。全年，挖掘专利提案 600 余项，申请专利 320 项，其中发明专利 106 项；授权专利 217 项，其中发明专利 24 项。年内，加强专利管理，建立公司知识管理平台，完善知识产权管理制度体系，申报工业企业知识产权运用试点，并获得中国钢铁工业协会推荐；利用各级各类优惠政策，组织公司各独立法人单位及时申报资助 59 项，其中发明专利 6 项。

附表　2018 年河钢唐钢专利授权一览

序号	项目名称	类型	专利号	申请日	授权日	申请单位
1	一种用于粉料输送的耐磨衬板	实用新型	201720250610.6	20170315	20180112	技术中心
2	一种铁矿烧结烟气的脱硫系统	实用新型	201720360513.2	20170407	20180112	河北华奥
3	一种性能可靠的火炬喷氮系统	实用新型	201720392375.6	20170414	20180112	气体公司
4	一种可以防止失效的煤气逆止水封	实用新型	201720426527.X	20170421	20180112	唐钢国际

续附表

序号	项目名称	类型	专利号	申请日	授权日	申请单位
5	一种花键联接的联轴器	实用新型	201720441903.2	20170425	20180112	炼铁厂
6	型钢开坯机导卫梁	实用新型	201720442577.7	20170425	20180112	型钢厂
7	一种高炉炉前开口机滚子链链条更换工具	实用新型	201720455717.4	20170427	20180112	炼铁厂
8	一种钢包热修底吹处理移动挡火门装置	实用新型	201720508417.8	20170509	20180112	不锈钢公司
9	一种连铸机香蕉座定位装置	实用新型	201720584943.2	20170524	20180112	检修分公司
10	一种电阻点焊横向拉伸试验的试样夹持结构	实用新型	201720585356.5	20170524	20180112	技术中心
11	一种连铸翻转升降机构限位装置	实用新型	201720633618.0	20170602	20180112	型线事业部
12	一种反渗透膜隔断装置	实用新型	201720633631.6	20170602	20180112	能源科技分公司
13	一种干熄焦一次除尘器底部焦粉缓冲仓	实用新型	201720633632.0	20170602	20180112	炼铁厂
14	一种连铸机钢坯在线自动称重系统	实用新型	201720634244.4	20170602	20180112	型线事业部
15	一种减速机内嵌尼龙轴套拆卸装置	实用新型	201720648485.4	20170606	20180112	检修分公司
16	一种向冷冻水系统进行自动补水的装置	实用新型	201720648519.X	20170606	20180112	气体公司
17	一种测量高温铸坯表面温度的装置	实用新型	201720655473.4	20170607	20180112	技术中心 中厚板事业部
18	一种烧结机单齿辊循环冷却水系统	实用新型	201720655491.2	20170607	20180112	检修分公司
19	一种直读光谱铸坯样品精确定位尺	实用新型	201720655932.9	20170607	20180112	技术中心
20	一种防止钢包下水口侵蚀的大包保护浇铸长水口	实用新型	201720667777.2	20170609	20180112	不锈钢公司
21	一种用于保护渣浆吸泥胶管的内衬结构	实用新型	201720676479.X	20170612	20180112	炼铁厂
22	一种传动滚子链安装夹具	实用新型	201720681718.0	20170613	20180112	炼铁厂
23	一种炼钢双提桶取样装置	实用新型	201720690549.7	20170614	20180112	不锈钢公司
24	一种对转炉废钢进行自动采集配比的装置	实用新型	201720733116.5	20170622	20180112	型线事业部
25	一种加V型ICDP轧辊及其生产工艺	发明	201510536710.0	20150828	20180116	重机公司
26	一种冷轧双相钢基板的生产方法	发明	201610233561.5	20160415	20180116	技术中心 二钢轧厂
27	一种常规板坯生产低合金包晶钢的方法	发明	201610343294.7	20160523	20180116	技术中心 汽车板事业部

续附表

序号	项目名称	类型	专利号	申请日	授权日	申请单位
28	智能脉冲信号检测器	实用新型	201720661506.6	20170608	20180309	微尔自动化公司
29	一种烧结机台车栏板	实用新型	201720683217.6	20170613	20180309	炼铁厂
30	一种连铸机扇形段打压辅助装置	实用新型	201720739469.6	20170623	20180309	不锈钢公司
31	一种房屋建筑施工墙体钻孔机	实用新型	201720781248.5	20170630	20180309	发展规划部
32	一种高压电气柜	实用新型	201720781895.6	20170630	20180309	发展规划部
33	一种高温高压锅炉发电综合利用装置	实用新型	201720782668.5	20170630	20180309	唐钢国际
34	一种电机电刷钢卡安装工具	实用新型	201720950928.5	20170801	20180309	物流分公司
35	一种不易损坏的高炉渣浆输送转换装置	实用新型	201720633095.X	20170602	20180313	炼铁厂
36	一种直流电压电流信号发生器	实用新型	201720661507.0	20170608	20180313	微尔自动化公司
37	一种机械化焦油氨水刮渣槽	实用新型	201720681680.7	20170613	20180313	炼铁厂
38	具有防故障误动功能的空压机启动装置	实用新型	201720681702.X	20170613	20180313	气体公司
39	一种干熄焦气体分析仪前置过滤装置	实用新型	201720689992.2	20170614	20180313	炼铁厂
40	一种反渗透膜壳端盖拆解工具	实用新型	201720690523.2	20170614	20180313	炼铁厂
41	一种可实现零排放的焦化尾气回收装置	实用新型	201720691081.3	20170614	20180313	炼铁厂
42	一种高可靠性的燃烧器点火枪推进装置	实用新型	201720691082.8	20170614	20180313	炼铁厂
43	一种节能型冷冻水制备装置	实用新型	201720718186.3	20170620	20180313	气体公司
44	一种在线连续称量热铸坯的升降装置	实用新型	201720719713.2	20170620	20180313	型线事业部
45	一种无吊点设备或部件的厂内搬运装置	实用新型	201720725731.1	20170621	20180313	冷轧薄板厂
46	一种烧结机铺底料料层厚度调节装置	实用新型	201720732629.4	20170622	20180313	炼铁厂
47	一种折叠式加热炉炉辊吊具	实用新型	201720733827.2	20170622	20180313	卷板事业部
48	用于制备焊点抗剪拉伸试样的焊接定位工装	实用新型	201720767041.2	20170629	20180313	技术中心
49	一种加热炉装钢机托杆垫板装置	实用新型	201720767269.1	20170629	20180313	唐钢国际
50	一种敞开式插板阀冬季保温装置	实用新型	201720773040.9	20170629	20180313	能源科技分公司
51	一种高效率的铁水预脱磷喷粉装置	实用新型	201720774631.8	20170629	20180313	唐钢国际
52	一种应用于序进气浮的超声波除垢装置	实用新型	201720773930.X	20170629	20180313	能源科技分公司
53	一种建筑工程框架梁加固装置	实用新型	201720780480.7	20170630	20180313	发展规划部

续附表

序号	项目名称	类型	专利号	申请日	授权日	申请单位
54	一种高压电气控制闸刀开关	实用新型	201720781113.9	20170630	20180313	发展规划部
55	一种建筑工程用钻孔支架	实用新型	201720781877.8	20170630	20180313	发展规划部
56	一种建筑屋顶加强梁结构	实用新型	201720780478.X	20170630	20180313	发展规划部
57	一种高线精轧机锥套修磨工具	实用新型	201720843114.1	20170712	20180313	型线事业部
58	一种天车数据采集系统	实用新型	201720864222.7	20170717	20180313	型线事业部
59	一种抽屉式辊道变频控制装置	实用新型	201720864838.4	20170717	20180313	型线事业部
60	混合机托辊锥套紧定螺母	实用新型	201720876201.7	20170719	20180313	炼铁厂
61	一种可实现自动排水的轻苯回流罐	实用新型	201720876275.0	20170719	20180313	炼铁厂
62	一种中厚板材矫直机五联轴承座拆装辅助装置	实用新型	201720884751.3	20170720	20180313	检修分公司
63	一种水房取水自动控制装置	实用新型	201720885584.4	20170720	20180313	气体公司
64	智能频率捕捉器	实用新型	201720885863.0	20170720	20180313	微尔自动化公司
65	一种连铸拉矫电机速度反馈装置	实用新型	201720931775.X	20170728	20180313	型线事业部
66	一种基于编码器的天车副勾定位装置	实用新型	201721025388.6	20170816	20180406	唐钢国际
67	一种高精度的天车定位系统	实用新型	201721031164.6	20170817	20180406	唐钢国际
68	低成本超深冲级冷轧镀锌钢带及其制备方法	发明	201610145962.5	20160315	20180410	技术中心 汽车板事业部
69	加磷高强无间隙原子钢的生产工艺	发明	201610548905.1	20160713	20180410	技术中心 汽车板事业部
70	一种高强无间隙原子钢带及其热轧生产方法	发明	201610758942.5	20160830	20180410	技术中心
71	一种手持防烫高温笔标识工具	实用新型	201720812045.8	20170706	20180410	不锈钢公司
72	一种楔铁式起重机轨道固定装置	实用新型	201720841939.X	20170712	20180410	型线事业部
73	音响继电器检测装置	实用新型	201720885583.X	20170720	20180410	物流分公司
74	一种用于高炉布料气密箱的迷宫型密封结构	实用新型	201720885586.3	20170720	20180410	检修分公司
75	一种钢丝绳绳套固定装置	实用新型	201720929871.0	20170728	20180410	物流分公司
76	一种用于检验型材内侧表面的检验工具	实用新型	201720950243.0	20170801	20180410	型钢厂
77	一种能够减少粗颗粒机轴磨损的结构	实用新型	201720956873.9	20170802	20180410	能源科技分公司
78	一种防止焦化初冷器乳化液喷洒管堵塞的装置	实用新型	201720963437.4	20170803	20180410	炼铁厂
79	一种明弧焊连铸辊顶尖装置	实用新型	201720977895.3	20170807	20180410	机械装备公司
80	一种炉底辊焊接保温装置	实用新型	201720977905.3	20170807	20180410	机械装备公司
81	一种连铸机扇形段传感器防护装置	实用新型	201720978337.9	20170807	20180410	卷板事业部

续附表

序号	项目名称	类型	专利号	申请日	授权日	申请单位
82	一种横列式型钢轧机导板修复辅助装置	实用新型	201720990427. X	20170809	20180410	型线事业部
83	一种转炉炼钢渣样提取器	实用新型	201720991625. 8	20170809	20180410	型线事业部
84	一种内燃机车工作油热交换器打压装置	实用新型	201721011716. 7	20170814	20180410	物流分公司
85	太阳能供电的具有远程信号传输功能的储罐系统	实用新型	201721025390. 3	20170816	20180410	气体公司
86	一种转炉炼钢自动兑铁控制系统	实用新型	201721025391. 8	20170816	20180410	唐钢国际
87	基于机器视觉的钢包起吊控制装置	实用新型	201721026714. 5	20170816	20180410	唐钢国际
88	一种线材直径在线检测装置	实用新型	201721090786. 6	20170829	20180410	微尔自动化公司
89	一种便于收集整理皮带的卷带机	实用新型	201720634242. 5	20170602	20180417	炼铁厂
90	一种振动筛筛板紧定装置	实用新型	201720683715. 0	20170613	20180417	炼铁厂
91	一种明弧焊导电嘴	实用新型	201720984711. 6	20170808	20180417	重机装备公司
92	一种防止过跨车废钢秤数据震荡的装置	实用新型	201721090771. X	20170829	20180417	微尔自动化公司
93	一种热轧油膜测温装置	实用新型	201721116679. 6	20170901	20180417	信息自动化部
94	一种烧结机圆辊清扫装置	实用新型	201721116680. 9	20170901	20180417	炼铁厂
95	一种连铸扇形段磁尺密封保护装置	实用新型	201721116699. 3	20170901	20180417	信息自动化部
96	一种中厚板矫直机辊系翻转辅助装置	实用新型	201721124067. 1	20170904	20180417	检修分公司
97	一种鱼雷混铁车游动心盘	实用新型	201721124070. 3	20170904	20180417	物流分公司
98	一种可调节的高炉运料皮带清扫器	实用新型	201721125106. X	20170904	20180417	炼铁厂
99	一种气动按钮开关防护罩	实用新型	201721130730. 9	20170905	20180417	物流分公司
100	一种结构简洁、运行成本低廉的干熄焦高压余热锅炉	实用新型	201721130747. 4	20170905	20180417	炼铁厂
101	一种熔硫釜自动排渣装置	实用新型	201721130749. 3	20170905	20180417	炼铁厂
102	一种裁剪电机维修绝缘纸的装置	实用新型	201721142284. 3	20170907	20180417	中厚板公司
103	一种氧氩转换装置	实用新型	201721142487. 2	20170907	20180417	气体公司
104	一种烧结机布料装置	实用新型	201721142843. 0	20170907	20180417	炼铁厂
105	液化天然气储罐闪蒸气回收装置	实用新型	201721143041. 1	20170907	20180417	气体公司
106	一种大型型材支杠吊装装置	实用新型	201721145224. 7	20170908	20180417	物流分公司
107	一种角钢热量卡尺	实用新型	201721145258. 6	20170908	20180417	型钢厂
108	一种转炉原料秤校秤装置	实用新型	201721157691. 1	20170911	20180417	信息自动化部
109	一种用于吊装钢包回转台的专用装置	实用新型	201720885582. 5	20170720	20180615	检修分公司

续附表

序号	项目名称	类型	专利号	申请日	授权日	申请单位
110	一种轧机高压水管线稳压装置	实用新型	201720958658.2	20170802	20180615	生产制造部
111	一种天车接轴专用支架	实用新型	201721130748.9	20170905	20180615	物流分公司
112	光端机开关量通讯端口检测仪	实用新型	201721149586.3	20170908	20180615	物流分公司
113	一种可调导轮装置	实用新型	201721145282.X	20170908	20180615	型线事业部
114	一种中频炉炉径检测装置	实用新型	201721194175.6	20170918	20180615	重机公司
115	用于抓斗天车的水下散料深度的自动识别装置	实用新型	201721224713.1	20170922	20180615	唐钢国际
116	一种烧结混合机除尘污泥浆加热装置	实用新型	201721259867.4	20170928	20180615	炼铁厂
117	一种颗粒物料料仓出料口料量控制装置	实用新型	201721313312.3	20171012	20180615	炼铁厂
118	一种能够保持不间断排焦和运输的干熄焦运焦装置	实用新型	201721320804.5	20171013	20180615	炼铁厂
119	一种可移动联轴器拆卸装置	实用新型	201721321416.9	20171013	20180615	检修分公司
120	一种烧结机台车车轮维修装置	实用新型	201721321413.5	20171013	20180615	检修分公司
121	一种棒材生产线钢坯提升机用柔性辊道	实用新型	201721321411.6	20171013	20180615	检修分公司
122	一种矫直机支承辊轴承、端盖拆出装置	实用新型	201721320189.8	20171013	20180615	检修分公司
123	一种用于矫直机支承辊轴承座密封检测装置	实用新型	201721321415.4	20171013	20180615	检修分公司
124	一种内燃机车控制风缸综合试验台	实用新型	201721330808.1	20171016	20180615	物流分公司
125	一种用于矫直机捋支承辊轴承配重辅助装置	实用新型	201721335667.2	20171017	20180615	检修分公司
126	一种液压管道接头防松装置	实用新型	201721342988.5	20171018	20180615	高强汽车板公司
127	一种具有减震功能的真空过滤系统	实用新型	201721354900.1	20171020	20180615	高强汽车板公司
128	一种高可靠性的活套滑线集电器	实用新型	201721354954.8	20171020	20180615	高强汽车板公司
129	一种轧机液压缸内置式磁尺保护装置	实用新型	201721369270.5	20171023	20180615	信息自动化部
130	一种轻轨定长推送装置	实用新型	201721367127.2	20171023	20180615	型线事业部
131	一种冷轧重卷机组弹性接近开关支架	实用新型	201721366321.9	20171023	20180615	冷轧薄板厂
132	一种便携式电子液体压力检测装置	实用新型	201721367263.1	20171023	20180615	信息自动化部
133	一种烧结脱硫烟气净化装置	实用新型	201721367970.0	20171023	20180615	能源环保部
134	一种冷轧罩式退火炉尾气回收装置	实用新型	201721368089.2	20171023	20180615	能源环保部

续附表

序号	项目名称	类型	专利号	申请日	授权日	申请单位
135	一种冷轧镀锌生产线清洗段沉没辊密封结构	实用新型	201721369035.8	20171023	20180615	冷轧薄板厂
136	一种立式钝化涂机涂辊的防护装置	实用新型	201721378633.1	20171024	20180615	冷轧薄板厂
137	一种大型阀门阀杆在线修复装置	实用新型	201721386105.0	20171025	20180615	冷轧薄板厂
138	一种推拉式快速安装的封挡装置	实用新型	201721386095.0	20171025	20180615	冷轧薄板厂
139	一种连铸扇形段滑道修复工装	实用新型	201721413101.7	20171030	20180615	检修分公司
140	一种沉没辊轴承套组装装置	实用新型	201721415806.2	20171030	20180615	冷轧薄板厂
141	一种内燃机车检修用的外置加热箱	实用新型	201721415786.9	20171030	20180615	物流分公司
142	一种热轧带钢高压水除鳞系统	实用新型	201721427638.9	20171031	20180615	生产制造部
143	一种判断转炉双渣提枪时机的方法	发明	201510573795.X	20150911	20180619	不锈钢公司
144	高品质超低碳 IF 钢的生产工艺	发明	201610347654.0	20160523	20180619	技术中心 汽车板事业部
145	一种超低磷钢的冶炼方法	发明	201610706098.1	20160823	20180619	不锈钢公司
146	一种防止高强钢退火过程中炉辊结瘤的装置及方法	发明	201710053169.7	20170124	20180619	高强汽车板公司
147	一种粗轧阶段提高低合金特厚板心部质量的方法	发明	201710121528.8	20170302	20180619	技术中心
148	一种多级冷轧低合金高强钢带及其生产方法	发明	201710124503.3	20170303	20180619	技术中心
149	一种天车夹钳护套固定装置	实用新型	201721368090.5	20171023	20180713	冷轧薄板厂
150	一种冷轧带钢平整机平整液和乳化液两用系统	实用新型	201721358656.6	20171020	20180713	冷轧薄板厂
151	一种立柱环缝式氧枪氮封口装置	实用新型	201721373403.6	20171020	20180713	能源环保部
152	一种机械清扫装置	实用新型	201721124626.9	20170904	20180717	炼铁厂
153	一种轻轨铣钻一体机	实用新型	201721369077.1	20171023	20180717	型线事业部
154	一种转炉带氧出钢的脱磷方法	发明	201610706113.2	20160823	20180727	不锈钢公司
155	一种上卷小车套筒调整轮	实用新型	201721369076.7	20171023	20180810	冷轧薄板厂
156	控制高熔点夹杂物的高钛焊丝钢生产方法	发明	201710331193.2	20170511	20180821	型线事业部
157	一种密相半干法脱硫装置及操作方法	发明	201610198923.1	20160401	20180821	能源环保部
158	一种双芯棒转速自动调解装置	实用新型	201820157893.4	20180130	20180911	微尔自动化公司
159	一种物理隔离的双路数据传输装置	实用新型	201820167672.5	20180131	20180911	微尔自动化公司
160	一种 U 型件折弯装置	实用新型	201820045106.7	20180111	20180911	技术中心

续附表

序号	项目名称	类型	专利号	申请日	授权日	申请单位
161	一种可以降低碳刷火花的发电机碳刷	实用新型	201820155720. 9	20180130	20180911	能源科技分公司
162	一种连铸机扇形段辊套同轴度测量装置	实用新型	201820045468. 6	20180111	20180911	不锈钢公司
163	转炉合金料自卸式称量装置	实用新型	201820039927. X	20180110	20180911	不锈钢公司
164	一种龙门吊排绳器	实用新型	201820038863. 1	20180110	20180911	不锈钢公司
165	一种轧辊磨床磨削液回收装置	实用新型	201820137501. 8	20180126	20180911	高强汽车板公司
166	一种实现无人天车微摆动控制的方法	发明	201710667830. 3	20170807	20180921	微尔自动化公司
167	一种电气设备非接触冷却装置	实用新型	201820246734. 1	20180211	20181102	微尔自动化公司
168	一种铸坯火切机限位挡板装置	实用新型	201820046356. 2	20180111	20181102	型钢厂
169	一种无人值守变电站设备失电报警监控装置	实用新型	201820247156. 3	20180211	20181102	能源科技分公司
170	一种卡罗塞尔卷取机带钢甩尾保护装置	实用新型	201820137516. 4	20180126	20181102	高强汽车板公司
171	一种更换高炉炉前开口机凿岩机的小车	实用新型	201820197090. 1	20180205	20181102	检修分公司
172	一种钢包车车体电缆敷设装置	实用新型	201820249685. 7	20180212	20181102	二钢轧厂
173	一种轧钢加热炉污染物排放自动化监测装置	实用新型	201820246733. 7	20180211	20181102	微尔自动化公司
174	检测天车起升机构倒拉反接功能故障的装置	实用新型	201720899823. 1	20170724	20181102	卷板事业部
175	一种高炉炉顶均压放散阀连接装置	实用新型	201820249673. 4	20180212	20181102	中厚板公司
176	一种适用于高温环境的接近开关触发装置	实用新型	201820249645. 2	20180212	20181102	信息自动化部
177	活套钢丝绳断丝离股检测装置	实用新型	201820247158. 2	20180211	20181102	高强汽车板公司
178	天车自动润滑系统	实用新型	201820156945. 6	20180130	20181102	微尔自动化公司
179	一种 LF 炉底吹氩双支路流量控制装置	实用新型	201820249733. 2	20180212	20181102	微尔自动化公司
180	一种轧辊冷型内壁清理器	实用新型	201820249677. 2	20180212	20181102	重机公司
181	一种具有实时监测功能的激光划线装置	实用新型	201820249722. 4	20180212	20181102	中厚板公司
182	一种湿式破鳞机空气吹扫装置	实用新型	201820249684. 2	20180212	20181102	冷轧薄板厂
183	一种减速机用圆锥滚子轴承回油装置	实用新型	201820264330. 5	20180223	20181102	二钢轧厂
184	一种横列式型钢轧机的自动翻钢装置	实用新型	201820249721. X	20180212	20181102	二钢轧厂

续附表

序号	项目名称	类型	专利号	申请日	授权日	申请单位
185	一种环冷机端部密封装置	实用新型	201820246419.9	20180211	20181102	炼铁厂
186	一种三辊轧机冷却装置	实用新型	201820246753.4	20180211	20181102	二钢轧厂
187	一种石灰竖窑冷却空气循环利用系统	实用新型	201820247149.3	20180211	20181102	唐钢国际
188	一种高压水除鳞集管的高度调整装置	实用新型	201820264328.8	20180223	20181102	中厚板公司
189	一种负压脱苯洗油的再生系统	实用新型	201820264300.4	20180223	20181102	炼铁厂
190	一种酸再生预浓缩器装置	实用新型	201721342989.X	20171018	20181102	高强汽车板公司
191	一种熔硫釜的加热系统	实用新型	201820262172.X	20180222	20181102	炼铁厂
192	一种冷轧罩式退火排烟风机隔热密封降温装置	实用新型	201820262171.5	20180222	20181102	冷轧薄板厂
193	一种柱销快换型联轴器	实用新型	201820267536.3	20180224	20181102	炼铁厂
194	一种1500兆帕及以上板材拉伸试验机钳口夹具	实用新型	201820459441.1	20180331	20181102	技术中心
195	一种用于无人天车库位标定的工具	实用新型	201820459442.6	20180331	20181102	微尔自动化公司
196	一种轧辊轴承清洗装置	实用新型	201820033531.4	20180109	20181102	高强汽车板公司
197	一种连铸矩形坯扇形Ⅰ段一区冷却水雾化装置	实用新型	201820247148.9	20180211	20181102	型钢厂
198	蒸馏塔塔顶温度自动调节控制方法	发明	201610857827.3	20160928	20181109	炼铁厂
199	一种800兆帕级高屈强比冷轧钢带及其制造方法	发明	201710390994.6	20170527	20181109	技术中心
200	一种极低屈服强度钢板及其生产方法	发明	201710262707.3	20170420	20181109	技术中心
201	一种转炉碱度动态控制方法	发明	201710074989.4	20170213	20181113	不锈钢公司
202	一种烧结余热综合利用集成系统	实用新型	201820176571.4	20180201	20181204	唐钢国际
203	一种铸造浇注随流孕育装置	实用新型	201820165984.2	20180131	20181204	重机公司
204	一种颗粒物料料量自动分配装置	实用新型	201820457787.8	20180331	20181204	炼铁厂
205	一种烧结机料层厚度报警装置	实用新型	201820460751.5	20180331	20181204	炼铁厂
206	一种用于钢水包滑板间的保护浇铸装置	实用新型	201820458776.1	20180330	20181204	中厚板公司
207	一种板坯连铸中包	实用新型	201820458417.6	20180330	20181204	中厚板公司
208	一种板材成形试验机的扩孔试验装置	实用新型	201820621109.0	20180427	20181204	技术中心
209	一种精轧机活套编码器固定装置	实用新型	201820249652.2	20180212	20181204	微尔自动化公司
210	一种断路器控制电路	实用新型	201820629899.7	20180428	20181204	能源科技分公司
211	一种轧辊辊身工装加节底座	实用新型	201820457991.X	20180330	20181204	教育中心

续附表

序号	项目名称	类型	专利号	申请日	授权日	申请单位
212	一种转炉氧枪刮渣器	实用新型	201820620821.9	20180427	20181204	不锈钢公司
213	一种罩式退火炉炉罩检修装置	实用新型	201820438043.1	20180329	20181204	冷轧薄板厂
214	高炉冶炼过程中焦炭匹配入炉的方法	发明	201610456027.0	20160622	20181218	总工办
215	一钢多级的热轧复相高强钢板及其生产方法	发明	201710022118.8	20170112	20181218	技术中心 二钢轧厂
216	一种预硬化塑料模具钢板及其TMCP生产方法	发明	201710590889.7	20170719	20181218	技术中心 中厚板事业部
217	一种实现天车无人驾驶多天车间冲突规避的方法	发明	201710667820.X	20170807	20181218	微尔自动化公司

【铁前技术进步】 2018年，河钢唐钢铁前系统依靠科技进步，采用新工艺新技术，取得明显效果。年内，炼铁厂落实筛网改造、优化高炉布料制度、大幅增加焦炭负荷等措施，高炉各项技术指标得到极大改善，燃料比同比降低34.6千克/吨，利用系数同比提高0.27吨/(立方米·天)。中厚板公司积极推行经济炉料低成本炼铁，降本效果显著，入炉品位最低降至56%；运用提高顶压、降低铁水含硅量等强化冶炼技术，在低入炉品位下，高炉利用系数同比提高0.2吨/(立方米·天)；积极探索智能炼铁，加强与北京科技大学合作，顺利安装3号高炉智能自动喷煤项目控制程序。定期指导不锈钢公司克服入炉原燃料品种多、质量波动大、环保限产等因素，高炉利用系数同比提高0.33吨/(立方米·天)。炼铁各区域高炉积极落实在炉前、炉顶配加废钢增产的技术措施，平衡环保限产造成的铁钢不平衡，其中中厚板公司高炉最高吨铁废钢比达到100千克。

【完善铁前工艺技术】 2018年，河钢唐钢进一步完善铁前工艺技术指标，推进铁前标准化作业体系建设，建立铁前规程体系，为实现标准化作业奠定基础。年内，进一步优化高炉技术指标，做好炼铁厂3号与4号高炉基本制度调整、不锈钢公司1号与3号高炉大修停开炉、中厚板公司1号高炉限产复产、炼铁各区域烧结机漏风治理、公司铁前环保限产应对、公司铁前配加废钢等项工作，并组织关键技术指标对标工作，持续完善铁前工艺规程，促进了炼铁各区域高炉稳定顺行和技术指标改善；推进铁前作业长制和标准化作业，由总工程师办公室跟踪总结各区域铁前工艺规程执行情况，加大铁前工艺抽查力度，每月重点检查工艺参数控制、工艺违规操作、工艺标准执行情况等内容，抽查次数不少于4次/月，并对检查出的问题督促落实整改，有效推动了铁前工艺规程和标准化作业落实。

【系统优化】 2018年，河钢唐钢以优化工序指标、提升产品质量、调整产品结构、促进降本增效为目标，深入扎实推进系统优化创效攻关，取得良好成效。全年，公司系统优化攻关创效2.51亿元。这一年，由总工程师办公室牵头，生产制造部、技术中心为专业管理部门，将炼铁事业部、卷板事业部、型线事业部、汽车板事业部、中厚板事业部、能源科技分公司、信息自动化部等7个部门作为公司系统优化创效的主体单位，承担公司系统优化创效的主要任务，按照全年系统优化创效计划，将系统优化创效额按年度、按月份向各承担单位进行分解并抓好落实。根据公司提出的重点工作要求，将项目分成重点创效项目和其他创效项目两部分，以铁前降低燃料比、提产降本增效和钢后降低铁水消耗、品种提质增效为重点，强力攻关，重点突破，强化过程管控，加强对攻关项目实施的技术支持和跟踪检查，确保了系统优化攻关发挥创效作用。

【降低铁水消耗技术攻关】 2018 年，河钢唐钢以工艺技术创新为抓手，由总工程师办公室牵头，深入开展降低铁水消耗、提高废钢比技术攻关，实现攻关目标。全年，综合铁水消耗为 821.82 千克/吨，同比降低 118.42 千克/吨，炼钢最低铁水消耗达到 774.88 千克/吨。年内，重点推进铁水包预热废钢、铁水包加盖技术、二次燃烧氧枪等新技术应用，提出在铁前和炼钢区域多点全方位加入废钢方法，铁前主要在高炉内、出铁沟和铁水罐内配加废钢，炼钢区域主要采用铁水包中加入废钢，在转炉炉后钢包中加入废钢等措施，促进废钢比持续提升；深入研究转炉补热技术及补热剂选用、废钢加入方式，优化补热剂加入量和加入时机，建立补热剂加入模型并植入自动化炼钢系统，形成转炉高效补热技术；在过程管控方面，根据公司铁钢平衡、废钢价格、铁水成本和产品售价等因素，以效益最大化为目标，实施铁耗目标动态浮动和动态管理，确保铁水消耗进一步降低。

市场营销

体系建设

【营销管理体系建设】 2018年，河钢唐钢加强营销管理体系建设，针对事业部制业务分工和流程，梳理优化市场营销管理、执行以及评价等环节，修订、新增《市场营销管理程序》《销售计划管理办法》《合同交付管理办法》《钢材产品销售订单系统录入及存档管理办法》《针对战略客户试行预付保证金、带款提货结算模式管理办法》《产品质量异议管理办法》《客户服务管理程序》等管理程序，完善优化市场营销管理程序子文件《汽车板事业部销售订单系统录入及存档管理办法》《汽车板事业部客户开发认证取样管理办法》《卷板事业部新客户开发管理办法（草案）》《型线事业部新客户开发管理办法（草案）》《合同录入和签订管理办法》等内容，规范钢材销售流程及公司客户服务活动，为做好公司整体营销过程管理及服务支撑提供了制度保障。

【客户服务体系建设】 2018年，河钢唐钢完善客户服务体系建设，以战略客户和大客户服务为基础，对公司客户进行科学分级并制定服务策略，提升客户满意度。年内，大力推动客户结构调整优化，依托集团统一客户分级体系，编制《客户分级分类管理办法》，对公司1089个客户进行重新分级，向集团推荐22个客户作为集团战略客户，为客户提供全方位支持和服务，满足客户需求，战略客户销量达87.5万吨；开展主机厂等大客户走访，组织对吉利、长城、上汽、北汽、海马、华晨等主机厂客户及屹丰等配套大客户服务，为客户解决实际困难和应用问题。学习北汽新能源、海信科龙、长城汽车等客户的二方审核和其他内外审核中的先进经验，整合并规范《客户档案》《客户沟通服务记录》《客户需求信息表》《顾客特定要求清单》等服务材料的获取、传递和落实工作，逐步完善提升客户服务管理水平和服务效果。

市场开拓

【客户端优化和产品结构调整】 2018年，河钢唐钢坚持聚焦市场和产品，牢牢抓住“以客户结构调整推动产品升级”主线，在“树品牌、做宽度”上持久用力，促进客户端优化和产品结构调整取得历史性进步。全年，重点产品产量570万吨，同比增长36%；品种钢比例达74.5%，比集团目标高2.5个百分点；汽车用钢、家电用钢销量分别达到240万吨、110万吨，同比增长40%、49%。这一年，围绕汽车、家电等钢铁下游新市场、新产业、新业态，积极开发具有高端产品需求和行业领导地位客户，重点推进汽车主机厂认证、知名企业对接和国家重点工程供货，大力实施品牌战略，集中精力开发代表下游用钢行业发展方向的战略性产品，组织每条产线重点培育2~3个特色品种，与宝钢型钢等国内12家有影响力企业建立合作关系，与中建钢构、上海建工等企业建立结构用钢战略合作关系，抓住成功轧制国内最薄规格1.2毫米花纹板，开发生产全球首卷2000兆帕级别热成型汽车钢等契机，拓展客户与销量，药芯焊丝钢实现与行业前十大客户全面合作，顺利供货北京城市副中心、水曹铁路、雄安新区、北京冬奥“冰丝带”等重点工程项目优质棒材，当选“2018年度中国优质建筑用钢品牌”。

【市场开发】 2018年，河钢唐钢充分发挥产销研用协同作用，围绕已有品种和规格，优化客户结构和产品结构，实行用户集中度指标考核，有效提高了产线生产连续性、产品质量稳定性以及客户服务针对性。全年，开发重点直供用户90家，大客户销量280万吨；产品一对一直供比达48%，同比提高11%；高强汽车板DP780及以上超高强钢交货期由原45天缩短到35天，热轧重点产品交货期同比缩短10天。年内，抢抓京津产业转移、高新技术成果在本地产业化落地有利时机，成立唐山区域经理部，对唐山周边用钢企业开展深度调研，密切跟踪装配式住宅、立体车库、钢铁深加工、汽车及动车零部件制造等招商引资项目，不断拓宽发展领域，与唐山周边31家客户建立合作关系，成功开发20家周边新用户；树立特钢思维和特钢标准，致力于服务客户、成就客户、为客户创造价值，成立客户服务中心并实施实体化运作，组建吉利、屹丰等汽车板大客户服务组，推进EVI先期介入，加强汽车主机厂保供能力建设，为用户提供一揽子解决方案，提升客户黏度，客户服务能力全面提升。

【产品价格体系管控】 2018年，河钢唐钢强化产品价格体系管控，执行每日指导价机制，统一各销售网点价格管控，优化品种钢定价策略，制定专项汽车钢价格政策，起到了规范市场秩序和引导销售价格整体提升作用。当年，在满足公司高端产品市场开发战略需求同时，公司整体售价提升85元/吨。这一年，建立健全市场信息采集、分析和传递流程，在编制《价格信息日报》《钢铁市场周报》、公司各营销网点资源投放建议等工作基础上，加大钢铁行业相关信息版面，重点关注影响钢材市场行情波动信息；加强周分析、月分析全面性，增加出口信息、汽车行业相关信息和家电行业相关信息采集，为公司领导营销决策、市场布局提供有力支撑；在风险可控的情况下，预判市场，制定相应的价格策略，控制区域市场投放量、出货量及库存等指标，平衡公司品牌形象与产品创效之间关系，力争产品效益最大化；认真梳理业务流程，实行线上办公自动化流程，缩短价格审批时间，提升价格审批流程效率与市场响应速度。

【客户满意度提升】 2018年，河钢唐钢进一步优化客户满意度测量手段，提升客户满意度调查频次，提高对客户感受的获取和反馈速度，促进客户满意度进一步提升。全年，公司客户满意度达93.91%，接收客户投诉259起，其中确定质量异议23起，同比减少56.1%。这一年，加强组织协调，规范调查取样、分析过程时间节点，不断提高异议处理快速反应速度，质量异议平均处理周期为4.9天；持续跟踪大客户交付和服务绩效，以解决客户痛点入手，倒逼服务体系完善，每月对大客户订单交付情况和服务情况进行汇总和跟踪，对发现的问题及时向责任部门反馈，进行改进和提升，避免重复性问题发生，不断提高客户满意度。

【推进与主机厂合作】 2018年，河钢唐钢重点推进汽车主机厂认证，深入对接知名企业，在行业内树立了良好的企业形象。全年，汽车主机厂订货量达10万吨，同比增加5.7万吨，其中吉利汽车、上汽、保定长安客车、上汽跃进、北汽福田、长城汽车、菲亚特等厂商均有不同程度的销量增长。这一年，加大与汽车主机厂对接，完成上汽大通、长城、本特勒、长安客车、北汽新能源、北汽股份、上汽红岩、上汽跃进、国能汽车、海马汽车、广汽等11家主机厂材料认证，其中长城、长安客车、本特勒、上汽跃进和国能汽车实现小批量供货；与宝马汽车、奇瑞捷豹路虎和上汽通用等主机厂以及华为等重点客户开展合作，其中与宝马汽车合作进展明显，完成5项宝马供应商调查问卷，初步确定价格及相关合作协议。

【剪切加工中心建设】 2018年，河钢唐钢深入推进剪切加工中心建设，成立供应链规划发展中心，强化与战略客户在供应链上的衔接嵌入与技术服务，努力实现与高端客户的无缝对接和紧密合作。年内，深入调研各产品投放区域钢材加工市场情况，合理规划、布局和推进公司汽车板加工配送中心建设，重点支撑汽车行业供应渠道建设，推进长春五矿新港股权收购项目、保定板材设备改造升级项目、台州向海项目和天津国能项目等4个剪切配送中心项目。年末，五矿新港股权收购项目实现股权交易并介入企业日常经营活动，主要服务于一汽及其配套企业；台州向海项目完成土地购买、项目初步设计，主要服务于吉利及其配套企业；保定板材设备升级改造项目确定改造方案并完成立项，主要服务于长城、长安及其配套企业；天津国能项目完成方案论证和可研报告，规划在唐钢华冶（天津）钢材营销有限公司原有厂房内新增激光落料线，主要服务于国能汽车及其配套企业。

【营销队伍管理】 2018年，河钢唐钢加强营销队伍管理，完善营销人员构成，发挥高端人才在公司技术营销管理的创新作用，提高营销人员的综合素质和业务能力。年内，从外部引进3名营销人才充实到市场部，推动与国内外知名汽车主机厂的交流对接和产品认证进程及四大加工配送项目建设，进一步提升汽车主机厂、零部件配套厂等战略客户开发力度，为汽车板产品加快打入中高端市场，提升市场份额和加快发展现代工业服务业，深度延伸产业链条起到重要作用；根据公司事业部制设置情况，调整内部组织机构，抽调精干力量充实到事业部队伍；本着“贴近市场，贴近一线”原则，规划调整部内人员，将部分管理人员调整到战略客户开发中心，负责大客户开发和主机厂认证推进工作；建立营销培训体系，注重职工综合素质培养，建立系统的营销培训体系，以市场营销、电子商务、物流管理、管理学、经济学等专业课程为基础进行线上远程培训，各科室和营销中心根据重点工作进行线下自主学习，按入职时间固化培训课程，同时以科室绩效为目标，聚焦个人短板，进行多岗能力评价和提升，促进职工素质能力进一步提升。

特载
专文
企业概况
大事记
项目建设
科技创新
市场营销
生产经营与专业管理
战略管控平台
公共服务支撑平台
生产技术支撑平台
信息设备支撑平台
主业生产经营单元
平台外非钢单元
河钢集团直属单位
党群工作
附录

生产经营与专业管理

生产制造与质量管理

【生产经营】 2018年，河钢唐钢始终聚焦产品和市场，牢牢抓住“以客户结构调整推动产品升级”主线，在“树品牌、做宽度”上精准发力，不断提高产线运行效率和产品创效能力，生产经营取得历史性突破，企业综合竞争力显著提升。全年，产铁1379万吨，产钢1562万吨，产钢材1406万吨，钢产量同比增长3.65%，接近历史最好水平。这一年，全力应对各种不利因素，开展高炉利用系数攻关竞赛、炼钢铁耗攻关竞赛和轧机机时产量攻关竞赛，充分调动一线岗位职工积极性，生产潜力得到进一步释放；积极应对外部政策和季节性变化对生产影响，加强事故闭环管理，抓好纵向工序衔接协调生产组织，保障公司全局生产稳定和高效运行，在铁产能限产266万吨的情况下，实际铁产量同比减少6万吨，通过降低铁耗增加废钢，消化废钢270万吨，钢产量同比提高55万吨，废钢消耗量的增加，为公司发挥规模效应、载能资源创效提供支撑；针对全年生产用物资库存资金38.2亿元目标，按照精益生产要求，转变生产组织模式，加快库存周转速度，采取库存指标动态管控、关联性物料合并指标管控、制造周期标准化管控、非计划品重点管控、降低在制品库存等措施，保证公司生产用物资库存持续降低，当年，生产用物资库存资金完成38亿元，较指标降低0.2亿元。

【提升订单兑现能力】 2018年，河钢唐钢倡导“生产为用户，产就高效率”理念，引导生产系统以服务用户作为核心任务，加强合同计划刚性执行管理，抓订单、保交期，加快市场响应速度，重点品种和重点客户的合同兑现率和订单兑现能力提升。当年，综合合同兑现率达98.51%，同比提高0.06%，重点用户合同兑现率达99.01%，重点产品合同兑现率96.47%。这一年，以保证重点客户订单交付为主线组织生产，依托公司全流程按单生产信息化系统，关注订单的合同评审、工艺设计、生产制造、成品检验、物流发货等环节，全面跟踪重点客户订单情况，保证重点客户订单按时、保质、保量交付，当年为汽车主机厂供货10万吨；冷轧产品交货周期由上年的24天缩至22天；热轧重点产品交货期同比缩短10天；高强汽车板DP780及以上超高强钢的交货期由45天缩至35天，准时兑现率由上年的68.3%提至97.63%；信息化高级排程系统APS实现板材系统全覆盖，全局排产流程不断优化，组织多条产线集中生产目标订单的方式降低制造周期，合同交付周期同比缩短3天。

【生产调度管理】 2018年，河钢唐钢着力提高生产组织效率，加强生产调度管理，以效益最大化为原则确定组产模式，努力适应环保新常态，保证生产顺行。当年，执行环保响应67次，增幅81%，执行环保限行47次，共计186.21天；在烧结矿和球团矿短缺的情况下，调配公司内部资源并外购关键物料进行补充，全年外购烧结矿33.2万吨，球团矿6.5万吨，内部调配烧结矿35.49万吨，保证铁前系统生产顺行；根据政策与市场变化，分别于10月与11月组织2号高炉与二棒生产线复产，满足市场需求。这一年，将降低铁耗、增加废钢比作为生产组织重点，实时跟踪废钢倒运情况，保证生产规范有序；优化组织模式，对鱼雷罐供给平衡、物流平衡与数据分析深入研究，提升鱼雷罐周转效率，铁水入炉温度提高20～30℃，经济铁耗降低15千克/吨；强化事故管理，下发《事故（故障）管理办法及考核评价补充规定》，加强整改措施落实，有效遏制管理薄弱区域管理不到位现象重复发生，当年公司发生成型事故41起，同比减少62.5%，事故时间同比减少37.76%；坚持应急管理常抓不懈，建立应急管理文件清单，制定应急演练计划，组织防寒防冻与防雨防汛专项督查，其中防雨防汛施工项目900项，防寒防冻施工项目2168项，对发现问题督促整改落实，确保汛期及冬季生产安全稳定。

【质量体系建设】 2018年，河钢唐钢狠抓质量体系建设，以产品认证为抓手，强化全员“受控、严谨、无缺陷出厂”质量管理理念，全方位开展质量体系内审、质量管理培训、项目拉练等活动，提高全员质量和规则意识，提升各级技管人员使用质量管理工具的能力，为高端产品生产提供支撑。这一年，构建质量管理体系推进机制，打造高素质内审员团队，组建45人内审员团队和5人推进小组，进行策划、统筹工作安排及跟踪督导与体系审核，组织有针对性审核，并形成互评互审机制，提升内审员能力及公司体系运行水平；推行项目拉练机制，成立24个项目组，启动实战演练项目33项，落实工具方法学习和能力提升，解决现场实际问题，通过课题开展实施改善项目直接创效4000万元；抓好审核工作创新，实施过程审核分解、分段审核，审核员与被审核对象共同研修，首次应用应审人员适配率、回答问题准确率及资料客观率三项KPI指标等创新方法，提高审核有效性，为2家家电和2家汽车主机厂二方认证评审顺利通过打牢基础，促进公司汽车板生产和高端用户市场进一步开拓，当年末宝马、戴姆勒等高端品牌询单、订货势头良好。

【质量管理体系培训】 2018年，河钢唐钢根据质量运行识别的薄弱点和质量体系运行需求，创新质量体系培训思路，积极落实年度质量管理培训计划，全员体系意识不断增强。当年，组织公司级IATF16949标准培训、内审员能力提升、精益生产工具方法、通用汽车QSB工具方法培训4次，参加培训550余人次，提升了各级技术管理人员以及内审员理解应用标准和使用工具方法的能力；创新工作思路，植入工具方法培训和应用辅导，实行学习、练习、解决问题同步推进，骨干内审员承担基本工具和统计图表培训，利用公司微信公众号平台，传播汽车钢理念文化和具体实施方法，借助文化渗透促进理念转变；创造性实施小微培训、研修两种培训模式，全年小微培训60余次，研修18次。

【产品审核与专项审核】 2018年，河钢唐钢加强产品审核与专项审核，强化工艺过程管控，规范作业区管理流程，确保产品满足客户及其规范要求。年内，坚持以客户为中心，实施产品审核，评价产品质量，寻求改善和提高产品适用性的途径和措施，审核产品82次；识别体系运行薄弱环节，确定流程性、管理性项目以及聚焦客户、产品、产线具体问题，由公司5个内审组开展审核，组织11次专项审核，包括公司轧辊全生命周期管理专项审核、二钢轧厂铸坯裂纹事故专项审核、一钢轧厂1810毫米生产线炼钢缺陷专项审核、以问题为导向的生产厂专项审核、冷轧厂开平剪切加工作业区质量管理专项审核等项目，针对审核发现的问题及时纠正，效果显著。

【质量管理】 2018年，河钢唐钢全面加强质量管理，推进“严谨、受控、无缺陷出厂”质量管理文化，突出抓好管理规范化和作业标准化，强化质量管理体系落实，质量管理取得明显成效。当年，废次降发生率0.8%，一次检验合格率96.77%。年内，注重发挥信息化系统在质量管理中的作用，配套建立相关基准制度及管理办法，并规范落实，促进质量体系运行水平提升；以绩效指标为抓手，对各厂部进行分层管理，明确重点产品，按照客户要求，抓好工艺技术优化、设备功能完善、关键岗位控制等工作，对各项质量指标进行分级管理，使管理工作更趋完善；加强对质量事故、典型质量问题的重点跟踪，分析深层次原因，制定有针对性措施并定期验证，力促产品质量不断提高。

【标准化作业】 2018年，河钢唐钢以质量体系落地和工艺质量稳定控制为抓手，下大力度推进标准化作业，开发标准化检查管理信息化系统，以作业长制标准化检查和飞检辅导为主线，服务作业区，推动标准化作业及管控水平提升，有力支撑产线问题解决和规模增效。全年，跟踪检查公司级标准化作业3046项，发现问题266项，整改258项，各厂级及作业区问题全部建账自主完善，形成全系统PDCA改进机制；事故故障中断减少31%，质量异议减少26%。这一年，建立管理体系日常检查项目清单制度，跟踪、检查、确认清单具体内容，并纳入上级标准化作业检查，开发公司级标准化周检查、周报告OA审批流程及检查问题整改闭环管理信息化系统，保证标准化检查工作高效率；加强对一钢轧厂、冷轧薄板厂、二钢轧厂、型钢厂、高强汽车板公司、中厚板公司等公司级工艺质量标准化检查，检查项目包括厂级标准化作业管理运行，产线关键工艺参数控制和规程执行，事故、异议和废次降典型质量问题整改措施执行情况，以往检查发现问题的整改跟踪，专业安全和较大风险等在内的重点内容；加强厂级标准化作业管理运行情况检查，强化工艺安全执规检查，履行"一岗双责"责任，在制造管理层面实施二级评审制度化，并结合针对性辅导和研修，不断完善优化检查内容，保证检查工作规范和检查水平持续提升；修订岗位规程管理办法，将岗位规程的维护流程标准化，让岗位规程简单、直接、精准、目视化和便于贯彻执行，有效提升标准化作业水平。

【优质名牌产品】 2018年，河钢唐钢全方位、多渠道抓好名牌产品创优，通过名牌产品带动产品质量提升，提升客户满意度，品牌声誉和品牌效应显著提高。当年10月，汽车结构用热轧钢带700L获得冶金行业"品质卓越产品"称号；12月，汽车结构用热轧钢带700L、冷轧钢带DC05两项产品获冶金产品实物质量"金杯奖"。

【标准管理】 2018年，河钢唐钢持续完善产品质量标准体系建设，助力公司产品品牌化，主持或参与国家标准、行业标准的制修订，主持起草1个国家标准，1个行业标准，参与起草2个国家标准，为提升企业竞争力创造条件。这一年，公司作为第一起草单位，主持制修订国家标准《改善成形性高强度结构用调质钢板》（GB/T 36171—2018），行业标准《冷轧酸性废水处理工艺技术规范》（YB/T 4661—2018）；参与制修订国家标准《铁塔结构用热轧钢板和钢带》（GB/T 36130—2018）和《低合金高强度结构钢》（GB/T 1591—2018）。

【内控标准管理】 2018年，河钢唐钢不断加强完善内控标准管理，当年发布制修订企业标准28个，其中产品企业标准制修订21个、化学分析方法企业标准制修订3个、物理试验方法企业标准新制定2个、原材料企业标准制修订2个；制修订产品技术条件14个，修订完善各类原辅材料企业标准、技术条件等标准文件70个，其中新增38个，修订32个，炼铁用原辅材料技术条件2个、炼钢用原材料技术条件20个；制修订钢材产品内控规定181个（次）；组织制修订炼钢、热轧、冷轧、长材控制计划558个（次），其中冷轧控制计划292个（次），热轧控制计划174个（次），炼钢控制计划92个（次）；接收用户标准特殊需求及标准换新版共20个、接收用户在尺寸、表面、成分、性能、包装等特殊需求申请81个。

【认证管理】 2018年，河钢唐钢出口产品认证工作取得积极成效，热轧、冷轧、长材等多类产品具备进入国际、国内市场资质，得到用户的广泛认可。年内，抓好产品认证管理，建筑用热轧热板和钢带通过CE认证监督审核；钢筋产品获中冶检测认证有限公司认证；螺纹钢和热轧卷板期货注册企业备案信息进行变更；组织公司退火产品、镀锌/铝硅/锌铝镁产品进行RoHS检测、REACH检测及LFGB-感官+21项重金属萃取、FDA-铅、总提取物检测和NSS中性盐雾检测，并顺利通过。

【二方认证】 2018年，河钢唐钢大力开展二方认证，不断完善流程和制度，保障二方认证工作规范有序，助推质量体系落地和工艺质量保障能力建设。全年，通过佛吉亚、菲亚特、吉利汽车、博世、国能新能源汽车、北汽福田、上汽、北汽股份、北汽新能源、长城汽车等国内10家汽车主机厂认证，年末与宝马汽车认证实现对接。这一年，对二方产品认证相关管理规定进行细化，进一步优化内部组织流程，明确责任分工，从认证产品计划、生产组织、质量评定、试样制备、数据整理、用户反馈等方面进行跟踪管理，加快认证组织进度，建立二方产品认证非常规数据库及二方产品认证风险管控机制，提高认证效率，保证认证顺利开展。年内，重点组织北汽新能源、湖大白车身项目、上汽乘用车等项目认证，共组织二方产品认证146项，认证厂家包括汽车主机厂90项、配件厂25项、家电产品31项，共涉及公司产品86个牌号112个规格，组织提供认证样片3万余片，样卷300多吨，组织认证数据包30个。

【深化品种质量设计】 2018年，河钢唐钢不断深化品种质量设计，对接客户需求优化品种质量策划，做好定制化订单设计，开展个性化用户需求识别转化，力促105项客户需求转化，客户认可度和满意度持续提升。这一年，走访20多家重要用户，针对广东富华、天津扎努西等用户特殊需求，对Grade50、TXHD等钢种进行工艺优化，提升产品冲压成型性能，保证用户使用稳定性；针对首航节能等用户对产品耐腐蚀性能要求，成功开发具有高耐蚀性能的S280GD+ZM锌铝镁镀层产品，带动产品创新升级；利用质量代表现场跟踪用户使用情况、技术人员跟踪试模、技术交流、质量异议现场调查等方面信息价值，横向对标对比供料厂家产品详细信息及使用情况，并结合用户不同的加工方式，准确识别用户需求界限，开展基于客户的精准质量设计，主要内容包括外板标准识别并转化为内部质量标准，根据吉利实际需求实施尺寸特殊控制，细分铝硅镀层产品不同用户的表面标准并完善质量标准，为用户解决大角钢表面质量、钢板桩外形尺寸与断面控制、矿用型钢性能等问题，优化工艺路径设计固化至质量设计系统，解决高强钢边部质量问题。

【重点工艺质量攻关】 2018年，河钢唐钢加强重点工艺质量攻关，组织开展11项重点工艺质量改进项目，解决制约产品升级的关键问题。这一年，组织开发质量自动判定模型系统，冷轧、热轧过程质量自动判定系统稳定运行，板坯过程质量自动判定系统初步上线；开发在线表检自动分级判定模型系统，并全面应用于高强汽车板公司；开展汽车外板生产攻关，实施清洗段控制技术、锌锅净化技术、锌灰抑制技术和油膜均匀性控制技术4项关键技术，为生产汽车外板提供支撑；加大工艺优化力度，改善热成型镀层控制参数，提高AlSi层与Fe表面合金化速度，减少客户使用时镀层粘辊结瘤导致断辊问题；开展冷成型铝硅板划伤缺陷攻关，铝硅板合格率由73%增至90%以上，DC53D产品厚度由原1.2毫米以上拓展至0.44毫米，超出机组原设计能力；进行全流程宽度优化攻关，冷轧产品成材率提升0.41%，年创效600万元；组织汽车板事业部带出品率攻关，带出品率同比降低0.89%，年创效500万元；优化热轧低合金产品性能定制化设计，延伸率提升16%，性能合格率达100%，满足用户对低合金钢延伸率特殊需求；实施冷轧暖气片头专用钢定制化质量设计，进一步细化成分，优化关键工艺参数控制，金相组织均匀性能稳定，客户试用反映效果良好；组织耐蚀性能锌铝镁镀层产品技术质量攻关，消除锌灰、黑点和锌流纹缺陷，一检合格率达95.66%；进行HRB500E和HRB400E冶炼成本优化攻关，HRB500E强屈比提高0.05，成本降低70元/吨；组织HRB400E加铌替钒研究与应用，吨钢降低生产成本20元以上。

【库存管理】 2018年，河钢唐钢加强库存管理，优化库存结构，加大库存考核力度，提高库存消化速度，促进资源合理配置，降低库存资金占用，取得显著成效。全年，降低库存资金54.3亿元。这一年，按照铁前原料安全应对限行限产，中间过程库存缩短制造周期，产成品快进快出思路，制定库存管理与考核方案，将降库指标分解落实到各条产线，切实将库存保持在合理区间；转变生产组织模式，根据高炉限产实际，动态控制并降低外矿库存，重新确定安全库存定义，制定外矿使用周计划，监控外矿周转情况，增加外矿日进料计划，控制并保证炼铁各区域厂内外矿库存的稳定，同时引入PSI模型，指导实际采购与外销；将关联性较强的地方矿、烧结矿、混匀矿、球团矿指标合并管理，使库存控制更契合实际；降低中间库存，加强非计划品分类管理，严格按照《非计划品管理及考核办法》加大考核力度，减少过渡材和非计划品产生。当年，公司非计划产品46.6万吨，同比降低11万吨，其中营销类非计划品降低约50%，热轧生产类非计划品降低约30%，冷轧工艺类非计划品降低10%；冷热轧转序库存量7万吨，同比降低15%。

【生产制造管理信息化建设】 2018年，河钢唐钢持续推进精益生产管理信息化建设，全方位开展大数据分析应用，推进合同管理系统、全过程质量管理系统（QMS、TPQC）和调度室信息化建设提升工作，实施合同准时化生产，优化产销系统、制造执行系统（MES），实现精益生产管理科学化、精细化，作业运行效率提高，公司信息化精益管理水平全面提升。这一年，加大力度抓好信息化流程提升改善工作，完善业务流程与信息化融合管理，APS自动排产功能模型趋于完善，自动排产使用率达90%以上，实现科学分配产能计划和件次计划，保证以最优的排程规程指导产线经济排程；优化完善全过程质量管理系统，支撑技术人员全面管控和分析工艺过程；合同跟踪管理OTS系统上线运行，共配置基础视图65个，为不锈钢公司、一钢轧厂、冷轧薄板厂、高强汽车板公司、事业部、保定唐钢板材配置个性化视图126个，从合同录入、过程跟踪、订单交付实施精准过程管控和全局透视管理，确保产销人员双向共享订单信息。实施运行指标集成化整合，梳理生产组织、工艺质量、设备保障等影响效率、工艺、质量、交期等方面的生产管控KPI过程绩效指标69项，自主开发精益生产管控系统，建立生产工艺KPI指标库，成功在不锈钢公司、一钢轧厂、高强汽车板公司、冷轧薄板厂（部分功能）上线运行，自动跟踪生产管控KPI周期变化趋势，实时掌控产线关键设备运行和故障状态，进行异常减产原因分析，保证生产稳定顺行；开发质量改善闭环管理系统（QIIMS），借助信息化大数据技术，建立系统化问题解决机制，涵盖QC小组活动、质量异议、质量事故、典型废次降、质量体系不符合整改、工艺标准化检查、生产事故、质量攻关8个模块管理流程，实现质量问题改善PDCA循环管理和信息化高度融合，解决质量异议和质量事故的整改和落实，为公司内外部质量问题闭环管理以及质量管理精细化提供平台支撑。

【**完善 QMS 质量管理系统一期项目**】 2018 年，河钢唐钢持续完善 QMS 质量管理系统一期项目，为进一步优化产品结构、提升产品质量提供数据支持，在一钢轧厂、不锈钢公司、高强汽车板有限公司产线实现全覆盖。年内，基于制造工艺和产品质量稳定控制要求，导入并应用以控制图为主的 SPC 统计过程控制管理工具，利用数理统计技术，对生产过程关键工序进行监控，使控制过程处于统计受控状态，达到提高产品质量的目的；基于 SPC 算法结合产品出口标准、炼钢记号、判定结果等条件，对现场采集的成分、性能、过程工艺特性参数等关键控制点进行统计计算，利用图形化数据分析生产过程，针对产品质量状况，采取有效措施加以管控。

【**QMS 二期项目启动**】 2018 年 4 月，河钢唐钢 QMS 二期项目正式启动。项目主要包括 QMS 质检系统扩展功能优化、报告系统其他厂数据扩充、铸坯等级自动判定系统、冷热轧表面质量等级判定、数据浏览器 DataViewer 等内容。当年 10 月，完成 QMS 质检系统曲线弹出、钢卷按照生产时间排序、可在对话窗口勾选过程数据、曲线显示功能优化，增加质检系统集成登录界面，对各产线进行数据归档，提升质检判定功能与运行速度，为质检工操作提供便利；扩充报告系统各厂数据，主要涵盖冷轧薄板厂、二钢轧厂、中厚板公司数据及计质量原料、铁水质检数据，其中冷轧薄板厂数据集成至 QMS 报告系统，添加至钢卷一检合格率报告，其余厂区数据处于接口搭建过程，为实现全公司质检数据监控打下基础。11 月，一钢轧厂连铸 1 号机铸坯自动判定系统开发成功，此系统基于对异常事件进行等级划分，利用计算模块自动计算每个板坯的质量等级，实现铸坯等级质量自动划分；同月，一钢轧厂 1700 毫米生产线表面质量等级判定系统上线运行，将表面质量等级规则添加至判定系统，实现表面质量等级输出，并与订单目标表面质量等级进行比对，从而对钢卷产品质量作出更准确的判定，更有效的工艺改进措施，提升产品质量与客户满意度。

【**原辅料管控**】 2018 年，河钢唐钢积极构建原辅料全面质量管控模式，进一步完善钢后原辅材料及供应商管理体系，体系运行的符合性和有效性得到提升，原辅材料质量实现整体受控。全年，白灰、合金合格率分别达 96.96%、95.1%，实现质量目标；直供原材料使用满意率达 99.8%；未发生钢后原辅材料质量事故。这一年，形成以《原材料管理控制程序》为核心，以原材料试验、原材料检验、原材料供应商二方审核等 15 项管理工作为重点，以原材料采购、原材料供应商评价、原材料仓储等 13 项支持工作为依托的全面质量管理模式，系统有效开展钢后原辅料及供应商管理，加大原辅料供应商第二方审核，对 51 家原材料供应商进行第二方审核，提出整改意见 300 余条，有力促进了供应商质量管理水平的提升；优化钢后原辅材料试验评审，对各生产使用单位提出的 63 项钢后原辅料及 55 项耐材试验申请项目进行审核，签订下发原材料 118 项试验技术协议，促进工艺进步和成本降低；修订完善各类原辅材料企业标准、技术条件等标准文件共计 70 件；定期开展原辅材料储存条件的标准化检查，组织 96 次钢后原辅材料专项标准化检查，提出整改提高项 36 项，全部得到落实，促进了钢后原辅材料检化验、储存及使用标准化工作的开展。

【**废钢管理**】 2018 年，河钢唐钢加强废钢管理，构建以公司主管经理领导、相关部室负责的废钢管理网络，完善管理制度和流程，推动废钢质量全面可控。这一年，制修订《熔炼用废钢安全保证管理办法》《外购废钢采购管理办法》《熔炼用废钢技术条件》《废钢收发岗位规程》《熔炼用废钢潮湿控制管理办法》等 5 项管理文件，规范废钢计划提报、采购议价、厂外监装、厂内质检和质量巡查等全流程工作环节，年内协助相关部门完善管理办法、作业指导文件10余件，为废钢管理提供制度依据；建立破碎料厂外监装、重废厂外外观检验、废钢厂内装卸过程监督的全流程废钢质量监管机制，有效阻止不合格预发货16次；实施废钢管理巡查制度，成立以生产制造部、采购分公司、使用单位、物流分公司、党委及纪委为成员的废钢管理巡查小组，每周进行废钢管理巡查监督，当年共开展废钢管理巡查活动168次，处理问题供应商54次，停止发货要求整改41次，退货56车次，扣吨398吨，降级处置6次，维护了公司废钢采购管理秩序；开展各类型废钢的出水率转炉工业验证，全程跟踪出水率测算试验，掌握废钢出水率和质量整体情况，全年共开展废钢出水率试验107炉次，其中特级破碎料13炉次，一级破碎料39炉次，一类重废5炉次，二类重废3炉次，三类重废41炉次，打包压块6炉次，重废出水率94%以上，一级破碎料出水率90%以上，特级破碎料出水率93%以上，为工艺技术的改进和废钢管理打牢坚实基础。

【废钢利用】 2018年，河钢唐钢将降低铁耗、增加废钢比作为促进公司可持续发展的关键，组织开展多层面多轮次攻关，强化废钢利用，规范流程控制，加强技术把控，取得良好成效。全年，通过加大废钢利用增加钢坯产量55万吨，增创效益1.66亿元。这一年，加强废钢技术应用，大力推广添加补热剂、铁水包加盖、废钢预热、二次燃烧氧枪等实用工艺，促进转炉系统废钢消耗量增加；强化废钢质量管控，采取废钢质量监装、巡查以及出水率检测等手段，确保废钢质量全面可控；加强废钢供应商管理，提高供应商准入门槛，保证资源渠道统一和质量稳定；加强废钢精细化管理，学习借鉴多法斯科钢厂废钢分类管理经验，不同品种冶炼加入不同废钢，最大限度减少废钢使用对产品质量的影响；探索开展铁前配加废钢工作，逐步建立相对成熟的高炉加入废钢工艺制度，满足炼钢正常生产需要；建立废钢利用经济模型，指导废钢的采购量和使用量，精细化计算成本，达到最大限度利用废钢的目的。

【铸坯等级判定】 2018年，河钢唐钢持续完善铸坯等级判定系统流程与判定界面，采用信息化方式进行铸坯判定，保证铸坯等级判定准确性。这一年，编制《铸坯等级采集综合报告》模板，针对铸坯过程判定，结合铸坯综合查询系统，进一步完善信息，推进铸坯等级自动判定系统上线，对EEC计算模块进行完善，包括吨钢铝耗、涨涮杆时间、混坯逻辑规则等内容；完善1700毫米生产线铸坯曲线匹配不佳问题，曲线匹配准确率提高，支撑现有曲线采集与曲线数据参与判定；针对1810毫米生产线半无头轧制工艺，制定大铸坯多分割后小铸坯连铸曲线匹配问题解决方案，编制铸坯等级判定信息采集报表，为实时掌控判定信息提供支持。

【炼钢质量工艺管控】 2018年，河钢唐钢加强炼钢质量工艺管控，积极开展质量异议跟踪及原因分析与工艺调查，完善相关控制措施，全年本部铁水内控合格率59.74%、不锈钢区为86.08%、中厚板区为82.51%。这一年，对各事业部炼钢区域工艺过程KPI指标进行统计，组织对二钢轧厂炼钢控制计划、工艺技术规程、TG211及《工装管理程序》《工艺变更管理办法》等文件进行修订，下发技术通知单33份，改判通知单2份，整改通知单29份；组织3次专项审核，分别为PTTS管理、二钢过程管理、承钢供高强原料卷质量问题管理；加强工艺检查，加大对作业长制、质量事故、生产事故、各项整改措施落实、废钢管理等检查力度，推动炼钢工艺完善，降低事故发生频次，当年共检查炼钢区域660项，其中问题项54项，一般问题项6项，整改完成率98.2%；各事业部炼钢区域工艺类事故同比降低5次，为生产顺行创造有利条件。

【开展“质量月”活动】 2018年9月，河钢唐钢按照国家和河钢集团安排部署，组织开展以“由生产型制造向服务型制造转变”为主题的“质量月”活动，走访重点产品用户，组织重点质量问题攻关，推进落实质量管理体系建设，促进产品质量提高和质量管理水平提升。注重与高端用户对接，加强重点用户和高端用户访问，组织市场部、技术中心、生产制造部和各事业部技术人员124人，走访43家用户，征集用户意见建议，跟踪重点产品质量，准确掌握用户对产品的使用要求，寻找改进点，为开拓用户、提高产品质量改进服务创造条件；组织各生产厂对主要工艺质量问题进行攻关，各生产厂立项攻关课题2~3项，确保解决或改善1项，在“质量月”期间获得成效；推进公司质量管理体系建设，参加集团组织的五大工具培训学习，组织全覆盖质量管理体系内审及供应商二方审核，开展月度管理评审，利用公司官方微信平台“汽车钢质量文化”专栏、生产制造部网站等平台，组织各层级技术管理人员和作业长学习基本质量管理工具，提升技管人员解决实际问题能力；借助信息化平台，开发信息化质量改善系统（QIMS），提高部门间的横向协作能力，实现智能化办公，为提升企业竞争力打下基础。

【QC小组活动】 2018年，河钢唐钢积极开展QC小组活动，激发岗位创新和班组自主改善热情，营造全员质量管理浓厚氛围，助推公司全年生产经营任务顺利实现。全年，组织炼铁厂、一钢轧厂、二钢轧厂、冷轧薄板厂等单位注册QC小组140个，课题立项150项，完成134项，获得全国、省市优秀成果28项，冶金行业不同等级成果25项。

【质量检验】 2018年，河钢唐钢完善修订检验业务相关制度，优化待判、改判钢卷处置流程，加强质检人员培训，进一步提高质检作业标准化率和质检人员质量检验水平，全年未发生较大错漏检事故，提高了质量判定的准确性和钢卷终判及时性，确保产品及时交付。这一年，以落实作业长制为契机，全方位推进质检作业区作业标准化，修订完善检验《岗位规程》《技术规程》，逐步完善各质检岗位的作业标准及未终判钢卷处置流程，提高钢卷判定准确性和及时性，月质检标准化率稳定在99%以上，一次检验及时率达100%，质检作业标准化水平进一步提升；注重提高质量检验工操作技能，针对新增或修改规程内容、重点品种打磨要求、检验作业标准化日常注意事项、表检系统缺陷特征的有效识别及简单异常事件处理等内容进行全员培训，提升质检人员实操能力及信息化系统应用水平；深入开展表检系统攻关，持续优化冷、热轧表检系统缺陷分类性能，全流程对照完善缺陷数据库，提升表检“两率”和全流程分析能力，全年冷、热轧表检系统缺陷检出率和分类率分别达99%和85%以上。

【实验室管理】 2018年，河钢唐钢加强实验室管理，实施检化验综合能力提升计划，有力支持了生产组织和质量保证，为高端产品提质增效提供支撑。当年，自主开发实验室管理LIMS信息化系统，规范实验室业务管理，提高检测数据准确性，检测及时率和标准化率均为100%，有效开展MSA工作，组织MSA报告26份，确保测量系统的有效稳定。抓好实验室认证，经中国合格评定国家认可委员会（CNAS）评审组现场评审和现场试验，公司实验室设备、环境、记录、人员和方法全面达到CNAS管理标准，通过ISO17025实验室认证，获得CNAS认可证书和认可标识使用授权，实验室管理达到行业一流水平，成为国家认可实验室。

财务经营管理

【**财务共享体系建设**】 2018年，河钢唐钢依托信息化技术，以财务业务流程管理为基础，以优化组织结构、提升流程效率、降低运营成本及创造价值为目的，进一步深化财务共享体系建设，开创了资源使用效率和效益的新型管理模式。这一年，成立共享服务中心，建立财务共享体系规章制度9项，通过财务服务，解决了财务共享建设与子公司财务独立的矛盾，以及财务集中管控存在的法律风险；全面推行财务共享，丰富服务内容和水平，共享中心具备向客户单位提供包括费用报销、收款、付款、发票挂账、销售开票、电子档案管理等在内的九大类别服务；拓宽服务范围，财智云共享服务中心实现对公司全部核算单位提供服务，累计开通用户5580个，当年新增用户1415个，其中云计算服务为公司55家单位提供费用报销、资金支出的流程审批服务，向36家单位提供固定资产卡片登记、会计核算的云平台服务，向6家单位提供财智云与SAP系统的业财融合集成服务，向4家单位提供财智云与金蝶K3Cloud系统的业财融合集成服务。

【**标准成本管控**】 2018年，河钢唐钢坚持发挥标准成本体系作用，堵塞成本管理漏洞，深挖各工序成本潜力，降本增效工作取得明显成效。当年，公司主体产线标准成本符合率由年初的20%提高至70%，其中炼铁工序成本同比降低65元/吨，炼钢变动加工费同比降低18元/吨，轧钢变动加工费同比降低12元/吨。这一年，在全公司范围内开展成本大讨论活动，全方位提升职工成本管理意识、领先意识和成本控制能力，对标准成本BOM值进行修订，提高标准成本的科学性和可操作性，使标准成本体系发挥指导生产的作用；组织与首钢京唐、国丰、马钢等企业的成本效益对标，从品种效益、销售价格、工序成本、固定费用等方面进行全方位对比分析，寻找成本改善潜力点；加强成本管理过程控制，公司专业管理部室和生产厂密切配合，摸清每条生产线的实际生产水平和可提升空间，建立标准成本体系，并根据技术进步和工艺操作水平变化及时完善，指导作业长对成本指标完成情况进行差异分析，推动成本管理落地；加强对标准成本分项指标考核，督促产线快速消除与标准成本的差距，制定低铁耗条件下的标准成本，计算完善炼铁工序加废钢、炼钢工序加废钢的效益计算模型，对炼钢单位每日铁耗情况、铁水条件、降铁耗措施及成本变化情况进行跟踪，在铁产量较上年下降的情况下，做到“减铁不减钢”，全年增加钢坯产量55万吨，多增效1.6亿元；加强作业区现场成本管理，根据实际情况重新制定本部炼钢钢种能源动力消耗及费用的分配原则，促进成本指标持续改善。

【**全面预算管理**】 2018年，河钢唐钢推进全面预算管理体系建设，完善管理内容及流程，强化预算执行科学性、分析及时性与考核合理性，为完成生产经营任务和挖潜增效计划提供支撑。这一年，坚持预算指标向事业部转移，以炼铁降成本、钢轧产线提效率和盈利能力为重点，加强预算管理，将二级单位预算指标分解到产线、作业区和班组，力促预算控制下沉；高标准做好年度生产经营预算编制，制定5—6月挖潜增效目标和四季度20.3亿元挖潜增效计划，并结合各产线、作业区实际情况，制定挖潜增效措施；持续加大降费攻关力度，严格控制非预算、超预算项目支出，加强非生产性费用的预算管控，全年压减各类费用2.65亿元，折合吨钢增效17元；认真做好财务和经营状况分析，分单位、分区域、分工序、分专业查找问题，明确各单位指标差距及改进措施，确保公司挖潜增效计划实现。

【财务经营管理】 2018 年，河钢唐钢加强财务经营管理，强化库存管控，紧密结合市场变化、物流、时段和库存关系，合理控制购销节奏，提高销售价格，降低采购成本，全年公司产品同口径吨材售价同比提升 85 元。这一年，不断完善基础管理，制定《公司销售后评价管理办法（试行)》，规范产销率、销售价格对标、销售结构增效、板带直供比、公司及子分公司库存资金占用、用户黏性、新增重点客户等 7 项内容，通过建立科学、合理的评估指标体系，全面反映和评估销售部门销售业务的执行情况、存在问题，定期查找销售过程中的薄弱环节，进一步规范销售行为，防范经营风险，确保公司生产经营稳定高效运行；做好效益测算，对各工序成本以及分产线、分品种、分规格和投放区域的产品效益进行核算，为生产经营活动优化提供可靠信息；完善订单评价办法，建立快速反应机制，着力抓好事业部订单效益测算，鼓励开发品种，准确研判市场走势，调整钢材价格策略，及时出台指导价格，保障企业效益最大化。

【指标体系建设】 2018 年，河钢唐钢加强成本指标分析体系建设，重点分析企业历史成本数据、同行业同类型标杆企业有关成本资料、价格变动趋势状况以及产品销售与售价情况，通过投入产出与预算指标分析，进一步查找公司在成本控制上存在的问题，提出并落实相应解决方案，从而降低公司在生产经营控制上存在的风险。完善作业区 KPI 指标体系，制定《作业区成本管理办法》，对各单位作业区的 KPI 指标名称进行规范，压减无效 KPI 指标，使 KPI 指标设定更加趋于合理；全程参与作业长制推进，组织团队赴宝钢学习，聘请宝钢专家对作业长进行成本管理知识培训辅导，加强作业区目标值管理，助力作业区制作现场成本管理看板，提高成本管理水平。强化存货预算指标控制，结合市场基本走势以及物流周转速度，对各单位实际经营水平以及公司资金状况进行分析，科学制定各个区域存货指标，并将每项指标分解到职能管理部门，做到实时管理，有效规避存货管理资金占用风险。

【落实税收优惠政策】 2018 年，河钢唐钢加强财税法规新政策学习研究，充分用好国家减税降费优惠政策，不断完善财税制度，建立依托财务共享的税务管控体系，实现公司纳税统一管理，规避纳税法律风险。当年，在上年度企业所得税汇算清缴工作中，公司 14 个新产品通过申报技术开发费减免企业所得税 2085 万元，利用高炉煤气、余热等能源综合利用项目减免企业所得税 1080 万元，两项合计减免企业所得税 3165 万元，保障企业所得税优惠政策落实到位。及时了解并掌握税收政策变化，积极对接国家政策规定，5 月 1 日，结合国家对增值税税率调整情况，制定切实可行的管理办法和工作流程，提出合理的税收筹划建议，制定下发《关于调整增值税税率的通知》，对财税政策变化涉及的相关问题予以规范，降低财税风险。用足用好税收优惠政策，根据《环境保护税法》《环境保护税法实施条例》相关规定，组织建立环保税基础信息台账，测算环保税对公司经营影响，指导业务部门增加监测频次，巩固环保项目成果，争取公司充分享受环保税减免优惠政策带来的红利；完成不锈钢公司和中厚板公司高新技术企业申报，做好增值税率调整和开征环保税的业务衔接，努力维护公司经济利益。做好出口退税工作，办理河钢股份唐山分公司、高强汽车板公司生产企业出口退税备案、核查及申报，当年共收到出口钢材退税款 5.2 亿元。

【固定资产管理】 2018 年，河钢唐钢加强固定资产管理，完善资产管理制度建设，深化专项巡视及审计意见整改落实工作，对固定资产、在建工程、存货、对外投资、应收账款、厂外物资、账外物资等进一步细化，从资产形成到报废清算实施全过程监控，高质量推进资产清查，对达到预定可使用状态和转固标准的在建工程进行转固，全年累计转固金额110亿元。这一年，加强财产管理基础工作，落实公司各项财产管理制度，9月组织开展年度财产清查，全面核实公司财产的数量、质量，掌握财产状况，防范企业经营风险；按照公司相关制度管理要求，由财务经营部成立6个工作小组，协调配合与资产相关归口管理部门，对包括固定资产和在建工程在内的资产进行现场清查，进一步摸清家底，如实反映企业资产现状；针对公司海外项目的不断推进，拓展延伸资产管理，制定《河钢唐钢海外项目涉及闲置固定资产处置管理办法》，规范海外项目涉及闲置固定资产处置管理工作，为做好闲置设备利旧出口、规范操作、资产处置收益最大化做足准备。

【采购物料价格管控】 2018年，河钢唐钢密切关注大宗物料市场动态，倾力参与公司采购物料价格制定工作，建立采购价格对标分析机制，不断完善定价方法，保证公司生产经营顺利进行。这一年，针对部分原燃材料价格波动大难点，进一步完善采购物料台账，将采购物料资料划为六类，包括公司自采物料台账、集团采购物料台账等物料费用信息约2400种，维护总次数9500余次；与采购分公司等部门协调，严格控制主辅料采购价格和采购节奏，高度关注燃料市场，合理控制运费和石料、耐材等价格；认真研究大宗原燃料期货市场，做好原燃料市场后期走势预判，适时引入期现结合新概念，在合理把握采购物料基本市场的同时，加大对大宗原燃料期货市场的关注度，整理近三年的期货、现货走势，据此对采购物料的价格涨跌走势作出科学预判；合理把握基差，测算铁矿石、焦炭等六种大宗物料的平均基差，并依据基差对物料进行后市预测；加强对大宗物料的库存把控，实时关注原料供、销、存情况，适时提出合理的库存建议，炼铁厂设置烧结矿产量预警，当烧结矿库存低于10万吨时，进行提示库存现状，当烧结矿库存低于6万吨时，提出采购需求，其中二季度由于烧结限产，及时采购球团矿5000吨，烧结矿19.7万吨，增效616万元，缓解了库存供需关系紧张的局面；积极参加采购招标议价，年内参与采购部门的各项招标议价约400次，并提出前瞻性价格建议，在价格制定过程中，对采购相关物料进行市场对标、周边企业对标以及网站对标，当年对标物料约700种，对标次数约3400次，并坚持不定期核实采购物料结算、付款信息，保证了价格文件的执行。

设备管理

【体系建设】 2018年，河钢唐钢进一步梳理完善设备管理体系，基于风险思维并运用过程方法，按照“五体一制”对设备管理要求进行识别，并与之充分融合，使设备管理满足公司五大认证体系及作业长制要求。制修订《设备管理术语及设备、备品备件分类管理办法》《固定资产管理办法》《设备点检管理办法》《设备功能精度管理办法》《检修管理办法》《设备使用保养管理办法》等48个管理办法，明确设备及备品备件的分类标准，规范设备精度、检修管理，为生产顺行及产品质量提升提供可靠保障；持续推进设备管理检查工作，组织专业人员成立设备管理检查小组，对公司点检、检修、液压润滑、电气、特种设备、环保设施等内容进行全覆盖检查，共发现典型问题357项；坚持每月下发《设备管理月报》，及时通报反馈管理信息与工作动态，各单位产线设备掌控能力明显提升。

【主要指标】 2018年，河钢唐钢强化设备基础管理，进一步完善各生产线设备功能，科学制定维修策略，全面释放装备潜能，不断优化关键指标，保证各生产线设备稳定运行。全年，机械电气类事故故障110.7起，同比减少13.8起；事故故障时间379.74小时，同比减少51.65小时；设备功能精度达标率98.5%以上，全部完成指标；检修费用5.57亿元，较指标降低3601.92万元；资金占用9010万元，较1亿元目标有所降低；备件修复率43.56%，同比提高2.68%。

【设备检修管理】 2018年，河钢唐钢加强设备检修管理，深入推进集设备、生产、销售为一体的动态管理模式，以年计划为基础，按照检修周期执行月计划、周调整，在强化设备维护、设备精准维修基础上，适当延长部分产线定修周期，减少定修次数，促进设备运行效率进一步提升。全年，组织大修、炉役、清炉、改造等26次，定修345次，包括一钢轧厂1700毫米生产线、不锈钢公司1580毫米生产线、炼铁厂不锈钢区1号高炉大修等生产线大修以及二钢轧厂5号连铸机生产线改造、高强汽车板有限公司4号生产线清炉等任务；内部单位检修费用共发生4.68亿元，特殊资质费1952.28万元。这一年，强化内部检修管控，激励内部检修单位和生产岗位更多地承担设备维检任务，加大检修执行情况考核力度，对漏检率及8小时点检异常处理率考核从原0.01分/条提升到0.1分/条，提升点检有效性；加强对设备周期性检修项目固化管理，统计分析近几年备件更换和设备维护周期数据，整理2600多项设备周期性维护项目并导入系统，减少定修工时；周密策划和精心组织设备检修，实现其对安全、质量、功能精度、工期、项目、费用的有效管控，为公司产品生产和效益提升提供保证。

附表　2018年河钢唐钢设备大修情况一览

大修名称	起止时间	工期	大修产线	备件费/万元	检修费/万元	总投资/万元
炼铁厂不锈钢区3号高炉及配套设施大修	2017.11.15—2018.01.18	64天	3号高炉	3465	1861.12	7381.92
不锈钢公司2号转炉大修	1.4—1.16	12天	2号转炉、1号连铸机	341.52	331.79	673.31
炼铁厂不锈钢区1号高炉及配套设施大修	1.8—2.5	28天	5号连铸机	45	106.01	151.01
1号高炉及配套设施大修	1.13—3.15	60天	1号高炉	1823	1233.4	4781
二钢轧厂1号转炉炉役	1.18—1.25	8天	1号转炉	104	45.1	149.1
不锈钢公司3号转炉大修	1.31—1.12	12天	3号转炉、3号连铸机	477.63	524.03	1001.66
一钢轧厂1700毫米生产线大修	2.25—3.13	15天	1号转炉、2号转炉、1号连铸机、1700毫米生产线	2700	2407.74	5107.74
冷轧薄板厂3号镀锌生产线清洁生产	3.2—3.16	15天	3号镀锌生产线	746.45	120.72	867.17
型钢厂中型线大修	7.26—8.7	12天	中型生产线	492.77	403	895.77
二钢轧厂3号转炉炉役	10.9—10.15	6天	3号转炉、5号连铸机	138	38.5	176.5
一钢轧厂1700毫米生产线大修	10.17—10.28	15天	3号转炉、1号连铸机、1700毫米生产线	1500	1863.07	3363.07

续附表

大修名称	起止时间	工期	大修产线	备件费/万元	检修费/万元	总投资/万元
二钢轧厂1号转炉炉役	11.2—11.6	5天	1号转炉	95	44	139
炼铁厂不锈钢区4号高炉炉体修复	11.20—2019.1.20	65天	4号高炉	1121	1015.19	2992.81
不锈钢公司1580毫米生产线大修	12.10—12.23	13天	3号转炉、3号连铸机、1580毫米生产线	2314	746.1	3060.1
高强汽车板有限公司酸轧产线大修	12.16—12.24	8天	酸轧生产线	192.99	162.34	355.33
合　计				15556.36	10902.11	31095.49

【特种设备管理】 2018年，河钢唐钢加强特种设备管理，加大操作岗位人员培训力度，提升操作人员技能水平，确保特种设备运行安全。全年，检验起重设备401台，检验叉车18台，办理新装起重设备3台；检验锅炉以及水质化验水处理设备50台；检验压力容器223台，办理新装压力容器9台；办理压力管道使用登记证2个，长度2065米；审查新装起重设备3台、改造1台，资料审核告知防爆电梯1台，审查压力容器资料9台，针对安装队伍进行安全预知和安装资质审查。年内，开展特种设备安全大联查，重点对压力管道、起重机械、压力容器、煤气柜及锅炉进行检查，对检查发现的问题及时反馈，责令相关单位整改；积极为特种设备有效运行提供技术支持，制定一钢轧厂平整天车主梁裂纹下盖板修复方案，解决了不锈钢公司受钢跨80吨冶金天车安装及100吨天车拆卸等多项技术难题，保证了公司特种设备安全稳定运行。

【设备点检管理】 2018年，河钢唐钢加强设备点检管理，修订《点检员管理办法》，梳理岗位点检员、专业点检、区域工程师履职清单，进一步明确岗位职责，层层抓好落实，保证公司设备正常有序运行；组织点检员资格认定及持证上岗，组织1329人参加点检员岗位能力考试，为1267名考试合格人员颁发资格证书，确保点检员持证上岗。

【物资采购管理】 2018年，河钢唐钢加强物资采购管理，强化成本管控，保证物资及时供应。全年，采购资金8.61亿元，较指标减少4656.72万元。年内，强化采购计划管控，严格按照年初分解指标控制计划申报量，利用ELM系统实施需求计划线上定额管理，从源头进行消耗控制；大力开展平衡利库工作，通过利库、替代、改制、修复等手段，不断盘活现有库存；进一步规范机旁备件管理，增加机旁备件上机率考核指标，开发机旁备件物料申报锁定功能及上机率自动统计报表功能，组织各单位对现有机旁备件进行统计和分析，公司机旁备件金额总计为2.02亿元，较年初降低6495.8万元；加强招投标管理，优化物联宝平台，完善供应商资质自动预警、供应商数据动态监视、多轮询比价、采购员数据动态监视等功能，促进采购行为进一步规范；规范招投标工作流程，承办集团进口轴承、国产轴承、风机备件、胶管、水泵备件联采招标，配合完成集团电机、阀门、液压件、液压缸、起重件、减速机联采招标工作；创新采购方式，与国内一流生产厂商进行战略联盟谈判，本着长期合作的战略原则，先后与大连华锐重工集团股份有限公司、汕头华兴冶金设备股份有限公司、衡阳金阳科创冶金机械有限公司、重庆水泵厂有限责任公司、中国二重签订战略合作协议，在互惠互利的基础上，优势互补、实现双赢。

【备品备件修复管理】 2018年，河钢唐钢以“优质服务，保证供应”为宗旨，扎实做好备品备件入库、存放、保养、维护和发放工作，全力提高备件修复比例，最大限度减少新件采购。全年，备件修复率43.56%，同比提高2.68%；提升内部单位修复力度，结算额占比34.4%，同比增加1224万元。年内，加强旧件回收的接收、保管、记账和统计等工作，组织盘点公司本部及东西外环区域库设备和物资，完成东外环区域库设备搬迁；引导各单位加大对备件修复的投入力度，组织优化备件修复率的计算模型，切实提升备件修复管控水平；加强物资验收管理，修订完善《备品备件监视测量管理办法》，明确各类物资的验收标准，组织验收人员针对计量器具使用、看图识图能力提升进行学习培训，共验收各类物资合计5.7亿元，确保入库物资质量。

【基建项目设备供应】 2018年，河钢唐钢树立设备全过程管理理念，全面做好基建项目设备采购，确保基建项目保质按期完工并顺利投产。全年，公司及各子分公司新上各类工程、改扩建项目56项，概算投资26.74亿元；签订设备合同223份，金额9016.52万元。年内，积极为公司各项目建设单位提供优质服务，重点推进公司本部、中厚板区域、不锈钢区域环保项目改造工程等主体设备采购，完成炼铁、炼钢CO减排工程以及脱硫脱硝工程设备供应，确保不锈钢公司1580毫米生产线轧辊冷却水改造工程、不锈钢公司物料堆放场地棚化改造工程、一钢轧厂钢包冷修安全改造工程、炼铁北区3号烧结机台车栏板加高改造工程按时交货，满足现场安装进度。

【重点设备功能精度达最好水平】 2018年，河钢唐钢加强设备功能精度管理，提升设备保障水平，重点设备功能投入率、精度达标率均达到98.5%，创历史最好水平。这一年，借鉴先进企业设备管理经验，提出以产品质量要求倒逼设备功能完善、精度提升的新思路，组建技术团队，整理产品质量要求、废次降情况及质量异议，运用PDCA循环工具找出制约质量提升的设备因素，并协同点检人员共同开展设备功能精度攻关，提出优化计划、制定科学检测周期及恢复方案。梳理完善设备功能精度管理办法，根据设备重要程度，对设备功能精度实施分级管理。定期组织专业人员对设备功能精度管理项目实施全过程督导检查，并把产线设备功能投入率、精度达标率作为关键指标纳入考核，确保功能完善、精度提升，产品质量满足客户需求。

【获“第十一届全国设备管理优秀单位”称号】 2018年11月2日，在由中国设备管理协会公布的第十一届全国设备管理优秀单位和个人的表彰决定中，河钢唐钢获“全国设备管理优秀单位”称号，成为此次获得该称号仅有的两家钢铁企业之一。本奖项由中国设备管理协会设置，评选周期为2年，通过评选并表彰全国设备装备管理的优秀单位和个人，充分发挥先进典型的示范和引领作用，鼓舞和激励全国广大企业和设备工作者为推动我国装备制造业高质量发展、实现制造业强国的战略目标不断创造新的业绩。

安全管理

【实现安全生产目标】 2018年，河钢唐钢安全生产工作继续坚持“安全第一，预防为主，综合治理”方针，围绕生产经营中心任务，努力实现各项安全工作再提升。当年，安全生产目标为“7021”。“70”为重伤、工亡、职业病、生产A级事故、重大设备事故、重大交通事故、重大火灾事故为零；“2”为年千人负伤率小于等于2；“1”为争创全国冶金行业安全管理一流水平。年内，推进职业健康安全管理体系落地，结合国家《企业安全生产标准化基本规范》要求，深入推行职业健康安全管理体系常态化运行，强化较大危险作业安全管控，确保特种作业人员持证上岗率100%，事故管理改善措施100%落实，实现安全生产目标，保证长周期安全稳定运行。

【安全生产责任落实】 2018年，河钢唐钢把落实安全生产责任作为实现安全生产的中心工作，努力践行“党政同责、一岗双责、齐抓共管、失职追责”“三个必须”要求，结合实际不断完善安全生产责任体系，确保安全生产责任落实。年内，修订完善《安全生产责任制度》，进一步明确公司各级人员、各部门、各单位安全生产责任；按照《国务院安委办关于全面加强企业全员安全生产责任制工作的通知》，推行安全包联责任制，形成一级包一级，一级对一级负责的责任体系，从公司领导到岗位职工，层层签订安全生产责任状或安全生产承诺书，实现安全生产责任全覆盖；深化对厂部级领导、科级人员、作业长等人员安全履责检查，采取集中考试、现场提问等方式进行全员安全履责检查，有效提升全员履责意识和能力；持续加大安全追责力度，对存在安全责任落实不力、隐患整改不认真等问题的单位和个人进行严肃考核处理。

【作业区和班组安全管理】 2018年，河钢唐钢结合作业区工作实际及宝钢先进管理经验，进一步完善《作业区安全管理制度》，规范作业区管理标准，细化作业长履职清单，进一步强化作业区和班组安全建设。这一年，加强作业长、班组长安全培训考试，通过网络课堂、面授、答辩等形式对993名作业长、班组长进行安全培训和考试，对上年发生工伤事故的96名责任作业长、班组长进行警示教育，提升作业长安全素质，满足其任职资格要求；结合公司作业长制推进工作要求，制定作业区、班组管理制度及标准，不断强化危险预知、安全确认、安全培训等方面自主管理；按照《作业区安全评价细则》中62项评价标准落实情况，每月组织各单位对1548个班组进行安全评价，并对150个合格班组进行抽查验收，对738名在职作业长进行安全评价，切实发挥以评促改的激励作用。

【安全预防体系建设】 2018年，河钢唐钢加强安全预防体系建设，持续深化危险源辨识到岗位，聘请专家举办危险源辨识专题讲座，组织各单位充分利用两级安委会、班前班后会开展多层次危险源辨识培训，并组织覆盖全员的专题考试，使职工的风险辨识能力得到加强；坚持“有变则辨”原则，对高炉复产、脱硫脱硝以及废钢加入等涉及生产组织模式变化、新增设备、工艺改进项目进行风险辨识和培训，从源头上消除事故隐患，实现安全事前控制；组织相关单位对公司部分煤气柜、煤气管道等重大危险源进行改造，使公司63个重大危险源安全可控；加大职业健康安全管理体系内审频次，组织各单位优秀内审员实行交叉互查，有效保证公司顺利通过体系认证；实施机械防护和能源隔离，在高强汽车板公司、不锈钢公司建设能源隔离和机械防护示范点，并向全公司范围推行“人员锁定”；积极组织相关单位进行交流，认真学习冶金行业重大隐患判定标准、禁止使用的设备及工艺消防新要求等，并进行详细解读；严格作业过程安全管理，吸取外部煤气中毒事故教训，对涉煤气作业进行全面排查，制定安全确认表，确保每步操作责任到人；组织专业科室开展异常作业辨识活动，逐项制定安全措施，固化作业流程，制作可视化看板，辨识出异常作业1287项，有效避免了人为失误引发事故。

【隐患排查治理】 2018年，河钢唐钢牢固树立“隐患就是事故、发现就要处理”理念，加大安全检查力度，强化检查整改验收，实现隐患排查治理闭环管理。全年，组织6轮隐患排查治理，查改各类隐患8671项。年内，按照国家重大生产安全事故隐患判定相关要求，全面开展排查并形成手册，加强重大隐患整改，实施二钢轧厂连铸机增设事故溜槽、一钢轧厂冷修场地搬迁、不锈钢公司转炉一次风机房入口软连接改造工程，实现了安全生产合规化；开展安全生产联合整治活动，组织多部门成立5个专业组，共同开展安全设备设施、产量提升、防雨防汛、防寒防冻等专项检查，确保各单位自觉加强安全防护设施治理。

【安全教育培训】 2018年，河钢唐钢加强安全教育培训，采取分期培训、集中考试、教考分离方式，严格把关安全培训内容，强化培训过程控制与监督，狠抓全员安全培训质量，确保培训效果。全年，举办全员安全培训班592期，3.25万名职工参加培训考试，公司各单位293名主要负责人和安全管理人员通过年度安全资格培训考试，组织3601名特种作业人员取证、复审培训，确保“三项岗位”人员持证上岗。年内，认真总结以往经验，优化实操培训，创新实施由各单位设备部门牵头组织开展实操培训，以设备设施相关内容为主，不断细化培训内容，将安全融入实际作业过程中，促进职工全面了解设备，正确使用设备、防范设备伤害事故；强化安全专项培训，举办职业健康安全管理体系、有限空间作业、消防安全、职业卫生等专项培训22场，促进各级人员专业安全素质进一步提升。

【职业卫生管理】 2018年，河钢唐钢加强职业卫生管理，改善作业环境，加强对职业禁忌症、疑似职业病和职业病员工健康监护，消除现场有害因素，切实保障职工健康。全年，对22个有职业危害因素单位进行年度检测，组织1.97万名接害职工进行年度职业健康体检，与1133名新入厂和转岗接害职工签订《职业病危害告知书》，职业危害因素检测率、职业健康体检率、职业危害告知率均达到100%。

【消防管理】 2018年，河钢唐钢加强消防管理，健全消防安全责任制，有效防范火灾事故的发生，确保公司消防形势持续稳定。年内，根据人员变动和工作需要，调整公司安全生产和消防委员会组成人员，开展建筑消防设施月度管理评价，有效提高消防维保、值守管理水平；结合“119”全国消防宣传日，组织开展以“全民参与 防治火灾”为活动主题的消防安全月活动；持续强化重点防火部位安全管理，对特级动火实现全程现场监护，唐银公司、型钢厂、二钢轧厂等单位组织易燃易爆场所及变配电系统消防封堵，行政福利处组织对大顺东方酒店等人员密集场所的应急疏散、自动消防设施隐患进行整改。

【应急管理】 2018年，河钢唐钢加强应急管理，积极组织应急预案演练和岗位应急拉动，重点强化岗位职工对异常状况处置，组织开展各类演练3035次，提高了公司整体应急管理水平，顺利通过唐山市应急管理规范化企业验收。

【安全生产月活动】 2018年6月，河钢唐钢按照国家、省市及集团要求，深入开展以“生命至上、安全发展”为主题的“安全生产月”活动，牢固树立安全发展理念，强化全员安全意识，全力营造良好的安全生产氛围，为公司保持安全生产形势长期稳定奠定坚实基础。“安全生产月”期间，公司党委书记、董事长王兰玉，总经理田欣发表致全体职工及其家属的一封信，并在《河钢·唐钢版》刊登。重点推进危险源辨识、安全培训等工作开展，促进作业区将危险源辨识与隐患排查结合，提升风险管控和隐患自查自纠能力。完善班前班后会等12个方面内容和班组安全管理的50项具体评价准则。推进干部和专业人员包保班组活动，把安全管理融入日常专业管理，指导班组实操培训、应急演练等环节，确保安全生产月活动取得实效。

发展规划

【基建技改工作】 2018 年，河钢唐钢认真贯彻集团严控基建技改投资的精神，强化基建技改投资管理，加强投资风险管控，开展项目方案论证，避免项目建设盲目性、随意性，有效防止投资风险。全年，投资立项 59 项，其中公司本部立项 22 项、子分公司立项 37 项，上年结转 26 项，项目共投资 28.66 亿元；竣工 57 项，在建 16 项，待开工 12 项。这一年，科学规划公司基建技改项目建设，编制工程总体控制网络计划，从严把控集团批复项目，加强计划管理、全过程管理，导入绩效管理，提高计划执行力，保证工程按计划实施；推行指挥部下的项目经理负责制，进一步明确项目经理部的责、权、利，充分发挥项目经理部作用，狠抓项目前期的设计方案优化、论证，提高投资风险意识和管理水平；强化施工过程管理，从严控制工程变更和不合理施工签证，确保各环节科学合理规范建设；开展项目后评价，对项目的安全、质量、工期、费用控制、实际效果等方面进行综合评价，力保所有在建项目在可控状态下进行，并按照要求达到良好运营状态；加大环保治理项目工程组织，克服资金紧张困难，安全、按期、保质地开展公司本部、不锈钢公司、中厚板公司的环保治理项目、重点环保项目 31 项，共计投资 7.88 亿元；全面支持乐亭钢铁项目建设，及时组建乐钢公辅系统建设服务指挥部，在公辅系统项目建设上深度着力，为项目一期工程顺利进行提供保障。

【退城搬迁及前期投资规划工作】 2018 年，河钢唐钢抓好退城搬迁及前期投资规划工作，办理经省工信厅、省发改委办理河钢产业升级及宣钢产能转移项目产能置换方案批复、备案批复，全力配合集团做好公司本部、唐银公司、不锈钢公司搬迁相关事宜，初步确定产能置换方案，经省政府批准，在省工信厅公示；组织推进公司与省、市各级行政管理部门相关方面的沟通和对接，包括上报市发改委环资处唐钢中央预算内投资项目自查，上报市发改委（市化解办）强化措施扎实推进钢铁行业封停装备处置工作，上报市政府河钢唐钢退城搬迁工作进度，完成南区烧结机脱硝工程、北区烧结机脱硝工程、南区锅炉脱硫脱硝工程、北区锅炉脱硫脱硝工程等重点工程的政府部门备案；开展炼铁北区颗粒物深度治理项目中央预算内资金申请，当年 8 月 28 日公司获得奖励资金 1349 万元。

【工程招投标管理】 2018 年，河钢唐钢加强工程招投标、合同、造价管理，严格履行项目招投标管理程序，确保公司工程招投标工作依法依规进行。全年，组织招投标 63 项，签订合同及补充协议 390 份，总计 13.91 亿元；其中涉及股份及集团 26 项、不锈钢公司 10 项、中厚板公司 17 项、高强汽车板公司 4 项、重机装备公司 2 项、美锦煤化工公司 1 项、青龙炉料公司 1 项、乐钢配套项目 1 项、保定板材 1 项。这一年，贯彻执行国家工程建设招投标有关法律法规及公司工程建设招投标有关规定，严格按照《工程招标投标程序》规定组织招投标，制定并发布《工程建设招标投标管理细则》《建设工程施工单位资质管理办法》，对公司范围内所有工程建设项目的招投标、资质和分包审核进行统一管理，明确相关部门在招标流程中的职责，并量化考核，实现精细化管理，首次对总包工程中的分包管理作出明确要求，确保公司投资项目建设合法有序进行；加强重点项目招投标管理，推进国家科研课题“钢铁行业多工序多污染物协同控制技术”、锅炉脱硫脱硝、烧结机脱硫脱硝、冲渣水消白、CO 放散治理、乐钢配套项目、美锦 VOCs 治理、唐山科技职业技术学院节水改造工程、一钢轧厂增建废钢储存场地工程、重机公司 VD/VOD 真空系统改造工程等重点项目，合同履约率达 100%，保证了工程建设的顺利进行。

【工程质量监督】 2018 年，河钢唐钢加强工程质量监督，严格按照国家标准规范进行监督检查，加大公司及河钢乐亭钢铁项目在建工程质量监督力度，确保工程质量安全平稳推进。全年，深入现场检查 70 余次，组织大规模质量检查 4 次，重点检查土建、钢结构等关键环节，发现质量问题 70 多项，下发简报 9 期，整改通知单 3 次，停工通知书 1 次，并及时进行通报。这一年，认真编制质量监督方案，严格审查各责任单位报监手续，完善工程质量监督档案，强化工程质量监督检查，使公司工程质量得到有效控制。当年 8 月，冶金工业工程质量监督总站对公司工程质量监督工作进行检查指导，于 9 月 7 日获得冶金工业工程质量监督总站下发的冶金建设工程质量监督机构考核合格证书，公司继续保持质量监督站资质。

【工程预算编审与工程结算管理】 2018 年，河钢唐钢加强工程预算编审和工程结算管理，修订并严格执行全面预算管理规定，加强工程预算编制与审批，严格投资控制，确保工程投资降低。全年，组织对 201 项单位工程开展预算审核，审定值 11.42 亿元，核减 8105.79 万元，审减率 7.1%；做好 18 项单位工程标底编制，金额 2169.14 万元；完成 179 项工程结算（以合同为单位），结算额 22.60 亿元；上报审计 221 项工程结算（以合同为单位），报审金额 30.12 亿元。这一年，着力加强工程预算编审和编制，坚持预算工作参与整个项目费用控制全过程，从工程项目论证费用调整、工程招标标底编制、工程预算审批、工程结算、工程进度款控制到建安费报审等各环节严格管理，及时发现问题，持续抓好整改落实，确保工程投资进一步降低。

【工程管理信息化建设】 2018 年，河钢唐钢推进工程管理信息化建设，强化工程过程管理，力保投资项目系统科学、规范、有序进行。年内，立足信息化平台，以项目系统管理为手段，大力推进工程投资管理信息化体系建设，积极配合信息化系统优化技术，科学论证，理顺工作流程，落实责任分工，努力做好工程投资管理信息化系统建设，保证公司工程投资管理信息化系统上线运营，有效提高工作效率，管理水平全面提升。

信息化管理

【产线运维管理】 2018 年，河钢唐钢贴近产线，加大对产线的设备管理、隐患专项治理力度，提高对产线的服务支撑能力，为公司生产高效顺行提供保障。当年，搭建专业信息管理平台，涵盖设备管理、点巡检、检修、隐患排查及事故处理等功能，并不断深化平台应用，将 31 个作业区全部纳入平台管理，实现点检标准日趋完善，事故原因分析更加透彻，推动各区域自动化设备、点巡检管理日益精细化。借助备品备件共享平台，对公司自动化备件实行统一调度，避免因备件信息不透明导致故障处理时间延长现象，降低同型号备件的库存量，节约备件采购资金。加强隐患专项整治，开展网络专项治理，实现网络运维可视化；针对连铸拉下问题，调整设备选型、增加人机界面操作选项和数据监控功能，对设备进行预防性维修；加强传动系统易损耗件的检查，实时监控设备运行状态，传动专业等级事故全年零发生；就特殊仪表存在的运行环境、行走机构、关键备件等重点隐患，组织专项排查2次，制定措施，逐项落实，未发生设备原因导致的计量异议，AB类测量设备检定率达100%；动态跟踪信息系统运行及问题处理情况，从设备管控、系统优化、流程规范、制度完善四方面提升信息系统程序、应用及专业管理水平，信息化周平均报修量从1月的30起降至11月的10起，大幅降低了事故发生频次。

【“两化”融合】 2018年，河钢唐钢根据“两化”融合管理体系运行情况，修订“两化”融合管理手册及16份二级程序文件，组织开展生产质量数据、系统故障等专项攻关，定期召开项目例会，稳步推进项目实施，6月8日顺利通过北京国金恒信认证公司“两化”融合管理体系年度审核，继续保持体系认证资质。这一年，广泛组织“两化”融合体系培训、体系内审和管理评审，提高业务人员的工作能力；深度挖掘“两化”融合管理平台的应用功能，对管理体系要求的项目管理、运维管理、事故管理、数据管理、信息化系统管理等内容集中管控，“两化”融合管理体系进一步精细化、透明化；就硬件安全、信息化系统台账、信息化岗位操作手册、应急预案等关键事项，在公司范围内开展专项检查3次，涉及公司部室单位15个，加大问题整改督导力度，确保制度体系扎实落地，夯实管理基础，推动“两化”融合管理体系高效运行。

【智能制造项目推进】 2018年，河钢唐钢紧紧围绕智能工厂建设，细化工作计划和措施，以高强汽车板公司列入“中国制造2025”试点为契机，积极推进涵盖不锈钢公司、中厚板公司、高强汽车板公司等重点生产区域智能制造项目建设，支持公司事业部高效运营和企业高质量发展。截至年末，高强汽车板公司智能制造项目中磨辊间管理系统、工控网络与信息安全、设备状态在线诊断系统二期（5号、6号镀锌线）和6号镀锌线锌锅捞渣机器人等4项主要建设内容已完成设备安装，除捞渣机器人设备仍在调试外，其余设备均投入使用；不锈钢公司智能制造项目中1580毫米生产线一二级系统升级项目已投入使用，钢区天车定位系统及物流管理系统，1580毫米生产线主传动升级项目，板坯库、成品库天车定位及物流管理项目完成设备安装；中厚板公司3500毫米生产线轧线冷区一二级系统升级项目设备安装调试结束。

【1700毫米生产线减少一氧化碳排放改造工程】 2018年7月，一钢轧厂1700毫米生产线加热炉减少一氧化碳排放改造工程开工建设。该项目于当年7月立项，由唐钢国际工程技术股份有限公司设计，唐山钢铁集团微尔自动化有限公司承建，主要建设内容为借助引风机将烟囱排出的部分烟气重新引回加热炉，用每次燃烧末期产生的烟气置换盲区管道中的煤气，确保残存煤气在加热炉内充分燃烧。项目于当年8月竣工投产。

【模型化建设】 2018年，河钢唐钢立足产线，通过引进消化国内外同行业的先进技术，重点从冷轧处理线模型、磨辊间管理系统、全过程质量系统、钢区调度系统等系统着手，自主开发符合公司生产管理实际的定制化模型系统。迭代升级冷轧厂1号镀锌二级系统，丰富系统功能，优化上卷操作；组织1700毫米生产线二级系统软硬件问题攻关，解决了粗轧磁盘空间满、ADH系统频繁死机、层冷服务器自动重启等问题；完善1580毫米生产线加热炉二级系统，系统稳定性进一步提高；与普锐特公司、东北大学合作，调整高强汽车板公司高强钢产品模型和酸轧生产线产品板型、冷轧厂五连轧控制系统，拓展系统功能，为产线效率的提升提供了模型化支撑。

【线上管理平台系统优化】 2018 年，河钢唐钢深入开展信息化技术攻关，强化线上管理平台的自主开发，推动公司信息化系统持续完善，共完成 291 份需求申请的系统优化及改造。8 月，公司培训系统优化结束，人力资源积分制管理平台投入运用，对员工能力、素质和绩效进行综合管理。12 月，着手实施人力资源共享中心配套改造，推动公司人力资源管理进一步模块化、流程化、标准化，为落实公司“强服务、提效率、转机制”活动要求提供有力的信息化抓手。年内，重点组织实施 ODS 系统、APS 系统、QMS 系统、高强汽车板公司 MES 系统的升级改造，实现对公司板材产品的全工序跟踪、质量管理全覆盖、全流程计划排产等功能，为产线生产组织、质量控制、效率提高提供有力支持。

【自动化系统升级改造】 2018 年，河钢唐钢借鉴历次自动化系统升级改造的经验成果，稳步推进相关工作，持续提高设备自动化水平。年内，组织实施冷轧厂 3 号镀锌自动化改造、1 号镀锌二级系统升级，不锈钢公司 1580 毫米生产线凸度仪运行模式改进和高强汽车板公司酸轧 SIAS 表检性能扩展等项目，显著提高了产线的设备功能精度，为锌铝镁等高端产品的研发提供支撑；自主开发高强汽车板公司磨辊间管理系统，有效增强了系统间数据传输稳定性；优化 1580 毫米生产线和 1700 毫米生产线的生产模型，大幅提升产线轧制节奏。11 月 3 日，1700 毫米生产线实现日产 1.32 万吨，创历史新高。

【测量管理体系建设】 2018 年，河钢唐钢以确保计量数据准确为核心，持续健全测量管理体系，运用信息化手段，强化测量设备及测量过程管控，全面提高计控专业规范化、精细化管理水平，公司能源产用差量低于 3%，因设备原因造成的物资计量异议为零，仪器仪表运行完好率 99.6%。10 月，通过中企认证公司现场审核，为产品质量二方认证，以及 ATF16949 转版、能源、环境、安全等三方认证提供数据支撑。这一年，严格落实间隔评审和体系内审，强化测量管理体系的运行监管，对制度的落实进行重点跟踪推进，推动测量、质量、能源管理体系的有效融合；先后组织检定校准人员培训、高度测量过程培训等测量管理体系培训，参加培训职工 300 余人次，提高公司测量专业相关人员的理论知识和实际操作能力。公司校准实验室全年共为二级单位检定计量器具 3556 台（套），外送检 692 台（套），周检率均达到 100%，为设备受控及产品认证提供标准保障。

【特殊仪表管理】 2018 年，河钢唐钢及时更新特殊仪表各项管理文件，进一步健全特殊仪表管理体系，充分满足设备管理平台新需求，打牢公司特殊仪表标准化运维基础。年内，组织实施冷轧厂 3 号镀锌锌层测厚仪检测和标定技术服务等 16 项设备改造及精度提升项目，降低了现场事故发生频次；加强现场设备的运行防护，推行多项备件性能验证及共享保障措施，开展专项技术攻关，突破系统性能瓶颈，解决了高强汽车板公司酸轧标检仪频繁死机等设备异常难题，护航公司主体产线高效运行。

【制度体系建设】 2018 年，河钢唐钢高度重视制度体系的刚性执行状况，进一步健全制度管理体系，加大检查力度，促进信息化、自动化、计量控制三大专业管理规范化、精细化水平稳步提高，顺利通过“两化”融合体系、测量管理体系认证年度审核，先后获得“冶金计量标杆示范活动标杆单位”“产业计量标杆示范活动标杆单位”称号。年内，强化专业制度建设，修订《自动化专业管理考评办法》《信息自动化部备件管理考核实施细则》《自动化系统管理办法》等管理制度，提高自动化专业维护标准；研发具备工程项目管理、运行维护管理、事故分析管理、体系文档管理、数据管理五大功能模块的“两化”融合信息综合管理平台，具备了对台账、报修记录、点检记录等资料进行线上收集存档功能，夯实信息化管理工作基础；紧盯计量数据准确性，依托测量管理体系信息化管理系统，全面加强计控专业管理，为公司产品质量和生产经营提供有力的数据支撑，实现了以信息化手段对测量设备及测量过程的管控。

【网络安全管理】 2018 年，河钢唐钢高度重视网络安全防护工作，加强监督检查，提高防护能力，成功抵御了勒索病毒的网络攻击。当年，督导各单位部室设置专兼职终端管理联络员，健全公司信息安全保障机构；在高强汽车板公司 4 号镀锌生产线部署网络安全设备，对 PLC 系统与工控机进行安全隔离，自动化系统运行的安全性能进一步提升；将高强汽车板公司维检站作为试点，试验自动化系统远程安全登录获得成功，提高了运维效率；对公司本部、不锈钢公司、中厚板公司的 83 个系统数据备份情况开展摸底排查，及时整改排查问题，健全相关的管理制度和标准，规范公司信息化核心系统的数据安全备份工作；建立并更新系统补丁服务器，全天候监控公司终端用户的网络安全，及时在 OA 系统发布勒索变种病毒处理办法、唐钢内网系统补丁更新配置说明、勒索病毒专杀工具等操作文档及杀毒软件，普及病毒预防查杀方法，保障公司生产经营数据的安全。

【乐钢钢铁信息化项目建设】 2018 年，河钢唐钢稳步推进乐钢钢铁信息化项目建设，在新工艺新技术应用、人力资源优化配置等方面，全力配合项目部开展工作，支持项目建设。当年，结合项目建设、发展及管理要求，有针对性地深入同行业先进企业考察交流，论证系统设计思路，规划仪表及自动化设备的选型，确立公司设备品牌规划框架，并成立“两化”融合工作小组，讨论确定一体化管理体系融合的顶层设计方案，明确体系框架标准、方法论和相关工具，按时间节点推动信息化项目整体实施。

科技研发

【研发体系建设】 2018 年，河钢唐钢不断加强研发体系建设，强化全员体系意识，为提升产品质量、开拓高端产品打下坚实基础。年内，构建基于事业部制架构的研发管理体系，以项目管理为抓手，根据公司不同产品研发特点，进一步优化开发流程，即由原单一研发流程变为以质量管理体系 ISO 9001 标准和 IATF16949、VDA6.3 标准为基础的 2 个新产品设计开发工作流程；完善设计开发文件体系，梳理原有设计开发流程相关管理文件，新增《项目管理程序》《设计和开发管理程序》2 个程序文件，进一步规范研发管理体系；持续完善设计开发管理流程，改进体系建设，根据项目管理程序及 APQP 管理程序相关要求，进一步细化滚动需求提交要求，制定《产线、事业部技术协同管理办法》，促进技术工艺的推广及应用。

【科研管理】 2018 年，河钢唐钢依托科研课题（项目）过程管理，加强科研管理，建立科技成果全流程培育机制，制定 3 年期培育计划，形成具有自主知识产权的系列技术，科技服务现场水平进一步提升。全年，2 项成果获省科学技术奖，13 项成果获省冶金科学技术奖，1 项成果获全国冶金科学技术奖；组织申报省级科技成果评价项目 4 项，全部通过中国金属学会和中国科学院唐山高新技术研究与转化中心的评价。

附表　2018年河钢唐钢科技成果一览

序号	项 目 名 称	全国冶金科学技术奖	省科技进步奖	省冶金科学技术奖
1	100吨转炉流程生产窄规格汽车用钢冷轧基料的工艺技术创新		一等奖	
2	焦炉煤气回收净化关键技术创新与应用		三等奖	
3	高强汽车板冷轧产线关键技术集成、创新与应用	三等奖		
4	高端冷轧、连退及镀锌产线关键技术应用与创新			一等奖
5	中厚板平面形状控制技术的开发与应用			一等奖
6	高强汽车钢生产及质量控制稳定性研究			二等奖
7	高强汽车用钢冷轧工艺技术研究及应用			二等奖
8	热轧库区人工智能装载及运输系统的研发与应用			二等奖
9	300毫米级特大规格角钢产品开发及推广应用			三等奖
10	高品质冷轧双相钢工艺技术开发与应用			三等奖
11	汽车用深冲及超深冲级镀锌产品的开发及市场推广			三等奖
12	保证薄规格产品质量的酸洗轧机设备优化			三等奖
13	中厚板产品心部质量控制的关键工艺研究			三等奖
14	FTSR产线汽车板生产技术集成			三等奖
15	抗层状撕裂和高强度建筑用钢开发及推广应用			三等奖
16	焦炉煤气净化关键技术创新与应用			三等奖

【“100吨转炉流程生产窄规格汽车用钢冷轧基料的工艺技术创新”成果】 2018年，河钢唐钢“100吨转炉流程生产窄规格汽车用钢冷轧基料的工艺技术创新”成果获河北省科学技术进步奖一等奖。该项目定位于冶金工程技术钢铁冶金领域炼钢方向，针对100吨转炉流程生产汽车用钢等高端产品面临产品质量保证能力差、收得率与正品率低、大批量稳定生产难度高等难题，开展系列工艺技术创新，发明“高品质超低碳IF钢的生产工艺”“一种深冲电池壳用钢的生产方法”等10项专利技术，自主开发全系列汽车用钢生产工艺，解决100吨转炉自动炼钢、过程温降及钢水洁净度控制等限制性技术难题，首次实现100吨转炉流程全系列窄规格高品质汽车用钢冷轧基料的大批量稳定生产。该项目应用推广后，成功开发低碳及超低碳钢、加磷高强IF钢、低合金高强钢、先进高强钢以及热轧高强钢、高端DR材基料等16个系列108个品种冷轧基料和热轧产品，三年累计生产高端汽车用钢冷轧基料185万吨、外售热轧产品43万吨，新增销售额77.32亿元，合计创效6.01亿元。

【公司年度科技项目】 2018年，河钢唐钢加强科技项目研究与攻关，调动广大科技人员参与解决工艺技术、质量、生产和设备等难题的积极性，90个项目被评为公司科技进步奖，其中一等奖17项、二等奖25项、三等奖48项。“3号265平方米烧结机栏板加高改造及低温厚料层烧结技术的应用”

“棒材铌钒复合微合金化技术开发与应用”“高品质汽车板冶金工艺技术研发与创新”“高性能桥梁用结构钢 Q420q 的开发与应用”“1700 产线效率提升创新与实践”“高强汽车板 1700 镀锌线冷成型镀铝板生产关键技术与应用”“超高强冷轧汽车钢性能稳定性研究及关键工艺参数开发”“超低排放背景下炼铁清洁生产新技术研究”“燃气锅炉排放烟气的污染物来源分析与控制”“焦炉设备新技术研发与应用”“新型改进型热轧板带轧辊的工艺优化与创新”“卷取机板型控制技术的创新与推广”“大型钢传动系统升级与研发”“环境监测综合管理平台在钢铁企业的研发与应用”“助推河钢唐钢精益生产的生产运营指标数字化体系的建设开发”“高强汽车板冷连轧过程高精度模型开发与应用”“热轧板坯板带生产线设备功能精度及产能的提升”等项目被评为公司科技进步奖一等奖。

【一项目通过中国科学院评审鉴定】 2018 年 5 月 15 日，河钢唐钢“高强汽车板冷轧产线关键技术集成创新与应用”项目正式通过中国科学院评审鉴定，提升了公司技术与产品在行业的认可度和知名度。专家组认定，该项目创新成果突出，在超高强钢轧制技术、差分冷却技术、高强钢表面元素富集技术、预防炉辊结瘤技术、镀锌高强钢预氧化技术等方面均达到国际先进水平。该项目立足新一代超高强度、高成型性能系列汽车用钢开发，通过高端冷轧产线关键技术集成和创新，开发具有自主知识产权的超高强钢冷连轧控制技术，成功解决稳定轧制、性能控制、表面缺陷和特定需求控制等难题，提升汽车用钢材料生产的经济性、稳定性、可靠性，实现汽车钢制造全流程信息化、自动化、智能化，为汽车行业轻量化、安全、节能发展起到支撑作用，同时为钢铁行业转型升级、结构调整、环保发展提供借鉴和参考。项目自 2015 年实施以来，累计生产系列高强汽车钢等产品 294 万吨，实现先进高强钢、第三代汽车钢以及热成型钢等高级别钢种批量稳定生产，产品应用于菲亚特、上汽、长城、吉利、北汽等主机厂，获评河北省名牌产品、冶金行业品质卓越产品等名优产品。

【合理化建议管理】 2018 年，河钢唐钢进一步完善合理化建议工作流程管理，明确合理化建议备案制度，督促各单位按时保质保量参与合理化建议征集活动，及时组织专家组进行评审，确保建议全程可控，发挥促进科技创新作用。全年，各单位提出合理化建议 6936 条，采纳 3763 条，实施 1150 条，累计创效 5411 万元。

【科协管理】 2018 年，河钢唐钢科协充分发挥联系科技工作者的桥梁和纽带作用，搭建创新平台，为提高科技人员素质服务。年内，重视营造良好学术氛围，由普锐特公司热冲压成型专家对公司技管人员进行培训，系统讲授热冲压成型知识；北京科技大学科学研究与发展部专家作题为《钢铁工业智能制造的思考与探索》技术讲座；充分利用集团技术资源和平台，参加集团“激光板形测量”“转炉底喷石灰粉、底吹氩”技术交流会及集团科技大会；借助外力提升公司技术人员专业素质，组织公司联络员及科技骨干 35 人次参加唐山市专利挖掘和专利布局培训班。积极组织学术交流活动，参加中国钢铁工业协会、中国金属学会、河北省金属学会等行业协会主办的学术会议，为第十届中国国际钢铁大会、2018 中国钢铁工业科技与竞争战略论坛、2018 钢铁轧制新技术高端论坛等国内国际高端会议，征集各类学术会议论文 160 余篇，为“2018 年河钢东大国际学术年会”征集论文 117 篇，26 篇论文入选论文集；组织科技人员参加国内学术会议及相关专业培训班、集团举办的轧钢专业技术人员高级研修班、2018 年中国钢铁工业科技与竞争战略论坛、第十届中国国际钢铁大会技术交流会、2018中国金属学会工作会议等培训，开阔科技人员视野，提高其业务素质和管理水平。

【知识管理】 2018年，河钢唐钢加强知识管理，进一步完善健全知识管理体系，提升公司知识管理水平，提高公司产品研发水平和技术创新能力。紧密结合公司实际，修订《知识管理程序》《知识管理过程风险管理办法》，明确技术中心、运营改善部、人力资源部、生产制造部、安全部、能源环保部、法律事务部、设备机动部、各事业部等单位职责，规范知识管理流程。加强对公司生产、经营管理等专业的知识管理，从知识分类、知识收集与整理、知识评审与审核等方面规范知识管理行为，每季度组织各单位对责任范围内的相关知识进行识别、评审及汇总，形成知识清单一览表，统一发布、方便查阅相关知识。当年，共更新4000余条内外部知识信息，实现知识资源全员共享。

【检测分析管理】 2018年，河钢唐钢加强检测分析管理，夯实实验室管理体系，规范操作标准流程，抓好组织性能试验分析，为产品研发提供分析数据支持，实验分析能力不断加强。全年，物理室配合产品科研攻关、工艺研究、质量及异议分析共出具试验报告101份，接收内部试验委托497份；化验室共接收样品2438个，检测项目1.69万个，创效18.2万元。年内，组织涂层结构、铸坯偏析，断带电镜扫描、夹杂物定量等组织性能试验分析，做好2吉帕热成型钢及中锰钢模拟连铸过程高温塑性实验等，为品种研发提供性能变化趋势；创新工作方法，试验并制定保护渣锂钾钠测定、镀锌铝镁板镀层多元素测定、萤石中碳酸钙含量快速测定、转炉补热剂中游离硅测定、铝镁钙脱氧剂成分测定等5个测定标准，提升检测技术能力；加强实验室认可及认证管理，当年8月顺利通过CNAS换证复评审和变更评审，针对现场评审中发现的6项不符合项，深入查找原因，制定整改计划，全部完成整改，确保56个物理和化学检测试验方法均获得CNAS认可；顺利通过北汽新能源、本特勒、华晨汽车、海信等二方认证审核，以及测量管理体系、职业健康、安全和环境各个管理体系的外部审核。

【科技信息管理】 2018年，河钢唐钢加强科技信息管理，围绕公司生产经营及研发重点工作，搜集、筛选、上传行业内外各类信息5200余条，为公司出版《国内外钢企动态》提供精简信息1300余条，提供科技信息专题跟踪查询资料300余篇，在公司科技信息交流群分享科技信息约1800条。年内，根据公司发展形势和要求，积极跟踪国外信息资源，浏览日本钢企官网及日本各大门户网站有关政策法规、节能环保、企业经营理念、动态、投资方向、产品研发等方面信息，从中筛选有价值信息，翻译、纠正、整理日文信息500条左右；开设科技信息委托查询服务，承担14项委托任务，查询检索300余篇文献资料，方便科研人员检索资料，为科技研发提供了信息支持。

【编辑出版时效性刊物】 2018年，河钢唐钢紧密跟踪行业动态，抓好《信息快报》《连铸网讯》《钢铁技术》《唐钢科技》等时效性刊物编辑出版工作，为公司新技术新工艺应用、新产品开发以及生产经营决策发挥了信息支撑作用。全年，出版《唐钢科技》4期、《钢铁技术》4期、《信息快报》46期、《连铸网讯》12期。年内，围绕国内外重点钢企发展动态，收集整理相关信息，编辑周刊《信息快报》，提供每周与钢铁相关的各类信息，为公司领导及干部职工追踪了解钢铁行业现状及国内外重点钢企发展动态提供服务和支撑；充分发挥全国连铸信息网网长作用，为公司及各会员单位提供连铸方面动态信息，编辑出版《连铸网讯》，登载240余条最新连铸动态信息及全国重点钢铁企业连铸指标等情报，做好外网“全国连铸信息网”网站的日常管理与维护，更新信息800余条；更新国内重点钢企2017年生产经营及2018年发展战略研究分析、中锰钢的研发与分析、ESP带钢生产线工艺及发展前景以及钢结构立体车库研发趋势深度分析等内容，促进科技人员了解钢铁前沿技术；抓好《唐钢科技》编辑出版，进一步规范写作及论文格式，充分发挥其学术交流窗口、学术研究园地和培养学术人才作用，为公司内各专业人员提供技术交流的平台。

【档案管理】 2018年，河钢唐钢加强档案管理，规范档案收录归档，做好档案整编著录，推动公司档案管理标准化、规范化、现代化。全年，参加基建工程项目竣工验收会12次82项，接收各类档案5264卷，整理3664卷，其中基建档案87项839卷；设备安装档案83项925卷；会计档案424卷；产品档案9卷；科研档案329卷；新闻书稿档案13卷。年内，从源头抓好档案管理，下发《关于2018年档案归档工作安排的通知》，进一步规范档案归档，确保接收档案齐全完整；加强档案专业化管理，按照《档案分类编号规则》，将接收的档案分类、整理、排序、编制档号，整编基建竣工档案34项217卷，录入公司档案综合管理系统217条，整编会计档案326卷，录入产品档案9条；加大对公司二级单位、项目施工单位档案资料收集、归档等工作指导力度，不断提高公司档案管理水平。

【档案利用】 2018年，河钢唐钢进一步抓好档案利用工作，拓展信息档案服务效能，为公司大中修技改项目、产品研发和生产经营提供有力服务和支持。全年，提供档案查阅利用500余卷，复印5.5万余张，其中提供基建档案副卷73项735卷、设备安装竣工档案副卷97项866卷；设备档案查阅利用223卷22人次，复印资料及图纸共333张，借出1卷，拍照100余卷近千张；基建档案查阅利用42卷7人次，复印133张；会计档案查阅利用319卷34人次，复制1770张，借出17卷；科研档案查阅利用97卷9人次，拍照39张、扫描39张、复印1页；新闻书稿档案查阅利用37卷10人次，照片56件、拍照9张、扫描30张、复印9张；文书档案查阅利用2755卷（件）102人次，复印432张、扫描101张。

【专家（重点）课题管理】 2018年，河钢唐钢加强专家课题管理，严格按照《专家课题管理办法》强化课题立项，加强课题过程控制，发布公司重点课题25项，专家课题100项，推动公司科技进步。这一年，采取重立项、严过程、强评价等管理手段，对专家（重点）课题进行全程管理，根据运行情况及时调整，保证课题管理顺利开展；从专家委员会中遴选专业专家，对25项公司重点课题和100项专家课题进行全面评审，评价结果为优秀24项，良好48项，合格50项，待改善3项。

【铁前工艺消耗件管理】 2018年，河钢唐钢加强铁前工艺消耗件管理，由总工程师办公室负责铁前辅料、清洗剂、胶类、添加剂四类工艺消耗件费用管控，通过改进工艺件采购、严格审核领用计划、做好库存及使用量化管理、鼓励修旧利废、加强与外单位对标交流、加强绩效考评等措施，加大费用管控力度，费用控制取得明显成效。全年，铁前工艺件费用1755.13万元，同比降低724.32万元；吨铁完成1.47元，同比降低0.64元/吨。年内，按区域进行费用指标分解，详细分析上年费用发生情况，有针对性制定落实费用管控措施；严格审核月度领用计划，重点加大对费用占比较高的滤料、煤泥等大宗物料管控力度，加强同荣程、首迁、瑞丰等钢铁企业对标交流，优化工艺控制参数，保障铁前工艺件实际发生费用降低。

【高炉长寿管理】 2018年，河钢唐钢抓好高炉长寿管理，为每座高炉建立长寿档案，跟踪监测炉缸炭砖温度、炉缸热流强度、炉缸水温差等重点参数，全面及时掌握高炉炉缸侵蚀状况，针对出现的不利于高炉长寿的问题及时采取护炉措施，确保高炉长周期稳定生产。年内，针对中厚板公司1号高炉、不锈钢公司1号高炉炉缸局部炭砖温度高等难点，采取加强监护、配加钛球、加长风口、强化冷却等措施，并对取暖期大修高炉（不锈钢公司1号、3号、4号高炉）进行炉缸侵蚀调查，分析侵蚀原因，严格审核把关新炉缸的结构设计、耐材选型、砌筑施工、烘炉、开炉等环节，首次在不锈钢公司4号高炉炉缸引入炭复合砖，确保高炉长寿问题处于可控状态；加强高炉长寿理论研究，总结不锈钢公司4号高炉炉缸使用经验，总结梳理浇筑料在炉缸的应用、炉缸结构设计、炭砖与隔热保护层（浇注料、陶瓷杯）合理匹配等内容，为产线稳定生产创造有利条件。

能源环保管理

【能源管理】 2018年，河钢唐钢加强能源基础管理，进一步完善能源管理体系，实施提高焦炉煤气综合利用率、降低工序能耗指标、优化煤气平衡以及多项节能项目改造，促进能源指标的持续优化和能源成本持续降低。全年，能源成本142.67元/吨，同比降低2.59元/吨；吨钢综合能耗532.51千克标准煤，同比降低58.46千克标准煤；转炉煤气回收97.05立方米/吨，同比增加9.3立方米/吨；新水消耗2.34吨/吨，同比增加0.16吨/吨。这一年，根据采暖季低铁耗及生产不饱和条件下的用能特点，组织开展降低用水量、合理使用煤气、提高自发电量及烧结机漏风治理等攻关行动，努力提高能源利用效率；依托能源管控平台，加强对各单位新水消耗监督，制定取水指标，科学分析水指标变化，实施改进措施，根据生产实际优化操作，新水消耗量完成省下达的钢铁企业取水定额2.74立方米/吨指标。

【能源管理体系建设】 2018年，河钢唐钢加强能源管理体系建设，以扁平化、集中一贯制管理为方向，构建精简集中、运行高效的运行管理架构，有效提高了能源管理体系的高效运行和持续改进水平，确保各工序能耗优于国家及河北省能耗限额要求。年内，组织对能源变量进行识别，为生产运行活动和管理活动分别进行详细分类，将各项能源变量管理分解至各个管理作业区，重新搭建能源基础管理平台。在能源变量识别工作的基础上，按照能耗结构及耗能比例，将烧结、高炉工序列为重点耗能工序，按照改进能源变量的可行性、能源变量影响范围、影响的持久性等原则建立了公司级、厂级主要能源使用清单，并进行排序，对各单位用能进行整体管控。结合公司作业长制管理，强化做好能源基础管理，组织编制《作业区能源评价标准》，组织作业区制定能源巡检标准，梳理完善各重点用能作业区岗位规程，明确岗位规程内容要求，贯彻落实作业长制管理模式，打破传统的三级监管机制，形成了作业区自我管理的高效运转平台，当年10月进行能源管理体系内部审核，对发现的3项不符合项、106项观察项进行全面整改，为12月能源管理体系外审顺利通过创造条件。

【环保管理】 2018年，河钢唐钢站在讲政治、顾大局和推进企业高质量发展的战略高度，将环保视为生命线，认真贯彻执行环境管理体系标准及程序文件和作业文件，加强环保精细化管理，不断深化环保工作内涵，聚焦行业绿色发展关键性技术，加大环保项目投入和生产全过程控制力度，促进重点减排支撑项目稳定高效运行，各项污染物指标达标稳定排放，实现减排目标。全年，颗粒物排放量1965吨，同比降低775.91吨，降低率28%；二氧化硫排放量1556吨，同比降低357.57吨，降低率19%；氮氧化物排放量4576吨，同比降低1902.55吨，降低率29%，均超额实现了污染物排放大幅削减的目标，环保设施同步运行率、完好率达99%以上。这一年，全面开展超低排放设备改造，尝试利用新技术，率先在唐山市完成了高炉炉顶均压放散一氧化碳减排和加热炉一氧化碳减排项目，先后实施烧结机脱硫脱硝、锅炉烟气脱硫脱硝以及高炉冲渣水乏气消白等技术改造项目，污染物全部达到超低排放标准；深入研究各级政府《打赢蓝天保卫战三年行动计划》，高度关注区域环保信息，坚决落实各级环保部门下达的停限产指令，实施采暖季错峰生产方案，建立停限产响应机制，为生产经营创造良好条件；加强环保设施运行管理，进一步完善月度联查机制，建立环保区域评价制度，每月定期对各区域进行环保联查，全年共检查问题546项，对检查出的问题均进行了有效整改；加强污染源在线监测系统监督管理，确保32套在线监测系统正常、稳定运行，同时按照国家环保要求对污染源自行监测数据进行公开，接受各级环保部门的监督。当年实现环保事故为零的目标，12月顺利通过北京国金恒信认证有限公司对公司本部环境管理体系的审核。

【节能减排项目】 2018年，河钢唐钢积极抓好节能减排项目建设，实施先进的清洁生产技术，节能减排效果显著。当年，公司本部COD排放量0.036千克/吨，同比降低0.006千克/吨，本部烟粉尘排放量0.61千克/吨，同比降低0.02千克/吨，所有工序废气污染物排放均达到钢铁企业超低排放限值要求。这一年，加强节能项目建设，公司本部共实施环保项目18项，概算投资2.46亿元，顺利完成南区锅炉烟气再循环改造，北区9号锅炉空气预热器更换工作；实施2号高炉热风炉板式预热器改造项目，年节省高炉煤气成本500万元；推进3号烧结机栏板加高改造项目，增加烧结料层厚度，降低固体燃耗，年创效567万元；在全市率先实施高炉炉顶均压煤气减少放散项目，降低CO排放浓度，高炉煤气回收量增加4500立方米/时，年创效226万元，并在唐山地区乃至整个钢铁行业起到引领示范作用；实施1700毫米生产线加热炉减少CO排放改造项目，减少排放1.64万吨，年创效540万元；实施高强汽车板空压机干燥器改造，压空气体实现零排放，年创效255万元；实施一钢轧厂新型电极涂料节能项目，电极消耗由0.283千克/吨降低到0.234千克/吨，精炼电耗由42.53千瓦时/吨降低到39.51千瓦时/吨，年创效2040万元。

【固废危废管理】 2018年，河钢唐钢强化固体废物与危险废物管理和监测工作，采取先进工艺，减少固体废物的产生量和贮存量，固体废物和危险废物处置实现了规范化、法制化。全年，共转移危险废物718.9吨，处置固体废物279.08万吨，工业固体废弃物处置率、利用率达到100%。年内，严格执行《危险废物转移联单》制度，进一步规范固体废物与危险废物管理，锌渣、废乳化液、废化药瓶、废油、废油桶等危险废物，全部按照国家危险废物管理法律、法规和相关要求办理环保转移手续，符合环保法要求，未发生违法、违规事件，实现了危险废物的全面管控，其中锌渣销售收入2547.5万元，同比增加735万元。

【降低外购电量】 2018年，河钢唐钢加强用电管理，持续开展外购峰谷用电攻关，通过直购电减少外购电费，取得显著成效。全年，完成外购电峰谷差-9876万千瓦时，其中公司本部外购电峰谷差-3349万千瓦时，中厚板公司外购电峰谷差-1736万千瓦时，不锈钢公司外购电峰谷差-3955万千瓦时，唐银公司外购电峰谷差-836万千瓦时，共减少电费支出3770万元；直购电减少外购电费386万元。这一年，针对各单位生产实际，跟踪分析峰、平、谷电价避峰、错峰生产，落实具体措施，保证每日峰谷差电量差为负值，确保电费成本持续降低。密切关注电力市场改革进程，分析外部电力市场变化及发展趋势，深刻理解电改新政策，加强政策研究，坚持开展多方案效益测算和预案研判应对，落实集团直购电管理措施，确定最优购电策略，准确预估直供电交易电量，使其在偏差考核范围之内，保证通过直购电减少外购电费。

附表1　公司能源环保指标一览

指标名称	单位	完成情况
发电量	亿千瓦时	27.54
能源成本	元/吨	142.67
转炉煤气回收量	立方米/吨	97.05
节能改造费用	万元	5513
污水处理费	万元	6212
基本容量电费	万元	26332
吨钢综合能耗（以标准煤计）	千克/吨	532.51
烧结工序能耗（以标准煤计）	千克/吨	50.21
炼铁工序能耗（以标准煤计）	千克/吨	411.26
炼钢工序能耗（以标准煤计）	千克/吨	-13
轧钢工序能耗（以标准煤计）	千克/吨	37.08

附表2　公司本部污染物吨钢排放量指标一览

指标名称	完成情况/千克	目标值/千克	降低值/千克	降低率/%
颗粒物	0.61	0.66	0.02	3.2
二氧化硫	0.62	0.67	0.02	3.1
氮氧化物	1.04	1.35	0.27	20.6
COD	0.036	0.04	0.006	14.3
氨氮	0.0018	0.002	0.0002	10

物流管理

【生产经营】　2018年，河钢唐钢强化物流管理，面对环保限产常态化、公司区位调整规划启动等新形势新任务，坚持聚焦市场、产品和客户，以新思维新视野新方式优化物流方案，优先发展以铁路运输为主的绿色物流，统筹推进企业发展规划战略布局，构建物流企业建设新格局。全年，钢材外发完成路企协议量103%，实现利润471.58万元，较上年同口径增利1999.58万元；现金流2948.03万元，同比增加1969.02万元；吨钢物流成本304.45元，较计划成本、目标成本分别降低23.24元、3.24元；实现挖潜增效3.13亿元，各项工作继续保持集团物流系统和公司非钢系统领先水平。

【管理体系建设】　2018年，河钢唐钢加强物流专业管理体系建设，提升质量管理体系涵盖的所有作业、业务流程化水平，加强质量管理文件和记录系统化管理，对照专业管理文件模板，以流程图的形式进行文件换版，及时向微尔云存系统上传质量管理材料，充分满足应审需求。结合上年工作进展情况和当年风险评估情况，编制《物流分公司全面风险管理报告》，进一步提高风险管控能力，持续健全企业风险管理控制体系。

【物流服务】　2018年，河钢唐钢加强物流服务，以“降库存、保交期”生产服务目标为导向，深入对接产线计划安排，合理匹配各类服务资源，优化物流组织，调整发运节奏，全力满足生产单元的物流服务需求。这一年，积极应对公司大型材品种钢产量提升、高强汽车板有限公司重点客户订单增量带动产能变化、公司本部2号高炉复产、不锈钢公司4号高炉年修等生产状况，在加强运力组织、加快响应速度提升物流保障能力的同时，为客户定制了中型材首次出口孟加拉国、直发“深中通道”重点工程、棒材供运乐钢钢铁项目等个性化物流方案，助力公司“两个结构”调整及高端客户市场开拓；紧盯环保限产政策的实施情况，调整外购物料以及厂际间重点坯料调运组织，抽调专业人员深入现场，发运河钢承钢、河钢宣钢、安丰等单位烧结矿11.26万吨；协调扬州球团矿布港河钢码头、自主货代，为9万吨保供任务的实现提供物流保障。

【改革发展】 2018年，河钢唐钢将发展以铁路运输为主的绿色物流摆在首要位置，推动运输结构发生深刻转变，“公转铁”运输迈出重大步伐，为生产经营提供工序衔接顺畅、过程组织高效的全新服务支撑。全年，铁路总运量2544万吨，产品装卸总量分别为1.88万车、12.6万车，本部进口矿、煤焦铁路运输比例达到66.1%、80.86%，同比提高16.78%、27.36%。这一年，将优先发展铁路运输作为公司物流结构的重大变革举措，以及创新发展、绿色发展的新动能，对物流企业建设新格局进行重塑；响应集团发展现代工业服务业的决策部署，适应公司后“十三五”发展大势，有序推动乐钢物流项目建设及业务对接工作，迅速推进现代绿色物流园区规划，加快由传统服务主业向服务市场转变，现代工业服务业务领域进一步拓展。

【“公转铁”推进】 2018年，河钢唐钢认真研究《打赢蓝天保卫战三年行动计划》《推进运输结构调整行动计划》等环保政策，牢固树立绿色制造理念，有针对性地制定“公转铁”运输方案，为错峰生产赢得了政策支持，在不锈钢公司限产比例下调2%、本部限产比例下调1%的情况下，铁路运输比例持续提高，8月，铁路疏港量在全市24家钢铁企业排名位居第一。这一年，对标太钢、中远海运等企业，优先组织铁路卸车，及时匹配钢材发运资源，优化厂内接卸系统，提高装车卸车效率，物流业务管控水平持续提升；调整布港及疏港策略，曹妃甸港铁路疏港169.74万吨，完成全年协议量106%；用好用足唐山市铁路办政策，积极推进高强汽车板公司“公转铁”运输项目论证、不锈钢公司铁路线路扩容，以及佳华铁路站场规划等铁路运输项目；滦县美锦铁路项目取得突破，通过了太原铁路局的竣工技术验收；加强青龙球团矿物流运输组织，完善“一票制”运输方式，增加铁路运量，铁路运输实现6列/月；紧盯物流行业前沿发展趋势，大力推动铁路集装箱运输业务的开展，积极谋划公司本部和不锈钢公司铁精粉、球团矿的铁路集装箱“钟摆式”运输，10月，公司本部首次实现炼铁南区4号高炉原料集装箱接卸；不锈钢公司铁路接卸集装箱改造项目和铁路外运钢材改造项目竣工投产，吨焦直接创效12.23元，彻底改变了不锈钢公司钢材依赖公路外发的历史。

【废钢保供】 2018年，河钢唐钢抓好废钢保供，坚持作业区精细化管理，进一步细化废钢接卸、仓储及配送流程，把好废钢质量关。当年，重点规划并简易改造原商贸、新事业和炼铁北区等3个废钢存储场地，在满足废钢储运增量及环保需求的前提下，新增最大库容10万吨，组织废钢入库113.1万吨，废钢保供114.7万吨，为公司降铁耗工作作出积极贡献。

【物流创效】 2018年，河钢唐钢充分发挥自身物流资源优势，提升对外创效业务增量，拓展创效业务领域，创效能力进一步提高。全年，实现对外创效1778.41万元，其中，对外承揽铁路设备检修业务创效733.03万元，铁路集装箱接卸业务创效688.38万元，钢材内贸自主货代业务创效111.4万元，社会钢材代储代运、进口矿自主货代等业务稳步增长。

【成本控制】 2018年，河钢唐钢严格控制物流成本，深入贯彻设备管理“不欠修”“不过修”理念，加强备件管理，采取灵活多样的检修策略，实现铁路设备检修费、备件采购费同比降低234万元、291.6万元；扩大采购、销售及厂内物流业务的线上询比价范围，“郅易达”平台线上询比价120单次，现金结算1.5亿元，汽运费用降低1003.1万元，进口矿疏港运费降低866.52万元，将物流费用控制在市场最低水平。这一年，适应生产变化，合理调配机力，降低机车运行费用；继续享受中石油、中石化、中海油重点大客户优惠政策，在燃油价格多次上涨的情况下，燃油采购价格下降50~150元/吨，最大限度保证公司燃油低成本采购。

【汽运业务】 2018年，河钢唐钢创新管理模式，深挖降费潜力，采取优化派车流程、强化风险防控、量化费用指标等措施，费用支出较目标减少118.9万元。当年，10辆吸引压送车投入运营，其中不锈钢公司6辆，炼铁北区4辆，全年收入544.4万元。

【降低物流运费】 2018年，河钢唐钢修订汽车运价动态调整机制，借助唐山市取消部分收费站的政策，降低镀铬辊运输费用10%。这一年，加大厂内费用控制力度，密切关注运输市场供求关系变化，及时协调承运方与公司各生产单元，灵活调整运价，降低内贸运费497.44万元，不锈钢公司吨钢承包费、吨铁承包费分别降低0.28元、0.32元，中厚板公司吨铁承包费降低1.73元，运输成本进一步优化。

【信息化技术】 2018年，河钢唐钢强化信息化技术在物流生产中的实践运用，重塑生产组织模式、推动物流方案持续优化，为大幅提升管理效率、推动企业创新发展提供信息化支撑。这一年，先后自主研发路用车停时管理与成本分析系统、棒材仓储管理系统、自提车厂内管理程序、作业长巡检APP系统等信息化管理系统；拓展物流信息化管控范围，对外库承运商仓储实行信息化管理；突破关键技术障碍，实现港口数据共享，有力地支持了数字物流体系建设。

【重点创效项目推进】 2018年，河钢唐钢坚决执行集团重大决策部署，站在为公司及城市发展提供绿色物流服务的高度，制定《物流发展规划方案》《现代绿色物流园区项目方案》，谋求企业可持续发展。这一年，配合区位布局调整，成立规划小组，深入对接乐钢钢铁项目概念性总体规划设计，多专业、全方位支持配套物流项目筹建；以环保督查为契机，协调炼铁厂减少外焦落地，实现直供率90.6%，同比提高11.99%，强化本部和不锈钢公司吸引压送罐车的运营管理，为公司绿色制造提供优质的除尘灰运输服务，物料抑尘、防尘治理能力进一步提升；充分利用厂前区铁路站场资源，研究规划转型发展新业务，为大唐电厂以及周边社会企业提供物流服务；改造金恒废钢库天车吊具及高线库区钢卷吊具，安装保磁系统2套，引进具备多重作业能力的挖掘机替代抓钢机，满足公司废钢大幅增长、外发钢材品种变化及不同作业环境的需求。

【不锈钢公司铁路接卸集装箱改造项目】 2018年3月，公司首个集装箱龙门吊装卸站场项目——不锈钢公司铁路接卸集装箱改造项目竣工。项目于2017年2月立项，同年5月开工建设，项目概算投资973.53万元，标准集装箱门吊由河南豫中集团设计制造，普通龙门吊由河南新起设计制造，建安工程由唐山瑞丰建业集团有限公司和河北省安装工程公司承包建设。项目主要建设内容为拆除旧龙门吊、新建集装箱龙门吊、新建龙门吊内公路、龙门吊防护护栏、龙门吊配电设施等。项目建成后，实现了不锈钢公司原料铁路集装箱装卸作业。

【不锈钢公司铁路外运钢材改造项目】 2018年3月，不锈钢公司铁路外运钢材改造项目竣工。项目于2017年2月立项，同年5月开工建设，项目概算投资871.55万元，由中铁十六局集团第二工程有限公司、唐山万达铁路工程有限责任公司和河北省安装工程有限公司承建。项目主要建设内容为改造动力管线、采暖管线、给排水管线、铁路道口无人值守系统、集装箱式磅房现场设备间、无人值守磅房设备搬迁、拆迁汽车衡、拆迁及新建道路、新建铁路等。项目建成后，解决汽车港口运输限载限行，保证不锈钢公司原燃物料供给和钢材发运的正常运行，提高铁路运输比例，降低物流运输成本。

检修管理

【设备维检】 2018 年，河钢唐钢探索构建检修 AB 角色模式，深化检修组织模式变革，推动产线核心设备自修专修精修及检修组织中重大安全、质量、延期事故零发生，项目承接率、检修质量进一步提升。当年，在稳步提升核心设备专修自修能力的基础上，围绕公司主要产线设备划分区域，在 1700 毫米生产线、1810 毫米生产线等产线建立 AB 角库，确保一套设备至少有 2 个车间专业产期维保，试行检修 AB 角色模式，并结合推行情况，完善工作机制，维检板块人均劳效提高 0.27 个工时，月人均创效提高 360.94 元；打破固有的管理标准、职责划分，尝试“三位一体”管理模式，在炼钢维检中心结合设备的点检、维护、润滑、维修、改造、更新、报废等维检实际情况，试行小班无责点检，提高维检人员设备掌控能力，有效减少了事故发生和设备叫修次数，在机加工单元试行 TPM，对设备点检采取分级管控，组织全员参与设备消缺，提高设备精度，规范设备管理，设备管理的附加价值得到充分体现。全年，组织定修 444 次，其中铁钢轧联合定修 14 次（本部 7 次、不锈钢公司 7 次）；大修 22 次，其中联合大修 9 次，单体设备大修 13 次。

【管理体系建设】 2018 年，河钢唐钢加强检修管理体系建设，重新梳理工作流程，编制流程图，查找漏洞不足，完善管理制度，强化内部审核，调整工作职责，层层压实责任，生产组织日益精细化，产品过程质量的控制能力得到提升，通过 ISO9001—2015 质量体系认证，机加工单元产品总合格率由上年 96.71%提高到 97.45%。这一年，制定认证标准，对外委施工队伍开展二方认证，依照认证结果判定外委施工单位综合能力，助力维检过程中安全、质量和进度的精准把控，对外委队伍的管理效率进一步提高。

【耐材管理】 2018 年，河钢唐钢紧盯耐材质量，定期组织技术培训、交流、行业对标等活动，及时掌握耐材技术动态，吸收利用新技术、新工艺，降低能耗，提升档次，优化指标，充分满足生产工艺新要求，为生产稳定高效提供有力支撑。这一年，按照“有明确的管理目标，有具体的管理流程，有连贯的标准化操作步骤，有合理的绩效指标”原则，修订公司相关单位及部室基础管理制度 13 项、供应商管理制度 10 项、生产单元协同方案 4 项，耐材管理流程进一步顺畅。强化供应商管理，推行供应商准入、退出、评价机制，定期沟通了解供应商原材料采购、生产、备货及当地环保限产政策，有针对性地调整采购计划，保证公司生产所需耐材稳定供应。在此基础上，严格执行耐材质量管理体系，对钢包、中间包等关键设备所用耐材进行全生命周期管理，实现耐材生产工艺过程的可追溯；推行关键耐材在线使用状态精准测量，提高耐材利用率，降低耐材成本，避免耐材质量波动导致事故。依托耐材管控平台，在耐材入厂检验、修砌全程管控、在线使用检测、残厚数据分析的全过程管理中，着力收集、整理、分析耐材质量数据，制定应对措施，保障产线稳定高产。积极与先进钢铁企业就耐火材料品质提升、使用管理等内容开展对标，加大技术攻关力度，全年，同各生产厂设立耐材领域课题 12 项，重点优化铁沟通铁量、钢包包龄、钢包自开率和透气性、中间包连浇时间、加热炉能耗等指标，确保耐材的最优性价比和使用稳定性。

【技术攻关】 2018年，河钢唐钢加大产线课题攻关力度，由检修分公司与一钢轧厂、不锈钢公司、高强汽车板公司、炼铁厂等生产单元确定维检课题58项，借助在线、离线检测技术，发现问题解决问题，实现设备管理的精度检修、精度控制。年末，1700毫米生产线轧机最高刚度小于5%，为产线日产万吨以上奠定了坚实的设备基础；调整1810毫米生产线连铸机振动单元精度、优化耐材中间包水口设计，连铸机拉速由3.8米/分提高到4.4米/分，助力1810毫米生产线实现日产5000吨历史最高水平。同时，各维检中心瞄准产线"痛点"，开展技术攻关。其中，炼钢维检中心研究的转炉二次减开箱壳简化步骤、转炉三点吊挂修复、液体天车机械传动系统攻关取得成功，提高了维检效率，延长了天车使用寿命；冷轧维检中心对连退、镀锌线光整机开展精度保持攻关，降低设备故障率；热轧维检中心优化1700毫米生产线下弯曲轴承辊检修方式，实现在线更换；机械维检中心调整检修顺序，实现1580毫米生产线粗轧机前后辊道不拆侧导板快速更换，通过焊接操作侧平台，实现热卷箱旋转缸的安全更换。这一年，以提高耐材使用性价比为导向，将降低生产过程中耐材事故与能耗、稳定耐材使用、提升产量作为首要目标，制定耐材技术攻关课题11项，杜绝了钢包漏包、中间包漏包等恶性事故的发生，耐材事故同比下降74%，耐材稳定性显著提高；钢包自开率达99.68%，保持行业领先，创历史最好水平；钢包使用寿命在产线品种变动的影响下达到102.81炉，备包数量减少三分之一。

【全面预算管理】 2018年，河钢唐钢加强检修专业管理，从KPI设定、流程的梳理到制度的具体执行，推行全面预算管理，加强成本预算值分析，实施以计划值为主导的作业区绩效管理。当年，通过摸清市场价格、引进合格供应商、参与定标权等物资采购措施，在机加工原料价格不断走高的情况下，锻件价格趋于合理，焊丝综合降价10%，有效降低了机加工原料成本。与大型耐材公司建立合作伙伴关系，降低市场变化对耐材质量及成本的影响，达到保产保供、降费共赢的管理目标。提高外委结算效率与底价控制力度，外委费用支出进一步削减。

【市场开拓】 2018年，河钢唐钢紧密贴合产线大力推动机加工产品攻关，通过研发以喷代镀、激光熔覆、在线修复、堆焊等技术，实现精度修复、精度组装，为用户减少检修时间、延长备件寿命提供坚实保障，修复范围进一步拓展。这一年，解决了困扰多年的稳定辊涂层剥落难题，掌握了成熟的以喷代镀硬面加工技术，稳步推进高附加值的卷取机芯轴、轴孔及轧机在线修复技术的研发，破磷机工作辊使用寿命大幅延长，自主设计制造的钢包车产品打入周边市场，具备了夹送辊修复的全套解决方案，修复效果达到国内外同行业先进水平，为市场开拓打下坚实基础。当年，与吉林通钢、中冶陕压、丰南瑞丰、思文科德等公司建立良好的合作关系，机加工产品外部创效700余万元。

【信息化管控平台建设】 2018年，河钢唐钢推行并不断完善设备离线修复信息化管理平台、耐材管理平台、员工积分制管理平台和外委工程管理平台等信息化平台，大幅提升办公效率和数据分析能力，为夯实基础管理提供数据支撑。全年，综合库占较上年降低339.96万元，毛坯、中间工序、人工费外委等未计入成本同比下降861.77万元。这一年，修复信息化平台录入常用图纸500余套、常用工艺1000余项及全部机加工设备资料；借助耐材管理平台，耐材由线下分散管理转变为线上集中管理；设备离线修复实现可追溯管理，降低了加工损耗，维检质量和生产效率进一步提升。

自动化信息管理

【经营管理】 2018年，河钢唐钢以自动化系统集成为抓手，开拓智能制造领域市场，打造自主品牌，发展云计算，自动化管理水平进一步提高。全年，实现营业收入1.12亿元，创效2180万元，超额完成公司目标计划。年内，借助公司人力资源变革，优化自动化管理控制程序，完善绩效考核系统、考勤管理系统、安全管理系统、职工自评价系统等内容，借助公司招投标管理变革，优化物资管理系统，规范管理流程，约束职工行为，实现内部无纸化办公，工作效率和管理水平进一步提升。

【产品研发】 2018年，河钢唐钢加强自动化信息产品研发，以打造拳头产品为目标，坚持引进、消化、吸收、改进创新机制，实施品牌战略，深入抓好基础管理，强化市场观念和服务意识，优化产品质量、技术服务等环节，加大产品推广力度，打造良好的品牌形象。截至年末，拥有发明专利8项，实用新型专利54项及计算机软件版权177项，形成涵盖微尔智能、铁、钢、轧、动力、云计算服务等六大系列39种拥有自主知识产权产品；无人天车、智能计量、智慧物流、智能设备管理、统一通信等技术达到国际或国内先进水平，在多家钢企实施，并推广到港口物流等领域，受到用户广泛好评。

【工程技改项目建设】 2018年，河钢唐钢加强自动化工程技改项目建设，以公司重点工作为中心，以自动化大修、抢修为重点，以标准化作业为准绳，以自主管理为基础，抓好内外部工程项目建设，全面实现公司经营目标。当年，组织主体厂自动化设备大修、技改、抢修；抓好公司通信设备维护检修及公司本部、不锈钢公司、中厚板公司环保项目维护检修；组织一钢轧厂1810毫米生产线、1700毫米生产线、不锈钢公司自动化设备大修；推进一钢轧厂1700毫米生产线加热炉智能送坯项目及粗轧机主传动改造项目；实施普锐特公司生产监控系统、高强汽车板废品监控系统、高强汽车板二期设备管理系统；推进不锈钢热轧成品库无人天车项目（3部）、不锈钢热板智能坯库无人天车项目（4部）、承钢中间库无人天车项目（4部）、东华ESP技术支持项目、黄骅港二期项目、乐钢热轧辅助系统工程、乐钢热轧无人天车控制系统（12部）、乐钢炼铁水渣无人抓斗控制系统（6部）、乐钢热轧智能磨辊间控制系统（2部）等项目建设，增强服务创效能力，推动自动化项目进一步发展。

【无人天车及智能调度系统】 2018年，河钢唐钢聚焦智能制造工程和智能物流在实体经济中的具体应用，开发无人天车及智能调度系统，取得良好成效，获得13项专利和21项版权，获得省级科技进步奖1项、市级以上科技进步奖3项，发表国家级论文10余篇。该系统关键技术系自主研发，打破国外垄断，成为国内首家推出、使用天车无人值守系统的企业，系统应用后，优化了物流工艺流程，提升天车运行安全系数和工作效率。当年，实施主要项目有不锈钢公司1580毫米生产线成品钢卷库天车定位及物流管理系统、1580毫米生产线板坯库天车智能调度系统，包括1580毫米生产线成品库3部天车、1580毫米生产线板坯库4部无人天车及2部定位天车，安装4套车辆识别装置，并对原1580毫米生产线出口步进梁跟踪系统进行改造。该项目是国内首次自主实施板坯库无人天车技术，打通1580毫米生产线生产与物流之间信息瓶颈，促进该生产线成品库区智能化管理，提升智能制造水平，使库区管理更加安全、高效，并节约人力资源，年末，项目一二级功能调试完成，自动功能正在调试中。同时，与河钢承钢工程技术公司自动化中心共同研发，实施承德钒钛薄板冷轧有限公司中间库天车无人化项目，自主研制天车实时动态防撞系统、应景式障碍物规避系统、CTS 钢卷跟踪系统、智能库区管理系统等一系列配套系统，于当年 9 月末投用。

【开拓云服务市场】 2018 年，河钢唐钢以微尔云计算中心 IDC 服务为抓手，全力整合资源，研究市场需求和前沿发展，深入开拓云服务市场，实现从依附主业向打造全产业链创效单元的角色转化。微尔云计算中心于上年投入运行，占地面积 9233.33 平方米，总建筑面积 8319.91 平方米，按照 Uptiem TierⅢ标准设计，部署 1000 个机柜，容纳 2 万台服务器，取得 IDC 执照和 ISP 执照，具备电信经营资格，提供私有云平台、机柜及服务器托管、整机房承包等业务。当年，实施设备管理及环境监测云平台建设，推进唐山科技职业技术学院信息化安全平台建设、河钢供应链平台建设，技术中心大数据存储项目，气体公司虚机系统项目，公司本部、不锈钢公司、中厚板公司财务云盘存储建设，河钢铁铁物流平台建设，唐钢财务云一期建设；实施乐钢信息化 IDC 柜服务（5 台）、苹果二期项目（34 面柜）建设。

【美国苹果公司入驻微尔云计算中心】 2018 年，河钢唐钢牵手美国苹果公司入驻微尔云计算中心，为其提供 IDC 机柜租赁服务，各项数据服务功能运转良好，全部满足客户要求。针对苹果公司对建设标准、机房参数和网络安全等高标准要求，多次与苹果公司技术人员开展交流，在机房基础设施和链路等方面进行反复运行测试，深入研究机房温湿度、建设标准和参数、报警响应时间、园区内外安全防护等因素，实施工艺改善，最终苹果公司认定微尔云计算中心软硬件设施和管理规范完全满足标准，具备成为数据存储基地的良好条件。此次苹果公司的入驻，标志着微尔云计算中心完全具备了为国际高科技企业提供数据服务的能力，为进一步开拓国内外市场奠定了坚实基础。

【获省软件和信息技术服务综合竞争力“五十强”企业称号】 2018 年 5 月 7 日，河钢唐钢自动化信息公司获得“省软件和信息技术服务综合竞争力‘五十强’企业称号”，成为河钢集团旗下唯一入选企业。此次评选活动旨在推动河北省软件与信息服务业快速发展，培养一批成长性好、创新能力强、发展潜力大的龙头企业，加快形成软件产业的优势名牌产品，推动全省大数据、智能化、云计算等产业发展。自动化信息公司扎实推进冶金自动化、信息化产业技术研发和项目实施，形成以云计算服务，自动化、信息化系统集成、开发、机电工程安装，通信网络、监控、智能计量、建筑智能化系统设计实施为主的高新技术企业，拥有多项自主知识产权产品，在系统集成软件、企业管理软件等领域拥有发明专利 7 项，实用新型专利 45 项，版权 133 项，拥有自主知识产权产品 39 项。其中，无人天车、无人计量技术达到国内领先水平，智能天车系统、智能计量系统、设备管理系统等在大型企业得到广泛应用，受到用户好评。

综合事务管理

【文稿起草】 2018 年，河钢唐钢全力抓好文稿起草，严格遵循公文格式、结构和语言规范性要求，力求创作有思想、有内涵、有高度的精品文字材料，撰写汇报、报告、讲话、致辞等材料超过 200 篇。年内，及时高效撰写公司主要领导在唐山市推进高质量发展大会、公司与湖南大学共建研发中心签约仪式、公司汽车钢板加工配送中心项目入园仪式、全国废钢铁学术研讨会上的讲话、致辞等材料，牵头组织撰写殷瑞钰院士、省委调研组、省国资委主任、集团领导等上级部门和领导来公司慰问、调研涉及的综合文字，有效发挥文字工作参谋助手作用；撰写公司党委在省国资委系统整治政治生态专题会、集团党委抓基层党建工作述职会、集团党委季度党群工作例会涉及的文字材料；高质量撰写公司重要会议所需材料，起草公司职代会、作业长制推进启动大会、月中月末例会，以及公司党委主要领导在公司职代会年度会议、公司党委2018年工作会议、公司总结表彰暨挖潜增效推进大会、迎庆建党97周年暨总结表彰会、公司党委警示教育大会等重要会议涉及的文字材料，为公司重要会议高质量提供保障。

【信息编发】 2018年，河钢唐钢扎实推进综合信息搜集整理和上报工作，围绕生产经营、改革发展等工作动态和亮点做法，编发《唐钢信息》《工作简报》《唐钢通讯》《国内外钢铁动态》《班组活动日情况报告》等信息刊物，及时调整、补充和优化栏目内容，努力增加可读性、时效性、可资借鉴性强的信息，进一步提高公司综合信息的整体质量水平。全年，编发《唐钢信息》94期、《工作简报》77期、《唐钢通讯》49期、《国内外钢企动态》25期、《班组活动日情况报告》12期。年内，向省国资委办公室、市委信息中心等报送党群信息及生产经营信息超过100篇次，其中30多条被省国资委简报、市委信息中心《唐山快报》采用为头条，公司信息工作在省国资委党委、市委考核中始终保持先进水平，被中国钢铁工业协会、唐山市党委系统评为“信息工作先进单位”，撰写的《河钢集团唐钢公司以科技创新推动高质量发展》信息刊登在河北省国资委简报第33期头条，对扩大公司影响、提升公司形象发挥了重要作用。

【会务组织】 2018年，河钢唐钢按照《会议管理办法》，从严从细抓好会务组织和服务保障工作，坚持由小处着眼，关注关键过程和细节，确保各类会议和活动顺利进行。全年，组织党委常委会33次、董事会39次，经办会38次；月中、月末工作例会24次，各种专业会议330余次；国际视频会议、省国资委及集团公司视频会议40余次，其中大型会议和公司重点活动50余次。

【接待服务】 2018年，河钢唐钢进一步强化接待业务管理，规范接待行为及相关程序，修订下发《接待管理办法》，完善接待范围、接待标准、审批和报销程序以及管理考核等工作流程，确保接待工作规范、标准、有序、节约。全年，接待来访496批次4120人次，其中调研35批336人，检查工作3批30人，外宾54批434人，日常接待232批1454人，交流学习99批750人，会议13批686人。年内，创新工作机制，利用微信等互联网平台，不断提高工作效率，增强接待工作准确性、时效性；建立整体联动机制，注重发挥职能部门积极性和主动性，形成上下联动、协调配合工作合力，建立快速反应机制，要求每名接待人员充分掌握接待活动细节，遇到突发状况迅速反应，及时采取有效应对措施，确保接待工作“零失误”；强化接待人员培训，组织集体培训与学习3次，并通过网络、新闻、媒体等进行自学，全面提高接待人员业务能力素质；提升接待标准化水平，本着热情大方、不卑不亢、有礼有节的服务宗旨，组织对省市级领导、外省市领导、重要客户、新闻媒体、专家学者、同行钢铁企业等来宾的公务接待，做好省委安全督导组、省委巡视组等专项接待，接待塞尔维亚培训团6批次共计200余人、发展中国家代表团30余人、中国钢协、世界钢协以及乌干达姆巴莱市政府、埃及大使馆、菲律宾投资署等外宾团体，赢得了国内外客人好评。

【外事工作】 2018 年，河钢唐钢严格按照规章制度，认真做好外事工作，办理公司外事出访团组 41 批 194 人次，跨单位团组 5 批 52 人次，外协团组 12 批 26 人次，商务部培训团组 3 批 38 人次，为公司加强国际交流与合作提供了保障。在因公出访审核、审批过程方面，严格把关出访计划，未发生一起违规出访问题；克服出国手续办理时间紧、任务重、团组较多、团组人数较多等困难，积极主动与省外办协调沟通，从速办理各种手续，保证公司各项出访任务按计划成行，未出现时间偏差、违反程序等问题；积极办理对外邀请函，为高强汽车板公司、技术中心、信息自动化部等单位及时办理外国技术专家入境邀请函 16 件 48 人次，保证了公司相关生产设备安装、调试、维修，技术指导、培训等工作按时进行。

【印章管理】 2018 年，河钢唐钢严格执行公司《印章管理标准》，根据公司机构变化及时启用或废止印章，按规定使用加盖印章，并做好登记，确保印章规范管理、正确使用。全年，加盖各类印章约 3 万份；刻制、启用党群系统印章 6 枚、废止 4 枚。

【北京唐钢宾馆】 2018 年，北京唐钢宾馆围绕“宾客至上，服务第一”宗旨，进一步提升服务理念，细化服务措施，定期组织职工技能培训和教育，圆满完成集团和公司下达的各项服务和接待任务。全年，接待入住宾客 1.23 万人次，接待集团和公司召开的会议 17 次，餐饮接待会议用餐 19 次，火车站、机场接送外宾及相关人员 90 余次，安全行车 10 万千米。年内，进一步制定完善各项规章制度，建立健全内部组织系统，使宾馆日常工作逐步纳入到管理系统；建立明确可行的工作目标，要求各部门提前建立工作制度和应急工作预案，做到日常工作有计划，突发事件有方法，提升宾客满意度及认知度。

企业管理

【全员绩效管理】 2018 年，河钢唐钢着力发挥绩效管理体系的激励作用，优化绩效要素管理设计，为产销研一体化高效协同奠定基础。根据公司改革创新、组织机构扁平化变革等要求，修订《厂部级管理人员绩效管理办法》《专家绩效管理指导意见》《事业部制全员绩效管理指导意见》《全员绩效管理办法》等绩效管理文件，为全员绩效管理持续健全提供制度保障。针对公司生产经营形势的变化调整相关绩效管理办法，先后制定下发《2018 年关键岗位贡献奖励办法》《2018 年四季度挖潜增效奖励办法》，促进产线提升创效能力。年内，以绩效管理作为强化产销研一体化工作衔接的有力抓手，积极协调技术中心、生产制造部、市场部等服务资源，引导各事业部将产销研用协同机制下沉到产线，落实到作业区，确保作业区与用户全面对接；加强作业区绩效辅导，协助作业区完善绩效管理制度和流程，并就绩效指标选择、权重设置、目标值设定、指标数据来源、指标评价标准等关键指标，加大作业长培训力度，推动全员绩效管理在作业区落地见效。

【5S 管理】 2018 年，河钢唐钢以促进 5S 管理工具在基层管理扎实落地作为着力点，结合实际，于 8 月修订《5S 管理办法》，从厂区环境、生产现场、设备管理、安全管理等方面细化管理标准，加入改善提案、自主管理、OPL 教育等内容，管理制度体系进一步完善。坚持现场日常检查与季度联查相结合，定期下发联查考评通报，限期整改查出的问题，做好整改情况的跟踪督导，确保问题整改到位。

【精益管理】 2018 年，河钢唐钢持续推行精益管理，强化数据模型在解决重点、难点问题过程的应用，有效提高公司技术管理水平和产品质量控制能力。组织基层单位结合公司（事业部）要求、客户需求、部门存在的瓶颈问题等实际状况，申报精益管理课题。成立课题组，聘请专家就课题攻关进行全程辅导，重点做好相关工具、方法的培训。全年，组织实施两批课题，共 24 项。年底，有 9 项课题结题，完成预期目标，其他课题稳步推进，完成阶段目标，很多产线问题得到解决，课题组人员能力水平在实践中得到提升。

【自主管理】 2018 年，河钢唐钢继续强力推行作业区自主管理工作，鼓励职工从岗位着手，对存在问题进行梳理立项、分析研究，每季度分别组织钢铁主业、非钢单位的作业长、技术人员参加课题交流发布，对课题进行点评，开拓各单位课题立项视野，推动自主管理深化。全年，完成课题 1253 项，有效提高了作业区管理水平。

【现代化管理创新】 2018 年，河钢唐钢将管理创新作为增强公司核心竞争力的着力点，深度总结提炼日常工作中好的经验做法，持续提高企业现代化科学管理水平，助推公司高质量发展。全年，34 项管理成果获得省级企业管理现代化创新成果奖，其中一等奖 9 项、二等奖 14 项、三等奖 11 项；6 项管理成果获得全国冶金企业管理现代化创新成果奖，其中一等奖 1 项、二等奖 2 项、三等奖 3 项；1 项管理成果获全国企业管理创新成果二等奖。当年，加大管理创新知识培训力度，组织职工参加河北省企业管理现代化创新成果撰写培训辅导班暨优秀创新成果交流推广会议，提升各级管理人员业务水平；分别于 3 月、5 月、11 月参加全国企业管理创新工作大会、河北省企业管理创新工作大会、冶金企业管理现代化创新成果管理工作研讨会，加强企业间的对标交流，查找不足，进一步丰富管理创新工作经验；严格按照企业管理现代化创新课题申报立项通知要求，对创新课题立项进行审核，加强过程管控，有效发挥管理创新课题对公司生产经营的引领作用，推动两者互融共促；8 月，河钢唐钢入选国企改革“双百行动”企业名单后，立即成立国企改革“双百行动”工作小组，研究文件精神，制定公司未来 3 年国企改革工作总体方案，做好股权多元化和混合所有制改革等工作的顶层设计。

附表　2018 年河钢唐钢获得省级及以上管理创新成果奖一览

项目名称	单位	省企业管理现代化创新成果	全国冶金企业管理现代化创新成果	全国企业管理创新成果
大型钢铁企业以高端化为目标的产品优化管理	运营改善部			二等奖
钢铁企业以市场需求为导向的运营管理创新	运营改善部	一等奖	三等奖	
以国际标准规范河钢唐钢管理运行实现体系“价值”提升	生产制造部	一等奖		
钢铁企业全员全过程安全管理体系的构建与实施	安全部	一等奖		
钢铁企业以降低融资成本为核心的外汇管理	财务经营部	一等奖	三等奖	
依托在线监测系统搭建设备现代化管理平台	检修分公司	一等奖	三等奖	
开启互联网思维的企业物流服务新模式	物流分公司	一等奖	一等奖	
以企业运营效率提升为导向的科技信息“集约化”创新管理	技术中心	一等奖		

续附表

项目名称	单位	省企业管理现代化创新成果	全国冶金企业管理现代化创新成果	全国企业管理创新成果
钢铁企业特色安全文化体系的构建与实践	唐银公司	一等奖		
物资采购监控系统的创新与实践	设备机动部	一等奖		
基于胜任素质模型的作业长管理体系创新	人力资源部	二等奖	二等奖	
基于服务产线模式的基层创新工作室的构建与实施	炼铁厂	二等奖		
强化过程管控降低大型线生产成本	型钢厂	二等奖		
协同机制下全员绩效管理体系优化	运营改善部	二等奖		
大型钢铁企业风险分级管控和隐患排查治理双重预防机制的构建	安全部	二等奖		
钢铁企业以文化为引领的安全生产管理	不锈钢公司	二等奖		
事业部制管理模式下五制配套管理体系的探索与创新	二钢轧厂	二等奖		
钢铁企业推进海外投资战略过程中的法律风险管理	法律事务部	二等奖		
以实现系统创效为目标的绩效管理实践	能源科技分公司	二等奖		
人工智能管控模式在余热发电生产中的应用与实践	能源科技分公司	二等奖		
大型钢铁企业人才体系优化的实践	人力资源部	二等奖		
钢铁企业智能生产物流模式的创新与实践	物流分公司	二等奖		
大型国有企业招投标管理体系的构建与实施	运营改善部	二等奖		
大中型钢铁企业作业长制的创新与实践	中厚板公司	二等奖		
河钢唐钢非钢系统服务标准体系构建	非钢管理部	三等奖		
基于体系思维的精益改善管理	不锈钢公司	三等奖		
以促进客户结构优化为目标创新客户管理模式	市场部	三等奖		
基于物料全流程集中管控的高炉稳态管理	炼铁厂	三等奖	二等奖	
在线管控系统在钢铁企业能源管理体系及能源成本优化中的应用与创新	二钢轧厂	三等奖		
推动产品升级的企业设备管理模式创新与实践	冷轧薄板厂	三等奖		
利用信息化手段提升企业综合管理	气体公司	三等奖		
依托信息化手段加强质量数据贯通建设	生产制造部	三等奖		
以质量管理体系落地促进产品质量提升	一钢轧厂	三等奖		
以全员绩效管理为核心，优化企业员工队伍结构	一钢轧厂	三等奖		
利用ELM系统与各事业部产线对接管理节省采购资金	设备机动部	三等奖		

【招投标管理】 2018 年，河钢唐钢坚持管办分离原则，结合公司生产经营实际，探索招投标管理新思路、新方法，修订《招投标管理办法》《非招标采购形式管理办法》，促进公司招投标业务向规范、高效的方向发展。全年，审阅招标文件 387 件，办理供应商业务 775 次，参加 A 类招标项目开标评标 128 次，现场解决、处理各种问题 130 余项，有力保障了开标、评标过程的合法合规。年内，加强重点项目的现场监管，从规范招投标流程着手，指导基层单位按要求组织开标评标，及时协助处理现场突发问题，构建投标人和工作人员有序开标、评标委员会诚信评标、监督部门依法监督的工作格局；加大季度检查力度，定期对招投标主责部门开展季度检查和日常抽查，共检查整改问题 34 项，同比减少 12 项，招投标主责部门业务水平进一步提升；积极配合上级主管部门，先后开展招投标专项检查、招标投标不规范问题专项清理“回头看”和“三个违规”专项清理工作，6 月向集团上报《招标投标不规范问题清理整改“回头看”零报告承诺书》，并于 7 月通过集团招投标专项检查；深入开展评标专家专项培训，共组织培训 25 场，其中集中培训 12 场，培训评标专家 619 人次，增强了评委业务能力；全方位与中厚板公司进行采购对标，查找不足，加大合格供应商引入力度，助推公司采购成本持续降低；深入调研中联钢招标采购平台、郅易达平台、物联宝平台、聚惠采平台等网络采购平台，依据相关法律法规，优化平台程序，推动物联宝和郅易达平台实现线上审批，公司采购平台更加规范。

【绿化管理】 2018 年，河钢唐钢持续改善厂区环境面貌，巩固提升企业形象，坚持开展全民义务植树活动，组织义务植树职工 1.5 万人次，栽植法桐、杨树、火炬树、红叶碧桃、丁香、木槿、紫叶李、樱花等乔灌木 1.45 万株。全年，钢铁花园、水系生态园、文化广场、华新公园及贾家山和防护林带“四园一山一带”绿地，栽植各类乔灌木约 1000 株，色块 1200 平方米，耐荫性植物 1.4 万平方米，四季海棠、串红、孔雀草、鸡冠花等各色草花 13.5 万盆，补播冷季型草坪 4 万平方米，为创建“国内领先、国际一流”的现代化绿色钢铁企业提供了良好的生态环境。持续完善提升北区绿地景观，实施高强汽车板有限公司、中厚板公司等子分公司新建、改建项目绿地景观建设，其中炼铁北区栽植杨树、火炬树 5600 株，高强汽车板公司栽植法桐、白蜡、西府海棠等乔灌木 2470 株，中厚板公司绿化平安大道西侧、型钢道北侧及 3 号高炉周边等区域，新增绿地面积 9.59 万平方米，栽植乔灌木 4400 株。

【厂容环境管理】 2018 年，河钢唐钢加强厂容现场管理，严格费用预算审核，着力推动厂容现场治理与环保、安全生产深度融合，进一步巩固和提升企业形象建设。这一年，编制年度厂容绿化、工厂物业（部分）预算，组织多处道路及附属设施维修，共维修路灯 322 盏、亮化灯 1475 处，更换路灯 36 套、节能灯具 680 个、路灯电缆 680 米，维修路边石 1100 米、便道 2000 余平方米、草坪边缘砖 1270 米，清理雨水井 1400 口；下发《关于开展春季灭鼠活动月及消杀工作的通知》，购置发放各类消杀器械、药品 782 余箱，有效预防“四害”导致的传染病流行，减少鼠媒停电事故的发生，保证广大职工的身体健康；实行“日检查、周通报、月考核、季联查与评比排名”的管控模式，坚持从生产、生活、设备、环保、消防安全、能源等 6 个维度，对厂容现场环境开展全方位、立体式、全覆盖检查，督导基层单位完成自查自纠整改项目 3300 余项；深入开展厂容现场季度创先争优竞赛活动，营造厂容现场管理比、学、赶、超氛围，增强广大职工对厂容治理的重视程度，为厂容现场管理工作顺利开展提供有力保障。

【对外投资管理】 2018年，河钢唐钢鉴于唐山佳华煤化工有限公司（简称“佳华公司”）与河钢乐钢和唐钢中厚板公司毗邻且处于化工产业园区之内，拥有205.21万平方米土地、铁路线和部分可利用的化工资产，是河钢唐钢焦化项目的落地的最佳选择，河钢唐钢参加佳华公司招募意向重整方报名。经过两轮评选，唐山市中级人民法院批准河钢唐钢制定的唐山佳华煤化工有限公司重整计划，10月，完成佳华公司的股东变更，佳华公司为河钢唐钢的全资子公司。年内，公司着力推进保定板材增资项目、对向海增资以开展汽车板剪切加工项目、收购五矿新港49%股权项目和天津加工项目等4个钢材加工中心项目建设，加快解决汽车板对用户直销瓶颈问题，为汽车主机厂及配套厂提供高品质的钢板加工配送服务，提高高强汽车板产品竞争力和市场占有率。

【工商管理】 2018年，河钢唐钢严格遵循公司证照管理办法，进一步规范公司证照使用程序，及时对公司工商证照进行变更，并抓好协助、指导、监督下属子分公司工商证照管理工作，共协助对外投资单位办理工商变更17次。6月，完成唐山钢铁集团公司和河钢股份有限公司唐山分公司2017年度企业年度报告公示，督导子分公司按时完成2017年度企业年度报告公示。9月27日，完成公司增资扩股。10月10日，办理唐山佳华煤化工有限公司工商变更。

【产权管理】 2018年，河钢唐钢全面梳理公司对外投资及产权管理事项的实施情况、决策审批程序、产权登记、过程文件等资料，建立完善产权管理台账及档案，及时对省国资委产权登记管理信息系统数据进行更新，确保产权系统数据准确无误。全年，办理完成钢源（斯梅代雷沃）有限公司、唐山佳华煤化工有限公司占有产权登记及唐山郅易商贸有限公司、唐山钢铁国际工程技术股份有限公司、唐钢华冶（天津）钢材营销有限公司、唐山唐钢物业服务有限公司、唐山佳华煤化工有限公司、唐山惠唐物联科技有限公司、滦县唐钢气体有限公司的产权变动登记。

【治理结构制度建设】 2018年，河钢唐钢在完善公司章程和议事规则的基础上，进一步加强公司治理结构制度体系建设，督导中厚板公司、唐钢华冶（天津）钢材营销有限公司、唐龙（唐昂）新型建材有限公司、唐山弘慈医院、钢源冶金炉料有限公司、青龙炉料有限公司等单位，建立健全对外投资管理制度、关联交易管理制度、全面预算管理制度、内部控制管理制度等规章制度，确保外派董事、监事的决策、监督权限落实落地，强化公司对重要事项决策的管控。年内，公司优化外派董事行权管理流程，建立外派董事行权联审汇报机制，联审投资企业议案，形成审核意见，提交公司董事会审议表决，出具《外派董事行权意见书》，确保外派董事严格按照公司意见行权，调动外派董事、监事履职积极性，充分维护公司合法权益。

【风险管控】 2018年，河钢唐钢强化“风险”“内控”的统筹谋划，紧盯重点风险事项，加强人员培训和素质提升，提高风险管控水平，持续推进风险管控与体系管理的深度融合。年内，全面梳理公司管理流程，精准识别每项流程的风险点，制定针对性措施，建立风险控制矩阵，将管控措施落实到具体制度和表单，做到风险管控精细化；结合汽车钢质量管理体系审核发现的问题，全面落实问题整改及管理改进提升举措，完善程序文件和配套管理办法、记录表单，将风险管控融入公司日常专业管理体系；跟踪重点风险事项，相继制定钢铁产业政策风险应对策略、现金流管理风险应急预案、环保政策/环保法律风险应对策略等管控方案；加强相关方管理，梳理整合公司质量、安全和职业卫生、环境等管理体系中涉及相关方管理的规章制度，制定《相关方管理程序》，完善相关方术语、管理流程和管理内容要求。同时，健全完善关于收集识别相关方期望与要求的制度和流程，客户的期望和要求更加明确、精准，为提供高质量客户服务提供制度支撑。

【土地资源管理】 2018年，河钢唐钢制定下发公司土地管理办法和公司土地租金管理办法，健全土地管理制度体系，加大项目用地审批、转让等工作的推进力度，持续加强企业用地规范化管理。当年，依据乐钢钢铁项目设计总图要求，有序推进乐钢钢铁项目用地审批工作，4月办理4号地块41.53万平方米土地出让及相关证件，5月重点做好黄海路南侧146.67万平方米内涉及的农用地转用审批工作；相继完成美锦焦化项目二期6.6万平方米土地转用审批和出让手续的办理、高强汽车板公司二期35万平方米用地手续的完善工作。

人力资源管理

【推进操作维护系列改革】 2018年，河钢唐钢结合操作维护队伍实际，推进操作维护系列改革，引导高技能人才流向，建设知识型、技能型、高效型、创新型操作人才队伍，对操作维护系列岗位进行重塑，保证操作技术传承与发展。当年，深入炼铁厂、一钢轧厂、二钢轧厂、冷轧薄板厂、高强汽车板有限公司、型钢厂、不锈钢有限责任公司、中厚板材有限公司等生产主业单位现场调研，按照生产工艺流程对操作岗位进行摸底，规范4222个岗位职业及工种名称，对操作岗位进行分类别管理；重新编制炼铁厂、一钢轧厂、冷轧薄板厂、信息自动化部、物流分公司、重机装备公司等48家单位组织机构定员台账，修订完善《操作维护系列岗位规范表》《公司产线及操作维护系列关键岗位一览表》，下发《操作维护系列改革实施方案（征求意见稿）》，年末基本完成《操作维护系列改革实施方案》制定，为进一步建立规范化、职业化、梯队化操作维护系列岗位体系、实现公司整体人力资源队伍良性发展提供支撑。

【推进“强服务、提效率、转机制”工作】 2018年，河钢唐钢在两级机关、双职能部室范围内，结合自身管理效率和分管业务效率，深入开展“强服务、提效率、转机制”工作，转变职能部门工作作风，依据业务流程进行组织重塑，提高专业服务水平，提升公司运营管理效率，企业内部活力不断释放。重新梳理管理流程，充分厘清两级机关和双职能部门业务及事务工作，将事务工作实施大厅化管理，以业务流程设计规范职责梳理，坚持各司其职、各尽其责，实现流程化、信息化办公；搭建组织架构，科学界定管理职能与服务职能，按照流程与职责合理设计相应机构与岗位，适应公司转型升级和高质量发展；将协同性工作嵌入到流程中，努力发挥业务流程协同作用，形成网格化管理，做到各项业务有制度、有流程、有计划、有实施、有检查、有改善，形成闭环控制，推进公司各项运营活动规范化、标准化。

【推进作业长制】 2018年，河钢唐钢根据战略要求，坚持以体系落地为抓手，以作业区飞检为手段，以打造一支过硬的作业长队伍为落脚点，以突出作业长核心作用为路径，全面推进作业长制，加强作业长队伍建设，巩固“五制配套”管理制度落地，强化职能部室参与度，提高公司整体运营效率，筑牢企业基础管理基石，实现基层管理水平持续改进、螺旋上升。当年，公司在聘作业长670人。这一年，修订《作业长管理办法》，利用素质模型建立作业长评价和分级制度，重新定义作业长队伍选拔、聘任、使用、评价、晋升、退出标准及流程，规范作业长队伍管理；完善《示范作业区评选管理办法》《职能部室与作业长制推进单位双向评价管理办法》《以作业长制为中心的“五制配套”模式推进管理程序》等相关制度，为作业长制顺利推进提供规范的制度保障；成立6个飞检小组，由管理专家任组长，相关职能部室专业人员参加检查，坚持以辅导为主、检查为辅原则，每月深入14家重点推进单位作业区进行飞检，助力作业区解决生产难题，年内共组织作业区飞检8次，累计时间40天，飞检作业区192个，总结各类飞检问题937项，解决率达到90%；推进作业长履职清单活动，选取一钢轧厂、冷轧薄板厂、高强汽车板有限公司及不锈钢公司4个作业区为试点，根据作业区辅导材料、各职能部室制度制定情况，删减合并重复项目，实现职能部室协同联动，作业区管理效率显著提升；持续推进作业长培训，组织作业长素质提升培训605人，及格率85.78%，作业长资格培训379人，及格率80%；组织开展首届作业长制推进优秀论文评选活动，收到论文128篇，评选一、二、三等奖共计20篇，促进作业长素质能力提升。

【高端人才引进】 2018年，河钢唐钢全方位大力度强化人才支撑，针对高质量发展和客户结构调整、产品结构优化两大中心工作对高端人才的迫切需求，加大市场化选聘高端人才力度，努力打造高素质的人才队伍，为公司高质量发展提供智力支撑。全年，引进高端人才17人，其中市场化引进9人，包括原首钢集团研究院首席研究员及成形技术首席工程师、原一汽集团材料主任工程师、原华菱安赛乐米塔尔汽车板有限公司（VAMA）资深技术支持及大客户经理等人才，引进北京航空航天大学、北京科技大学等高校应届博士生8人，相关人才在客户现场服务、产品技术沟通及导师带徒等方面发挥重要的引领作用。年内，进一步完善《高端人才引进与管理办法》，及时有效规范人才市场化引进及管理流程，着力打造人才市场化引进机制，引进领军类、客户需求类、市场营销类、产品研发类、延伸产业链类、高端后备类等六类人才，构建汽车板高端人才链模型，实现研销产用一体化人才配备，为进一步巩固提升公司汽车板、家电板等高端产品质量档次打响品牌，全面加快产业升级提供了人才保障。

【人力资源优化配置】 2018年，河钢唐钢根据战略部署和生产经营需要，提前制定人力资源规划，科学优化人力资源配置，保障了人才供应。全年，共优化人员1500余人。这一年，科学编制人力资源规划，全面分析各单位人力资源现状并合理制定抽调方案，完善河钢乐亭钢铁项目人员配置，拟定后续人员抽调配置计划，为河钢乐亭钢铁项目优化配置各专业技管人员和关键岗位人员400余人，保证河钢乐亭钢铁项目人员需求；下发《关于进一步完善事业部制运营模式的通知》，优化完善事业部人员配置，抽调生产、销售及研发骨干411人支撑各事业部建设，保证事业部平稳运行；落实专业化管理，将城市服务有限责任公司下辖物业66人优化配置至房地产开发有限公司管理，将中厚板公司制氧作业区40人优化配置至气体公司管理；充分挖掘人力资源潜能，为新建项目做好人员支撑，开展3次公司内部招聘活动，抽调97名骨干职工至普锐特合资公司，保证合资公司人员配置和正常运营。

【人员动态调整机制】 2018年，河钢唐钢贯彻落实人才战略部署，不断完善人才队伍建设，不拘一格选拔人才，拓宽人才成长通道，构建动态人才管理机制，努力适应高质量发展需要。当年，聘任、调整科级管理人员411人，其中正科级145人、副科级266人，80后科级管理人员210人，80后占总比例的51.09%。这一年，进一步完善人才管理制度，修订《专家管理办法》《科级人员管理办法》《专业技术人员管理办法》，从人才梯队建设、重点人才培养、聘任流程管理等方面，加强人才队伍管理，提升职工归属感。强化科级人员管理，规范科级提拔、聘任管理流程，严格聘任资格及任职条件，推进科级队伍年轻化、知识化、专业化，保证科级管理队伍整体素质。当年末，公司在聘科级管理人员921人，其中正科级449人、副科级472人，80后科级管理人员288人，80后占比达31.27%。

【人力资源信息化管理】 2018年，河钢唐钢创新工作思路，加强人力资源信息化管理体系建设，完善管理模式及管理工具，优化信息化系统，为人力资源管理增添新动力。年内，按照《员工素质绩效能力积分制方案》管理要求，进行配套积分制信息化系统建设，为员工积分制管理推进提供标准化操作平台；充分运用人力资源五套管理系统，进一步分析业务逻辑，梳理核实12个大项221个小项信息，人员覆盖公司在册在岗职工及劳务派遣员工，实现各系统业务无缝衔接，保障业务流程规范完整；遵循服务企业、服务职工理念，精心运维唐钢微信平台，职工关注微信人数已近2万人，推送各类人资消息1000余条，受到广大职工欢迎；优化线上审批流程，利用HR-SAP系统进行薪酬审批，对新增及调整业务流进行上线运行，提高管理效率和职工满意度，实现薪酬管理信息化；以保障企业及职工信息安全为中心，结合专业安全认证，进行人力资源部防渗透测试，针对系统安全隐患调整优化，保障公司人力资源系统在外网环境下的信息安全。

【人力资源培训】 2018年，河钢唐钢深入推进培训体制创新，落实《2018年度员工素质能力提升实施方案》，稳步推进培训体系建设，实施多元化培训模式，实行员工培训成长积分制，激发员工内生学习动力，促进职工队伍整体素质能力提升。全年，开设培训项目77项，开办培训班2817批次，培训10.89万人次，人均139课时，培训计划完成率96.8%。这一年，加强培训管理，修订完善《人力资源管理程序》《职工教育培训经费提取与使用管理办法》《培训管理办法》《员工外送培训管理办法》，规范公司教育培训管理流程，完善教育培训计划、教育培训实施管理及评估机制，提升教育培训经费使用效益，落实重点培训项目，在技术、管理、操作三大系列基础培训基础上，开展营销、质量、产品、大客户专题性系列培训，组织IATF16949、ISO14001环保内审、ISO50001能源内审员、测量管理体系、职业健康安全OHSAS18001等五大体系专项培训，有效提升五大体系管理水平；围绕作业长资格培训、作业长素质提升培训、三星计划、匠人讲堂、专家讲堂等开展系列培训，加大海外项目培训力度，为河钢塞尔维亚公司举办培训8期，其中唐钢专家人员赴塞钢辅导交流3期，塞钢人员来唐钢培训交流5期，合计700余人次，辅导培训内容为转炉全工艺、热轧全工艺、冷轧全工艺、设备维护与务实、IT实务、质量绩效和标准实务、现代化物流管理与实务、软实力管理改进等，辅导培训工作获得塞钢各方高度评价，有力助推集团和公司参与“一带一路”建设。

【内部师资建设】 2018年，河钢唐钢充分挖掘内部培训资源，加强内部师资建设，激励各级人员参与培训工作，建立内部培训师队伍，整合自主学习系统、培训精确管控系统资源，依照各层次、级别开发相应课程，不断拓宽课程资源渠道，建立手机端、PC端课程超市，为职工提供自主学习平台，丰富职工学习生活。这一年，注重开发内部教育资源，制定《内部培训师管理办法（暂行）》，下发《关于组织公司内部培训师选拔工作的通知》，进一步规范培训师选拔业务；建立公司首支规范化内训师团队，当年8月，公司各单位128名职工参与内训师试讲，录取100人进入公司首批内训师队伍，为进一步开展职工培训提供支撑；注重提炼各单位自主开发、具有公司内部特色的学习资料，在全公司范围内征集先进工作方法、制度解读、管理成果展示、技术规程及应用、专业知识讲解、管理工具应用、党建与政策解读、法律及法律事务等课程资源130余项，上传至课程超市，方便职工学习，促进培训资源开放共享，满足职工多样化、个性化培训需求。

【匠人讲堂】 2018年，河钢唐钢积极落实国家关于建设技能人才队伍相关实施意见，搭建技术技能传承交流平台，推进“匠人讲堂”活动，促进职工凝练岗位知识，传承工作经验，倡导弘扬敬业、精益、专注、创新的匠人精神。年内，13名“匠人”登上讲堂，授课录课24课时13门课程，约330人接受线下培训，线上学习300人次，收集课堂讲义近13万字。匠人讲堂中“匠人”包括公司操作序列聘任的主任操作师及以上级别职工，市级大赛获奖前三名或省级以上大赛获得名次职工，以及各专业具有先进操作方法、独到见解的职工，根据授课内容不同，通过讲座、现场教学与交流、模拟演练等方式授课。这一年，制定《“匠人讲堂”活动实施方案》，明确课程申报、课程组织、授课形式、活动周期、激励措施等内容。当年5月9日，公司“匠人讲堂”开班仪式在河钢唐钢大学报告厅举行，公司党委书记、董事长王兰玉出席开班仪式，提出要大力弘扬工匠精神，传承职工在工艺技术、设备管理和岗位操作等方面长期积累的知识技能，开创全公司尊崇工匠、培育工匠文化和人才建设新局面，推动公司由快速发展向高质量发展转变；公司首席操作专家郑久强，以《匠人精神造就新时代钢铁工匠》为题，讲授开班第一课。

【推进三星计划】 2018年，河钢唐钢实施人才保留战略，推行三星计划，将其作为公司人才培养重要项目，加速大学生员工成长，为公司培育高级管理人才、技术人才和操作人才提供支持。年末，共有“岗位金星”36人、“岗位银星”46人、“岗位之星”68人；43名学员晋升为科级或作业长，39名学员晋升为主任师或主管师。年内，加大培训力度，组织集中培训3次累计36学时，内容涵盖经营战略、管理体系、市场营销、专业技术等课程，优化调整学员选拔、课程设置、授课方式等内容，选拔过程注重单位推荐，弱化硬性理论研究，注重人才为产线作出的实际贡献，选拔名额向产线倾斜，鼓励大学生员工扎根产线；优化课程设置，关注课程系统性规划，“岗位之星”侧重知识储备类，“岗位银星”侧重技能拓展类，开拓学员眼界，有效提升学员综合素质；整合平台资源打破班级制，各单位、各专业、各岗位的学员资源分享，方便学员交流、沟通、学习，实现资源利用最大化。

【专家管理】 2018年，河钢唐钢持续完善专家队伍建设，按照上年度专家考核工作结果，调整专家33人，其中晋升首席专家3人，资深专家3人、增聘专业专家（含作业师）27人。这一年，加大专家管理力度，进一步发挥专家创新引领作用，修订完善《专家管理办法（暂行）》，确保其贴近产线、服务产线，专家队伍呈现专业化、专职化、梯队化特点，年内公司各级专家完成40余项管理和技术领域重点课题。年末，公司共有各类专家139人，其中技管类专家101人，包括首席专家5人、资深专家8人、专业专家88人，操作类专家38人。

【专家讲堂】 2018年，河钢唐钢不断完善专家讲堂，形成线上选课、线下授课、录制微课的成熟模式，在知识传承方面发挥重要作用。全年，共举办专家讲堂16期，52名专家进行授课，上传微课78门，线下听课4600余人次，线上听课2.66万人次，初步搭建起专家知识库，供广大职工学习。年内，注重发挥专家作用，吸纳引进高端人才、外籍专家、外聘专家等为特聘授课教师，增加课后技术交流，提高课程吸收，促进知识转化，助力产线效率提升。

【职业技能鉴定】 2018年，河钢唐钢坚持开展职业技能鉴定，提升岗位人员操作水平，866人通过技能鉴定，其中技师、高级技师241人，初级、中级、高级工625人。这一年，做好职业技能鉴定，报名培训1557人，其中技师、高级技师501人，包括通用工种372人，冶金行业129人；初级、中级、高级工1056人，包括通用工种524人，冶金行业532人，涉及车工、电工、焊工等22个工种。

【承办“唐山工匠”职业技能大赛】 2018年，河钢唐钢与唐山市劳动技师学院等5家单位承办由唐山市人力资源与社会保障局、唐山市总工会主办的首届“唐山工匠”职业技能大赛。大赛设转炉炼钢工、高炉炼铁工、轧钢工、数控车工、数控铣工等20个竞赛工种，来自首钢京唐、首钢迁钢等10多家单位507名选手参加比赛。公司200余名职工参加转炉炼钢工、高炉炼铁工、轧钢工、焊接技术、计算机程序设计（数字设计与制造）、机械制图员（计算机辅助设计CAD）、化学检验工、电气控制系统安装与调试、工业机器人装调维修工、起重装卸机械操作工等11个职业（工种）比赛，6个职业（工种）29人进入前十名，其中第一名4人，第二名4人，第三名5人，包揽转炉炼钢工、高炉炼铁工、轧钢工前三名。

【专业技术职务评审】 2018年，河钢唐钢做好专业技术职务评审，利用初聘、考试和评审等考评方式，规范评审流程，21人取得工程类正高级专业技术职务资格，189人取得工程类高级专业技术职务资格，111人取得工程类中级专业技术职务资格，126人取得工程类初级专业技术职务资格，12人取得经济类高级专业技术职务资格，3人取得政工类高级专业技术职务资格，4人取得政工类中级专业技术职务资格。

【社会保险管理】 2018年，河钢唐钢积极执行国家、省市有关养老保险政策规定，认真做好职工保险管理，为职工提供精准服务。年内，根据省市安排，为2.64万名退休人员调整年度养老金，人均月增资154.21元，为离退休人员发放企业补贴及军转干部补贴3779万元，保证离退休人员待遇落实；及时核定调整养老、失业、工伤、医疗、住房公积金、生育保险等各项保险缴费基数，按时足额缴纳各项社会保险费用11.96亿元；及时调整相关险种缴费比例，当年1月工伤保险缴费费率由2.88%下调至2.73%、生育保险缴费比例由0.5%恢复至0.8%；加强职工门诊就医及待遇申报审批，上报慢病初审256人次，保证慢病职工享受特殊门诊报销待遇；推进企业年金及各项年金保险待遇申报工作，修订原企业年金实施方案，召开企业年金年度工作会议，安排部署年度企业年金管理工作，保证企业年金按计划推进；充分利用国家政策，为职工争取最大权益，审批通过183名特殊工种职工退休，申报上年度从事特殊工种工作4525人次，申报保留提前退休工种227个，申报冷轧薄板厂、高强汽车板有限公司、炼铁焦化区、美锦（唐山）煤化工公司、重机装备公司等5个单位新增特殊工种17个。

【薪酬制度完善与薪等调整】 2018年，河钢唐钢强化薪酬管理，完善薪酬管理制度，合理统筹使用工资总额，提高使用效率和效果。年内，修订《关于提高大学生员工试用期期间和试用期满薪酬有关规定的通知》《各类人员奖金分配监督管理办法》，将薪酬激励政策向一线人员、产销研关键岗位人员倾斜；贯彻落实薪酬分配制度改革，实施薪等调整，涉及在岗职工薪等晋升指标5391个，薪等降低指标231个，纯增岗位工资446万元，劳务派遣职工薪等晋升指标699个，降低指标41个，纯增工资56.5万元，薪等晋升指数向产销研人员倾斜10%，对大学生试用期和转正定级待遇提高6.5%，提高竞业津贴16.6%，激励机制得到有效发挥。

【专业技术职务岗位化改革】 2018年，河钢唐钢加强专业技术人员管理，将原专业技术职务指数化模式转变为专业技术职务岗位化模式，打造科学化、标准化、梯队化和个性化专业技术人员管理团队。年内，聘任专业技术人员2265人，其中主任师138人，主管师634人，专业师1169人，一级协理240人，二级协理84人；其中主任师增加50人，主管师增加225人，专业师增加309人，有效调动了专业技术人员的工作积极性，激发了专业技术队伍创新活力。当年1月19日，下发《专业技术系列岗位体系改革实施方案》，按照专业技术系列岗位设置要求，以岗位说明书为依据，建立首席专家（专员、总监）、资深专家（专员、总监）、专业专家（专员、总监）、主任师（副总监）、主管师（经理）、专业师（副经理）、协理为岗位的专业技术系列，主任师、主管师、专业师、协理岗位设置按照技术人才队伍结构、专业特点和岗位重要程度进行设置，实行专业技术职务岗位化管理。修订《专业技术人员管理办法》，明确主任师、主管师、专业师及协理岗位的聘任原则、任职资格、聘任权限与程序、聘任期限与解聘、年度考核等内容，完善配套管理制度，严把选拔聘任标准，完善薪酬激励政策，以产线、研发、营销等关键岗位为重点，做好专业技术人员聘任工作，保证专业技术人员待遇。年末，公司在聘主任操作师136人，专业操作师1312人，一级操作员7415人，二级操作员1844人，三级操作员4433人。

【非在岗人员管理】 2018年，河钢唐钢加强非在岗人员管理，充分利用国家政策，依据省、市文件精神，积极协调市人社局等相关部门，争取援企稳岗专项资金，全年争取各类奖补资金和稳岗补贴约3.4亿元，在一定程度上缓解了公司的经营压力，帮助转岗职工渡过难关。统筹管理公司厂内退休、离岗休养等非在岗人员，年末共有厂内退休职工1997人，离岗休养职工1125人，其他各类人员160人。7月，组织按比例安置残疾人就业年审工作，实现免缴残疾人就业保障金的目标。

法律事务管理

【法律事务体系建设】 2018年，河钢唐钢持续完善法律事务管理体系，进一步修订《法律事务管理办法》《合同管理办法》《案件管理办法》，将原《合同预评审管理办法》并入《合同管理办法》，废止《合同预评审管理办法》，将《案件管理办法》更名为《诉讼与非诉讼事务管理办法》，新增《子公司法律事务管理办法》，并在年度普法培训中进行详细讲解，进一步增强全员法律意识，提高公司法律事务管理水平；根据公司诉讼文书的执行现状，制定下发《诉讼与非诉讼生效法律文书履行管理办法》，简化流程，提高效率，化解因不能及时执行生效法律文书给公司带来的风险。定期召开法律事务员会议，深入交流讨论，确保了管理体系进一步落地。

【组织法律事务管理体系检查】 2018年，河钢唐钢加强法律事务管理体系管理，组织对公司本部及子分公司共计45家单位开展法律事务管理体系运行情况检查工作，形成年度法律事务管理体系运行情况检查通报，并督导各相关单位对存在的问题进行整改。加强普法宣传教育，面向各单位科级以上干部、合同签订人员、法律事务管理人员，从违法危害后果到具体的解决措施进行具体细致讲解；结合各单位工作内容性质差异，针对不同问题，组织法律事务部专业人员深入一线，进行专业知识识别、防范，对重点部门、重点业务上存在的法律事务管理问题进行业务指导并协助整改。

【参与重大投融资项目】 2018 年，河钢唐钢重视重大投融资业务规范管理，由法律事务部持续跟进重大投融资项目，参与尽职调查、风险评估与论证、参加谈判、起草审核交易文件、公司章程及相关行政制度，提供专业法律服务，保障项目建设活动合法合规，将建设风险控制在风险承受范围内，促进建设项目目标的实现，为公司重大经营决策提供法律保障。全年，参与佳华重整项目、河钢产业升级及宣钢产能转移项目、台州年产 32 万吨汽车钢板加工配送中心项目，针对履行中遇到的问题及时进行分析、论证，积极提供建设性法律意见和建议。在佳华重整项目中，经过数次项目研讨、法律论证、审慎分析，最终市中院裁定批准公司对佳华公司的重整计划。年末，佳华重整项目基本完成交接。

【合同管理】 2018 年，河钢唐钢加强合同管理，完善合同管理制度，加强监管和考核，促进法律风险进一步降低。全年，规范审查各类法律文件 217 份，出具法律意见书 66 份，其中重大预评审合同 23 份；报送合同审查率 100%，动态监管合同 5000 余份。这一年，加强合同基础管理，严格执行《合同管理办法》相关规定，全面审核合同文本，出具法律意见书，提示法律风险，密切关注重大合同的签订与履行，在全公司范围内推行合同标准版本，完善授权管理；修订完善合同管理制度，整合、优化合同管理业务流程，做好动态监管，提高工作效率；强化考核，结合公司经济责任制考核办法进一步完善考核机制，针对各单位日常管理情况，建立合同日常管理档案，以此作为考核依据，保障合同管理规范化、制度化。

【案件管理】 2018 年，河钢唐钢坚持案件纠纷联动解决机制，加强诉讼与非诉案件管理，最大限度维护公司合法权益，多起重大案件取得突破性进展。全年，代理诉讼案件 19 起，结案 10 起，直接避免损失 4 亿余元。其中重大疑难案件中华乐业购销合同纠纷案结案并执行完毕，该案历时 18 年，涉案标的 4.95 亿元，避免损失 4.07 亿元。年内，坚持案件研讨会制度，针对实际工作中遇到的案例，集思广益，理清案件思路，对公司“三供一业”项目移交提供法律支持，维护公司合法权益。

【法治宣传教育】 2018 年，河钢唐钢大力推进法治宣传教育，深入拓展普法宣传途径，建立公司与各二级单位联动普法宣传工作格局，普及国家最新出台的政策法规，提升全员法律意识，促进法治宣传方式多样化，普法工作实现常态化、个性化。全年，印制发放普法宣传材料 700 余册；组织普法培训 9 起，培训 1700 人时，其中大型培训 3 起，解答各类法律咨询 2500 余次。年内，围绕公司《关于开展法治宣传教育的第七个五年规划》文件精神，结合全年任务目标、重点工作安排，制定《2018 年度普法工作计划》，明确各单位在普法工作中的职责划分，确定各季度普法宣传的重点，量化法治宣传任务指标和考核办法，建立全员参与、成果共享的普法宣传长效机制；拓展普法宣传途径，印制发放普法宣传材料，利用 OA 办公自动化系统宣传法律知识，在公司官方微信公众号开设“法在身边”专栏，定期推送普法宣传类及法律小知识稿件 50 余篇，营造浓厚的法治氛围。

【开展法律知识培训和法人授权考试】 2018 年 1 月 6 日，河钢唐钢举办年度法律知识培训和法人授权考试，各单位法律事务主管领导、法律事务管理人员以及合同业务人员共计200余人参加培训和考试。此次培训，法律事务部向各单位通报上年度合同管理检查情况，组织专业人员进行专题培训，并组织法人授权考试。6月22日，组织开展2018年度公司普法培训，邀请市政府法律顾问进行《弘扬宪法精神，树立宪法权威》专题讲座，广泛普及宪法知识。12月，开展“国家宪法日”法制宣传月活动，深入落实集团“七五”普法规划和集团精神，通过展示宪法知识宣传海报，发放宣传资料，在微信公众号、报纸、网络等媒体平台发布法制宣传信息和提供法律咨询等多种形式，向广大干部职工普及宪法、法律知识，弘扬社会主义法治精神，解决职工在日常生活中遇到的法律难题，发放宪法法条读本300余册，为公司职工提供现场法律咨询。

非钢产业管理

【非钢产业经营】 2018年，河钢唐钢以集团非钢产业发展纲要为指引，积极推进体制机制改革及市场化运营，延伸钢铁主业产业链，培育壮大现代工业服务业，促进非钢产业创效能力和经营业绩实现新提升。全年，实现营业收入124亿元，利润3.64亿元；外部收入40.1亿元；消化人工成本16.2亿元。

【管控体系建设】 2018年，河钢唐钢加强非钢系统运营管控体系建设，着力完善“一厂一策”管控体系，采用实地调研、作业长制现场辅导、服务标准体系执行等方式，对所有非钢单位原有体系实施过程监控，修订非钢体系管控制度文件，对非钢体系业务协同、运营管理、企划发展三个专业制度进行更新完善，不断满足非钢各行业发展特点，确保其合法合规运行。

【作业长制推进】 2018年，河钢唐钢在12家非钢单位推进作业长制，构建服务标准体系，编制下发《非钢系统2018年作业长制推进方案》，督导推进单位以作业长制为抓手，挖掘管理潜力，推动作业区基础管理水平快速提升。当年，组织业务骨干定期参加作业长制现场辅导和飞检工作，共检查问题68项，并督导完成整改；进一步明确服务标准体系，确定各单位重点工作、设定实施标准、明确实施目标，并定期组织检查服务标准体系推进情况，带动并促进服务质量目标化、服务过程程序化、服务方法规范化，提高各单位服务市场、服务客户质量和水平，为非钢单位参与外部市场竞争创造良好条件。

【构建市场化绩效管理模式】 2018年，河钢唐钢创新非钢单位绩效管理机制，构建市场化绩效管理模式，将出口量、产品结构、外部收入等作为重点指标，建立适合公司化、市场化运营的非钢单位经营绩效评价管理方案，深入推进落实，创效能力进一步提升。全年，外部市场创收40.1亿元，占非钢板块总收入的33%。年内，制定和实施《新增外部收入奖励办法》，鼓励非钢单位从外部市场增加收入；继续在气体公司、唐龙（唐昂）公司试行工资总额预算管理，进一步激发职工创效活力，最大限度挖掘试点单位生产、经营潜力，气体公司利润同比提高4854万元，唐龙（唐昂）公司利润同比提高158万元。

【发展规划编制】 2018年，河钢唐钢推进非钢产业规划编制，引领非钢产业特别是现代工业服务产业创新发展，推动公司转型升级。9月7日，对各非钢单位经营现状和发展思路进行深入细致调研和讨论，与冶金工业规划研究院签订规划编制服务合同，编制《河钢唐钢非钢产业2019—2021年发展规划》。根据集团工作安排，对公司现代工业服务产业以及节能环保、信息技术、新能源汽车服务产业等战略性新兴产业进行梳理，编制《河钢唐钢现代工业服务产业 2019—2021 年发展规划》《河钢唐钢战略性新兴产业 2019—2021 年发展规划》，进一步明确非钢产业未来发展的指导思想、发展方向、实施路径和重点项目，助力公司转型升级和高质量发展。

【对标管理】 2018 年，河钢唐钢加强非钢单位对标管理，持续优化各项经营指标，以核心业务对标管理为抓手，组织各单位将生产经营管理流程中的关键指标充实到对标指标体系中，作为各单位年度重点对标指标，按月分析并持续跟踪改进，促进非钢单位各项指标持续改善。当年，通过对标，持续跟踪的 109 项指标中有 60%得到改善，累计实现管理创效 1274 万元，有力促进了非钢整体盈利能力提高。

【开辟新产业】 2018 年，河钢唐钢积极探索培育新产业、新业态、新模式，推动非钢产业升级和结构优化，为非钢发展培育新的创效增长点、注入新动力。5 月 16 日，牵头组织编制《河钢唐钢智能制造整体解决方案》白皮书，加强自动化信息公司、信息自动化部、渤海国信公司、惠唐物联公司等 ICT 各业务单位协同合作，推动业务合作共享，成功促成渤海国信公司中标石横特钢 MES 建设项目，合同额 300 万元；积极发展大智移云产业，推进微尔云计算中心与苹果公司、招商银行等国内外知名企业、机构开展合作，积极承接集团供应链平台、财智云、乐亭钢铁数据中心等高端服务项目，云计算中心通过 T3 认证及河钢财智云一期项目验收，签订合同 15 项，并承接实施苹果二期 IDC 项目；布局智能制造产业，以“中国制造 2025”为导向，充分利用国家各项产业扶持政策，借助外力发展新兴产业，惠唐物联公司“物联宝平台”建设项目以及气体公司“基于私有云的空分远程智能控制系统”建设项目，被列为 2018 年河北省互联网与先进制造业融合发展重点项目。

【国际市场开拓】 2018 年，河钢唐钢抢抓国家“一带一路”发展机遇，促进各非钢单位加大国际市场开发力度，提高优势产品出口量。全年，气体公司液氩产品实现对越南、泰国等多个国家和地区出口，出口总额国内领先；唐龙（唐昂）公司出口总量达 18.13 万吨，创收 3744 万元；时创高材公司出口额 5919 万元，同比增加 1716 万元；重机装备公司出口总量 4247 吨，销售额 5189 万元，远销印度、印度尼西亚、土耳其、西班牙、乌兹别克斯坦、乌克兰、美国、德国等多个国家。这一年，借助河钢塞钢平台，积极督促钢源炉料公司完成塞尔维亚项目建设土地资产转让、项目设计与报批；跟进时创高材公司滑板和滑动水口在塞钢试验进展，督促时创高材公司设计、研制机械、电气、液压等配套控制系统；推动重机公司轧辊产品完成塞钢试用，实现非钢优质产业产品输出，提高非钢出口创收水平。

【乐钢公辅系统建设】 2018 年，河钢唐钢抽调非钢系统各方优势力量，组织公辅项目承接单位与乐亭钢铁相关部门开展对接交流，促进工艺技术方案、可行性研究和相关协议等项工作开展和落实，积极寻求社会资本和力量参与乐钢公辅系统建设，跟进督导各公辅项目建设情况，针对项目难点制定可行性解决方案，确保乐钢公辅系统建设项目合法合规、按期保质、安全高效完工。年内，气体公司与河钢乐钢签署气体项目合作框架协议，就此项目注册成立中气投（唐山）气体有限公司；钢源炉料公司与河钢乐钢签署石灰项目合作框架协议，注册成立分公司，推动麦尔兹窑设计、土建、监理、鼓风机招标工作；渤海国信与河钢乐亭项目部门深入沟通对接，签署河钢乐钢整体设计及项目群管理合同并承接 ERP 系统项目；解决华奥公司承接河钢乐钢煤气余能利用项目中建设方式、资产归属等问题，推动双方签署框架协议、余能发电协议、技术协议和委托运营协议；哈斯科公司与河钢乐钢签订技术协议，签订一炼钢工业技术服务合同。

【风险管理】 2018 年，河钢唐钢加强非钢系统风险管理，有效开展非钢运营监管工作，及时发现业务管理问题，堵塞企业经营管理漏洞，推动非钢成本及各项经营指标持续优化。这一年，坚持开展经营活动月度分析，每月对非钢单位经营数据进行汇总、整理、分析，重点监控库存占用资金、应收账款、生产经营性资金等指标，预防经营风险；开展非钢单位物资采购情况专项审计工作，督导各单位逐项整改落实，取得成效。

【业务协同】 2018 年，河钢唐钢积极发挥非钢系统业务协同效应，开展项目协同、资源协同、市场协同，加强信息横向传递，提升管理响应速度，支撑非钢系统业务高效运行。年内，组织房地产公司访问信基集团，调研信基集团发展模式和愿景，洽谈房地产公司钢城春邑项目战略合作意向；组织气体公司、检修分公司、重机公司、创元方大公司、自动化信息公司在《河北冶金》期刊进行广告设计及投放，加强公司非钢产业对外业务宣传力度，促进非钢单位外部市场开拓；参加 2018 中国（唐山）国际钢铁冶金工业博览会，按照“绿色环保智能制造高质量发展”主题，设计参展方式，组织非钢单位确定参展展品、制作展品模型，为展会非钢产品宣介创造条件；更新公司外网非钢产业信息，组织 23 家非钢单位及“互联网+”项目做好宣传材料整理修订；协同开展非钢单位安全生产事故隐患大排查大整治活动，梳理气体公司、物流公司、重机公司等包联单位安全治理及联查情况，提交前 7 个月《事故隐患排查整改登记表》，协同做好省安监局对公司的安全管理工作，确保各非钢单位安全稳定运行。

【能力素质提升培训】 2018 年，河钢唐钢抓好非钢系统能力素质提升培训，按照培训计划甄选专业培训机构，开展调研，了解培训需求，探索体验式、互动式的培训方式，促进非钢系统管理人员素质进一步提升。当年，累计培训经营管理人员 10 课时 170 余人次。3 月 23—24 日，开展非钢经营团队素质提升第一期培训，培训主题为“运营管理与供应链讲座”，由中国物流学会常务理事担任主讲，非钢各单位厂部级领导和技术骨干近 120 人参加培训。培训主要讲授运营管理体系的规划设计及精益化供应链的构建等专题内容，系统性集体学习企业运营管理实务知识，进一步夯实经营团队运营管理的理论基础。

国际化经营

【运营管理塞钢】 2018 年，河钢唐钢协助塞钢利用好公司内部技术、管理与人才优势，深入挖掘企业自身潜力，做好生产运营管理，全力支持其经营业绩持续提升。全年，助力塞钢完成钢产量 178 万吨，成品材 153 万吨，实现营业收入 10.5 亿美元，同比增长 42%，实现利润 2200 万美元。年内，继续利用前期建立的高效畅通的联络渠道和汇报机制，定期收集、监管塞钢生产情况，采用每周生产情况总结和月度情况汇报，整理汇总日产量、设备检修情况、销售库存等情况，掌握其日常生产运营情况，遇到问题第一时间协调解决，保障生产稳定顺行。

【支撑塞钢技改项目】 2018 年，河钢唐钢积极协助塞钢做好技改项目建设，协调解决技改项目中的问题，确保项目按计划有序推进，工艺技术装备水平进一步提升。这一年，参加塞钢技改项目会议，收集中塞两地相关单位信息，掌握工作进展情况及存在的问题，每周向塞钢技改项目指挥部汇报，确保项目信息畅通；参加协调设计方面联络和技术交流，督促中冶建工新购设备资料返回和唐山钢铁国际工程技术有限公司设计资料完善移交，跟踪协调4号烧结机拆除、维修进度与维修过程，协调评估中存在的问题，确保项目顺利开展，利旧设备修复完成95%；定期召开视频协调会，组织相关技术人员赴塞，提供技术指导，协助技改工程实施，确保塞钢技改按照节点计划顺利推进。

【俄罗斯远东钢铁项目合作】 2018年，河钢唐钢积极推进与俄罗斯阿穆尔钢铁公司合作项目。该项目是基于俄罗斯巨大的能源与资源优势，在俄罗斯远东地区海参崴新建500万吨还原铁生产基地，为集团提供冷料。6月，公司领导与俄罗斯阿穆尔钢铁公司相关合作方进行多次交流与沟通，共同商讨前期需调研问题进行汇总。10月8日，公司与远东国际开发集团有限公司和阿尔马达股份公司三方签署《阿穆尔钢铁项目合作框架协议》，根据框架协议内容，尽快完成新厂址确定及可研报告，为签署正式合同做好准备。11月，与俄罗斯政府相关部门洽商，并实地考察海参崴周边港口，初步确定新建厂址。

【印尼钢铁项目合作】 2018年，河钢唐钢推进印尼钢铁项目合作，以富海印尼钢铁有限公司在印尼投资建设的钒钛磁铁海砂矿（年产1500万吨铁精矿）为原料，开展钒钛磁铁矿的综合利用，以闲置的生产线与设备的综合利用进行投资合作，并提供技术、管理支撑，从而降低投资成本和项目风险，助推钢铁厂实现产能转移与升级。该项目充分利用印尼丰富的自然资源、人力资源以及发展钢铁的天然条件，项目设计产能750万吨，一期建设280万吨钢材，分两个阶段实施，第一阶段年产90万吨螺纹钢、60万吨型材，建设期1.5年；第二阶段年产130万吨宽厚板材，建设期1.5年。年内，对在印尼当地建设钢厂所需的前提条件（包括动力介质、燃料、交通等）进行更翔实、全面的补充调研，为公司决策提供依据；同印尼富海钢铁项目进行交流，规定可研主要内容，并商定由富海公司提供可研委托书，加快推进印尼钢铁项目建设。

【乌克兰钢铁项目合作】 2018年7月，河钢唐钢集中力量谋划与乌克兰第聂伯河冶金厂合作推进乌克兰钢铁项目。该厂有高炉3座，日产铁3200吨，有50吨转炉3座，为全模铸钢材，需开坯轧制，计划新上1条连铸生产线。为此，公司以合理利用、盘活闲置产线与设备为出发点，积极竞标谋划合作。10月，公司领导带队组织对该厂有关连铸机建设进行考察、交流。11月，组织接待乌克兰方来公司考察交流。

【开拓国际合作新项目】 2018年，河钢唐钢积极寻找“一带一路”沿线国家新合作伙伴，加快推进公司国际化步伐，为公司“走出去”开拓新机遇。年内，与朝鲜新进经济联合体接洽，并进行实地考察，充分利用朝鲜丰富的矿山资源和低成本劳动力以及集团闲置的生产线设备，计划在朝鲜清津市新建300万吨铁、钢、轧配套项目，规划建设3座1080立方米高炉、3座65吨转炉、2台小方坯连铸机、1台矩形坯连铸机、2条线材生产线、1条棒材生产线和1条带钢生产线，以及配套公辅设施；加强对泰国GJSteel公司调研工作，了解泰国及周边地区钢铁需求，双方就互相关心的泰国钢铁需求来源、钢种、双方具备的优势等问题深入交换意见。

战略管控平台

运营改善部（董事会办公室）

【概况】 运营改善部（董事会办公室）是公司管理体系、现场管理、全员绩效管理、管理创新、招投标管理和厂容绿化的管控部门，同时是公司整体战略、对外投资、资本运营、国有产权管理、投资企业监管、土地资源管理、全面风险管理以及董事会日常事务管理的战略管控部门，负责公司管控体系的策划，制订和完善公司法人治理基本制度，规范董事会运作。2018 年末，运营改善部（董事会办公室）设部长 1 人，下设企业管理科、绩效管理科、系统创新科、厂容绿化科、招投标管理办公室、投资管理科、产权管理科、全面风险管理科、土地管理科和证券部（挂靠），共有职工 34 人。

【主要工作】 2018 年，运营改善部（董事会办公室）优化绩效要素管理设计，引导资源向产线配置，全面推进企业管理创新，健全招投标管理体系，规范采购流程，提高管理效率，强化厂容现场管控，持续巩固提升企业形象，着力做好资本运营管理和混合所有制改革等工作的顶层设计，助力公司高质量发展。

人力资源部（组织部、老干部管理部、离退休职工管理部）

【概况】 人力资源部（组织部、老干部管理部、离退休职工管理部）是公司人力资源规划、招聘、劳动组织、薪酬管理、人才培养、教育培训，公司党组织建设和干部队伍管理、领导班子建设、专家与离退休职工管理，以及就业指导等工作的综合职能管理部门。

2018 年末，人力资源部设部长 1 人，机关党工委书记 1 人，副部长 3 人；下设员工管理科、薪酬管理科、规划创新科、科技培训科、劳动保险科、博士生管理科、就业指导管理中心综合科、就业指导管理中心服务管理科、就业指导管理中心人力开发科、组织科、干部科、综合办公室（关工委）、离退休干部管理科、退休工人管理科、机关党工委办公室、人力资源公司等 16 个科室。共有职工 151 人，其中干部 120 人，工人 31 人；行政管理人员 28 人，专业技术人员 63 人，操作岗位职工 26 人，派驻各单位人力资源科 34 人。

【主要工作】 2018 年，人力资源部（组织部、老干部管理部、离退休职工管理部）认真贯彻落实集团和公司各项工作部署和要求，紧紧围绕公司“强服务、提效率、转机制”工作主线，大力开展体制机制改革，加强人才队伍建设、领导班子建设、专家队伍建设和后备中青年干部队伍培养，积极推行市场化人才引进机制，推进薪酬体系改革，为公司持续增强核心竞争力，推动公司高质量发展提供坚强人力资源保障。

发展规划部

【概况】 发展规划部是公司固定资产投资计划、发展规划及基建技改固定资产投资项目招投标合同、施工预算、工程施工、工程质量监督等工作的综合职能管理部门，在公司事业部制体系架构中划分于战略管控平台。

2018 年末，发展规划部设部长 1 人，副部长 2 人；下设综合管理科、规划科、工程管理科、合同科、预算科、工程质量监督科等6个科室，共有职工43人。

【主要工作】 2018年，发展规划部坚持以习近平新时代中国特色社会主义思想和党的十九大精神为指导，认真践行新发展理念，下大力气创新优化管理流程，全面加强投资风险管控，强化基建技改项目管理，在项目招投标、合同预算、工程管理、工程质量监督、投资控制、退城搬迁等工作中，严格履职，依法依规，从严管理，狠抓工程安全、质量、投资、进度等工作，确保公司基建技改项目按计划要求推进。

法律事务部

【概况】 法律事务部是公司法律事务管理的职能部门，全面负责管理、协调、审核公司各类法律事务工作，有效预防、控制公司生产经营管理过程中的法律风险。2018年末，法律事务部设部长1人；下设合同管理科、案件协调科、法律审核科3个科室。共有职工7人，其中男职工2人，女职工5人；中共党员6人；干部7人，其中科级干部3人（其中1人为部长助理，1人为法律专业专员）；管理及专业技术职工7人，其中高级职称1人，中级职称3人。职工中有硕士研究生2人，大学本科5人。

【主要工作】 2018年，法律事务部围绕公司总体经营目标，以服务公司健康发展为中心，突出法律支撑与服务，防范各类法律风险，构建并完善以事先防范和事中控制为主、事后救济为辅的公司法律风险防范体系。持续完善集中监管下的“业务归口，分级管理”的法律事务管理体系，形成了纵向到底、横向到边的全覆盖网格式的管理架构。采取单位包保、动态跟踪，现场指导、业务面授、派出顾问、设置媒体专题宣传栏等形式，全程深入开展合同管理、案件管理、法律审核以及普法宣传等各项法律事务工作，有效防范公司各类法律风险。

公共服务支撑平台

办公室（党委办公室）

【概况】 办公室（党委办公室）是公司综合文字、会务组织、接待服务、外事管理、信访稳定、机要保密管理，党群系统绩效管理与考核、调研督导、党史厂志编纂，以及公司办公费、印刷费、招待费归口管理等工作的综合职能管理部门。2018 年末，公司办公室（党委办公室）设主任 2 人、副主任 2 人，下设综合科、秘书科、接待科、信访科、调研督导科、党群工作科、北京办事处（北京唐钢宾馆）7 个科室，共有职工 41 人，其中干部 35 人，工人 6 人。

【主要工作】 2018 年，办公室（党委办公室）坚持“围绕中心、服务大局”宗旨，深入贯彻公司“强服务、提效率、转机制”管理思路，围绕发挥决策参谋、运转中枢职能作用，服务上级部门、公司领导和基层单位，协调党群系统开展工作，保证了公司各项工作的顺利开展，为公司提升综合竞争力，树立良好的企业形象发挥了积极作用。

财务经营部

【概况】 财务经营部是公司财务运作及生产经营谋划的专业管理部门，其主要职责是反映公司生产经营活动及经营成果管控，施行全成本控制，谋划、组织公司经营运作措施，为公司领导提供决策依据，促进企业生产经营持续改善。

2018 年 1 月，财务经营部进一步完善结算科和内部银行业务范围，组建财务共享服务中心。同年 8 月，组建税务管理科，加强全公司纳税筹划；基建财务科更名为资产管理科。

2018 年末，财务经营部设部长 1 人，副部长 3 人；下设成本管理科、资金管理科、共享中心、费用管理科、会计统计科、经营科、资产管理科、税务管理科、综合科等 9 个科室；统管炼铁厂、一钢轧厂、二钢轧厂、冷轧薄板厂、高强汽车板有限公司、能源科技分公司、型钢厂及惠唐乐港公司、市场部、创元方大公司、物流分公司、城市服务公司、重机装备公司、检修分公司、中厚板公司、不锈钢公司、唐龙（唐昂）公司、惠唐新事业公司、钢源炉料公司、房地产公司、青龙炉料公司、惠唐物联科技公司等 21 家单位财务科。共有职工 129 人。

【主要工作】 2018 年，财务经营部紧紧围绕公司生产经营方针，坚持共享、服务、风险、创新基本理念，树立大财务管理思路，聚焦市场和产品，建立适应事业部运行的财务管理模式，强化经营职责，深化财务共享体系建设，完善财务经营体系制度，狠抓资金和成本管控，实现全流程创效，助力公司生产经营取得历史性突破。

安全部

【概况】 安全部是公司安全管理的职能部门，全面负责公司安全生产、职业卫生和消防工作综合管理，对公司其他部门和各二级单位安全、职业卫生和消防工作进行指导、协调、监督、检查、评价和考核。2018 年末，安全部设厂部级干部 3 人；下设综合科、监督科、技术科、消防科 4 个科室；有在岗职工 26 人，其中干部 25 人，工人 1 人；中共党员 17 人；专业专家 1 人，科级干部 5 人；正高级职称 1 人，高级职称 4 人，中级职称 12 人。

【主要工作】 2018年，安全部认真贯彻落实国家、省、市以及集团关于安全生产的各项工作部署，狠抓安全责任落实，强化作业区、班组安全管理，坚持高频次、全方位隐患排查治理，严控作业过程管理，对公司生产经营起到了保驾护航作用。年内，公司被河北省安全生产协会授予“2018年度安全生产先进单位”称号。

市场部

【概况】 市场部是公司营销管理、销售价格管理、市场开发、客户服务、供应链管理等工作的综合职能管理及服务部门。其主要职能是负责公司各驻外网点的销售业务，参与公司销售价格管理，营销业务范围分布于华北、华中、华东、华南和西南地区，覆盖汽车用钢、家电类用钢、大型基建和生产装备制造用钢等领域。

2018年3月，根据公司事业部实体化运行的统一部署，市场部汽车板营销中心、家电板营销中心、品种板营销中心等3个营销中心统一划归事业部。市场部内部重新划分职责，组建营销管理中心、客户服务中心、战略客户开发中心和供应链发展规划中心，完善其营销管理部门和客户服务牵头部门职能，担负起战略客户开发和供应链网络建设等职责。

2018年末，市场部设部长1人，由公司领导兼任；党委书记1人，副部长3人(其中1人由公司总经理助理兼任)；共有职工107人，其中干部89人，科级干部16人，资深专家1人，专业专家1人，外聘专家3人，工人18人。下设综合办公室、采购供应科2个科室，营销管理中心、客户服务中心、战略客户开发中心、供应链发展规划中心等4个管理推进中心，上海服务中心、广州服务中心、重庆服务中心、山东服务中心、杭州服务中心、唐山服务中心等6个销售服务中心。

【主要工作】 2018年，市场部紧紧围绕“市场”与“产品”两大主题，向外拓展市场，向内驱动产品和产线升级，不断强化市场服务功能，持续提升营销管理水平，拓展高端产品销量，促进公司产品市场占有率提升。全年，开发新客户20家，产品销量93.72万吨，实现销售收入36.58亿元，实现利润1877万元；品种钢销量60.64万吨，品种比达到64.7%，其中汽车用钢销量32.59万吨，家电用钢销量16.23万吨，高端产品增创效益取得明显进步。

【党群工作】 2018年，市场部党委以加强党建基础管理工作为重点，深化党建带动群团组织建设，促进党群工作再上新水平。强化宣传思想工作，组织党委理论中心组集中学习14次，党委委员下基层宣讲16次，开展形势任务教育22次，组织十九大精神集中学习59次，发表宣传报道60余篇。落实公司党委党群工作网格化管理要求，每月制定党委工作计划，围绕重点工作安排组织学习、开展活动，年内5个月绩效分数保持在100分以上。落实党建工作责任制，组织召开19次党委会、12次政工例会，讨论党委重大事项，研究谋划基层党建工作。加强基层组织建设，为所有基层支部设立党员活动室，驻外党小组设立党员活动阵地，做到“有党员的地方就有党组织，有党组织的地方就有党员活动阵地”。发挥纪检监察作用，组织各种形式的廉政教育15次，签订党风廉政建设责任书，开展监察立项和廉政防控体系建设，对各领域开展明察暗访12次。做好群团工作，在职工中开展劳动竞赛、岗位创新、献计献策、职工服务、文体活动及宣传教育活动，并围绕“七大工程”开展丰富多样的岗位建功、创新创效、志愿服务等青年活动，较好地发挥了团员青年的生力军作用。年内，多个基层党、团组织获得公司先进荣誉称号，完成两项党建研究成果，省国资委系统优秀共产党员事迹在公司《钢铁先锋》刊发，学习贯彻十九大精神案例获公司党委学习贯彻党的十九大精神优秀案例二等奖。

能源环保部

【概况】 能源环保部是公司能源环保发展战略规划、体系管理、标准和指标管理、节能减排管理、能源平衡管理、固体（危险）废弃物管理、行政审批（或许可）等工作的综合职能部门，在公司事业部制体系架构中划分于公共服务支撑平台。2018 年末，能源环保部设部长 1 人，副部长 2 人；下设项目管理科、环保管理一科、环保管理二科、能源管理一科、能源管理二科、环境监控科 6 个科室，共有职工 41 人。

【主要工作】 2018 年，能源环保部坚持绿色发展理念，强化能源环保管理，坚持能源环保管理体系与作业长制相融合，依托科技进步，积极开展节水攻关，优化煤气平衡，改善能源利用效率，使能源成本持续降低。深入推进“强服务、提效率”工作，由“职能+管理”向“服务+管理”转变，从“实现绿色制造”向“实现制造绿色”转变，推进公司绿色化转型升级。

企业文化部（宣传部、统战部、党校）

【概况】 企业文化部（宣传部、统战部、党校）是公司推进企业文化建设、宣传思想工作、精神文明建设及统战等工作的综合职能管理部门。2018 年末，企业文化部（宣传部、统战部、党校）设部长 1 人、副部长 1 人；下设宣传文化科、外宣科、新闻中心、办公室（统战科）4 个科室，有干部 27 人、工人 7 人。

【主要工作】 2018 年，企业文化部（宣传部、统战部、党校）深入学习贯彻党的十九大精神，紧紧围绕集团发展战略谋划和公司生产经营实际，坚持思想引领、舆论先行，以统一思想、凝心聚力，明确任务、提振士气，培育文化、提升素养为目标，通过深化政治理论学习、强化新闻宣传引导、加强形势任务教育、提升企业文化与精神文明建设等工作，对内凝聚力量、对外提升形象，引导干部职工准确把握新常态、主动适应新要求，全面凝聚各种积极因素，为公司持续健康发展提供思想保证、精神动力和文化支撑。

监察部（纪委）

【概况】 公司纪委与监察部合署办公，实行一个机构两块牌子，是公司党委纪律检查和行政监察职能部门，在集团纪委和公司党委的双重领导下开展工作。2018 年末，公司纪委设书记 1 人，由公司级领导担任；监察部（纪委）设副书记、监察部部长 1 人，副部长 1 人。下设办公室、纪律检查室、效能监察室、信访审理室 4 个科室，有专职纪检监察干部 9 人。

【主要工作】 2018 年，监察部（纪委）在集团纪委和公司党委领导下，以习近平新时代中国特色社会主义思想为指导，认真学习贯彻党的十九大精神，深入落实上级纪委工作部署，树牢“四个意识”，践行“两个维护”，把握职责定位，运用“四种形态”，持之以恒正风肃纪，保持反腐败高压态势，推进全面从严治党向纵深发展，为公司生产经营和改革发展提供了坚强纪律保障。

工会（团委、计划生育办公室）

【概况】 工会（团委、计划生育办公室）是在公司党委领导下，独立负责地开展工会、共青团、计划生育管理各项工作。工会是公司党委联系职工群众的桥梁和纽带，是维护会员和职工利益的代表，在公司党委和上级工会领导下，按照《中国工会章程》独立开展各项活动。2018 年 7 月 16 日，河钢唐钢团委进一步调整部门机构，撤销原团务部，增设青工部、组宣部两个科级部室，其中组宣部配备部长、干事各 1 名，主要负责团委办公室、团的基层组织建设等 10 项职能；青工部配备部长、干事各 1 名，主要负责开展公司青年岗申请、创建工作等 8 项职能。11 月，工会增设财务科，将原办公室出纳业务专业管理师和会计业务协理岗位划归财务科。年末，公司工会（团委、计划生育办公室）设主席 1 人（公司级领导）、常务副主席 1 人（厂部级正职），副主席 2 人，副厂部级 2 人；工会下设办公室、财务科、生产保护部、生活女工部、组织民管部和宣教文体部 6 个部室，有在岗干部 15 人；团委设副书记 1 人，青工部副部长 1 人，组宣部干事 1 人；计划生育办公室设科长 1 人，干事 2 人。

【主要工作】 2018 年，公司各级工会组织认真贯彻落实党的十九大和全总十七大精神，聚焦“市场”和“产品”，深入开展职工岗位创新、劳动竞赛、技术比武等活动，充分发挥桥梁纽带作用，凝聚广大职工攻坚克难，深入挖潜创效，有力确保了公司生产经营和改革发展取得历史性突破。

2018 年，团委在公司党委和上级团委的正确领导下，紧密围绕公司生产经营中心，聚焦主责主业，以全面深化共青团改革为契机，围绕夯实团建基础、品牌创建工作、“七大工程”“1+100”团干部联系青年、阵地建设五项工作，组织团员青年开展一系列契合市场和产品两大主题的活动，团结带领广大团员青年积极应对市场挑战，主动投身公司生产经营实践，助力公司全年各项任务目标顺利实现，切实发挥了团组织服务企业生产经营、服务青年成长成才作用，获得“全国钢铁行业五四红旗团委”“省国资委五四红旗团委”称号。

2018 年，计划生育办公室认真宣传贯彻《河北省人口与计划生育条例》，围绕公司中心任务和职工需求，落实人口和计划生育奖励政策，完善计划生育信息管理平台，做好人口生育政策宣传工作，深入改革创新发展，为公司营造更加和谐稳定的人口环境。全年，男女职工生育 434 人，其中一胎生育 207 人，二胎生育 222 人，照顾三胎生育 5 人；职工符合政策生育率、人口奖励政策落实率、育能女职工孕情服务率均达 100%，较好地完成了市委市政府下达的人口和计划生育责任目标任务。

非钢管理部

【概况】 非钢管理部是公司非钢产业发展规划制定、非钢产业资源协调、非钢产业运营管理、非钢企业经营风险监控、非钢产业体制机制创新等工作的管理部门，在公司事业部制体系架构中划分于公共服务支撑平台。2018 年末，非钢管理部设部长 1 人，副部长 1 人；下设企划发展科、业务协同科、运营管理科 3 个科室；有在岗职工 10 人。

【主要工作】 2018 年，非钢管理部紧紧围绕集团和公司非钢产业发展部署，认真落实集团非钢产业工作会议和发展现代工业服务业工作会精神，突出抓好集团非钢工作会议指明的重点工作，创新非钢单位体制机制，科学制定非钢发展支撑措施，着力加快非钢优质资源向主业产业链延伸、现代工业服务业、城市服务业三个方向发展，全面提高非钢产业发展质量和创效能力，促进非钢发展再创新业绩。

国际合作部

【概况】 国际合作部是公司对外进行国际项目开拓、技术交流、合作等相关事务及公司实施对各海外企业、落地项目运营监管的归口管理部门，负责开拓、组织公司跨地区、跨行业、多层次的国际合作，系公司多元化发展搭建国际合作平台。

2018 年 2 月，国际合作部成立海外项目管理科，主要负责海外项目的推进与管理工作。年末，国际合作部设部长 1 人，副部长 1 人，海外调研资深专家 1 人；下设业务拓展科、经营管理科、海外项目管理科 3 个科室，有在册职工 7 人。

【主要工作】 2018 年，国际合作部切实把握国家“一带一路”总体布局和国际产能合作重大机遇，深入推进国际化发展战略，积极实施俄罗斯远东钢铁合作项目、印尼钢铁项目、乌克兰钢铁合作项目，密切关注海外钢铁行业动态，进一步拓宽国际合作领域；对接河钢集团相关部室，对河钢塞尔维亚公司日常运营进行监管协调、提供支撑服务，协助其利用好河钢全球化资源配置能力、国际化营销管理经验，实施产品升级改造、技改投资建设，确保项目按计划有序推进，生产经营目标顺利实现。

保卫部（武装部）

【概况】 保卫部（武装部）隶属公共服务支撑平台，为同一机构、两块牌子，是负责公司门禁管理、综合治安管理、厂区交通管理、武装作训等工作的专业服务部门。保卫部为公司非钢单位，武装部是负责公司民兵组织建设、政治教育、民兵军事训练、武器装备管理、人防管理、拥军优属、国防教育等职能的党群部室。

2018 年末，保卫部（武装部）设厂部级干部 4 人；下设综合办公室、生产保卫科、监控指挥中心、督察室、宣教室、作训人防科、政工动员科等 7 个科室以及消防大队等 19 个科队。共有职工 849 人，其中男职工 794 人，女职工 55 人；中共党员 465 人；干部 27 人，其中科级干部 22 人；专业技术职工 30 人，其中高级职称 1 人，中级职称 8 人。职工中有研究生 4 人，大学本科 75 人，大学专科 211 人，中专 153 人，高中及以下 406 人。

【主要工作】 2018 年，保卫部（武装部）围绕公司核心工作和保卫主体业务，凝心聚力，坚持开展“抓干部作风、树岗位新风”和领导班子“作风建设与作风整顿”活动，以严格落实治安防范主体责任为核心，高效推进“三大管控平台”建设，加大保卫、交通工作联查及集中清理套牌车、外储库等专项工作检查力度，推动厂区综合治安环境进一步优化。梳理业务流程，重塑组织架构，提高专业服务水平，建立完善的制度化、流程化、一体化、扁平化、网络无纸化办公的运营管理体系，绩效管理工作取得新突破，管理效率不断提升。

【安保服务】 2018 年，保卫部结合公司新形势、新任务、新目标，转变思想和工作方式，圆满完成客人来访、对标交流、参观、考察，以及公司职代会、青年集体婚礼、河钢技术比武大赛等大型会议安保任务125次，其中一级警卫任务18次、二级警卫任务60次、三级警卫任务47次。

【延长保卫服务链条】 2018年，保卫部创新谋划主体业务，深度解读保卫服务工作内涵，以主动超前的服务理念为公司生产经营保驾护航。当年，严格落实公司“八一”建军节退伍军人座谈会精神，组织开展“转思想、提意识、促提升”大讨论活动，教育引领广大职工紧密围绕“提升效率、创新改变”，为公司高质量发展贡献力量；持续深化“三大管控平台”建设，联手服务单位开展业务对接和信息共享两结合活动，推动保卫工作与生产经营有机融合、无缝对接，信息联动平台实现了基层科队日常工作的信息上报、汇总和分享功能，物料管控平台为集中管控提供了管辖区域内出厂外销物料的精、准、细、严数据分析，发现处置涉及物料的三防体制落实和治安隐患问题30余项，门卫、巡防、制证三方工作信息比对的联动监管格局初步建立；深入推进“三道治安防线”建设，为基层科队购置电子巡更机，每天采集检查电子巡更系统使用情况，加强对职工及护厂队员岗位执勤情况的监管，实现巡更打点量化管理；加大重点易发案部位、重点区域、重要物资、危化品存放地等部位检查整改力度，查找整改治安隐患50余项；主动跟进一钢轧厂1700毫米生产线大修、废钢场地扩建、钢包冷修安全改造项目、二钢轧厂3号转炉大修、转炉废钢连续预热系统项目中修、南北区锅炉脱硫脱硝工程等日常检修、施工项目，为其开辟绿色通道，提供24小时现场服务，大修现场监护27次，排查违规问题50余项，与新进厂外雇施工队伍签订《治安承包责任状》27份，审核登记人员车辆补卡229张、更换395张，门禁授权540张，发放占道牌60余次，协调解决现场临时问题80余次，组织会议消防保卫3次，确保大修现场治安稳定、进展顺畅。

【治安管理】 2018年，保卫部围绕“两区建设”“两大中枢”“三道防线”“一个突破口”的总体思路，综合运用抽查、布控、蹲守、抓捕等打击手段，确保有盗必抓、有案必破。采取严肃门禁制度，加强出门票管理考核等举措，打击车辆藏匿、夹带物品等盗窃行为，加大对合金料区域、废钢区域等易发案部位巡查防控力度，坚决杜绝成型案件的发生。全年调查处理案事件12起，其中盗窃案件11起，非盗窃事件1起，挽回可观直接经济损失，为公司财产安全提供了有力保障。

【开展联查整治活动】 2018年，保卫部组织开展季度治安保卫和交通安全大联查、大整治活动，对公司基层单位保卫工作管理基础制度、档案的健全程度，要害部位、危险源点、剧毒化药、易发案部位和治保会运转情况进行全面检查，监督抽查公司废旧镁碳砖、氧化铁皮、污泥等外销废旧物资的监装、拉运流程。本次整治活动，全面排查公司29家二级单位的交通管理基础制度、车辆“三检制度”落实，以及职工通勤车上路状况，检查车辆760台次，为公司生产顺行提供运输安全保障。

【厂区通行管理】 2018年，保卫部紧盯唐山市滨河路断交施工为职工带来的交通痛点，会同运营改善部，细致谋划部署道路施工期间厂区通行方案。强化服务意识，主动向外来人员介绍厂规，宣传文明驾驶知识；加强交通治理和道路监察力度，分阶段开展有针对性的专项整治活动，厂容综合治理管控水平进一步提升；安排专人在沿途路口站岗值勤，对超速行为进行纠正，为公司职工提供帮助和引导；根据天气变化导致的厂区内路面湿滑现象，在重要路口增设测速岗位，严格控制厂内通行车辆的行驶速度，坚决杜绝车辆碰撞等交通事故的发生，保障广大职工交通安全。全年，共检查车辆 722 台次，处罚违章车辆 328 台次，查处厂容问题车辆（包含车容车况不整、飘洒、漏油、掉落等）333 台次，对交通问题车辆（包含超速、超载、超员、违章停车、行驶过程中接打电话、无灭火器、占道等），开展批评教育 21 台次，处罚 389 台次。

【套牌车辆专项整治】 2018 年，保卫部采取加强进厂车辆的检查监督力度、加强厂内倒运车辆的检查监督力度、加强对二级单位的监督力度的“三加强”举措，由门卫系统、巡防系统、生产保卫科三方联动，于 5—11 月间开展为期半年的厂区套牌车辆专项整治行动。印制宣传单，下发各运输车队，对使用套牌车辆所带来的危害后果及所要承担的法律责任进行宣传教育，营造严打套牌车的舆论氛围；制定货物车辆集中查验安排表，将外运原材料、成品材、废次材车辆牌（证）作为检查重点，对辖区货物车辆实行月度集中查验；在季度交通联查中，将牌证是否相符、车牌安装是否规范等问题列为检查专项，加大检查工作力度，确保牌照与行车本完全相符；紧盯厂内倒运车辆存在的牌照破损严重，途中飘洒、溢漏，苫盖不严，车辆轮胎带泥等现象，及时督导问题车辆整改，为公司厂容治理维护提供有力支撑。

【安全环保工作】 2018 年，保卫部严格落实“一岗双责”，结合公司“安全生产月”活动和上级环保督查工作要求，积极对接公司相关管理部室，组织开展安全隐患排查治理、安全应急预案演练等活动。活动中注重提高工作效率，加大对发现问题的处理力度。全年，对岗点进行安全宣讲 200 余场次，查找整改存在问题 20 余项，确保公司安全生产形势稳定。

【管理效率提升】 2018 年，保卫部扎实落实公司开展的“强服务、提效率、转机制”活动，聚焦制约服务效率提升的管理体制机制问题，梳理业务流程，厘清责任分工，调整部门设置，优化管理模式，加强服务流程再造，提高专业服务能力，实现机构不重叠、职能不交叉、业务不重复、协同办公工作顺畅。通过制定公共服务事项清单，进一步减少业务办理所需的证明和手续，公司各单位和职工业务办理更加便捷。全年，梳理卡证（人员、车辆）业务 6 项，精简办事流程 5 项，以高效优质的服务支持公司转型升级和高质量发展。

【党群工作】 2018 年，保卫部党委认真贯彻落实党的十九大精神，立足强化基层、夯实基础，全面推进党建工作规范化、品牌化。这一年，紧贴公司形势任务宣传教育工作重点，印发形势任务宣讲材料 12 篇，建立厂部级、科级、班组级三级宣讲机制，教育引导广大职工知形势，明任务，积极投身公司生产经营；以强化基层党组织的政治功能、促进基层党建工作规范化为重点，巩固“两学一做”学习教育常态化制度化成果，将打造“示范党支部”作为季度工作目标，结合金牌科队、标杆中队、红旗班组、明星警员评比等活动，推动党建工作整体水平持续提升；健全业绩考核档案，完善党员、干部绩效考评机制，构建“1+12”干部考评新体系，实行科队业绩与科队管理人员绩效挂钩，科级管理人员履职意识进一步加强；开展厂部级廉洁宣讲 24 次，通过逐级签订廉政责任书，梳理廉洁防控重点岗位，查找廉洁防控风险点，建立风险点登记台账，制定防控制度等举措，从健全组织领导和工作制度、制定责任目标、提升思想认识等多方面着手，推动“两个责任”扎实落地。

生产技术支撑平台

总工程师办公室

【概况】 总工程师办公室系公司科技发展战略规划、重大技改项目论证的参谋部门，是公司铁前工艺技术的综合职能管理部门，负责公司产品升级规划、新技术推广、系统优化创效和创新体系建设等专业管理。2018年末，总工程师办公室设主任1人，副主任1人；下设铁前工艺科、系统优化科、新技术推广科和战略发展科4个科室，有职工14人，公司创新委员会办公室设在总工程师办公室。

【主要工作】 2018年，总工程师办公室围绕公司重点工作，坚持“立足产线、服务产线”宗旨，充分发挥自身职能作用，围绕铁前工艺技术管理、品种结构升级、产线对标、系统优化创效攻关、炼钢废钢比提升攻关、绩效管理和创新体系建设等方面开展工作，推动新工艺、新技术、新材料应用，为公司解决关键技术问题提供技术支持。

生产制造部

【概况】 生产制造部是公司在大规模生产定制过程中，为确保最终产品满足市场和用户需求而对整个生产过程实施实时统一管控的职能部门，是公司生产组织、计划安排、工艺质量的专业管理部门，并承担质量检验和理化实验室等生产职责。

2018年末，生产制造部设部长1人，党委书记（纪委书记、工会主席兼副部长）1人，副部长2人；下设综合（安全）科、总调值班室、生产计划科、检验技术科、生产技术科、质量标准科、一贯制板材科、一贯制汽车板科、一贯制中厚板科、工艺管理科、信息化管理科、炼钢辅料检验作业区、铁水检化验作业区、长材质检作业区、热板质检作业区、冷板质检作业区、化验检测作业区、物理检测作业区等18个科室（作业区）；有在岗职工501人，其中干部145人，工人356人。

【主要工作】 2018年，生产制造部围绕产品和市场等重点工作，树立合同欠交就是事故理念，坚持开拓创新，强化精益生产管理，抓好稳产高产，提升产销一体化水平；深化质量体系和作业长制标准化工作，强化技术质量管控，夯实产线基础管理；加快信息化应用效能建设，落实综合一体化管控，打造行业一流制造管控能力，全面推动公司制造管理上水平。

【党群工作】 2018年，生产制造部党委以习近平新时代中国特色社会主义思想和党的十九大精神为指导，坚持以提升组织力为重点、以加强党员队伍建设为抓手，切实抓好党群各项工作。这一年，注重党建基础工作，认真学习贯彻落实《中国共产党支部工作条例》，按照“网格化管理”“双强双促”工作要求，对党建基础薄弱的党支部，进行专业辅导并协助整改，支部基础工作水平得到提高。依托“三亮三比”党员先锋行主题实践活动，组织开展特色活动，通过戴党徽亮身份、重温入党誓词等形式增强党员党性意识，组织党员志愿者到基层开展服务，了解职工需求，围绕“降低铁耗、保产增效”开展竞赛，力保最低铁耗800千克/吨目标实现。加强党风廉政建设，领导干部认真履行“一岗双责”，形成齐抓共管的良好氛围；党委书记与6个支部委员签订党风廉政建设责任书，定期组织廉政党课，节期和对新提职干部，组织廉政谈话，学习《准则》《条例》等内容，制定落实《开展政治性警示教育活动方案》，提醒党员领导干部以案为鉴，廉洁从业；成立由党委书记带队的监察小组，抓住废钢巡查、进厂原材料等重点岗位和关键环节，采取节假日重点提醒和日常警示教育相结合的方法，筑牢防腐保廉防线。年内，抽查原材料进厂情况4次，监督废钢巡查情况12次，废钢专业巡查168次，挽回经济损失1938万元；组织检验硅锰合金24775.2吨，查出不合格品占比11.2%，避免企业经济效益和品牌形象受损。

技术中心

【概况】 技术中心是公司特色战略新产品研发，用户应用技术研究与应用，工艺技术优化与支持，基于产品研发、工艺优化等的检测技术分析研究，公司新产品研发项目管理，科研课题与知识产权管理、信息档案管理等工作的专业管理部门。

2018年末，技术中心设常务副主任1人（由公司领导兼任），副主任1人（享受正厂部级待遇），党委副书记（纪委书记、工会主席、副主任）1人，副主任2人（其中1人为公司总经理助理兼任）；下设品种研发中心、工艺技术研究中心、用户应用技术研究中心、检测技术研究中心、新产品管理科、科研管理与知识产权科、信息档案科、综合办公室等8个科室。共有在岗职工101人。其中男职工55人，女职工46人；干部90人，其中科级干部11人；管理及专业技术职工91人，其中专业技术职工77人，高级职称41人，中级职称31人；工人11人，其中技术工人10人，高级技师1人，技师1人。

【主要工作】 2018年，技术中心认真贯彻落实公司以提升全流程全产业链创效能力为目标、以推进技术进步和管理创新为抓手的工作部署，聚焦市场和产品，扎实履行专业职能，强化全员体系意识，着力推进高端战略品种研发，不断提升用户应用技术研究水平，各方面工作取得快速进步和显著成绩。

【党群工作】 2018年，技术中心党委坚持以习近平新时代中国特色社会主义思想和党的十九大精神为指导，落实全面从严治党要求，加强和改进党的建设，为中心履行职能和完成年度工作目标提供了坚强保证。年内，持续兴起学习宣传贯彻党的十九大精神热潮，深入开展党委书记、支部书记专题党课，多层次知识竞赛，网络微信学习等活动，准确理解和把握十九大核心要义和思想精髓，努力在学懂、弄通、做实上下功夫。加强宣传思想工作，常态化开展形势任务宣讲，深入开展舆情调研，了解掌握不同层面职工思想状况和职工关心关注的热点问题，及时解决或反馈职工诉求，增强全员凝聚力。加强基层党建工作，落实“双强双促”要求，健全和完善基层党组织设置，组织制定基层党支部工作标准、党员发展流程及党员档案管理要求，丰富党员活动室内容，深入开展“三亮三比”党员先锋行主题实践活动，抓好党员承诺践诺和“一个小组一个主题一个党员一个目标”先锋赛，有力支撑公司科技进步和研发创新。坚持不懈抓好党风廉政建设，深入推进反腐倡廉宣传教育，组织签订党风廉政建设责任书，完善党风联络员管理制度，调整联络员队伍，公布举报电话和邮箱，构建廉政风险防控体系，梳理产学研管理、选人用人、奖金分配3项重点职权，确定廉政风险点5个，提出风险防控措施11条，从源头防控廉政风险。注重发挥群团组织作用，不断丰富劳动竞赛、职工创新工作室、“季评先进”“职工技术大讲堂”“青年创新创意大赛”等工作内容，4项小微课题获得公司2018年优秀岗位创新成果奖，“研发动起来”品牌项目获公司团委表彰。

物流分公司

【概况】 物流分公司主要负责原燃物料进厂、厂内生产保障和产成品外发环节的物流组织，同时承担河钢唐钢物流业务优化、物流费用管控及物流项目发展规划的管理职能，是公司物流运行及物流管理的主管部门。2011 年 5 月 6 日，物流公司在原运输部的基础上挂牌成立，开启公司物流发展的新纪元，依托河钢集团品牌和临港、临资源优势，通过优化整合，成为集运输、仓储、加工、装卸、搬运、配送、信息服务、特种设备维检为一体的大型现代化物流企业。2017 年 7 月，物流公司更名为物流分公司。2018 年末，企业固定资产总额 3.75 亿元。

2018 年末，物流分公司设厂部级干部 5 人；下设管理科室 7 个、分厂 5 个、作业区 23 个（含乐亭钢铁项目）。共有职工 1797 人，其中男职工 1623 人，女职工 174 人；中共党员 776 人，共青团员 39 人；干部 101 人，其中科级干部 41 人，作业长 54 人；管理及专业技术职工 159 人，其中专业技术职工 58 人，高级职称 8 人，中级职称 34 人；工人 1553 人，其中技术工人 1338 人，高级技师 2 人，技师 37 人。职工中有研究生 16 人，大学本科 125 人，大学专科 255 人，中专 62 人，高中及以下 1369 人。

【安全管理】 2018 年，物流分公司将安全工作摆在突出位置，牢固树立“零事故”和“从别人的事故中吸取经验教训”的安全管理理念，固化事故案例教学模式，提高职工自我防范意识和技能。这一年，按照《安全生产法》要求，重新梳理安全制度体系，规范外雇相关方管理；贯彻落实上级部门对安全生产工作的指示精神，全面排查整治安全工作薄弱环节，组织全员危险源辨识、常态化安全检查，查找整改各类隐患 105 项；结合内外部安全生产形势变化，自 8 月起，扎实开展安全基础管理大提升活动，为生产经营及乐亭钢铁项目的投产提供安全保障。

【人力资源管理】 2018 年，物流分公司充分挖掘企业内部人力资源，提高人工劳效。当年，4 名职工通过了公司内训师选拔考核，7 名职工入选公司“匠人讲堂”，112 名职工支援乐亭钢铁等新项目建设，为企业高质量发展提供人力资源支撑。加快推动“以老带新”活动，拓宽技术培训普及范围，着力加强岗位职工的技术传承；加大后备作业长管理与培养力度，14 人走上作业长岗位；制定人力资源技能培训方案，为新业务平稳过渡提供制度保障。

【作业长制推进】 2018 年，物流分公司立足服务产线顺行，将作业区和班组作为推进作业长制的重点，优化配置资源、深化基础管理，充分激发作业区的效率和活力，作业长制基层管理水平得到有效提升。这一年，相继制定《2018 年作业长制推进实施方案》《作业长制推进评价管理办法》《自主管理办法》《后备作业长培养管理办法》，构建多维度作业长制管理模式；组织开发“作业长制交流平台管理系统”、作业长现场巡检 APP 系统，实行推进工作的 PDCA 管理闭环，作业长制推进工作规范化、系统化水平进一步增强；加大作业长培训力度，组织参加公司作业长素质能力提升培训 53 人、作业长资格培训 10 人，在本科以上职工中开展包保作业区活动，提高其基层实践能力和服务意识，作业长制管理模式不断深化；以标准化作业为基础，以绩效管理为驱动，带动指标提升，“五制配套”管理模式扎实落地。

【职工自主管理】 2018 年，物流分公司大力开展“小”“微”改善，支持职工立足岗位，主动查找解决问题，推动自主管理活动不断深化。当年，充分发挥大学生工作室的示范引领作用，助力自主创新融入班组和岗位日常工作；职工申报自主管理课题 169 项，其中 2 项课题参加公司季度自主管理课题发布，1 项优秀课题参加公司年度自主管理课题发布；“开启互联网思维的企业物流服务新模式”课题成为唯一代表集团入选第十八届中钢协冶金企业管理现代化创新成果。

【党群工作】 2018 年，物流分公司党委扎实履行主体责任、从严从实抓牢党建工作，着力推动基层党建工作科学化、品牌化，为物流产业高质量发展提供坚实的保障。这一年，抓好宣传教育，丰富完善内部网站板块和内容，有效发挥《物流动态》简报、电子屏宣传栏等舆论阵地作用，宣传先进典型经验；分众式组织开展形势任务教育活动，引导广大党员和职工群众积极主动做好本职工作；以公司“双强双促提升年”活动为契机，坚持问题导向，采取外树标杆内树典型“内外结合”的方式，组织支部书记、党务干部赴不锈钢公司对标交流，选树党支部，一对一指导其建立党建工作台账、规范党内生活制度，党建基础台账标准化工作实现 22 个支部全覆盖，基层党建工作基础进一步加强；制修订《物流分公司党委工作规则》《物流分公司贯彻落实“三重一大”决策制度的实施办法》，健全完善党委议事决策机制，为履行主体责任提供制度遵循；紧扣市场与产品两大主题，以“一支部一特色”为原则，结合生产经营实际，组织“双效物流党员先锋行”主题实践活动，在各支部开展工序保产、提高周转量、降低柴油消耗竞赛、微改善微创新等特色活动 30 余项，累计创效 500 余万元，《新时代党的活动创新对提升企业创效能力的影响研究》获公司“学习贯彻党的十九大精神优秀案例”一等奖；切实抓好党员领导干部“一岗双责”的落实，在与各党支部签订《党风廉政建设责任书》，层层分解党风廉政建设责任的基础上，将党风廉政建设责任考核与工作业绩目标考核关联，确保党风廉政建设责任制工作落到实处；建立廉政风险防控体系，确定重点廉政风险领域防控点 18 个，防止腐败违纪现象发生；坚持做好“送温暖”“送清凉”“金秋助学”等关爱职工活动，及时传递企业对职工的关心关爱。

能源科技分公司

【概况】 能源科技分公司是为公司各系统提供风、水、电、气等能源产品输送、再加工以及二次（三次）除尘、脱硫、脱硝运行维检的专业服务单位，在公司事业部制体系架构中划分于生产技术支撑平台。2018 年末，拥有固定资产原值 59.1 亿元，净值 5.7 亿元，共有设备 1.4 万余台（套），主要大型设备分别为锅炉 14 台，汽轮机 18 座，透平机 7 座，转炉煤气柜 3 座，焦炉煤气柜 1 座，高炉煤气柜 3 座，除尘设备 125 台（套）等，设备运行状态良好，实现了动力介质高效优质经济供应，TRT 吨铁发电量 47.4 千瓦时，居行业领先水平。

南区（钢后）装备：锅炉发电机组 5 套和低温余热发电机组 1 套，总装机容量为 14 万千瓦，年发电总量约 10 亿千瓦时；水处理中心系统；10 万立方米焦炉、高炉煤气柜各 1 座，8 万立方米和 5 万立方米转炉煤气柜各 1 座；空压机站 3 个；变电站 3 座，其中滨钢 220 千伏变电站、铁北 110 千伏变电站为中央站系统，总装机容量为 36.6 万千伏安。南区（铁前）动力装备：综合供水泵站 1 座，其中采用国内先进技术的纯水密闭循环系统，水重复利用率达 99.99%以上；鼓风机站 1 座；烧结余热发电站及 TRT 发电站各 1 座，其中南区 3200

立方米高炉干式 TRT 发电系统，日均发电 32 万千瓦时左右，年发电量超过 1 亿千瓦时；供电系统 1 套，均采用双路供电方式。

北区动力装备：TRT 发电机组 2 套，日发电总量约 3.7 万千瓦时；15 万立方米高炉煤气柜 1 座；空压机站 1 座；以高炉煤气为燃料锅炉 10 台；220 千伏中央变电站 1 座；锅炉发电机组 4 套，总装机容量 8.7 万千瓦，年发电总量 5.5 亿千瓦时，发电量占总供电量的 80%。不锈钢动力装备：高炉鼓风机 5 台；TRT 透平发电机 4 台，利用高炉煤气压力做功发电；高炉循环水泵站 4 座；变电站 4 座；130 吨/时锅炉 2 台；5 万立方米转炉煤气柜 1 座；空压机 11 台，日供应压缩空气 100 万立方米。

2018 年 4 月 10 日，能源科技分公司给水一作业区、给水二作业区合并为给水一作业区。6 月 20 日，给水一作业区、给水三作业区合并为南区给水作业区；热电一作业区、热电二作业区合并为南区热电作业区。

2018 年末，能源科技分公司设厂部级干部 5 人；下设科室 6 个、分厂 2 个、中心 2 个、作业区 14 个。有职工 1817 人，其中男职工 1474 人，女职工 343 人；中共党员 564 人，共青团员 8 人；干部 141 人，其中科级干部 57 人；管理及专业技术职工 79 人，其中高级职称 8 人，中级职称 65 人；工人 1676 人，其中操作专家 3 人，主任操作师 16 人，专业操作师 125 人。职工中有博士 1 人，研究生 11 人，大学本科 186 人，大学专科 300 人，中专 497 人，高中及以下 822 人。

【生产经营】 2018 年，能源科技分公司聚焦市场和产品中心工作，以为各事业部提供优质动力介质供应为核心，围绕动力、能源、环保三大系统，科学组织生产，强化产线基础管理，积极推进技术创新，提升节能降耗工作水平，较好地完成了公司下达的费用、内利指标和生产保供任务。全年，实现考核利润 2.2 亿元，比计划增利 8523.25 万元，比目标增利 137.7 万元；累计发生备件材料费、供应辅料费 4416.99 万元，较指标节约 534 万元。累计外供电 49.67 亿千瓦时；回收利用高炉煤气 97.29 亿立方米，转炉煤气 8.89 亿立方米，焦炉煤气 4 亿立方米；生产压缩空气 15.37 亿立方米；外购电 30.89 亿千瓦时；发电 18.58 亿千瓦时；外购水 3432.73 万吨，主要产品产量、生产指标实现进一步优化。

【动力能源环保管理】 2018 年，能源科技分公司紧紧围绕上级环保工作部署，强化动力能源环保管理，持续提高环保工作标准，促进环保管理水平进一步提升。加强环保工程建设，响应唐山市环保要求，提升项目建设质量，实施 12 台（套）锅炉、烧结脱硫脱硝工程项目，达到了烟气超低排放标准。将除尘风机纳入周期性精密点检，定期做劣化趋势分析，消除了南区供返风机震动异常等重大隐患 25 项，保障环保设备稳定运行。

【不锈钢环保作业区 265 平方米烧结臭氧脱硝改造工程】 2018 年 10 月 8 日，能源科技分公司不锈钢环保作业区 265 平方米烧结臭氧脱硝改造工程开工。项目概算投资 650 万元，由辽宁基伊能源科技有限公司设计、施工。项目在 265 平方米烧结机在已配备臭氧脱硝系统基础上，进行改造。项目投产后，出口烟气氮氧化物排放满足超低排放要求，即氮氧化物排放浓度小于 50 毫克/标准立方米（氧气不高于 16%），烟囱排放无有色烟羽，烟气氨逃逸量不高于 2.5 毫克/立方米（干基、标态），系统烟气温降不高于 15℃。工程预计 2019 年 5 月完工。

【动力介质供应】 2018 年，能源科技分公司以服务、保供为目标，围绕各事业部生产节奏，全面加强动力介质供应服务管理，以优质的产品和服务为产线护航。年内，进一步完善质量管理体系，将质量管理的各项标准落实到岗位，规范新建项目岗位规程，修订锅炉运行、汽轮机操作、TRT运行等52个岗位规程，制定不锈钢作业区132平方米烧结机脱硫脱硝运行、本部南区360平方米烧结机脱硝运行等12个岗位规程。科学组织生产，煤气、发电系统在停用古冶荣义焦炉煤气基础上平衡LNG与公司正常生产，最大限度降低煤气放散量和拒收量，增加发电用煤气量，吨钢转炉煤气回收由年初90立方米提升到120立方米，高炉煤气放散率实现正常生产零放散；水系统通过降低转炉除尘水温度、改善1700毫米生产线层流水温度超标、降低转炉除尘水悬浮物及硬度等项目攻关，水质指标达标率由98.2%提升至98.8%，动力介质综合达标率实现99.8%，满足各产线工艺对水质要求；供电系统进行春秋两季的供电线路擦拭和预防性试验，保证了近百条线路安全性和可靠性，对北区2台主变进行加装冷却风机改造，北区供电单台主变负荷范围由3.5万千瓦时增至4万千瓦时，满足唐龙公司双线生产、3台烧结机运行要求。

【提高检修效率】 2018年，能源科技分公司充分发挥动力专业化管理优势，在原有检修内容基础上，扩大承接业务范围，挖掘人力资源，提升人均劳效，外委费用进一步减少。全年，检修工时98.56万小时，人均劳效每日达到6.3小时，同比提高1.6%；实施日常检修项目2.21万项、大中修项目1789项，TRT、汽轮机、除尘风机等核心装备大修32台（套）；实现外委费用7700万元。

【费用管理】 2018年，能源科技分公司强化费用管理，加大修废利旧力度，促进各项费用大幅降低。年内，重视抓好备件修旧利废，各作业区由生产骨干组成专业小组，对旧设备、旧备件进行评估，将可利用的部件、零件进行再利用，大力降低设备备件成本和消耗，年节约备件材料费用534万元；加强水质管理，重新修订水系统对化药承包技术协议，进一步优化水质指标，满足各产线产量和品种提升要求，当年吨钢化药费3.25元，与上年基本持平，高强汽车板公司废水生化处理系统实现自主运行，年节约外方技术支持费用94万元。

【设备管理】 2018年，能源科技分公司按照“受控、高效、零缺陷”理念，深入推进以点检定修为核心的设备管理，坚持岗位巡检、专业点检、精密点检相结合的三级点检制度，抓好交接班设备检查和班中设备巡检，做到“五定管理”，为生产组织高效顺畅、品种质量稳定可靠提供支撑。全年，设备隐患发现率达99%，消除南区TRT连接板裂纹等重大隐患35项，隐患消除率99.2%，其余0.8%处于受控状态；完善、梳理现场设备情况，整理设备数量1.79万台（套），BOM数量达18.5万条。这一年，进一步规范设备档案，分站室绘制设备工艺系统图，分系统绘制动力介质外网图，细化完善设备管理标准，修订《设备缺陷管理考核办法》等4项管理制度；深入推进点检定修，针对汽轮机及配套鼓风机等91台（套）A类设备建立检修模型，周期性地对汽轮发电机组、钢区、铁区主线环保设备等57台（套）大型设备进行精密点检，进一步提升设备完好率，保证设备安全运行。

【安全管理】 2018年，能源科技分公司认真贯彻国家安全生产法律法规，全面落实公司加强安全生产工作部署，强力推进安全责任制，深化作业区班组安全管理，实现全年安全生产目标。年内，重视并抓好属地有效空间作业管理，举办5期有限空间作业安全生产专项培训，认真梳理区域内有限空间作业项目，修订117项罐类有限空间作业指导书，完善相关台账，提升冷却塔、脱硫塔等区域作业的动火等级，增强危险作业管控力度，保证作业安全；以开展各项安全专项活动为契机，加大安全检查和整改力度，加强职工技能培训，不断提升安全管理水平，顺利通过国家安全标准化一级企业（煤气单元）复评和职业健康安全体系外审，保证了安全管理体系的有效性和合规性。

【作业长制推进】 2018年，能源科技分公司以公司《示范作业区评定细则》《作业长制飞检检查标准》为基础，结合实际情况，按照推进一个作业区验收一个作业区原则，扎实稳步推进作业长制，并将示范作业区评定纳入月度绩效，取得良好成效。年内，以作业长制为管理核心，将生产管理、队伍管理、班组建设、文明作业管理、基础管理等融入日常工作中，发现问题及时解决，管理水平不断提升。建立后备作业长培养制度，制定下发《后备作业长管理办法》，当年27名后备作业长取得上岗资格证书。

【绩效管理】 2018年，能源科技分公司充分发挥绩效管理的激励导向作用，进一步完善与公司指标相适应的绩效评价模式，修订对科室、作业区、职工的绩效管理考核指标，细化考核内容和标准，增强考核的科学性、系统性。年内，推进“层级检查考核、层级评价”基础管理模式，组织由分公司领导带队检查34次，查处问题116项，考核4.27万元，由专业科室检查考核问题2115项，考核14.87万元，各作业区、分厂自查问题点1.16万项，自主考核5.78万元。加强自主管理，建立改善提案、自主管理、卓越贡献三段阶梯式职工改善通道，职工自愿结成小组，根据制定的工作目标选定课题，运用PDCA工作方法实施，当年职工提出改善提案1.55万项，建立自主管理课题129项，完成“10号锅炉一级空气预热器改造”等13项卓越贡献改进项目，创效864万元。

【职工技术创新】 2018年，能源科技分公司围绕优化生产工艺、强化设备管理、改善生产环境，不断推进新技术、新工艺的应用与创新，职工技术创新成效明显。全年，系统优化创效947.69万元，超目标400万元；“265平方米烧结余热锅炉启炉操作优化”等74项合理化建议被公司采纳，申报“空压机冷却循环水自动控制系统”等22项专利及著作权，完成“煤气排水器运行方式优化”等18项科技成果，16个职工创新工作站室完成课题研究23项，为生产经营稳定顺行提供了有力支撑。

【党群工作】 2018年，能源科技分公司党委坚持以习近平新时代中国特色社会主义思想和党的十九大精神为指导，重视并做好党群各项工作。持续开展好“3X+1”宣讲活动，深入学习集团、公司重要会议精神，围绕“安全、稳定、务实、创新”工作目标，制定工作标准，引导干部职工认清形势，坚定信心，自觉实践。发挥党支部和党员的战斗堡垒和先锋模范作用，认真落实“三会一课”，组织开展“我为企业献一计”“三亮三比”党员先锋行主题实践活动，引导广大党员进一步解放思想，紧密结合生产实际，在降低成本费用、推进改革创新等重点工作中当先锋、创佳绩。加强党风廉政建设，健全完善《领导班子和领导干部党风廉政建设责任制考核办法》等制度，在解决问题上下功夫，在建立长效机制上做文章，当年共组织党委书记上廉政党课4次，组织党纪知识答卷4次，召开警示教育会议20余次，观看警示教育片43场次，为企业发展营造风清气正的良好环境。注重发挥工会组织作用，建立职工重点帮扶对象档案，坚持常态化救助帮扶工作，年内为40名职工办理了大病互助保险，申请补助7万余元，走访困难职工，退休劳模，离退休职工，发放慰问款1.22万元，使职工感受到企业的关怀和温暖。

信息设备支撑平台

设备机动部

【概况】 设备机动部是公司机械、电气、动力设备、特种设备和工业建筑的运行维护管理，以及公司固定资产、生产备品备件、基建技改项目设备采购供应和管理，同时负责公司备品备件库房管理等工作的专业管理部门。位于唐山市路北区东工房11段，南靠路北区东工房居民生活区，北邻开滦矾土矿，西接唐山天马物流有限公司车队，东至唐山市开平区国各庄，占地面积9万平方米，建筑面积2.29万平方米。

2018年末，设备机动部设部长1人，党委书记（纪委书记、工会主席）1人，副部长2人；下设科室15个。共有在册职工218人，其中男职工138人，女职工80人；干部83人，其中科级干部27人；管理及专业技术职工83人，其中专业技术职工52人，高级职称26人，中级职称22人；工人120人，其中技术工人53人，高级技师2人，技师4人。

【主要工作】 2018年，设备机动部坚持“受控、高效、零缺陷”设备管理理念，抓好点检定修、功能精度保障等基础工作，引进应用设备状态监测及故障诊断等设备管理新技术，推进液压润滑“标杆”建设，加强周期性检修项目管理，科学制定维修策略，优化备件采购渠道，签订关键备件战略合作协议，在物联宝系统增加多轮询比价业务，开发供应商数据动态监视等新功能，聚焦行业绿色发展新技术，保证环保项目设备如期投入，为公司生产稳定顺行提供了有力的设备保障。

【作业长制推进】 2018年，设备机动部以标准化作业为切入点，成立作业长制推进小组，深化作业长制在设备系统的推进工作，对炼铁厂、一钢轧厂、冷轧薄板厂、高强汽车板有限公司、不锈钢公司、能源科技分公司、型钢厂等单位20余个点检作业区开展19次设备管理检查，有效促进了各点检作业区作业长制推进工作；抽调业务骨干积极参加由人力资源部组织的作业长制飞检，对各作业区的“五制配套”设备管理推进工作进行检查和辅导，对发现的问题进行分析并对整改效果进行验收；以作业长制为依托，完善设备管理体系，修订点检管理办法，梳理关键岗位履职清单，固化岗位点检、专业点检职责到设备管理日常工作，有效提高了设备管理效率。

【经验交流】 2018年6月6—7日，设备机动部参加中钢协在北海举办的冶金企业设备运行管理技术经济指标对标工作及研讨会，会议主要就各企业设备运行管理技术经济指标数据的对标口径及要求做统一要求。9月13—15日，组织参加在河南省安阳市召开的冶金设备分会一届五次理事（扩大）会议和第四届钢铁企业设备部长会议，会议主要针对近一年来在冶金装备技术升级、现代化管理优秀成果、对标挖潜以及节能环保、智能化与信息化技术、备件联储联供共享等方面成果和经验进行学习交流。11月7—9日，组织参加中设协举办的第十一届全国设备管理先进表彰大会。

【职工素质提升】 2018年，设备机动部围绕设备系统实际需求，强化经验交流及职工业务培训，促进职工业务素质进一步提升。年内，组织设备全生命周期管理系统应用、招投标相关管理办法、各类事故故障分析等系列培训讲座10余次，培训对象涵盖产线各级管理、点检操作、技术维修人员及系统关键用户等。举办液压润滑设备管理技术培训，来自产线的设备管理人员、点维检人员共150余人参加培训，聘请中国设备管理协会流体污染控制技术专家，对液压污染控制理论及实践进行全面解读，旨在提高点维检人员液压润滑设备管理水平，更好地保养液压系统以及解决液压方面的故障。组织完善设备管理知识题库，组织公司高压试验人员进行专业技术考试，促进其操作技能进一步提高。组织专业技术骨干脱产编纂设备知识培训教材，涵盖机械设计、设备检测、液压传动技术等内容，为设备管理给予指导，确保设备稳定顺行。

【管理创新】 2018 年，设备机动部以全方位提升公司设备管理效率为核心，系统推进管理创新，优化各项管理工作，实现部门角色由“职能+管理”向“服务+管理”模式的转变，为公司安全稳定生产提供有力的设备支撑。细化采购制度，改变审批方式，规范固定资产管理各环节，逐步取消线下签字审批，实现报废、处置等审批环节在设备全生命周期系统中进行。优化设备管理信息化系统，对用户在设备全生命周期系统、SAP、点检系统、物联宝系统、河钢供应链平台等系统中存在的问题进行梳理，及时更正各项管理系统中隐含的错误信息。以提高检修精准度为目标，固化检修项目，组成专家服务团队，结合高端品种生产、关键工艺技术攻关等工作事项，对设备方面的技术难题进行攻关，提高技术服务质量。积极推行导师带徒管理模式，以理论与实践相结合方式进行指导，让新入职职工快速融入现场，快速承接点检任务，促进管理效率进一步提升。

【党群工作】 2018 年，设备机动部党委坚持以习近平新时代中国特色社会主义思想和党的十九大精神为指导，做好党群各项工作。加强宣传思想工作，定期组织领导班子成员进行政治理论学习，开展“3X+1”形势任务宣讲，充分利用报刊、微信、《党群工作通讯》等宣传阵地，全方位宣传企业工作亮点。落实党委会前置及“三重一大”制度，从制度上防范决策风险，加强领导班子及干部队伍建设，按期召开专题民主生活会，推行党群系统网格化管理，组织开展“双强双促”党建工作提升年及“三亮三比”党员先锋行等特色活动，进一步激发党员的工作热情，夯实了基层党建工作基础。强化党风廉政建设，组织关键岗位人员签订《廉洁从业承诺书》，制定《重点职权廉政风险防控方案》，坚持每季度对采购等重点领域开展专项检查，每季度召开党风廉政教育大会，定期组织观看反腐专题片，构建廉洁从业的工作氛围。充分发挥群团组织的优势和作用，坚持开展“送温暖”活动，走访慰问困难职工 62 户及住院职工 45 人，开展“一团一品”“青年讲堂”“青安杯”等活动，引导青工提升业务水平与安全素质；抓好信访稳定，高度重视矛盾纠纷的前期排查工作，努力把各种矛盾化解在萌芽状态，全年无上访事件发生。

信息自动化部

【概况】 信息自动化部是公司双职能部室，负责公司信息化、自动化、计量控制等三大专业的管理及运维工作，承担三大专业相关工程项目的整体规划、设备选型及费用归口管理，履行公司测量管理体系、“两化”融合管理体系等职能。

2018 年 12 月，合并自动化管理科、信息化管理科，成立信息自动化管理科。

2018 年末，信息自动化部设部长 1 人，党委书记兼工会主席 1 人，副部长 2 人；下设综合管理科、生产计划科、信息自动化管理科、计控管理科、传动模型室等管理科室 5 个，信息中心、数据中心、校准实验室等运维车间 3 个，炼铁部北区高炉作业区等 31 个作业区。共有职工 760 人，其中男职工 621 人，女职工 139 人；中共党员 281 人，共青团员 28 人；干部 382 人，其中科级干部 49 人（含作业长 34 人）；管理及专业技术职工 386 人，其中高级职称 97 人，中级职称 242 人；工人 378 人，其中高级技师 39 人，技师 98 人。职工中有研究生 56 人，大学本科 334 人，大学专科 117 人，中专 118 人，高中及以下 135 人。

【主要工作】 2018 年，信息自动化部紧紧围绕落实公司“两个结构”调整决策部署，以深化智能工厂建设为核心，夯实专业管理基础，推进管理创新，深入推广新技术应用，持续加强信息自动化支撑体系建设，为公司产品质量管理和生产经营提供了可靠的数据支撑。这一年，加强技术研发，挖掘产线智能化潜能，实施自动化系统改造升级和智能制造项目建设，推动信息化系统深度应用；依托专业平台，进一步规范设备点巡检体制机制，强化安全生产、5S 及设备运维管理，加大隐患专项治理力度，减少设备事故发生，生产中断次数及中断时间同比分别下降 48.6% 和 58.8%，等级事故实现零发生；深入开展专业体系建设，全面加强计控专业规范化、精细化管理，助力公司顺利通过 AAR、北汽新能源、海信、美的、长城等多项认证，筑牢高端产品市场开拓基础。

【专业归口费用控制】 2018 年，信息自动化部严控各项费用，精准分解指标，严格费用使用过程审核和经济责任制考核，有效控制部门费用和专业归口费用，较好地实现了各项费用预算指标。全年，专业归口费用实际发生 1307 万元，比计划节约 273 万元，其中通信费用 470 万元，检定费 162.9 万元，信息化功包费和计算机运行维护费分别为 204.4 万元和 496.6 万元。

【信息化安全管理】 2018 年，信息自动化部全面落实安全生产责任，深入实行机关干部包保班组制度，推进安全联保、互保体系建设，不断健全规范管理制度，安全管理能力进一步提高。这一年，加大国家《安全生产法》《河北省安全生产条例》学习宣贯力度，强化全员安全培训，重点做好班组日常安全基础管理和大中修期间的作业安全管理，常态化开展安全隐患排查治理工作，狠抓隐患整改措施落实，职工安全意识和自我防范能力持续增强，为全年安全生产管理目标的实现保驾护航。

【作业长制推进】 2018 年，信息自动化部充分发挥示范作业区的引领作用，深入推进作业长制建设，助推专业化、区域化、标准化管理扎实落地。梳理“五制配套”管理流程和措施，制定月度专题推进计划，通过研讨作业长标准化巡视和研修会、作业区绩效等多项月度专题内容，集思广益，确保作业长制在各专业及作业区高效推进；复制推广示范作业区工作经验，对以作业长制为核心的“五制配套”管理模式进行部署、实施和检查，按板块推进作业长基础管理、作业区安全管理、设备标准化作业管理及作业区自主管理等工作；逐步在专业管理平台中固化点检、维修作业的标准，促进点检定修制与专业管理平台高效融合；以作业长制标准为准绳，深化设备管理模块、点巡检模块等模块的应用，公司自动化、信息化及计控三大专业基础管理的规范性进一步提高；强化对作业区现场情况的日常检查，督导作业区及时整改发现问题，提高作业区管理标准。

【党群工作】 2018 年，信息自动化部党委以习近平新时代中国特色社会主义思想和党的十九大精神为指导，紧紧围绕公司“两个结构”优化及信息自动化支撑体系建设等重点工作，全面加强党的领导和党的建设，为助力企业高质量发展提供有力保障。这一年，强化宣传思想和形势任务教育，利用党员活动日、内部网站、微信公众平台等多种形式，积极开展“3X+1”宣讲活动，突出舆论导向，统一思想，提振士气，凝聚干部职工干事创业、攻坚克难的信心和力量，助力生产经营任务的圆满完成；扎实落实“双强双促”基层党建提升年活动、党群工作网格化管理的工作要求和“三会一课”制度，规范《党支部工作手册》使用，完善检查考评制度，推动组织生活制度化、支部工作规范化，夯实党建基础管理；结合公司党委“三亮三比”活动，组织开展“三强化三争当”党员岗位竞赛，充分激发广大党员的工作热情，为产线服务保障提供新动力；修订信息自动化部《党委会工作规则》，督导修订《招投标管理实施细则》《非招标形式管理办法》和8项专业管理办法，健全系统数据修改等专业管理流程，开展招投标专项检查3次，党内监督管理体制机制建设进一步强化；严格落实党风廉政建设责任制，充分利用政治性警示教育、民主生活会等形式，筑牢党员干部的廉洁自律思想防线，加强节假日等敏感时期自查自纠，有效防范了违规违纪现象发生。

检修分公司

【概况】 检修分公司是为公司各单位提供设备维修服务、备件修复以及耐材维护等的专业服务单位，具备机电安装工程施工总承包二级资质。

2018年12月，检修分公司与惠唐乐港金属科技分公司合并，撤销惠唐乐港金属科技分公司。

2018年末，检修分公司设厂部级干部10人；下设综合办、安全室、工程室、经营室、设备技术室、耐材管理室、生产计划室、生产技术质量室、经营销售室等9个科室，热轧维检中心、冷轧维检中心、炼钢维检中心、炼铁维检中心等16个维检中心，板材加工作业区、钢结构制作作业区、维修作业区等3个作业区。共有职工2243人，其中男职工2019人，女职工224人；中共党员592人，共青团员30人；干部188人，其中科级干部60人；管理及专业技术职工190人，其中高级职称27人，中级职称52人；工人2053人，其中高级技师111人，技师311人。职工中有研究生17人，大学本科193人，大学专科324人，中专642人，高中及以下1067人。

【生产经营】 2018年，检修分公司深入落实集团非钢产业工作会议和现代工业服务业工作会议精神，聚焦设备运行长周期、低费用、高效率，重安全、抓细节、强基础，以准时工作制为准绳、以标准化作业为途径、以焦点课题攻关为抓手，持续提升企业竞争力。当年，克服中厚板维检业务划归中厚板公司带来的影响，着力拓展高附加值产品领域，经营指标达到历史最好水平，实现收入5.04亿元，同比增长1900万元，其中，在线加工业务产值增加872万元，液压产品、维保和在线清洗等业务产值增加981万元，铆焊业务产值增加1036万元。

【作业长制推进】 2018年，检修分公司深入推进作业长制，大力实施作业标准化、准时工作制，提高维检队伍现代化管理水平，保证维检安全和质量，基础管理水平再上新台阶。这一年，在维检、机加工和耐材三大单元分阶段推行作业标准确认表制度，明确检修施工与加工作业标准，制定完整的质量手册、程序文件、作业文件，优化维检作业过程，不断强化危险源辨识、安全实操培训、测量培训等日常管理，对维检质量和安全进行源头管控，充分发挥确认表作为现场作业指导书的作用，避免习惯性违章、误操作等现象的发生，维检效率进一步提升，次废品损失额由上年20.2万元下降到12.9万元，降幅36.14%，耐材故障率降低72%；以“树品牌找价值”为指导，以准时工作制为抓手，全面加强基础管理，助推作业区各项工作提升。

【职工队伍建设】 2018年，检修分公司深入推进人力资源管理体系建设，以职工素质提升为导向，多措并举，激发职工工作积极性，建设技术型职工队伍，为企业发展提供支撑。这一年，强力推行《专业技术序列岗位体系改革实施方案》，构筑专业技术职务岗位化、工程技术类岗位梯队化、晋升路径多样化、专业技术岗位分类管理的专业技术序列岗位体系，按照《员工培训、激励管理办法》，对干部队伍、职工队伍进行阶梯式培养。强化大学生职工的培养，采取三星计划、以师带徒、编写日志、月度评价、自我总结、定期座谈等方式，组织大学生职工开展轮岗实习。创新引入积分制管理，建立涵盖技术管理、综合管理、资质管理等6个维度的职工评价数据库，全面了解掌握职工结构和能力状况，为职工素质提升夯实基础。

【党群工作】 2018年，检修分公司党委以习近平新时代中国特色社会主义思想和党的十九大精神为指导，以强化基层党组织的政治功能、促进基层党建工作规范化为重点，做好党群各项工作。这一年，围绕宣贯党的十九大精神、修订后的《中华人民共和国宪法》《中国共产党纪律处分条例》等内容，创新开展学教活动，组织开展“学习宣传贯彻党的十九大精神”知识竞赛、“宪法与《条例》”知识竞赛、党务知识竞赛等活动，以测促学、以知促行，在全体党员中掀起学习党的十九大精神、宪法、《条例》的热潮；根据机构合并情况，重新调整17个党支部的设置，修订完善《检修分公司党群工作绩效管理与考核工作的实施细则》，考核指标、考核标准和考核办法等内容更加贴合公司党建工作发展需求，为建设强有力的党建队伍奠定坚实的制度保障；开展党员标准化作业示范岗活动，为各党支部发放统一的党建办公用品，指导各支部完善细化基础工作台账，将具体要求落实到每个班组、每个岗位，推进党建工作标准化、规范化；做好党员发展工作，当年确定12名职工为重点培养对象，吸收10名职工为预备党员，党员队伍不断壮大；加大纪检监察力度，强化领导干部履职尽责的监督执纪，秉持“品德、责任、担当、效率、创新”工作理念，紧盯招投标、竞争性谈判等重点环节，采取事前警示性谈话、加装监控系统、集中管理通信工具等措施，保证物资采购的公开透明，营造风清气正的干事氛围。

自动化信息公司

【概况】 唐山钢铁集团微尔自动化有限公司（以下简称自动化信息公司）是河北省科技厅认定的高新技术企业和河北省工业和信息化厅认定的软件企业，负责公司热板工艺电气、自动化设备维护及内外部自动化工程施工，负责自动化方面高新技术产品和具有知识产权的应用软件和信息化系统研发。2018年末，自动化信息公司注册资本5000万元，具备设备维修企业专业类一级资质、咨询类一级资质、计算机信息系统三级资质以及机电设备安装工程承包二级资质，通过ISO9001质量管理体系认证。

2018年末，自动化信息公司设厂部级干部5人；下设综合部、财务经营部、营销部、供应部、生产安全部、自动化事业部、信息化事业部、智能制造事业部、云事业部等9个部室以及通讯运维中心、云运维中心、自动化检修中心、电子设备厂。共有职工246人，其中男职工179人，女职工67人；中共党员112人，共青团员10人；干部145人，其中科级干部27人；管理及专业技术职工110人，其中正高级职称1人，高级职称30人，中级职称85人；工人101人，其中高级技师1人，技师10人。职工中有研究生25人，大学本科141人，大学专科35人，中专5人，高中及以下59人。

【安全消防管理】 2018年，自动化信息公司加强安全消防管理，严格落实安全管理“一岗双责”，逐级签订安全生产承诺书与责任状；推进责任包保制度，对各车间班组考评125次；举办7期225人全员安全教育培训；结合岗位实际，每周组织班组安全实操培训，针对500余个小课题进行培训；抓好消防管理，送修41具、新购32具灭火器，校验煤气报警器20台；持续开展隐患排查，组织安全检查72次，查出安全隐患300余项，考核25次；开展危险源辨识培训20余次，组织3次厂级及15次车间级应急演练，提升了对突发事件的应急能力和处置能力。

【党群工作】 2018年，自动化信息公司党委抓好党群各项工作，不断深化学习教育，引导广大干部职工牢固树立创新意识、市场理念、服务意识，为完成公司下达的各项任务提供保障。组织党员干部学习《宪法》《中国共产党纪律处分条例》等相关法规制度，纳入党委中心组和党支部“三会一课”内容，规定学习时间频次，加强监督检查，确保学习效果；全面落实党委主体责任，进一步完善《党委工作规则》《领导班子成员党风廉政建设职责范围和反腐倡廉重点工作分工》等内容，明确领导班子成员及各科室、车间在党风廉政建设工作中职责，落实谁主管、谁负责，一级抓一级，层层抓落实；开展“三亮三比”党员先锋行主题实践活动，实施理论学习与技能培训、面向外部对标与对内查找差距、分散培训与集中培训相结合，实现党员素质能力全面提升；加强党风廉政建设，印发《关于元旦、春节、清明、端午期间严格落实中央八项规定精神坚决纠正“四风”问题的通知》，将党风廉政建设细化在具体岗位职责中，对涉及管人、财、物重点人员、关键岗位制定廉洁从业要求，根据具体业务流程制定相应廉政风险点，出台相关廉政措施，落实责任到人，有效保证监察效果；抓好团委各项工作，加强形势任务教育，及时调整健全团组织机构，开展多种形式岗位技能培训，强化“青年安全监督岗”，开展青工喜闻乐见活动，为青工搭建展示风采舞台，充分调动青工工作热情。

主业生产经营单元

炼铁事业部

附一　唐钢美锦（唐山）煤化工有限公司

【概况】 唐钢美锦（唐山）煤化工有限公司（以下简称美锦公司）系依托唐山德盛煤化工有限公司环保搬迁项目建设的独立焦化厂，是以生产焦炭为主要产品的生产单位，年产量150万吨，由备煤、炼焦、干熄焦、回收工序组成，位于滦州市循环经济园区。

2018年末，美锦公司设厂部级干部5人；下设科室10个，车间6个，班组32个。共有职工730人，其中男职工666人，女职工64人；中共党员279人；干部59人，其中科级干部37人；管理及专业技术职工33人，其中专业专家5人，主任师6人，主管师5人，专业师17人；技术工人628人，高级技师3人，技师49人，高级工158人，中级工72人，初级工346人。职工中有研究生10人，大学本科50人，大学专科60人，中专31人，高中及以下411人。

【生产经营】 2018年，美锦公司紧密结合市场形势和环保新常态，积极发挥混合所有制优势，以稳定生产秩序、优化能源介质利用为核心，细化生产系统基础管理，抓好制度完善，落实岗位责任，全面提升企业运行效率和产业链创效能力，保证了公司煤气需求量和冶金焦炭产量。全年，生产焦炭149.4万吨，创历史最好水平，生产焦油5.18万吨，硫铵2.30万吨，轻苯1.75万吨，外售煤气3.13亿立方米，自发电1.58亿千瓦时；实现净利润2.34亿元。这一年，根据市场形势变化，强化质量管控思维，进一步完善细化技术操作规程及作业指导书，优化工艺参数，调整配煤结构，焦炭质量实现长周期稳步提升，确保了炼铁生产要求和化产品收得率；加强生产组织，严格执行调度指令，修订生产系统基础管理制度，强化服务意识，提高管理效率；不断更新营销理念，深入市场，加大与周边焦化企业、下游深加工企业以及国内知名分析机构的对标学习力度，做好外销产品市场定位、价格趋势研判工作，确保外销产品效益最大化；加强设备管理和能源管理，进一步升级改造设备，完善设备功能，开展炼焦单孔产焦量提产攻关工作，加大各种动力介质消耗控制，提升设备运行效率，单孔产焦量超理论设计水平0.5吨，循环水总量同比降低216万吨，焦化废水9个月低于基础循环量，新水降低1.8万吨，能源消耗创历史最好水平。

【安全工作】 2018年，美锦公司坚持“以人为本，生命至上”理念，强化落实安全主体责任，积极开展全员安全培训，补足短板，完善体系，实现安全生产目标。这一年，加强基础管理，完善安全规章制度，修订《安全生产责任制》《岗位安全生产职责》《岗位安全操作规程》《安全管理制度汇编》等安全管理制度。深入开展危险源辨识、强化危险源辨识管控，对各车间各区域的危险源辨识情况进行全面梳理，确认危险源共计1501个，其中A级危险源6个，B级危险源24个，C级危险源256个，D级危险源679个，不定权536个。加强作业区（班组）安全管理评价，对6个主体车间每月进行一次班组评价，共计评价79次。严格落实干部包保班组制度，加强岗位职工实操培训，当年开展职工班组实操培训2505次，提高职工安全素质。持续开展安全检查和隐患整改，严肃处理违章行为，共检查各类安全隐患650项，下达隐患整改通报51期，违章考核233项。认真开展安全生产相关活动，组织职工通过手机微信参与“全国安全生产月活动官网—安全生产知识竞赛”答题活动，参加滦州市经济开发区的安全生产知识竞赛并获三等奖，代表滦州市各企业参加唐山市危化企业应急救援技术竞赛，职工安全意识和安全防护能力进一步增强；强化职业卫生管理，制作职业卫生标识772块，配合检测公司对全厂121个职业危害检测点进行检测，积极开展职工职业健康体检工作，保障职工身体健康。

【环保工作】 2018年，美锦公司更新理念、提高站位，全面提升岗位环保意识，坚持达标生产、达标排放，不断适应环保新常态，为打造绿色煤化工标杆企业打牢基础。加强环保管理，组织制定《应急处置预案》《迎检预案》，完善大气污染预警期间的《一厂一策》《错峰生产方案》《错峰运输方案》及《在线监测设备管理制度》《固体废弃物管理制度》《外委施工环保管理制度》《除尘设备操作规程》等制度，确保在线监测设备和环保设备连续稳定运行。强化污染源源头治理、过程治理，不断改善环境质量，最大限度减少污染物排放。加强环保项目改造，对脱硫脱硝冬季运行暴露的问题进行集中整改，实施除尘效果欠佳的拦焦车炉头烟除尘风机、推焦车车载除尘器、炉门服务车动力系统等改造，对焦仓除尘器、筛焦楼除尘管道、放焦装车的烟尘治理等设施进行改进，建设规范的危废储存间，实现达标排放；开展污染深度治理，对全厂11台除尘器的除尘布袋进行升级更换，安装车辆清洗平台，对运煤车辆轮胎和车身清洗后再出厂，实现超低排放；对原有VOCs治理系统进行升级改造，采用全负压系统，实现VOCs不外排；安装11台VOCs超标报警装置，开展VOCs装置的泄漏检测与修复（LDAR）工作；安装车辆运输视频监控系统，保证数据实时上传到市大气污染防治指挥中心。当年，超低排放改造项目通过唐山市环保局验收。

【焦炉烟气回配工程】 2018年12月17日，美锦公司焦炉烟气回配工程开工建设。该工程于当年10月立项，由中冶焦耐（大连）工程技术有限公司总承包。工程主要是新建焦炉烟道气回配装置及配套的辅助设施。年末，项目正在建设中。工程投入使用后，减少焦炉在高温燃烧过程中生成的氮氧化物，提高烟气温度，降低脱硫脱硝装置负荷，使烟气排放达到国家和地区大气污染物超低排放标准。

【VOCs尾气负压吸引工程】 2018年11月10日，美锦公司VOCs尾气负压吸引工程竣工，同月12日硫铵VOCs尾气负压吸引调试成功。至此，美锦公司VOCs尾气负压吸引工程全部调试完毕并投入生产，各设备运行正常、工艺参数运行稳定。项目于当年8月22日开工建设，由河钢唐钢美锦公司自主设计施工，并取得3项专利。主要建设鼓冷VOCs尾气负压吸引系统、库区VOCs尾气负压吸引系统、硫铵VOCs尾气负压吸引系统三套装置，各系统由尾气收集、压力平衡、安全连锁三部分构成。项目利用原VOCs尾气治理工程尾气收集管道，对尾气收集系统、尾气产生设备进行改造，将尾气收集后送入负压煤气管道，由煤气净化系统对尾气进行净化处理，全过程无尾气排放，实现VOCs尾气“零排放”。系统投入运行后，通过了环保验收，达到安全环保要求。

【基础管理】 2018年，美锦公司加强基础管理，强化监督检查，确保各项工作实现制度化、流程化、标准化。建立健全技术管理制度体系，对制度标准、技术规程、作业指导书等进行完善，形成可操作性的管理流程；强化生产岗位操作管理，严格按岗位标准化作业程序和岗位作业指导书对岗位操作进行检查，确保制度落实到岗位；不断强化生产协调联动，完善信息传递和协调联动机制，从车间、岗位抓起，确保第一时间掌握异常生产信息，并对相关单位生产及时作出调整；加强设备管理，积极与沙钢、鞍钢等单位进行对标，探索设备管理新思路，运用科学手段提高设备管理水平；加强各工序间检修作业配合，科学合理平衡检修作业项目，生产效率进一步提高；建立微信企业公众号平台，实现安全、环保、生产、工艺、设备、人事等各个方面的微信平台管理，工作效率进一步提高。

【科技管理】 2018 年，美锦公司加强科学技术管理，坚持推进新技术、新工艺应用与创新，引导职工立足岗位，在生产和管理实践中发挥聪明才智，职工技术创新成果显著。全年，共获得国家授权专利 14 项；3 项成果获科学技术奖，5 项科技成果结题；2 项成果获得现代化管理奖；10 篇论文在省级刊物上发表。年内，按照政府相关政策，积极打造高新技术型企业，经过三个月的研发项目汇编、财务审计、专利材料证明等材料准备，于 11 月通过河北省第二批高新技术企业认定。

【党群工作】 2018 年，美锦公司党委坚持把学习贯彻习近平新时代中国特色社会主义思想和党的十九大精神作为首要政治任务，认真落实上级与公司党委各项工作部署，以规范基层组织建设、提高党员干部职工队伍素质为重点，深入推进党群各项工作，基层党组织凝聚力和战斗力进一步增强。这一年，借助宣传栏、微信平台，依托“三会一课”、成本大讨论、“3X+1”形势任务宣讲及支部书记“党的十九大精神精品党课课件”评审会等形式，学习宣传贯彻党的十九大精神，强化党员理想信念和党性教育，进一步引导广大党员牢固树立“四个意识”，确保每名党员思想过硬、政治坚定。围绕“创建特色支部，构建坚强堡垒”建设目标，探索“互联网+党建”模式，注重从思想、队伍、作风三方面打造过硬党支部；从提高支部“带头人”业务素质入手，为 9 个党员活动室发放《党支部工作手册》《基层服务型党组织建设工作手册》《中华人民共和国宪法》《党员使用手册》《习近平治国方略》等学习资料，为开展党员教育培训和党员自学创造条件，并坚持每月对基层支部进行考核，促进支部工作规范化、制度化。认真落实党委主体责任，以抓好党风廉政建设为重点，梳理存在问题，增强各级管理人员红线意识，与各支部签订党风廉政建设责任书，召开科级以上及重点岗位管理人员警示教育大会，组织科级干部和重点岗位职工观看《巡视利剑》《砥砺征途》等警示教育片，在重点人员、重点岗位开展《中国共产党廉洁自律准则》《中国共产党纪律处分条例》《关于新形势下党内政治生活的若干准则》和《中国共产党党内监督条例》等知识答题及中秋国庆两节为重点岗位党员干部下发纪委提醒卡等活动，280 多名党员参加“学条例、知敬畏、守底线”知识答题，并对新提拔科级干部进行廉政教育谈话，提高党员干部的纪律意识和规矩意识，营造风清气正的良好环境。以“孔德文煤优化创新工作室”为依托，组织党员技管人员深入生产现场，围绕生产经营重点难点不断挖掘内部潜力，优化成本管理，强化技术创新，全面提升产线运行效率和创效能力，发表相关论文 14 篇，获实用新型专利 17 项，部分研究成果（课题）获省、市科技进步奖及冶金科技进步奖，在攻坚克难中发挥了先锋模范作用。

附二　炼铁厂

【概况】 炼铁事业部是依托炼铁厂、唐钢美锦（唐山）煤化工有限公司组成，以产线为独立市场单元，协同生产焦炭、化产附属品、铁水等产品的生产经营部门。其所辖炼铁厂是由原料、烧结、高炉工序组成的生产单位，系以生产铁水为主要产品的生产单位。由炼铁北区、炼铁南区和不锈钢铁区组成，具有年产生铁1150万吨、烧结矿1500万吨生产能力。2018年末，炼铁厂共有设备8579台（套），总重量22.42万吨，其中北区有3200立方米高炉1座、2000立方米高炉1座，210平方米烧结机2台、265平方米烧结机1台，综合原料场1个，混合料场1个，煤场1个；南区有3200立方米高炉1座，360平方米烧结机1台；原料库最大储量25万吨；焦化区（已停产）有65孔7米型焦炉2座、65孔5.5米型焦炉4座。

2018年末，炼铁厂设厂部级干部10人；下设科室7个、作业区36个、班组294个。共有职工1937人，其中男职工1769人，女职工268人；中共党员814人，共青团员326人；干部186人，其中科级干部35人；专业技术职工91人，其中高级职称66人，中级职称67人；工人1751人，其中技术工人1507人，高级技师7人，技师69人。职工中有博士4人，研究生32人，大学本科174人，大学专科307人，中专481人，高中及以下939人。

【生产经营】 2018年，炼铁厂积极应对环保应急常态化、原燃料供应紧张等挑战，深入学习多法斯科钢铁厂经验，强化基础管理，不断完善原烧系统功能，加强安全环保管理，全力稳定高炉运行，保证生产正常秩序，顺利完成公司下达的生产经营任务。全年，产铁777.23万吨，其中本部产铁550.13万吨，不锈钢铁区产铁227.1万吨；高炉利用系数2.27吨/(立方米·天)，燃料比519.38千克/吨，喷煤比152.34千克/吨；生铁合格率100%；产烧结矿1020万吨，其中本部产烧结矿638.9万吨，不锈钢铁区产烧结矿381.1万吨。

【环保管理】 2018年，炼铁厂深入贯彻国家环保法律法规，认真落实公司决策部署，推进环境管理体系建设，狠抓日常环保管理，实施环保设施、技术升级改造，促进环保防尘工作水平进一步提升。当年，工业废水处理率、外排废水达标率，工业固体废弃物处置率、利用率，环保设施同步运转率、完好率，烟粉尘、二氧化硫、氮氧化物、COD排放达标率，岗位粉尘合格率均达到100%。年内，按照环保排放标准换版需要，组织完善《环保防尘管理办法》《放射源管理办法》《危险废弃物管理办法》《环保执行标准汇编》，进一步规范环保管理行为。严格落实上级部门制定的空气质量保障措施，坚决执行停限产，全年环保限产240.44天，环保焖炉停炉影响生铁产量83.7万吨。加强环保治理，组织实施卡车槽、异型车槽封堵，在西院焦炭场地搭建长450米、高12米的抑尘网，对北区厂内所有的通廊、转运站、厂房及1~3号烧结机环冷进行密封治理，收到良好效果；对2~3号高炉渣沟及出铁场除尘罩进行环保改造，改造后增强顶吸除尘效果及渣沟密封，有效减少无组织排放；实施高炉炉顶料罐煤气均压改氮气均压项目，于8月南区高炉氮气管道合口投入使用，北区3号高炉氮气管道合口投入使用，大幅降低因高炉均压放散煤气浓度过高对周围空气环境带来的影响，到年末北区2号高炉炉顶料罐煤气均压改氮气均压项目处于设备安装阶段，预计翌年1月投入使用。

【资源合理配置】 2018年，炼铁厂结合当前生产经营形势，全力加强物料进厂、资源配置、工艺改善等项工作，为高炉稳定顺行提供强力支撑。全年，本部南北区主要原燃料（不含外购烧结矿）累计进厂量1207.16万吨，其中球团矿资源101.27万吨，外矿资源509.03万吨，地方精粉138.23万吨，焦炭224.71万吨，煤粉102.42万吨，采购添加剂、增效剂、脱硫剂、污泥、石灰块、废钢及钢渣面等其他物料9.32万吨。这一年，合理调配资源，内部共计调配烧结矿资源55.76万吨，其中北区调剂至南区、不锈钢区分别为25.89万吨、7.56万吨，不锈钢区调剂至北区、南区分别为10.29万吨、12.02万吨。针对烧结矿与球团矿紧缺现状，外购烧结矿24.38万吨，其中外购安丰钢铁公司19.25万吨，承钢1.69万吨，宣钢2.0万吨，调配至北区12.33万吨、南区8.36万吨、不锈钢区3.69万吨；外采球团矿资源18.92万吨，其中北区4.66万吨、南区6.64万吨、不锈钢区7.6万吨。

【烧结工艺改善】 2018年，炼铁厂烧结工艺结合环保限产频繁启停机、物料拉运车次受限、物料结构频繁变化、生产设备老化、生产操作调整影响余热发电和脱硫效果等方面因素，积极优化配矿结构，制定合理的烧结过程参数控制及烧结混合料的水分控制标准，严格执行厚料层操作模式，不断进行设备技术改造，保证烧结生产过程稳定，烧结矿质量指标稳定。全年，北区混匀矿综合合格率达99.87%、其中一级品率93.78%，烧结矿转鼓指数79.13%；南区混匀矿一级品率98.88%，氧化铁含量为8.62%，同比降低0.3%，烧结矿转鼓指数79.15%，为高炉顺行创造了条件。年内，积极抓好日常生产组织、协调与管理，按月将指标分解到各班组，制定班产计划，确保生产顺行；根据生产需要，完善生产管理制度，修订《南区烧结极端天气应对措施》《防雨防汛预案》《烧结机限产启停机标准化操作管理规定》《限产限行条件下槽位管理规定》《冬季防寒防冻预案》及生产保障措施；结合公司“质量月”活动要求，围绕月初制定的指标展开攻关，主动优化改造，提升设备精度和操控水平，实现稳态烧结，R2稳定率实现100%，转鼓指数达79.15%，均超出月初制定的目标值。

【探索高炉基本制度】 2018年，炼铁厂以确保高炉长周期稳定生产为中心，科学制定高炉生产预案，改进工艺操作流程，持续优化入炉原料质量，高炉炉况实现整体稳定顺行。当年，炼铁北区2号高炉停产约11个月，复产后共产铁29.51万吨，平均燃料比556.14千克/吨，平均煤比148.38千克/吨；3号高炉产量247.30万吨，利用系数2.12吨/(立方米·天)，燃料比524.09千克/吨，喷煤比141.90千克/吨。炼铁南区高炉产铁273.31万吨，月平均利用系数2.27吨/(立方米·天)，燃料比519.38千克/吨，煤气利用率47.42%，同比提升4.3%。年内，不断优化工艺参数，修订并完善单炉生产休、送风操作规程，制定并细化单炉生产反事故措施和应急预案，保证单炉生产高炉的稳定顺行；采用自主改造小矿设备添加废钢1.13万吨，缓解了生产经营压力；改善原燃料条件，提升入炉焦炭质量，自产干焦的冷强度M10控制在6.0以下，为改善高炉料柱透气性创造条件；积极关注不锈钢区高炉工序能耗，加强高炉煤气回收及烧结余热回收，煤气外供量同比提高46立方米/吨。

【设备管理】 2018年，炼铁厂认真践行公司“受控、高效、零缺陷运转”设备管理理念，明确以点检定修制为基础，全员精细化点检和全员精细化设备维护保养为核心的管理思路，坚持以“主线设备保证可靠运行，非主线设备达到可控运行，并逐步向经济运行迈进”为设备管理目标，狠抓点检及各种标准的落实，严控设备维护费用，完善设备全生命周期管理体系，保证设备安全稳定运行，实现重大设备事故为零目标。这一年，以完善高炉生产工艺要求为核心，严抓工艺设备技术改造，推进设备功能精度恢复提升，实施设备（安全）隐患治理及现场环保设备的改善提升，确保生产稳定高效顺行；做好日常设备管理，定期组织对电气、特种设备、润滑及备用设备进行专项基础管理检查，共组织各项设备专业检查115次，查出各类设备隐患问题3713项，组织设备挂牌846次，查出岗位点检和专业点检各类问题241项，均按要求进行了整改；加强日常检修管理，合理安排定修、计划检修，组织3号高炉计划检修4次，2号高炉复产大修1次，原烧区计划停机检修25次（含限产停机及改造项目），南区高炉烧结机同步定修3次，进一步优化设备性能，消除设备隐患。

【炼铁南区高炉CO减排项目】 2018年7月，炼铁南区高炉CO减排项目开工建设，同年8月竣工投入使用。由唐山钢铁国际工程技术有限公司设计，唐山天鸿建设集团有限责任公司、河北省安装工程有限公司承建。项目主要是为北区2号、3号高炉新建从氮气主网至炉顶的氮气管道，供气至均压氮气储罐，再由氮气罐向炉顶料罐提供均压氮气，实现一次均压由氮气替代高炉净煤气。项目投产后，有效减少炉顶均压放散时CO含量，满足区域环保要求。

【炼铁北区3号烧结机台车栏板加高改造项目】 2018年2月12日，炼铁北区3号烧结机台车栏板加高改造项目立项，同年3月开工建设，5月16日竣工并投入使用。项目由唐山钢铁国际工程技术有限公司设计，唐山瑞丰建业集团有限公司承建，概算投资443.34万元。项目主要是对炼铁北区原有（3号）烧结机台车栏板加高150毫米，更换151块台车栏板及附件，共计604块台车栏板；实施煤气管道、空气管道及煤气放散管道改造；进行圆辊布料器、七辊布料器、混合料槽、铺底料槽及主微调闸门等改造；进行机尾防尘罩、导料槽、返程框架横梁及散料箅子导料板改造；将原更换台车所用的10吨天车整体更换为16吨天车，所需电源同步改造。项目改造后，提高了烧结矿成品率，有效改善烧结矿质量，实现厚料层烧结，达到节约燃料消耗目的。

【安全管理】 2018年，炼铁厂认真贯彻落实国家、省、市及公司相关文件精神，加强安全管理，深入组织开展全员安全培训教育、安全生产大检查、班组安全评价、安全生产月、安全消防月及一级安全生产标准化复评等系列活动，实现了五种重大事故为零、新增职业病为零、生产A级事故为零，轻伤事故小于千分之二，全员安全教育培训率100%，特殊工种持证上岗、复审率100%，特种设备检验达标率100%的安全生产目标。这一年，注重加强安全基础管理，按照公司班组标准化建设评价标准，从班组安全承诺、班前班后会、班组安全活动会、危险源辨识、安全教育、岗位应急、相关方管理、安全检查确认等13个方面展开评价，保证全面客观；强化安全教育培训，重视职工安全、设备和工艺技术三方面培训，共组织30期全员安全培训教育，1933人接受培训，并将岗位实操培训方案纳入培训效果评价，职工安全自保意识、安全责任意识和能力进一步提高；坚持开展安全生产大检查，共检查评价182个班组，评价合格班组132个，评价不合格班组48个，共检查问题1925项，并做好整改落实工作；加强审核危险源辨识，对现有危险源辨识表逐级审核、查缺补漏、修订完善，共辨识危险源2358项，其中A级危险源12项、B级危险源71项、C级危险源631项、D级危险源943项，并根据危险源辨识表制定各级人员隐患排查清单，绘制厂级、作业区级风险四色分布图；按照公司“安全生产月”活动精神，成立领导小组，加强安全宣传展览和职工安全学习教育，提高全体员工安全素养，积极开展各项应急演练，其中厂级4次、车间班组级70余次；按照公司接害岗位职业健康体检统一安排，组织1300余名职工参加体检；积极开展消防安全月活动，组织消防安全专项检查，开展厂级消防安全专项应急演练3次，组织全厂科级、管理人员、岗位职工开展消防安全知识培训，提升了全体职工的消防安全意识。

【推进作业长制】 2018年，炼铁厂从作业区管理信息化、制度化和体系化三方面着手，全面加强基础管理体系建设，深入推进作业长制，并在公司作业区推进工作季度评比中得到肯定。年内，规范岗位点巡检标准，从设备、工艺、安全等七方面，优化、完善作业区岗位巡检标准3327项，并在岗位点巡检标准基础上，提炼作业长日常巡检标准，重点对设备点检和工艺质量中的关键控制点进行量化、细化，共涉及全厂48条线路、445个关键点、2770条具体标准，实现了点检标准规范化；加强作业区信息化管理，从工艺管理和设备管理入手，研发铁前全流程数据管控模块和岗位点检信息系统，实现岗位点检信息在线实时数据上传、查询、追踪、确认，强化生产和点检作业区间的横向协作；按照督导、指导、辅导原则，对作业区进行检查督导，共查出问题2715项，考核1049项，帮扶作业区解决现场问题1036项，组织各类专业培训970人次，实现了从制度、标准到执行记录的体系化管理；规范作业长履职评价，优化《作业长履职月度评价办法》，从过程管理、结果控制、自主管理等方面对作业长进行评价，重点突出作业长自主管理、自我了结能力，引导作业区管理水平持续提升，当年评选出厂级优秀作业长24名，并采用“现场持续改善奖—有效异常处置奖—厂长创新奖”三级创新激励体系，重点关注后备作业长成长与激励，共计奖励12万元。

【绩效管理】 2018年，炼铁厂加强绩效管理，根据财务预算指标，将产品产量、标准成本符合率、质量等重点指标分解、细化为每名职工的绩效目标和岗位任务，实现全员绩效管理目标。发挥绩效管理正向引导和激励作用，进一步调整完善绩效评价体系，将一级组织绩效中KPI指标部分调整为定量指标，生铁产量与标准成本符合率2项指标权重由40%上调为70%~80%，根据指标性质合并燃料比、煤比、固体燃耗、动力介质、电耗，保留可控指标内容，实现了绩效体系向重点产线倾斜，提升了产线职工的生产积极性。修订《全员绩效管理办法》及《作业区绩效管理办法》，组织各专业科室梳理厂级449个专业管理制度，分别建立厂级专业管理绩效评价办法，为绩效管理提供评价依据，并完善重点生产岗位的专业管理绩效评价办法，使专业管理条目覆盖全厂所有专业、作业区，形成完整、高效的绩效评价体系。

【自主管理】 2018年，炼铁厂以作业长制为架构，深入开展自主管理活动，根据宝钢专家对自主管理的辅导意见，制定《自主管理活动管理办法》，细化《自主管理课题评价标准》，使自主管理课题从立项、审批、过程跟踪、课题发布、结果评价都有量化标准，促进岗位管理创新工作向纵深推进。全年，申报自主管理课题260项，创新增效300余万元，其中6项课题参加公司评比，获公司优秀课题；组织上报12项现代化管理成果，其中7项获公司批准立项，课题内容从管理工具的创新、资源的优化与控制、废弃物的排放、设备管理等方面进行创新实践，以多个角度反映管理创新的具体做法，并定期组织对课题内容及后续跟进情况进行研修交流，学习省级企业管理现代化课题优秀范例，充实课题内容，提升课题内涵和价值。

【加强现场环境治理】 2018年，炼铁厂加强现场环境治理，进一步优化岗位职责和检查标准，从细节处着手，强化现场内外环境管控力度，全面提升现场管理水平。根据公司厂区治理统一部署，炼铁南区积极治理高炉中控楼、高炉炉顶钢结构、热风炉钢结构及附属管道、烧结主厂房等参观沿线环境问题367项，清理面积5.45万平方米，涉及内外建筑物漆化、粉刷1.09万平方米，建筑物外墙冲洗2.02万平方米，更换、粘贴各类标识1600余个；组织对高炉矿槽、小焦筛平台、进料 C104 皮带配重、C108 皮带配重，汽车卸料地下给料机、原料库 11.5 米平台料仓仓沿，烧结环冷机、烧结上料室、烧结燃破室皮带密封罩等区域进行封堵改造，共计封堵 1800 平方米，改造 131 处，制作环冷溜槽 48 个，并利用手推清扫车、高压水枪等辅助设备来提高现场清扫标准，有效缓解了现场扬尘、洒料现象。不锈钢区加大生产现场的深度治理力度，完成外环境及生产现场治理 950 余处，共清理各转运站、皮带通廊、返料间散落料及施工现场废弃物 742.6 吨，生活、工业垃圾 355 吨，更新完善设备标识 1935 个，漆化生产设备、安全防护栏杆等基础设施 6500 余平方米，粉刷会议室、值班站室、休息室、污染严重部位墙面 4000 余平方米，为清洁生产、绿色制造提供支撑。

【专利管理】 2018 年，炼铁厂加强专利管理，加大知识产权保护宣传力度，引导职工立足岗位，在生产管理、技术改进以及“五小”活动中发挥聪明才智，解决生产实际问题，促进整体技术水平提高。全年，46 项发明创造被国家知识产权局授权专利，其中发明专利 2 项，实用新型专利 35 项，发明专利和实用新型专利 9 项。

【党群工作】 2018 年，炼铁厂党委坚持以习近平新时代中国特色社会主义思想和党的十九大精神为指导，认真落实公司党委各项决策部署，充分发挥党委把方向、管大局、保落实作用，为生产经营提供坚强保证。强化思想引领，通过“班组活动日”“3X+1”形势任务宣讲等活动，将公司生产经营取得的进步、面临的形势任务以及关系职工切身利益的决定、措施等及时传达到职工，解除职工思想障碍，广泛凝聚职工攻坚克难的战斗合力。积极开展季评“十佳”共产党员活动，围绕生产经营中心任务，引导党员争做安全生产卫士、标准化操作表率、自主管理创新能手、联系服务群众公仆、遵章守纪的楷模。开展“三亮三比”党员活动，围绕保高炉稳产、高产核心任务，指导各党支部聚焦党员岗位或班组 2~3 个关键指标或重点任务，不断完善岗位指标，评比表彰星级党员 185 名。严格落实党风廉政建设责任制，制定领导班子成员党风廉政建设责任分工，与党支部签订责任状，明确两级领导干部党风廉政建设职责。强化“一岗双责”，突出政治引领，领导班子成员按照责任分工参加支部组织生活，对支部工作进行监督指导，有针对性地与党员、干部谈心谈话，引导基层党员、干部不断增强政治意识、大局意识、核心意识、看齐意识。坚持把服务企业发展作为出发点、落脚点，着力解决职工关心的具体问题，引导党员干部深入一线提供贴心服务，征求职工意见和需求，破解岗位生产难题，在解决难题中改进作风、提升能力，充分调动广大党员和职工群众的积极性、主动性和创造性。

卷板事业部

【概况】 卷板事业部是依托一钢轧厂、冷轧薄板厂组建，是以产线为独立市场单元，围绕市场和产品，集党建、产、销、研等工作于一体，以发挥“利润中心”角色为目标，协同产线生产钢水、连铸板坯、热轧卷板、冷轧卷板、镀锌板、退火板等产品的生产经营机构。

2018 年 2 月 14 日，经公司党委研究决定，成立卷板事业部党委，下设党群工作部，撤销一钢轧厂党委、冷轧薄板厂党委。

2018 年末，卷板事业部设党委书记、总经理 1 人（由公司副总经理兼任），党委第一副书记、工会主席 1 人（兼任党群工作部部长），党委副书记、纪委书记 1 人，副总经理 1 人（由冷轧薄板厂厂长兼任），营销服务中心、卷板研发中心总经理1人；下设营销服务中心、产品研发中心、党群工作部等3个部门及一钢轧厂、冷轧薄板厂。共有职工2330人，其中男职工2100人，女职工230人；中共党员731人；干部335人，其中科级干部74人；管理及专业技术职工226人，其中高级职称56人，中级职称148人；工人1995人，其中高级技师55人，技师148人。职工中有博士生1人、研究生44人，大学本科361人，大学专科及以下1905人。

【生产经营】 2018年，卷板事业部坚决贯彻落实公司决策部署，围绕“树品牌、做宽度、创效益”工作主线，聚焦产品和市场，持续优化生产组织模式，深度挖掘设备潜能，扎实推进技术创新，不断改善基础管理，实现了两个结构优化和产线效率提升，生产经营取得历史性进步，产品市场占有率和产品创效能力持续增强，为公司高质量发展作出了积极贡献。全年，产钢491万吨，热轧材产量470万吨，冷轧商品量221万吨；一钢轧厂标准成本符合率由30%提至81%以上，冷轧标准成本符合率由-20%提至80%以上。这一年，以“产就高效率”为指导，运用体系工具和方法，对大数据进行科学统计分析，在各条产线建立起与产线高效率相匹配的设备、工艺“新标准”，开展精益课题、焦点课题、抢单课题等实战项目拉练，全面提升职工综合素质能力，将新知识、新技术迅速转化为产线效率提升的保证，积极推进模型化建设，产线效率跨上新台阶。

【打造特色产品】 2018年，卷板事业部紧密结合产线实际，全力打造以热轧薄规格、酸洗压缩机壳用钢、酸洗汽车用钢、药芯焊丝钢、结构级镀锌、FB表面及锌铝镁产品、罩退深冲钢为主体的重点特色产品，促进产品升级和结构调整，提升市场竞争力。全年，特色产品销量100万吨，同比提高92%。年内，加大产品研发力度，深入攻关，药芯焊丝钢销量9.5万吨，同比提升102%，国内市场占有率达40%，实现与行业前十大客户的全面合作；热轧薄规格板材稳定供货国内最大集成货架制造商；锌铝镁系列产品产量5.76万吨，成功打入欧洲市场，合格率最高达98.93%，月创效500万元以上，成为公司新的效益增长点。

【新产品开发】 2018年，卷板事业部以新产品开发和重点产品增量为抓手，积极开展自主创新活动，加快产品结构调整步伐，研产销用一体化成果显著。全年，热轧板材新产品有2个，冷轧板材新产品有11个。年内，1810毫米生产线成功开发生产全球首卷2吉帕级别热成型汽车钢；3号镀锌生产线成功开发锌铝镁系列牌号10个，涵盖结构钢、高强度低合金钢、双相钢、深冲钢，接单品种实现了全覆盖，填补了河北省空白，并打入欧洲市场，具备批量生产能力；关停4号连铸机，1810毫米生产线全面实现了半无头轧制，薄规格产品销量达到48万吨，同比提高26万吨。

附表　2018年卷板事业部新产品开发一览

类别	品　种	牌　号	规格/毫米	主要用途
本部热轧板材	热轧热冲压成型用钢	HR2000HS1	1.2~4.0	汽车防撞梁、防撞杆
	铁道车辆用钢	Q450NQR1	2.5~12.0	铁道货运车辆底板，车门框等
冷轧板材	锌铝镁结构钢	DC51D+ZM、S220GD+ZM	0.4~2.5	冷成型用
	镀锌铝镁深冲钢	DC53D+ZM	0.4~1.6	汽车、电子行业结构用

续附表

类别	品　种	牌　号	规格/毫米	主要用途
冷轧板材	镀锌铝镁结构级用钢	S320GD+ZM、S350GD+ZM、S390GD+ZM、S550GD+ZM	0.4~2.5	建筑结构用、光伏支架等
	镀锌铝镁低合金高强钢	HC260LAD+ZM、HC340LAD+ZM	0.4~2.5	汽车结构用
	镀锌铝镁双相钢	HCT590X+ZM	0.4~2.0	汽车冲压用
	罩退热冲压成型钢	T1500HS	0.9~1.7	汽车A柱、B柱等

【客户服务】 2018年，卷板事业部进一步深化“强服务、提效率、转机制”工作，瞄准上海日立、天津LG、武汉铁锚、长城汽车、首航节能、通宝停车、勇猛机械等国内客户，为其提供全流程全方位服务，建立内部客户管理关系，服务客户能力进一步提高。全年，走访对接客户280余次，新开发客户55家，同比增加13个；订单兑现率98.4%，同比提高0.5%；客户满意度96.51%，同比提升2.37%；一对一直销比40.6%，同比提高10%；重点产品产量170万吨，同比增加61万吨，重点产品按期交付率由80%增至94%，热轧重点产品交货期较上年缩短10天。当年8月，成立唐山区域经理部，积极开拓周边立体停车、高端建材、装配式住宅市场，开发新用户17家，实现销量1.7万吨，为后续周边市场开拓打下坚实基础。

【创新生产组织模式】 2018年，卷板事业部坚持创新生产组织模式，为产线效率提升创造条件。年内，一钢轧厂积极建立生产组织模型，以11个标准符合率为抓手，将生产计划排程细化到转炉炉座，在4号连铸机停产情况下，增产7万吨，实现炉机经济、高效匹配，1700毫米生产线在“三炉三机”模式下，科学优化订单结构，实现稳定日产1万吨水平。冷轧厂通过优化排产模式提高机组作业率，酸轧机时产量由年初224吨/时提升至245吨/时；酸洗机时产量由年初的76吨/时提升至97吨/时。

【管理效率】 2018年，卷板事业部发挥研产销用一体化协同机制，持续深化基础管理，为各项工作持续进步提供内生动力。全年，组织召开事业部班子会31次，审议并通过123项议题，制定下发12项管理制度。年内，积极推进管理规范化和作业标准化工作，将体系管理融入作业长制管理，实现深度融合、高度统一。以厂部长包保作业区、技管干部包保班组、落实技管人员及作业长月度改善计划为抓手，实现技管人员的技术服务支撑能力和作业长班组长的自主管理能力双提升。组织开展“转思维、强作风、找短板、定措施、抓落实”大讨论活动，查找短板、落实改进措施356项；深入开展“讲规矩、树正气、做实事”活动，促进职工系统学习规章制度，职工崇纪尊规的规范意识、责任意识明显提升；组织开展“基础管理提升劳动竞赛”“管理制度落地落实督导检查”“管理职责回头看”等工作，推动了管理规范化、作业标准化落地，成为干部职工的工作标尺。

【党群工作】 2018年，卷板事业部党委围绕中心任务扎实开展党群工作，为提升产品创效能力提供坚强保证。加强宣传思想工作，组织党员干部认真学习党的十九大精神，增强党员干部贯彻党的十九大精神的自觉性；以班组活动日、“3X+1”形势任务宣讲为载体，加强对职工的形势任务宣传教育；开展“转思维、强作风、找短板、定措施、抓落实”大讨论活动，为事业部各项工作的开展打好基础。积极适应公司事业部运营模式调整需要，在组织机构变革中加强党的领导，开展党建工作，制定下发《党支部工作管理标准》《党支部绩效评价考核办法》等多项党建基础管理制度，为提升党建管理水平提供制度支撑；系统梳理5个《党建基础工作标准化操作指导书》，党建工作实现标准化、流程化作业；开展“品牌创建”“当先锋创佳绩树品牌”主题实践特色活动，充分发挥党支部的战斗堡垒作用和党员的先锋模范作用。深化从严治党、从严治企，强化廉政教育，落实廉洁从业各项规定，向700多名党员发送微信版《致全体党员的廉洁自律信》，制作“十项禁令”宣传牌100块，选聘50名廉政监督员，对廉政风险岗位重点监察，确定廉政防控风险点8项26个，制定防控措施103条，营造风清气正的良好氛围。推进工会工作，在转炉、精炼、镀彩、酸轧等10个作业区开展提升岗位技能、促指标提升小指标擂台赛活动，3500余人次参与竞赛；关注职工需求，坚持服务职工，做好暑期为一线高温岗位“送清凉”，配置微波炉、饮水机、冰柜；加大对患大病职工的帮扶力度，为职工申请公司患大病帮扶补助，申请唐山市职工大病互助补助，帮助困难职工128人次，增强了职工凝聚力。

附一　一钢轧厂

【概况】 一钢轧厂是由炼钢、连铸、轧钢工序组成，以生产热轧板材为主要产品的生产组织单位。主要设备有150吨顶底复吹转炉、LF精炼炉各3座，RH真空精炼炉1座，连铸机4台，1810毫米生产线、1700毫米生产线各1条，平整生产线2条，年设计生产能力500万吨，主要生产厚度为0.8~12.7毫米、宽度850~1680毫米的中高端热轧产品。

2018年末，一钢轧厂设厂部级干部5人；下设科室5个，作业区15个。共有职工1409人，其中男职工1287人，女职工122人；中共党员402人，共青团员27人；干部190人，其中科级干部65人；管理及专业技术职工125人，其中高级职称32人，中级职称93人；工人1219人，其中高级技师44人，技师74人。职工中有研究生33人，大学本科209人，大学专科291人，中专85人，高中及以下771人。

【生产经营】 2018年，一钢轧厂认真贯彻落实公司和卷板事业部决策部署，坚持聚焦“市场”和“产品”，以产销研用一体化高效运行为基础，加快推进客户结构调整，持续推进产品升级和科技创新，不断提高产线运行效率和产品创效能力，基础管理水平实现快速提升。全年，钢产量491万吨，同比增加7万吨；热卷产量470万吨，同比降低4万吨。其中1700毫米生产线材产量317.23万吨，同比提高58.36万吨，创历史最高纪录；1810毫米生产线单机材产量153.35万吨，同比提高45.84万吨。实现考核利润10.7亿元，超公司计划3.2亿元。

【产品和市场】 2018年，一钢轧厂围绕市场和产品两大核心工作，提升产线过程控制能力，发挥1810薄板坯连铸连轧产线优势，大力组织薄规格产品开发，实现产品升级和品种钢上量。全年，热轧薄规格产品销量48.1万吨，同比提高119%，实现与国内最大集成货架制造商上海精星的稳定合作。成功生产1.2毫米薄规格花纹板，标志着1810毫米生产线具备了批量生产极薄规格花纹板产品的能力。成功轧制1.8毫米厚度HR2000HS1（2吉帕）钢种，实现薄板坯“以热代冷”热成型高强钢试生产。

【产线效率提升】 2018年，一钢轧厂以“产就高效率”为指导，加强对标学习，通过对标找差距，挖掘改善点，提高各项工作标准，科学排产、精细组织，促进产线效率提升。全年，转炉冶炼周期实现35.7分/炉，同比缩短2.4分/炉，单炉座班产钢18

炉2772吨，日产钢114炉1.76万吨，单班单炉座最高产量同比提高4炉；1700轧机机时产量达511吨/时，同比提高70吨/时，月度最高机时产量552吨/时，创日产1.31万吨纪录；3号薄板坯连铸机平均拉速4.5米/分，同比提高0.7米/分，最高拉速稳定达到5.5米/分，最高日产突破6966吨，均创历史最好水平。1700毫米生产线连铸作业率85%，同比提高15%，实现历史性突破。这一年，对标学习纵横钢铁公司、贵航特钢及唐钢中厚板公司、不锈钢公司，创新工作思路，提高工作标准，以秒、吨为计量单位，分析影响产线作业时间和产量等因素，共梳理16个要素，制定解决措施，完善规程标准，产线效率实现新突破。

【工艺技术优化】 2018年，一钢轧厂以推进全员小微创新为抓手，积极开发应用新技术，实施产品创新，促进产品质量持续改善。当年，全面掌握低铁耗冶炼技术，积极推广转炉水基补炉料、转炉快速出钢、加快钢包周转等工艺技术，采用氧枪二次燃烧、铁水包废钢烘烤等措施，最大程度减少物理热损失，铁水消耗同比降低50千克/吨，增加钢产量24万吨。采用结晶器倒角铜板、优化结晶器进水方式及保护渣、浸入式水口等关键参数，有效解决了铸坯边部裂口、铜板镀层脱落、结晶器流场不稳、板卷裂纹率等技术难题和瓶颈，3号连铸机拉速水平大幅提升。通过成分调整、工艺优化，解决了压缩机用钢山水纹、S380制管不圆、T1500HS性能不佳、暖气片头钢冲压开裂等问题，满足了用户要求，产品质量控制能力进一步提高。在1810薄板坯连铸机成功实施结晶器窄板反倒角技术，结晶器寿命提升一倍。实施“1700毫米生产线加热炉烟气反吹”项目，使公司成为国内首家应用此技术的企业，一氧化碳平均排放浓度较改造前下降90%以上。

【全程质量管控】 2018年，一钢轧厂牢固树立“特钢思维”，依托用户反馈机制和自身质量监控机制，建立高效质量保障机制，产品质量持续改善。全年，非计划品同比降低53.65%。年内，依托快反机制，强化安全、设备、生产等专业管理，实现专业问题集中快速响应；优化完善QMS基础性和管理性报告，充分发挥在线工艺质量监控功能，精准执行质量设计结果，提高产品质量，逐步实现全流程质量精确控制；大力推进一贯制质量管理，不断完善岗位规程，组织梳理29个管理过程，明确厂级、科室及作业区的管理职责，层层分解，直至落实到岗位工和技术员，实现过程管理全覆盖，持续提升产线标准化作业管控水平，为产品质量控制提供保障。当年，顺利通过IATF16949质量管理体系审核、出口欧洲产品CE认证，以及涉及制造过程、设备功能精度、称量系统等13项内审和专项审核。

【设备管理】 2018年，一钢轧厂加强设备管理，挖掘设备潜能，在恢复设备原设计能力、开发新功能同时，提高设备维修质量，精度控制范围更加严格。当年，事故次数降低18%。强化设备支撑作用，重新组织梳理设备精度项目，各产线精度管理项目增至2638项，实施精度测量1.2万次，共发现异常精度项目304次。借鉴日照ESP产线精度管理，进一步完善精度控制标准，支撑1810毫米生产线热卷规格减薄及半无头轧制，当年半无头轧制33.6万吨，并成功实现220米铸坯7分割半无头轧制，达到国内领先水平。

【模型化生产】 2018年，一钢轧厂推进模型化生产，以“1700连铸混钢模型”“1700连铸防漏钢预报模型”“1700连铸智能送坯控制”“1700精轧宽展模型”“1810连铸结晶器在线监控”等重点项目为依托，建立高效模型化生产推进机构，促进产线智能化升级。梳理完善现有基础模型，消除制约产品质量提升因素，实现生产过程品种参数、关键操作、设备自动控制等全流程标准化、模型化，减少人为操作带来的不确定影响，促进标准化作业在产线落地，为产品质量稳定提供可靠保障。与信息自动化部、达涅利、普锐特、北科大、辽科大等单位院校合作，开发完善涉及转炉自动化炼钢、LF 自动冶炼、1810 连铸机高拉速、精轧轧制节奏控制模型、加热炉自动装钢、加热炉反吹等 78 个过程控制模型，1700 毫米生产线效率大幅提升，加热炉反吹模型实现 CO 排放降低 90% 以上，煤气消耗降低 14.7%，属国内首创。

【废钢烘烤项目】 2018 年 9 月 3 日，一钢轧厂 2 座废钢烘烤装置点火成功，投入运行。该项目主要是两种烘烤器安装，2 个地坑土建施工，2 台铁水包车安装等。项目建成后，实现在铁水包内加入废钢的工艺要求，满足了降低铁耗的需要。

【新增废钢场地项目】 2018 年 11 月 17 日，一钢轧厂新增废钢场地项目竣工。该项目于当年 8 月 27 日立项，10 月 3 日开工建设，由唐山龙基建筑工程有限公司承建。主要建设内容是在原加料跨废钢区域厂房南侧增建废钢储存厂房，面积 840 平方米。项目投入使用后，提高了现场废钢储备量。

【能源利用】 2018 年，一钢轧厂以优化生产组织模式、强化设备管理、加强能源管控等为着力点，全力降低能源动力消耗，取得积极成效。全年，综合能源成本同比降低 1709.95 万元。这一年，以提高生产效率为目标，加强与市场部、生产制造部、能源环保部、设备机动部等部门沟通，积极优化生产组织，合理做好产线排产计划，全面提高机时产量和作业率，在产线产能大幅提高同时，能源成本进一步降低。加强设备管理，针对关键能源设备组织职工培训，全面推广设备管理系统使用，实现能源设备管理可视化，最大限度降低设备事故带来的能源损耗。加强关键设备技术改造，当年 4 月，实施大包烘烤器改造，调整火焰检测位置，增加温度显示，按照煤气热值调整煤气和风量配比，实现了根据煤气热值自动调整混合煤气使用量，适应低铁耗生产模式下混合煤气低热值状态钢包烘烤，保证大包烘烤质量，达到降低钢区电耗目的。7 月，在 1700 毫米生产线两座双蓄热加热炉实施烟气反吹项目，改造后加热炉平均日成本比改造前节省 3.3 万元。

【安全环保】 2018 年，一钢轧厂严守环保底线，树立红线意识，强化底线思维和制度保障，不断完善操作规范，提高安全环保水平，努力营造安全和谐稳定的生产经营环境。这一年，全力抓好安全生产，开展安全事故隐患排查治理和安全隐患整改快反机制落地行动，制定《隐患排查治理快反管理办法》，组织科室、作业区贯彻执行；以厂领导带队、科室发挥“一岗双责”、作业区每日自查 3 个层次，全面排查隐患；成立 18 个安全专业检查组，每月组织 2 次检查，共查出煤气、熔融金属等专业安全问题 586 项，对查出的隐患，按照提报、分级、处置、闭环、撂级管理等流程，组织作业区整改，及时将隐患消灭在萌芽状态，为作业区安全管理提供了专业技术支持。高度重视环保工作，严格执行国家排放标准，强化环保管理制度落地，加强环境治理，连铸机使用新型、节能环保覆盖剂，减少中包冒烟，提高了环保治理水平；进行加热炉烟气反吹技术改造，在加热炉燃烧效率提高的同时，CO 外排降低 90%，并在唐山市进行了技术推广。

【作业长制推进】 2018 年，一钢轧厂全面深化作业长负责制，以示范作业区评比、互评、飞检、研修会为抓手，全面提升科室服务、支撑能力和作业区自主管理能力。年内，将相关方纳入作业区属地管理、科室专业管理范畴，制定完善《相关方月度绩效管理办法》《相关方专业管理责任制》《相关方结算管理办法》及《岗位规程管理办法》等管理制度，明确了对相关方的管理标准、管理程序、管理制度，促进管理效率提升。加强作业长过程控制，管理科室每月制定重点工作计划，把落实作业长制相关要求融入日常工作，利用周干部大会汇报重点工作进展情况，对各作业区承担的关键经济技术指标完成情况进行分析点评，指出作业区存在的问题和改进建议，促进作业长制管理提升。建立快反机制，快速协调解决作业区反馈的问题，提高工作效率，实现了闭环管理。建立作业长素质模型，对作业长进行多维度能力素质培训，有效提升作业长管理水平和带队能力，增强应用PDCA、PFMEA等方法和工具分析解决问题能力，为各项制度落地创造良好条件。成立7个联合检查组，重点对中、夜班岗位劳动纪律、岗位标准化作业、现场5S等进行检查，共检查发现问题1201项，对检查出的问题，制定整改时间节点、负责人，并组织验证，提高作业区的基础管理水平。

【技管人员素质能力提升】 2018年，一钢轧厂加强基础管理，推广先进理念和工具方法，提高技术管理人员分析问题、解决问题的能力，促进其素质能力提升。年内，改变“经验分析法”传统定式，导入精益理念，开展技管人员素质能力提升活动，实现技管人员素质能力与未来新产线人才需求相匹配。结合技管人员专业、岗位重点工作和KPI指标，运用工具、方法进行系统分析，以课题的形式向考评委员会现场答辩，有针对提升其能力。当年，共组织技管人员培训19次、232人次学习掌握现代先进管理方法、工具，组织70名主管师、专业师、主任师以上干部综合考评，应用先进工作理念和工具方法，分析、解决问题的能力明显提升。

【绩效管理】 2018年，一钢轧厂深化推动全员绩效管理，制定下发《组织绩效推进管理办法》，成立由各专业科室主任为成员的绩效推进管理小组，负责绩效推进工作，将绩效引领作用延伸到班组、岗位。推进管理小组紧密围绕厂生产经营计划动态调整KPI指标，将重点工作完成率纳入科室评价指标，为直管干部建立个性化绩效评价表，推进各单元二级、三级及员工绩效管理，对绩效计划制定、评价、绩效应用进行公示，确保“公开、公平、公正”，充分调动广大职工的工作积极性，发挥了绩效引导激励作用。

附二　冷轧薄板厂

【概况】 冷轧薄板厂是由酸轧、退火、镀锌等工序组成，以生产退火板、镀锌板等冷轧产品的生产组织单位。总投资31亿元，占地面积16万平方米，共有11条主生产线，具备230万吨冷轧和热轧深加工产品生产能力，向市场提供热轧酸洗、热基热镀锌、冷硬、连续退火、罩式退火、冷基热镀锌、冷基镀锌铝镁、冷基热镀铝锌、电工钢和彩涂等各类产品，出口产品遍及世界150余个国家和地区。

2018年2月12日，冷轧薄板厂（高强汽车板有限公司）更名为冷轧薄板厂。

2018年末，冷轧薄板厂设厂部级干部4人；下设科室7个、作业区13个、班组53个。共有职工921人，其中男职工813人，女职工108人；在册中共党员269人；干部145人，其中科级干部9人；管理及专业技术职工101人，其中高级职称24人，中级职称55人；工人776人，其中高级技师11人，技师74人。职工中有研究生11人，大学本科152人（含后取得学历），大学专科及以下758人。

【生产经营】 2018年，冷轧薄板厂聚焦“产品”和“市场”，以清洁生产、辊系管理、设备功能精度管理为抓手，围绕锌铝镁产品研发、产品质量等级提升、重点品种上量等中心工作，持续推进产品和客户结构再优化，增强产品和产线竞争力，打造以热成型汽车钢、药芯焊丝钢等为代表的特色产品，产品市场占有率和产品创效能力持续提升。全年，商品销售量221.9万吨，重点品种产量110万吨，同比增长43%，其中镀锌FB产品7.18万吨，药芯焊丝钢9.36万吨，创历史新高，国内市场占有率40%，罩退热成型汽车钢0.27万吨，酸洗汽车用钢28万吨，酸轧商品量22万吨，同比提高16万吨。

【产品结构升级】 2018年，冷轧薄板厂以新产品开发和重点产品增量为抓手，瞄准行业先进企业产品结构持续发力，结合自身产线特点进行精准定位，加快产品结构调整步伐，努力开发市场需求广阔、代表行业高端的战略特色产品和高端产品，品种钢比例不断提升。年内，按照卷板事业部整体部署，确定以锌铝镁为引领，酸洗、镀锌、罩退三大类创效产品齐头并进的研发方向，酸洗产品以开发酸洗汽车结构钢和压缩机壳用钢为主导，持续提升长城汽车、LG、三星等知名客户销量；罩退产品以药芯焊丝钢为开发重点，月均销量达到0.8万吨，拓展搪瓷钢、链条钢等新领域；镀锌产品以镀锌铝镁产品、中端家电板及350兆帕以上结构级镀锌产品为开发重点，锌铝镁产量位居国内钢企第一，成为公司新的拳头产品，3号镀锌生产线国内销售订单全部实现以FB级表面接单，接单品种实现全覆盖，镀锌产品表面质量实现质的突破。

【客户开发】 2018年，冷轧薄板厂牢牢抓住“以客户结构调整推动产品升级”主线，围绕钢铁下游新产业、新业态，深度识别客户需求，努力为客户研发定制化、个性化产品，提升一对一直供客户比例，积极开发具有高端产品需求和光热光伏、立体停车、装配式住宅等新兴行业客户，全年新开发客户31家。这一年，建立战略客户厂部长、专家包保制度，坚持技术人员深入客户产线提供技术服务，提高服务客户能力，药芯焊丝钢实现与行业前十大客户的全面合作；创新客户开发形式，在锌铝镁产品研发中，实行客户开发与产品研发同步进行，国内市场和海外市场同步拓展，产品成功打入欧洲市场；利用卷板事业部产销研用一体化协同优势，充分挖掘质量保障小组、交期保障小组的服务保障功能，为客户提供从研发、生产到营销的一条龙服务，客户满意度进一步提升。

【产品质量提升】 2018年，冷轧薄板厂强化质量保障体系建设，加强基础管理，开展模型化攻关，确保产品质量提升。全年，冷轧产品合格率达到99.28%。这一年，酸轧线依托东北大学轧制技术及连轧自动化国家重点实验室，开展控制系统功能优化及产品质量档次提升项目，对酸轧线本体厚度精度控制较差、FGC头尾厚度超差长度过长、板形质量不佳等进行程序优化，建立板形控制模型，完善厚度张力控制系统、过程控制模型设定等内容，酸轧生产线下线带钢质量整体提升；利用公司精益生产六西格玛项目，恢复提升焊机精度，月断带率由0.5%降至0.2%，极大减少了因焊机重焊、断带问题造成的产线降速、停车及厚度超差缺陷；酸洗生产线通过优化焊接参数、规范酸洗钝化剂使用等工作，酸洗汽车钢速度由60米/分提至80米/分；3号镀锌生产线以清洁生产、辊系管理、设备功能精度管理为抓手，对退火炉、锌锅区域、全线辊系进行深入细致研究，掌握了锌灰、锌渣缺陷的系列控制技术，实现镀锌FB表面家电板开发生产，形成生产高等级表面产品的技术管理制度，为锌铝镁产品开发奠定了基础；罩退产线按照精益生产要求，进行硬度、屈服强度和延伸率实验和FDT升高试验，确定缩窄屈服强度波动范围研究方向，解决了药芯焊丝钢TYH边皱和锈蚀问题；开发T1500HS热成型钢平整用辊辊型曲线，改善焊接工艺，提升了产品质量。

【推广应用模型化生产】 2018年，冷轧薄板厂大力开展智能产线建设，开展自动化系统升级改造，推广应用模型化生产，为产线生产组织、质量控制、效率提升提供支撑。这一年，坚持优化完善酸轧板型控制模型、酸轧切边剪自动调整模型、焊机参数自动控制模型、3号镀锌生产线退火炉自动控制模型、锌锅区域模型、表面检测系统模型、锌铝镁标准化作业模型等模型控制技术，成功开发锌铝镁产品，HC220YD+ZM、HC340/590LAD+ZM、HC340LAD+ZM等高端新品种批量供货首航、南牧、牧原等光伏、畜牧等行业领先企业客户，3号镀锌生产线具备FB表面家电侧板、部分家电面板和1610毫米极限宽度规格生产能力。

【优化设备功能】 2018年，冷轧薄板厂坚持把设备管理作为提升产线效率的关键，打破产线装备水平限制，加强设备功能精度管理，优化设备功能，强化事故控制，为产线安全高效运行提供支撑。全年，发现设备隐患2138项，处理隐患2109项，隐患整改率98.64%，设备事故发生次数同比下降7%，备件材料费用同比减少650万元。这一年，加强设备基础管理，对设备管理文件进行梳理，修订并建立《设备点检管理办法》《设备检维修管理办法》《设备功能精度管理办法》等设备管理办法31项，记录清单93个；修订完善《酸泄漏事故应急救援预案》《油品污染事故应急预案》《重大设备事故应急预案》等8项应急预案，组织开展21项应急演练。修订岗位点检标准520条，专业点检标准3500条，修改维修技术标准1615条，将备用设备纳入点检定修管理，完善周期性检修项目2296项，保证设备稳定运行。建立设备防错清单共计339项，按照验证计划组织验证，保证防错设施齐全、完好；利用厂调度会通报每周设备管理问题，对典型问题落实专项奖励与考核，督促曝光问题的整改形成闭环。强力推进职工自修，由厂点检员和操作工承担的3号镀锌生产线年检修项目占总工时量的三分之一，有效降低了检修费用。

【成本管控】 2018年，冷轧薄板厂全方位提升成本管理意识和控制能力，以边际利润和标准成本符合率作为成本管控抓手，不断加强能源管理，优化成材率、合格率等经济技术指标，促进生产成本进一步降低。全年，标准成本符合率46.77%，其中12月达到80.78%最高水平；变动加工费实现441元/吨，同比降低5.21元/吨，其中酸洗生产线成材率由96.57%提升至96.92%，罩退生产线成材率由97.57%提升至98.66%，重卷生产线成材率提升0.2%；1号镀锌生产线成材率提升0.15%，3号镀锌生产线成材率提升0.1%。

【对标管理】 2018年，冷轧薄板厂以两个结构再优化、产线效率再提升为中心，以降低生产成本、提高产品质量为目标，深入开展对标赶超活动，对标方向从生产、成本、产品结构、设备管理等内部工作拓展到经营策略和市场方针，努力实现从成本思维向经营思维转变，为稳产能、增效益保驾护航。年内，学习先进企业管理经验，组织与邯钢一冷轧、天津鞍钢天铁冷轧薄板有限公司、国丰一冷轧、柳钢、日照钢铁、邯钢科弘、马钢、首钢彩涂事业部等行业先进企业全面对标11次，对标项目包括产品结构和主要经济指标、机组产量、成材率、成本、利润和售价以及工序接单原则等内容，通过对标，找到与国内同行差距，结合自身装备特点，以效益最大化为原则，进一步细化产品定位、产线分工，确定最优化的经营策略，为两个结构优化提供支撑。

【认证工作】 2018年，冷轧薄板厂围绕满足高端用户产品需求，积极推进行业知名客户的二方产品认证工作，细化管理规程和作业流程，提升全系统的保障能力和产品、产线的控制能力。当年3月5—7日，酸洗生产线通过本特勒汽车零部件有限公司认证；3月、10月，酸洗生产线分别通过长城汽车半年检认证。

【质量体系建设】 2018年，冷轧薄板厂加强质量管理，推进质量体系建设，建立重点产品全流程质量管控模式，提升质量体系运行和落地水平。年内，根据新版体系标准确定的质量体系29个过程，分别明确主责科室、厂质量目标和质量体系KPI，完善文件和记录支撑体系，承接公司质量手册、程序文件、部室作业文件，修订厂作业文件和记录，形成57个作业文件和129个记录，为质量管理体系的落地奠定基础。组织内外审、二方审核应审工作5次，内审问题现场验证3次，均顺利通过审核及验证；组织质量体系知识及工具方法应用培训16次，培训334人次。组织修订厂长、科室职责，编制技管人员岗位说明书，修订个人绩效表，针对“管理职责回头看”提出建议543条，促进质量管理水平不断提升。

【出口工作】 2018年，冷轧薄板厂积极应对国际经济形势变化，克服贸易摩擦对产品出口的不利影响，充分借助德高平台的全球化布局，持续推进国际市场开发力度，加强高端新品自主研发，以高性价比的优质产品和服务为客户稳定供货，提升高端产品的国际市场竞争力，巩固在该领域的国际化领先优势。全年，出口产品96.27万吨，占商品量的43.3%。当年，以满足客户需求为目标，对出口订单，由保订单兑现率逐步过渡为缩短交货周期，为用户提供高质量服务的同时规避风险，强化关键岗位管理，提升设备功能精度，加快合同评审、计划排产和物流发运，持续提升产线和产品控制能力，确保订单高质量及时交付；突破传统思维，积极调整出口产品结构，深入对接国际市场，将出口“清单”由镀锌、退火扩展到利润空间较大的冷硬产品，全年冷硬产品出口量达21.59万吨；锌铝镁、镀锌产品出口东南亚、中亚、欧洲市场，助力国家“一带一路”建设和集团“走出去”战略实施。

【研发生产汽车用钢】 2018年，冷轧薄板厂加快产品结构调整，结合产线定位，重点研发优势产品酸洗汽车钢，实现与战略客户长城汽车主机厂及其配套厂的无缝对接，满足客户需求。全年，汽车用钢产销量达7.7万吨，合格率97.92%，其中22MnB5、TCX510L、QStE420TM等高端酸洗汽车钢产销量大幅提升。这一年，深入对接市场，不断优化汽车钢生产工艺，加大工艺纪律检查力度，严格按照客户标准组织生产，开展轧制节奏优化攻关，提升产线轧制效率，确保酸洗汽车钢合同兑现；与保定板材协同，为长城汽车定制生产高精度产品，研发的锌铝镁双相汽车钢DP590，提升了产品抗腐蚀性和焊接性能，进一步增强了高端汽车钢领域市场竞争力。

【药芯焊丝钢建立万吨级客户群】 2018年，冷轧薄板厂与卷板事业部营销服务中心协同，成功建立高端产品药芯焊丝钢万吨级客户群，与国内外20多家行业知名客户保持长期稳定合作关系，市场占有率达30%以上。药芯焊丝钢是制造新型焊接材料药芯焊丝不可缺少的外皮金属，是高附加值产品。为稳定客户，加强全流程课题攻关，突破药芯焊丝钢生产技术瓶颈，瞄准区域优势集中发力，强化与天津、上海两家战略伙伴合作，积极为客户提供急需的剪切加工配送服务，立足中心，形成区域辐射，建立了华北、华东两大直供客户群，满足产品销售。

【镀锌、锌铝镁产品打入新领域】 2018年，冷轧薄板厂积极与知名家电、汽车、光热、光伏及高端畜牧业企业全面对接，高端镀锌、锌铝镁产品成功打入光伏光热、室内家装、仓储物流、立体停车等新领域，产品知名度和品牌影响力显著提升。当年，加强与光热行业领军企业合作，产品用于国家级光热项目示范工程建设；强化重点项目拓展，装配式住宅用钢助力北京市级行政中心城市副中心新址等多项重点工程建设，高强结构级镀锌产品为京东等大型电商平台的智能仓储系统制造高精度仓储货架，直供立体车库行业龙头企业，供货量占客户总需求量的50%以上。

【供货长城汽车实现突破】 2018年，冷轧薄板厂供货长城汽车4.38万吨，其中高端产品达4万吨。年内，加强与长城汽车的合作，成立长城汽车专门质量保障小组，深度识别和对接客户需求，实施定向研发和服务；针对510L、610L板型问题组织专题攻关，板型类质量抱怨由上年5起降至零，订单兑现率达到93%，同比提高8%，以此带动长城汽车酸洗汽车用钢合作量同比提高18.6%；成功开发长城汽车子公司精工汽车底盘事业部，酸洗汽车钢SAPH440和HR440/590HE实现供货。

【成功生产锌铝镁产品】 2018年4月21日，冷轧薄板厂为客户定制开发的1672吨锌铝镁新产品在3号镀锌生产线成功下线，标志着公司产品研发取得突破。全年，生产锌铝镁产品6.18万吨，开发锌铝镁系列牌号20个，涉及S390GD+ZM、S450GD+ZM、S550GD+ZM、HC(X)260LAD+ZM、HC(X)340LAD+ZM、HCT340/590+ZM、DC53D+ZM等高端品种牌号，涵盖结构钢、高强度低合金钢、高强IF钢、双相汽车钢、深冲钢，具备1600毫米极限宽规格生产能力，接单范围基本实现全覆盖。这一年，强化以技术进步推动产品升级，成功解决产品板面易形成锌灰、锌渣的技术难题，确保了产品表面质量符合标准。

【安全生产】 2018年，冷轧薄板厂坚持以安全生产方针为根本，狠抓安全生产主体责任落实，全面实现公司下达的安全生产目标。这一年，新建、修订、完善安全生产责任制等48项规章制度，建立安全履职清单，开展对作业区“一岗双责”落实情况的全面检查和作业长以上管理人员安全履责考试，提高各级管理人员安全履职尽责保安全的意识和能力；组织作业区开展异常作业风险辨识管控，指导职工学习、熟悉异常作业安全风险及安全防范措施，提高职工实操能力和突发事件的应对能力；实施作业长上岗实践实作，体会作业风险、环境风险，编写实作心得，提高安全管理的针对性；组织值班作业长、日班作业长定期开展行为观察，借助监控、现场观察，对操作工岗位行为进行评价，约束、规范岗位工的作业行为，减少习惯性违章；强化隐患排查整治工作，建立厂、作业区、班组三级隐患排查系统，由厂部级干部带队，坚持第一时间检查、整改并反馈信息，全面排查、完善现场机械防护设施，完善标识、告知卡等内容，努力做到人机隔离，现场安全管理水平得到提升。

【作业长制推进】 2018年，冷轧薄板厂围绕“生产为用户，产就高效率”工作主线，持续推进作业长制，深化以作业长制为核心的产线基础管理，不断提升作业长队伍素质，确保产线安全高效运行。这一年，积极发挥职能科室专业管理服务支撑作用和作业区自主管理作用，以管理规范化、作业标准化为目标，按照“策划、检查、指导、评价”流程，深入推进安全、设备、成本、标准化作业等18项管理工作，制定下发《冷轧薄板厂科室与作业区互评管理办法》，坚持每月互评，互评成绩与科室作业区绩效挂钩，通过职能科室和作业区“双轮驱动”，提高产线运行效率；充分发挥绩效管理激励导向作用，推进专业经济责任制与全员绩效管理有机结合，围绕基层作业区绩效管理落地推进、专家绩效修订、一级组织绩效指标持续改进三项工作，组织绩效原则修订 4 次，按照不同成本符合率设计一级组织绩效，修订科级、副科级、作业长及后备作业长的绩效评价表，重点开展对技术科、生产科、设备科、五个点检作业区的个人绩效修订，将绩效实施情况纳入一级绩效考核；按照公司《作业长管理办法》，组织作业长素质能力培训，选拔优秀人才参加公司作业长资格培训，取得作业长任职资格，从素质能力和工作业绩两个维度 14 个方面对作业长进行年终评价打分，促进作业长素质和能力提升。

【全员创新】 2018 年，冷轧薄板厂围绕“市场”和“产品”两大主题，积极推进全员创新工作，开展自主创新活动，推进高端产品研发和关键技术研究，开展职工技能培训、课题攻关，将新知识、新技术迅速转化为产线效率提升的保证，职工创新意识和智慧潜能不断激发。当年，“保证薄规格产品质量的酸洗轧机设备优化”项目获得河北冶金科学技术奖三等奖和河北冶金（钢铁）科学技术奖，“推动产品升级的企业设备管理模式创新与实践”项目获得 2018 年度省级三等企业管理现代化创新成果，精益求精 QC 小组的“降低五连轧液压故障时间”课题、彩虹小组的“消除三镀锌上卷小导轮车螺栓切断”课题分别获得 2018 年度河北省质量管理小组二等质量科技成果；组织参加公司技术练兵 3 次，完成自主管理课题 36 项，创新成果 43 项，职工自主创新能力和水平显著提升。

汽车板事业部

【概况】 汽车板事业部依托唐山不锈钢有限责任公司、高强汽车板有限公司组成，是以产线为独立市场单元，围绕市场和产品，集党建、产、销、研等工作于一体，以发挥“利润中心”角色为目标，协同产线生产钢水、连铸板坯、热轧卷板、冷轧卷板、镀锌板、退火板等高档家电板、汽车板产品为主的生产经营机构。

2018 年 2 月 14 日，成立汽车板事业部党委，下设党群工作部。

2018 年末，汽车板事业部设党委书记、总经理 1 人（由公司副总经理兼任），常务副总经理 1 人（由公司总经理助理兼任），副总经理 3 人（分别由公司总经理助理、不锈钢公司总经理、高强汽车板有限公司总经理兼任），党委第一副书记、工会主席 1 人，党委副书记、纪委书记 1 人，营销服务中心总经理 1 人，研发中心总经理 1 人；下设产品营销服务中心、产品研发中心、党群工作部等 3 个部门及不锈钢公司、高强汽车板有限公司，共有职工 3946 人。

【生产经营】 2018 年，汽车板事业部坚决贯彻落实公司决策部署，以管理体制变革为抓手，聚焦“市场”和“产品”，着力推进结构调整、产品升级和市场开拓，构造汽车板质量文化，生产经营水平全面提升。全年，热轧单元产钢 259.2 万吨、材 275.2 万吨，实现营业收入 108 亿元，完成公司下达利润指标。冷轧单元产品产量 278.8 万吨，同比增长 12 万吨；品种钢比例达到 91.2%，同比提升 11.1%。

【新产品研发】 2018 年，汽车板事业部围绕汽车、家电等钢铁下游新市场、新产业、新业态，大力实施品牌战略，坚持以高强汽车用钢和汽车专用钢及 600 兆帕级以下钢种为方向，持续推进新品种开发工作，品种结构进一步优化。当年，高强汽车板公司镀锌新产品有双相钢 HC300/500DPD+Z；供菲亚特深冲及超深冲产品 FEP02、FEP04、

FEP05，加磷高强钢 FEE180IF、FEE210IF，低合金高强钢 FEE340F、FEE355F，双相钢 FE600DPF；冲压性能优异的铌钛复合产品 DC53D+Z、DC（X）56D+Z、DC（X）57D+Z；镀锌滤清器用钢 DC54D+Z；低合金高强钢 HC500LAD+Z、HC420/590LAD+Z。镀铝硅新产品有低合金高强钢 HC340LAD+AS；薄规格深冲钢 DX53D+AS。连退新产品有车门内板用超低碳钢 DC04、DC06，双相钢 CR290/490DP、HC300/500DP。家电用钢海尔、格力、奥克斯、美的等产品用户使用满意，产量稳中有增。深冲钢、加磷高强钢、低合金高强钢、双相钢等汽车用钢增幅显著。不锈钢公司新产品有自主开发的 Q690D、TS700L、TS700BL、Q460QK、DD13F、26MnB5、34MnB5、LW420B 等 35 个牌号产品；依据下游工序需求开发 HR2000HS1S、H180BH、WL1180X、FL590X1、FL490X 等 13 个牌号产品。根据用户需求对 QStE 系列产品成分进行细分，设计镀锌用低硅、高硅及酸洗用 3 个系列产品；采用现有 SS400B 铸坯成分，通过优化轧制工艺，成功开发高延伸率光伏支架用钢 Grade50－3；根据用户实际需求，进一步调整热轧工艺，实现 500～700 兆帕级别低合金产品成型性能优化，获得用户认可；成功开发空心稳定杆用钢 26MnB5、34MnB5。

附表　2018 年汽车板事业部新产品开发一览

类别	品种	牌　号	规格/毫米	主要用途
高强汽车板公司板材	连退双相钢	CR290/490DP、HC300/500DP	(0.7～2.5)×(900～1530)	汽车用防撞梁、前纵梁、A 柱、B 柱、门槛
	连退超低碳深冲钢	DC04、DC06	(0.5～2.5)×(900～1580)	汽车用外覆板、内板冲压件
	镀锌低合金高强钢	HC500LAD+Z、HC420/590LAD+Z、FEE340F、FEE355F	(0.7～3.0)×(900～1450)	汽车用地板骨架、车顶纵梁
	镀锌双相钢	HC300/500DPD+Z、FE600DPF	(0.8～3.0)×(900～1400)	汽车用防撞梁、前纵梁、A 柱、B 柱、门槛等
	镀锌超低碳深冲钢	DC53D+Z、DC(X)56D+Z、DC(X)57D+Z、FEP02、FEP04、FEP05	(0.5～3.0)×(900～1550)	家电板、汽车覆件
	镀锌高强 IF 钢	FEE180IF、FEE210IF	(0.5～2.5)×(900～1400)	汽车内板及内板加强件
	镀锌滤清器用钢	DC54D+Z	(0.5～3.0)×(900～1550)	生产滤清器
	镀铝硅低合金高强钢	HC340LAD+AS	(0.5～3.0)×(900～1550)	汽车用地板骨架、车顶纵梁
	镀铝硅深冲钢	DX53D+AS	(0.5～3.0)×(900～1550)	家电板
不锈钢公司板材	热轧高强结构钢	Q690D、TS700L、TS700BL	(1.5～12.7)×(1000～1300)	汽车高强结构件、汽车大梁
	热轧桥壳用钢	Q460QK	(6.0～12.0)×(820～1400)	汽车桥壳

续附表

类别	品种	牌　号	规格/毫米	主要用途
不锈钢公司板材	空心稳定杆用钢	26MnB5、34MnB5	(4.0~10.0)×(820~1300)	空心稳定杆
	冷弯型钢	LW355B、LW420B	(1.5~12.7)×(820~1440)	生产冷弯型钢

【市场开拓】 2018年，汽车板事业部充分发挥产销研用协同作用，在做宽度上深度着力，与业内影响力大、综合实力强的高端客户开展深度合作，积极开发具有高端产品需求和行业领导地位的客户，针对性优化客户结构和产品结构，持续壮大高端客户群，提升高端客户订单量和客户集中度，市场开拓取得实质性进展，提升了产品在市场上的辐射力和影响力。当年，热轧单元一对一直供比69%，同比提升5.4%；用户集中度59%，同比提升4.8%。冷轧单元加强特色战略产品客户开发，其中镀铝硅产品用户由3家增至14家，超高强钢用户由22家增至39家；一对一直供比44.7%，同比提升19.5%。

【党群工作】 2018年，汽车板事业部党委以习近平新时代中国特色社会主义思想和党的十九大精神为指导，深入贯彻落实集团和公司党委决策部署，充分发挥党委把方向、管大局、保落实作用，为全面打造世界一流汽车板产销基地提供坚强保证。年内，汽车板事业部党委被省国资委党委授予“先进基层党组织”称号。这一年，坚持把学习、宣传、贯彻党的十九大精神作为首要政治任务，注重加强政治理论学习，积极发挥党组织优势，引导广大党员自觉在思想上政治上行动上同党中央保持高度一致；主动作为，认真履行党建工作责任，按照公司高质量发展的总体要求，重点突出“六个坚持”，积极开展“双强双促”基层党建提升年活动，抓实抓细抓好党建工作，进一步强化事业部制下的基层党组织和党员队伍建设，打造特色党建品牌，以“一个支部一个特色”为主题，在各支部开展“产线效率提升”“三亮三比”“党员风采在岗位”“党员服务市场攻关”等一系列党员先锋行主题实践活动，促进广大党员在岗位上践行入党誓言，努力把党建工作成果转化为服务基层、服务党建、服务生产经营的内生动力；认真落实党风廉政建设责任制，推动教育、制度、监督并重的惩防体系建设，扎实开展政治性警示教育，重点学习党章、《准则》《条例》，贯彻执行中央八项规定，自觉抵制“四风”，为实现高质量发展营造风清气正的良好氛围。

附一　不锈钢公司

【概况】 唐山不锈钢有限责任公司（以下简称不锈钢公司）是由原料、烧结、高炉、炼钢、连铸、轧钢工序组成的，以生产热轧板材为主要产品的单位。2018年末，拥有90平方米烧结机3台、132平方米烧结机1台、2000立方米高炉1座、双工位铁水预处理装备1座、100吨脱碳转炉3座、110吨脱磷转炉1座、110吨LF精炼炉3座、110吨VOD精炼炉1座、110吨RH真空冶炼炉1座、六机六流方坯连铸机1台、单流板坯连铸机3台、1580毫米热轧生产线1条、精品线材生产线2条及相关的公用辅助设施。具备350万吨产品生产能力，主要产品为热轧镀锡基板、低碳深冲钢、超低碳

IF 钢等，作为华北地区最大的马口铁基料生产基地，是公司冷轧高强汽车及家电用基板生产基地。

2018 年末，不锈钢公司设厂部级干部 4 人；下设综合办公室、销售科、财务经营科、生产科、技术质量科、能源环保科、安全科、人力资源科、设备科、客户服务中心等科室 10 个，炼钢分厂、轧钢分厂 2 个分厂，生活服务中心 1 个，作业区 25 个、班组 202 个。共有职工 3455 人，其中男职工 2986 人，女职工 469 人；在册中共党员 620 人，共青团员 51 人；干部 286 人，其中科级干部 41 人，作业长 68 人；管理及专业技术职工 262 人，其中高级职称 25 人，中级职称 207 人；工人 2976 人，其中高级技师 8 人，技师 64 人。职工中有博士 1 人，研究生 11 人，大学本科 630 人，大学专科 590 人，中专及中技 1354 人，初中及以下 878 人。

【生产经营】 2018 年，不锈钢公司聚焦“市场”和“产品”，以提升整体创效能力和经营业绩为工作主线，进一步解放思想、更新理念，以新思维、新视角、新标准，大力推进客户结构调整和产品升级，顺利完成年初制定的“两增一减”品种调整任务，企业综合竞争力显著提升。全年，产铁 226.7 万吨，产钢 259.2 万吨，产材 275.2 万吨；实现营业收入 108 亿元，利润 1.87 亿元；品种钢比例持续提升，自销品种钢 141.69 万吨，品种钢比例达 86.25%，同比提高 5.1%，其中汽车用钢销量 37.73 万吨，同比提高 59.47%，占比 26.63%；镀锡基板销量 66.88 万吨，同比降低 1.72%，占比 43.43%；冷弯型钢销量 13.49 万吨，同比提高 27.38%，占比 9%；重点产品销量 87.3 万吨，超目标 3.9 万吨。年内，5 项成果获得河钢唐钢科技进步奖；1 项成果获河北冶金科学技术奖二等奖，1 项成果获河北冶金科学技术奖三等奖；获得国家专利授权 8 项，其中国家发明专利授权 3 项。

【产品结构调整】 2018 年，不锈钢公司以服务高强汽车板产线为重点，持续推进新品种开发工作，不断挖掘产品结构调整潜力，新品种批量化转化能力进一步增强。全年，开发新品种 52 个，其中汽车用钢 23 个、镀锡基板 13 个、冷弯型钢 11 个，重点开发 TS700BL、TS700Z 传动轴用钢，Q460QK 车桥专用钢，1200 兆帕马氏体钢、26MnB5、34MnB5 汽车空心稳定杆用钢，并实现批量化生产，当年供货量达 1.7 万吨；高端产品质量得到行业高度认可，700L、QStE420 两个牌号汽车结构钢，SPHC-S、MRT-4 两个牌号冷轧镀锡用钢分别通过中国钢铁工业协会组织的冶金产品实物质量认定的“金杯奖”现场评审，700L 汽车结构用钢产品被冶金工业质量经营联盟评为“冶金行业品质卓越产品”。

【客户端优化】 2018 年，不锈钢公司坚持“树品牌、做宽度”，加大高端客户群开发力度，借助高端客户营销渠道，进一步树立企业品牌，提升市场影响力。这一年，在高强汽车用钢市场，积极拓展热轧酸洗汽车钢销售渠道，开发梁山远洲、山东佰亿、宁波合道、扬州强安等 6 家高端客户，截至年末，高强汽车用钢客户群中 4 星级以上客户比例 84.1%；在镀锡基板市场，抢抓国内金属包装材料升级机遇，推动客户端快速向高端市场转化，稳定合作的镀锡基板战略客户达 12 家；在冷弯型钢市场，瞄准国内冷弯型钢行业发展需求，提前布局未来市场，开发宝钢型钢、济钢型钢、山东悦钢、江苏一转、常州厚轩等 8 家客户，实现了高强度、厚规格、高延伸产品的批量供货；其中，新开发的国内冷弯行业最具影响力企业——宝钢型钢，从 5 月实现批量订货，当年累计订货量达 1200 吨，产品成功打入比亚迪、金龙等知名汽车制造企业。进一步提升高端客户订单量和客户集中度，高强汽车用钢、镀锡基板和冷弯型钢产品订单量居前五的大客户，月订单量占总销量比例分别达到93.8%、85%、87.5%，分别同比提升2.7%、4.2%和6.7%。以客户需求为关注焦点，围绕质量、交期和客户服务三个关键因素推进客户满意度提升工作，当年客户综合满意度得分98.51分，较目标提高0.51分。围绕品种和规格，不断提高客户服务价值，适时推出硬增值和软增值服务，开展以重点客户、重点产品为载体，以产品专属定制的标准牌号+代表客户信息为纽带的模式，依托技术创新和工艺提升，提升客户直接体验度，满足下游客户对产品的特殊需求。

【模型化生产】 2018年，不锈钢公司紧紧围绕效率提升、指标优化、成本降低、质量改善重点工作，加强产线模型化攻关，不断优化生产过程控制，累计完成模型化项目近30项，产线工艺瓶颈问题得以解决。这一年，炼钢工序自主完成转炉标准补吹模型、动态脱磷造渣模型、高低温切换模型和RH造渣模型，实施转炉炉渣成分控制模型优化和普钢产品“转炉直上、两包转”的生产工艺流程再造，有效提升钢水冶炼效率，为进一步提升废钢利用率，降低炼钢工序成本夯实基础，其中四季度炼钢工序成本较前三个季度平均水平降低26元/吨。轧钢工序自主完成加热炉自动出钢工艺控制模型，完善产线速控及顺控模型、精轧设定及控制模型、卷箱双卷位控制模型，以及精轧换辊模型，其中轧钢轧制控制时序优化项目打破1580毫米生产线轧制控制核心程序由外方垄断的技术瓶颈，具备了自主优化能力；加热炉自动出钢工艺依托自有技术力量开发的国内首创技术，实现在多品种、多规格条件下加热炉始终保持高效、稳定的生产节奏和加热控制能力；精轧换辊时间最短为10分37秒，达到国内同类产线最好水平。

【产品质量】 2018年，不锈钢公司以落实汽车钢质量管理体系为抓手，持续加强质量支撑体系建设，加大质量过程管控力度，细化、数据化过程质量管控标准，产品质量显著提升。全年，产品综合合格率达99.68%，废次降品率0.32%，达到行业同类产品先进水平，客户满意度同比提高1.28%，实现99.8%目标。这一年，实施卓越质量管理能力提升项目，在产品结构调整、汽车钢大幅上量的情况下，努力践行汽车钢质量管理体系标准，进一步提升各级管理人员应用汽车行业质量管理标准的能力；加强过程管理思路与现场实际工作的深度融合，提出以“客户满意、产品创效、人员增值”为目标，以“过程质量受控”为主线，从模型化、自动化入手，推进质量管控向客户端延伸，实施岗位作业标准化，有效保证产品质量的稳定可控，实现公司首家汽车板用户的批量供货。

【设备管理】 2018年，不锈钢公司加强设备基础管理，强化设备功能精度的恢复与提升工作，保证设备长周期安全、高效、经济运行，设备功能精度显著提升。全年，钢轧系统设备功能投入率达100%、精度达标率实现99.5%。这一年，以标准化作业检查和专业管理为抓手，深入对标梅钢，全面梳理和恢复在线设备的原有功能精度，进一步收窄轧钢系统设备精度控制范围，结合生产工艺需要，对591项精度项目进行调整，增加200项、删除166项、标准调整225项，使1580毫米生产线精度管控项目的标准更高、适用性更强；将凸度仪、测宽仪、连铸辊缝仪、转炉内衬测厚仪等测量设备的功能精度管理与维护纳入日常管理范围，为产线的品种开发、质量稳定和高效运行创造了有利条件；强化标准化作业，完善点检标准，隐患处理率实现102%，设备隐患和事故得到有效控制。

【高铝钢连浇炉数达到国际先进水平】 2018年3月8日，不锈钢公司采用双联工艺生产的W780QX高铝钢获得成功，实现连浇炉数5炉，达到国际先进水平。该工艺条件下生产的W780QX高铝钢组织均匀性高、折弯性能较好。为实现工艺顺行，提高连浇炉数，确定采用铁水预处理—100吨转炉—LF精炼—RH精炼—板坯连铸机的双联工艺路线，加强冶炼过程中转炉终点氧、精炼氮含量控制，以及使用所开发的适用于高铝钢生产的专用保护渣，经过反复攻关，使高铝钢由2炉的连浇水平提高至每个中间包5炉，为提升高端产品质量，降低成本发挥重要作用。

【“挡流桶”开浇技术填补行业空白】 2018年3月，不锈钢公司“挡流桶”开浇技术成功应用于板坯连铸生产，彻底改变了连铸开浇作业过程中因钢水飞溅导致的结晶器角部挂钢问题，避免了铸坯质量缺陷，大幅减少钢水对人员的烫伤危害，标志着国内钢铁行业已具备板坯连铸开浇作业无挂钢的能力，为稳定连铸生产奠定了装备技术基础，此项技术填补了行业空白。侧孔型浸入式水口在开浇过程中，高温钢水从侧孔快速溢出，易造成结晶器角部挂钢、铸坯窄面多肉、甚至漏钢事故等异常情况，行业内采取挡流板挡流的方式实际效果不佳。为此，组织开展专项技术攻关，将挡流板设计为挡流桶并直接放置在结晶器内，中包车到位后将水口直接插入挡流桶中，开浇后将钢水控制在挡流桶中，避免发生外喷现象，杜绝了铸坯角部缺陷。

【700L产品实现挂车用钢全覆盖】 2018年，不锈钢公司扎实推进“两个结构”调整，对接700L材质专用车用钢市场，开展技术攻关，常规产品厚度达到1.5～12毫米，实现挂车用钢的全覆盖。为拓宽销售渠道，满足客户多规格的使用要求，采取优化加热制度、合理设计轧制负荷分配、精确设计终轧和卷取温度、调整卷取张力参数等多项举措，实现700L产品厚度规格从1.5毫米到12毫米的全覆盖，进一步提升了产品性能，得到下游客户的充分肯定。

【1580毫米生产线实现全钢种自动出钢】 2018年7月5日，不锈钢公司1580毫米生产线实现从加热炉到卷取全线无人工干预自动出钢的目标，机时产量提高40吨。年内，以提升装备智能化水平为中心，坚持自主创新，开展“加热炉及轧机控制模型对接全线无人工干预自动出钢”课题攻关，组织产线工程师与自动化技术人员加强数据收集及分析，充分考虑铸坯长度、卷箱成卷条件、成品厚度、终轧温度等方面影响因素，通过增加加热炉驻炉时间、出钢节奏等程序模块，优化原有出钢程序，使1580毫米生产线在正常生产情况下的时间利用达到最大化，杜绝了人为要钢时出现的节奏控制不均匀、时间浪费的现象，提升了产线运行效率。

【1号、2号连铸机结晶器在线调宽改造项目】 2018年4月8日，不锈钢公司1号、2号连铸机结晶器在线调宽改造项目开工建设。该项目于当年3月15日立项，由唐山钢铁国际工程技术股份有限公司设计，普锐特冶金技术（中国）有限公司承建。项目主要建设内容是结晶器本体改造，液压、电气系统改造，二级系统改造，2号连铸机振动框架改造。项目建成后，实现在不停机的情况下连续浇铸不同宽度的板坯，连铸机生产转换时间由原60分/次降低至45分/次，减少使用中间包10个/月，连铸作业率提高6.8%，连铸回收量损失减少1.2千克/吨，中包浇次长度提升6.4炉/浇次，铸坯角部裂纹减少0.23%，鼓肚减少0.44%。

【1580 毫米轧线加热炉煤气换向吹扫系统改造项目】 2018 年 11 月 30 日，不锈钢公司 1580 毫米轧线加热炉煤气换向吹扫系统改造项目建成投产。该工程于当年 9 月 6 日立项，10 月 8 日开工建设，由唐山钢铁国际工程技术股份有限公司设计，山东军辉建设集团有限公司承建。主要建设内容是 1580 毫米轧线加热炉煤气换向吹扫系统改造。项目投产后，加热炉排放的煤气循环至加热炉内进行燃烧，降低加热炉一氧化碳气体排放浓度，一氧化碳由原峰值浓度 1.4%降低至 0.5%。

【废钢预热预熔项目】 2018 年 12 月 3 日，不锈钢公司废钢预热预熔项目开工建设。该工程于当年 9 月 10 日立项，由江苏必瑞驰科技有限公司、唐山钢铁国际工程技术股份有限公司联合体 EPC 总承包建设。主要建设内容是使用专用氧燃枪对原 4 号转炉顶枪系统进行改造；利用脱硫站西侧测温取样小平台，改造成废钢快速预热站，增加预热专用氧燃枪，同时对平台进行改造加固。项目预计 2019 年 3 月底建成投产。项目建成后，每包铁废钢加入量可增加 5 吨左右，固定费用降低 20.7 元/吨，月创效 256.06 万元。

【安全环保管理】 2018 年，不锈钢公司强力抓好安全生产和环境保护，坚持“生产为安全让路、为环保让路”原则，积极构建安全、环保责任体系，不断强化作业区和岗位的安全、环保意识，促进企业内外部发展环境持续向好。年内，全面推进全员安全履职尽责，加强职业健康安全管理体系建设，以“双防双控”为抓手，重点关注隐患治理，积极开展熔融金属、煤气、有限空间、相关方等专项整治，扎实推进能源隔离试点项目建设，不断夯实安全管理基础；加强过程管控，从教育培训、危险源、隐患排查及应急处置等方面入手，推出“五率”动态评价法，即安全教育实操培训验证符合率、危险源管控措施落实率、隐患临时措施落实率、安全隐患整改率、应急处置措施掌握率，使各作业区危险源管控、隐患排查、实操培训及应急处置能力有效提升，确保安全工作长效受控。强化环保管理，累计投资 3 亿元实施厂容治理项目、132 平方米烧结机脱硫脱硝改造项目、燃气锅炉脱硫脱硝改造项目、高炉冲渣水消白项目、265 平方米烧结机机头臭氧脱硝改造项目、超低排放滤袋更换项目以及增上加热炉煤气换向吹扫装置项目，使污染物排放满足钢铁行业超低排放标准，环保工作在唐山市 40 多家钢铁企业中，综合排名第 4 位，成为全市 4 家被评为绿色级别的钢铁企业之一。

【职工岗位创新】 2018 年，不锈钢公司进一步加大全员创新推进力度，重点在职工岗位创新上做文章，发动全员瞄准产线，围绕自身岗位需要，开展小微式自主创新，营造浓厚的岗位创新氛围。全年，开展焦点课题 66 项，实施改善提案 1610 个，累计创效 2166.6 万元。这一年，全面推进“解放思想、聚焦改善”活动，成立焦点改善小组，围绕品种结构调整、高端产品开发、设备改造、重点难点等问题开展课题攻关，岗位上涌现出一批改善明星，其中“基于风险思维的防错系统”“加热炉炉门开关动作优化提案”和“降低连铸结晶器跑锥率改造”等课题，助推了产线创效能力提升。

【管理体系建设】 2018 年，不锈钢公司瞄准产线，强力推进管理体系落地，持续夯实企业管理基础。这一年，全力实施卓越质量项目，从“潜在失效模式分析与应用（PFMEA）”“岗位规程完善的导入与应用（SOP）”“数据分析与焦点课题及平台管理”“作业长制 SQCDM 管理导入与应用”“关键管理流程的梳理与优化落实”“QSB 管理的推进落实”等六大模块入手，对厂部级干部、专家、科长、作业长、班组长、生产技术骨干开展能力提升培训，涉及1200余人次，职工队伍的一贯制质量管理体系思维和应用意识明显增强；注重强化职工对质量体系分析工具的掌握与应用能力提升，各工序借助PFMEA分析出351条高风险清单和192项改善措施清单，并结合实际，完成FL590X系列产品和SPHETi-36系列产品的PFMEA分析；结合岗位规程“五合一”要求，分3个批次评审发布138份新版岗位规程。实施“公司对专业科室、专业科室对作业区”两级标准化作业检查，建立体系文件监测、标准化作业检查等常态化工作机制，加快体系思维向基层管理人员日常工作的导入，有力推动了基础管理水平的进一步提升。

【深化作业长制】 2018年，不锈钢公司围绕打造过硬的员工队伍目标，深化作业长制工作，采用以TPM管理为支撑、以员工能力为保障、以标准化作业为基础、以自主管理为载体、以绩效为手段和以实效为验证等管理办法，实现基层管理水平的持续提升。当年，作业长队伍结构进一步优化，达到作业长胜任能力的近53%，具备作业长资格的人员超过符合作业长任职条件的90%，一支专业齐备、配置充足、能力突出的作业长队伍初步形成。年内，搭建比学赶超的成长平台、细化量化评价细则、实施后备力量培养计划，作业长履职能力不断增强；夯实“五制”配套管理，进一步增强目标意识，顺利完成作业区的组织绩效；坚持推进标准化作业，在轧钢区域试行部分操检合一，深化TPM管理活动，作业区自主管理水平得到提高。

【党群工作】 2018年，不锈钢公司党委深入学习贯彻党的十九大精神，以习近平新时代中国特色社会主义思想为指引，深刻领会“四个全面”战略布局，牢固树立“四个意识”，为企业高质量发展提供坚强保证。着力加强企业党的建设，召开第三次党代会，完成换届选举工作；进一步夯实党的建设基础工作，加快党建工作规范化、品牌化进程，健全完善《党委工作规则》，党建工作整体水平逐步提升；按照公司党委“双强双促”党建工作提升年活动要求，实施“四个一工程”，扎实推进“三亮三比”党员先锋行主题实践活动，实施“党建+攻关竞赛”工作模式，开展“双争双创”活动，着力打造“一个支部一个特色”，有效推动党建工作与生产经营深度融合；组织开展政治性警示教育，以责任到位、整改到位、总结到位为主线，提升全体党员干部的党性修养；注重发挥职工民主管理作用，组织开展职工岗位创新活动，坚持“节期送温暖”“暑期双服务”，“两节”期间走访慰问伤病困难职工、生产骨干、先模人物180人，发放慰问款和慰问品，使广大职工切实感受到企业的关怀和温暖。

附二　高强汽车板有限公司

【概况】 高强汽车板有限公司是由酸轧、退火、镀锌等工序组成，以生产退火板、镀锌板等高端家电板、汽车板等冷轧产品的单位。该公司于2013年7月8日注册成立，其产线是公司“十二五”时期兴建的单体投资最大的产品升级项目。

2018年末，高强汽车板公司有酸轧机组生产线1条、连退机组生产线1条、镀锌机组生产线3条、重卷机组生产线1条、半自动包装机组生产线3条及相应配套公辅设施。设计成品产量180万吨，产品定位为国际一流水平的高强汽车板、深冲板和家电板，规格为厚度0.2~3.0毫米、宽度700~1600毫米，连退产品最大抗拉强度1200兆帕，镀锌产品最大抗拉强度1000兆帕，热成型产品最大抗拉强度可达2000兆帕。产品广泛应用于汽车结构、机械制造和高档家电等领域，形成以DP双相钢、QP钢和热成型钢为代表的高强汽车板产品结构，完成DP1180、QP980、T1500HS等先进高强钢的开发，并积极开展高强塑积汽车钢的研究开发，助力汽车板轻量化、节能环保和安全性提升。

2018年2月，按照公司事业部改革规划，高强汽车板有限公司行政编制与冷轧薄板厂分离。

2018年末，高强汽车板有限公司设厂部级干部5人；下设科室6个、作业区11个、班组26个。共有职工491人，其中男职工438人，女职工53人；在册中共党员188人；干部160人，其中科级干部11人；管理及专业技术职工80人，其中高级职称14人，中级职称43人；工人81人，其中高级技师7人，技师22人。职工中有博士生1人，研究生24人，大学本科130人，大学专科及以下327人。

【生产经营】 2018年，高强汽车板有限公司坚持聚焦“市场”和“产品”，树立特钢思维，着力打造代表企业高度的红旗产品，实现客户结构调整和产品结构的持续优化，产品质量档次明显提升，品牌价值日益凸显，生产经营实现新突破。全年，产品产量278.8万吨，同比增长12万吨；酸轧总产量150.6万吨，超出机组设计产能；生产品种钢123.8万吨，同比增长31.3%，其中镀锌产品88.1万吨，占比58.5%，连退产品42.1万吨，占比27.9%，冷硬产品19.9万吨，占比13.2%。商品销售量149.6万吨，同比提升3.1%；重点品种销售量98万吨，同比增长50.1%。这一年，牢固树立“生产为用户、产就高效率”理念，优化生产组织，瞄准高端市场需求，加快高端产品上量，实施自动化数字模型生产方式，产线效率实现大幅提升，多项指标创历史最好水平。其中6月和7月，酸轧产线月产连续突破16万吨，有效机时产量256吨，机组日历作业率88.45%，创历史最好水平。8月4日，机组日产量达7640吨，创历史新高。10月，重点品种产量达9.8万吨，同比增长60%，创重点品种单月产销量最好水平。

【产品结构升级】 2018年，高强汽车板有限公司充分发挥事业部产销研用协同作用，在做宽度、树品牌上持续发力，进一步优化产品结构，大力实施品牌战略，集中精力开发代表行业发展方向的战略性产品，产品知名度和品牌影响力显著提升。全年，重点品种量111.7万吨，占比74.1%；特色战略产品量11.2万吨，占比7.4%；780兆帕及以上超高强钢量2.68万吨，同比增长131%；镀铝硅产品量6.36万吨，同比增长294%。汽车板销售量77万吨，同比增长38.2%；家电板销售量37.5万吨，同比增长24.7%。这一年，致力于超高强钢的开发与稳定生产，以高端汽车用钢与家电产品为研发重点，加强系统攻关，根据钢质重新分类汇总，细化轧制策略，重点培育高强汽车钢及深冲钢特色产品，产品结构实现大幅升级，成功开发热冲压成型高强钢、镀铝硅等高端新品种，产品稳定直供吉利、菲亚特等近20家国内外知名汽车主机厂及配套厂，主机厂订货量达到10万吨。

【客户开发】 2018年，高强汽车板有限公司树立“用户欠交就是最大事故”的理念，积极走访市场、服务客户，努力开发具有高端产品需求和行业领导地位的客户，重点推进汽车主机厂认证、知名企业对接和国家重点工程供货，客户结构进一步改善，在行业内树立了良好的企业形象。全年，新开发一对一高端直供客户38家，超额完成公司下达的直供比45%目标任务；连退客户集中度33.7%，同比提升15.5%；镀锌客户集中度45.6%，同比提升18.7%。这一年，积极对接国内汽车自主品牌和新能源车企，并向合资品牌渗透，汽车用钢通过10家汽车主机厂认证，成功实现与宝马汽车的认证对接；前十家汽车用钢终端客户销量占比达51%，客户集中度大幅提升，实现吉利远景X3车型内板供货全覆盖，全年吉利供货量达到5.9万吨。家电用钢构建起“5+2+3”高端客户体系，高端家电板成功应用于国际高端家电品牌卡萨帝冰箱的面板制造，全年家电板发货35.7万吨，同比增长24.7%；海尔、格力、美的、奥克斯等四大家电企业订货量占家电用钢总销量的81%，客户集中度同比提高20个百分点；合资品牌供货量大幅提升，产品售价比国产品牌产品高100元/吨以上。

【产品质量提升】 2018年，高强汽车板有限公司重视并持续抓好产品质量提升工作，加强模型化、智能化攻关，不断完善产品质量保障流程，营造以“受控、严谨、无缺陷出厂”为核心的汽车板质量文化，实现产品质量进一步提升。年内，按照宝马钢生产的标准和要求，全面实施设备技术改造，大力推进质量管理体系落地，制定《降低带出品损失攻关方案》，从工序到品种，分季度明确降低带出品率目标，成立攻关组织机构，细分8个专业小组对带出品重点缺陷进行攻关，总带出品率由年初的近14%控制到年末的10%以下，综合成材率由年初的92.2%提高到年末的94.6%，高端品种质量水平稳步提升。

【优化设备功能】 2018年，高强汽车板有限公司坚持把设备管理作为提升产线效率的关键，加强工艺装备管理，推进技术革新攻关，全面提升设备功能精度，为开发高端产品提供设备支撑。当年，被评为“全国优秀设备管理单位”。这一年，加强设备管理，完善设备管理程序文件1个，合并功能、精度管理办法，新增作业文件1个，并对25个作业文件部分内容进行完善。积极配合抓好能源隔离试点单位相关工作，以5号、6号镀锌线为试点推行能源隔离，制定切实可行的推行方案和计划，按照能源隔离学习、能源识别、现场实施、总结提高逐步实施，5号镀锌线识别隔离点738个，编制隔离指导书48套；6号镀锌线识别隔离点893个，编制隔离指导书51套，并于10月顺利通过集团验收。实施设备技术革新，推进6号镀锌镀铝硅喷铝粉技术改造、在线油膜测厚技术改造、4号镀锌线排渣炉鼻子改造等项目，其中6号镀锌线镀铝硅喷铝粉控制小晶花装置改造项目，实现带钢表面晶花尺寸控制，提高产品表面质量，镀铝产品达到国内先进水平，为进一步占据国内市场奠定了坚实基础。

【模型化生产】 2018年，高强汽车板有限公司积极推进模型化的开发与应用，提升智能制造水平，产线效率实现大幅提升。全年，模型化生产比例达到95%。这一年，学习借鉴多法斯科钢厂管理经验，大力推进模型化、智能化生产，建立产品全流程生产模型，最大程度减少现场操作人员对生产的干预，推动产线走上标准化作业轨道，主体产线一键式作业率达90%以上，成熟产品生产模型实现全覆盖；高标准开展提高机时产量和产线作业率攻关，酸轧机组机时产量达到国内先进水平；4号镀锌线平均机时产量达53.62吨，6号镀锌铝硅产品机时产量达77.29吨，均实现较大提升。实施6号镀锌线锌锅捞渣机器人智能制造项目，采用ABB机器人代替人工在高危环境下作业，保证带钢出入锌锅液面处无浮渣，避免和减少锌液被锌渣过量带出，提高岗位工艺实施的可靠性和完成率，产品质量稳定性提升。当年，通过模型化攻关，共申请专利24项，其中发明专利17项，同比增长400%，在核心期刊发表论文6篇，形成技术秘密2项。

【成本管控】 2018年，高强汽车板有限公司持续抓好成本管理，进一步强化成本控制能力，标准成本符合率达到46.15%，同比提升41.2%。这一年，树立“成本优势即是竞争力”意识，全方位开展成本大讨论活动，认真分析成本改善、效率提升中的差距，着力解决理念和站位问题，全面提升成本管理意识、领先意识和控制能力。强化标准成本管理，坚持每周成本攻关会议，加强对各产线、各工序的成本管控分析，设立成本攻关课题，深度应用信息化系统，推动日清日结，各工序成本指标明显改善，成本控制能力进一步提升，部分指标创历史最好水平。

【对标管理】 2018年，高强汽车板有限公司加强对标管理，深入学习先进单位产品结构和产品策略优势，有针对性改善工艺和产品结构调整，为管理提升和产品升级提供参考。年内，与宝钢、首钢京唐、邯钢、烨辉（中国）科技材料公司及公司内部先进单位、先进做法开展对标，有针对性推进提速攻关、规程优化、清洁生产管理等基础工作，酸轧机时产量总体呈现上升趋势，达到259吨；进一步调整、优化不同钢种的模型控制曲线，提高控制精度及稳定性，退火炉模型投用率由原60%提升至94%，带钢温度控制精度及性能稳定性显著提升。

【高端产品研发生产】 2018年，高强汽车板有限公司充分发挥先进产线装备和技术优势，从全面提升600兆帕级以下钢种产品稳定性，为客户定制个性化产品，组织主机厂认证等方面开展汽车家电板产品推进工作，累计开发600兆帕级以下钢种共计24个，主要包括镀锌新增规格/牌号CR240LA、FEE355F、HC420/590LAD+Z等低合金系列产品11个，CR3等深冲系列产品2个，FEE180IF、FEE210IF加磷高强钢系列产品2个，HC280/450DPD+Z等双相钢系列产品3个，DC51D+Z低碳钢系列产品1个，SGC440结构钢系列产品1个，HC340LAD+AS镀铝硅系列产品1个；连退新增规格/牌号主要涉及CR290/490DP等双相钢系列产品3个，分别实现小批量、批量稳定生产。年内，开发冲压难度大、对性能稳定性要求高的供吉利汽车门板，包括前门内板、后门内板、背门内板，实现批量供货。开发成功承钢原料600DP钢，实现600DP钢多渠道供货，扩大了高强汽车钢供货能力及稳定性；成功开发HC500LAD+Z、HC420/590LAD+Z钢种，实现同一种原料生产三种镀锌成品，有效降低炼钢及热轧生产成本和难度，挖掘了同系列牌号开发新思路；开发低合金高强镀铝硅产品HC340LAD+AS，丰富镀铝硅产品种类；成功开发国内生产难度极大的0.5毫米镀铝家电产品DX53D+AS，全年产量达到379吨；连退生产线首次生产500DP，实现700兆帕以下级双相钢产品的全覆盖。

【推进质量体系建设】 2018年，高强汽车板有限公司加强质量体系建设，质量管理水平实现新提升。这一年，根据IATF16949新版体系标准，依据公司《质量手册》，确定质量体系29个过程，明确9个主责过程；按照体系要求引进全面风险管理，对各个过程所涉及的输入、输出、人机料法环测等各类要素进行风险识别，共识别风险127项，其中重大风险2项，重要风险13项，一般风险112项，通过对各类风险的分级评定和措施制定，建立完善的文件和记录支撑体系，逐渐形成由质量手册、程序文件、作业文件和记录组成的四级质量管理体系文档系统，确定完成16个程序文件、68个作业文件和221个记录，为实现质量管理体系落地打好基础；组织完成年度VDA6.3过程审核、年度IATF16949内审，顺利通过美的、海信等家电厂家的认证，实现国内一线家电品牌全覆盖；实现上汽、北汽、吉利等多家汽车主机厂的稳定供货，并对接宝马等高端合资品牌，逐步向世界级汽车板供应商迈进。

【认证工作】 2018年，高强汽车板有限公司重点推进汽车主机厂认证，积极开拓国内汽车自主品牌和新能源车企，取得积极成效。年内，主机厂认证由上年的4家增至15家，主要包括上汽跃进、长安客车、长城汽车、上汽大通、海马汽车等，其中5家主机厂已开始订货；新增对接包括宝马汽车等9家主机厂，高强钢、深冲钢、镀铝硅等高端产品稳定直供吉利、北汽福田、菲亚特等近20家国内外知名汽车主机厂及其配套厂，汽车主机厂订货量10.03万吨，同比增长157%，其中吉利订货量6万吨，上汽乘用车订货量1.57万吨；通过保定长安客车制造有限公司认证，被纳入该公司供应商名录；通过供货长城公司热冲压成型钢的认证并获得T1500HS+AS证书；推进国能汽车试模工作，完成门外板、侧围板和翼子板等汽车零部件的试模料片，取得成功。

【安全环保工作】 2018年，高强汽车板有限公司强力抓好安全生产和环境保护工作，保持了和谐稳定的良好局面。践行“一切安全事故、隐患可防可控”理念，严格落实安全生产责任制，深入开展重大事故隐患排查整治、安全风险辨识管控，全面推行能量锁定和机械防护工作，提升现场本质化安全管理水平；深化作业区和班组安全建设，强化事故警示教育和职工思想教育，促进安全管理向作业区、班组和岗位的延伸。站在讲政治、顾大局和推进企业高质量发展的战略高度，强化环境保护，组织各作业区参加环保培训并进行实操演练，提高职工环保意识和应对环境突发事件的能力，委托有资质单位对全厂14个点位射线装置进行年检，确保环保设备正常运行，污染物达标排放。当年4月，通过清洁生产审核和高强汽车板项目二期工程环评验收，12月，通过GB/T 24001—2016/ISO 14001：2015环境管理体系认证。

【人才梯队建设】 2018年，高强汽车板有限公司围绕市场和产品加强人才梯队建设，逐步建立以作业长能力深造、选拔重用为主的成长激励机制。年内，提拔任用8名优秀大学生、生产骨干为科级干部、日班作业长、倒班作业长，为管理队伍注入了新鲜血液。积极开展后备作业长的选拔与培养，详细梳理细化作业长及后备作业长选拔标准和流程，明确各作业区后备作业长的名额配比，优化后备作业长选拔机制，完善后备作业长的培养，提升后备作业长专业能力，打通优秀大学生晋升后备作业长的通道，当年经过层层选拔与考察，确定6名优秀青年到一档后备作业长岗位，为挖掘人才潜力、储备人才力量做好基础性工作。完善操作技能人才队伍，组织73名职工进行职业技能鉴定，涉及轧钢工、轧钢精整工、钢材热处理工、电工、钳工、磨工等工种，提升了职工工作积极性；注重抓好职工岗位技能培训，组织开展各类培训53期，培训完成率100%，关键岗位培训233人，培训课时210学时，实现了关键岗位培训100%覆盖，员工能力提升培训6次212人次，有效提升了职工使用体系工具的熟练程度。

【党群工作】 2018年，高强汽车板有限公司党委认真学习贯彻党的十九大精神和习近平新时代中国特色社会主义思想，全面加强企业党建工作，落实全面从严治党要求，以党群工作的全面有效开展，支持生产经营目标顺利实现。这一年，常态化抓好中心组理论学习研讨，使理论学习由“软”任务变成“硬”指标；加强党员学习教育，认真组织党员学习党章党规，并把十九大精神作为党课的主要内容，编印读懂十九大报告口袋书，举办“十九大精神”知识抢答赛、“学思践悟、知行合一”主题演讲，“永远跟党走”诗歌朗诵等活动，教育引导党员干部不断增强党性观念和使命意识，以更加饱满的热情、更加扎实的工作，立足岗位作贡献；开展政治性警示教育，重点学习习近平总书记关于全面从严治党的系列论述和各项党内法规，对照“五个过硬”要求，制定整改方案，营造干事创业的良好氛围；坚持依靠职工办企业，组织动员广大职工为企业发展建功立业，开展作业区指标提升、重点产品销售、提产保产等多种形式的劳动竞赛，调动职工积极性和创造性；关心职工生活，坚持“两节”期间走访慰问病困职工、生产骨干、先模人物，为困难和患大病职工提供帮扶，切实让职工感受到企业的关怀。

型线事业部

【概况】 型线事业部依托二钢轧厂、型钢厂组建，是以产线为独立市场单元，围绕市场和产品，集党建、产、销、研等工作于一体，以发挥“利润中心”角色为目标，协同产线生产优质钢水、连铸坯、型材、棒材、线材等产品的生产经营机构。

2018 年 2 月 14 日，经公司党委研究决定，成立型线事业部党委，下设党群工作部，撤销二钢轧厂党委、型钢厂党委。

2018 年末，型线事业部设党委书记、总经理 1 人（由公司副总经理兼任），党委第一副书记、工会主席、党群工作部部长 1 人，党委副书记、纪委书记 1 人，副总经理 2 人（分别由型钢厂厂长、二钢轧厂副厂长兼任），营销服务中心总经理 1 人；下设营销服务中心、产品研发中心、市场服务中心、党群工作部等部门及二钢轧厂、型钢厂；共有职工 2025 人，其中男职工 1876 人，女职工 149 人；中共党员 724 人。

【生产经营】 2018 年，型线事业部认真贯彻落实公司决策部署，以“市场”和“产品”两项重点工作为导向，以新思维、新视野、新方式，持续调整产品结构，深入开拓市场，推进产、销、研优势力量高效整合和高质量运营，产线综合竞争力得到快速提升，各项工作再上新水平。全年，炼钢系统产量 133.8 万吨，超公司计划 10.9 万吨；轧钢系统棒材产线产量 78.04 万吨，综合成材率 100.39%。型钢厂大型产线产量 26 万吨，综合成材率 93.43%；中型线产量 42.9 万吨，综合成材率 94.86%。这一年，坚持以效益为中心，强化市场引导，抓好制造体系效率提升、质量管控和成本优化等关键任务，推进大型线产量提升、中型线结构优化等重点工作，产线效率实现新突破，型钢厂产线效率提升 20% 以上，大型线、中型线月产均达到 4 万吨水平；二钢轧厂炼钢最高日产达 7222 吨，创历史新高。

【市场开拓】 2018 年，型线事业部以客户端结构优化为牵引，持续深化与市场、客户的无缝对接，加快推进市场开拓步伐，不断拓宽产品领域，扩大市场覆盖范围，实现高效产品产销上量。当年，开发矿用型钢终端煤企用户 6 家，钢板桩领军客户 9 家；矿用型钢国内市场占有率达 47%，产销量 34.5 万吨，创历史新高；钢板桩进入华南、华东主要市场，月均销量接近国内市场份额的 15%，稳居华南市场首位，占据国企钢板桩产销龙头地位，打破国内钢板桩市场的产销格局，树立了公司钢板桩的品牌形象；大规格铁塔角钢产销稳居国内市场第一。这一年，大力加强品牌建设，钢板桩成功应用上海迪士尼二期、深圳大空港、珠海香海大桥等国内重点工程，16 号角钢成功助力国务院批复重大基础设施建设项目深中通道建设，棒材产品直供北京城市副中心、雄安新区、北京冬奥“冰丝带”、水曹铁路等重点工程项目，被评为“2018 年度中国优质建筑用钢品牌”。

【产品研发】 2018 年，型线事业部充分发挥产销研用协同作用，将“中型产品做宽度，大型产品做深度”作为优化产品结构的着力点，以市场倒逼产品结构持续优化，进一步丰富产品种类，全面加快产品从研发到高质量批量生产步伐，重点打造左旋和右旋锚杆钢、高强矿用支撑40U型钢、钢板桩等特色产品，产品知名度显著提升。年内，棒材产线成功开发600兆帕螺纹、50毫米钢筋，14～50毫米方钢及18～22毫米全规格左、右旋锚杆钢等产品；大型产线成功开发400系列U型钢板桩，36～40号槽钢系列产品，98毫米×120毫米等四种规格电极扁钢，叉车门架用高强钢等产品；中型产线成功开发9号角钢、60鱼尾板和新品种轻轨，成功开发热轧冷床链条用衬板钢，实现“以轧代铸”，300毫米级肢宽热轧大规格等边角钢获得“2018年度中国钢铁工业产品开发市场开拓奖”。

附表　2018年型线事业部新产品开发一览

类别	品种	牌号	型号（规格）	主要用途
型材	热轧U型钢板桩	Q390P、SY390	PU400×125、PU400×170	堤防加固、截流围堰等防渗水工程及挡水墙、建筑基坑支护等结构基础工程用钢
	热轧槽钢	Q235B、Q345B、SS400	36a、36b、36c、40a、40b、40c	建筑结构、车辆制造和其他工业结构用钢
	热轧等边角钢	SC540	250毫米	铁塔或其他结构用钢
	热轧不等边角钢	Q345D	12.5/8、16/10	铁塔或其他结构用钢

【客户服务】　2018年，型线事业部以提升客户服务能力和水平为中心，组建产销研一体化团队，努力做好产销衔接保障，积极开展EVI前期服务，做细做精市场服务，不断满足客户个性化需求。年内，走访北京城市副中心等14家螺纹钢用户和重点工程项目，处理用户质量问题27起，用户认可度和忠诚度显著提升；进一步优化销售政策，通过网上竞价销售、以市场导向控制产销节奏、加大重点工程直发工地力度、动态调整售价等举措，改进销售模式，确保实现效益最大化，其中矿材产品保持公司产品效益排名首位，中型产品在全国型材生产企业售价排名位列前三，市场创效能力实现新提升。

【管理创新】　2018年，型线事业部深入落实公司“强服务、提效率、转机制”工作，进一步深化事业部制管理模式，推进体制机制变革与管理创新，理顺管理职能定位，建立“一部两厂三中心”管理模式，出台一系列管理文件，进一步明确各单元管理职责和个人岗位职责，强化事业部工作第一责任人理念，形成事业部整体管理职责—各单元管理职责—科室（作业区）管理职责—个人岗位职责的管理保障体系；依据管理职责和个人岗位职能，强化绩效引导作用发挥，推行KPI与GS相结合的全员绩效管理，根据产销形势变化，及时调整绩效指标，实现与市场、产品动态联动，保证绩效指标的导向性和可执行性；秉承“服务市场、服务产线、服务销售”理念，重视抓好管理单元、职能科室服务支撑作用，梳理优化管理制度流程，组织召开作业长座谈会、职能管理系统工作汇报会等相关会议，明确管理部门与作业区融通不畅等7项重点问题，实施产销研用周汇报制度，问题限时一揽子解决，事业部整体管理效率进一步提升。

【党群工作】　2018年，型线事业部党委认真学习贯彻习近平新时代中国特色社会主义思想和党的十九大精神，进一步加强企业党的领导和党的建设，狠抓基层党建工作责任落实，不断提升基层党建工作水平，为全面加快事业部实体化高效运营提供坚强保证。年内，事业部党委被集团和公司党委授予“先进基层党组织”称号。这一年，充分发挥党委把方向、管大局、保落实作用，组织召开35次党委会会议，谋划部署党委工作，编制每月党委工作要点，制定完善《党委工作规则》《党委中心组学习制度》等管理文件，“三重一大”等重大问题严格由党委会讨论决定，确保党建工作科学化、制度化和规范化；充分发挥思想引领作用，强化政治理论学习，建立相关微信群，定期发布学习内容和学习资料，以党的思想武装头脑、指导实践；组织开展“不忘初心，再创辉煌”“新时代　新征程　新发展·河钢十年”“河钢十年　你我同行”签名等主题活动，凝聚思想共识，推动各项工作实现跨越提升。组织开展政治性警示教育，召开专题民主生活会，制定进一步优化政治生态教育实施方案，保证风清气正的政治生态；认真抓好“双强双促”基层党建提升工作，建立健全党委、支部两级党建工作制度清单，开展实地督导检查，促进党建工作规范化、品牌化；强化党支部制度建设，明确事业部内部党员组织关系转接工作办法和党支部委员设置的规范和统一，下辖22个支部全部按照支部书记、组织委员、宣传委员、纪检委员、青年（或群众）委员的模式设置，建立事业部党建绩效系统月度汇报制度，全面推广党支部模型化创建工作，基层党支部工作水平进一步提升；积极开展“三亮三比”党员先锋行活动，引导广大党员在优化关键性技经指标、重点项目攻关等任务中，争先锋、比贡献，坚持每季开展岗位之星评比，当年共评选市场营销明星、产品研发明星、产线（岗位）创效明星党员32名，向公司党委推荐“三亮三比”明星党员16名。着力加强职工队伍建设，大力开展职工劳动竞赛，打造勇于创新、敢于担当、善于创造的职工队伍，在世界炼钢模拟大赛、首届“唐山工匠”、公司技术比赛中均取得优异成绩；全心全意依靠职工办企业，认真落实以职代会为基本形式的职工民主管理制度，建立事业部总经理联络员制度，落实职工各项民主权利；坚持暑期“双服务”、两节“送温暖”，切实做好困难职工帮扶，使广大职工感受到企业的关怀和温暖。

附一　二钢轧厂

【概况】 二钢轧厂是型线事业部核心生产单元之一，由炼钢、连铸、轧钢工序组成，主要生产长材、线材等产品，广泛应用于建筑领域。2018年末，二钢轧厂主要装备有55吨转炉2座；方坯连铸机3台；55吨LF精炼炉2座；轧机4套，其中棒材轧机2套，高速线材轧机2套，固定资产61.09亿元。

2018年2月14日，为适应公司事业部运营模式调整，撤销二钢轧厂党委。

2018年末，二钢轧厂设厂部级干部4人；下设科室3个，作业区10个。共有职工1217人，其中男职工1148人，女职工69人；干部131人，其中科级干部26人；管理及专业技术职工132人，其中高级职称39人，中级职称52人；工人1086人，其中高级技师7人，技师35人。职工中有博士2人，研究生28人，大学本科139人，大学专科167人，中专68人，高中及以下813人。

【生产经营】 2018年，二钢轧厂持续聚焦市场和产品，以高效率、低成本、创品牌为宗旨，推进“试验工厂”建设，坚持科技创新，推进管理创新，产线综合竞争力持续增强，产量水平、铁耗控制、成本控制等项工作取得长足进步。全年，产钢133.76万吨；产材78.04万吨，综合成材率100.39%；净利润总额6282万元。这一年，以市场为导向，坚持保合同、保效益最大化原则，强化生产组织管理，针对铁钢平衡生产动态调整生产组织模式，制定详细的月产、日产、班产计划，加快转炉节奏，减少冶炼辅助时间，优化转炉、连铸机、轧线整体运行匹配，促进产线效率进一步提升。8月24日，开启双炉双机生产模式，产量实现爬坡式增长，于11月钢产量达18.6万吨、材产量达10.28万吨，创月产历史最好水平；11月25日，炼钢日产达7357吨，创历史新高。

【产品开发】 2018年，二钢轧厂积极树立特钢思维，深入对接市场和客户，精准掌握市场动态和客户潜在需求，深挖产线潜能，加速推进新品种研发，产品结构进一步优化。年内，成功开发600兆帕螺纹钢、50毫米钢筋、14~50毫米方钢及18~22毫米左、右旋锚杆钢等产品，并具备小批量、批量生产能力；优化钒、铌合金结构，成功试验ϕ28HRB400螺纹钢、ϕ32含铌螺纹钢，根据铁耗情况适时开展氮氧混吹工艺，使用纯钒铁微合金化，合金成本进一步降低。

【设备管理】 2018年，二钢轧厂以提高设备可靠性为目标，全面加强设备管理，推进系统化、立体化、动态化设备管理体系建设，落实TPM分工协议，以点检定修促进设备功能恢复和设备精度提升，不断满足生产工艺和产品质量需求。年内，进一步完善设备管理体系，重新梳理优化设备管理制度，制定69项功能精度管理要求，进一步规范管理流程，实现效率提升；强化设备全生命周期管理，自主开发备件申报计划系统，与公司设备管理系统有效衔接，实现全厂备件计划申报流程全部线上进行，审批系统实时显示机旁库存情况，确保计划申报准确合理，提高了备件计划审批效率，共录入需求计划4963项、修复计划144项；深度挖掘库存潜力，进一步优化整合机旁库标准件，降低标准件和消耗件库存，月均库存实现889.38万元，同比降低128.08万元；持续抓好设备功能恢复和设备精度提升攻关，实施5号连铸机事故溜槽改造、2号棒材生产线自动化控制系统改造，优化转炉大修网络，推进2号棒材生产线复产工作，保证检修安全顺利实现。

【质量体系建设】 2018年，二钢轧厂全面加强质量管理，着力深化质量体系建设，强化全员规则规范意识和体系运行思维，围绕满足高端客户需求，积极优化模型化、信息化系统功能，实现客户质量要求在产线的全流程精确控制，确保质量管理体系运行水平不断提升。年内，积极开展质量体系审核，利用公司质量管理体系审核辅导，导入体系方法，用体系规范管理、落实生产经营情况；坚持每月组织体系自评，识别体系标准落实的薄弱环节，评价质量管理体系运行的有效性，持续提升体系运行水平，当年6月，钢筋产品通过中冶检测认证有限公司的产品再认证现场评价；7月，通过公司铸坯裂纹缺陷及废次降管理符合性和有效性评价审核；9月，顺利通过公司质量管理体系内部审核。

【模型化生产】 2018年，二钢轧厂深入解读加拿大多法斯科钢厂运营管理经验，重视抓好模型化生产，积极开展相关工艺包、软件包模型塑造，加强信息自动化模型技术研究，扩大模型技术在产线、各工序的应用比例，并持续优化和改进，保障产品质量稳定提升。当年，开展模型化项目攻关和应用9项，分块子模型15项，其中炼钢区域2项，棒材产线7项。这一年，积极推进炼钢、轧钢产线模型化生产，实施转炉吹炼增氮、稳定控氮操作模型，全面推广氮氧混吹增氮工艺，突破了传统采用含氮合金的增氮方式，合金成本进一步降低，钒铁合金使用比例达90%以上，炼钢合金成本降低20元/吨；实施钢种工艺参数自动控制模型，开发应用铸坯根数自动计数模型，减少人为操作对生产的影响，提高生产效率；实施连铸工艺在线检测，工艺事故降低0.5%，铸坯质量明显改善，铸坯收得率提高0.1%；应用棒材备辊质量优化模型，建立7个子模型，有效提高棒材生产线备辊质量和综合负差控制水平，棒材工序实现高速钢轧辊横筋铣槽精确控制，棒材综合负差率提高 0.13%，负差稳定率提高 5%，其中 7—9 月棒材生产线上线备辊质量合格率达 100%。

【废钢管理】 2018 年，二钢轧厂加强废钢管理，强化废钢利用，积极开展攻关，促进效益提升。根据公司《熔炼用废钢安全保证管理办法》，进一步修订完善《二钢轧厂废钢管理办法》，细化铁水条件、冶炼品种、废钢资源量、性价比等条件，制定废钢加入量配比规定，为不同铁耗废钢配比及加入量提供依据；编制废钢辨识图谱，提高职工对不合格废钢辨识能力，最大限度减少废钢使用对生产、产品质量、成本的影响；制定钢水加废钢管理规定、铁包废钢烘烤操作要求，对直接加入钢水中及铁包中的废钢种类、加入量、尺寸等做出明确规定，使用炉次铁耗分别降低 5～10 千克/吨、20～30 千克/吨；编制废钢管理运行流程图，建立废钢管理廉政风险防控登记台账，开展废钢收得率测算，完善废钢随机抽检系统，全年共进行 98 炉废钢收得率试验，重废平均收得率 88.8%，破碎料平均收得率 84.04%，为公司择优选取废钢供应商提供了数据支撑。

【降低铁耗攻关】 2018 年，二钢轧厂大力加强工艺技术优化，从开发低铁耗下转炉炼钢静态计算模型、优化转炉高效补热技术、铁包烘烤预热废钢技术等方面入手，大力开展降铁耗攻关，取得良好成效。全年，铁水消耗 879.33 千克/吨，同比降低 33.69 千克/吨；最低铁水消耗达 774.88 千克/吨，创历史最好水平。这一年，按照公司统一部署，结合生产经营实际，针对铁水条件和供应量、转炉过程热量不足等情况，细化转炉吹炼枪位、摇炉操作规程，以硅铁、硅碳压球、焦丁、无烟煤作为提温剂，优化废钢配比，确定废钢加入量；依托厂内自循环废钢系统，利用现有设备对烘烤器进行改造，采用铁水包加废钢烘烤工艺，提高废钢温度，进一步降低铁耗。

【建设国内首条转炉废钢连续预热线】 2018 年 12 月 17 日，二钢轧厂实施的转炉废钢连续预热线项目正式投入运行，同年 9 月 4 日开工建设。该项目借鉴电炉炼钢废钢预热与连续加料技术，由河北亚吉工程技术有限公司设计承建，设计产能 30 吨/6 分钟，废钢烘烤时间小于 24 分钟。项目主要是利用燃烧转炉煤气方法，直接对物料进行加热，提高热能利用率和加热效率，在转炉上应用为行业内首创。项目投入使用后，转炉废钢入炉温度达 600℃以上，在低铁耗生产模式下，废钢比提高至 40%以上，铁水消耗进一步降低。

【工艺技术改造】 2018 年，二钢轧厂抓好工艺技术改造，为产品质量提升提供支撑。年内，实施铁包预热废钢改造，开发降铁耗工艺——铁包预热废钢工艺，于当年 7 月 31 日正式投入运行，实现煤气单耗 88.89 标准立方米/吨，成本 0.91 元/吨，废钢烘烤温度 800℃以上，平均烘烤废钢 5 吨/炉，有效促进了公司铁钢平衡，创效能力显著；实施二棒生产线自动化控制系统升级改造，在原有生产线功能精度基础上，新增优化自动装钢、末根位置调整、倍尺长度测量、过程数据采集记录趋势等功能，完成 ϕ18～25 毫米螺纹钢所有品种调试。

【成本管控】 2018 年，二钢轧厂按照“与产量相关技术经济指标达到最优，与产量无关的技术经济指标实现稳步降低”思路，狠抓成本管理，破解制约效益增长瓶颈，促进成本持续改善。全年，炼钢系统标准成本符合率 58.44%；轧钢系统棒材产线标准成本符合率 59.02%。这一年，深入推行日清日结，充分应用系统数据，倒逼产线日成本精准控制，狠抓各工序标准成本符合率，全面梳理分析炼钢、轧钢成本构成，选取 13

项重点指标进行攻关，加速推进指标的持续优化，年内低合金窄成分合格率实现92.75%，同比提升2.17%，成材率达100.58%；狠抓动态能源管理，优化设备用能参数，谋求不同生产模式下的高效协同，煤气、蒸汽回收、氮气消耗等能源指标取得明显进步，其中3月炼钢能源成本实现18.93元/吨，创历史最好水平。加强工艺技术攻关，批量试验HRB400NB含铌钢生产，HRB400合金成本降低1140万元；优化冷剪切头、切尾长度，改进ϕ12、14、16毫米螺纹钢导卫装置，提高成材率；优化各品种规格定尺长度，提高成品辊横肋尺寸加工精度。推进全面预算管理，优化点检、检修模式，持续开展自检自修，进一步完善机旁备件管理，实施全厂资源共享，当年备材费用37.05元/吨，同比降低11.37元/吨。

【安全环保】 2018年，二钢轧厂牢固树立“安全环保工作高于一切”理念，进一步完善安全环保保障体系，深化安全环保管理标准化，保证生产经营顺利进行。狠抓安全生产，结合作业长制安全管理经验，进一步细化各项管理措施，明确各级管理者安全工作内容标准，制定安全管理履职清单，夯实安全管理基础，安全管理水平得到提升；加大安全项目改造，实施5号、6号连铸机大包增设事故溜槽及中包事故坑工程，当年8月4日竣工，进一步改善安全环境，保证安全生产。本着持续改进原则，加强环保管理，制定全年环境保护目标，环保设施同步运行率、设备完好率达100%，有组织排放口废气中颗粒物实现超低排放；实施环保三级管理，制定应急预案和保障措施，修订《应对大气污染综合治理攻坚检查应急预案》，逐条落实责任，细化分工，确保环保工作不留死角；加强除尘设备隐患排查，建立干法除尘工作模型，不断优化除尘器各种控制参数，确保不同工艺、不同钢种条件下转炉吹炼过程中除尘系统环保达标；做好所有排放口超低排放检测及省环保厅下达的分表计量试验设备安装调试，在转炉放散烟囱增加在线一氧化碳分析仪表，为减少排放提供数据支撑，全年未发生环保事故。

【管理制度优化及岗位规程完善】 2018年，二钢轧厂加强管理制度优化和岗位规程完善，践行用制度管理、用能力服务理念，全面梳理整合相关管理制度，优化工作流程，清理废弃制度，精简管理文件，适应生产经营需要。年内，进一步优化管理制度，利用标准化检查、科室下作业区宣讲等活动，提高职工对管理文件的认知度，整理合并相关管理制度，其中通用51项，删除2项；转炉35项，删除5项，合并3项；浇钢9项，连铸17项；棒材24项，删除10项，更新2项。持续完善岗位规程，根据生产实际，及时修订《岗位规程》《标准化作业管理办法》等规范，确保体系标准要求与生产作业无缝衔接；制定岗位规程管理制度，梳理岗位规程流程，规范岗位规程管理程序，以文件形式下发岗位规程修改申请、审批流程及归档管理，确保文件有效性，实现对现场操作的指导性；坚持宣传培训先行，以作业区自查、专业科室日常检查、推进办飞检和督导的“三位一体”标准化推进机制，有效保障岗位规程的持续完善和扎实落地。

【自主管理】 2018年，二钢轧厂深入开展自主管理，坚持问题发生在现场、解决在现场理念，整合优势资源向产线聚集，以作业长制自主管理为基础，最大限度凝聚干部职工力量，培育全员改善意识和改善能力，形成全员创新的良好氛围。全年，开展自主管理课题攻关169项，创效4100多万元，获得公司级优秀课题5项，通过自主管理培训、课题现场发布、网站发布、公开奖励等形式，不断提升职工的自主管理意识，提高全员岗位创新、自主创新积极性，将金点子全面转化为服务产线、提高生产效率、节能降耗、提升管理水平的固化措施。

【绩效管理】 2018 年，二钢轧厂加强绩效管理，根据公司指标分解及绩效管理要求，建立绩效评价模型，修订完善科室和作业区绩效，绩效指标量化可行性、可操作性进一步增强；根据月度生产经营、设备及工艺使用情况调整绩效指标，以日清日结为基础，建立产线需求反馈绿色通道，构建生产单元、公共服务平台的绩效评价机制，以有力的绩效导向，确保生产、技术、安全、销售、质量等单元形成以产线为核心的利益共同体，初步建立自我循环改善的全员绩效管理生态系统。

附二 型钢厂

【概况】 型钢厂是由连铸、轧钢、加工、精整等工序组成，以生产型材为主要产品的生产单位。

2018 年末，型钢厂大型线固定资产原值 18.88 亿元，净值 16.69 亿元，拥有主要设备 22 台（套），总重量约 1 万吨，其中：12 米弧一机四流大矩形坯连铸机 1 台，31 米蓄热步进梁式加热炉 1 座，高压水除鳞机 2 套，ϕ1100 毫米开坯粗轧机 2 架，ϕ1050 毫米精轧机 2 架，冷床入口热锯 1 台，78 米步进式大冷床 1 座，1350~1800 毫米可变节距 9 辊双支撑矫直机 1 台，定尺冷锯机 2 台，码垛机 3 台，方圆钢冷床 2 座，定尺热锯机 2 台，垛捆收集装置 2 套，年生产能力约 50 万吨；中型线固定资产原值 2.57 亿元，净值 0.83 亿元，拥有主要设备 23 台（套），总重量 5157 吨，其中：22 米蓄热式推钢加热炉 1 座，ϕ650 毫米三辊轧机 1 架，ϕ630 毫米横列式轧机 3 架、高压水除鳞机 2 台（套），热锯 3 台，链式型钢冷床 3 座，800 矫直机 1 台，900 矫直机 1 台，自动码垛机 1 台，型钢打包机 3 台，轻轨铣钻床 2 套，年生产能力 40 万吨。

2018 年 2 月 14 日，撤销型钢厂党委。

2018 年末，型钢厂设厂部级干部 5 人；下设科室 4 个、作业区 11 个、班组 28 个。共有职工 808 人，其中男职工 729 人，女职工 79 人；中共党员 224 人，共青团员 18 人；干部 43 人，其中科级干部 12 人，管理及专业技术职工 31 人，其中高级职称 7 人，中级职称 25 人；工人 724 人，其中技术工人 597 人，高级技师 3 人，技师 23 人。职工中有研究生 5 人，大学本科 59 人，大学专科 82 人。

【生产经营】 2018 年，型钢厂紧紧围绕市场和产品两大核心，持续优化生产组织，完善设备功能，强化技术进步，积极进行产品结构调整和产线升级，加大新产品开发力度，努力提升产线生产水平，生产经营取得明显进步，实现了“中型产销 40 万吨、大型产销 20 万吨”年度目标。全年，大型线产量 26 万吨，同比增加 2.52 万吨，其中重点产品产量 18.67 万吨，重点产品比例 72%，综合成材率 93.43%，净利润总额 -1.63亿元，比计划增加 2553 万元；中型线产量 43 万吨，同比增加 9.37 万吨，其中重点产品产量 36.71 万吨，重点产品比例 85.6%，综合成材率 94.86%，净利润总额 7294 万元，比计划增加 459 万元。

【新产品开发】 2018 年，型钢厂坚持“中型产品做宽度，大型产品做深度”，在产品结构优化上持续发力，提高产品创效能力，市场竞争力不断提升。全年，成功开发 9 号角钢、18 千克/米轻轨，冷床衬板用山型钢，14~18 英寸 4 个规格铁路垫板，36~40 号槽钢，198 毫米×120 毫米、215 毫米×110 毫米、220 毫米×130 毫米、220 毫米×155 毫米电极扁钢，PU400 毫米×125 毫米、PU400 毫米×170 毫米、PU400 毫米×100 毫米钢板桩等 13 个规格新产品。这一年，与日本新日铁、JFE 钢板桩深入对标，推进钢板桩开发，积极改进其冶炼成分、孔型、锁扣形状及尺寸，满足用户使用要求，年内共生产钢板桩产品 5.48 万吨；加大槽钢产品研发力度，生产 36 号、40 号槽钢系列产品 6853 吨；积极与叉车门架用钢客户建立合作关系，了解叉车门架市场需求，扩展产品供应范围，提升产品档次，当年生产叉车门架钢 5900 吨；批量开发生产 4 种规格电极扁钢 2.02 万吨。中型线实现矿用钢负差轧制的精确控制，得到客户认可，实现了矿用钢批量稳定接单；进一步拓展角钢、轻轨等系列品种，9 号角钢具备小批量接单能力，9~16 号等边角钢及 12.5/8~16/10 号不等边角钢实现系列化生产，全年角钢产量 6.29 万吨，18 千克/米轻轨小批量接单生产，15 千克/米轻轨开发进入生产准备阶段，6 米以下轻轨实现批量销售；成功试轧 16 号槽钢，成品尺寸、表面质量、力学性能均满足国标要求，具备小批量接单生产能力；开发热轧冷床链条用衬板钢，替代原有铸铁衬板，实现“以轧代铸”。

【客户端优化】 2018 年，型钢厂聚焦高端客户，加大客户结构调整力度，大力开拓市场，开发矿用型钢终端煤企用户 6 家，钢板桩领军客户 9 家，提升了公司型钢产品的品牌形象，公司矿用钢、大角钢、钢板桩市场占有率持续提高。这一年，发挥产销研用一体化优势，组建“三位一体”服务团队，深入华东、华南、京津鲁冀市场及重点工程项目现场，从了解用户需求到产品使用过程进行全程跟踪服务，为用户提供个性化用钢解决方案，积极推广新产品，开发广州宏泰、广州能钢、上海冀烽等业内领军钢板桩用户，其中 11 月广州地区市场占有率达 50%，打破了国内钢板桩市场的产销格局，初步实现大型产线钢板桩产品的推广，钢板桩产品成功进入上海迪士尼二期、深圳大空港、珠海香海大桥等国内重点工程项目。充分利用大角钢、矿用钢国内第一品牌优势，加大产品研发力度，当年大型线角钢产销量 15 万吨，300 毫米热轧大规格等边角钢获中国钢铁工业协会年度产品开发市场开拓奖，中型线不等边角钢恢复生产 1.6 万吨，中型矿用钢材国内市场占用率达 47%，产销量 34.5 万吨，创历史新高，其中轻轨产销量突破 3.8 万吨。

【工艺技术攻关】 2018 年，型钢厂以特钢思维规范生产过程，坚持工艺技术攻关和改造，为新品种开发和产能提高提供支撑。年内，进一步优化大型生产线工艺，在确保产品质量同时，对钒合金化钢种 345、420 系列产品进行提碳降钒、合金减量攻关，研发铌替代钒合金化工艺，成功开发生产 XSY390 含铌系列钢板桩坯料，产品成本进一步降低。开展提升钢水纯净度与铸坯矫直温度攻关，避免气体污染中包钢水，浇注过程全程氩气保护，浇注炉次增氮量下降，达到历史最优水平；针对 320 毫米×460 毫米断面铸坯轧制大规格角钢开裂较多情况，优化铸坯矫直温度，实施铸坯高精度、定点测温，动态调整冷却工艺，进一步提高了铸坯质量，轧制成材率大幅提升；投入使用连续测温装置，中包烘烤温度、浇注过程温度实现实时反馈，为生产提供可靠数据源，保证生产顺行；大型生产线优化调整加热炉步距与规程，炉内装钢根数由 28 根增至 38 根，加热炉每小时出钢根数由 13 根增至 16 根，机时产量提高 13.87 吨/时。中型生产线加大与市场用户对接，开展角钢产销研协同攻关，合理确定角钢剪尺，角钢带出品比例由原 10%降至 1%；开展普碳角钢加热工艺攻关，制定普碳角钢生产温度控制模型，解决角钢表面红斑缺陷；设计 100 毫米、125 毫米、125 毫米×80 毫米、160 毫米×100 毫米四种规格角钢专用孔型，优化 36U、29U、25UY、68 方道次孔型，提高产品质量控制精度和轧制稳定性；开展轧制甩坯攻关，轧制甩坯条数减少 50%；实施中型轧机胶木瓦水槽设计及硬度调整试验，重新设计胶木瓦形状及冷却方式，解决轧机烧瓦问题，提高成品轧机尺寸精度，厚度最薄可轧制7毫米；进行矿用钢轧制尺寸精准控制攻关，优化坯料定尺及轧制孔型工艺，矿工钢负差率3.2%，U型钢负差率2.8%，轻轨负差率1.1%，得到用户认可，实现矿用钢批量稳定接单。

【设备管理】 2018年，型钢厂加强设备管理，实施设备技术改造，发挥设备的各项功能和精度水平，减少设备事故故障发生，大型线共消除设备隐患、完成重点攻关及改造项目40余项，确保设备稳定高效运行，满足新品种开发需求。年内，针对设备运行状况，加强岗位技术培训，抓好岗位点检，减少事故故障发生，实现产线平稳运行；将工艺控制精度、设备运行精度等全部量化、数据化，深度挖掘设备各项功能，实施二冷水喷嘴布置优化、加热炉装钢步距及程序优化、BD2机后横移加长改造、入口热锯和冷锯锯切速度攻关、精整1号冷锯前辊道改造、码垛机改进等6项攻关改造，解决了制约新品种质量及机时产量的瓶颈问题，为整体产能效率提高打下基础。其中4号连铸机扇形段润滑方式由油气润滑改为油脂润滑，彻底解决了辊子抱死积渣问题，段体寿命提升300%，铸坯质量显著提高；中型线对ϕ630轧机高速轴轴瓦进行改造，轴瓦温度由67℃降至58℃以下，彻底消除了主机烧轴瓦设备隐患，确保夏季高温条件下的稳定生产。

【技术进步】 2018年，型钢厂持续推进技术进步和科技创新，解决制约产品升级的关键问题，市场竞争力显著增强。当年，与东北大学开展合作，优化结晶器流场和中包流场，改进保护渣指标，铸坯质量明显提升；进一步优化孔型设计，轧件厚度公差控制在30毫米以内，负差率提升0.3%；开展“提高槽钢矫直一次合格率”QC课题，重点针对槽钢弯腰挠度、外缘斜度不合格等矫直问题，加强技术攻关，优化矫直辊孔型，重新制定矫直压下量，槽钢矫直一次合格率由70%增至92%。

【质量管理】 2018年，型钢厂以体系建设和产品认证为主线，全面夯实质量管理，牢固树立以“受控、严谨、无缺陷出厂”为核心的质量工作理念，确保质量管理体系运行水平不断提升。当年，大型线铸坯裂纹得到有效解决。年内，认真贯彻公司质量目标与质量方针，加强质量体系建设，梳理修订质量体系文件，制定完善作业文件、管理规定32项，下发技术通知单及联络单28份，完成4号连铸机、大型与中型技术规程换版，提升质量体系运行和落地水平；贯彻执行质量目标绩效KPI，全面梳理工艺流程，围绕制约产品质量提升的瓶颈问题，开展技术质量攻关，及时整改并持续跟踪，避免类似问题重复出现，保证质量体系有效运行。

【模型化生产】 2018年，型钢厂积极推进模型化生产，加强标准化作业管理，系统分析模型化实施方案，制定相关管理措施，大力实施技术创新，产线效率进一步提高。这一年，大型线建立完善模型化推进制度及模型标准，构建技术、生产相关联的模型化系统，根据不同类型钢特点，确定轧钢、精整两大作业区域的模型框架，完善各规格品种轧制规程模型，提高轧制规程准确性；编制矫直模型数据库，综合矫直提速5%，提高矫直效果；制定冷锯锯切模型数据库，保证锯切电流峰值在1300安以内；固化标准模型操作257种，有效减少现场操作人员对生产和装备的干预，全面提升工艺、设备以及标准化操作水平，实现低成本、高效经济生产。中型线建立并应用轧钢作业区钢料尺寸模型、轻轨下钢收集温控模型以及加工轻轨作业区矫直压下模型，通过调整钢料尺寸和矫直压下量，有效提高轧钢、冷却、矫直工艺的稳定性，为中型线提质增效提供保障。

【成本管控】 2018年，型钢厂强化标准成本管理，全方位提升成本管理意识和控制能力，促进成本指标改善。全年，大型线标准成本符合率47.53%；中型线标准成本符合率68.86%，同比提升近30%。这一年，多举措降低能源介质消耗，进一步梳理工艺制度，完善设备状态和管理体系，加大事故控制力度，降低事故率，保证生产顺行；严格规范各项工艺参数，减少废品量，提高金属收得率，降低钢铁料消耗，控制各种气体消耗，保证能源介质消耗降低。严控维检费用，进一步落实点检定修制度，加大日常点检、专业点检力度，提高设备作业率和效率，以设备的高效运行保证产线稳定运行；优化工艺技术参数，开展技术攻关，及时解决制约生产的瓶颈问题，节省备材采购资金843万元。全面抓好费用管理，将运费指标按照吨钢分解，优化车辆使用，提高车辆利用率，形成全方位、全过程的合理用车体系，全年运费43万元，优于同行业水平。

【安全管理】 2018年，型钢厂持续抓好安全管理，为生产经营顺行提供有力保障。这一年，严格落实安全生产责任制，修订《2018年安全、消防专业管理考核办法》《技管人员包保班组管理办法》，建立完善安全履职清单，细化各级人员岗位职责，制定管理人员履职及包保班组对应表，落实"一岗双责"安全管理责任；发挥专业支撑作用，做好技术指导，按照履职情况每月进行测评，并将结果纳入绩效考评；加强重大事故隐患排查整治，按照"有变则辨、动态抓安全"的安全预防工作原则，细化危险源辨识，实施动态辨识，分级管控，坚持每月两次安全联查，做到对各类安全隐患有检查、有整改、有验收，实现隐患排查治理闭环管理，全年共排查1164项问题点，隐患全部得到整改，确保了安全生产；加强安全教育培训，对培训内容和试卷实行差异化管理，严格培训考试纪律，提高安全教育培训效果，年内47个班组均完成培训，一次考试合格率83%，促进了全员安全意识提升。

【人才支撑】 2018年，型钢厂强化人才支撑，注重生产协同团队作用发挥，打造全方位学习模式，深挖内部人力资源潜力，加快产线技管人员素质提升，加速培养懂技术、用工具、会管理的关键岗位技管人才队伍。年内，加大关键岗位人才配置和激励力度，将优质资源配置到产线，大型线将93%的技术人员直接配置到产线，其中80%技术人员直接在作业区定岗，为一线解决生产难点重点问题提供技术支持；中型线对产线工程师履职和分工进行重新定位，按照型材产品结构特点，结合产线工程师专业特点进一步分工，对矿工钢、U型钢、轻轨、角钢、方钢五大品种系列分别指定专业品种保障工程师，对每个品种进行专业定制化管理，保证产品质量，满足客户需求。积极开展全员培训，针对安全、操作技能、生产工艺、设备、人力资源、绩效管理等内容，进行全方位培训，制定网格培训计划，制作教学课件，并把培训效果及考核成绩纳入三级、四级组织绩效和个人绩效考核。当年，共组织各类培训311次，8000多人次参加，职工整体素质全面提升。

【作业长制推进】 2018年，型钢厂有序推进作业长制，深化"五制配套"制度落实，促进作业长素质不断提升。年内，借鉴先进单位的推进经验，组织各职能科室对各作业区"五制配套"制度落实情况进行督导、辅导，以示范作业区评比为手段，加大奖惩力度，进一步调动作业长积极性，推动作业长由"要我推进"向"我要推进"转化，推荐18名作业长参加公司举办的作业长资格培训并取得合格证书，作业长素质不断提高，管理效率明显提升。

【绩效管理】 2018年，型钢厂加强绩效管理，持续完善绩效评价机制，组织修订全员绩效管理方案，进一步量化组织考核指标，充分发挥正向激励作用。坚持月度绩效分析会议制度，听取各产线绩效申诉，分析绩效指标完成情况，督导其依据岗位实绩进行公平公开打分，并依据岗位绩效考核结果发放奖金，职工积极性进一步调动。加强绩效管理过程控制，坚持与低绩效得分职工交流面谈，增加与表现较好职工谈话鼓励，充分发挥绩效评价的牵引激励作用，促进管理水平进一步提高。

中厚板事业部

【概况】 中厚板事业部依托唐山中厚板材有限公司组建，以产线为独立市场单元，围绕市场和产品，以发挥"利润中心"角色为目标，协同产线生产铁水、钢水、连铸板坯、中厚板材等产品。位于唐山市乐亭经济开发区，唐港高速公路出口500米处，占地面积365万平方米，建筑面积32.16万平方米，距京唐港4千米。2018年末，主要设备有1580立方米高炉2座、1780立方米高炉1座；210平方米烧结机2台、240平方米烧结机1台；铁水预处理装置1座、120吨转炉3座、LF精炼炉3座、RH精炼炉1座、板坯连铸机4台（其中2号连铸机兼具电磁搅拌及重压下功能）；板坯加热炉4座、3500毫米双机架轧线1条、3500毫米单机架轧线1条、中间坯即时温控、超快冷装置等。具有400万吨商品材坯的生产能力，其产品以高性能建筑用钢、桥梁结构用钢、船舶及海工用钢、模具用钢、锅炉和压力容器用钢、管线钢、低合金高强度结构钢以及碳素结构钢等为主导，形成八大类136个牌号，规格为厚度6~120毫米、宽度800~3200毫米、长度3000~18000毫米，广泛应用于国内重点工程项目及城市标志性建筑建设，远销非洲、欧洲、南美、中东、东南亚、南亚等地区。

2018年末，中厚板事业部设厂部级干部5人；下设部室16个、作业区49个。共有职工2470人，其中男职工2265人、女职工205人；中共党员728人；干部407人，其中科级干部72人；管理及专业技术职工243人，其中高级职称26人，中级职称213人；工人2063人，其中技术工人1582人，高级技师13人，技师113人。职工中有博士3人，研究生26人，大学本科484人，大学专科412人，中专176人，高中及以下1369人。

【生产经营】 2018年，中厚板事业部以效益为中心，持续开展产线对标，扎实推进产品结构和客户结构调整，实现了成本控制能力和盈利能力快速提升。全年，产铁414.07万吨、产钢463.46万吨、产钢材329.73万吨，分别同比提高71.86万吨、86.28万吨、49.1万吨；实现利润16.16亿元，超额完成年度挖潜目标，同比增加11.9亿元，实现营业收入165.95亿元，税金9.05亿元，创历史最佳经营业绩；重点产品销量占比42.74%，同比增长18%；战略大客户增至20家，其中十大客户销量占比达35%；五大系列产品销量占比75%，一批高端品种应用于上海进博会、杭州亚运会等重点项目，结构用钢第一品牌推广并得到市场认可。日产量多次突破历史纪录，最高日产炼铁量1.43万吨，炼钢量1.68万吨，轧钢量1.3万吨。

【市场开拓】 2018年，中厚板事业部结合自身产线特点及区位优势，以打造"中国结构用钢第一名牌""河钢集团钢铁主业效益最佳"为目标，加大产线生产组织、经营决策向市场效益聚焦，立足高端客户需求，加大市场研发力度，持续构建高端客户群，充分发挥高端客户辐射作用，取得良好成效。全年，销售板材325.5万吨，其中集团口径品种钢销售量270.64万吨，品种比例为83.15%，同比提升3%；重点品种销售量145.28万吨，同比提高22个百分点；结构用钢179万吨，占比达55%，同比增长7%。年内，建立包括中建集团、中冶集团、中材集团、华电集团、上海建工、东南钢构、安徽鸿路、小松集团、中船集团、中铁建集团、杭萧钢构、多维集团在内的12个大客户经理团队，通过用户走访与项目跟踪，深挖用户用钢需求，进一步提升大客户经理团队的服务能力，大客户销量持续增长，安徽鸿路集团销量达32万吨，占客户采购量40%，东南网架采购量达24万吨，占客户采购量60%，上海建工采购量达11万吨，占客户采购量70%；建立客户微信交流群，部门领导、产线技术人员、大客户经理24小时为客户解答问题，大客户销售专员为客户提供全程跟踪服务，为深化和扩大品种钢供货合作创造了条件；进一步提高客户集中度，新增集团用户6家，其他重点直供用户50家，新增集团大客户6家，重点战略用户总量增至7家，直供比50.96%，同比提高5.8个百分点，重点用户供货量120.34万吨，同比提高24%，销量及客户量在集团各事业部中均处于领先地位。

【产品结构调整】 2018年，中厚板事业部坚持以市场和产品为中心，以销售为龙头、以产线为支撑，发挥产销研用一体化机制，以客户结构调整倒逼产品升级，实现高端产品带动企业盈利的良性循环。全年，成功开发高强钢、桥梁钢、高强建筑用钢、高端模具钢、管线钢、船板等六大系列18个品种49个规格产品；销售船板34.31万吨、锅炉容器板15.07万吨、模具钢47.09万吨、桥梁钢7.99万吨、高建钢13.31万吨、工程机械钢20.05万吨、管线钢0.45万吨；高强钢强度升级，桥梁钢系列化推进，高建钢规格化覆盖，管线钢突破性进展，高端模具钢批量供货。这一年，坚定高端产品研发步伐，制定符合自身特点的产品研发路线，成立高建钢、桥梁管线钢和模具容器钢3个研发组，助力多品种开发，模具钢进入高端化路线，成功开发模具钢1.2312、1.2311-Ni新产品；船板钢批量化接单，成功开发厚度规格为38~50毫米A、B、D、AH32、DH32、AH36、DH36产品，以及厚度规格为8~50毫米E、EH32、EH36、EH40系列船板产品，向中国船级社（CCS）、美国船级社（ABS）、英国劳氏船级社（LR）、法国船级社（BV）等4个船级社提交认证申请；管线钢取得突破性进展，执行API PSL2标准，钢种级别扩展到L450M（X65M），与巨龙钢管合作，通过现场试制，成功入围巨龙钢管采购平台；抓好桥梁钢开发生产，与中铁山桥、燕山大学进行铁路桥梁钢开发，Q420qE和420级Z向桥梁钢具备批量生产能力；成功开发国内工程应用最高级别高建钢Q460GJ，成为国内建筑用钢领域的领跑者。

附表　2018年中厚板事业部新产品开发一览

类别	品种	牌号	规格/毫米	主要用途
中厚板材	高性能建筑用钢	Q460GJCZ15	40	建筑结构用钢
	桥梁用结构钢	Q370qE	10~60	桥梁结构用钢
		Q420qE	10~60	
	塑料模具用钢	1.2312	10~126	用于制造塑料模具

续附表

类别	品种	牌号	规格/毫米	主要用途
中厚板材	欧标非合金结构钢	S355K2	6~100	一般结构和工程用结构钢钢板
		S235JR，S235J0，S235J2（Z15，Z25，Z35） S275JR，S275J0，S275J2（Z15，Z25，Z35）	15~120	
		S355JR，S355J0，S355J2，S355K2（Z15，Z25，Z35）	15~100	
	欧标正火/正火轧制可焊接细晶粒结构钢	S275N，S275NL	6~120	用于桥梁、水闸、贮存罐、供水箱等在环境温度和低温下使用的焊接结构的承重部位
		S355N，S355NL	6~100	
	欧标热机械轧制可焊接细晶粒结构钢	S275M，S275ML	6~120	用于桥梁、水闸、贮存罐、供水箱等在环境温度和低温下使用的焊接结构的承重部位
		S355M，S355ML	6~100	

【标准化生产】 2018年，中厚板事业部按照集团决策部署，下大力气构建全流程、标准化生产模型，确保生产均衡稳定。铁前系统依托铁前MES平台、铁前计质量系统、高炉PI管理系统，结合生产实际实施休送风模型、各类炉况处理模型、炉料结构模型、烧结配料模型等操作模型，运用模型化助推炉况稳定与成本降低，带动高炉数据管理系统的逐步完善和不断优化。炼钢系统推进自动炼钢模型应用，副枪投入率达100%，碳温命中率稳定在96%以上，直接出钢比例由年初的85.23%提高至93%以上，自动精炼模型应用率达100%，准确率由原50%提高至75%以上，实现精炼给电、配料等工作自动化；应用连铸自动切割模型，自动切割比例由原85%增至92%以上，投入使用3号连铸机智能电搅项目，达到了80%C级品率技术要求。轧钢系统与东北大学合作加热炉智能控制项目，两条轧线4座加热炉实现自动装钢、出钢，由二级模型控制燃烧、统一物流信息，降低煤气消耗和氧化烧损，稳定加热工艺，提高了生产效率；轧机自动轧钢功能实现垂直方向模型化，预热矫实现压下、接钢、矫直、送钢的全过程自动控制，超快冷实现随不同钢种、规格及工艺要求的参数自动调整；精整区域双边剪实现自动剪切，钢板标识实现自动标识，全流程模型化、自动化生产瓶颈逐步打通。

【质量管理】 2018年，中厚板事业部不断加强全流程质量管理，大力实施技术创新，强化过程管控，促进产品质量稳步提升。年内，贯彻落实公司《作业标准化评价管理基准》《质量废次降管理办法》《质量体系推进落实管理基准》《重点产品特性控制能力》《产线关键工艺过程符合率管理办法》5个基准文件，及时组织修订工艺技术规程，推行全系统、全流程标准化作业，加快实现与客户的无缝对接；进一步优化工艺，实施合金减量化攻关，组织对Q345GJ系列单块及小批量试验验证，满足高建钢指标要求，吨钢合金成本降低34.46元；根据SM45和SM50模架用钢含碳量高的特性，采用铸坯堆冷、温装装炉方式，防止表面裂纹，确保产品性能和质量；进一步优化调整控冷参数，实现20毫米以下Q345B/C不控轧，机时产量由每小时10~12块提升到15

块；加强技术攻关，开展提高连铸坯C级品率比例、连铸坯表面淬火、提高热送率、降低钢水成品氮含量、降低连铸弯曲段水嘴堵塞比例、减少一线镰刀弯缺陷等技术攻关项目，使板材负差率和板材成材率不断提升，铸坯C级品率由47.47%提高到86.57%，板材裂纹类缺陷比例从0.80%降至0.48%；注重科技成果转化应用，6项课题成果获公司科技进步奖，申报专利21项、计算机软件著作登记权3项，发布8项QC成果，其中4项成果获省质量协会二等奖，1项获省冶金一等奖，3项获省冶金二等奖。

【直供重点工程】 2018年，中厚板事业部依托高端客户群在国内外影响力，坚持以客户为中心，优质板材持续供货重点工程项目200多个，主要包括北京新机场、北京轨道交通新机场线、北京冬奥会冰球馆、北京冬奥会雪橇训练中心、冬奥会北京冰上训练馆、北京平安金融中心、国信金融中心、2022年亚运会会场建设项目、北横通道项目、龙东大道项目、哈翔电厂项目、伊希姆河桥项目、山西108国道项目、北京通州远洋项目、雄安新区空铁站项目、内蒙古呼和浩特快速通道项目、大丰H2海上风电项目、山西焦煤项目、山西氧化铝厂项目、哈尔滨农博项目、宁夏黄河大桥、新景商务楼工程、西咸经济服务中心、西安会议中心、西安会展中心、深圳会展中心、厦航总部项目、青岛海天项目、迪拜地铁项目等工程，过硬的品质和周到的服务赢得广大客户的青睐。

【产品出口】 2018年，中厚板事业部积极拓展国际市场，努力寻求海外订单，产品出口韩国、越南、菲律宾、巴基斯坦、东南亚、南亚、中东阿联酋、以色列等多个国家和地区，远销非洲、欧洲和南美市场。全年，签订出口合同14.14万吨，出口创汇8029.86万美元，出口合同平均售价折合人民币4431元/吨，外贸出口业务位列河北省重点出口企业名录，唐山市出口创汇百强企业前30名。

【设备管理】 2018年，中厚板事业部加强设备管理，深入推进设备功能精度完善、点检定修、TPM全员设备保全等工作，优化设备管理评价细则和设备标准，设备功能精度达标率99.44%，转炉平均可开动率95.8%，轧机作业率95.2%，设备管理水平整体提升，为产线顺利高效生产提供有力保障。全年，共发生设备事故27起，其中D级事故2起，一般故障25起，累计时间63.6小时，总体事故故障率为0.62‰，主产线事故故障率为0.54‰，同比降低1.71小时。年内，创新检修模式，将检修与生产点检合并，使生产与设备管理有机结合；根据生产需求和设备状态，进一步优化检修周期，取消转炉定修周期，将轧钢两条线的定修周期由21天延至30天，大修周期由原12个月延至18个月；以降低设备事故率为导向，强化设备管理过程管控，针对机械、电气事故占比高问题，召开专题会研究分析，确定整改措施，减少事故发生，力保连续两月设备零故障；大力推广外修转内修，自主实施炼钢废钢斗加长改造、一线定尺剪火切台架等项目，创造产值925.77万元，节省了外委费用。

【成本管控】 2018年，中厚板事业部进一步强化成本费用及资金管控，加强产线对标，深化挖潜降本，促进各项指标进一步优化，企业成本控制力持续提升。年内，做好效益测算，分别建立炼钢测算铁耗变动效益影响模型和高炉炉顶加废钢效益模型，根据当期市场板材、板坯、矩形坯、方坯售价情况及废钢采购价格、出水率等变动因素，实时测算最佳铁耗，形成降铁耗动态管理机制，对轧钢提高机时产量、炼钢提锰降钛等方案进行优化，机时产量从140吨/时提至165吨/时，炼钢锰含量由0.95千克/吨提至1.2千克/吨，钛由0.04千克/吨降至

0.018 千克/吨，增加公司日边际利润 12 万元。积极与文丰、国丰、贵航钢铁、营口中板等单位开展对标，统一对标口径，认真抓好整改落实，铁、钢、轧工序持续对标改进，成本控制能力明显提升，尤其是铁成本基本与德龙、国丰等 4 家钢铁企业平均铁成本持平，吨铁成本差距缩小 270 多元。持续加大资金管控和降费力度，严格执行年初下达的费用预算指标，加强资金集中管控，在年度及每月资金计划基础上，细化分解到日预测，通过日分析、测算、调配，实现以最小的资金消耗和占用获取最大的资金收益。

【质量管理体系认证】 2018 年，中厚板事业部按照公司质量管理体系要求，组织五大管理体系内审、管理评审和监督审核，建立内审队伍，开展年度组织情境和风险策划，完成 23 个质量管理体系文件修订和换版，质量管理水平进一步提升。加强产品认证管理，组织韩国、美国、意大利、挪威、德国等 5 个船板生产许可证换证，中国、法国船级社生产许可证通过年度监督审核，欧盟 CPR 扩证通过劳氏认证公司批准，确保产品走向更广阔的市场。

【轧钢二线加热炉风机调速节能技改项目】 2018 年 9 月，中厚板事业部轧钢二线加热炉风机调速节能技改项目立项，同年 10 月开工建设，年末主体工程完工，设备进入调试阶段。项目由上海联达节能科技股份有限公司、中国一冶集团有限公司联合设计并承建。项目主要是将 1 号鼓风机、3 号空气侧引风机、3 号煤气侧引风机进行整体更新、调速改造；对煤气排烟管道、空气排烟管道进行局部优化。项目完工后，既保证加热炉安全稳定运行，又满足加热炉精准控制、节约能源的需求。

【轧钢一线 1~3 号加热炉换向煤气放散治理项目】 2018 年 10 月，中厚板事业部轧钢一线 1~3 号加热炉换向煤气放散治理项目开工建设，到年末 1 号和 2 号加热炉完成项目设计、备件制作等前期工作，3 号加热炉主体工程已完工，进行设备调试。项目由唐山安通劳务服务有限公司、北京明诚技术开发有限公司、唐山启营建筑安装工程有限公司联合设计承建。项目采用可靠技术对盲区煤气进行吹扫置换，可解决煤气浪费以及 CO 向大气排放造成的环境污染问题，主要建设内容是对 1~3 号加热炉进行集中换向改造，新建 1 套吹扫置换风机系统，配置自动化仪表并重新编程 L1 控制程序。

【轧钢二线加热炉换向煤气放散治理项目】 2018 年 10 月，中厚板事业部轧钢二线加热炉换向煤气放散治理项目开工建设，年末主体工程已完工，进行设备调试。项目由唐信新能科技发展有限公司、河北新烨工程技术有限公司联合设计并承建，采用可靠技术对盲区煤气进行吹扫置换，解决煤气浪费以及 CO 向大气排放造成的环境污染问题，主要是把分散换向改成集中换向，并新建 1 套吹扫置换风机系统。

【安全环保】 2018 年，中厚板事业部坚持不懈抓好安全环保，为生产经营顺行提供有力保障。强化安全管理，以排查治理重大生产安全事故隐患为重点，防范和遏制发生重大事故为目标，狠抓安全责任落实，完善双控机制建设，深入开展重大隐患专项治理、能源隔离管理推广应用、有限空间作业专项整治、防尘涉爆场所专项整治、外委施工单位专项整治、特种作业操作证专项整治等重点工作，切实增强全员安全防范意识，完成集团下达的安全控制指标，获公司“‘安康杯’竞赛先进单位”“职业卫生先进单位”称号，实现全年安全生产。以提升环保管理水平为中心，增加环保投入，投资 12.74 亿元建设 C 型料库、焦炭筒仓、东西料场棚化、烧结机脱硫脱硝、冲渣水消白等环保项目和厂区粉刷、绿化、道路硬化项目，两个烧结机脱硫脱硝项目顺利通过验收。

【推行作业长制】 2018 年，中厚板事业部全面深化作业长制，深入推进，强化执行，促进基础管理水平进一步提升。年内，调整作业长制推进组织机构，搭建高效推进体系，在保持作业长“五大权力”、职能部室专业管理一贯到底的同时，重点加强工作部对作业区的横向协调及支撑作用，形成纵横交错、连接有力的作业长制管理网络。定期召开作业长研修会，各作业区围绕“五制配套”工作落实及作业区管理亮点及难点，进行展示和讨论，举一反三，共享经验和成果。加强作业区检查督导，由各部室人员组成飞检小组，以“五制配套”各项工作落地与持续提升为检查内容，每月对作业区推进情况进行检查评分，共飞检作业区69个，整改达标率93%。

【全员绩效管理】 2018年，中厚板事业部结合混合所有制经营模式和“两个结构”优化目标，以深入打造KPI管理平台为抓手，优化全员绩效管理机制，专业绩效考核直接对接作业区、作业长、值班作业长，形成对作业区“双重强化”的管理模式。年内，充分发挥绩效管理激励作用，实施奖金向一线倾斜办法，充分激发重点班组及关键岗位职工的积极性。在主体生产部门开展工序小指标竞赛，将重点工作、对标挖潜确定的小指标项目等作为值班作业区之间的竞赛内容，通过比学赶超，激发产线职工向上的内生动力。

【党群工作】 2018年，中厚板材有限公司党委按照上级党委统一部署，全面做好党群各项工作，为公司生产经营发展提供重要保障。以思想政治建设为核心，强化政治理论学习，组织党员深入学习习近平总书记系列重要讲话精神、党的十九大精神、习近平新时代中国特色社会主义思想等内容，开展警示教育活动，引导党员不断增强“四个意识”，坚定“四个自信”，做到“四个服从”，为创造一流工作业绩打牢思想基础。认真落实“三会一课”、党费收缴、党员发展、干部管理等制度，按照公司党委督导检查标准，对各支部工作开展情况定期进行指导和检查，推动支部工作有序开展，促进党建各项工作纵深开展。强化执纪监督检查，完善信访举报制度，及时对苗头性现象进行谈话提醒并整改，加大对违规违纪行为检查力度，对关键岗位职工考勤和奖金情况、食堂等原材料供货渠道和价格、作业长以上干部选拔任用程序等情况进行专项监督监察，为企业良性健康发展保驾护航。以凝心聚力为重点，加强工会工作，开展主题多样、富有成效的技术比武和劳动竞赛，共组织各项竞赛活动29项，投入资金奖励238个作业区和班组；持续开展节期“送温暖”、职工健康体检等活动，传递企业对职工的关爱，完善帮扶解困机制，让困难职工切实感受到企业温暖。

唐银公司

【概况】 河北唐银钢铁有限责任公司（以下简称唐银公司）是集烧结、炼铁、炼钢、轧钢于一体的生产单位，主要生产棒材、线材、带钢等建材产品。2018年末，产能规模为240万吨/年，主要设备有180平方米烧结机1台，90平方米烧结机2台，1080立方米、750立方米、550立方米高炉各1座，120吨炼钢转炉2座、8机8流小方坯连铸机2台，1.6万标准立方米/时制氧机2台，年产100万吨高速线材生产线2条（共用一个加热炉），年产100万吨棒材生产线及年产100万吨带钢生产线各1条。主要生产线材、盘螺和带钢，固定资产37.95亿元。

2018年末，唐银公司设厂部级干部6人；下设部门21个、作业区78个、班组191个。共有职工3575人，其中男职工

2584人，女职工991人；中共党员476人，共青团员81人；管理及专业技术职工274人，其中高级职称20人，中级职称92人；工人3301人，其中高级技师6人，技师32人。职工中有研究生9人，大学本科402人，大学专科760人，中专996人，高中及以下1408人。

【生产经营】 2018年，唐银公司认真贯彻落实公司各项决策部署和工作要求，紧紧围绕“市场”和“产品”，以打造精品建材基地为目标，加快产品提质增效步伐，深入推进“三率”管理，不断夯实管理基础，企业整体经营业绩、创效能力和综合竞争力显著提升。全年，铁产量187.88万吨，钢产量215.41万吨，钢材产量191.15万吨；实现营业收入77.13亿元，利润4.75亿元；安全、环保形势持续向好，污染物达标排放，环保设施正常运行，实现“7001”安全工作目标。年内，提出极限化、创新化和双向化工作理念，全面优化烧结矿配料结构及钢材品种结构，将生产组织、设备管理、动力节能、固定费用、工序成本等领域全部纳入经营管理分析范畴，强化管理，提高标准，为确保持续盈利提供了保障，铁水单耗平均降到800千克以下，单日最好水平实现776千克/吨，轧区成材率达99.8%，负差率3.99%。5月，被公司授予“振兴河钢唐钢”集体特等功。

【品种结构调整】 2018年，唐银公司充分发挥产销研一体化作用，以销定产，持续加大新产品开发力度，全力推进高端品种开发和品种结构调整，加快高附加值品种增产上量，产品升级工作取得明显成效。全年，重点品种产量达155万吨，开发生产70S-6焊丝2.1万吨，H08A系列焊条2288.27吨。年内，加大产品研发力度，成功开发热轧带肋钢筋（直条）HRB500、HRB500E及热轧带肋钢筋（盘卷）HRB500、HRB500E，进一步完善热轧光圆钢筋（盘卷）HPB300规格；不断攻克高牌号钢筋技术难关，生产直径6~40毫米优质合格产品，开发成功$\phi6$毫米与$\phi12$毫米HPB300、$\phi6\sim10$毫米HRB400E、HRB500E、$\phi6$毫米HRB400E、$\phi40$毫米HRB500E共10个规格产品，填补了公司长材产品空白。

附表　2018年唐银公司新产品开发一览

品种	牌号	规格/毫米	主要用途
焊丝	70S-6	$\phi5.5$	焊接气体保护焊丝
焊条	H08A	$\phi6.5$	焊接
光圆钢筋	HPB300	$\phi6$	建筑
		$\phi12$	建筑
螺纹	HRB400	$\phi6$	建筑
	HRB400E	$\phi6$	建筑
	HRB500E	$\phi6$	建筑
		$\phi12$	建筑
盘螺	HRB500E	$\phi8$	建筑
		$\phi10$	建筑

【试轧成功热轧盘螺】 2018年2月27日，唐银公司成功轧制$\phi6$毫米热轧盘螺，进一步拓宽产品规格范围，提高了产品市场竞争力。$\phi6$毫米热轧盘螺是国标中最小规格，对轧制工艺与技术要求极高。生产过程中，技术人员从钢坯冶炼到轧制全流程工艺进行调整，特别对成品辊、辊缝、辊径、风机开口度、进精轧机温度和吐丝温度进行控制，制定新的工艺流程，严格卷形、卷重标准，并对轧制全过程有关数据详细记录，确保轧制的$\phi6$毫米热轧盘螺性能与外形尺寸完全符合国标要求。

【销售结构调整】 2018年，唐银公司以产品销售效益最大化为基本原则，在充分发挥自身产品优势基础上，进一步调整传统销售区域，抓好多途径创效方案落实，提高市场变化效益。全年，销售成品材210万吨，协议户数量由9家增至15家，协议量由5.8万吨增至8.8万吨。年内，坚持销售网点战略再布局，时刻关注销售市场动态自主定价，采用小额销售加价、应急配送加价、错开规格型号加价、区间再布局网点加价等方式，运用“小停、小囤与倾量快放节奏，争取市场变化效益”期货理念，控制出货节奏，实现销售效益极限化；综合对比京津唐三地销售情况，提高唐山区域销售比例，全部建材产品均在唐山区域销售，实现了利润最大化；积极响应公司 1+N 销售模式，制定 1+N 销售网点布局，密切关注全国范围内建材价格走势，把同类产品售价最高的区域作为销售目标，当年产品辐射至广东、广西、重庆、上海、浙江、福建等地区，扩大了产品的影响力。

【市场营销】 2018 年，唐银公司坚持以市场需求为风向标的经营理念，精准把握市场脉搏，创新营销模式，产品市场占有率进一步提升。全年，销售产品 216.28 万吨，其中螺纹 75.15 万吨，小螺纹占比 66.2%；盘螺 67.81 万吨；带钢 44.38 万吨；钢坯 25.65 万吨；焊线 2.33 万吨；高线 0.96 万吨。年内，结合利润测算情况，优先生产销售利润高的产品，制定创效高的区域优先、创效高的品种优先、创效高的规格优先生产原则，根据主打产品盘螺、螺纹、带钢和钢坯的创效能力灵活安排生产，实现效益最大化；建立适应市场经济的管理机制，明确各部门分工，进一步完善库存账目管理，加强岗位培训，保证生产计划有序和交货的及时性。

【工艺技术创新】 2018 年，唐银公司以效益最大化和最佳经济铁耗作为攻关目标，加强工艺技术创新，适时调整废钢量，优化工艺参数，取得良好成效。年内，根据市场形势变化，采用低铁水消耗、高废钢比炼钢模式，开展提高铁水温度、废钢烘烤、加快生产节奏、利用内部余热加热废钢攻关，提高转炉物理热，增加入炉废钢量，铁耗 846.3 千克/吨，增产 12.24 万吨；在炼钢工序推广全程钢包加盖工艺，钢包盖率从 6 月的 45%提高至 99%以上，钢包红包率提高 15%以上，平均降低出钢温度 8℃，在低铁耗条件下实现钢铁料消耗 1065.1 千克/吨；在连铸工序创新使用连铸坯氢氧切割技术，7 月连铸机氢氧切割设备开始安装，8 月 10 日全部正式投入使用，提高了铸机金属收得率，割缝控制在 3 毫米以下，降低了运行成本；推广应用铁水扒渣系统，减少铁渣对炼钢的影响，保证炼钢工序正常运行。

【带钢产品质量提升】 2018 年，唐银公司严把产品质量关，加强生产过程管控，制定质量改善措施，在铁水质量波动、冷料配比大幅提升的情况下，保证了冷轧用钢带产品质量，实现连续 25 个月未发生质量异议，树立了良好的市场形象。年内，加强生产过程关键工艺点管控，炼钢工序采取转炉补充热源措施，利用干熄焦放热满足转炉热平衡需求，保证产品质量；制定合理的产品分级制度，满足产品质量需求，应对铁水质量波动；采用严控钢中氧含量、延长钢包静吹时间、终渣稠化及脱氧产物气化技术措施，保证钢水洁净度满足后续产品冷轧及镀锌等加工要求。轧钢工序重新制定带钢生产标准，对生产线水除鳞压力进行调整，实行三级检查制度并加大日常检验频次，工艺优化配合检测标准提高，带钢产品质量稳步提升，市场反应良好。

【产线运行效率提升】 2018 年，唐银公司深入内部挖潜，开展连铸机提速、轧机提速、炼钢加快生产节奏系列攻关，其中转炉平均冶炼周期降低了 1 分钟，连铸机提速 0.2 米/分，轧机提速 8%，实现了产线高效运行。

【设备管理】 2018 年，唐银公司围绕生产经营中心，强化设备管理，实施理论模拟检修，建立三级点检模式，推行设备管理三级漏检率考核体系，积极开展反事故、查漏洞、保生产专项行动，设备管理水平稳步提高，费用控制取得良好成效。全年，备件消耗1.54亿元，备件库存占用资金2228万元，同比降低1000万元。年内，加强设备现场管理，采取分区域联查、不定期抽查和专项检查相结合方式，开展设备管理检查，共组织联查及抽查80次，对存在问题严格考核并限期整改，确保设备稳定顺行；推行三级点检及漏检率考核体系，下发《设备点巡检管理规定》《设备缺陷跟踪管理办法》等管理制度，进一步修订完善现场设备点检拨表制度，组织三级点检管理专项检查1000余项，设备故障率大幅降低；强化设备事故管理，本着对设备事故三不放过原则，认真分析事故原因，按照设备管理专业经济责任制考核，制定防范措施并做好监督落实，设备事故同比减少5起，保证了设备平稳运行；以降低备件库存、减少资金占用为宗旨，坚持挖掘备品备件降库存潜力，合理处置库区积压备件，严格把关备件材料计划品种和数量，扩大备件零库存范围，备件库存资金保持降低态势；持续加强设备功能精度管控，加大设备隐患管控力度，设备隐患整改消缺率达95.49%，促进设备事故时间和事故次数大幅降低。

【特种设备管理】 2018年，唐银公司加强特种设备管控工作，严格按照国家及公司特种设备管理相关规定，组织检验起重设备73台、压力容器67台、电梯6部、压力表400块、安全阀208个、煤气报警仪851块、呼吸器气瓶109支；组织2个氧气球罐及1个氮气球罐检验，以及特种作业证复审23人；组织6部电梯的大修及铸铁机天车改造工作，实现特种设备事故为零的目标。

【基础管理】 2018年，唐银公司积极转变思想观念，强化基础管理，提升工作效率。当年，围绕强基础、反事故活动，全面开展以应知、应会、应用、应急为主题的岗位知识培训，2423人参加培训，职工专业理论知识和业务技能水平进一步提高；扎实推进素质体检工作，客观评价重点岗位员工及班组长以上管理人员年度工作业绩、能力、态度和创新能力，掌握关键岗位实际工作状况及素质能力，当年对508名重点岗位工和重点岗位班组长建立工作业绩档案，1043人进行了素质体检；改变传统管理模式，对现场按安全、生产、设备、能源环保、保卫、生活后勤等专业进行分工，下发《现场治理、5S管理实施方案》，明确职能部室对六大现场的专业职责和权限，现场管理责任到人，现场管理实现较大提升；以提升物料质量为中心，下发《生产工艺系统“三率”管理方案》，强化“一次符合率、二次复核率和三次稳定率”三率管理，成立工艺化验室，严把进厂料及入炉料、入机料质量关，确保各种物料取样符合入机、入炉条件，为烧结机产成品质量和高炉生产提供保障；建立高炉操作系统核心数据库，实时记录操作参数及相关数据，及时总结经验，更好地指导生产；建立奖惩机制，修订《经济责任制》，改变传统发放固定模式为“传统模式与月份铁、钢、轧、烧结等主体单位单项攻关奖和公辅单位季度评先奖”并行的“新三板”模式，突出经济杠杆的撬动效应，发挥“助力、强心、兴奋、鼓劲”功能，职工人均收入进一步提高。

【安全管理】 2018年，唐银公司认真贯彻落实国家、省、市和公司对安全生产工作的部署和要求，坚持“安全第一，预防为主，综合治理”方针，全方位开展风险管控与隐患排查治理，实现了七种重大事故为零的目标。年内，抓好安全生产，树立“最出不起的事是安全事故、最不能讲客观的事是安全事故、最不可原谅的事是安全事故”理念，突出安全生产责任主体，严格追究事故责任，切实提高安全生产管理水平；深入开展“双控”机制建设及安全生产大检查，制定《安全生产大检查工作方案》，着力建立“一图、一表、一账、一平台”工作体系，持续开展冶金行业安全生产专项整治，制定相应的整治方案和管理规定，排查并治理生产安全事故隐患；强化安全教育培训，组织安全管理人员培训 67 人，特种工取证、复审换证培训 370 人，全员安全培训 3118 人；加大安全整治力度，投入 1116 万元，用于设备安全改造、安全防护设施的添置以及增设危险区域的安全监控设备，职工作业环境不断改善；加强职业健康管理，按照《职业病防治法》要求，布点 425 处，完成年度职业危害检测，组织 2382 名岗位职工参加职业健康体检，对有职业禁忌症的职工调离岗位，职工身体健康得到有效保证；抓好检修及外委安全管理，落实作业票和预案覆盖生产作业活动全过程，将外委作业的安全管理纳入本单位安全管控范畴，加强现场检查力度，规范施工秩序，促进外委施工全过程安全。

【环保管理】 2018 年，唐银公司牢固树立“环保线就是生命线、生死线”的企业环保理念，持续加强环保管理，加大环境治理力度，确保各项环保指标达标。当年，主要污染物二氧化硫排放量 1532.10 吨、颗粒物排放量 1738.1 吨、氮氧化物排放量 1890.9 吨，分别同比下降 82 吨、98 吨和 104 吨，工业废水处理率、外排废水达标率、工业固体废弃物处置率、利用率均达到 100%，完成了污染物总量控制指标。年内，加大环保治理力度，投入 5.14 亿元（含折旧）进行环保项目改造，对烧结、炼铁、炼钢各区域近 10 万平方米设施进行封堵治理，进一步改造高炉上料系统除尘器，增设皮带封闭系统，加大除尘能力，杜绝扬尘；对各高炉炉前出铁场进行提标封闭改造，确保出铁过程烟尘全部有效收集，实施高炉炉顶煤气均压放散改造、炼钢 42 米平台新上布袋除尘器、连铸火焰切割由丙烷气改为氢氧切割、轧钢加热炉换向反吹系统改造等一系列节能减排项目，改善了作业现场扬尘现象。按照市政府超低排放要求，对 3 台烧结机进行脱硫脱硝和高炉冲渣水消白改造，其中 180 平方米烧结机脱硫脱硝系统改造按照要求时限完成，于 11 月底投入运行并通过唐山市环保局验收。

【新唐银筹备】 2018 年，唐银公司按照市委、市政府关于《唐山市主城区钢铁企业退城搬迁》文件精神，全面做好新唐银筹备项目建设，为公司后续发展提供重要支撑。8 月 6 日，成立新唐银项目筹建组，下设原烧组、高炉组、钢轧组、动能组、自动化信息化组、工程组、综合组、招标组 8 个专业小组，全面负责筹建工作；项目组紧扣“绿色生产、智能制造”要求，充分发挥创新思维、极限思维、双向思维，对国内先进钢铁企业、设备制造企业、信息自动化企业等多家单位进行考察交流 60 余次，将适合新唐银建设的先进技术、工艺、理念引入到项目建设之中，努力将新唐银打造成装备先进、技术领先、产品优良的国内先进钢铁企业，使之成为河钢唐钢的精品长材基地。

【党群工作】 2018 年，唐银公司党委认真学习贯彻党的十九大精神，坚持以习近平新时代中国特色社会主义思想为指导，稳步推进党群各项工作。按照“把方向、管大局、保落实”要求，及时把党建工作总体要求写入公司章程，为企业日常党建工作有序开展和健康发展奠定坚实政治基础。按照上级党委要求，进一步健全完善党建工作机构，成立党群工作部，将原有 12 个党支部细分为 18 个党支部，党建工作队伍进一步充实；开展党员“三亮三比”活动，引导广大党员增强党性意识、争先意识、奉献意识。加强干部队伍管理，制定《部科级干部绩效考评管理办法》，全面实施“1+X”干部综合考评体系，通过动态考评机制，将日常检查、阶段性小结、周期性讲评相结合，全面体现了综合测评与日常表现相结合的特性。

积极履行“两个责任”，制定“两个责任”清单、《责任追究意见》《考核办法》，持续开展反腐倡廉警示教育，坚持进行党风廉政考评，深入查纠“四风”问题，进一步推动“两个责任”有效落实。深入开展职工岗位创新，全年完成创新课题 19 项；积极推进职工技术比赛，1 名职工在“河钢杯”连铸工技术比武中获第三名，1 名职工在公司技术比武中获“炼钢工状元”称号，2 名职工入围世界模拟炼钢大赛，促进了职工队伍素质提升；扎实开展暑期“双服务”、节期“送温暖”和“生日送祝福”等活动，使广大党员和职工群众切实感受到企业的关怀和温暖。

平台外非钢单元

重机装备公司

【概况】 唐山钢铁集团重机装备有限公司（以下简称重机装备公司）是公司轧辊、钢锭、铸件生产、销售的非钢单位。其前身为原唐山国丰冶金轧辊有限公司，于2010年10月由河钢唐钢以100%股权收购。位于河北省唐山市丰南沿海工业发展集中区，占地面积33万平方米，建筑面积23万平方米，距曹妃甸港、天津港55千米，京唐港84千米。2018年末，主要装备有40吨高功率电弧炉1座、45吨双工位LF炉1座、45吨VOD炉1座、五工位90吨VC真空浇注系统1套、1～20吨中频感应炉8台、300～1600毫米离心机7台、差温炉及喷淬装置2台、5～100吨天车56台、各种立车、卧车、铣镗床、磨床、钻床等加工机床72台（套），以及多种化验检测设备，如碳硫分析仪、直读光谱仪、超声波探伤仪、硬度计、冲击试验机、拉伸试验机、残奥仪等仪器，热处理设备、理化、探伤检测设备均达到国内先进水平。主要产品有热轧板带轧辊、棒线轧辊、型钢轧辊、锻造合金钢锭、大型冶金备件等五大类上百个品种，具备年生产各类大、中、小型轧辊及辊环2万吨，大中型铸件1万吨，钢锭2万吨的能力，年机加工能力1.5万吨，是目前国内高水平的冶金轧钢和机械备件生产企业。

2018年末，重机装备公司设厂部级干部4人；下设科室4个，作业区5个。共有职工356人，其中男职工345人，女职工11人；中共党员129人；干部34人，其中四级专家1人，科级干部22人；管理及专业技术职工17人，其中高级职称7人，中级职称10人；工人322人，其中技术工人278人，高级技师1人，技师14人，高级工99人，中级工27人，初级工137人。职工中有研究生2人，大学本科21人，高中及以下333人。

【生产经营】 2018年，重机装备公司认真贯彻集团非钢产业工作会议和发展现代工业服务企业工作会议精神，深入落实集团非钢产业战略部署，聚焦“产品”和“市场”两大工作主线，持续优化客户结构和产品结构，牢固树立“受控、严谨、无缺陷出厂”理念，高标准、严要求加强工艺过程管理，各项工作取得新成效。全年，生产各类产品2.4万吨，其中轧辊1.33万吨，合金钢锭9500.6吨，铸件1144.21吨。年内，重视计划管控体系建设，加强生产组织过程中计划性与协调性管控，于5月完成轧辊铸造产量1684.85吨，实现首次达产，创历史最高纪录。

【客户端优化】 2018年，重机装备公司不断优化客户结构，大力拓展外部市场，取得良好成效。全年，开发轧辊新客户8家，签订外部合同1.09万吨，其中出口合同8008吨，同比增长94.1%；开拓钢锭新客户4家，签订钢锭合同1.09万吨，同比增长7.8%。年内，主动跟进中塞友好工业园区建设，推动轧辊产品和服务对外输出，为河钢塞钢制作的2批次8支精轧工作辊上线使用情况良好，并达成稳定的直销关系；大力拓展外部市场，外部轧辊产量9637吨，同比增加1610吨，外部轧辊产量占比达72.2%；加大国外市场开发力度，与青岛烨隆、深圳杰恒、上海唐舢、唐山奇加、塞维斯、北京乐而思、中钢设备公司等多家进出口公司达成合作协议，产品拓展到欧、美、亚、非洲地区，出口轧辊4860吨，同比增加2942吨，初步形成“出口+公司内部”市场为主，国内其他市场为辅的市场结构。

【产品结构调整】 2018年，重机装备公司牢牢抓住“以客户结构调整推动产品升级”主线，不断优化产品结构，促进高端产品比例显著上升。全年，生产高铬钢、棒线高速钢、板带高速钢、改进型板带工作辊等高附加值产品1982吨，同比增加1007吨；生产板带轧辊6476.95吨，同比增加712.3吨，占轧辊总产量由42%增至48.5%，基本形成以板带轧辊为主的产品结构；合金钢产量占比93%，其中镍钼钢产量3155吨，占比31%，超过年度重点计划110%；开发新品种6个599吨。

【浇注区除尘系统改造项目】 2018年4月，重机装备公司浇注区除尘系统改造项目开工建设。同年5月竣工，由唐山钢铁国际工程技术股份有限公司设计，河北恒清环保科技有限公司、唐山市远大建筑安装工程有限公司承建。项目主要是在浇注区的铸辊坑和铸锭坑新建2个封闭式移动除尘罩，同时对原有除尘系统进行改造，实现每个浇注工位烟尘有效处理。项目投产后，满足《丰南区铸造行业环保深度治理技术指南》相关要求，通过政府环保验收。

【VD、VOD真空系统改造项目】 2018年9月，重机装备公司VD、VOD真空系统改造项目开工建设，预计2019年2月竣工。项目概算投资669.66万元，由唐山钢铁国际工程技术股份有限公司设计，浙江杭真能源科技股份有限公司、唐山步春建筑有限公司承建。项目主要是取消VD、VOD炉配套15吨燃气锅炉及蒸汽喷射抽真空系统，用机械泵抽真空系统替代。项目投产后，取消燃气锅炉，满足辖区内《关于对使用天然气等清洁能源锅炉实施脱硝治理的通知》及河北省《锅炉大气污染物排放标准（征求意见稿）》相关要求；大幅降低生产能耗，精炼脱气成本由吨钢70元降到5元，年创效97.5万元。

【成本管理】 2018年，重机装备公司狠抓成本管理，严控支出，聚焦产线深挖潜力，取得良好成效。年内，紧密结合市场形势，了解掌握市场价格变化趋势，加强成本核算，在承接合同时对每一种规格轧辊进行详细测算，按月更新材料价格，在实现产销规模提升和市场区域拓展的前提下，边际利润得到较好提升，吨钢平均边际利润同比提高694元；深入开展对标管理，在机加工车间实施每周半天停机维保、每台机床定期拆检的管理制度，设备故障时间为85.33小时，同比降低7.3%，设备状态趋向稳定受控，有力支撑了生产经营。

【科技创新】 2018年，重机装备公司重视并抓好科技创新这一工作主线，积极推广应用新技术，完善工艺流程，实施重点课题攻关，创新创效能力不断增强。年内，根据用户需求，有针对性地进行热轧板带精轧辊抗事故能力与耐磨性研究，成立“改进型热轧板带精轧辊抗事故能力与耐磨性研究及应用”课题组，进行技术攻关，实施工艺技术改进46项，申报发明专利2项，实用新型专利5项，其中“一种加V型ICDP轧辊及其生产工艺”“轧辊冷型内壁清理器”“一种铸造浇注随流孕育装置”3项专利获得授权；立足自身实际，提出并实施电炉——中频炉双联冶炼新模式，根据钢种和原料条件选择最佳冶炼方式，大幅降低冶炼成本；积极与钢研总院合作，成功开发特殊钢模具H13、Cr12MoV及不锈钢焊丝等高端产品。

【基础管理】 2018年，重机装备公司不断加强基础管理，为企业高效稳定运行提供保障。强化安全管理，落实全员安全管理职责，深入开展安全生产大检查、大整治攻坚行动，解决重大安全管理难题，消除薄弱环节；以“双控”机制为基础，督导各级干部和职能部门履职尽责，推进作业区和班组自主管理，坚持以检查考核为手段抓现场安全管理，确保安全制度措施落地；持续开展班组实操培训演练，班组、岗位安全意识和执规能力进一步提高。强化环保管理，响应蓝天保卫战错峰生产要求，严格执行各级环保管理指令，落实应急响应一厂一策措施，对浇注系统、钢锭铸件清整、耐火砖切割等场地进行深度治理，消除无组织排放，对下水道进行梳理，做到污雨水完全分离；不断强化全员环保意识，提升环保设施运行管理，规范危废管理流程和制度，保证达标排放，获得秋冬季错峰生产 A 类企业资质。加强生产过程管控，针对现场生产过程出现的问题，推行完善作业区现场实时反馈监督制度，由值班作业长、工段长、班组长对现场操作的工序执行情况通过图片、视频、图表、数据等方式及时上传，与生产一线实时交流，降低各类违规操作，操作质量明显提高。针对原料市场波动、资金紧张等问题，不断规范招标采购流程，借助惠唐物联和公司采购平台，大力减少单一来源采购；以合理库存保生产为原则，积极应对市场快速变化，优化物料结构，降低料价；坚持作业区参与采购价格质量把关，严格执行原材料采购标准和验收办法，厂内物料管理实现全覆盖，保障了物资管理和使用效率及效益提升。

【党群工作】 2018 年，重机装备公司党委深入学习贯彻习近平新时代中国特色社会主义思想和党的十九大精神，持续聚焦“市场”和“产品”等重点工作，深入推进党群各项工作，为实现全年生产经营目标提供坚强保证。抓好形势任务宣讲，制定符合企业特点的活动方案，通过深入宣传、逐层落实，凝聚全员共识；全面梳理党群规章制度，对照实际修订《重机装备公司党委工作细则（试行）》，规范党委工作流程；坚持国有企业党建“四个同步”要求，对下辖的支部及党小组进行整合优化，将 6 个支部 13 个党小组整合为 5 个支部 12 个党小组；规范组织生活，落实领导干部双重组织生活制度，按照领导班子分工将党委委员组织关系转接到对应支部，并编入党小组，领导班子成员带头参加所在支部的“三会一课”；规范党员发展程序，注重在一线职工、重点岗位和 35 岁以下青工中发展党员，党员队伍质量明显提高，当年发展预备党员 3 名，确立重点培养对象 5 名；落实全面从严治党要求，压紧压实党风廉政建设“两个责任”，持之以恒正风肃纪，营造风清气正、干事创业的发展环境。

气体公司

【概况】 唐山唐钢气体有限公司（以下简称气体公司）是一家集气体生产、运输、销售、技术咨询服务和气体生产设备研制为一体的大型专业化气体公司，主要生产氧气、氮气、氩气、氢气、医用氧、天然气、二氧化碳等产品，注册资本 7.78 亿元。2018 年末，共有空分设备 10 台（套），其中 4 万标准立方米/时空气分离装置 1 套，2.8 万标准立方米/时空气分离装置 1 套，2.5 万标准立方米/时空气分离装置 2 套，2 万标准立方米/时空气分离装置 3 套，1.7 万标准立方米/时空气分离装置 1 套，1.55 万标准立方米/时空气分离装置 1 套，8000 标准立方米/时空气分离装置 1 套，空分能力达 21.85 万标准立方米/时；液化装置 3 套，液化产量 700 吨/日；制氢设备 2 套，氢气产能 1400 标准立方米/时；液体二氧化碳装置 1 套，年产量 6 万吨；焦炉煤气制液化天然气装置 1 套，年产能 10 万吨。河钢唐钢气体公司通过质量、环境、职业健康安全“三合一”管理体系、GMP 医用氧、二氧化碳和氮气的食品添加剂等认证。

经公司批准，自 1 月 1 日起，气体公司子公司滦县唐钢气体有限公司由河北华奥节能科技有限公司托管。

2018 年末，气体公司设厂部级干部 3 人；下设科室 5 个，分公司 6 个，子公司 2

个，分布于公司本部、炼铁厂北区、玉田、乐亭、滦州等地。共有职工404人，其中男职工340人，女职工64人；中共党员152人，共青团员8人；干部69人，其中科级干部14人；管理及专业技术职工49人，其中高级职称15人，中级职称34人；工人335人，其中高级技师7人，技师30人。职工中有研究生13人，大学本科60人，大学专科80人，中专75人，高中及以下176人。

【资产变化】 2018年9月30日，气体公司与中厚板材有限公司签署资产转让协议，以1.58亿元收购2万标准立方米/时制氧机组2套。10月，完成资产交割手续。11月，接收中厚板材有限公司制氧系统39名职工（含劳务派遣9人）。

【生产经营】 2018年，气体公司围绕产品和市场，抢抓机遇，开拓进取，主动作为，各类设备高效运行，高端客户开发卓有成效，产品创效能力显著增强，利润总额创历史最好水平。全年，共生产氧气12.31亿立方米，氮气14.58亿立方米，同比分别增长11.5%、3.3%，氢气565万立方米，主要液体产品外销25.91万吨；实现销售收入11.48亿元，利润1.49亿元。年内，改造不锈钢分公司和中厚板分公司压氮系统，解决了2个分公司氮压机生产能力与实际需求不匹配状况，不锈钢分公司压氮单耗同比降低10.34%，汽化氮气减少51.28%，液氧氮产量增加39.04%；铺设炼铁分公司至唐银公司的供气管路，为唐银公司提供生产用氮气，提高炼铁分公司设备运行效率，实现氮气零放散；对炼钢分公司4号空分机组进行大修，有效改善了设备综合效能，小时氧气产量提高5000立方米，制氧单耗降低0.085千瓦时/立方米。

【市场开拓】 2018年，气体公司抢抓市场回暖的有利时机，优化终端客户结构，开拓高端产品市场，实现外销收入2.96亿元，外销利润9110万元，外销收入及利润大幅增长。年内，精准对接市场和客户，调整营销策略，加强高附加值产品的销售力度，深入开发优质客户，先后与华能集团、金海食品、航天国轩等多家公司建立合作关系，共签约终端客户28家，其中高纯氧客户3家，新增主要液体产品合同量4.39万吨；液氩产品出口量同比增长50%，销售额增长57%；干冰销量同比增长39%，企业品牌价值进一步提升。不断完善以市场开发、工程设计、现场施工及终身售后服务为一体的全流程服务体系，在加强对42个外建气站巡检维护，保证气站稳定运行的同时，为锦州神工半导体有限公司、天津贝特瑞新能源科技股份有限公司等企业新建气站7座，接收长城汽车股份有限公司天津哈弗分公司混合气站3座，拆迁气站3座，满足了客户个性化需求，售后服务能力持续提高。强化运输管理，优化供应方式，合理调配物流运输，调配货物29万余吨，调配车辆超1.6万次，同比增加23%，运输费用同比降低7.5%。自有车辆安全行驶近百万千米，圆满完成产品配送任务。

【安全管理】 2018年，气体公司严格落实安全生产责任，强化日常管理，持续加大职工安全教育培训力度，实现安全事故为零目标，为稳定生产奠定良好基础。当年，明确安全管理目标，细化分解管理职责，深入开展安全生产责任制宣贯，提升管理人员履行安全生产责任意识，加强全员安全履责检查，累计检查464人次，助推安全生产管理制度扎实落地。相继开展危险源辨识、受限空间作业、安全警示教育等专项安全培训，组织全员安全教育8期，53名特种作业人员通过年度复审。结合设备运行特点，优化岗位实操模型，职工安全素质进一步提升。

【技术质量管理】 2018年，气体公司坚持抓好技术进步和科技创新，持续提升技术质量管理水平，进一步规范产品质量管理，护航企业生产经营。7月，医用氧实验室通过唐山市食品药品监督管理局验收；“制氢装置保供改进与压缩机控制优化”“二次开发先进控制平台，实现氧压机氮压机自动变负荷控制”2项课题获得河钢唐钢科技进步奖三等奖；太阳能供电的具有远程信号传输功能的储罐系统等8项成果被国家知识产权局授予国家实用新型专利；积极与科研院所沟通合作，解决了纯铝翅片空压机冷却器和高压氮压机冷却器结垢清洗难题，设备效率大幅提升。

【财务管理】 2018年，气体公司充分发挥财务精细化管理作用，多措并举，降低财务费用，为实现利润目标保驾护航。这一年，提前谋划落实措施，积极应对资金紧张状况，以贴息、理财等方式，降低财务费用260万元；用足用好高新技术企业等税收优惠政策，减免各类税费累计630万元；密切关注企业经营动态，以数据客观反映经营现状，实现生产数据、收入、利润日清日结，及时发现解决运营问题，为生产决策提供有力支撑。

【信息化建设】 2018年，气体公司坚持推进信息化建设，为各项生产经营决策提供可靠的数据支撑。年内，深度谋划信息化建设路径，制定信息化建设实施方案，深挖大数据“富矿”，着力打通现有的数据系统壁垒，助力企业现代化经营管理水平不断提升。升级协同办公平台的数据和应用服务器，转为在“云端”部署，提高系统的访问速度及数据安全，实现内外网域名的同步访问。开通“唐钢气体”微信服务公众号，加大企业文化及生产动态的宣传力度，将其打造为与外部用户进行交互的重要渠道，开辟了对外宣传新阵地。

【党群工作】 2018年，气体公司党委深入学习贯彻党的十九大精神，着力巩固党建工作基础，狠抓廉政风险防控，为企业持续健康发展提供坚实保障。当年，全面加强政治理论学习，紧密结合企业实际，聚焦年度生产经营目标任务，利用网站、微信、管理看板等多种载体，开展形势任务教育，扎实推进宣传思想和意识形态工作。修订《气体公司党委工作规则》，完善党委工作总则、党员代表大会等内容，为党建工作规范化提供了依据。5月，制定《关于开展“三亮三比”党员先锋行主题实践活动的安排意见》，引导党员在完成全年生产经营目标任务中，发挥先锋模范作用，推动“三亮三比”党员先锋行主题实践活动扎实落地。年末，根据公司纪委建立廉政风险防控体系的整体部署，围绕人力资源、工程建设等关键岗位，梳理制度，查找廉政风险点12个，绘制廉政风险防控图6幅，有针对性地制定防控措施，建立长效机制，营造风清气正的干事氛围。

钢源冶金炉料公司

【概况】 唐山钢源冶金炉料有限公司（以下简称钢源炉料公司）属河钢唐钢非钢板块资源开发与综合利用产业，是生产销售石灰并对外输出麦尔兹窑技术的合资企业，由河钢唐钢与唐山开平富鑫通源灰料厂合作建立，位于唐山市开平区，占地面积112万平方米。主体设备有600吨麦尔兹窑3座及其相关配套设施。

2018年末，钢源炉料公司（含冶金炉料厂）设厂部级干部6人（含合资方1人）；下设办公室、安全室、设备室、供销室、项目开发部、生产技术室等部室6个，北区、南区、采剥、检修等作业区4个。共有职工302人，其中男职工232人，女职工69人；中共党员101人；干部37人，其中科级干部10人，作业长11人；管理及专业技术职工50人，其中高级职称5人，中级职称18人；工人264人，其中技术工人99人，高级技师3人，技师5人。职工中有研究生2人，大学本科29人，大学专科51人，中专15人，高中及以下204人。

【生产经营】 2018年，钢源炉料公司以新思维、新视野、新方式聚焦“市场”和“产品”两大工作主线，以开展基础管理年建设为抓手，进一步深化四大支撑体系建设，实施创新发展，开拓内外部市场，企业综合创效能力全面提升。全年，生产销售石灰76.03万吨，实现销售收入4.07亿元，利润866.76万元，同比增长35.5%；资金占用296.62万元，比目标降低153.38万元。这一年，坚持以质量、效率提升、保产保供、技术输出综合创效为目标，抓好生产经营与市场开拓，优化环保响应时期生产组织模式，推进技术改造、窑炉建设等技术输出项目，做好供产销运与检修的有序衔接，圆满完成保供任务。

【质量管理】 2018年，钢源炉料公司强化工艺质量管理，不断完善质量管控体系，优化工艺操作，建立客户周回访制度，为产品质量提升打下坚实基础。当年，产品合格率稳定在95%以上。年内，加强工艺技术攻关，成功摸索形成麦窑煤粉制备参数分级调整标准化操作模型，高钙灰粉率由上年平均24.83%降至22.86%，比年初目标降低1.14个百分点，实现利润143.58万元，比目标增加39.5万元。

【调整产品结构】 2018年，钢源炉料公司倡导“生产为用户，产就高效率”理念，根据用户钢、铁产量情况，合理调整产品结构，做好高钙灰、普灰、轻烧白云石交替生产，同时保证生产连续性和窑况相对稳定，窑体利用系数同比提升29%；加快引入新技术，实施新产品开发生产，成功研发生产高钙脱硫剂，全力支撑公司新建环保设施的正常运行，助力公司产品多样化、高端化。

【设备管理】 2018年，钢源炉料公司持续强化设备管理，深挖设备潜能，以“预知检修”为支撑，合理利用错峰生产间隙组织设备检修维护，提高设备运转效率，设备作业率达到90.94%，实现长周期稳定运行；以提升内部检修能力为目标，充分发挥创新工作站（组）作用，通过技术攻关，实施主除尘风机叶轮、麦窑大角度皮带、工艺冷却风机电机等重要设备检修，实现罗茨风机自主维修，缩短维修时间、降低维修费用，实现设备运行效率、产线效益双提升。

【成本管理】 2018年，钢源炉料公司进一步深化成本管理，加强对物料采购及设备修旧利废管理，针对原料、煤、电等关键指标，深入对标挖潜，开展专项攻关，取得良好成效。全年，高钙灰变动成本484.78元/吨，比标准成本降低8.69元/吨；轻烧白云石变动成本300.93元/吨，比标准成本降低0.22元/吨。

【基础管理】 2018年，钢源炉料公司深入扎实开展“基础管理提升年”活动，持续推进以作业长制为主体的扁平化管理体制，对两大生产作业区进行资源整合，由生产技术部进行集中统一管控，产线实施操检合一，多品种产品生产切换技术灵活运用，实现生产组织和现有资源的再优化，产线作业效率稳步提升；实施动态修订与静态落实相结合的制度体系管理，充分发挥绩效管理激励导向作用，修订管理制度78项，管控体系进一步完善，为生产经营顺行提供强有力的体系支撑；持续加强安全生产管理，以班组包保、标准化建设、四级网络构建为抓手，严格贯彻落实安全生产责任制，积极构建风险分级管控、隐患排查治理双重预防工作机制，排查整改隐患472项，检查评价班组183组/次，组织全员安全培训285人次、实操培训4570余人次，投入60余万元用于改善安全生产条件，全年未发生轻伤及以上事故，为生产顺行提供坚实安全保障；持续强化环保管理，确定重污染天气应急响应措施，编制重污染天气应急响应一厂一策预案和突发环境事件应急预案，开展环保设施治理、改造及检查工作，从治理根源入手，完成北区原料振筛、南麦沸腾炉上煤斗等部位的密封，更换南区一麦原料除尘器、二麦主除尘器布袋2000余条，杜绝环保事件发生。

【人才队伍建设】 2018年，钢源炉料公司根据全员素质提升方案，扎实推进全员素质提升和人才队伍建设，组织煤粉制备、电工、钳工、煅烧工艺等专业培训，实行月培训、季考核，共计48期1260人次参加培训，有50名职工获得嘉奖；开展专业技术比武活动，对获奖的13名优秀技术能手进行表彰，将结果计入员工个人绩效，促进职工操作技能水平提高。

【党群工作】 2018年，钢源炉料公司党委认真贯彻落实公司党委各项决策部署，深入学习习近平新时代中国特色社会主义思想及党的十九大精神，有序推进党群重点工作，为促进企业高质量发展提供强有力的保证。全面加强企业党的领导和党的建设，落实前置程序，修订公司章程，明确党建工作总体要求和党委研究讨论企业重大问题的运行机制，夯实管理基础，建立修订党内各项制度15项，构建起完善的制度体系；认真落实从严治党“两个责任”，突出主体，扎实监管，梳理工作流程，确定8项管理职权，23个廉政风险点，构筑风险管控体系；加强职工队伍建设和职工民主管理，坚持落实职代会、经理联络员制度，有效落实职工各项民主权力，组织职工体检、北戴河休养，做好慰问困难、伤病住院职工，发放困难补助，传递温暖关爱，企业凝聚力向心力进一步增强。

青龙炉料公司

【概况】 唐钢青龙炉料有限公司（以下简称青龙炉料公司）是公司普通球团、含镁球团、含钛球团和碱性球团生产、销售的非钢单位。由河钢股份有限公司和唐山竞鼎实业集团有限公司投资建设，控股股东为河钢股份，位于秦皇岛市青龙满族自治县祖山镇山神庙村，注册资本1.5亿元。拥有1条目前国内先进的链箅机-回转窑生产线，具备年产200万吨氧化球团矿生产能力。

2018年末，青龙炉料公司设厂部级干部3人；下设科室4个、作业区1个。共有正式职工235人，其中男职工231人，女职工4人；科级干部7人，高级职称3人，中级职称6人。本科学历以上18人。

【生产经营】 2018年，青龙炉料公司以效益为中心，紧紧把握“市场”和“产品”两大工作主线，着力优化生产组织，持续推进产品结构升级，切实加强市场开发攻关，严格落实全成本管控理念，严控各种费用支出，实现各项生产经营目标。全年，生产球团155.12万吨，销售球团159.95万吨；销售总额13.1亿元；实现利润1.23亿元，同比增加6022万元。

【产品结构调整】 2018年，青龙炉料公司坚持以技术进步推动产品结构升级，坚定不移走品种多元化路线，全面优化品种结构，提高镁质球团矿等高附加值产品产量，取得丰硕成果。全年，生产镁质球团和碱性球团109.18万吨，占总产量的70.38%，普通球团45.94万吨，占比29.62%。这一年，重视技术攻关，掌握熔剂型球团焙烧技术，镁质酸性球团工业化生产水平达到行业领先，为提高特色产品市场占有率提供保证；强化内外销市场联动效应，积极对接客户，做好售后服务，维护好客户关系，新增腾竣商贸与悦程商贸2个客户，并恢复与佰工钢铁销售业务，全年外销球团13.99万吨，占总销量的8.75%。

【成本管理】 2018年，青龙炉料公司充分利用公司财务共享体系，落实全成本管控理念，狠抓资金和成本管控，降本增效工作取得新成绩。当年，现金流为1.48亿元，吨球加工成本698.47元。年内，根据公司经营态势，强化成本考核，改善日清日结体系运行效果，摸索每道工序成本构成，持续健全标准成本管理体系，促进成本费用降低；按照“不挪用生产资金，少形成新增贷款”要求，大力压减非生产性开支，资金管理得到进一步加强；合理安排现款与承兑的支付节奏与比例，增加贴现贴息收入，降低财务费用。

【优化生产组织】 2018年，青龙炉料公司科学调度，着力优化生产组织，加快建立快节奏、高效率生产经营方式，保证原料及能源供应平衡，为产品稳产优产提供保证。年内，抢抓回转窑球团市场机遇，强化技术和质量支撑，加强工艺过程控制，规范操作流程，着重解决生产中的各类设备、工艺缺陷，妥善做好生产要素调配，保证原料及能源供应平衡；加强技术改造，实施环冷机水封膨胀节改造、摆头皮带增加制动电阻改造、增加湿返四皮带、脱硫预荷电改造等30余项技改项目，有效控制混合料水分、降低生球爆裂，改善窑内气氛，减少回转窑结圈事故，确保生产高效、稳定、顺行。

【设备管理】 2018年，青龙炉料公司落实设备全生命周期管理，强化日常维护保养，实现设备稳定经济运行。全年，组织定修7次，日修1726项，设备事故和故障时间同比减少55.7小时。这一年，加强电气专业基础管理，完成厂区高压预防性试验、防雷接地测试、配电柜操作箱标识等工作；通过控制三大风机转速，合理安排造球盘利用率，控制好上料系统启停，根据灰量控制除尘风机风门开度等措施，确保设备低耗运行；加强备件消耗日清日结和计划命中率管理，完成备件费用指标；加大设备技改力度，实施辊压机减速机、环冷主传动减速机、空压机、高压电机等设备隐患点治理23项，设备运转效率进一步提高。

【党群工作】 2018年，青龙炉料公司党委贯彻落实公司党委决策部署，全面加强党群各项工作。以政治建设为统领，加强党委会、党委理论中心组学习等制度建设，保证政治理论学习规范化、常态化；制定完善《党支部“三会一课”工作制度》等13项党建制度，为加强党建工作提供制度遵循，并按照党章要求，完成党委和支部换届选举；积极开展“戴党徽、亮身份、争先锋、做贡献”党内竞赛活动，对在竞赛中取得优异成绩的48名党员进行表彰奖励，调动广大党员的工作积极性；坚持挺纪在前，全面推进党风廉政建设，严格落实全面从严治党主体责任，按照“一岗双责”和“谁主管、谁负责”原则，层层签订党风廉政建设责任状，完善三级责任体系，做好廉政风险管控管理，规范权力运行；认真开展“冬送温暖、夏送清凉”及走访慰问等工作，解决职工最关心最关注的热点问题，在服务职工中更好地团结职工，获得职工认可。

唐龙（唐昂）公司

【概况】 唐山唐龙新型建材有限公司、唐山唐昂新型建材有限公司属同一董事会，同一法定代表人，同一控股股东，不同的两个独立法人公司〔以下简称唐龙（唐昂）公司〕，系河钢唐钢以高炉炉渣为原料生产经营矿渣微粉的合资子公司，属于非钢板块资源开发与综合利用产业集群。2018 年末，拥有矿渣微粉生产线 3 条，立式磨机 3 台，产能规模为 180 万吨/年，主要生产 S95 级矿渣微粉，广泛应用于水泥厂、搅拌站。固定资产 2.76 亿元。

2018 年末，唐龙（唐昂）公司设厂部级干部 2 人；下设综合科、财务科、生产设备科、营销科、人力资源科、研发科等科室 6 个，作业区 2 个，班组 10 个。共有职工 144 人，其中男职工 102 人，女职工 42 人；中共党员 32 人，共青团员 2 人；干部 37 人，其中科级干部 11 人；管理及专业技术职工 41 人，其中高级职称 5 人，中级职称 6 人；工人 109 人，其中技术工人 26 人，技师 2 人。职工中有研究生 1 人，大学本科 26 人，大学专科 28 人，中专 9 人，高中及以下 77 人。

【生产经营】 2018 年，唐龙（唐昂）公司面对严峻市场形势，坚持向管理要效益、向市场要效益，狠抓基础管理，实施采购降费策略，借助矿粉品牌优势，采用产品差异化生产及营销手段，提高产品售价，增加经营收入，取得良好业绩。全年，生产矿渣粉 109.99 万吨，销售矿渣粉 116.48 万吨；经营收入 2.23 亿元，同比增加 2247.7 万元，实现利润 696.25 万元，到 12 月末资金存量 8255.49 万元，较年初增加 899 万元。

【产品出口】 2018 年，唐龙（唐昂）公司着力抓好产品出口工作，利用独有三型矿粉优势，积极开拓国际市场，三型矿粉成功进入美国市场并得到用户认可，共出口 18.13 万吨，销售价格比普通一型粉当期市场价格高约 4～5 美元/吨，国外市场创效额明显增加。

【新客户开发】 2018 年，唐龙（唐昂）公司密切对接市场，积极开发新客户，取得良好成效。全年，开发唐山灯塔水泥有限公司、天津东方富鑫混凝土公司、唐山行晟商贸有限公司等新客户 12 家，其中直供新客户 3 家。

【销售策略调整】 2018 年，唐龙（唐昂）公司紧密结合市场形势，提高市场预判能力，及时调整矿粉价格及销售策略，力争效益最大化。当年，共调整价格 22 次，调整幅度从每吨 150 元增至 275 元；唐龙公司综合平均售价比周边企业高 8 元/吨，内销 65.88 万吨，增效 527 万元；唐昂公司综合平均售价比周边企业高 31 元/吨，周边发货量 13.1 万吨，多创效 406.1 万元；集装箱发货高于周边企业 23 元/吨，发货量 12.28 万吨，多创效 282.44 万元；因售价提高合计增效 1215.54 万元。

【降低物料采购成本】 2018 年，唐龙（唐昂）公司在自主管理模式下，严格执行招标与非招标采购制度，面向市场选择服务供应商，严控物料采购成本，检修及其他各项费用大幅降低。全年，直采物料中可比口径有 136 种商品价格下降，平均降幅达 34.3%。年内，积极对上年度供应商进行评审，新增供应商 59 家，淘汰不合格供应商 5 家；借助互联网优势及自身资金优势，通过线上、线下综合竞价，物联宝、网络采购交易额为 20.47 万元，占采购总额的 4.51%。

【设备管理】 2018 年，唐龙（唐昂）公司加强设备管理，进一步强化设备基础管理和计划性维修，充分利用停限产时间消除设备隐患，设备故障时间大幅降低。全年，三条产线设备故障时间 160.18 小时，同比降低 67.83%，其中唐龙作业区设备故障率降低 74.18%，两个区域综合设备故障率同比减半。这一年，利用冬季采暖期限产时机，在唐昂公司实施为期 18 天的计划检修，主项为磨机主减速机、主电机与主排电机大修工作，消除主减速机齿间裂纹设备隐患；组织对唐龙公司一线进行为期 10 天主项为主排电机的计划检修，以及二线主电机、主排电机为期 10 天的年度大修，并在两个区域开展磨机衬板更换修复及其他设备、设施隐患的排查和治理，促进设备功能精度进一步提升。

【环保管理】 2018年，唐龙（唐昂）公司贯彻执行国家和当地政府环保要求，站在讲政治和保生存的高度，始终将环保视为企业生命线，深入抓好落实，实现环保管理及现场治理常态化、制度化。年内，进一步深化5S现场治理及死角死面清理，唐龙公司对两条产线地面以上平台进行拉网式清理，彻底清除杂物、废料和建筑垃圾，实施混合站仓顶加装收尘器及二线三型粉石膏料仓收尘改造，解决上料烟尘外溢，并组织柴油库地面防渗处理，满足环保要求；加大对唐昂作业区现场整治，进行成品仓周边地面硬化，在露天备件区域新建围挡，采用加大现场检查曝光频次及考核力度、提高检查标准等管理措施，推动现场治理见成效。

【安全管理】 2018年，唐龙（唐昂）公司狠抓现场安全隐患排查和治理，强化对外协人员及检修属地管理，加大对“三违”行为处罚力度，通过公司安全联查及自查共查出安全隐患及违章、违规行为261项，其中隐患整改165项，考核96项；利用限产停机，优化唐昂公司加热炉煤气管道、唐龙公司一线加热炉平台逃生通道及一线加热炉破损烟道修复等工作，消除潜在安全隐患；强化职工安全教育及实操培训，对特种作业人员、煤气岗位人员、新入职职工及岗位轮换人员重点培训，其中特殊工种复审、取证33人，并按照公司要求组织四期全员安全培训，共计153人次参加，组织121名职工危险源辨识培训考试，职工的自主安全防护意识逐步提升，安全管理水平进一步提高；加大安全投入力度，投资19.1万元进行安全项目改造，同比增加15.8%；顺利通过国家二级安全生产标准化评审验收，被集团评为“安康杯”竞赛先进单位和“职业卫生先进单位”。

【党群工作】 2018年，唐龙（唐昂）公司党总支认真学习贯彻习近平新时代中国特色社会主义思想和党的十九大精神，抓好党群各项工作，为生产经营和改革发展提供保障。严格落实管党治党责任，深入开展政治性警示教育、巡视巡察反馈意见整改落实，引导各级党组织把党的政治建设放在首位；建立党风廉政建设责任制，明确领导班子成员党风廉政建设责任分工，确定责任主体和重点工作任务，促进“两个责任”落地；建立廉政风险防控体系，梳理主要业务和重点工作廉政风险防控流程和管理清单，加大对日常工作监督检查；开展支部标准化规范化建设和“三亮三比”活动，突出支部绩效和党员绩效目标管理，形成党员绩效持续提升的工作机制；加强党员队伍建设，深入推进党员之星、岗位之星评选活动，激发广大党员和职工群众创新创效的积极性和创造性；加强工会工作，深入开展民主管理及民主监督，保障职工权益，开展节期“送温暖”、暑期“双服务”、女工体检、职工健康体检、职工疗休养、困难职工慰问、职工生日会等活动，使广大干部职工充分感受企业的关怀和温暖，增强了企业凝聚力。

新事业公司

【概况】 唐山惠唐新事业产业发展有限公司（以下简称新事业公司）是公司综合性实体集合发展非钢单位，坐落于唐山市路北区钢厂道，设唐山惠唐新事业产业发展有限公司、唐山惠唐新事业股份有限公司、唐山钢铁集团金恒企业发展总公司三个法人单位。

2018年2月2日，撤销资产管理科、工程管理科；调整业务单元，由5个业务单元优化为产品制造、加工贸易、建材检修、工序服务4个业务单元。6月20日，原唐山金恒劳务派遣有限公司更名为唐山金恒人力资源管理有限公司。12月29日，注销唐山钢铁集团金恒企业发展总公司福利总厂龙华制衣厂和唐山钢铁集团金恒企业发展总公司福利总厂印刷厂，其业务全部转入唐山钢铁集团金恒企业发展总公司。

2018年末，新事业公司拥有固定资产原值2.44亿元，其中唐山惠唐新事业产业发展有限公司和唐山惠唐新事业股份有限公司1.53亿元，唐山钢铁集团金恒企业发展总公司0.91亿元；净值1.19亿元，其中唐山惠唐新事业产业发展有限公司和唐山惠唐新事业股份有限公司0.96亿元，唐山钢铁集团金恒企业发展总公司0.23亿元。拥有主要设备21台（套），其中压球机2台、轮碾机3台、纵剪线1条、铁内外护角自动成型机4台、纸护角生产线1条、数控板料开平线5条，压滤机4台；废钢压块机1台、冷板边丝收集生产线1条。

2018年末，新事业公司设厂部级干部7人；下设安全科、生产保障科、设备机动科、财务经营科、人力资源科、综合办公室等科室6个，产品制造、加工贸易、建材检修、工序服务等业务单元4个，实体单位21个，班组（作业区）67个。共有在册职工2122人，其中河钢唐钢身份职工256人，集体身份职工1411人，代管划拨集体工455人；男职工911人、女职工1211人；中共党员325人，共青团员1人；共有干部60人，其中科级干部29人；管理及专业技术职工57人，其中高级职称6人、中级职称4人；工人2039人，其中技术工人98人，高级技师2人、技师5人。职工中有研究生7人，大学本科64人，大学专科150人，中专55人，高中及以下1868人。

【生产经营】 2018年，新事业公司以管理创新为动力，抢抓市场机遇，强化业务拓展，加快项目建设步伐，生产经营和改革发展取得良好成效。全年，实现营业收入14.45亿元，其中唐山惠唐新事业产业发展有限公司和唐山惠唐新事业股份有限公司实现收入11.53亿元；实现外部收入6.04亿元；实现利润5108万元，其中唐山惠唐新事业产业发展有限公司和唐山惠唐新事业股份有限公司5052万元。年内，各业务单元利用自有资源加快业务拓展，加工贸易单元加强成品材、废次材、含铁料、铝线销售，促进盈利能力进一步提升，其中冷板材加工车间实现营业收入4.26亿元，热板材加工车间销售热板材及废次材5.2万吨，打包带3110吨，铝线7564吨，实现营业收入2.9亿元；工序服务单元在提高服务产线标准基础上，不断拓展服务领域，其中中厚板服务车间承接中厚板公司东西料场除尘设备和1号、2号烧结机烟气脱硫脱硝运维，物流服务车间通过提升劳动组织效率，热板保产吊装业务量提高45%，装载业务量提高30%；产品制造和建材检修单元充分发挥自身优势，开展内部挖潜和岗位创新创效活动，积极拓展制冷设备维修、零星工程和维检业务等辅助项目，取得积极成效。

【经营模式创新】 2018年，新事业公司注重创新经营模式，不断优化贸易模式，抓好冷轧镀锌板制作电缆桥架、镀锌板下脚料压块、冷轧检验板冲压零件、酸洗酸轧切边卷曲回收冷拔成丝等深加工项目建设，逐渐从“简单贸易+轻加工”向“深加工+精加工+产品制造服务”转型升级，钢铁产业服务深度和宽度进一步拓展；推进钢铁固废资源化综合利用，实现炼钢LT灰、OG泥、高炉布袋灰提铁保碳富集锌目标；持续优化管理架构，整合机关管理科室2个、业务单元1个，注销龙华制衣厂、印刷厂及科鹰合资公司，内部管理架构进一步优化，工作效率进一步提高。

【工程项目建设】 2018年，新事业公司抓好项目建设，为生产顺行、质量提升、环境改善提供支撑。实施铁泥分选线改造项目，经过方案设计、产线改造、设备消缺和工艺改进等流程，于7月试生产。项目改造后，铁粉含铁量达53%~54%，锌含料含锌量达7%，实现提铁保碳富集锌的预期目标；实施废钢院环保治理工程，于3月开始现场勘查规划，主要对老废钢院道路、厂区治理及园区绿化、车间等进行改造，于6月竣工；实施冷板检验板冲压零件项目，在做好可行性研究基础上，走访市场，于10月立项，11月设备进场、调试，逐步提高生产效率，年底达到月加工能力70吨以上；实施酸洗酸轧切边卷曲回收冷拔成丝项目，10月进行项目可行性研究，年底完成设备采购，溜槽平台等配套设施场外制作；实施矿渣棉项目工艺改造工程，于11月1日与山西交城义望铁合金有限责任公司签署调质高炉渣成纤及建筑保温板生产线项目电炉主体设备供货改造、电炉附属设备供货改造、技术服务三项合同，并正式启动项目建设，开始拆除原有设备，翌年1月原有设备拆除完毕，进入正式施工阶段。

【党群工作】 2018年，新事业公司党委以习近平新时代中国特色社会主义思想和党的十九大精神为指导，坚持全面从严治党管党，围绕生产经营和改革发展，深入开展党群各项工作。建立健全三级理论学习体系，抓好宣传教育，提高思想认识；及时将党建工作写入公司章程，修订党委会议事规则，把“主体责任”压实到基层支部；严肃认真开展各级巡视巡察督导问题整改及回头看、纠正“四风”作风纪律专项整治、政治性警示教育和党内政治生活制度专项检查等活动，不断深化党风廉政建设“两个责任”落实，坚持“四责协同”，实施重大决策重点工作与监督检查同步推进，建立廉政风险防控体系，对九大业务23个风险点实施精准廉政防控；深入开展“双强双促”党建提升年活动，开展支部标准化建设和“三亮三比”活动，推进“1+X”一支部一特色活动，突出两级绩效目标管理，支部绩效与党员绩效的乘数效应不断扩大；积极创新党建，推进“四个前移”，即将支部工作由单纯落实上级安排前移到主动谋划自身动作，将党建工作重点前移到基层一线，将支部上报总结前移到对支部工作进行讲评、对标交流，将支部工作重点前移到生产一线和创效项目创效岗位，由点及面精准发挥支部作用和党员作用；强化科级干部、党员、职工群众“三支队伍”建设，实施素质提升计划，开展岗位创新创效，30多个创新课题助力生产经营活动开展，结合星级支部、党员之星、岗位之星和半年度专业管理评先等多种评优奖励，形成浓厚的争先创优氛围，干部职工创新力、战斗力不断提升。

城市服务公司（行政福利处）

【概况】 唐钢城市服务有限责任公司、行政福利处属同一机构、两块牌子（以下简称城市服务公司（行政福利处）），系对内服务与对外经营不同称谓，划分于平台外非钢单元，是公司生活后勤服务、厂容绿化管理、维修服务、小区物业管理、幼儿教育、饮品蔬菜供应、职工通勤车服务、职工休养、宾馆接待服务、房产管理等业务的综合服务管理部门。

2018年末，城市服务公司（行政福利处）设厂部级干部5人；下设科室23个（含公司派驻的人力资源、财务部门2个科室）。共有职工917人，其中男职工671人，女职工246人；中共党员338人；干部83人，其中科级干部35人（含公司派驻的人力资源、财务部门）；管理及专业技术职工48人，其中高级职称3人，中级职称20

人；工人841人，其中技术工人221人，高级技师5人，技师24人。职工中有研究生5人，大学本科78人，大学专科99人，中专43人，高中及以下692人。

【服务经营】 2018年，城市服务公司（行政福利处）认真贯彻执行集团和公司的决策部署，牢固树立“俯下身子做服务，迈开步子抓经营”的服务经营理念，强服务提效率降费用，各项工作取得进步，比公司计划指标增利1000余万元。全年，工厂物业维修费增收248.4万元；清欠自管小区取暖费、维修费212.5万元；饮用水、防暑降温冷食、劳保用品增收175万元；唐钢宾馆签约客户达到317家，入住率同比提高14.08%，当年12月成为第一批中标2019—2020年唐山市党政机关、事业单位定点会议的接待酒店。

【成本费用管控】 2018年，城市服务公司（行政福利处）将成本及费用管理作为挖潜增效的重要举措，从动力介质、物料消耗、维修费和人工成本等关键指标着手，合理调整采购策略，盘活存量资源，加大管控力度，圆满完成年度挖潜增效任务。通勤车年节约费用386.5万元，汽车修理费同比降低70%；物料消耗同比下降20%。

【基础管理】 2018年，城市服务公司（行政福利处）坚持以服务为根本，以强化基础管理为导向，创新思路举措，拓宽方法途径，狠抓管理措施落地，推动服务质量持续提升。当年，加强服务体系建设，制修订《组织绩效考评办法》《服务经营合同签订及结算业务流程》《改善提案管理办法》《招投标实施细则》《非招标采购实施细则》《防暑降温费用管理办法》《通勤车乘坐管理办法》等制度，加大日检查、周反馈、月考核服务监管力度，有效保障了服务经营工作质量；及时了解职工生活后勤需求，增加售饭窗口和主副食品种，开展自助餐、特供窗口及招牌特色美食展销等活动；改造炼铁北区烧结浴室，为职工创造良好浴室更衣环境；增设调整职工通勤车站点12个，为职工上下班乘车提供便捷服务；在大学生公寓开办爱心妈妈小屋、青年书吧、健身活动室，进一步丰富住宿职工的业余生活；以创建省文明城市工作为契机，建立小区环境卫生长效管理机制和维修质量回访制度，坚持落实“二扫全保”、24小时维修值班，接转报修电话1.28万次，入户维修1.19万次，修补房漏1600户，多次组织党员干部进社区义务劳动，为职工家属营建和谐、温馨的居住环境。

【食堂管理】 2018年，城市服务公司（行政福利处）紧盯食品安全管理，强化职工技能培训，丰富餐类品种，职工群众的满意度持续提升，共收到表彰锦旗16面，并被唐山市总工会评为模范职工小家。全年，在满足职工班中餐供应的基础上，提供接待用餐340次，检修用餐9.2万人次，供应年夜饺子3500千克；根据季节特点和职工需求，积极探索夏季自助餐供餐模式；开设“三八”妇女节和“五四”青年节窗口，提供定制套餐，为女工和团员青工送去节日福利，传递公司关爱；根据季节特点，及时调整菜谱，暑期添加凉菜、凉面、甜品等防暑降温新菜品，提供免费绿豆汤，供职工饮用；开展中秋手工月饼展销、春节自制食品展销、家宴套餐定制和微信订餐、订购等活动，春节期间展销食品100余种、家宴套餐486套，满足了职工个性化需求；开展面点职工技能培训和设备操作培训，增强职工业务能力；常态化抓好各食堂环境卫生，按时组织职工进行健康证换证体检，及时清洁食堂油烟净化系统、隔油池等设施，全力保障职工群众“舌尖上的安全”。

【饮用水及暑期冷食供应】 2018年，城市服务公司（行政福利处）集成整合优势，公开招标供应单位，选择优质生产厂家，保证食品安全，累计供应（销售）桶装水

29.54万桶，瓶装水5.78万件。6—9月，向生产一线职工供应冷食8.51万箱（折合340.4万支），为公司暑期“双服务”提供有力的后勤支撑。同时，组织人员定期对唐山市开平区新井川水厂、唐山利民伟艳美食品有限公司冷食厂进行现场检查，及时调整饮用水及冷食发放流程，确保供应有序。

【职工休养】 2018年，城市服务公司（行政福利处）以服务职工为宗旨，努力做好职工休养工作，为休养职工提供温馨服务，累计接待休养职工3147人，圆满完成暑期职工休养接待工作。当年，加强硬件建设，做好房间设施更新与维护，改善客房居住环境，将无线网覆盖到每个房间；合理调配服务人员，提供贴心服务，精心为休养职工调配饭菜品种，满足职工休养需求，把企业对职工的关怀落到实处。

【房产管理】 2018年，城市服务公司（行政福利处）强化责任意识，狠抓基础管理，着力提高服务水平。年内，梳理业务流程，完善各类资料档案，夯实住房管理基础；制定《集体户口办理章程》，严格按照章程为集体户口人员办理迁入、迁出以及户口取用手续，共办理户口取用手续513份，新生儿及大学生户口迁入17人，注销户口4人；加大对外户本年度及拖欠的取暖费、公共设施维修费的收缴力度，收缴年度取暖费619万元，拖欠取暖费95万元，切实维护了公司权益；严格执行唐山市售房政策，强化自管小区旧公房出售资料的审核把关，协助办理不动产权证，共办理28户，发放48户。

【厂容环境管理与小区环境维护】 2018年，城市服务公司（行政福利处）强化责任意识，持续提升厂容现场管理，加强厂区道路清扫保洁，严格执行垃圾日产日清，切实履行绿化养护监管职能。这一年，认真做好小区乔灌木病虫害防治工作，喷洒药物66车次。合理调配人员和机械作业车辆，提高机械作业利用率，优化作业路线、方法和人机配合模式，重点抓好道路洒水降尘及雨后推水和大风后落叶清理等特殊天气下清扫保洁工作，保障厂容绿化工作高标准和常态化，维护公司整洁优美的厂容绿化环境形象，赢得社会各界及中外参观宾客的赞誉。

【浴室与宿舍管理】 2018年，城市服务公司（行政福利处）以改善生活设施为基础，以突出人性化服务为目标，深化细化浴室、宿舍管理。全年，接待职工更衣洗浴420余万人次，洗涤工作服8.6万套，织补工作服3000件，工作服绣号6000套，为职工提供了良好的后勤保障；完善日常管理制度，定期核实住宿人员信息，强化住宿管理，宿舍管理进一步规范有序；恢复大学生公寓健身活动室，细致筹划佳华公寓7栋宿舍楼的卫生及管理工作，努力为690名本部职工和210名佳华职工营造舒适的住宿环境。

【幼儿教育】 2018年，城市服务公司（行政福利处）聚焦教育发展形势和自身特点，转变管理模式，强化精细管理，提升幼儿教育教学水平和办园质量，4所幼儿园全部通过路北区教育局的评估检查和年检。全年，参加市、区教委观摩学习20余次，组织教师培训56次，拓宽教学思路，增强教学能力；加强教育教学、设施环境建设，为幼儿园添置空调、木地板、楼梯地胶等设施，更换破损暖气，办学条件进一步改善；特邀体智能教育研究院“太阳哥哥”开设体智能课程，丰富幼儿活动，激发幼儿对体育的兴趣；相继开展亲子运动会，迎庆六一、新年等活动，将家园共育落到实处；结合季节特点和幼儿的生长发育特点，充分分析幼儿营养摄入量，定期修订食谱，确保儿童茁壮成长；持续完善卫生保健制度、措施，严格落实幼儿入园晨午晚检制度，重点对食物的储存进行监督，做好幼儿餐具、日常生活用品及教玩具的收集整理消毒，不定期组织对大中型玩具及室内外设施安全检查，及时排除不安全因素，保障入园儿童的安全健康。

【安全管理】 2018年，城市服务公司（行政福利处）重点加强安全基础管理，以安全大讲堂、消防竞赛活动为载体，持续提高职工安全意识、防范意识和应急能力。全年举办厂级全员安全教育培训班17期，班组实操培训893期，培训职工1236人次，实现在岗职工全覆盖。深入开展安全隐患排查、危险源辨识及异常作业辨识等活动，组织各类安全检查60余次，有力推动安全管理下沉到岗位，基层安全管理水平显著提高。

【“三供一业”分离移交】 2018年，城市服务公司（行政福利处）认真贯彻落实上级部门关于国有企业职工家属区“三供一业”分离移交工作的相关要求，梳理核实23个移交分离小区的相关信息，加强同相关部门单位的协调沟通，积极推进公司“三供一业”分离移交进程，签署协议8份。当年，收到省财政补助资金2.61亿元，企业自筹2.61亿元，累计向8家接收单位拨付分离移交资金4.79亿元；移交项目3项，分别为河北省唐山市开平区物业资产及管理职能，河北省唐山市古冶区“两供一业”资产及管理职能，公司职工家属区供热相关设施和职能，涉及户数4040户、2739户、17061户。

【党群工作】 2018年，城市服务公司（行政福利处）党委以习近平新时代中国特色社会主义思想和党的十九大精神为指导，坚持抓好党的各项工作，凝聚发展合力，为后勤管理工作提供坚实保障。这一年，全方位抓好“3X+1”形势任务教育，采取下基层宣讲、交流座谈、微信工作群互动等多形式，教育引导党员职工紧跟公司生产经营节奏，为广大一线职工提供高标准的生活后勤服务；结合工作实际，开展“双强双促”“党员示范课堂”“三亮三比”党员先锋行等活动，推动党建工作提质；全面落实党风廉政建设主体责任，着力在严明党纪、强化督办、创新机制、防控风险、转变作风等方面抓好目标任务落实，营造风清气正的干事氛围；组织党员干部志愿服务300人次，按照“四讲四有”标准，切实发挥党员先锋模范作用；举办多层次、多形式的职工劳动竞赛，鼓励职工立足本职岗位，为公司高质量发展贡献力量。

房地产公司

【概况】 唐山唐钢房地产开发有限公司（以下简称房地产公司）系河钢唐钢自主经营、独立核算、自负盈亏的经济实体，具有独立法人资格，主要经营房地产开发、房屋信息咨询、房屋租赁等业务。2010年9月14日，房地产公司在唐山市工商行政管理局注册，取得企业法人营业执照，注册资金1亿元，经营范围为房地产开发经营、房屋信息咨询。2012年11月，取得四级开发资质，具备开发10万平方米面积能力。2013年5月，经营项目增加房屋租赁一项。2016年10月，房地产公司取得三级开发资质，具备开发15万平方米面积能力。

2018年7月9日，唐钢集团有限责任公司七届一百七十五次董事会会议审议通过，同意将唐钢城市服务有限公司持有的唐山唐钢物业服务有限公司100%股权无偿划转给房地产开发有限公司。

2018年末，房地产公司设总经理1人、党总支副书记1人；下设综合室、规划室、工程室、销售中心、水岸物业服务中心等5个科室。共有职工105人，其中男职工79人，女职工26人；中共党员44人；干部39人，其中科级干部13人；管理及专业技术职工26人，其中高级职称6人，中级职称14人；职工中有研究生1人，大学本科38人，大学专科19人。

【费用管控】 2018年，房地产公司聚焦房地产市场，转变经营理念，从单一的住宅制造商向多层次的居住服务商转变，认真分析研判房地产市场形势，准确定位房地产项目，以钢城·春邑项目开发为重点，创新发展模式，提升项目管理水平，完成公司下达的挖潜增效目标任务。全年，费用支出708.2万元，比目标节约91.8万元，同比减少支出189.24万元。这一年，强化钢城·春邑项目各项成本、费用管控，通过财务监管等有效手段，进一步加强资金集中管控和融资管控，增强风险防范意识，实施全面预算管理，保证资金链有效运转；进一步细化相关制度和财智云线上审批流程，从预算目标和财务预测、项目预算编制程序和方法、项目预算控制和考核等方面实施精细化管理，保证资金链供应，为项目顺利开发提供支撑，确保经营业绩最佳。

【钢城·春邑项目】 2018年，房地产公司抓好钢城·春邑项目建设，优化项目全流程管控，多措并举提升项目品质，打造“唐钢地产”品牌。钢城·春邑项目总建筑面积57.89万平方米，开发建设住宅4624套，项目管理实施经理全面负责制，分三期开发，一期工程于上年4月开工建设，建筑面积27.8万平方米，共有住宅16栋，涵盖27层和11层两类楼层。年内，顺应房地产市场形势变化，注重汲取钢城·水岸项目开发经验，加强同行业对标，全面考虑客户、业主的住房、教育、消费等需求，坚持从保工期、保质量和提高配套建设、景观设计、物业前期管理等方面提升项目产品档次，不断优化项目开发方案；严格项目“三方”管控，加强与施工单位和监理单位协同运作，完善项目安全生产、文明施工，规范施工质量、进度、造价管理、扬尘污染防治监理等制度，攻克施工管理及工程监理过程技术难题，确保工程质量管理常态化、制度化；增强质量意识，强化施工环节的严格验收程序和施工过程检查，确保施工质量稳定可控。年末，钢城·春邑项目一期16栋楼顺利封顶，楼体内外装修完毕，为资金快速回笼和项目顺利开发打下坚实基础。

【钢城·春邑项目营销】 2018年，房地产公司抓住房地产市场需求有利时机，制定钢城·春邑项目阶梯性营销方案，加大市场宣传和推广力度，准确把握销售节奏，取得积极成效。全年，销售住宅1526套，销售建筑面积约12万平方米，实现销售额10.35亿元，超公司下达销售指标1043套，增长2.16倍，达到行业领先水平。这一年，按照“房子是用来住的，不是用来炒的”总基调，准确研判市场，分析唐山市房产市场需求特点，采取先树形象、后树口碑营销策略，深挖项目卖点，抓住细节提升客户满意度；拓宽销售渠道，采取现场推介、“互联网+”等多种推广方式，扩大钢城·春邑项目知名度，按时间节点办理物价审批、重点资金监管审批、商品房预售许可审批等手续，“五证”齐全，具备预售条件。

【加强职工业务培训】 2018年，房地产公司以职工大讲堂为依托，强化职工业务培训，提高职工素质，培育优秀房地产开发团队，为项目建设提供人才支撑。年内，进一步修订完善物业管理制度，细化岗位绩效考核指标，突出绩效考核激励作用，提高职工工作热情和主动性；开展物业岗位知识培训，重点对客服、维修、保洁、保卫等岗位工作标准和服务标准以及物业管理知识进行讲解，提高职工的岗位素质；加强对标管理，与容和景苑等小区进行岗位对标，借鉴学习其优秀管理方法和服务亮点，查找自身不足并持续改善，促进服务管理水平提升；充分发挥专业带头人引领作用，以项目规划设计、施工、销售、物业管理等工作流程为内容，采用现场授课、实地演练、网络交流等形式，以老带新，以知促行，实现房地产开发专业知识资源共享，促进团队专业素养及合作意识双提升，为房地产项目开发提供智力支撑和人才保证。

【物业管理】 2018年，房地产公司以打造"唐钢地产"物业品牌为中心，创新钢城·水岸物业管理模式，强化物业基础管理、现场综合治理，提升物业服务水平，得到业主及社会广泛认可。全年，收取住宅物业费347万元，收费率达89%，在全市物业管理系统中居于前列；办理新业主入住手续12户；客服人员共接到业主各种报修3895次，维修及时率达100%。年内，认真抓好服务经营，尝试小区物业网格化管理模式，开展智能化社区创建，提高物业服务质量和服务水平，促进保洁、绿化、维修、保卫、安全等日常工作效率明显提升；抓好物业费收缴工作，集中张贴物业费催缴通知，催缴幼儿园等商业物业费，有针对性地收取27万元商业物业费，物业收费率同比提高4个百分点。

【安全管理】 2018年，房地产公司加强安全管理，强化"安全第一"思想，狠抓安全教育培训，为房地产开发营造安全稳定环境。年内，做好新上岗职工岗前三级安全教育培训，加强在岗职工安全操作规程和危险源点及防范控制措施培训，提高岗位职工的安全责任意识；加强安全、防火知识宣传教育，开展电梯和消防应急演练，提高职工应急反应能力；加强电梯等重点设备安全管理，第一时间维修损坏的电梯，解决自动切换问题，确保设备安全运行；抓好防火工作，聘请专业消防检测公司对小区消防设施进行安全检测，加强对消防设备设施的检查和维护保养，制定维修计划，集中整治楼道环境，清理易燃物，保持消防安全通道畅通；做好防雨防汛工作，对小区防雷避雷设施进行检测，集中清理楼顶杂物，疏通落水管、下水道和雨水井，制定完善防汛应急预案，确保小区管理安全顺行。

【日常管理】 2018年，房地产公司加强保洁、绿化、维修、保卫等日常工作，为小区业主营造良好环境。年内，做好垃圾清运工作，实施日产日清制度，坚持每日对垃圾转运站进行消杀，及时补充损坏垃圾箱，维护小区整体环境；加强小区绿化管理，补栽种植部分树木和草坪，精心养护绿植，促进小区绿化环境改善；做好小区日常维修，制定消防防冻保温措施，为小区所有给水井进行保温覆盖，对小区屋面、墙面和地下室防水进行全面整修，对容易堵塞的排水管道主管线进行清淤清理，确保冬季下水管线畅通；加强对地下车库车辆管理，严查套牌、尾随等非法进入车库行为，改善小区治安和交通状况；加强小区休闲文化建设，添置儿童游乐设施和业主休闲长椅，受到业主欢迎和好评。

【党群工作】 2018年，房地产公司党总支以习近平新时代中国特色社会主义思想和党的十九大精神为指引，以开展"双强双促"基层党建工作提升年为契机，全力抓好党群各项工作，团结带领广大职工围绕房地产项目开发目标努力拼搏，为推进高质量发展提供保障。年内，加强宣传文化建设，以"河钢十年"，建党97周年等主题，组织开展"高起点、高标准、新征程"健步走活动，策划制作《团结一心，砥砺前行——献给房地产公司全体党员》美篇，营造良好氛围；坚持把政治理论学习和思想作风建设作为领导班子建设的重要内容，以"创建学习型党组织"为载体，完善领导干部学习机制，建立健全党总支各项规章制度69项，提高领导班子成员政治素质；完善党建网格化管理，以中央及上级党委相关部署、标准化党支部建设等为主要内容，加强对支部书记、支委培训力度，促进党建基础管理工作全面提升；强化党组织建设，按照《标准化党支部考核办法》建章立制，指导基层党组织做好党员发展，加强党员教育管理，开展“两优一先”评比、纪念建党97周年、“双强双促”“三亮三比”等活动，充分发挥基层党组织战斗堡垒作用；持之以恒抓好党风廉政建设，落实纪检监督责任，建立廉政风险防控体系，梳理重点职权、风险防控措施，抓好动态监督管理，共梳理工作流程9个，确定廉政风险点12个，修订完善相关制度12项，制定整改措施34项，建立管理台账9份，筑牢拒腐防线；抓好工会组织工作，开展“决战四季度”劳动竞赛，抓好暑期“送清凉”活动，为基层购置防暑降温用品，提升基层职工的幸福感。

河北华奥公司

【概况】 河北华奥节能科技有限公司（以下简称河北华奥公司）隶属于公司平台外非钢单元，为河钢唐钢全资子公司，系公司发展能源环保产业、实现转型发展的新兴产业，是实施能源咨询服务管理、环保咨询服务管理、能源测试管理、环境监控管理、节能服务项目管理、减排服务项目管理等工作的专业管理公司。组建于2013年末，注册资本1亿元。2018年末，固定资产1.3亿元，主要资产有炼铁北区3号高炉煤气干法除尘改造及TRT发电设施1套；炼铁北区1号高炉煤气干法除尘改造及TRT发电设施1套。

经公司批准，自1月1日起，负责托管河钢唐钢气体公司子公司滦县唐钢气体有限公司。

2018年，河北华奥公司设厂部级干部2人；下设科室5个。共有职工25人，其中男职工20人，女职工5人；中共党员12人，民建3人；共有干部15人，其中科级干部6人；管理及专业技术职工16人，其中高级职称5人，中级职称9人；技术工人9人，其中高级技师3人，技师1人。职工中有博士1人，研究生2人，大学本科10人，大学专科3人，中专6人，高中及以下3人。

【经营管理】 2018年，河北华奥公司紧紧抓住发展新机遇，强化责任担当，不断强化节能环保项目建设和技术的应用及推广。当年，实现营业收入2428.18万元。对托管的滦县唐钢气体有限公司，加大焦炉煤气开源节流工作力度，建立并完善LNG定价办法、备件管理等专业管理办法，进一步加强费用管理和基础管理，确保LNG生产线稳定运行，5—12月底，滦县唐钢气体有限公司实现营业收入1.30亿元，实现了扭亏为盈的预定目标。

【高强汽车板公司锅炉改烧天然气项目】 2018年10月，河钢唐钢高强汽车板公司锅炉改烧天然气项目开工建设。项目于当年10月立项，概算投资999.7万元。主要建设内容为新建1座LNG气化站，2座150立方米储罐及其配套设施；每台锅炉增设2套天然气烧嘴及配套管道、阀门和控制系统。至年底，主要设备已安装完毕，预计2019年2月建成投产。

【石墨电极抗氧化浸渍技术推广】 2018年，河北华奥紧盯能源环保前沿技术，积极引进消化石墨电极抗氧化浸渍技术，并在不锈钢公司和中厚板公司大力推广，进一步提高石墨电极的高温抗氧化性和强度，减少炼钢电弧炉及LF精炼炉用石墨电极的消耗，为降低公司生产成本提供技术支撑。5月，在不锈钢公司进行现场试验，取得良好效果，石墨电极消耗降低17.1%。截至12月末，为不锈钢公司处理高功率石墨电极288.3吨，实现节能降耗收益293.15万元；为中厚板公司处理高功率石墨电极176.08吨，实现抗氧化处理石墨电极在 3 个精炼站的广泛使用。

【托管滦县唐钢气体有限公司】 2018 年，河北华奥受河钢唐钢委托对滦县唐钢气体有限公司行使管理权，重点围绕管控体系建设、设备安全稳定运行、焦炉煤气持续供应、构建直销用户等方面开展工作，5—12 月共销售 LNG1. 91 万吨，扭转了亏损局面。这一年，健全完善滦县唐钢气体有限公司各项管理制度，强化管控体系建设，确保对接期间各项工作稳定有序开展；组织设备检修 2 次，制定关于日常巡检、设备应急预案、设备检修维护等设备管理措施，保证设备安全稳定高效长周期运行；全面梳理公司生产单位焦炉煤气的供应和使用情况，分析滦县唐钢气体有限公司生产状况，在确保中厚板中润置换焦气足量稳定供应公司本部的同时，深入调研唐山市古冶区内荣义焦化、汇丰焦化和古冶燃气公司，积极寻找气源；针对滦县唐钢气体有限公司焦炉煤气供应不稳定问题，创新工作思路，投资近 1000 万元，实施高强汽车板公司锅炉燃烧天然气改造工程，每天为滦县唐钢气体有限公司增加焦炉煤气 4000 立方米；在做好对重机装备有限公司、高强汽车板公司产品直供的基础上，不断拓展外部产品市场，加大直供用户开发力度，提高直供用户比例。

【外部咨询服务】 2018 年，河北华奥公司着力延伸产业服务链条，持续提升城市服务能力，稳步推进唐山市热力公司工业水采暖项目。采暖季期间，供应唐山市热力公司循环水 440. 4 万吨，盈利 132. 12 万元。

【煤气资源综合利用服务】 2018 年，河北华奥公司受乐钢钢铁项目委托，为其生产过程中产生的煤气提供综合利用服务，包括提供煤气系统优化平衡建议，制定富余煤气高效利用方案，组织方案论证、项目实施及技术服务等内容。在保障乐钢钢铁项目煤气平衡的前提下，制定了增加 260 吨/时高温超高压煤气锅炉 2 座、78 兆瓦中间一次再热凝汽式汽轮机 2 台、80 兆瓦发电机组 2 台及其配套辅助设施等设备的煤气余能利用方案，杜绝煤气放散，保护大气环境，为企业创造效益。

创元方大公司

【概况】 唐山创元方大电气有限责任公司（以下简称创元方大公司）是河钢唐钢成套电气设备、高低压电器断路器、高低压电线电缆、智能电测仪表等产品生产销售的非钢单位。位于唐山市开平区现代装备制造工业区南路 6 号，占地面积 10 万平方米，建筑面积 7. 5 万平方米。该公司在同行业中率先建立完善的科研体系，推行计算机辅助设计，通过与 ABB 公司、施耐德公司、西门子公司及国内著名科研院校联手，使企业技术水平与国际先进水平保持同步。2018 年末，固定资产为 3. 86 亿元。

2018 年末，创元方大公司设厂部级干部 3 人；下设综合管理部、财务部等 8 个部室，唐钢浦项（唐山）新型光源有限公司等子公司。共有职工 451 人，其中男职工 281 人，女职工 170 人；中共党员 22 人；干部 8 人，其中科级干部 7 人；管理及专业技术职工 139 人，其中专业技术职工 42 人，高级职称 7 人、中级职称 3 人；操作人员 312 人。职工中有大学本科 10 人，大学专科 71 人，中专 171 人，高中及以下 60 人。

【生产经营】 2018 年，创元方大公司紧紧围绕集团非钢产业发展目标，坚持创新、多元、绿色、智能、国际化方向发展战略，进一步优化产品及市场结构，提升产品质量和服务水平，实现可持续发展。全年，实现营业收入1.12亿元，生产高压柜289台、低压柜373台、配电箱394台，完成全年生产经营目标任务。这一年，加强生产经营管控，优化生产组织流程管理，促进工作标准化、程序化、制度化；强化资金管控，加大企业应收账款回收力度，降低企业经营风险，保障企业安全可靠运行；优化物资采购模式，规范招投标管理制度及管理流程，降低采购成本；拓宽营销渠道，进行市场及区域细分，实行有效的销售激励政策，全面提升销售团队的内外市场开拓能力；严格质量管理，严肃质量标准与工艺纪律，对产品实行全过程检验机制，确保产品无缺陷，出厂合格率达100%。

【党群工作】 2018年，创元方大公司党总支深入贯彻落实上级党委要求，全力做好党群各项工作。认真学习领会习近平总书记庆祝改革开放40周年大会重要讲话精神，紧密结合公司工作部署，加强理论武装头脑、指导实践、推动工作；以“市场”和“产品”为中心，组织动员广大党员在开拓市场营销、提升产品质量、改善品种结构、降低成本费用、推进改革创新等重点工作中当先锋、创佳绩，充分发挥先锋模范作用；加强党风廉政建设，开展反腐倡廉宣传教育，通过观看专题片，剖析违纪违法案件，切实发挥震慑作用，提高干部职工廉洁自律意识。

附　新型光源公司

【概况】 唐钢浦项（唐山）新型光源有限公司（以下简称新型光源公司）是由唐山创元方大电气有限责任公司和韩国浦项LED公司共同投资设立的合资公司，位于河北省唐山市开平区现代装备制造工业区南路6号。该公司倡导绿色智能光环境理念，打造LED新型绿色光源，产品具有节能、长寿、高效等特点，品种涉及九大类170多个规格，广泛应用于冶金、石油、化工、道路照明等领域，成为公司非钢产业全面升级的重要支撑。2018年末，固定资产617.29万元。

2018年末，新型光源公司下设综合管理部、财务部、人力资源部、技术研发部、生产管理部、商务部、采购部、品质部、事业支援部、河钢营业部、社会市场部11个部门。共有职工73人；中共党员8人；高管3人、管理人员28人、专业技术人员7人、操作人员35人。

【生产经营】 2018年，新型光源公司紧紧围绕年度工作目标，坚持市场导向，创新营销模式，调整销售市场战略布局，优化产品结构，丰富产品种类，推动公司在激烈的市场竞争中快速发展。全年，生产灯具0.8万盏，实现主营业务收入1608.08万元；新增NBL工矿灯、投光灯、路灯模组、路灯、条灯等产品，使产品在不同环境、不同领域应用得到延伸，为客户提供更大的选择空间，确保河钢乐亭钢铁项目、邯钢三期照明改造等顺利实施。

【产品与市场开拓】 2018年，新型光源公司加大产品与市场开拓力度，开发工矿灯5款、投光灯6款，其中BL60和BL185两款工矿灯满足环境温度60℃要求，光效高达130流明/瓦；经济型工矿灯NBL80/100/120提高效能达135流明/瓦，大幅降低成本，满足市场需求，提升了竞争力；提高CP90/CP50W/100W投光灯、模组投光灯50W/70W/90W效能和适用环境温度，扩大灯具使用领域。年内，加大与邯钢集团合作，在三期EMC照明项目总量缩减68%情况下，进一步优化方案，落实工矿灯、投光灯、防爆灯等灯具5527盏照明改造；抓住河钢乐亭钢铁项目建设契机，以打造绿色、高效照明典范工程为目标，研发工矿灯从传统的使用环境温度45℃提至60℃，为实现绿色照明提供支撑。

华冶公司

【概况】 唐钢华冶（天津）钢材营销有限公司（以下简称华冶公司）是集钢材加工、现代仓储、钢材交易、运输配送和信息系统于一体的特大型深加工及仓储物流基地。位于天津市空港经济区，东邻京津塘高速，南距G25长深高速15千米，西至天津滨海机场，北靠津汉公路5千米。于2011年12月14日成立，注册地址为天津空港经济区领航路8号，注册资金3亿元，其中河钢唐钢出资70%，上海华冶出资30%。主要经营热轧、冷轧、镀锌、彩涂、电工钢、型材、线材等各类钢材的加工配送业务。2018年末，华冶公司共有设备10台（套），冷、热带钢横、纵开平剪切生产线9条，焊接H型钢制作生产线1条，起重设备30台（套），热轧仓储及加工、冷轧仓储及加工仓库2个，每个仓库面积近6万平方米，冷轧库容20万吨，热轧库容30万吨。

2018年末，华冶公司设厂部级干部4人，其中唐钢身份3人，华冶方1人；下设财务部、采购部、销售部、管理部、安全部等科室5个，加工中心1个。共有在职职工121人，其中男职工91人，女职工30人；中共党员6人（均为唐钢身份，其他身份未纳入管理）。

【生产经营】 2018年，华冶公司遵循市场化发展原则，坚持以利润为中心，加强生产组织，科学合理规划销售，不断提升市场预判和销售能力，持续拓展销售渠道，推动产品下游终端化，销售利润进一步扩大。全年，钢材销售量29.69万吨，同比增加1.39万吨，终端比例达到58.73%；加工板材26.79万吨，同比增加1.84万吨，加工收入1259.28万元，同比增加7.7万元，实现每月3万吨加工量目标；销售毛利增加490万元；重点品种量和战略客户发展均取得进步，冷轧、镀锌、碳素结构钢、汽车结构用钢等重点品种成交量达7.98万吨，占总销售量的26.89%；重点客户、战略客户合作量达9.37万吨，占总销售量的31.56%。

【销售创效】 2018年，华冶公司大力调整营销策略，搭建多资源渠道营销框架，建立以备货为支撑渠道的新销售模式，客户满意度不断提升，当年新增客户320个，总成交客户811个。这一年，坚持对内做好产品、对外做好服务原则，进一步完善内部流程，以优质服务培养忠诚客户，深入推进全员营销模式，组织全员深入市场开发客户，在区域市场树立规范守信的市场口碑，先后推动与承钢、太钢、包钢、天铁等企业合作，扩大在本地区市场影响力，吸引客户主动上门寻求合作，新增客户数量不断提升，实现外采社会资源2.79万吨，获利润127.84万元；创新销售模式，成立备货组，至年底实现销售0.49万吨。

【成本费用管控】 2018年，华冶公司加强费用管理，注重开源节流，实施成本渠道固化管理，严控各项成本支出，生产辅料各环节采用标准化流程管控，力促高成本易耗辅料成本持续下降，办公费用同比降低15%，车辆燃油费用降低17%，车辆维修保养费用降低19%，通信费用降低36%。

【基础管理】 2018年，华冶公司加强基础管理和制度建设，强化考核手段和力度，进一步完善销售提成、薪酬管理、现场管理等方面的管理考核办法及流程130余份，补充采销、出入库管理、设备操作等标准化流程14个，新增岗位标准7个，为生产经营顺行提供保障。不断强化安全环保管理，建立安全稳定的生产经营秩序，共下发整改单32张，整改项173项，整改合格率100%；接受外部考评及消防检查4次，发现隐患

39项，整改合格率100%。当年，获得地方管委会授予的“安全先进企业”称号，被公司评为“职业卫生管理先进单位”。

【职工队伍建设】 2018年，华冶公司加强职工队伍建设，坚持以人为本，采用观看纪录片、聘请专业导师讲解、现场演练等方式，有针对性地抓好教育培训，提升职工整体素质，企业竞争力不断增强。年内，组织开展应急救援、消防隐患、宪法宣贯等全员培训25次；关注职工生活，组织职工免费体检，开展文体活动，提供优质食宿，全面提升职工凝聚力。

【党群工作】 2018年，华冶公司党总支认真贯彻落实党的十九大精神，坚持融入中心、服务大局，提高政治站位，强化责任落实，创新抓好党群各项工作，为生产经营各项工作落地提供保障。这一年，抓好宣传思想工作，组织“解放思想”大讨论活动，开展专题学习，统一思想，凝聚力量；把全面从严治党作为首要政治任务抓紧抓实，不折不扣落实“两个责任”；按规定程序及时组织换届，健全基层党组织；坚持将党建工作同生产经营各项重点指标任务一同研究、一同部署、一同落实，每月召开政工例会，研究部署下一阶段党群工作；坚持领导班子成员下基层工作制度化，年内由领导班子成员带队专项检查12次，促进各项工作按计划推进；坚持问题导向，推动标准化党支部建设，当年与支部书记开展谈话6次、支部检查8次，追踪整改措施落实情况，确保支部建设有序推进；组织编写《唐钢华冶通讯》，内容包括本公司会议精神、河钢唐钢月中月末例会精神、集团重点工作会议精神以及党建工作等固定板块，进一步巩固党员阵地建设，同时利用微信、QQ等信息化手段，建立全体党员微信群，畅通天津、保定两个支部的信息渠道，确保各项重点工作稳步开展推进；明确领导班子成员党风廉政建设责任范围，逐级签订廉洁自律责任状，针对敏感岗位实行定期轮换制度，开展专项检查4次，并及时整改落实；加强党风廉政教育，组织集中培训6次，组织观看《警钟长鸣》《永远在路上》等专题片10次，同时在内部通讯设置廉政专栏，为企业生产经营营造风清气正氛围。

教育中心

【概况】 教育中心（河北省冶金高级技工学校、河北冶金技师学院、唐山科技职业技术学院）是集学历教育、职工培训、应用研究、技术开发和职业技能鉴定为一体的综合办学实体，属于公司非钢板块教育类产业，与唐钢大学合署办公，位于河北省唐山市路南区警钢路68号，紧邻唐山南湖环城水系。占地面积13.19万平方米，总建筑面积7.2万平方米，固定资产总值1.98亿元，教学仪器设备总值3853万元。

2018年末，教育中心（河北省冶金高级技工学校、河北冶金技师学院、唐山科技职业技术学院）设党委书记（副厅级）1人，院长（副厅级）1人，党委副书记、纪委书记（厂部级）1人，副院长（厂部级）2人；下设党委工作部、学院办公室、教务处、学生工作部、招生就业指导处、安全工作处、总务处、材料工程系、智能制造系、信息多媒体系、铁道经管系、轨道交通系、思政体卫部、继续教育部、技能鉴定部、校办工厂等16个部、处、室。教职工总数252人，其中男职工94人，女职工158人；中共党员192人；干部211人，其中科级干部16人；专职教师130人；工人41人，其中技师2人；专任教师中高级职称84人，中级职称46人；管理人员中高级职称8人，中级职称37人。任课教师中有硕士50人，本科80人；管理人员中有硕士6人，本科

56人，专科以下7人。

【专业设置】 2018年，教育中心围绕国家高等职业教育发展战略和区域发展实际需要，进一步调整专业设置，以省级骨干专业——无人机应用技术专业为重点，带动黑色冶金技术、机电一体化技术、铁道交通运营与管理等7个骨干专业同步提升，按照先进制造业与现代服务业共同主导、传统产业与新兴产业双轮驱动的专业发展格局，撤销旅游管理、液压与气动技术、物流信息技术3个专业，并筹划建设智能制造类、铁路类相关新专业，不断优化专业结构，促进专业内涵提升。当年，开设黑色冶金技术、轧钢工程技术、电厂热能动力装置、煤炭深加工与利用、环境监测与控制技术、理化测试与质检技术、机电一体化技术、数控技术、机电设备维修与管理、自动化生产设备应用、供用电技术、智能控制技术、港口机械与自动控制、无人机应用技术、铁道交通运营管理、铁道供电技术、铁道信号自动控制、铁道物流管理、动车组检修技术、城市轨道交通运营管理、计算机应用技术、计算机网络技术、数字媒体应用技术、广告设计与制作、移动应用开发、会计、市场营销、会计信息管理等专业，涵盖7个专业大类，形成了以冶金制造业为特色，以装备制造业为重点，以交通运输业为依托，多专业协调发展、相互支撑、布局合理，具有可持续发展潜力和多元育人特色的创业型应用技术学院。

【招生情况】 2018年，教育中心抓好招生工作，积极面向市场，在采取高招咨询会、招生宣传进校园等传统招生模式基础上，全力推广“互联网+”招生策略，充分利用百度推广、消费周刊、电视报、网站、微信公众号、QQ群等多种媒介和渠道，进一步加大招生工作力度，营造招生工作齐抓共管工作局面。全年，共计招生1568人，其中高职学生1487人、技校学生81人，招生范围覆盖河北、辽宁、内蒙古、甘肃、青海、山东、陕西、宁夏、河南、湖北、贵州等全国10多个省市。年末，各层次教育在校生达4529人，在校生人数稳步增长。

【就业情况】 2018年，教育中心注重强化对学生职业竞争力的培养，进一步加强对学生职业生涯规划引导教育，采用毕业生跟踪调查、多方联系企业、举办招聘会等方式提高就业质量，当年毕业生总体就业率达到93%。这一年，紧紧围绕京津冀协同发展战略，建立辐射北京、天津、山东、青岛、唐山及周边地区的学生实习就业区域，涉及钢铁冶金（首钢京唐、首钢京唐西山焦化、瑞丰钢铁、九江线材、新东海特钢、纵横钢铁）、装备制造（青岛海尔、中车唐车、SMC）、新能源制造（天津力神电池）、铁路运输（天津铁路客运段、中铁三局运输公司）、港口物流（曹妃甸港口集团）、电子商务（苏宁易购、北京东港瑞云）、餐旅服务（万达洲际酒店）等领域的著名企业，与青岛海尔、SMC、力神电池、东港安全印刷、瑞丰钢铁、九江线材、纵横钢铁、万达洲际酒店等8家单位进行订单式人才联合培养，与力神电池和东港安全印刷两家企业就实训室共建、冠名奖学金设立达成框架合作意向，并打开了沧州中铁国丰收购项目和北车集团铁路类专业用人渠道；加强现代学徒制试点建设，遴选机电一体化、机电设备维修与管理、供用电技术等机电类专业与青岛海尔集团开展校企深度合作，建立联合招生、共同培养、一体化育人的长效机制，实现了校企共同育人、校企合作发展、校企互利共赢，并在海尔家电产业集团全球供应链校企合作峰会上，被评为“校企合作示范基地”，共有150余名毕业生成为海尔集团的正式员工。

【职工培训】 2018年，教育中心充分发挥自身职能作用，做好职工培训、技能鉴定中心工作，组织公司内部各级各类职工培训7418人次，开展9个工种1092人次中、高级技能鉴定，促进职工技能提升。年内，选派30名教师成立11个专业组，编写公司《主体产线技管人员素质能力提升》教材和题库；拓展外部市场，与宏兴钢铁、瑞丰钢铁、东海特钢、天柱钢铁、鑫达钢铁、天钢特钢等企业建立长期稳定的职工培训合作关系，组织549人13个班次28.84万学时的职工学历和技能提升培训，受到委托单位及业内职工的广泛好评；主动对接企业，承办河钢集团第32届职工技术比武，涉及维修电工、维修钳工、电焊工选拔比赛，承接宏兴钢铁、东海特钢转炉炼钢仿真模拟技能大赛活动，受到举办单位充分肯定。

【思想教育与管理】 2018年，教育中心以学生创业发展和关心关爱关怀为中心，加强思想教育与管理工作，创建安全稳定和谐的校园环境，促进学生德智体美劳全面发展。年内，围绕立德树人根本任务，进一步加强学生思想政治教育，以学习贯彻党的十九大精神为重点，以弘扬社会主义核心价值观为主线，深入开展学习习近平总书记在北京大学师生座谈会上的重要讲话、习近平总书记给莫斯科大学中国留学生重要回信精神、“青春志愿行，奉献新时代”青年志愿者服务月活动、“三进”教育等一系列活动，不断创新思想引领载体，深化教育活动内涵，提升大学生思想政治教育工作亲和力、吸引力及实效性，促进大学生思想政治素质提高；积极响应国家号召，扎实做好大学生征兵工作，共有76名学生应征入伍，超额完成上级下达的征兵工作任务；抓好学管队伍服务建设，开展辅导员大家访活动，以家庭经济困难、学习困难、心理问题严重或思想行为偏激、孤儿或单亲家庭学生为重点，采用走访慰问、座谈调研等方式，建立学生、家长与学校的感情纽带，构建了家校合力育人良好局面；强化安全教育管理，坚持“安全第一、预防为主、综合治理”工作方针，落实“党政同责、一岗双责、失职追责”的安全管理责任制，进一步加大安全管理工作力度，实行安全隐患排查网格化管理，细化安全管理责任，深入开展法制、安全教育讲座，组织“法制教育主题班会”等教育活动，不断提高师生法律意识和常识。

【教学改革】 2018年，教育中心以创新发展行动计划为契机，结合产业技术进步，全力抓好教育教学改革，深入对接职业标准、行业标准，导入企业岗位规范及工艺，实现教改与企业生产实际无缝对接。年内，切实加强改进大学生思想政治教育，将理想信念教育、工匠精神、创新创业意识等融入课程教学，促进“思政课程”走向“课程思政”；组织58门课改公开课程竞赛活动，开设14门网络课程，建设5门精品在线开放课程，其中电气控制线路安装与检修课程获批省级精品课程，实现了该院省级精品课程零的突破；按照《创新发展行动计划实施方案》，组织39项任务和3个项目建设任务，改善办学条件，推动管理创新，提升办学水平；坚持以技能竞赛为抓手，推进人才培养模式改革创新，在河北省教育厅举办的“习近平新时代中国特色社会主义思想‘五分钟课堂’视频精品课”活动评选中，1名教师获大学组一等奖，是全省唯一获此荣誉的高职院校教师；持续推进信息化教学，以泛雅平台和尔雅通识课程为载体，进一步完善精品开放课程、重点建设课程、专业核心课程的网络教学平台资源，邀请专家开展慕课建设网络教学平台应用培训，以专业课为主，建成相对完整的慕课体系，继续推广蓝墨云班课软件辅助教学，全面实现网上选课和线上线下混合教学。

【教科研成果】 2018年，教育中心积极落实教育部办公厅《关于进一步推动高校落实科技成果转化政策相关事项的通知》及教育厅相关政策要求，制定《科技成果转化实施办法》《哲学社会科学成果管理办法》《优秀网络文化成果认定实施条例》等办法，充分发挥政策导向作用，调动广大教科研人员的积极性，教科研工作成果丰硕。全年，发表论文16篇，其中核心期刊发表论文7篇，三大检索论文2篇；申报专利6项；出版教材2部；获得钢铁工业经济课题研究立项4项，省高等学校科学研究项目立项5项、省人力资源和社会保障厅课题研究项目立项3项、市社科联市级立项1项；省高等学校科学研究项目2项结题、省高等教育学会课题9项结题、省人力资源和社会保障厅项目3项结题、市社科联项目1项结题。

【奖助学金发放与专项资金支持】 2018年，教育中心积极做好学生国家奖助学金评审发放工作，修订《国家奖助学金评审实施细则》《家庭困难学生认定管理办法》，完善学生资助管理组织机构，明确系部、学生工作部、纪委等相关部门职责，实现了评审发放公平、公正、公开，共发放专项资金205.2万元，涉及学生1311人次，调动了学生的学习热情。结合企业当前形势，在努力降低办学成本同时，全力争取国家财政资金支持，获上级专项资金570万元，有效弥补了学院办学经费不足。

【党群工作】 2018年，教育中心党委把学习贯彻党的十九大和十九届二中、三中全会精神作为首要政治任务，组织开展“不忘初心跟党走 青春建功新时代”等系列主题教育活动，持续兴起学习宣传和贯彻落实党的十九大精神的热潮。进一步健全决策机制，修订完善《党委会议事决策规则》《党委会执行“三重一大”决策制度实施办法》《院长办公会议事规则》《中共唐山科技职业技术学院委员会工作规则》《进一步加强和改进新形势下党的建设的意见》等制度，建立党建工作专项述职、民主评议党员、党委领导班子成员联系党支部、党委领导班子随堂听课等制度，确保民主决策规范科学；坚持“三全育人”理念，把立德树人作为学院的中心工作，制定《加强思想政治理论课教学工作实施办法》，充分发挥思想政治理论课主阵地、主渠道作用，加强学生的人生观、世界观、价值观教育，把思想政治教育融入学生学习生活、成长成才全过程，实现了党的十九大精神进校园、进课堂、进头脑，并顺利通过河北省委、高校工委开展的高校党建工作重点任务落实情况专项督查；坚持党管意识形态、党管宣传思想工作的政治原则，制定《落实意识形态工作责任制管理办法》《网络与新媒体信息发布管理制度》，切实加强学院意识形态和宣传阵地统一管理，当年党建研究课题立项2项、思想政治工作课题立项1项；加强基层组织和党员队伍建设，制定《基层党支部考核办法》，规范发展党员流程，开展“双强双促”基层党建工作提升年、“三亮三比”党员先锋行、“领导干部、党员教师进班级进宿舍”“戴党徽、亮身份、树形象、做表率”等主题实践活动，基层党支部工作标准和党员意识全面提升；巩固省委巡视整改成果，严格落实党委主体责任和纪委监督责任，把党章、《准则》《条例》等党内文件作为全面从严治党的重要抓手，不断优化监督执纪问责工作机制，教育引导党员干部严格执行和维护党的纪律；加强党风廉政建设，组织院党委与各系部党政负责人签订党风廉政建设责任书，开展“一问责八清理”、纠正“四风”等专项治理活动，将廉洁和警示教育融入党员干部日常工作和生活之中，营造风清气正的良好氛围；全力做好脱贫攻坚和结对帮扶工作，共安排结对帮扶责任人（全体中层干部）先后5次赴承德市围场县西岔村实地走访慰问，共同寻找脱贫致富门路，保证了结对帮扶工作出实招、下实功、见实效。

附表1　2018年教育中心获得的集体荣誉

类别及等级	授予部门	授予日期
第二届“新道杯”全国高职“管理会计”技能大赛河北省总决赛三等奖	中国商业联合会	2018.10
第九届“用友新道杯”全国大学生创业设计与沙盘模拟经营大赛河北总决赛三等奖	全国财政职业教育教学指导委员会、用友新道科技有限公司	2018.12
河北省职业院校教师礼仪技能大赛团体二等奖	省教育厅、省人力资源和社会保障厅、省工业和信息化厅	2018.12

附表2　2018年教育中心获得的个人荣誉

类别及等级	获奖人员	授予部门	授予日期
河北省第十五届运动会拳击预赛中被评为“优秀裁判员”	张瑾瑜	邢台赛区竞赛组委会	2018.06
第四届河北省学生军训和学校国防教育科研论文报告会三等奖	王晓轩、刘瑞玲	省军区战备建设局	2018.12
“习近平新时代中国特色社会主义思想视频精品课”一等奖	赵　彬	省教育厅	2018.11
河北省职业院校教师礼仪技能大赛一等奖	包　磊	省教育厅、省人力资源和社会保障厅、省工业和信息化厅	2018.12
河北省职业院校教师礼仪技能大赛二等奖	李　娜	省教育厅、省人力资源和社会保障厅、省工业和信息化厅	2018.12
河北省职业院校教师礼仪技能大赛三等奖	袁　芳	省教育厅、省人力资源和社会保障厅、省工业和信息化厅	2018.12
河北省高校辅导员2018年暑期“大家访”活动先进个人	刘　佳	省教育厅	2018.11
河北省高校辅导员2018年暑期“大家访”活动先进个人	李媛媛	省教育厅	2018.11
2018年百万师生主题实践活动优秀指导教师	王　斌	省教育厅、中共河北省委宣传部、中国共产主义青年团河北省委员会	2018.12

附表3　2018年教育中心获得的省级科研课题

成果题目	完成人	评奖机构	时间	等级
焦炉煤气脱硫废液处理工艺研究	杨　丽	省教育厅	2018.12	省级
超超临界低压转子30Cr2Ni4MoV洁净钢冶炼技术研究	王艳春	省教育厅	2018.12	省级
雄安新区失地农民就业存在的问题及对策	张丽颖	省人社厅	2018.03	省级
京津冀协同发展背景下引导高校毕业生到基层工作问题研究	张丽娜	省人社厅	2018.05	省级
唐山市高校毕业生创业现状及促进措施研究	马文丽	省人社厅	2018.05	省级
现代学徒制背景下《钳工实训》课程教学改革研究	马文丽	省高等教育学会	2018.07	省级
基于微课的高职数学“翻转课堂”研究与实践	张丽娜	省高等教育学会	2018.07	省级
基于岗位综合能力培养的高职会计专业改革研究	王小沐	省高等教育学会	2018.07	省级

续附表 3

成果题目	完成人	评奖机构	时间	等级
互联网+环境下高校信息素养教育模式创新研究	杨志斌	省高等教育学会	2018. 07	省级
双创模式下河北省高校产学研知识转化平台构建研究	郑思思	省高等教育学会	2018. 07	省级
高职院校图书馆信息管理系统的设计与实现	谢丽芸	省高等教育学会	2018. 07	省级
“一带一路”战略下河北省高职院校英语教师专业发展研究	赵　宁	省高等教育学会	2018. 07	省级
探究互联网+视角下高职教育中 STEAM 教育与创客教育的融合：理念、途径、方法	王小花	省高等教育学会	2018. 07	省级
创新创业教育下网络技术专业教学模式改革研究	张艳玲	省高等教育学会	2018. 07	省级

河钢集团直属单位

河钢塞尔维亚公司

【概况】 河钢塞尔维亚公司曾是塞尔维亚唯一国有大型支柱性钢铁企业，其前身为塞尔维亚斯梅代雷沃钢厂，始建于1913年，拥有220万吨配套钢铁产能，2016年由河钢集团收购、河钢唐钢接管运营。

2018年，河钢塞尔维亚公司分设厂区3个，其中炼铁、炼钢和轧钢厂位于斯梅代雷沃，镀锡机组位于沙巴茨，库切沃区域设有采石场和石灰生产线。主要生产设施包括75平方米烧结机2台，90平方米烧结机2台及配套原料场；1088立方米、1617立方米高炉各1座；80吨转炉3座；板坯连铸机2台；2250毫米热板轧机1台，轧制厚度为1.5~15毫米，宽度为720~2050毫米；冷轧系统有2条酸洗生产线，五机架四辊轧机生产线，罩退生产线，连退（带脱脂功能）单机架平整生产线，双机架平整生产线，2条横切生产线，1条纵切生产线；镀锡机组包括1条电镀锡生产线，2条横切生产线，2条打包生产线。主要产品包括热轧卷（含热轧横切板）、酸洗卷、冷轧卷（含冷轧横切板）、电镀锡板，其产品80%出口周边的欧盟国家。

2018年末，河钢塞尔维亚公司共有职工5209人，其中中方职工9人，均为管理人员，执行董事1人，总经理1人；外方职工5200人。

【生产经营】 2018年，河钢塞尔维亚公司按照集团总体部署及公司要求，抓好生产经营，制定“以合格连铸坯产量169万吨为标志、突破历史产量纪录”年度计划，坚持均衡稳定生产组织原则，利用季度生产经营分析会、月度区域管理人员例会等形式，认真分析生产运营情况，做好物料供应和存储计划，提升企业管控能力，确保烧结机产量、钢水产量等多项生产指标突破历史纪录。全年，产铁159.34万吨，同比增长18.80%；钢176.99万吨，同比增长19.86%；热轧量157.73万吨，同比增长21.33%；成品材150.50万吨，同比增长19.25%。

【市场营销】 2018年，河钢塞尔维亚公司根据市场需求，加大市场开发力度，优化产品结构和客户结构，提升客户服务水平，力促产品售价提升，取得明显成效。全年，产品销售总量155.49万吨，同比增长28.64%。其中热板销售量104.66万吨、酸洗销售量12.74万吨、冷板销售量23.42万吨、镀锡板销售量14.67万吨。年内，深入贯彻集团“以客户为中心”“以提升客户服务水平带动产品升级”等理念，组织销售系统人员深入集团及集团各子分公司对标学习，查找差距，有针对性制定发展战略和优化措施；优化销售队伍人员结构和组织机构，成立新客户新产品开发部门，抽调国内市场开发人才充实到塞钢销售团队，聘请具有国际化大公司工作经验的销售经理，吸收贝尔格莱德大学销售专业毕业生，补充后备力量；推进重点产品销售和新客户开发，以镀锡产品为重点，推动高附加值品种钢销售，镀锡厂与四家欧洲最大的镀锡产品客户签订年度销售协议，与五家区域重点镀锡客户签订季度销售协议，新增镀锡终端客户两家，镀锡产品重点客户比例达70%以上，巩固了镀锡产品的市场地位；抓住中国海信收购欧洲主要家电生产商Gorenje集团机会，积极与客户进行沟通，达成年度合作意向，推进高级别冷轧产品质量提升；进一步发挥热轧机宽板幅优势，深入走访老客户和潜在客户，增强船板钢产品市场竞争力，累计与200余家新客户进行沟通，做好技术、价格评估及商务谈判，完成订单20笔，新客户合同总量约8000吨；抓好市场研究，与德高公司、集团建立市场信息分享渠道，了解塞钢周边市场情况及价格趋势，科学分析市场数据，形成以《市场价格趋势日报》《月度接单情况量化分析报告》《月度市场分析报告》《月度销售利润分析报告》等市场信息研究体系，完成《2017 年塞钢销售调研报告》《镀锡板调研报告》等阶段性市场研究分析信息，及时快捷捕捉各种市场信息，为营销决策、市场布局、业务开拓出思路、找出路，助推塞钢营销工作提升。

【加强对标管理】 2018 年，河钢塞尔维亚公司加强对标管理，创新工作思路，完善工艺技术指标，促进成本及质量进一步优化。年内，组织销售、生产、设备、环保等关键岗位人员到集团对标交流，学习市场开发理念和方法，针对各主要工序成本、技术参数、废弃物加工利用等难点问题，吸取集团和有关部门经验，改善产品质量及环保指标，部分技术指标和工序成本取得突破性进步；从严控制成本，优化原料系统炉料结构，推动烧结生产中废弃物利用，烧结矿入炉比例稳定在 40%左右，污泥配加量稳定在 15%，配加部分低价氧化铁皮，烧结矿成本进一步降低；高炉系统充分利用热风炉技术改造项目，积极调整操作方法，于四季度高炉燃料比稳定在 610 千克/吨以下（折合公司口径 545 千克/吨），较前三季度降低 15~20 千克/吨，炼钢钢铁料消耗稳定在 1140 千克/吨以下；加强质量管理，组织 10 个质量攻关组，针对各工序质量问题实施攻关，取得显著成效，其中热轧车间全年平均转移率达 0.57%，同比降低 0.1 个百分点；强化能源利用管理，热轧吨钢利用高炉煤气达 103 立方米，天然气消耗降低 8 立方米/吨，热轧热装率由 20%以下提高至 40%历史最好水平。

【采购管理】 2018 年，河钢塞尔维亚公司发挥集团采购优势，加强采购管理，优化采购流程，推动物料保供和炉料结构优化，降低采购成本，确保生产稳定顺行。年内，利用河钢国际和德高公司资源，与焦炭、球团、烧结矿粉供应商签订年度供应合同，提前确定河运为主、铁路应急补充的物流运输方式，保障全年物料供应稳定，原料库存资金占用降低至 1000 万美元，实现合理库存结构和库存量；进一步优化炉料结构，拓宽烧结矿粉供应渠道，开发土耳其等矿粉资源，外购部分低价氧化铁皮作为烧结原料，采购优质块矿替代球团，保证烧结系统产量稳定和成本降低，促使生铁成本进一步降低；推进焦炭指数定价模式，按可比口径计算，焦炭平均采购价格同比降低 3 美元/吨。

【技术改造】 2018 年，河钢塞尔维亚公司按照年初制定的技改投资计划，推进技改项目改造，为生产稳定顺行和产品质量提升提供支撑。年内，组织 2 号高炉两个热风炉改造，热风温度由 850℃提高至 1050℃；实施 2 号高炉数据采集与监视控制系统升级、实验室关键设备更新升级、热轧精轧机自动化改造、层冷升级改造、部分消防设备升级等重点项目，减少设备事故，产品质量得到明显改善；推进冷轧双机架涂油系统改造、五连轧板型辊系统改造、一架测厚系统及乳化液吹扫系统改造、废弃物（镀锡 PSA 旧电极废弃物，变压器 PCB 油品更换、废油处理）处置及回收项目，有效提升产线效率。

【基础管理】 2018 年，河钢塞尔维亚公司加强基础管理，优化管理体系，完善管理流程，提升整体管控水平，取得初步成效。这一年，加强安全管理，抓好现场安全隐患和不规范作业行为检查，针对发现的问题督导限时整改，全面梳理生产系统重点天车状况，进行有重点有计划检修恢复，提高生产安全性和可靠性；加强财务预算管理，充分发挥财务人员作用，编制工程项目合同管理制度，参与工程项目商务谈判，规避风险；进一步修订完善采购流程和制度，加强对供应商管理，加快废品废料处理外售速度，盘活资金；加强职工队伍建设，在专业技术系统实施专家制，将业务素质高的技术人员和高炉操作人员选聘为专家，牵头本专业技术指标攻关和技术标准修订，专业技术人员工作积极性进一步提高；完善激励机制，开展合理化建议征集和持续改善项目活动，选取36项优秀项目给予奖励，激发了岗位人员参与技术革新和持续改进项目的积极性。

【清洁生产】 2018年，河钢塞尔维亚公司推行清洁生产，规范污染物排放标准，改善现场管理和厂区环境，提升企业社会形象。年内，成立领导小组，定期组织巡查，查找现场管理问题并组织制定措施进行整改，力促现场环境进一步改善；坚持以清理清洁、治理跑冒滴漏和改进操作习惯为主要手段，增强职工环境保护和清洁生产意识，形成良好操作习惯，热轧车间、生产支持备件加工车间现场环境大力改善；加强环境治理，按照计划完善环保设备，强化厂区及周边区域粉尘、噪声等检测，作业环境进一步改善。

【加强内部审计】 2018年，河钢塞尔维亚公司加强内部审计，严控经营风险，促进企业合法合规经营。年内，实施流程化管理，坚持公开公正招标，严格把关采购和销售合同，规范年度投资和大修计划管理，将投资控制到最低水平；实施内部审查和评估制度，制定年度审计计划，每季度循环检查，发现问题及时与相关单位沟通，当年对财务管理和生产信息准确性及采购、销售行为进行审计，业务流程进一步规范；加强对汇率风险控制，对大宗原料采购进行欧元汇率预期锁定，内部美元记账变更为欧元记账，规避欧元对美元汇率大幅波动造成的经营风险。

采购总公司唐钢分公司

【概况】 河钢采购总公司唐钢分公司是河钢采购总公司在河钢唐钢的派驻机构，服务于河钢唐钢供应系统。主要协助采购总公司进行煤炭、焦炭、铁精粉、合金等采购管理，负责废钢、辅料、石料等品种物料采购；代表河钢采购总公司负责协调统采物料的接卸、检斤、验质、库存管理和交接工作；负责物料结算工作；负责掌握所在子公司的物料消耗、库存、需求以及生产、设备动态等信息反馈工作；负责对供应商产品质量进行监督、检查和资质认定并组织开展异议处理等工作。

2018年末，河钢采购总公司唐钢分公司设经理1人，党委书记1人，副经理2人(其中1人兼纪委书记)，工会主席1人；下设煤炭科、焦炭科、合金科、原料科、辅料耐材科、废钢科6个业务科室及经营管理科、结算科、综合办公室3个管理科室；共有职工60人。

【生产经营】 2018年，河钢采购总公司唐钢分公司根据集团优化采购端整体部署，准确把握市场运行走势波段，加强供应商准入标准和日常管理，全面实施战略采购，推进供应链向价值链转变，实现采购结构与产线品种结构匹配，采购结构进一步优化。全年，完成采购总量1734.12万吨，总金额207.91亿元，其中主要大宗原燃料1040.24万吨，金额131.97亿元；集团口径吨钢降本51.26元，较目标降低1.26元/吨。

【优化采购端结构】 2018年，河钢采购总公司唐钢分公司以煤焦及废钢等原料为重点，将原料市场专业分析与供应商评价体系有机结合，全力实施战略采购，取得明显成效。年内，优化采购端结构，围绕公司降铁耗提废钢要求，采购宁夏煤业无烟煤块3.5万吨作为废钢补热剂，多加废钢19.5万吨；提高阳泉1号、3号等优质无烟煤煤种发运量，减少4号煤发运量；增加5800大卡榆林烟煤及宁煤集团高发热量无烟煤，提高入炉热值，提升焦炭置换比；开展炼焦煤性价比分析，适时采购进口焦煤33.93万吨替代国内焦煤，综合降低成本6700万元；配合采购总公司与山西焦煤集团协商铁矿石贸易补偿，为公司抵免支出3696万元；围绕高炉生产需求，定制采购焦炭70万吨，降低采购资金1.03亿元；首次介入港口期货交割焦炭范畴，组织资源2万吨，降低成本280万元，采购铌铁代替部分氮化钒铁，将氮化钒铁单耗从0.6千克/吨降至0.42千克/吨，创效1452万元；针对一季度硅铁市场现状，错峰采购硅铁900吨，较集团同期价格降低2400元/吨，创效216万元。

【强化渠道建设】 2018年，河钢采购总公司唐钢分公司面对环保、限产限行对钢铁以及上游产业造成的影响，着力强化渠道建设，全力化解原燃料资源紧缺局面，实现安全保供。这一年，依托大采购平台优势，推进战略供应渠道建设，战略采购比例达67.35%，同比提高9.55%，创效3130万元。紧密结合形势变化，积极拓展优质资源渠道，焦炭开发天铁、古玉、华润等优质供应商，喷吹煤引入阳泉平舒、白羊墅、石窑坪等新矿点煤源，稳固供应基础，满足生产需求；针对锌锭、增碳剂等物料资源渠道单一现状，与生产厂结合，为高强汽车板定制开发江苏麟龙的锌铝镁合金，引进株冶锌铝锭，开辟了为北汽福田集团客户所需的增碳剂新资源，深化高端供应渠道合作。

【强化废钢战略采购】 2018年，河钢采购总公司唐钢分公司强化废钢战略采购，以效益为中心，科学制定价格管理体系和标准，优化废钢使用结构，严格把控质量，破解废钢使用技术瓶颈，实现公司效益最大化。全年，采购废钢162万吨（本部、不锈钢公司），钢铁料消耗800千克/吨，创效7719.62万元。年内，进一步加强废钢渠道建设，开拓天津都邦、唐山诚源、迁安宝昌、长沙润清福等12家优质供应商，废钢供应商达到28家，其中重废6家，压块6家，破碎料14家，月资源掌控水平突破30万吨，为公司提产降耗提供了优质资源保障；严格把关废钢采购质量，按照废钢不同品种采取对破碎料供应商进行供货前质量确认、生产单位全流程监装等方式，加强源头质量把控，依据压块供应商生产规模，制定与其产能匹配的采购量，保证采供平衡，稳定供货质量；优化重废采购模式，实施重废厂外质量检验机制，确认合格重废进入正常供货流程，对不合格重废采用降级处理方法，维护公司利益；进一步细化废钢分级管理，针对重废Ⅰ类、特级破碎料具有质量稳定、出水率高等有利因素，着重开发重废Ⅰ类（厚度不小于12毫米）和破碎废钢Ⅰ类（特级破碎料）、破碎废钢Ⅱ类（精选破碎料）等新料型，积极开发上仓效率高的破碎废钢Ⅱ类（精选破碎料），为提产增效创造了有利条件。

【优化库存结构】 2018年，河钢采购总公司唐钢分公司按照采购总公司不同时段安全库存要求，结合子公司生产配比方案，综合原料产地、供货数量等因素，强化库存管理，实施动态采购与弹性管理，化解资源紧缺和铁路运输不畅等难题，保持合理的库存水平及结构。截至12月，煤焦等资源全部达到安全库存量，库存结构符合生产配比需求。年内，进一步优化战略合作协议签订、付款方式，提高重点紧缺资源的掌控力度；加强市场预判，适时调整进货节奏和库存水平，实现错峰采购；优化运输环节，缓解铁路发运压力，全力开发新资源，提升结构调整和政策影响下的保供能力；大力提高战略采购比例，适时优化渠道，关注国家安全环保政策变化，动态跟踪供应商的生产情况，及时调整进货节奏，确保库存稳定。

【优化供应商结构】 2018年，河钢采购总公司唐钢分公司梳理业务流程，加强供应商准入标准及日常管理，持续优化供应商结构，深挖管理效益。根据供应商质量稳定性、供货及时性、合同执行率等情况，制定全年二方审核计划并全面实施，稳定原材料质量，保证合理的供应链结构；完善供应商管理，将其与质量管理体系接轨，针对审核中存在的问题和供货绩效进行实时跟踪，并开展定期综合考评，经过持续改进，不断提升供应商级别，年末 8 家供应商实现提档，其中 6 家供应商由 B 级提升为 A 级，2 家供应商由 C 级转为 B 级；从服务产线能力、产线品种匹配度及环保符合性等方面，重新核实供应商符合性，共清理 17 家供应商，其中石料 9 家，合金 2 家，废钢 6 家，拓宽了公司优质资源空间。

【优化物流方式与结构】 2018 年，河钢采购总公司唐钢分公司进一步优化物流方式和物流结构，结合国家、省、市环保政策要求，实施精细化管理，物流费用实现全面改善，年创效 1235.09 万元。这一年，进一步严细管理，多措并举促进亏吨、满载率等指标分别改善 0.01% 和 0.16%；优化运输方式，对粉剂料实施集装箱运输，开辟了精粉火车运输方式，促进运费大幅下降；调整发运方案，采用临时更改发运路线、灵活运用集装箱运输等方法，保证煤焦及时供应，其中煤炭采用集装箱运输共 23 列，节省采购费用 600 余万元，焦炭对本部梗阳和不锈钢区美方、平遥焦炭新增集装箱运输创效 500 余万元。

【招投标管理】 2018 年，河钢采购总公司唐钢分公司进一步强化精益管理，制定完善《采购分公司招投标管理办法》，规范招投标流程，推进应用物联宝招投标平台，扩大供应商范围，提升招投标管理水平，共组织招议标、询比价 267 次，涉及品种 78 个。年内，加强自采物料管理，强化对标比价，梳理完善业务流程，摒弃低效环节，自采物料价格平均降幅达 10.89%；以自采物料为切入点，全面分析自采品种采购量、付款情况，细化分解并落实创效目标，物贸创效工作取得突破，创效 792.31 万元，超目标 292.31 万元。

销售总公司唐钢分公司

【概况】 河钢销售总公司唐钢分公司是集团销售总公司在河钢唐钢的派驻机构，主要负责河钢唐钢销售业务控制和过程监管，参与河钢唐钢产品营销计划编制，负责销售分析、基础管理、数据统计及普材产品销售和保产。2018 年末，销售总公司唐钢分公司设经理 1 人，副经理 4 人，党委副书记 1 人；下设综合管理部、营销管理部、卷板业务部、汽车板业务部、长材业务部等 5 个部门；共有职工 67 人。

【销售业绩】 2018 年，河钢销售总公司唐钢分公司认真落实集团销售总公司、河钢唐钢决策部署，全力开发与产线特点相适应的高端产品和高端客户，推动以用户为中心的营销模式转型，稳定销售渠道，产品效益实现最大化目标。全年，公司本部内贸材坯销量 526 万吨，货款回收率 100%，财务库存低于 2.7 万吨考核指标；一对一直供比 46.5%，同比提高 9%，以 DP780/980 高强汽车钢、镀铝硅、锌铝镁、四级螺纹、钢板桩等为代表的高端产品形成规模销售，本部内贸平均品种比达 81%，同比提高 15%。

【保产保销】 2018 年，河钢销售总公司唐钢分公司以合同保产为主线，坚持客户维护与市场开发并重，加强与各部门沟通、协调和服务，及时掌握各销售主体和各产线合同进度，确保产线合同支撑生产顺行。全年，保产率达 106.25%、产销率 101.75%。汽车板组织普材保产合同 22.97 万吨，比计划增加 2.2 万吨，其中镀锌产品由年初计划 5600 吨/月提至 2.5 万吨/月，有效保障了高强汽车板产线顺畅运行；卷板组织普材保产合同153.4万吨，较计划增加9.8万吨，补充国贸分公司、事业部合同缺口14.3万吨，圆满完成保产与创效双重任务；长材灵活调整销售策略，销售棒材82万吨，超计划6.4万吨，在渠道零基础情况下，成功外售方坯6万吨，重点工程保供取得较大进展；型材全力组织非铁塔用不等边角钢，矿用钢材在全国同类产品市场占有率达45%，其中大型产线产品销量由上年2万吨提至4万吨，实现历史性突破。

【客户开发】 2018年，河钢销售总公司唐钢分公司瞄准高端行业推动客户结构优化目标，深入开发具有高端产品需求和行业领导地位的客户，重点推进汽车主机厂认证、知名企业对接和国家重点工程供货，在新客户开发中树品牌，老客户维护中做宽度，高端客户比例持续上升，呈现普材一对一直供系列化、品种钢客户群体高端化、重点工程定制专供化特点。全年，开发新客户48家，客户级别为3A+12B+22C+11D；签订合同17万吨，其中高端产品合同13万吨，占比76%，合同量分别为年度计划的131%、150%；与42家老客户保持良好合作，合作比例达75%，签订合同28万吨，其中高端产品合同量21万吨，占比75%。这一年，注重客户集群化和产品高端化，汽车板新开发高端直供客户19家，涵盖汽车、家电、高档门业和城市智能电气等行业，重点推广汽车板高强钢及镀铝硅等高端品种，其中汽车板新开发上海大众、上海通用一级配套无锡华光，一汽大众长春西城、吉林同大、吉林金洪、长春合鸿，长安、北汽一级配套北京博萨、霸州华诚、天津汽车等客户，成功开发新能源汽车帝亚一维高端客户；家电行业开发合肥禾盛、杭州松下客户；城市智能化开发包括行业排名前五的企业正泰集团、万控（天津）电气、东安电气等客户；卷板围绕六大类特色产品打造“万吨级”客户群，涉及汽车、家电、建筑、设备制造、光热（光伏）、制管等多个行业，热轧薄规格成功开发国内最大集成货架制造商上海精星；酸洗汽车结构钢稳定供应长城皮卡，并拓展哈弗SUV份额，酸洗压缩机钢与天津LG、苏州三星、上海日立、天津扎努西等行业知名客户稳定合作；罩退药芯焊丝钢实现与武汉铁锚、大西洋、青岛神户制钢、天津三英、京群、天泰、天津“两桥”等行业前10名客户全面合作，国内市场占有率达35%。长材棒材先后与二十冶集团、中冶建工集团、北京城建、中铁物贸、中交路建等建设单位实现合作，开发对接重点工程，主攻北京行政副中心及附属管廊、水曹铁路、雄安新区和冬奥会北京速滑馆以及河钢乐亭项目供货，树立了河钢唐钢品牌形象，产品被评选为“2018年度中国优质建筑用钢品牌”。型材在抓好贵州盘江、河南煤化工、山西焦煤集团、吉煤集团、黑龙江龙煤集团等老客户矿用钢销量基础上，新开发钢板桩、大角钢及矿材客户13家；为中国有色定制的电极扁钢成功进入中东国际电解铝行业，为广船国际定制的专用工程角钢供货国务院批复的重大基础设施项目深中通道，钢板桩对接广州市钢板桩协会和上海冀烽，成功进入上海迪士尼二期、深圳大空港、珠海香海大桥等国内重点工程项目，打开华南华东钢板桩市场，打破津西钢铁对国内钢板桩市场垄断。

【优化产品结构】 2018年，河钢销售总公司唐钢分公司围绕高强钢、高表面产品、薄规格产品等高端产品，持续优化产品结构，加大市场开发力度，高效益产品销量大幅提升。当年，汽车板战略特色产品销量2.85万吨，同比提高45.89%；普通高强及汽车钢销量16.5万吨，同比提高36.81%。这一年，紧密结合市场形势，抓好创效产品销售量，表面等级为FB级的镀锌产品销量达7.75万吨，锌铝镁产品销量4.9万吨，热轧薄规格月销量5万吨以上，药芯焊丝钢、汽车钢月销量均达到1万吨以上，暖气片头用钢在唐山周边地区市场份额达30%，Ⅳ级螺纹钢销量占比不断增大，型材钢板桩、40U、电极扁钢、220以上大角钢等高端高效益产品形成规模销售，其中钢板桩下半年月均销售超过1.5万吨，中型矿用钢国内同类产品市场占有率达47%。

【提升产品售价】 2018年，河钢销售总公司唐钢分公司拓展业务创效途径，全方位对标标杆企业，加大高创效品种市场推广力度，制定适度售价提升计划，产品售价显著提升。全年，吨钢售价提升88元；税前创效4433万元，完成年计划的98.95%，同比提高3433万元。年内，根据市场变化，及时调整营销策略和价格策略，按照效益排序，比较区域流向、品种结构、客户性质，调整各销售主体的资源分配，提升成熟业务模式销量；创新销售模式，强化EVI先期介入，为高端客户派驻技术人员和客户代表，为重点客户进行现场指导和全流程服务，保证客户订货连续性；增加780兆帕、980兆帕超高强汽车钢等高效益产品销量，实现品牌增效。

【电商销售与库存管理】 2018年，河钢销售总公司唐钢分公司不断拓宽电子商务平台销售渠道，电商销量增效明显。全年，借助河钢云商电子商务平台销售各类产品37万吨，创效2272万元，利用欧冶电商销售各类产品13万吨。年内，加强电商平台与销售业务有效融合，发挥电商平台在强化库存管理、减少资金占用、降库增效等方面作用，严格库存指标考核，实施月初定计划、月中检查督导、月末讲评制度，提前控制发货单下达节奏，追踪合同履行状态，提高合同兑现率。

【管理体系建设】 2018年，河钢销售总公司唐钢分公司加强管理体系建设，优化管控职能，促进营销管理能力提升。这一年，将业务行为纳入体系管理，严格按照体系文件要求组织销售，实施PDCA循环管理，规范销售运营流程，从抓计划入手，对计划实施过程进行总体设计和提早干预，确保实现既定目标；加强业务运行监督检查，对重点工作、关键指标、业务运行情况进行分析，保证业务规范运作，各项指标可控落实；严控销售业务风险，执行客户准入制度，对客户资质以及合作方式进行审查，强化ERP系统操作与维护，为四套业务操作系统准确高效运行提供支撑；推进全员绩效管理，以考核为导向激发职工业务积极性和创造力，推动产品销售业绩提升。

【业务培训】 2018年，河钢销售总公司唐钢分公司打破科室界限，进行有计划、针对性特色培训，提高营销人员业务水平和实践技能，培养和储备“一专多能”复合型销售人才，实现全员素质和业务能力全面提升，不断满足新形势下销售业务需要。全年，共举办培训4期，132人次接受培训。年内，本着“换思维、改做法、求突破”思想，采取请进来走出去方式，围绕产线、产品及销售商务实操、营销理论与岗位职责制度等进行业务培训，并组织业务人员轮岗，培养一岗多能复合职工，使业务人员熟知并掌握各产线排产发运、操作流程、产销衔接、价格政策、价政解读等相关规定和知识，实现各业务单元无障碍交流、岗位人员相互补位，为进一步加强营销渠道建设及开拓市场、对接高端用户提供有力支撑。

河钢国际唐山分公司

【概况】 河钢集团北京国际贸易有限公司唐山分公司（简称河钢国际唐山分公司）是河钢国际在河钢唐钢的派驻机构，负责河钢唐钢进口矿采购，出口钢材及进口设备、备件的统一经营管理。2018年末，河钢国际唐山分公司设经理1人，下设出口科、原料科、设备科、综合科等4个科室，共有职工38人。

【原料进口业务】 2018年，河钢国际唐山分公司紧密围绕市场和产品，以降低采购成本、争创效益为主线，加强基础管理，加快市场和客户开发，择优采购性价比高的进口矿资源，努力开拓新的增效点，圆满完成保供创效任务。全年，进口铁矿量1382.8万吨，其中必和必拓431.04万吨，力拓263.57万吨，淡水河谷285.34万吨，贸易期货219.07万吨，采购港口现货183.76万吨，进口矿采购成本较普指低0.95美元/干吨。这一年，进一步优化进口矿品种结构，以满足炼铁高入炉品位为中心，抓好长协矿兑现率，及时保证巴卡粉、纽曼块等重点品种供应；针对必和必拓和力拓粉矿质量不稳定等问题，优化淡水河谷矿山品种结构，及时增加其巴混粉供应量，加强对纽曼粉质量波动检测；加强对标管理，定期与国丰、文丰、唐银、五矿营口等单位进行采购对标，及时了解进口矿市场动态，保证炉料结构成本的持续降低；创新工作思路，根据市场形势销售海飘长协矿40万吨，降低资金占用和进口矿贬值风险，锁定性价比高的期货资源，储备金步巴粉资源及混合粉资源，满足公司生产需要及外销进口矿资源，提高创效能力。

【钢材出口业务】 2018年，河钢国际唐山分公司加强钢材出口业务管理，准确研判市场形势，积极调整产品结构，加快出口市场开发力度，确保产品出口规模总体稳定。全年，出口签约量155万吨，出口装船量162万吨。年内，坚持以用户为导向，深入挖掘市场和产品潜力，以高端产品，加强与国际知名企业之间的深层次合作，不断完善全球化销售网络，组织品种钢销售工作，拓展汽车钢家电板出口量，共计出口6.2万吨，丰富了高附加值产品订单结构；深入开拓镀锌铝镁产品市场，共销售镀锌铝镁产品4.7万吨，产品远销欧洲市场，取得了较好的经济效益；进一步加强技术支持和售后服务，针对用户使用要求，强化个性化生产，加强工艺纪律管理，严格按工艺规程和管理制度操作，打造高质量产品。

【出口钢材港口业务】 2018年，河钢国际唐山分公司推进落实出口钢材港口业务，确保结算业务有序开展，办理出口钢材港口环节业务费用结算，加强与相关沟通协调，督促做好接货、报关及相关数据整理等工作，1—7月出口钢材港口相关费用付款实现常态化；开展港口防汛、防冻工作，保证出口产品质量；加强港口货物的抽查管理，针对唐钢公司出口的汽车板、家电板等高端产品特点，积极联系唐钢公司质量、技术部门，消除产品在港口堆存及装船环节风险隐患，提升客户满意度。

【设备进口业务】 2018年，河钢国际唐山分公司围绕重点改造项目做好设备进口工作，签订备件合同、开立信用证、做好报关运输，促进项目设备及备件按合同要求到达。全年，签订进口合同10个，合同金额323万美元，付款47笔，金额1069万美元，共有21批次货物顺利通关，报关金额约278万美元。组织货代招标7次，代扣代缴税款253万元。年内，配合相关部门，为高强汽车板项目做好服务，办理二期项目设备报关、验收付款、二期税务代理相关工作；为公司本部、中厚板公司和不锈钢公司大修及日常生产签订备件合同、开立信用证、报关运输，确保项目设备及备件按合同要求到达；配合财务部门做好唐钢高强汽车板项目及不锈钢公司升级改造项目融资，做好高强汽车板项目的技术诀窍及质量控制系统技术服务商务合同执行，确保项目按期投产与设备稳定运行。

集团审计部驻唐钢审计处（公司监事会工作办公室）

【概况】 河钢集团审计部驻唐钢审计处（公司监事会工作办公室）是负责工程、财务等审计工作的职能处室，实行一个机构、两块牌子合署办公。集团审计部驻唐钢审计处是河钢审计部在河钢唐钢的派驻机构，根据集团安排负责河钢唐钢和集团其他子公司审计业务；公司监事会工作办公室在公司监事会领导下，负责公司监事会日常工作。

2018 年末，河钢集团审计部驻唐钢审计处（公司监事会工作办公室）设处长（主任）1 人；下设工程审计科、财务审计科和监事会工作办公室 3 个科室；共有职工 21 人。

【主要工作】 2018 年，河钢集团审计部驻唐钢审计处（公司监事会工作办公室）发挥审计、监事会监督服务职能，发现生产经营和公司管理存在的问题，并提出改进意见和建议。集团驻唐钢审计处按照集团审计部各项审计决策和工作安排，独立客观地监督和评价集团及其全资子公司、控股子公司、实质控制的参股公司财务收支、经济活动的真实、合法和效益，维护正常的生产、经营、管理秩序，推动集团经营目标的实现和管理水平的提高。

监事会工作办公室负责监督检查河钢唐钢及其所出资企业贯彻执行法律、法规以及国有资产监督管理规定和制度的落实情况，监督公司章程执行情况，监督公司内部控制体系、风险防范体系及预算管理体系的建立及运行情况，保障公司重点工作落地见效，推动公司健康发展。

【财务审计业务】 2018 年，河钢集团审计部驻唐钢审计处（监事会工作办公室）积极开展财务审计，及时揭示问题，提出改进意见，保障公司健康运行。年内，组织集团子公司资金管控审计及公司非钢单位物资采购专项审计；做好公司上年度非钢单位效益核实，房地产公司钢城水岸项目效益情况核实，行政福利处物业公司产权移交处理及乐钢项目财务检查等审计业务，共计查处各类问题点 54 个，做出审计提示 21 条。这一年，积极转变工作观念，围绕经营管理的重点和热点开展审计业务，加强专业管理，强化监督，推动内部审计职能从单纯监督向监督与服务并重转变，审计方式从事后监督向事前、事中、事后全过程转变，审计目标从查错纠弊向内部控制和风险评估转变，审计职能风险与审计风险进一步降低，审计人员风险意识不断提高，取得良好成效。

【工程审计业务】 2018 年，河钢集团审计部驻唐钢审计处（监事会工作办公室）加大工程审计力度，积极谋划审计工作新思路，创新审计方法，强化过程控制，完成了工程审计创效计划。全年，工程审计报审 31.83 亿元，审减 1487 万元。年内，深入落实公司“强服务、提效率、转机制”工作部署，规范和统一审计集中送审，简化送审程序，建立和规范报审登记制度，提高送审效率。规范结算审计流程，采取主审与复核制相结合审计模式，增加预审环节，多环节加大监督力度，发挥审计监督作用。重视开展工程管理、招投标及其他专业管理审计，拓展工程审计范围，改变以往较为单一的结算审计工作方式，实现工程结算审计与管理审计并重的模式，使工程审计向深度、广度延伸，审计房地产公司钢城水岸项目管理情况，发现问题 10 个，披露事项 3 项；参加各类招投标审计监督 430 人次；做好乐钢招投标管理工作阶段性审计检查 9 次，撰写审计检查报告 9 份，累计揭示招标文件中未注明招标代理服务费收费标准、部分招标项目的招标文件中未设置最高限价、个别公开招标项目投标报价打分规则存弊端、邀请招标项目的评标办法不合理等 32 个问题，提出审计意见和审计提示 34 条；组织乐钢项目工期、质量、招投标及其部门管理制度等项目管理情况审计审查，发现因设计进度、施工进度原因导致工期拖延等 11 个问题，提出审计意见和审计提示 7 条。

党群工作

党的领导与党的建设

【党委组织机构设置】 2018年，河钢唐钢党委深入学习贯彻习近平新时代中国特色社会主义思想和党的十九大精神，按照中央和上级党委决策部署和工作要求，紧紧围绕市场和产品及改革等中心工作，进一步加强企业党的领导和党的建设，不断提升党建工作水平，发挥党委“把方向、管大局、保落实”领导作用，为公司生产经营和改革发展、促进集团综合竞争力全面提升提供坚强保证。年内，公司党委被省国资委党委授予“先进基层党组织”称号。这一年，根据党章规定和工作需要，按照有利于发挥党组织作用、有利于开展党建工作和党员教育管理、有利于促进企业发展原则，坚持党的组织及工作机构同步设置，及时调整设置基层党组织，保证公司党组织全覆盖。当年2月14日，成立卷板事业部党委、汽车板事业部党委、型线事业部党委，成立高强汽车板有限公司党委，与不锈钢公司党委一并由汽车板事业部党委管理，撤销一钢轧厂党委、二钢轧厂党委、冷轧薄板厂党委、型钢厂党委。6月22日，唐钢华冶（天津）有限公司党委调整为直属党总支；在普锐特（唐山）冶金技术服务有限公司成立基层党支部，由检修分公司党委管理。

2018年末，中共河钢集团唐钢有限责任公司委员会有直属党委（工委）31个、二级党委2个，直属党工委2个，直属党总支4个，直属党支部1个，基层党支部406个。

直属党委：炼铁厂党委、卷板事业部党委、汽车板事业部党委、型线事业部党委，不锈钢有限责任公司党委、高强汽车板有限公司党委、中厚板材有限公司党委、唐银钢铁有限公司党委、生产制造部党委、设备机动部党委、信息自动化部党委、技术中心党委、市场部党委、离退休职工管理部党委、保卫部党委、城市服务有限公司党委、教育中心党委、能源科技分公司党委、物流分公司党委、检修分公司党委、重机装备有限公司党委、唐山惠唐新事业产业发展有限公司党委、自动化信息公司党委、钢源冶金炉料有限公司党委、青龙炉料有限公司党委、气体有限公司党委、唐钢美锦煤化工有限公司党委、唐山弘慈医院党委、唐钢国际公司党委、时创耐材公司党委、河北钢建公司党委。其中不锈钢有限责任公司党委、高强汽车板有限公司党委为二级党委。

直属党工委：机关党工委、就业指导管理中心党工委。

直属党总支：唐龙（唐昂）新型建材有限公司党总支、房地产开发有限公司党总支、唐山创元方大电气有限公司党总支、唐山华冶（天津）钢材营销有限责任公司党总支。

直属党支部：河钢塞尔维亚公司党支部。

附：2018 年河钢唐钢直属党组织设置情况

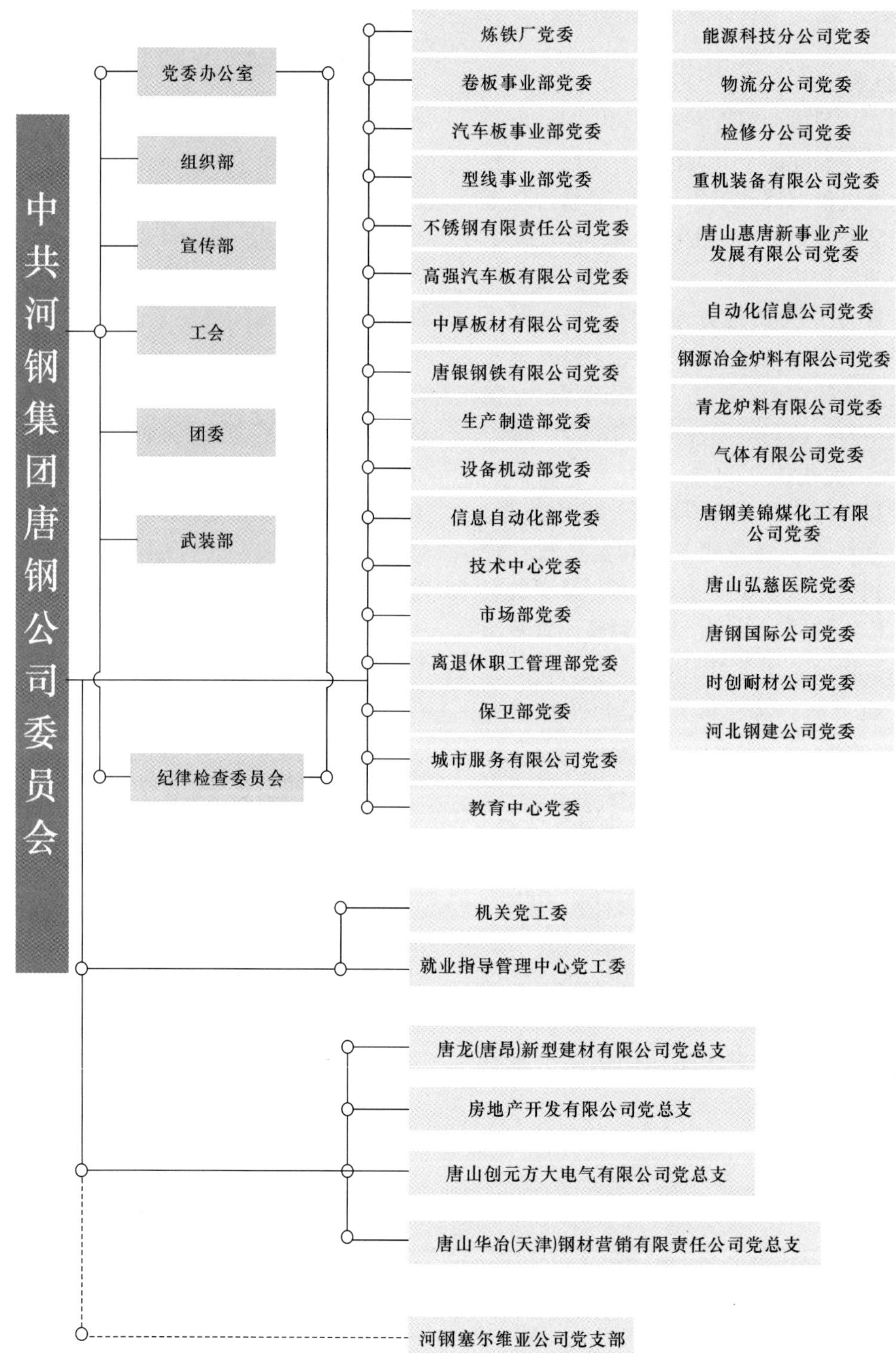

【党内制度建设】 2018年，河钢唐钢党委认真贯彻落实党的十九大精神和省国资委及集团党委要求，加强对党内制度建设的领导，组织修订完善《公司党委工作规则》，保证党的方针政策、重大决策部署在公司贯彻执行。落实党委研究讨论是董事会、经理层决策重大问题前置程序要求，制定公司党政《贯彻落实“三重一大”决策制度实施办法》，规范党组织参与重大问题决策的基本程序。制定实施公司《党建工作三年规划》《党建工作责任制实施办法》等指导性文件，进一步压实党建工作责任。推进公司章程修改工作，结合实际，推动公司以及管辖的24个国有全资、国有资本绝对控股子公司修改章程，明确党组织设置形式、地位作用、职责权限，写明党务工作机构及人员配置、党建工作经费保障等内容和要求，明确党组织在公司法人治理结构中的法定地位，为党委作用发挥提供有力保障。

【召开政治性警示教育专题民主生活会】 2018年6月24日，河钢唐钢党委召开领导班子政治性警示教育专题民主生活会。集团党委书记、董事长于勇参加会议并指导工作，对公司领导班子政治性警示教育专题民主生活会给予充分肯定。集团党委办公室、党委组织部负责人出席会议，公司领导班子成员参加会议，党群部门主要负责人列席会议。公司党委书记、董事长王兰玉代表公司通报领导班子政治性警示教育专题民主生活会的准备情况，代表公司领导班子进行对照检查，深刻剖析存在问题的深层次原因，明确了努力方向和改进措施，提出要以此次警示教育为契机，树牢“四个意识”，坚持把党的政治建设摆在首位，把讲政治落实到实际行动上、具体工作中，以良好的政治生态和优异的工作业绩，为集团建设最具竞争力钢铁企业作出新贡献。公司领导班子成员逐一进行个人对照检查发言，严肃认真开展了批评和自我批评。

【召开巡视整改专题民主生活会】 2018年8月19日，河钢唐钢党委召开领导班子巡视整改专题民主生活会。公司党委书记、董事长王兰玉主持会议，总经理田欣及其他在家的12名领导班子成员参加会议。公司党群部门负责人列席会议。王兰玉代表公司党委简要通报此次专题民主生活会的会前学习和征求意见情况。领导班子成员紧扣本次专题民主生活会主题，重点从学习贯彻习近平新时代中国特色社会主义思想和党的十九大精神、下大力气整治政治生态、推进全面从严治党向纵深发展等八方面查摆问题，剖析原因，制定整改措施，领导班子成员之间严肃认真地开展了批评和自我批评。同年8月20日，召开领导班子巡视整改专题民主生活会情况通报会。公司党委书记、董事长王兰玉通报情况，总经理田欣及其他在家领导班子成员出席会议。公司各单位、各部门中层以上领导干部参加会议。

【党群系统绩效管理与考核】 2018年，河钢唐钢党委立足公司重点工作部署，加强党群系统绩效管理与考核，充分发挥党群工作信息化平台优势，认真开展数据分析，持续提升管理效率，推动党群系统绩效管理与考核运行规范化、标准化、信息化。年内，全程关注并适时提醒绩效管理与考核系统中各部门和各二级单位，每月按时间节点分析汇总各单位信息，进行重点提示并做好跟踪回访，建立绩效考核清单台账，共完成7个党群部门及30余家二级单位党组织480余次成绩数据统计和分析；利用系统及时、详细部署政治性警示教育专题民主生活会、“三亮三比”党员先锋行主题实践活动等党委重要活动要求，确保党委经常性工作与重点性工作协调并举；结合公司事业部制组织结构调整及时更新系统范围，指导各事业部党委根据自身工作内容开展党群绩效管理与考核各项业务。

【党群系统网格化管理】 2018年，河钢唐钢党委推广实施党群工作网格化管理，总结试点经验，组织对30家单位党委开展网格化检查并督促问题整改，基本搭建了系统化、网格化的党群工作管理体系。年内，下发《关于开展党群工作网格化管理的实施意见》，成立网格化管理工作领导小组，明确工作原则及工作标准等内容，形成7部门32项网格化检查清单，组织党群管理部门183人次对30家二级单位实地检查指导，重点对各二级单位党委工作规则、党委会记录、理论中心组学习记录、双重组织生活会等涉及落实党委主体责任的管理网格进行检查，共发现重点共性问题27项，列明问题清单限时整改，形成公司党建工作管理闭环。

【调研督导】 2018年，河钢唐钢党委着力做好上级党委巡视巡察整改工作的“后半篇文章”，将提升公司基层党建工作质量作为调研督导的出发点和落脚点，梳理完善调研督导工作流程，持续改进巡察方式方法，促进调研督导工作进一步提质。年内，有序推进公司基层党组织“两个责任”落实情况的督导巡察及“回头看”，完成公司30家基层党组织的督导巡察，对其中10家党组织进行“回头看”，构建起公司党委“两个责任”落实专业管理体系，其中包括制度2项、移交反馈问题清单30份、“回头看”工作建议10份，基层党组织整改计划与台账30份，形成专业管理PDCA持续改进机制；积极落实公司重要会议精神和党委重要部署，会同专业部室，开展精准调研督导，加强对公司基层党组织及机关部室宪法学习宣传贯彻实施情况检查、集团党委组织部党建调研提出问题整改工作的督导，参与公司废钢采购管理办法的制定过程，对招投标工作开展党内监督“回头看”，提出整改建议；常态化抓好上级党委巡视巡察整改工作，统筹协调省委巡视、集团巡察督导工作组反馈意见整改，抓好中央巡视河北相关反馈意见中涉及内容整改，健全完善各级整改台账。

【“双强双促”基层党建提升年活动】 2018年，河钢唐钢党委立足于强化基层、夯实基础，促进党建工作规范化、品牌化，扎实开展“双强双促”基层党建工作提升年活动，党的组织建设进一步强化。当年4月12日，制定下发《关于开展“双强双促”基层党建工作提升年活动的安排意见》，推行清单式管理，全面梳理基层党委、支部基础工作，建立党建工作制度清单、台账清单，定期进行专项集中督导检查，查找基层党建工作中存在的问题，抓好整改落实；规范基层组织生活，落实领导干部双重组织生活制度，组织两级领导班子召开三次专题民主生活会，督导基层党支部召开组织生活会，全面落实“三会一课”基本制度，党内组织生活更加扎实规范；按照《中国共产党章程》《基层党组织选举条例》等相关要求，抓好基层党组织换届选举及党委委员增补，指导推动卷板事业部、汽车板事业部、型线事业部、不锈钢公司、高强汽车板公司、青龙炉料公司、华冶公司等7个单位党组织换届选举、6个单位党委增补党委委员，公司基层党委班子建设得到进一步加强；以强化基层党组织政治功能、促进基层党建工作规范化为重点，以推进党建基础管理水平提升、党内组织生活质量提升、党员示范带动作用提升、党组织书记和党务干部队伍素质提升、党组织推动中心工作能力提升、职工群众对党组织和党员的满意度提升为目标，着力抓实基本组织、基本队伍、基本活动、基本制度、基本保障，不断提升公司党建工作整体水平，为公司生产经营和改革发展提供坚强保证。

【“三亮三比”党员先锋行主题实践活动】 2018年，河钢唐钢党委紧密围绕公司生产经营任务，在全体党员中深入开展“三亮三比”党员先锋行主题实践活动，推行党员戴党徽、亮身份，进一步增强共产党员的党性观念，牢固树立“四个意识”，强化自我约束和自我激励；抓好亮指标、比业绩，采用多种形式将党员所在岗位或班组指标任务、完成情况定期进行公示，强化比、学、赶、超氛围，发挥党员先锋模范作用；推进亮事迹、比奉献，激励党员在攻克急难险重任务、参与志愿服务活动等方面当先锋、作表率，干实事、比奉献，将党员的先进性体现在日常各项工作之中。当年4月12日，制定印发《关于开展“三亮三比”党员先锋行主题实践活动的安排意见》，5月22日，在组织系统业务工作会上，重点对“三亮三比”活动开展情况进行集中调度和督导。每季度下发《关于表彰“三亮三比”明星党员的决定》，评选表彰奖励表现突出的市场营销明星、产品研发明星、产线（岗位）创效明星、岗位服务明星，激发党员活力，促进党员先进性作用的发挥。

【党员教育管理】 2018年，河钢唐钢党委积极探索“互联网+党建”新模式，注重加强党员教育管理，认真落实党内激励关怀帮扶机制，推动党组织作用发挥。全年，发展新党员186人，对370名党员发展对象进行培训，党员总数达13548人，党员队伍结构进一步优化。这一年，认真做好发展党员工作，制定《劳务派遣员工发展党员和党员教育管理暂行办法》，进一步规范公司劳务派遣员工发展党员和党组织关系管理；规范党费、党组织工作经费管理，制定完善《关于进一步加强党费收缴使用管理的规定》《党组织工作经费作用管理规定》，由党委组织部与财务经营部联合下发《关于将党组织工作经费列入预算管理的通知》，将党组织工作经费按照不少于上年度职工工资总额1%的要求列入企业年度预算；深入开展党内特色活动，以“不忘初心 牢记使命”为主题，开展纪念建党97周年系列活动和“两优一先”评比表彰、党员重温入党誓词等活动，充分发挥先进典型的带动引领作用；落实党内激励关怀帮扶工作，在节假日前夕，坚持走访慰问困难党员和老党员，发放慰问款项；加强党建信息化管理，做好全国党员信息系统、河北省12371网涉及公司工作，保证信息准确完整，提高党员管理信息化水平；坚持定期在公司党群工作平台上传党委重点工作及活动信息，共上传信息400余篇，为公司开展党建工作开辟了新阵地。

【领导班子建设】 2018年，河钢唐钢党委以政治建设为核心加强领导班子建设，完善考核激励机制，为公司生产经营和改革发展提供坚强保障。年内，抓好上年度厂部级领导班子和厂部级管理人员考核工作，评选有突出贡献领导班子5个，优秀领导班子14个以及63名优秀厂部级管理人员；按照上级党委部署，先后组织两级领导班子召开政治性警示教育专题民主生活会、2017年度民主生活会、巡视整改专题民主生活会，放大政治教育功能，查找问题整改落实，提高两级领导班子政治敏锐性和政治鉴别力；持续健全以绩效为导向的厂部级领导班子考核机制，增加对主要单位领导及员工谈话环节，听取广大干部和员工意见和建议，进一步提升领导班子整体功能；锁定“五型”领导班子建设新目标，努力打造勤于学习创新型、乐于团结协作型、善于经营管理型、勇于责任担当型、严于清正廉洁型的厂部级领导班子，提升厂部级领导班子整体合力。

【领导干部队伍建设】 2018年，河钢唐钢党委坚持党管干部原则，服务于集团转型升级战略实施和公司生产经营实际，加强厂部级干部队伍建设，提升厂部级干部工作能力和素质，为公司各项重点工作推进做好保障和支持。年内，及时调优选配专业化、高素质领导干部，严格标准，规范程序，任免调整厂部级干部74人，其中提正职9人，市场化聘任1人，副职16人，调整42人，离岗1人，调出5人；做好涉及14家控股及参股子分公司的25名董事、监事任免审批工作，厂部级领导干部的年龄结构、知识结构得到进一步优化；坚持严管与厚爱相结合，按照省委组织部、省国资委和集团党委要求，积极开展领导干部不担当、不作为问题专项治理，扎实开展纠正“四风”和作风纪律专项整治、“一问责八清理”等专项自查整改，规范党员领导干部网络行为，培养造就一支具有铁一般信仰、铁一般信念、铁一般纪律、铁一般担当的干部队伍，营造干事创业、奋发有为的浓厚氛围；填报厂部级领导干部《个人重大事项报告》和《领导干部及其亲属经商办企业报告表》，规范个人事项报告内容，提高厂部级干部政治意识；不断加强领导干部政治素质与业务能力教育培训，开展学习贯彻党的十九大精神、深化学习《准则》《条例》、党委书记上党课等多层次、多形式、全覆盖的学习培训，选派中高层干部参加集团和公司举行的一系列干部培训活动，配合做好公司作业长制、管理体系认证等业务能力培训活动，不断提升干部队伍的政治素质和战斗力。截至年末，公司共有厂部级干部175人，其中正职62人，副职113人；男干部162人，女干部13人；平均年龄50.68岁；本科学历以上152人，双大专学历2人，大专学历21人；高级以上职称107人，中级职称43人，初级以下25人。

【干部日常管理和监督】 2018年，河钢唐钢党委按照集团党委要求，强化干部日常管理和监督，修订完善《厂部级干部选拔任用工作办法》《厂部级干部管理办法》，制定《关于加强干部交流工作的暂行规定》，并纳入人力资源管理体系，厂部级干部管理和培养更加科学、合理、规范。进一步完善干部管理日常工作台账，建立信息档案，为客观评价、使用干部提供依据；抓好厂部级干部及机关人员档案转递、材料归档、甄别、核实等工作，接收档案54卷、转递84卷，查阅借阅523卷，管理档案2758卷；开展对厂部级干部和重点岗位人员因私出国（境）证件核查工作，加强日常因私出国（境）证件的保管审批，其中厂部级干部因私证件233本，科级及重点岗位人员558本；关怀领导干部，组织449名厂部级干部及专家进行年度体检。

【后备干部队伍建设】 2018年，河钢唐钢党委树立长远发展眼光，坚持后备干部管理制度化、规范化原则，完善后备干部梯队建设，有效提升了后备干部管理的时效性及严肃性。年内，制定《中青年干部挂职锻炼培养方案》，创新建立“人才素质评价模型”，采用适宜的挂职锻炼形式为优秀的年轻人才提供更高平台，形成一整套科学、合理、规范的青年干部选拔、培养、任用管理体系，中青年干部的工作积极性进一步激发；强化厂部级干部助理管理，当年公司厂部级助理共计29人，新聘厂部级助理12人，续聘6人。

【机要收发】 2018年，河钢唐钢坚持抓好日常党政机要文件收发、传阅、催办和归档工作，切实保证了公司机要事务的有序高效运转。全年，收办文件约800份次，传阅文件超过800份，收办挂号件、简报、信息、机要件、传真件、特快专递以及各单位上报信息、材料约3000份次。

【党史厂志编纂】 2018年，河钢唐钢党委本着实事求是，尊重历史原则，按计划有序推进党史厂志编纂，进一步充实公司史志档案。全年，编纂校对《唐钢沧桑》第三卷、第四卷105万字内容，并将过程文档及历史文献移交技术中心信息档案科，避免史志资料遗失；编纂校对《唐钢年鉴2017》《唐钢大事记2014—2015》并具备出版条件，其中《唐钢年鉴2017》共15个部类789个条目60余万字，《唐钢大事记2014—2015》共10万字；启动《唐钢年鉴2018》编撰工作，完成24个分目14万字内容编纂；做好公司40年改革发展等成绩的对内展示，整理搜集扫描反映公司40年来生产经营、装备升级、改革发展、荣誉及职工生活内容的历史照片，进一步充实公司史志档案。年内，以编纂高质高效为管理重点，修订下发管理控制程序文件《史志编纂管理办法》，进一步规范史志编纂管理内容及职责要求，采取“一稿一评、三审三校”工作机制与长效沟通服务机制，以周问题评议会、月度进度督查会、阶段总结评析会形式，从源头抓起，去除低效环节，加速审稿编校进度；运用PDCA循环工具，不断总结梳理公司党史厂志编纂经验，为邯钢、矿业、新金钢铁、乐钢等集团内外部单位提供史料搜集、篇目设计、体例规范等方面借鉴，协助公司其他部室整理所需史实史料，发挥好学史用史作用。

【驻村帮扶】 2018年，河钢唐钢党委认真贯彻落实中央和上级党委关于扶贫开发工作部署，站在讲政治高度，全力做好驻村帮扶脱贫攻坚工作，派出3个驻村工作组，分别到保定市涞源县黑山村、承德市滦平县二道营子村、承德市围场县西岔村开展驻村帮扶工作，为三个帮扶村提供资金97.3万元，其中涞源县黑山村30万元（集团提供），滦平县二道营子村47.3万元，围场县西岔村20万元；3个驻村工作组进一步夯实责任，担当扶贫攻坚任务，树立了公司良好形象。这一年，进一步健全完善驻村帮扶各项工作机制和管理办法，成立由公司两位主要领导任组长，分管领导任副组长的驻村脱贫攻坚工作领导小组，建立党委常委会定期听取汇报和专题调度会工作制度，加强对驻村工作的领导，公司主要领导和分管领导多次深入驻村一线，调研指导驻村工作，入户走访慰问贫困户，积极推动各项扶贫工作；组织公司党员干部对贫困户进行走访慰问和结对帮扶，了解每一户群众的家庭状况，确保不让一个贫困群众掉队，组织104名党员干部结对帮扶502户贫困户，走访慰问2510户次，捐助帮扶资金90多万元，发放慰问金、慰问品价值26万元，得到帮扶群众高度认可；以产业扶贫为重点，积极推动精准扶贫，协调落实各项帮扶资金用于改善村容村貌和村民生活，指导各驻村工作组结合实际谋划推进肉牛养殖、养猪、光伏电站与“政银企户保”“股份合作”等产业帮扶项目，并积极与当地政府及相关部门沟通、协调，助推项目落地；推动驻滦平县二道营子村工作组利用20万元帮扶款作为前期启动资金，帮扶村集体成立承德捷成农业发展有限公司，发展无公害粮食蔬菜种植、加工、销售以及农副产品批发销售，其年收入的65%归村集体所有，35%返补给贫困户，并与河钢唐钢生活服务有限公司建立供需合作关系，多批绿色蔬菜发往公司，运营进展顺利，滦平县二道营子村达到贫困村退出的6项标准，其典型做法在省、县电视台进行了介绍和推广。

【离退休职工管理】 2018年，河钢唐钢党委与时俱进，重心下移，夯实离退休党组织基础建设，加强离退休职工管理，离退休服务工作质量不断提升。当年，离退休职工管理部负责离退休职工的日常管理工作，下设综合办公室（关工委）、离退休干部管理科、退休工人管理科三个职能科室，根据离退休职工的居住分布情况，离退部党委设置14个离退休党支部、111个党小组，支部委员和党小组长由离退休党员干部任职，实现自我组织、自我管理、自我学习。截至年末，公司有离退休职工26687人，其中离退休干部4235人，包括离休干部78人，离退休党员2024人；调整支委和党小组长6人，接收离退休党员91人，按居住地落实至离退休党支部。当年8月29日，省老干部局副局长靳平世、省国资委老干部办公室主任郭义怀一行来公司，就“提升离退休干部党组织组织力问题研究”课题进行调研，听取离退休党支部书记对加强和改进离退休党组织建设、提升党组织组织力方面的意见和建议。持续深入推进党的十九大精神学习贯彻工作，建立14个党员活动室，分别在活动站南北两厅、大门口等地点制作24块宣传展板，宣传效果显著。

【落实离退休干部“两个待遇”】 2018年，河钢唐钢党委紧跟时代步伐，继续深化离退休干部管理服务，认真落实离退休干部政治待遇和各项生活待遇，努力为老同志们办实事、做好事，切实将各级组织对离退休干部的关怀落到实处。落实政治待遇，加强学习制度管理，树立终身学习思想。落实生活待遇，坚持走访慰问，春节前慰问地专级老领导及地专级老领导遗孀41人，离休干部85人次，退休中层干部715人，80岁以上离退休干部922人次；走访慰问离退休干部遗孀110人次，长期卧床包括大病、手术、癌症等离退休干部517人；组织对556名军转干部“八一”“春节”的慰问和体检。当年5月17日，省国资委离退办主任、关工委名誉副主任郭义怀一行到公司离退部就离退休职工待遇落实情况进行调研。

【抓好离退休职工文体活动】 2018年，河钢唐钢党委加强离退休职工文化阵地建设，抓好文体活动的组织落实，丰富离退休职工的精神文化生活。年内，加强硬件设施建设，为税钢活动站进行屋顶与供水设施维修，为68号活动站更换大门与监控系统，改造乒乓球活动室、厕所与热水房等设施，为关工小组添置活动用设备；加强老年志愿者队伍建设，开展学雷锋活动，配合公司团委在各活动站为周边群众进行义务服务，唐山电视台“直播50分”新闻节目对活动进行了报道；开展多形式文体活动，10月30日举办河钢唐钢门球邀请赛，20个市级单位参加；开展“学习十九大，书香伴我行”主题读书活动，其中8篇稿件被编入优秀心得作品集；68号第一关工小组与70号小学开展“传承红色基因，争做时代新人”系列活动，活动图片在《中国火炬》杂志2018年第10期刊登。

宣传思想（企业文化、统一战线）

【体系与机制建设】 2018年，河钢唐钢党委持续加强宣传思想与企业文化管理体系建设，努力为公司生产经营和改革发展营造浓厚的舆论氛围。依托信息化手段，搭建管理模式平台，在公司办公自动化系统建立宣传业务服务门户，设置8个主栏目，下设24个子栏目，提供公司宣传思想工作制度文件、政治理论学习材料等内容，打造面向基层的点对点式智能快捷服务平台，确保第一时间传递重要信息，有效解决了文件资料查找难、信息传播有局限等问题。建立网络流程化、痕迹化管理机制，在公司办公自动化系统中，开发嵌入信息审核发布管理程序，实现了信息发布、资源共享、审核把关、舆情监控、安全监管等工作的在线审批流转，有效增强审核把关的科学化水平，并节约了成本。推出以微视频、微型课为主的“网络教学工作室”和微信稿费发放等制度，降低各环节的人力、时间、车辆等成本。

【开展“解放思想，对标赶超，实现2019年整体工作快速提升”主题活动】 2018年12月，河钢唐钢党委开展“解放思想，对标赶超，实现2019年整体工作快速提升”主题活动，成立主题活动领导小组，制定阶段性活动安排，研究解决重要问题，确保活动扎实开展、取得实效。活动开展过程中，公司领导按照分组安排深入各单位参加研讨，为各单位解放思想、对标学习和明确目标举措作出指导；党群各部门按照工作分工，及时跟进各单位活动进度，加强具体指导，保证活动有序有效开展；各单位严格按照活动要求，召开领导班子讨论会、专业系统交流会，以解放思想、破旧立新、提高标准、明确方向为主线，以对标先进、查找差距、制定措施、提升工作为内容，围绕“五破五立”，深入查找问题，真正做到了有变化、有目标、有方向、有措施；宣传部坚持每周召开领导小组成员单位协调会，督导推进活动分阶段、有重点开展，每周编印活动简报，第一时间传达公司领导对活动开展和具体工作的指示要求，展示各单位开展活动的鲜活做法和取得的成效。

【政治理论学习】 2018 年，河钢唐钢党委坚决落实上级党委安排部署，把学习宣传贯彻党的十九大精神作为首要政治任务，通过全覆盖学习宣讲、全方位宣传造势、全系统协调联动，掀起学习贯彻热潮，把十九大确定的方针政策转变为全员共识、工作指南。全年，组织政治理论学习 12 次，专题学习 2 次，组织厂部级以上干部参加集团专题培训 4 场次。年内，充分利用报纸、电视、微信、网站等载体，开设学习专版、专栏，深入解读党的十九大精神，分阶段、有重点、有特色地展示广大干部职工学习贯彻的具体行动；采用制作宣传看板、编发学习资料、推送微信、循环播放学习标语等形式，将传统媒介和新媒体有机结合，营造学习贯彻党的十九大精神浓厚氛围；定期督导基层党组织学习情况，结合上级党委要求与调研结果，专门下发文件，从学习内容、学习形式、参加范围、台账管理到督导考核等方面进一步完善学习制度，实现公司政治理论学习规范化、系统化、标准化；注重理论实践相结合，宣传部以“融入中心拓展载体营造强势舆论推动高质量发展”为题的研究成果获得公司学习贯彻党的十九大精神优秀案例一等奖。

【形势任务教育】 2018 年，河钢唐钢党委突出抓好形势任务教育，统一广大干部职工的思想和行动。年内，进一步丰富和拓展形势任务教育形式，在深入基层调研基础上，改变以往内容单一的宣贯思路，创新推出分众化宣讲模式，针对厂部级、科级（作业长）、班组级分别下发宣讲提纲，在厂部级层面增加国家和行业信息动态等内容，采用问答、关键词等多种形式，编发宣讲材料，把“想讲”和“想听”结合起来，讲清形势任务、讲透热点关切、讲出信心干劲，筑牢思想共识；设计“即插型”班组形势任务看板，每月为班组主控室或休息室提供“班组一张纸”宣讲材料，使基层职工对公司形势任务抬头可见，当日可见，真正做到入脑入心、耳熟能详。

【企业文化建设】 2018 年，河钢唐钢积极践行集团各项理念，全面加强企业文化建设，规范理念识别系统、视觉识别系统，引导广大干部职工提高认识，统一思想。年内，在全公司范围内开展单位或部门工作理念、工作信条征集活动，共征集理念 315 条；根据集团品牌建设统一要求，下发集团品牌信息收集表，征集产品类别和产品标识；按照集团统一部署，利用一周时间，配合“河钢十年”摄制组做好集团成立十周年专题片拍摄采访，系统回顾和总结集团成立十年来公司在助力集团最具竞争力钢铁企业建设、实现自身高质量发展等方面取得的进步和成就，引导广大党员和职工群众以饱满的热情投身企业生产经营各项工作，以良好的生产经营业绩向集团成立十周年献礼；按照“强服务、提效率”思路，设计公司内外部网站、新媒体平台信息更新发布信息化审批管理流程，完成公司企业文化内部网站建设。

【精神文明建设】 2018 年，河钢唐钢着力抓好精神文明建设，根据市国资委党委要求，在春节、元宵节期间组织开展“英雄城市·大爱唐山——我们的节日”系列主题道德实践活动；开展“雷锋在身边·志愿我当先”活动，参加唐山市“实行文明祭祀·过绿色环保清明”活动万人签名启动仪式，组织参加“善行河北·德润燕赵”先进典型巡讲活动，做好“四关爱”志愿服务活动、“七一·我想对党说”主题活动相关内容整理，开展“我们的节日·中秋”“升国旗、唱国歌，祖国在我心中”等主题活动，策划推出“最美钢城·永远的记忆”系列活动；坚持季评“爱岗敬业十佳职工”活动，评选表彰在爱岗敬业、助人为乐、见义勇为等方面成绩突出的40名职工，并广泛宣传，营造浓厚氛围。

【政治理论研究】 2018年，河钢唐钢党委加强政治理论研究，组织公司政研成果撰写专题培训，完成集团政研会12个选题、整理审核推荐41篇论文成果上报，数量及质量创集团第一。年内，组织推荐4篇论文参加中国冶金政研会年度行业思想政治工作研究优秀论文评选，《开创宣传思想工作新局面 在推动企业高质量发展中展现新作为》论文获评一等奖，在集团获奖作品中位列第一。承办中国冶金政研会“中国新时代、钢铁新使命、党建思想政治工作新作为”研讨班，向与会的钢铁行业单位重点推介了公司创新党建工作、推动高质量发展的经验，组织郑久强国家技能大师工作室等典型团队，讲述公司高质量发展故事，并在《河钢·唐钢版》同期设立专版，集中展示公司8个党群部门贯彻落实十九大精神、加强新时代党建过程中的新思路、新经验。

【新媒体平台】 2018年，河钢唐钢深刻把握新媒体发展趋势，积极探索网络信息生产传播特点规律，对标《人民日报》《中国冶金报》等公众号运营模式，以打造集团最有温度的新媒体平台为切入点，对公司微信公众号全面改版，不断提高网上正面宣传和网络舆论引导水平，使之成为强化宣传思想工作的重要阵地和展示公司形象的平台窗口。年内，提高新媒体政治站位，坚持在集团整体框架下传递集团声音，加大组稿力度，从每日推送1条拓展到3~6条，全年推送602篇，月均50篇，平台活跃人数由4千人突破至2万人以上；注重提升新媒体响应速度，公司党政一系列重要大会召开后，第一时间推送文章《干货！面对新形势，需要我们这样做》，传达会议精神和要求，引导全员迅速贯彻形成合力；重视抓好平台策划，积极展示公司在全国、省、市级大赛等方面取得的优秀成绩，推出《赞！钢城创新成果捷报频传》等新闻，紧跟国家热点，策划《写意“一带一路”的唐钢元素》等头条新闻，有力彰显了公司在国家经济重要领域的担当；以服务生产经营为中心，注重推文可读性和感染力，陆续推出《十万吨大单挺起“中国脊梁”》等与市场和产品、产线效率提升等重点工作紧密结合的文章，点击率突破7000人次，创阅读量历史纪录；根据公司“强服务、提效率”要求，充分发挥新媒体传播快、覆盖广、痕迹可追溯、阅读查找更快捷特点，创新栏目设置，发挥协同优势，打造服务职工多项业务学习的“口袋计划”，积极为职能部室搭建高效基层服务平台，生产制造部、法律事务部、教育中心、唐钢大学及弘慈医院传播内容相继入驻新媒体平台，推出汽车钢质量文化、法在身边、营销微礼仪、匠人讲堂预报、聚健康和党的理论知识等系列学习连载专栏，圆满实现了公司重点工作的有形推动和效率提升。

【新闻报道】 2018年，河钢唐钢加强新闻宣传工作，从构建“全覆盖”的新闻舆论体系入手，以宣传高质量发展理念、讲好高质量发展故事为主题，系统策划、灵活组织，营造强大舆论声势。全年，《河钢·唐钢版》共出版104期；电视台共播出新闻144期，新闻总量1413条，制作公益片11

部、专题片10部、专栏21个。在河钢集团成立十周年之际，策划推出“河钢十年·看变化”系列宣传；组织以“市场和产品”“全员创新”为主题的5篇年终特稿，采用图、文、表相结合方式，集中展示公司在严峻经济形势和巨大环保压力下，解放思想、抢抓机遇，各项工作取得快速提升的新业绩。在改革开放四十周年专题宣传中，报纸采用二三连版，微信推出10期系列专题，并结合公司区位调整实际，策划推出“最美钢城·永远的记忆”系列活动；推出独立拍摄的第一部宣传片《最美钢城·秋之韵》，展示富有视觉冲击力的镜头画面，航拍钢厂层林尽染的秋色，记录公司厂区综合治理成果，网络点击量超过6000次。

【对外宣传】 2018年，河钢唐钢抓好对外宣传工作，在保持集团上稿量第一基础上，重点采写反映公司高端产品、客户端优化的重要新闻，传播企业好声音。全年，在外部主流媒体、网站发稿270余篇，其中中央级媒体1篇、省级媒体35篇。年内，创新使用航拍、虚拟演播室等技术手段，第一手采编的《全球首卷最高强度薄板坯热成型汽车钢在公司下线》《公司锚拉板用钢独家供货世界最重转体斜拉桥》等高端产品新闻，相继被《中国冶金报》、长城网、搜狐网等知名媒体转载，有力提升了公司品牌形象。集中策划、采写公司坚持绿色理念、实现高质量发展的综述文章，分别在《唐山劳动日报》头版头条和《中国冶金报》报眼位置刊发，在行业内引起强烈反响。

【统一战线工作】 2018年，河钢唐钢党委做好统一战线工作，牢牢把握政治方向，完善统战工作管理制度，健全工作机制，推进统战工作制度化、规范化、程序化建设。年内，注重学习考察，赴开滦集团就统战工作政策运用、组织管理、制度体系、阵地建设等方面进行调研考察，结合学习成果逐步建立完善公司统战工作管理体系；开展统战对象摸底统计，下发《关于开展2018年度统战人员信息摸底统计的通知》，围绕公司人大代表、政协委员，民主党派成员、归侨侨眷及信教职工等专项内容进行详细摸底，明确1251名统战对象的基数和构成，初步形成公司统战信息数据库；开展统战制度修订工作，起草公司统战工作基本制度，对11个方面工作进行制度界定，确保工作标准化、规范化；在下半年中央组织开展的民族宗教事务专项督查工作中，积极配合市委统战部、市民族和宗教事务委员会，做好信教职工统计上报、邪教信息摸底排查，协调做好重点人员包保稳控等工作，确保公司民族宗教工作顺利通过督查。

附：各民主党派简况

截至2018年末，有民革唐钢支部、民盟唐钢支部、民建唐钢总支、民进唐钢支部、农工党唐钢支部、九三学社唐钢基层委员会。

民革党员8人，其中民革唐山市副主委1人、民革唐山市委常委兼民革唐钢支部副主委1人、民革唐山市青年委员会副主任1人、支部副主委1人。职称及在本单位任职情况：高级工程师2人、主任医师1人、政工师1人，副厂部级1人、科长1人、副科长1人、科员1人。

民盟盟员8人，其中主委1人、参政议政委员1人。职称及在本单位任职情况：高级工程师4人、工程师1人，高级讲师3人。

民建会员7人，其中民建唐钢总支主委1人、民建唐钢总支二支部主委1人、副支委1人。职称及在本单位任职情况：高级经济师1人、高级工程师1人、工程师3人、经济师1人、退休1人。

民进会员6人，其中支部主任1人、副主任1人。职称及在本单位任职情况：教授

1 人、副教授 2 人、高级工程师 2 人、科员 1 人。

农工党党员 10 人，其中农工党唐钢支部书记 1 人。职称及在本单位任职情况：主任医师 2 人、副主任医师 2 人、副主任中医师 1 人、高级工程师 1 人，科长（主任）4 人。

九三学社社员 16 人，其中主委兼九三唐山市委委员、九三唐山市委组织部副部长、唐山市政协委员 1 人，副主委兼唐山九三双创委员会委员 1 人、副主委 2 人。职称及在本单位任职情况：高级工程师 9 人、工程师 3 人、高级经济师 1 人，总经理助理 1 人、科长 2 人。

纪检监察

【“两个责任”落实】 2018 年，河钢唐钢党委压紧压实党风廉政建设“两个责任”，组织各单位党委、纪委逐级签订《党风廉政建设责任书》，为企业营造风清气正的良好环境。加强工作部署，切实把党风廉政建设纳入重要议事日程，组织召开公司党风廉政建设和反腐败工作会议，印发《2018 年党风廉政建设和反腐败工作要点》，对公司落实党风廉政建设和推进纪检监察工作进行全面部署，明确目标任务、思路举措、工作要求，为推进党风廉政建设提供保障；完善责任体系，细化两级领导班子成员党风廉政建设责任分工，进一步明确党委主体责任、党委书记第一责任人责任、纪委监督责任、领导班子成员“一岗双责”责任，实现“四责协同”工作格局；强化督导落实，认真落实廉政谈话、述职述廉、绩效考核、督责考责、责任追究等相关制度，坚持以问题为导向，以监督执纪问责为抓手，监督检查各级党组织落实“两个责任”情况，每月对二级单位进行量化考核，年终对所有厂部级领导班子和领导干部进行党风廉政建设责任制和廉洁自律考评，对量化考核排位靠后单位的党委书记、纪委书记进行约谈，严肃责任追究；强化干部选拔廉政审核，按照“凡提必谈必考”要求，对 29 名拟提拔厂部级干部进行廉洁自律审查、廉政考试和廉政谈话，建立廉政档案，把好选人用人廉洁关。

【深入开展执纪审查】 2018 年，河钢唐钢纪委积极运用监督执纪“四种形态”，抓早抓小，深化分类处置及谈话函询，及时调查核实信访举报涉及领导干部的违规违纪问题线索，优先查办上级交办案件，有效强化了执纪问责职能作用发挥。全年，共收到反映党员干部 14 个问题线索，全部按照分类处置原则规范处置，其中立案 3 件，党纪处分 4 人，政纪处分 2 人，对 6 人进行批评教育。这一年，畅通信访举报渠道，注重从督导检查、责任事故、群众舆论中发现问题线索，规范执纪审查工作流程，电话接访、当面接访 30 余人次；严格遵守《中国共产党纪律检查机关监督执纪工作规则》，规范执纪审查工作流程，把好纪律审查的初核、立案、结案三个重点环节，严格履行报批程序，依纪依法查办案件，以“零容忍”态度惩治腐败，做到有案必查、有腐必反，持续强化“不敢腐”震慑作用。

【持之以恒纠“四风”】 2018 年，河钢唐钢纪委深入落实中央八项规定精神，按照“四紧盯四严查”活动要求，强化重要时间节点廉洁教育和明察暗访，深入开展自查自纠和专项整治，坚决防止“四风”问题反弹。全年，开展各类监督检查 128 次，进行明察暗访 325 次，走访职工群众 1879 人次，未发现违规违纪问题。这一年，强化节期廉洁自律教育和监督检查，利用报纸、电视、网站以及手机短信、微信等媒介平台，重申纪律规定，加强廉洁教育；采取明察暗访、交叉互查等方式，对公款吃喝、收送礼品、公车私用、婚丧事宜大操大办等严禁事项开展专项检查；针对形式主义、官僚主义新表现，深入开展形式主义、官僚主义突出问题调研查摆、专项整治，梳理问题清单、分析发生问题根源、制定整改措施，结合公司“强服务、提效率、转机制”工作要求，转变党员干部工作作风，坚决纠正“四风”，营造了风清气正、干事创业良好氛围。

【廉政教育】 2018年，河钢唐钢纪委坚持不懈抓好廉政教育，严明政治纪律和政治规矩，筑牢拒腐防线，增强了党员干部廉洁从业意识。全年，组织党纪知识答卷3235人次，党委书记、纪委书记上廉政党课268次，观看电教片176次，累计受教育2.3万余人次。扎实推进政治性警示教育，组织召开警示教育大会，开展彻底肃清周本顺、张杰辉等人恶劣影响，进一步优化政治生态教育；组织收看警示教育专题片《警钟》，强化反面典型案例警示，要求厂部级以上领导干部写好观后体会，进行自我剖析，自我警醒；拓宽廉政教育形式，把党章、《准则》《条例》等党纪条规纳入两级党委理论中心组学习和3X+1形势任务宣讲，做到以上率下、先学一步、深学一层，发挥表率带动作用；组织党委书记、纪委书记上“廉政党课”、基层党组织开展“廉政微党课”“职工说规矩”等活动，强化廉洁意识；将公司近年来查处的违法违纪典型案例编入集团纪委编写的《镜鉴》，并将其作为警示教育教材，每周利用生产例会时间进行讲解，以身边事教育身边人，起到良好教育警示效果；强化廉政文化建设，充分利用新媒体传播范围广、速度快、便捷易接受等优势，构建网站、微信、报纸专刊和廉政文化长廊“四个平台”，完善廉洁电子显示屏、展板、橱窗和走廊，建立多家示范性廉洁文化园地，营造崇廉尚廉文化氛围，进一步提高党员干部廉洁从业意识。

【常态化监督机制】 2018年，河钢唐钢党委探索建立由党委办公室牵头、多部门参加的督导巡察机制，突出对两级党委班子落实“两个责任”情况监督，加强对民主集中制、民主生活会、谈心谈话，“三重一大”等制度落实情况监督检查，针对重点领域、重要项目，不定期开展明察暗访和专项纪律监督检查，形成监督执纪工作合力。

【专项督导检查】 2018年，河钢唐钢纪委紧密结合公司实际，认真履行监督职责，成立3个督导检查工作组，从省委专项巡视问题整改、集团党委巡察督导问题整改、“一问责八清理”专项行动清理整改“回头看”、落实中央八项规定精神纠“四风”情况、开展政治性警示教育活动查摆整改、推进党风廉政建设开展纪检监察工作情况等6个方面，对公司35家部门单位进行拉网式督导检查；坚持问题导向，采取听取汇报、查阅资料、谈话问询、明察暗访等方式，逐家建立问题台账清单，集中通报督导检查结果，就18项突出问题对号入座，认领并落实责任；组织开展“回头看”，督导检查问题整改情况，坚持立行立改、措施到位、制度固化、对账销号，有力推动相关问题整改落实。

【廉政风险防控】 2018年，河钢唐钢纪委积极构建廉政风险防控体系，加强对权力集中、资金密集、资源富集重要领域关键岗位监督，取得良好成效。全年，梳理重点职权237项，确定廉政风险点570个，提出风险防控措施1295条。年内，制定下发《关于开展廉政风险防控工作的实施方案》，以二钢轧厂、不锈钢公司、物流分公司、设备机动部、发展规划部等单位为试点，深入开展廉政风险防控试点工作，梳理绘制流程图，确定廉政防控风险点，制定防控措施，实施精准动态监管，从源头上防控廉政风险。

【举办党风廉政建设警示教育暨纪检监察业务培训】 2018年5月15—16日，河钢唐钢纪委举办党风廉政建设警示教育暨纪检监察业务培训。公司党委书记、董事长王兰玉作开班动员暨警示教育讲座。省纪委驻省国资委纪检组相关领导进行纪检监察工作培训。公司党委副书记、纪委书记陶立国主持会议。各单位党政主要领导，纪委书记、各级纪检监察干部，重点岗位科级管理人员，各部室负责人共计150人参加了培训。培训过程中，省纪委驻省国资委纪检组相关领导分别以“以案为鉴，警钟长鸣”“履职尽责、执纪审查，为国企健康发展保驾护航”为题作教育培训。公司纪委相关人员讲解中国共产党纪律处分条例、精准问责等内容。

【效能监察管理】 2018年，河钢唐钢加强效能监察管理，抓住企业重点领域、关键环节，拓宽监察渠道，创新监察手段，以项目单元为形式，实施动态管理，充分发挥监督职能作用，促进公司管理提升。全年，完成效能监察项目52项，提出改进管理建议43条，推进建章立制31项，避免和挽回经济损失960余万元。年内，印发实施《招投标执纪监督工作办法》，实行两级纪检监察部门全覆盖、分类负责的招投标执纪监督模式，促进了招投标监督执纪规范化；健全“制度+科技”监督体系，建立物联宝、智慧物流等信息化管理平台，推行公开招标和阳光采购，防止廉政风险突出问题发生。

【纪检队伍建设】 2018年，河钢唐钢纪委加强纪检监察队伍建设，健全纪检监察机构，提升执纪监督能力。年内，加强纪检监察专职人员配备，根据二级单位企业性质、规模大小、生产经营状况配置纪委书记、纪检监察专员和纪检干事，增设纪检监察专员岗位18个，专职纪检人员占比由11.5%增至40%；加强学习培训和对标交流，重点与山钢集团、港口集团、开滦集团等7家国企纪委开展对标，学习先进管理经验，为完善纪检监察体制机制建设和开创纪检监察新局面打下良好基础；健全完善协调联动的纪检监察工作机制，抽调二级纪委精干人员参与公司督导检查、廉政风险防控、廉政文化建设、纪律审查等重点工作，以干促学、以干促管，在日常工作中发挥“传帮带”作用。

工会工作

【体系及组织建设】 2018年，河钢唐钢工会结合工作实际，建立健全各项体系制度，修订《工会工作目标管理考核办法》，夯实工会工作基础；依据《河北省基层工会经费收支管理实施细则》，修订《工会财务管理办法》《工会经费收支管理办法》《职工大病帮扶费使用管理办法》等制度，有效促进工会经费使用管理的制度化和规范化；健全基层工会组织机构设置，随行政机构变化增设、撤并基层工会组织，成立型线事业部、汽车板事业部、卷板事业部3家临时工会。年末，公司直属单位设立工会35个，基层分会361个，共有工会会员3.3万余人。

【召开第二十二届职工代表大会第一次会议】 2018年1月12日，河钢唐钢召开第二十二届职工代表大会第一次会议。公司党委书记、董事长王兰玉出席会议并发表讲话，总经理田欣作《行政工作报告》，287名职工代表参加会议，科技与管理人员代表、一线生产骨干代表和各民主党派代表近400人列席会议。会议全面总结了2017年主要工作，安排部署2018年工作，审议通过《行政工作报告》《2018年预算》《2018年经营绩效管理方案》《2017年业务招待费使用情况报告》等10项议案，对《2018年度工资总额预算安排方案》《2017年职工福利费支出情况及2018年职工福利费预算》《职工休假管理办法》3项涉及职工切身利益的议案进行了无记名投票表决，充分体现公司对职工主体地位和职工意愿的尊重，并对105条提案，立案44条，全部有效解决和落实。

【召开2017年度总结表彰暨2018年挖潜增效、全员创新推进大会】 2018年3月31日，河钢唐钢召开2017年度总结表彰暨2018年挖潜增效、全员创新推进大会。公司党委书记、董事长王兰玉发表讲话。公司总经理田欣主持大会。会议全面贯彻集团2018年重点工作分析说明会、集团二届二次职代会暨2018年工作会议精神，落实集团于勇董事长在参加公司领导班子民主生活会时对公司各方面工作提出的要求，总结2017年主要工作，对2018年挖潜增效及全员创新工作进行动员和部署。公司副总经理张洪波发布2018年度公司级专家课题；总会计师赵丽树宣布公司《2017年度挖潜增效奖励决定》《2018年挖潜增效奖励办法》。党委副书记、工会主席王文德宣布《关于表彰2017年度先进集体和先进个人的决定》和《关于表彰优秀创新团队的决定》。公司领导为受表彰的先进集体、先进个人以及优秀创新团队颁奖。

【职工民主管理】 2018年，河钢唐钢工会加强职工民主管理，规范开好公司两级职代会，认真落实职工各项民主权利，维护职工合法权益，确保公司和谐稳定。年内，圆满完成集团二届二次职代会唐钢代表团和公司二十二届一次职代会的代表选举和组织工作，有效保障了职工民主权利；畅通职工代表提案，董事长、总经理联络员和职工代表巡视等民主管理渠道，组织召开公司董事长、总经理联络员座谈会，37名联络员围绕加强安全与环保工作、推进作业长制、提高生产效率、保证设备稳定运行等重点工作以及职工关心的生活后勤等方面提出47条建议，并在民主参与月献计献策活动中征集75条有价值的职工建议，均得到圆满答复或较好落实；深化厂务公开，有效落实职工知情权、参与权和监督权，涉及生产经营、职工薪酬等职工关注的热点焦点在公司工会网站上进行公开，受到职工欢迎；组织基层职工代表业务培训，有效提高基层职工代表的参政议政能力；加强劳动争议调解和处理，有效维护职工的合法权益。

【召开工会工作会议】 2018年5月11日，河钢唐钢召开工会工作会议，传达集团党委书记、董事长于勇在集团劳模座谈会上的讲话精神，系统总结上年工会工作，安排部署下步重点工作。公司党委书记、董事长王兰玉出席会议并讲话，公司党委副书记、工会主席王文德主持会议，各单位工会主席和工会干部参加会议。会议对18个“先进职工之家”、26个“先进职工小家”、38名优秀工会工作者、160名优秀工会积极分子予以表彰，“先进职工之家”单位代表、公司工会代表、郑久强创新工作室联盟代表、集团技术比赛承办单位及集团技术比赛选手代表分别作表态发言，展现出公司职工奋发有为的精神面貌。

【职工素质提升】 2018年，河钢唐钢工会实施职工素质提升工程，抓好职工培训、岗位练兵活动，实现职工队伍整体技能水平不断提升。组织参加“首钢杯”第九届全国钢铁行业技能大赛4个工种比赛，4名选手全部进入前20名，获得天车工第6名、团体总分第7名；举办第九届“河钢杯”职业技能大赛唐钢赛区比赛，取得9个比赛工种的3个状元，25人受到集团表彰，以优异成绩彰显了集团排头兵地位和作为；在省职工技能大赛中，公司职工获得“数控机床装调维修工比赛状元”称号；组织参加唐山市举办的第17届职工职业技能大赛，取得高炉炼铁、电焊、网络安全3个工种第一名；在第十三届世界钢协模拟炼钢挑战赛中，公司职工获得职业组中国赛区前15名好成绩，其中2名职工以前两名成绩取得最终决赛资格；举办公司第32届职工技术比赛，产生10名技术状元、20名优秀技术能手和21名技术能手；承办汽机运行工、制氧工、天车工、网络安全管理员、电焊工和钳工邀请赛，涌现出一批技术尖兵，为公司建设最具竞争力钢铁企业提供人才支撑。

【岗位创新】 2018年，河钢唐钢工会充分发挥郑久强创新工作室联盟作用，持续深化“四个结合”，用新思维丰富创新载体，用新视野拓宽创新思路，用新方式提升创新效果，助力公司重点工作实现新突破。截至年末，共建立34个市级以上、32个公司级职工创新工作室，89个创新工作站、151个创新工作小组。年内，结合产品升级开展课题攻关，在500多项职工创新成果中选取34项典型成果，举办创新成果展，开拓职工视野，营造良好氛围；结合技能人才培养开展技能培训，建立500多人的高技能人才库，实现高技能人才领军人物培育选树新突破；结合各专业领域开展交流合作，所有室（站、组）立项课题达到481项，完结458项，申请专利333项，5项成果推荐申报全国职工优秀技术创新成果奖，7个工作室推荐申报省级、市级创新工作室，4个工作室获“河北省劳模和工匠人才创新工作室”称号，2个工作室获“河北省工人先锋号”称号；结合技术革新、课题攻关，开展“小微创新课题（成果）”征集评比活动，共征集523项小微创新成果，有15项成果获得一等奖，32项成果获得二等奖，53项成果获得三等奖，实现群众性技术创新新突破；大力开展“十佳百优”合理化建议活动，公司职工提出合理化建议6936条，采纳3763条，实施1150条，创效5411万元。

附表1　2018年河钢唐钢国家级、全国冶金行业创新工作室

序号	单位	创新工作室名称	带头人姓名	级　别
1	一钢轧厂	郑久强国家级技能大师（炼钢）创新工作室	郑久强	全国示范性劳模创新工作室
2	信息自动化部	劳瑞斯冷轧控制技术创新工作室	劳瑞斯	全国机冶建材系统创新工作室
3	炼铁厂	方丽平资源结构与成本控制创新工作室	方丽平	全国冶金行业创新工作室
4	二钢轧厂	王振刚转炉操作创新工作室	王振刚	全国冶金行业创新工作室
5	冷轧薄板厂	张立新优化性能创新工作室	张立新	全国冶金行业创新工作室
6	不锈钢公司	师可新轧钢创新工作室	师可新	全国冶金行业创新工作室
7	型钢厂	吴功军大型钢技术创新工作室	吴功军	全国冶金行业创新工作室

附表2　2018年河钢唐钢优秀创新团队一览

序号	优秀创新团队	序号	优秀创新团队
1	炼焦过程控硝及烟气脱硝运行优化课题组	8	2000兆帕级钒合金化热成形钢炼钢工艺技术研究课题组
2	焦炉煤气脱硫工艺研究课题组	9	开展热轧控制技术研究，提高难轧品种及规格创效能力课题组
3	降低高炉燃料比的研究课题组	10	1700线连铸自动送坯及加热炉自动燃烧课题组
4	提高中厚板区高炉喷煤比课题组	11	唐钢大型线改造方案确定后产品工艺参数的设计及型钢产品的开发课题组
5	高强度、高耐蚀铁道车辆用钢的强化机理及耐腐蚀机理研究课题组	12	锌铝镁镀层工艺研究及产品开发课题组
6	连铸坯表面组织高温连续淬火控制技术开发课题组	13	家电镀铝板合格率提升课题组
7	高品质汽车板高效化冶金工艺技术研发课题组	14	先进高强钢的激光拼焊及成型性研究课题组

续附表 2

序号	优秀创新团队	序号	优秀创新团队
15	优化三镀锌设备功能，助力锌铝镁新产品开发课题组	20	燃气锅炉污染物排放超标原因分析及减排改造课题组
16	不对称断面型钢全自动预弯功能开发与应用课题组	21	助推唐钢精益生产的生产运营指标数字化体系的建设开发课题组
17	板材轧机大型检修标准化课题组	22	优化物流运输组织方案 适应钢铁物流的市场化需求课题组
18	车辆及钢卷扫描识别系统研发课题组	23	以提升基层管理水平为目标的扁平化组织机构管理创新课题组
19	钢区智能制造的设计和实现课题组	24	钢铁企业操作系列人力资源挖潜与改革创新研究课题组

附表 3　2018 年河钢唐钢优秀岗位创新团队一览

序号	优秀岗位创新团队	序号	优秀岗位创新团队
1	郑久强转炉炼钢创新工作室	6	张士慧设备创新工作站
2	谷海波电气点检创新工作室	7	郭健汽车板检测技术创新工作站
3	李和岭铁路设备创新工作室	8	邓晓凝表面技术创新工作站
4	张立新优化性能创新工作室	9	葛祥仑机点检创新工作小组
5	林少田质量管理创新工作室	10	第十三届世界模拟炼钢挑战赛中国赛区优异成绩团队

【劳动竞赛】 2018 年，河钢唐钢工会坚持融入中心、服务大局，紧紧围绕公司生产经营重点，以“市场”和“产品”为竞赛核心，大力推行“3+3+1+X”模式劳动竞赛，全面调动广大职工的劳动热情，焕发职工创造活力，推动公司各项工作不断跨上新台阶。开展创效争先立功竞赛，有效激发职工创造潜能，3 家单位获集体特等功，7 家单位获集体一等功。组织开展产线指标擂台赛，涉及 64 条生产线（炉座）的作业区关键产线指标擂台赛成效显著，其中“关键产线、关键指标、特殊贡献”竞赛，实现了产量、燃料比、铁水消耗 3 项主要指标的持续优化。组织以炼铁 2 号高炉开炉达产竞赛、唐银复产竞赛等为重点的 8 项专项攻关竞赛，助推公司各事业部重点工作实现新突破。指导各基层单位工会开展小微竞赛活动达 193 项，有力促进了公司生产经营任务的圆满完成。在全国钢铁行业节能降耗对标竞赛中，炼铁厂 360 平方米烧结机、一钢轧厂 3 号 150 吨转炉和炼铁厂 4 号 3200 立方米高炉分别获“全国优胜炉”“全国创先炉”称号。

【弘扬劳模精神】 2018 年，河钢唐钢工会大力弘扬劳模精神和工匠精神，营造崇尚技能、精益求精的敬业氛围。组织拍摄以“钢城先锋”为主题的劳模事迹电视访谈节目，营造尊重劳模、尊重创造的浓厚氛围。利用《河钢·唐钢版》等媒介，开办“中国梦·劳动美·点赞先模”征文栏目，有力展现职工飞扬智慧、勇于担当、大有作为新形象。积极开展“河钢工匠”“唐山超级工匠”评选活动，2 人获“市能工巧匠”“市金牌工人”称号。关心劳模生活健康，救助帮扶生活困难劳模，落实劳模待遇，激发职工创新动力。

【劳动保护监督】 2018 年，河钢唐钢各级工会组织以“安康杯”竞赛为载体，大力加强职工安全防范意识和自我保护能力，深入开展安全隐患排查治理，为公司安全生产提供有力保障。全年，公司四级职工劳动保护监督检查组共检查1563次，查出安全隐患1682项，全部整改落实；公司15个班组获“全国‘安康杯’竞赛优胜班组”称号，公司连续11年获“全国‘安康杯’竞赛优胜单位”称号。

【职工服务保障】 2018年，河钢唐钢工会大力加强职工服务保障工作，广泛传递企业关怀和温暖。元旦、春节期间，公司两级工会共走访慰问困难职工、劳动模范、离退休职工等各类人员2万多人次，发放慰问款（物）价值达300多万元，用真心关爱赢得职工信任和支持。公司各级工会组织围绕“五心”，即精心、贴心、连心、细心、暖心，开展形式多样的暑期“双服务”活动，为一线职工创造更有利的工作和生活条件，共投入246.39万元，购买和维修冰箱、空调、饮水机等设备777台，购买瓜果14.82万千克、冷饮3.8万箱，冰糖、山楂、绿豆等防暑食品1.28万千克，发放各类防暑药品5.12万盒（袋、瓶），有力保障了公司暑期生产经营顺行。组织2558人疗休养，举办防暑急救讲座14场，保障职工身体健康。开展服务窗口竞赛，加强监督检查和问题督导落实40多项，促进公司生活后勤服务水平不断提升。积极组织并出资100多万元为3.98万名职工办理了唐山市第九期重大疾病医疗互助，为538名职工发放互助款167.23万元，为943名困难职工办理困难补助28.39万元，为338名患大病职工或直系亲属给予大病补助67.1万元，为56名困难职工子女发放助学金12.67万元，并做好纳入全总帮扶网站困难职工的帮扶工作，极大缓解了困难职工家庭负担。做好职工健康体检，投入1000万元为3万多名职工进行免费体检，并为45岁以上职工增加胃肠镜和冠状动脉CT血管造影（CTA）检查自选项目，开展健康知识讲座、宣传教育等活动。举办上海大众汽车内购福利会、苏宁电器“618”专享日、“建行一元购”、职工车辆“出行安全免费检测”、创维和美的家电内购会等活动，使职工切实感受到工会组织带来的实惠和优越感。

【女工工作】 2018年，河钢唐钢充分发挥女职工“半边天”作用，以“巾帼竞风采，岗位建新功”为主题，团结动员广大女职工开展创新创效、技能比武等活动，组织女工安康互助保险、女工体检等活动，做好女工巧手作品展，充分展现广大女职工的才艺和新风尚，推动女职工在公司改革发展中展示新作为。组织召开2018年庆“三八”表彰会暨文艺演出，对15个女职工工作先进单位、14个巾帼建功示范岗、10名优秀女职工标兵、38名优秀女职工、15名优秀女职工工作者、10户敬业奉献好家庭予以表彰。开展“提效率、创特色、树品牌”活动，依托女职工创新工作室创新立项，炼铁厂女工立项6个，技术中心女工立项6个。维护女职工权益，在中厚板公司、教育中心等4家单位设立“爱心妈妈小屋”，为孕期、哺乳期职工提供卫生、舒适的休息场所，提升其幸福感和归属感。开展女性健康知识讲座，邀请专业人士在河钢唐钢大学、气体公司、时创高材公司、唐银公司连续举办4场中医讲座，360余名女职工现场聆听。

【文体活动】 2018年，河钢唐钢工会坚持寓教于乐，抓好文体活动，提升职工文化素养。元旦、春节期间，组织开展职工篮球、跳绳等比赛活动，营造欢乐祥和的氛围。举办“新时代 新征程 新发展·河钢十年”职工健步走、“迎国庆”公司职工羽毛球比赛、“决战四季度 工会好新闻”征文等系列活动，组织职工参加集团拔河比赛、唐山市总工会组织的职工中国象棋、乒乓球、马拉松、演讲比赛、微电影征集，以及河北省文联组织的省企业、行业界员工摄影比赛、中国机械冶金建材工会组织的书画摄影展等活动，丰富职工业余文化生活，陶冶职工情操，传承企业文化理念，展示公司职工的精神风貌，提升了公司的社会影响力。

共青团工作

【团建基础工作】 2018 年，河钢唐钢团委下大力度抓好团建工作，夯实基础管理，推动团建工作逐步实现制度化、体系化。树立体系管理思维，完善制度体系，先后制定完善《共青团团干部直接联系青年制度》《共青团工作经费管理办法》《共青团团费收缴、使用和管理的规定》等工作制度和管理办法，将涉及共青团基层组织建设的《基层团委工作条例》《团支部工作条例》《三会两制一课制度》《推优工作制度》等 15 项制度重新修订汇总形成《团委组织建设工作制度汇编》，坚持用制度、流程管理业务，为基层团建工作提供了依据；转变工作机制，借助信息技术在共青团体系中的应用，探索共青团工作“强服务 提效率”新路径，在充分调研工作、听取基层意见、了解青年需求基础上，制定公司团委“强服务 提效率”工作方案，梳理重点工作流程并编制流程图 20 余个，实现团建工作规范化、标准化、流程化，管理效率不断提升。

【品牌创建】 2018 年，河钢唐钢团委持续深入开展品牌建设工作，修订完善公司青年文明号、青年安全生产示范岗创建工作管理办法，提出“五型”青年文明号创建模式，赋予了新形势下品牌创建工作的新内涵。全年，共创建市级青年文明号 4 个、省国资委级青年文明号 3 个、省级青年文明号 1 个、国家级青年文明号 1 个；1 个基层班组获“全国青年安全生产示范岗”称号，2 个基层班组获“河北省青年安全生产示范岗”称号，8 个基层班组获“全国钢铁行业最佳青年安全监督岗”称号。年内，高标准、深层次挖掘品牌价值，重协同、阶梯化打造特色亮点品牌，指导基层团组织将“一团一品”创建工作拓展到基层团支部，打造炼铁厂“提质保产”、一钢轧厂“安全护航”、二钢轧厂“创新联盟”、高强汽车板公司“思想先锋”、不锈钢公司“指唱确认”、市场部“产品名片”、技术中心“研发创效”等 32 个基层团委特色品牌，打造物流分公司总调度室团支部“调度知识擂台赛”、唐银公司棒线车间团支部“青春棒线 舞动棋迹”等 89 个基层团支部特色品牌，团支部“一团一品”创建覆盖率达 54. 3%。

【思想引领工程】 2018 年，河钢唐钢团委以引领青年学习贯彻党的十九大精神、团十八大精神、习近平“七二”讲话精神、团省十五大精神、集团和公司重要会议精神等为主要内容，以组织开展向团十八大、团省十五大报到活动、网上青年大学习活动为重要抓手，利用“青年大学习”构建导学、讲学、研学、比学、践学、督学六位一体学习体系，多维度打造思想引领工程，推进党的创新理论深入人心。这一年，公司各级团组织利用线上线下相结合的形式加强形势任务教育，引领青年认真学习贯彻集团及公司重点会议精神，广泛深入开展“新时代 新征程 新发展 河钢十年”主题系列活动、“以青春的名义，我为河钢打 CALL”创意照片征集活动、“决战四季度 青年动员令”、青春微访谈等活动，团员青年看齐意识与责任意识不断提升；创新工作方式，由引领式向服务式转变，开展“走向基层 走进青年”基层调研，了解青年职工所思所想。当年，共开展讨论交流活动 48 次，征集动员令 96 条，收集整理调查问卷 4083 份，整理青年职工反馈的信息 216 条，为青年实际解决问题 30 余项。

【岗位建功工程】 2018 年，河钢唐钢团委广泛开展岗位建功活动，促进团员青年产品研发和市场开拓意识再提升。以技术中心及各事业部研究所为依托，开展研发讲堂、研发攻关突击队、研发创新赛、研发经验分享会等活动，引导青年研发创效，为公司发展提供技术支撑。组织市场部、销售公司等单位成立青年技术服务小分队，重点对直销客户进行走访，拓展华北、东北地区等老客户，叫响“销售保客户”青字号服务新品牌。以“质量月”为契机，开展青工质量攻关，线上利用三级微信平台向青年职工普及质量知识，用心宣传提升质量，共征集图片176幅、心得体会35篇；组织市场部、各事业部营销服务青年走访20余个重点用户，对37个重点产品进行质量跟踪，征集用户意见建议126条，寻找改进点86个；征集青年个人及青年集体质量攻关立项14项；评选35名“质量明星”，营造了比学赶超的浓厚氛围。

【创新创效工程】 2018年，河钢唐钢团委围绕公司生产经营重点和难点，成立青年创新工作室联盟，制定321成果课题责任制，开展青工创新大讲堂，举办创新成果展，开展创新技术交流，组织创新创意大赛，激发青年职工的创新潜能。全年，评选“青年创新创意之星”15名。年内，不断深化创新创效工作，“冷轧薄板厂自动配货系统设计及应用”项目参加2018年冀青春创新创业大赛并获得二等奖。积极开展修旧利废活动，将每月的第一周确定为“青工修旧利废周”，共组织修旧利废活动180余次，降低费用768万元，助力企业降本增效。

【素质提升工程】 2018年，河钢唐钢团委将提升青年综合素质作为助力企业改革发展的重要途径，多举措开展素质提升活动，促进团员青年及团干部业务素质和工作能力持续提升，为企业发展贡献力量。积极开展“岗位练兵”活动，坚持分类引导，组织青年技术骨干，以“走出去、请进来”方式开展横向及纵向对标交流活动，提高青年操作水平和业务能力；抓好青年职工培训教育，依托唐钢大学进行自主培训，拓展团干部的工作视野，增强其服务产线、服务青年的履职能力；开展“青春 责任 担当”主题演讲比赛和主题巡讲活动，提高青年综合素质；开展“你的目标我保管 你的成功我陪伴”活动，提升青工自我管理能力，激发青春正能量；加大典型选树力度，持续深入实施以“海选”为依托、以“重塑”为途径、以“推介”为基调的闭环式典型培养选树模式，建立涵盖428名优秀青年的典型人才库，构建青年人才典型选树新机制，培养十大杰出青年、十大青年技术标兵、十大青年营销先锋及产线之星、质量明星等232名优秀青年典型，在广大团员青年中发挥了示范和带动作用。

【安全保障工程】 2018年，河钢唐钢团委高度重视青年安全生产，强化青安岗主体责任意识，逐级抓好落实，促进青年安全意识和防范能力不断提升。以各单位青安岗为依托，以每月一主题形式，通过开展安全大检查、事故隐患大排查、平安短信大拜年、事故案例大家谈、青年安全微展播、“生命点燃希望梦，安全浇灌幸福花”安全漫画征集及巡展等主题活动，着力提升青工安全意识，同时排查习惯性违章行为868项，排查安全隐患385个，全部整改到位，公司团委连续三年获评全国钢铁行业青安杯竞赛优胜单位，能源科技分公司、高强汽车板公司连续热镀锌生产线被共青团中央、国家应急管理部授予全国青年安全生产示范岗称号，实现了青工“人身安全零事故、设备零隐患、生产零事故”目标。

【关爱青年工程】 2018年，河钢唐钢团委着力打造关爱青年工程，以“爱在钢城”为主题，举办第十二届集体婚礼，为6对钢城青年拍摄钢铁主题婚纱摄影，举办户外集体婚礼及婚纱摄影展，在公司广大职工中引起强烈反响，进一步增强了职工的幸福感、自豪感、荣誉感。针对青年职工反映的家庭教育困惑问题，组织亲子教育培训，邀请专家为青年职工讲授家庭亲子教育，让广大青工切实感受公司的关怀和温暖。

【志愿服务工程】 2018 年，河钢唐钢团委重视抓好志愿服务工程，不断丰富和深化青年志愿服务活动内容，促进团员青年奉献意识和服务能力持续提升。年内，以 3 月 5 日学雷锋日、重大事项、重要节日为契机，开展青年志愿者进社区、青年志愿者助残“阳光行动”、普法宣传等各类活动，受到省市媒体的广泛关注和社会各界好评；注重青年志愿服务活动品牌化建设，打造“青春志愿行 奉献新时代”青年志愿者服务月系列活动，集中组织 40 名青年志愿者，深入 68 号小区、龙华小区、税钢小区老干部活动站开展义务咨询和社区服务活动，为社区群众义务理发 106 人次，提供法律及计生政策咨询 89 项，提供医疗咨询和健康检测 280 人次，修理半导体、微波炉、手机等小家电 115 台（件），助推青年志愿服务常态化深入开展。

【团干部联系青年工作】 2018 年，河钢唐钢团委组织各基层团组织重点落实“1+100”团干部直接联系青年制度，着力发挥共青团“纵向到底、横向到边”组织网络优势，准确了解和把握青年的思想动态，力所能及地为青年解决学习生活工作中的思想困惑和实际困难，进一步增强青年获得感和归属感。全年，共联系青年 1600 名，解答青年疑问 1300 余次，回复率达 100%。强化制度约束，推动“1+100”工作网格化，建立《“1+100”团干部直接联系青年制度》，为公司各级团组织团干部联系青年工作提供遵循；督导各级团干部建立直接联系青年微信群，构建直接联系青年网络，密切联系青年，推动“1+100”工作常态化。按照“线上日常有声音、线下季度有活动、年度有交流”工作部署，组织各级团干部走进青年、联系青年、服务青年，与“8+4”“4+1”工作模式相结合，助推各级团干部与广大团员青年建立常态化长效机制。

【阵地建设】 2018 年，河钢唐钢团委积极加强网络阵地建设，构建“互联网+共青团”新格局，实现对团组织、团员、团干部及团务的信息化管理。大力实施网上共青团工程，建设工作网、联系网、服务网三网合一的网上共青团，形成“互联网+”共青团工作格局，实现团网深度融合、团青充分互动、线上线下一体运行；充分利用三级微信平台，畅通各级团组织、团干部与青年联系沟通渠道，公司共青团日常事务网上通知、团干部联系青年工作基本实现全覆盖；建设“攀登梯”技能交流群等工作网络，为青年职工学习交流技术搭建平台；强化青年阵地建设，加强住宿大学生员工思想引领，在公司大学生公寓打造青年活动阵地——青春加油站，兼具书吧、放映厅、会议室三大功能，引入书法、绘画、摄影、英语等学习培训，丰富青年职工的业余文化生活，传递企业关爱，提升青年素养，为企业培养储备新时代复合型人才贡献力量。

唐钢大学

【概况】 河钢唐钢大学是公司集企业战略文化研究、管理落地、文化建设、党建研究、职工培训等工作为一体的综合性企业大学，与教育中心（河北省冶金高级技工学校、河北冶金技师学院、唐山科技职业技术学院）合署办公。校委会作为唐钢大学的领导机构，主要负责唐钢大学发展规划制定、重大事项决策以及对唐钢大学的工作进行监督与指导。

2018年末，河钢唐钢大学下设综合管理处、培训管理处、创新管理培训中心、战略文化研究中心（河钢唐钢党建研究会、河钢唐钢党建培训中心）、技术技能培训中心（职业技能鉴定中心）。共有职工19人，其中男职工5人、女职工14人；中共党员13人；干部16人，其中科级干部5人；管理及专业技术职工12人，其中高级职称3人，中级职称11人；工人3人，其中技术工人2人，技师1人；职工中有研究生4人，大学本科12人，大学专科3人。

【党建研究】 2018年，河钢唐钢大学利用党建研究会平台，将上级党委对党建工作的相关要求和公司党委具体实际相结合，确定立项方向，深入开展党建课题研究，在各级党组织和全体党员中营造了关心重视党建、齐心协力抓党建的浓厚氛围。当年，围绕13个党建课题立项方向确立“在混合所有制下发挥党委领导作用的思路与方法的研究”“‘零一二三’工作模式提升党建工作水平的研究”等课题94项，最终评选出“河钢塞钢党建工作的研究与实践”“以提升组织力为重点加强基层党组织建设探索与研究”等一等奖课题成果13个，“新形势下国有钢铁企业纪检监察工作方法的创新及思考”“企办高职院校新形势下加强和改进思想政治工作有效途径研究”等二等奖课题成果17个，“提升企业基层党组织凝聚力 创新力的思路和方法研究”“提升基层党建组织力 助推企业高质量发展”等三等奖课题成果30个。

【召开党建研究会第二次会员大会暨2018年工作会议】 2018年6月20日，河钢唐钢党建研究会第二次会员大会暨2018年工作会议召开。公司党委书记、董事长王兰玉出席会议并讲话。总经理田欣主持会议。党委副书记张小帅，纪委书记陶立国，党委副书记、工会主席王文德出席会议。公司会员单位代表、会员个人、各单位党委书记、党办主任及基层党支部书记、课题组代表、机关各部室厂部级干部、专家及科级代表，党建研究会秘书处人员共150余人参加会议。会议作党建研究会工作报告，从营造党建研究氛围、创新党建研究模式等五方面系统总结了党建研究会成立一年来的工作，并对2018年党建研究工作进行部署，汽车板事业部、型线事业部、中厚板事业部、气体公司党委作了典型发言。

【服务战略研究】 2018年，河钢唐钢大学紧密结合公司实际，积极发挥战略研究职能作用，深入研究公司改革发展战略，为公司未来发展提供智力支撑。年内，重点组织开展作业长研修会日常工作，高标准、严要求做好培训过程控制，抓好“携手推进匠人讲堂深入开展”“以实践为突破口加快推进作业长制”“建设企业大学需要处理好六种关系”“以实事求是为切入点深度融合国企党建和生产经营的研究”等课题研究工作，营造严谨务实公平公正的学风考风，为公司作业长制持续推进提供高素质的后备人才队伍。

【办好《河钢唐钢大学学报》】 2018年，河钢唐钢大学努力办好《河钢唐钢大学学报》，为公司战略研究、党建研究和培训提供有效参考。当年，不断创新学报内容和形式，由季刊改版为半年刊，在封面设计上参考各高校学报风格，以唐钢大学校园风光为背景，添加使主题更为鲜明的刊物导读，内容上主要增加在大学举办的精品课程，包括“专家讲堂”“匠人讲堂”中的精品课；开设“专题策划”专栏，结合公司重点工作刊登调研类或经验交流类文章，全面展示公司各部门研究成果的同时，成为唐钢大学展示自身工作与成果的重要平台。

【出版《钢铁先锋》】 2018年，河钢唐钢大学以《钢铁先锋》为载体，打造企业党建特色专刊，充分展示了企业党建研究成果和党建工作风采。当年，共编辑出版《钢铁先锋》两期，其中第二期以集团成立十周年为主题，设专栏回顾了公司党建十年间的重点工作，开设“改革创新”专栏，对公司深化改革道路中的重点工作进行展示。第三期以纪念改革开放40周年为契机，设专栏回顾了公司在改革开放40年间的重点工作和发展情况，并围绕这一主题刊登习近平总书记在庆祝改革开放40周年大会上的讲话，邓小平同志在60年前的一次重要讲话，鼓励广大职工沿着改革开放的道路继续前行。开设“书记论坛”，就公司党建重点工作邀请公司各级党组织书记进行探讨，营造了浓厚理论研究氛围。

【服务全员素质提升】 2018年，河钢唐钢大学以全员素质提升培养方案为依据，认真落实各项培训计划，为企业产品结构升级、管理水平提升提供强有力的思想和人才保障。全年，共举办党建类培训3项，技能提升类培训26项；形势任务类培训8项，管理类培训27项，鉴定考试13项，培训量106个班级，培训学员11458人次。其中“匠人讲堂”系列培训效果显著，共有27名“匠人”登上讲堂，约700人接受线下培训，线上学习人数300人，收集课堂讲义近13万字，有效助力基层匠人知识升华，促进基层技术经验传承。这一年，持续完善培训体系建设，制定并下发《唐钢大学培训体系及课程清单》，为企业人才培养提供制度支撑；加强师资体系建设，制定《唐钢大学内训师相关管理执行办法》，规范内训师权利和义务，建立一支业务精湛、作风过硬的企业师资队伍；加大信息化网络培训力度，不断创新培训形式，充分利用多种平台开展培训工作，构建智能化、多元化培训体系；加强作业长系列培训，为公司993位后备作业长及在职作业长，通过系统筹备课程，科学设计知识体系，有效帮助作业长提升自身素质水平，助力公司作业长制深入推进；结合公司战略方针政策，按照管理体系要求，围绕公司关键岗位和重点人群，协助各职能部室认真落实各项体系认证培训计划，助推公司管理体系落地。

附表1　2018年河钢唐钢管理体系认证培训一览

培训类别	培训项目	人次
质量管理体系	16949转版培训	150
	质量体系VDA6.3培训	36
	16949管理体系培训	343
	“二方审核员”培训	36
安全管理体系	安全管理体系培训	160
	职业健康安全管理体系培训	50
	企业主要负责人安全换证、复审培训班	113
	安全管理体系内审员培训班	300
环境与能源管理体系	环境管理体系知识培训班	53
	能源管理体系知识培训班	47
测量管理体系	测量管理体系知识培训班	124
	测量管理体系检定校准人员培训	51
	高度测量过程培训班	55

附表2　2018年河钢唐钢“专家讲堂”培训一览

培训大类	培训课程
技术技能类（一）	冷轧连续处理线介绍
	GI/GL/AlSi/ZAM镀槽管理研究
	激光表面改性技术介绍与应用
技术技能类（二）	钢铁企业“两化”融合和智能制造发展研究
	锌铝镁镀层产品开发及市场应用
	转炉烟气净化设备点检与维修
	滚动轴承损伤分析及措施
	棒材倍尺剪控制系统
	1580层流冷却技术及应用实例
	检维修作业管理优化探讨
	蓄热式轧钢加热炉污染物的生成及控制措施
	钢中有益夹杂与有害夹杂的行为及控制研究
	乘用车车身钢板简介
	汽车车身结构、用材及制造工艺
	型钢轧机BZ3-650齿轮基座解检及滑动轴承装配间隙的调整与测量
	薄板坯连铸连轧酸洗板表面质量控制
	热成型钢、热冲压成型技术及焊接技术
	全流程质量自动判定在信息化系统的实施
	唐钢厚规格中厚板产品的开发
	冷轧板形控制研究
	管线钢夹杂物控制研究
	液压系统概述及故障分析、诊断
技术技能类（三）	铁矿烧结烟气循环工艺发展现状及协同优化
	工程审计概论及案例分析
	转炉炉体与托圈连接技术的研究与维护
	镀锡用二次冷轧原板（DR材）的研究与开发
	钢铁企业烟气排放污染物治理技术探究
	烧结机头尾星轮齿板的在线修复
	铁前能源消费特征及节能分析
	汽车板纯净度控制先进技术
	钢包的安全应用技术
	××公司审计案例分析
	汽车板研发、营销及技术服务整体解决方案与能力提升浅析
	放料收尘系统的环保改造
	中厚板洁净钢关键技术
	“十三五”期间唐钢铁前烧结系统新工艺新技术的应用和展望

续附表 2

培训大类	培训课程
管理类（一）	用中国积分制理论，构建唐钢员工积分制管理体系
	团队沟通能力
	建立质量管理体系的三个基本点—过程方法、PDCA 和基于风险的思维
	基于素质模型的作业长管理体系探究
	质量管理小组活动知识培训
管理类（二）	深化供应链管理 创造钢铁物流产业价值
	施工现场的造价管理
	作业长制推进的实战探索
	以顾客为关注焦点 提高顾客满意度
	基于提升产品质量的三镀锌设备功能精度管理实践
党建类	学党史党章 做好新形势下国有企业党建工作
	守纪律 讲规矩 推进全面从严治党

附表 3　2018 年河钢唐钢“匠人讲堂”培训一览

培训类别	培训项目	人次
技术技能类（一）	高炉闷炉及中修开炉炉前操作	10
	高炉炼铁简介	10
	保护浇铸及铸坯夹渣的控制	10
	薄板坯连铸大小包操作详解	10
	提高转炉烟气分析自动炼钢命中率	10
	减少热轧带钢表面氧化铁皮方法	10
	发电机轴电压的形成及其危害	10
	查找直流接地故障方法	10
	布袋除尘器电气控制系统简介	10
	利用 PDCA 循环探索解决发电机碳刷火花等级超标问题	10
	变压器日常点检及故障诊断	10
	CSC2000 变电站综合自动化系统	10
	如何做一个优秀的电气点检员管理好自己的设备	10
	轧机同步电动机在线运行的精密点检与维护	10
	超薄热轧板带产线控制系统传感器的维护与点检	10
	PROFIBUS-DP 网络结构及诊断	10
	常用减速机基本常识及常见事故的判断处理	10
技术技能类（二）	内燃机车柴油机运行中停机故障判断及处理	10
	匠人精神造就新时代钢铁工匠	200
	门式起重机常见机械故障及检修	10
	起重设备技术及故障隐患处理	10

续附表 3

培训类别	培训项目	人次
技术技能类（二）	汽车日常维护与保养	30
	汽车驾驶小常识	30
	天车技术培训与创新	10
	数控机床原理及维护	10
	加热炉煤气安全使用	10
	构建完善的转炉安全管理制度体系	10
	维修电工技能竞赛经验与技巧分享	10
管理类	创新思维与工具 —头脑风暴法	10

武装工作

【武装管理】 2018 年，河钢唐钢武装部深入学习党的十九大精神，牢牢把握新时期强军思想要点，严格落实上级主管部门各项会议精神和工作要求，结合实际，宣传上级主管部门的民兵教育内容和公司形势任务，持续强化广大民兵的思想政治教育，提升责任意识、国防意识和应急意识，各项日常管理以市场和产品为中心，积极参与公司各项生产建设，急时应急当先锋，实现各项应急任务的“双应一体化”管理目标。

【民兵整组】 2018 年，河钢唐钢武装部按照唐山市政府、唐山军分区民兵调整方案和民兵组织整顿等相关文件要求，组织召开民兵整组专题会议，制定下发《2018 年民兵整组工作方案》，分解整组责任，督促指导公司各单位有序推进具体工作。4 月，民兵整组工作圆满结束。5 月 10 日，顺利通过河北省军区和唐山军分区的检查验收。当年，公司编组为 1 个民兵团，20 个民兵营、8 个直属民兵连；有民兵 4278 人，其中基干民兵 969 人，普通民兵 3309 人，复转退伍军人 1491 人，170 名基干民兵参与组建唐山市应急营一连和二连；党团员 1878 人；大专以上人员 2111 人。

【民兵应急力量建设】 2018 年，河钢唐钢武装部持续强化公司民兵应急力量建设，在 2 月 9 日、5 月 10 日、7 月 4 日分别集结 125 名、100 名、50 名基干民兵，参加河北省军区和唐山军分区的民兵应急检查点验，抽选的 15 名应急民兵成功通过 7 月 4 日民兵应急知识考核。5 月和 7 月，组织 60 名应急民兵开展两次为期 10 天的民兵军事训练，民兵应急素质和综合应急处置能力得到进一步提升。

【民兵战备值班】 2018 年，河钢唐钢武装部按照上级军事部门战备值班要求，制定下发《2018 年战备值班工作安排》，组织公司应急民兵在不脱离生产岗位的情况下，通过加强对有应急任务单位民兵应急人员在岗的检查和督导，法定节假日和防汛关键时期的提醒预警，高标准做好全年 24 小时值班备勤工作，确保民兵应急人员能够随时应对突发紧急状况。

【民兵参建】 2018 年，河钢唐钢武装部紧密围绕公司生产经营中心，大力开展民兵参建工作，公司民兵参与挖潜创效立项 118 项，为公司生产经营目标的顺利实现贡献力量。这一年，在各项大中修改造施工，汛期防汛应急抢险，以及各种外事参观、来宾考察和公司大型重要活动安全保卫等急难险重任务中，广大民兵发挥积极作用，勇于担当奉献，出色完成各项工作；组织民兵安全哨和民兵护厂巡逻队伍，坚守生产一线岗位，共排查和整改不安全事故隐患1000余项，对易发案部位进行巡查和看守近1.5万人次，为公司生产的安全稳定顺畅保驾护航。

【国防教育】 2018年，河钢唐钢武装部以“传承红色基因，担当强军重任”为主题，开展一系列国防教育活动，宣传人民军队的优良传统，增强职工爱党、爱国、爱军热情，持续提升职工国防素质。年内，组织国防法律法规知识答题、“传承红色基因 汇聚强军力量”主题教育和全民国防教育日宣传教育等活动，深入宣传《国防法》《兵役法》《国防教育法》等法律法规，加强国防法规宣传普及，强化广大职工依法建设国防、依法履行国防义务的观念，增强民族自信心和自豪感，提升职工履行国防职责的思想自觉、行动自觉。

【人防工作】 2018年，河钢唐钢武装部深入落实唐山市人民防空办公室组建人防应急分队、对人防警报设备设施进行维护检查等工作要求，成立3支防空应急分队，配合专业维修人员对公司8个防空警报器进行检查维护，在做好“七七”警报试鸣工作的同时，组织15名职工在公司新成品库区域参加唐山市“七七”防空应急演练；做好公司早期人防工程摸底和使用现状排查，定期对贾家山地下人防工程进行除湿排水，及时对东厅屋顶进行防漏维修，切实保障了人防工程平时生产、急时防灾功能的完备。

【防汛工作】 2018年，河钢唐钢武装部严格执行公司防汛指挥部的工作部署，结合民兵整组后应急人员分布情况，重新调整民兵应急组织机构，抽调170名民兵组成防汛应急分队，完善2018年民兵防汛预案，加强对各单位民兵应急预案的检查指导，督促其开展好民兵应急知识教育和安全教育。5月10日，组织部分应急民兵开展防汛应急拉动演练，进一步提升广大民兵的防汛意识和应急能力，为公司汛期的安全生产提供有力保障。

信访维稳与保密管理

【信访维稳】 2018年，河钢唐钢党委全面贯彻落实党的十九大关于“加强和创新社会治理，维护社会和谐稳定”的战略部署，坚持以“事要解决”为核心，创新制定信访事项督办通知书，实行网络化流程管理，指导各二级单位建立健全信息化信访体系，全面掌握影响企业稳定的重点问题，深入开展集中整治攻坚行动，保证了公司信访形势和周边关系的和谐稳定。全年，接待职工来访523批717人次，其中初访219批301人次，重访304批416人次，化解历史积案16件，处理市长公开电话322批次，市长公开电话办结率100%，网上交办信访事项76件，及时处理率和按期办结率均为100%。年内，全力以赴抓好信访稳定，以推进信息化建设为重要抓手，以落实领导接访包案制度为主要内容，以搭建多种形式对话平台和完善信访管理制度为重要补充，有效控制各类矛盾纠纷，完成全国“两会”、中央巡视组巡视、暑期安保和“中非论坛”等敏感期间维稳保障工作，实现进京赴省“零非访”目标，“三率”指标处于市直单位领先行列，保持了信访形势总体稳定的良好态势；积极做好防范工作和周边关系，加强重大敏感期涉邪教情报信息的搜集、判研、预警、通报机制，扎实做好防范“法轮功”等邪教组织捣乱破坏活动工作，确保全国“两会”“上合组织青岛峰会”等重大敏感期社会政治稳定。

【保密管理】 2018年，河钢唐钢党委保密委员会高度重视并切实抓好保密工作，抓好涉密人员管理、网络保密管理、涉密会议及重大活动保密管理，推动新形势下公司保密工作再上新台阶。年内，结合市国家保密局年度工作要点安排和公司保密工作实际，及时下发《公司党委保密委2017年工作总结和2018年工作要点》及《关于调整保密委员会组成人员的通知》，配备兼职保密人员和相关工具，保证保密管理工作正常开展；按照市国家保密局要求，对公司保密工作展开自查自评，组织公司涉密人员参加多轮次保密轮训和考试，汇总统计公司保密基础数据、涉密和非涉密领域计算机终端等设备信息，提高公司保密基础管理水平；按照市国家保密局关于开展互联网敏感信息实时监管系统建设工作要求，做好公司机关互联网计算机信息统计上报和试点安装工作；按照集团军工保密体系认证要求，指导相关部室建立完善公司非涉密信息设备、非涉密存储设备管理台账，统一粘贴警示标签和信息标签，做好标密文件检查及清除工作，指导修改完善公司涉外接待、出境管理制度，并深入各部室开展现场检查与业务指导，为集团军工保密资格认定工作提供了有力支撑。

计划生育管理

【基础管理】 2018年，河钢唐钢加强人口与计划生育基础管理，落实托费报销、“四术”就医等各种奖励政策，倾力维护职工和家属权益，职工的获得感进一步提升。全年，落实独生子女父母奖金、托费报销等114.76万元，退休一次性奖励330万元。年内，进一步规范计划生育业务，完善工作标准和工作流程，在方便职工的同时提高工作效率；搭建两级信息交流平台，职工婚、孕、育变化，奖励落实和计划生育服务情况实现信息化管理；制定实施《人口和计划生育经济责任制及考核细则》，纳入公司经济责任制考核体系，实行“党政一把手负总责，一票否决，季评月考核”制度，使人口计生工作扎实有效开展；定期为育龄女职工和重点男职工家属开展孕情服务，按职工需求定期发放避孕药具，保证女职工生育生殖健康；进一步完善流动职工计划生育管理，严格执行公司《流动人口、流动职工人口计划生育管理规定》，实施“横向结合、纵向协调、单位负责、分类管理、上门服务”和“3112”管理，达到动态、有效管理。

【创新服务】 2018年，河钢唐钢计生工作探索具有公司特色的新“三为主”服务内容，突出抓好孕情精准服务和对育龄职工的生殖健康服务，推进公司人口和计划生育工作转型发展，为公司实现“两个结构调整”营造良好的人口环境。创新服务内容和方式方法，以服务对象的需求为出发点，更加突出服务对象主人翁地位；转变角色，计生干部由管理者转变为服务者，突出计生工作服务功能，服务内容和方法更加突出个体性、灵活性、经常性和延续性，实现公司人口和计划生育工作从管理型向服务型的转变。

【宣传服务】 2018年，河钢唐钢各级计生组织结合公司实际深入开展多种形式的宣传教育，引领职工健康生活、专注工作。年内，充分发挥各级计生干部作用，利用其直接服务于职工、受职工信赖的优势，在日常工作中做好宣传教育，引导广大育龄职工明确工作目标与责任，齐心协力确保公司全年目标任务的实现；深入开展主题宣传服务，采用编印生殖健康宣传册、制作PPT、面对面交流、座谈、开放宣传站室、家访、发放宣传材料等形式，做好计划生育政策、生殖健康、营养健康等知识宣传，引导职工家庭依法、有计划生育，形成科学、文明、进步的婚育文化。1月1日—2月28日，开展以“生育关怀，情暖职工，助力公司首季开门红”为主题的计划生育宣传服务活动，为公司节期生产营造稳定、和谐的人口环境。3月15日—4月15日，组织上半年育能女职工“孕情”服务工作，对包括附企工在内的6164名育能女职工进行孕情普查和生殖健康咨询服务。5月29日，开展“计生会员心向党，建功公司新发展”主题活动，纪念中国计生协成立38周年和第二十个全国“会员活动日”。7月11日，在第二十九个世界人口日组织开展“计生相伴，健康同行”主题宣传服务活动。9月15日—10月15日，开展下半年育能女职工“孕情”服务工作，对包括附企工在内的5872名育能女职工进行了孕情普查和生殖健康咨询服务。10月1—28日，开展以“健康等于财富，体恤男性生活，助力决战四季度”为主题的男性生殖健康日宣传服务活动。10—12月，开展以“服务职工健康，提高职工生活，为公司决战四季度营造良好的人口环境”宣传服务活动。11月30日，开展以“主动检测，知艾防艾，共享健康”为主题的生殖健康宣传服务活动。

【深化品牌服务工程】 2018年，河钢唐钢计生工作以创建幸福家庭为目标，持续深化品牌服务工程，不断丰富服务内容，切实满足职工需求。组织“彩虹桥行动”，为单身职工择偶、已婚职工婚姻咨询、家庭问题调解等给予帮助，架起职工通往幸福婚姻桥梁，提供一对一介绍服务183人次，婚恋咨询57人次；实施“优生优孕计划”，为新婚、孕期、生育职工及家属实行全过程精准服务，举办优生优孕讲座3场次，走访慰问新生育家庭117户，电话问候、发慰问函434人次，向职工传授优孕优生知识，助力出生人口质量提高；落实“子女成才计划”，为职工提供教育子女经验，利用微信平台进行子女教育专题学习37次，促进职工子女健康成长；抓好“健康促进计划”，从宣传生殖健康、生活健康、预防疾病知识入手，提高职工健康意识和自我保健水平，发放各种宣传材料3000余份，提高了职工健康意识和家庭生活质量；深入开展“阳光关爱工程”和帮扶计生困难户、双女户和单亲困难家庭等活动，为失独家庭提供精神慰藉和扶助，共走访慰问计生家庭137个，失独家庭8户，使职工及家属深受感动。

特载
专文
企业概况
大事记
项目建设
科技创新
市场营销
生产经营与专业管理
战略管控平台
公共服务支撑平台
生产技术支撑平台
信息设备支撑平台
主业生产经营单元
平台外非钢单元
河钢集团直属单位
党群工作
附录

附 录

在公司 2017 年度总结表彰暨 2018 年挖潜增效全员创新推进大会上的讲话

公司党委书记、董事长　王兰玉

同志们：

今天，公司召开 2017 年度总结表彰暨 2018 年挖潜增效全员创新推进大会，总结过去一年的工作，表彰先进集体和先进个人，并就新一年有关工作进行动员和部署。刚才，大会对 2017 年度先进集体、先进个人和优秀创新团队进行了表彰。在此，我首先向刚刚受到表彰的集体和个人，表示热烈的祝贺！

在过去的一年里，公司全体干部职工立足岗位，履职尽责，与企业风雨同舟、休戚与共，依靠扎实有效的工作，推动公司在钢铁市场起伏震荡、环保压力持续增大的形势下，取得了近年来最好的生产经营业绩：我们在频繁限产的情况下，钢和材的产量分别增长了 200 万吨、187 万吨；营业收入增加了 255 亿元，利润增加了 8.5 亿元；我们在市场开发和产品升级上同时跃上了新的高端，汽车板和家电板的产销量同比分别增长了 91%和 48%，重点产品产量增加了 60%，品种钢比例提高了 8.5 个百分点；我们的事业部制改革取得了重要进展，产销研用一体化实现了高效运行；我们的非钢产业在担负几乎全部人工成本后实现利润超过 4 亿元。所有这些成绩的取得，归功于河钢集团的正确领导，归功于公司对各项工作的战略谋划和统筹推进，同时也凝聚着包括在座各位同志在内的公司全体干部职工的心血和汗水！在此，我代表公司党委和行政，向奋战在公司各个事业部、各条产线、各个岗位上的每一名干部职工，表示衷心的感谢！

进入 2018 年以来，公司上下认真落实集团工作部署，继续聚焦“市场”和“产品”，以新思维、新视野、新方式推进各项工作，各项工作取得新的进步，成效在逐步显现。但从一季度公司整体运行情况看，我们的经营结果还不够理想。无论是跟国内一流钢铁企业比、跟周边先进民营企业比，还是跟集团下达的目标要求相比，我们都存在着不小的差距。要完成集团下达的全年经营目标，公司上下还需要付出更加艰辛的努力。各单位、各部门、各级领导干部、每一名职工，都要有清醒的认识。

刚才，丽树总会计师宣布了《公司 2017 年挖潜增效奖励决定》和《2018 年奖励办法》，对公司今年挖潜创效工作进行了动员和部署，各单位、各部门，一定要对照公司要求，迎难而上，埋头苦干，坚决完成目标任务。在 1 月上旬召开的公司职代会年度会议上，公司已经对 2018 年总体工作思路、主要措施进行了全面部署。这里不再重复。下面，就全面做好下一步工作，结合新的形势和任务，强调四点意见：

一、坚决贯彻落实集团关于 2018 年工作的各项决策部署，努力开创公司生产经营新局面

2018 年是一个具有里程碑意义的重要

年份，首先是全国上下贯彻落实党的十九大精神的开局之年，同时我们还将迎来我国改革开放四十周年，迎来河钢集团组建十周年。做好公司各项工作、完成全年生产经营和改革发展任务、开创转型升级和高质量发展的新局面，无论对于河钢集团，还是公司自身，都具有十分重要的现实意义。前段，集团公司先后召开了2018年重点工作分析说明会、集团二届二次职代会暨2018年工作会议，对全年工作作了全面系统的部署，提出了总体工作思路，确定了全年目标任务。2月上旬，于勇董事长在参加公司领导班子民主生活会时，又对公司各方面工作提出明确要求，于总强调指出：唐钢要在集团整体工作中继续发挥带头作用。集团重要会议精神和集团主要领导的明确要求，是我们做好2018年工作的基本遵循，公司上下要深入贯彻落实集团部署，在践行新发展理念、深化供给侧改革、推进转型升级中，全方位、高标准地做好自身工作，全力推进集团实现高质量发展。在这里，我强调三点内容：

一是充分认识自身位置，当好集团排头兵。在河钢集团，无论从历史、现实还是从整体的规模、体量和社会影响看，唐钢一直处在核心企业的位置。公司全体干部职工必须要有清晰的角色定位。处在这样的显著位置和历史方位，公司必须担负起更大的责任。为此，要深入落实集团各项工作部署，紧跟集团发展步伐，以集团提出的新理念、新思维、新方法统领2018年生产经营和改革发展，坚定河钢自信，扎实推进市场、产品、创新、改革等核心工作，自我加压，主动担当，在集团最具竞争力钢铁企业建设中走在前、做表率，打头阵、当先锋，充分发挥核心企业的引领、支撑和示范作用。

二是充分认清当前形势，谋求高质量发展。要按照集团部署，紧密结合自身实际，聚焦客户结构调整和产品结构优化，以绿色化、智能化、品牌化为重点，合理调整产业布局，更加注重存量优化、更加注重绿色发展、更加注重产业链延伸、更加注重资源综合利用，努力为集团开创高质量发展新局面探索新的路径、积累新的经验。

三是用足用好集团资源，推动企业跨越式进步。近年来，集团与中科院、东北大学、上海大学、昆士兰大学等一大批国内外知名大专院校、科研院所建立了产学研合作关系，与德高、西门子、普锐特、浦项等国际企业成为战略伙伴，与海尔集团、北汽集团、国能汽车等知名汽车家电企业构筑了紧密的供应链。另外，集团是世界钢铁协会理事单位，今年又是中国钢铁协会轮值会长单位。上述各种平台和资源，对于公司发展具有十分重要的利用价值。公司各单位各部门，一定要加强与集团业务部门的沟通协调，充分利用集团现有的各种优势资源，为我所用，发展自己，以新思维、新视野、新方式推动企业发展，促进公司不断实现跨越式进步。

二、扎实做好五大事业部各项工作，为公司实现全年经营目标提供坚强保障

今年初，公司围绕事业部实体化运行，对五大事业部的运营模式，做了进一步调整和完善。3月份以来，我又先后到五个事业部调研，对每个事业部下步工作提出新的要求。各事业部要以此次运营模式调整为契机，按照公司的部署和要求，在新的起点上做好自身工作，为公司实现全年目标提供基础支撑。

炼铁事业部一是要积极研究球团资源战略。球团资源与废钢资源一样，都是关系公司未来发展的战略性资源。要有超前思维，看清大势、算清大账。一方面，要像研究长协矿一样，在全球范围内寻找资源，尽快建立长协球团采购渠道；另一方面，要克服困

难，苦练内功，努力提高球团使用比例，为应对环保常态化限产做好准备。二是要认真研究火运代汽运物流规划。今年六月，唐曹铁路即将通车。炼铁系统要与集团和公司物流系统一道，深刻认识唐山市以火运代汽运这一治理雾霾的新举措，充分用好公司既有设备设施，积极研究各区域铁路支线建设，最大限度利用铁路来完成物流运输任务。三是要放开手脚提高产量。今年高炉系统的主要任务，就是在产高炉的产量要全力恢复到历史最好水平。要积极调整管理理念，放下一味求稳的保守心态，在产量安排、高炉利用系数上放开手脚。本部两座 3200 立方米高炉日产要分别达到 7600 吨和 8400 吨；不锈钢公司的四座高炉要开足马力，日均产量要达到 8000 吨；唐银三座高炉要尽快扭转被动局面。公司采购、设备、技术等部门，要想尽一切办法，帮助炼铁系统搞好高炉生产，确保生产顺行。四是要大幅度降低成本。重点研究解决烧结机漏风、高炉富氧率等问题，配套制定增产降耗新措施，下大气力、全方位解决成本问题。五是要毫不犹豫抓好环保项目。特别是要抓紧启动实施烧结脱硝项目，为今年采暖季生产创造更好条件。

汽车板事业部一是要把汽车自主品牌作为战略着力点。要紧紧抓住汽车自主品牌大规模扩张的战略机遇期，紧紧盯住吉利、长城、长安等年产销汽车百万辆规模的自主品牌，稳扎稳打，紧跟汽车自主品牌的增长和扩张，实现公司汽车板品牌价值和市场影响力的快速提升。二是要把上量做宽度作为中心任务。市场开发方面，要把现有用户增量放到比开发新用户更重要的位置，从产线着手，制定每条产线的远景目标和三年规划，在目标规划指导下，推进用户销量的集中。产品销售方面，要瞄准已经开发成功并且进入汽车主机厂使用的现有产品，着力提高单一品种销量，全力保持质量稳定，提高客户供货量和市场占有率。产品研发方面，要继续瞄准高端，重点围绕大型战略客户需求，开发新品种、增加高牌号，为产品销售做好后盾支撑。三是要深度应用现代化管理工具。汽车板事业部承担着为公司树品牌的光荣使命，必须坚决摒弃传统思维，带头把现代化管理工具运用好，着力培养现代化管理文化，成熟稳健地驾驭起公司最高端最现代化的设备，努力生产出令客户满意的高端产品，全力打造成为代表公司、集团乃至行业高度的现代化钢厂。

卷板事业部一是要进一步提升理念、提高标准。冷轧部分要坚持以效益最大化为核心，灵活调整原料供应和品种排产策略，尽快扭转生产经营相对被动的局面；热轧部分要强力推进连铸机提拉速、产品减薄和全面提产攻关，确保两条热轧线满负荷、高效率生产。二是要进一步提高产品集中度。要深入研究用户选择、品种选择问题，按照市场需求，科学安排产线品种结构，找到最佳利润点，聚合主要优势品种，努力做出规模效应和行业影响力。三是要认真借鉴日照、纵横等钢铁企业的成功经验，聚焦高效率、低成本，重点从理念、思维、技术和管理的角度，找准问题，强力攻坚，着力解决影响自身发展的关键问题。

型线事业部一是要在大型线经营管理上取得突破。要全面加大产品开发和市场开拓力度，尽快解决大型缺产品的问题；对于已经开发成功的大型品种，要加快推进市场拓展计划；要千方百计提高大型线产量水平，确保全年产销量达到 25 万～30 万吨。二是要大力挖掘成本潜力。要通过提高效率、采用新技术来降低生产成本。特别是要对标学习沙钢管理经验，在废钢利用和质量检验上为公司闯出一条新路。

中厚板事业部要切实肩负起公司赋予的

责任和使命，围绕打造“中国结构用钢第一品牌、河钢集团效益最佳钢铁企业”战略目标，以效益为中心，抓好冶炼降成本、轧钢提产量等工作，确保实现全年利润目标。一是要全方位解决成本问题。要以高炉系统全面恢复生产为契机，尽快选取一座高炉，探索实施低成本战略，为全公司炼铁系统降成本探索路径、指点迷津。二是要着力调整产品结构。在战略客户销量逐月提升的同时，应逐步减少小批量、低效益的订单，积极研究把单一品种进一步集中上量，努力创出高效率和高效益。三是高度重视环保工作。要抓紧补齐环保项目，确保环保设施发挥应有作用；要深入做好环保设施运行分析，努力实现全部环保设施经济运行。

三、以壮士断腕、背水一战的勇气狠抓成本管理，坚决补齐制约公司效益增长的明显短板

前些年，公司在开展层级对标、严格成本控制上，积累了很多成功的经验，摸索了不少典型的做法，形成了一定的成本管控优势。近两年，我们逐步把工作重心转向市场和产品，对成本管理的关注度有所下降，我们的成本控制水平显得“裹足不前”，甚至在部分工序、部分环节出现了一定的下滑。从某种程度上讲，成本问题目前已经成为制约公司效益增长的一个明显短板。3 月初，公司专门召开成本大讨论会议，集中研究了成本问题。公司上下要深刻领会公司的战略意图，以破釜沉舟、背水一战的勇气和决心，竭尽全力把过高的成本降下来，为公司进一步提升整体创效能力赢得更大的空间。

一是老老实实正视差距。过去一年，唐山周边年产钢 800 万吨以上规模的钢铁企业，盈利水平基本上都在 50 亿元以上。据我观察，现在公司钢铁产品的边际线几乎就是民营企业的成本线。也就是说，我们刚刚完成变动费用的时候，民营企业基本上已经完成了全成本。所以目前我们在成本上的差距，确实令人感到不寒而栗！现在更可怕的是，我们有些人感觉不到差距，没有强烈的危机感和紧迫感，认为我们现在出现的成本差距源于很多不可比因素，如果没有这些客观，自己就没啥大的毛病。这种心态如果继续下去，公司就难以解决成本问题。所以在成本管理上，公司上下需要放下架子，看一看外面的世界，衡量一下别人的高度，掂量掂量自己的位置，以如梦方醒的冷静态度直面问题、差距和挑战。

二是千方百计解决问题。首先，要树立科学的理念定位。理念定位出了问题，经营管理的方向就会迷失，肯定达不到理想的经营结果。前段时间，我派永春副总带队到沧州纵横对标交流，从回来反馈的情况看，民营企业的高效率和低成本优势已经远远超出了我们的想象：纵横钢铁 1780 轧机一条线一年就生产热轧卷板 550 万吨，几乎相当于我们两条热轧线的产量，这绝不应该是操作和技术上的差距，而是对产线管理理念的差距。我们必须围绕效率和成本，及时地、科学合理地调整和优化我们的治企理念，努力把产品成本降下来。其次，要强化成本管控意识。近年来，一些单位和部门总在强调完不成预算指标的理由，遇到问题时往往不是先从管理角度去分析和处理，而是总想着搞工程、上项目、增设施、换备件。我认为这绝对不是企业家在管理企业。为此，公司要求各单位各部门要着力增强成本管控意识。公司下一步在审批技改工程项目前，首先要看这个单位的管理是否到位，管理远没有到位的单位，公司不再批准新的项目。再次，要提高成本管控能力。去年以来，中厚板公司在深化混合所有制改革过程中，探索和积

累了不少好的经验，在企业经营管理的方方面面都有了明显变化，特别是进口端的管理。一个企业要想管住成本，一定要管住进口和出口。下步，公司要通过采购对标、营销后评价等方式，加大对采购和销售两端的关注度。我们企业的竞争力不能倒在“最后一公里”，也不能输在起跑线上。最后，要树立成本领先意识。今年我们推行标准成本管理已经到了第三个年头。前两年各单位差距不小，今年公司结合实际适当调低了标准和要求。有些单位的成本今年以来进步比较快，但个别单位对这个指标仍然无动于衷，甚至熟视无睹。在这里我要再次重申：标准成本仍然是公司今年关注的重点。公司各生产厂在成本指标上一定要有改变现状、奋勇争先的意识，要摆正态度、找准问题、痛下决心、迎头赶超。

三是全力以赴追求技术领先。这些年，全行业一直在推广一些有利于改善指标、降低成本的新工艺、新技术。但我们有些单位和部门在新技术的采用上，徘徊观望、犹豫不决，个别单位甚至漠然置之，缺乏通过应用新技术改变现状的紧迫感。比如高炉除尘灰提锌、烧结机漏风治理、废钢利用等问题，虽然我们也在想一些办法，但是动作相对迟缓、效果不够明显。究其原因，归根到底还在于我们对新工艺新技术的认识问题和人的主观能动性发挥问题。所以，公司要想在成本改善上有大的突破，就要在技术领先上多做文章，对成熟的新技术要如饥似渴，要积极跟踪和引入，最大限度地解决影响成本的关键问题。同时，我们要高度重视蕴藏在职工中的智慧和力量，持续深化全员创新，积极培育职工的工匠精神，努力化解生产中的各种疑难问题，使工艺更顺畅、设备更高效、生产更稳定。这样一来，基层一线的很多成本问题就会迎刃而解。

四是坚定不移提高运转效率。从去年上市钢铁企业的利润情况看，盈利水平高的企业无一不是高效率生产的企业。去年我从加拿大多法斯科工厂考察回来，最大的收获就是深刻地认识到：装备运转一定要实现高效率；效率就是能力，效率就是效益，效率就是竞争力。这个工厂的经验我在多个场合讲了很多，这里不再重复。对照这一标杆企业的产线效率，我们应该看到差距。近年来，由于环保限产等原因，我们铁钢轧生产平衡很难把握，给我们的产线效率发挥带来了极大的难度。在各工序、各产线停停打打的状态下，我们必须贯彻“停就停下来、产就高效率”的生产组织原则，尽可能科学、合理、高效地组织生产，为成本改善提供支持。公司每条产线都要树立效率领先意识，对装备运转提出更高要求。这是衡量一条产线核心竞争力的关键，也是降低生产成本的最大法宝。

四、坚定不移、不遗余力地推进重点工作，推动公司生产经营不断取得新突破

今年以来，公司采取挂牌作战的方式，要求每个单位领导班子都要确定年内自己的重点工作，作为下定决心要干成的大事。公司将把每个班子今年在重点工作上能不能取得重大突破和可喜进展，作为衡量这个班子有没有创新突破能力、有没有显著业绩的重要标准。公司每个单位都有自身的短板和不足，一些长期存在、久拖不决的问题，今年一定要想尽一切办法加以解决。各单位要按照“横向协作、自我了结”的工作方法，以各自既定的重点工作为抓手，下大力解决制约自身进步的瓶颈问题，以点带面推动公司全局工作取得新突破。从公司层面讲，将主要关注以下三个重点：

一是以战略高度和长远角度统筹研究并强力推进废钢资源利用。首先，要进一步提高认识、统一思想。我多次讲过，我们增加废钢使用，绝不是把它当成一个应对铁水不足的临时举措，而要作为一个长期的战略选

项。这段时间，天义董事长、殷瑞钰院士在集团所作的学术报告中，都提到了废钢资源利用的方向和趋势问题。殷部长预测到2030年我国钢铁积蓄量将达到132亿吨，废钢储量将高达3.2亿~3.5亿吨，我国未来接近一半的钢铁可能要从废钢利用中制造出来。这说明在未来可以预见的时间内，废钢必将成为中国钢铁企业的战略资源。从公司全局看，随着环保限产限行局面的常态化发展，公司整体缺铁的状况将是长期的，加大废钢使用力度，应该也必须成为公司的战略谋划。其次，要加强对废钢的管理。既然废钢已经成为我们的战略原料，那我们就必须从战略高端加强废钢的管理和使用。我们要多管齐下，动用多个部门、使用多种手段，确保废钢采进来价格合理、使用后能出效益。特别是要认真学习借鉴沙钢经验，盯住废钢的质量，从采购、检验、监督全流程入手，建立一套科学管用的机制，练出判定废钢质量的过硬本领，摸索出适合我们自己的一套方法，使我们的废钢原料始终处于科学严谨的受控状态，为我们增创效益提供强大支持。

二是高度重视模型化生产。首先，要以模型化提高产线控制能力。围绕用户对产品的需求，我们必须研究工艺如何做到最优、信息自动化系统如何科学匹配、设备功能精度如何达到标准要求，进而通过模型化固定下来，融会贯通到生产中，实现对产线的精准控制，最终生产出用户满意的产品。公司上下要坚定不移地推进模型化生产，不惜付出巨大的艰辛和努力，立志将公司关键产线的控制引领到钢铁行业的最前列。其次，要以模型化打造复合型人才。一个现代化钢铁企业，必须要有一批专业融通的复合型人才，他们既懂工艺、又懂设备、还能熟悉和驾驭信息化自动化系统。这个抓手就是模型化，一个生产模型由工艺、设备、信息化、自动化几个专业的人才共同配合完成，积少成多，逐步深入，等到完成数十个乃至上百个产品生产模型的时候，公司的复合型人才就会形成一支强大的队伍。要以模型化强化基础管理。要想实现模型化，必须要有强大的基础管理作支撑。我们搞自动炼钢这几年已经有了深刻的体会，我们今年推行模型化一定会进一步体会到基础管理的重要性。所以大家一定要塌下心来，善于做基础性的工作，通过强有力的基础管理，来推动和保障模型化生产的实现。

三是切实抓好当前生产。在春节过后的部门管理评审会上，公司对生产系统提出了“生产为用户，产就高效率”的理念和要求。“生产为用户”就是要把我们生产的核心摆在为用户服务上，所有生产行为都要围绕用户需求，保订单、保交期。“产就高效率”就是要把提效率作为今年生产经营的重大命题，在品种和效率上做双重文章，既要求品种达到一定目标，又要求产线和装备达到很高的效率。

4月份以后，公司彻底走出采暖季并恢复设备的满负荷生产，接下来的一段时期将是钢铁生产的一段黄金期。公司上下要以今天召开的挖潜增效全员创新推进大会为契机，结合各自实际，深入扎实地推进各项工作，从技术、管理、全员创新等方方面面，深度用力，持续发力，全面开创紧张、有序、高效、稳定的生产经营局面!

同志们，2018年的形势和任务已经非常明确。让我们认真落实集团和公司既定的工作部署，抢抓机遇，深挖潜力，奋发图强，开拓前进，全力打赢2018年生产经营和挖潜增效攻坚战，坚决完成全年生产经营目标任务，以更加优异的成绩，向集团交上一份满意的答卷，向集团组建十周年献厚礼!

谢谢大家!

在公司庆祝建党97周年暨总结表彰大会上的讲话

公司党委书记、董事长　王兰玉

同志们：

再过几天就是中国共产党成立97周年纪念日。今天，我们专门召开“七一”总结表彰大会，一方面重温入党誓词，回顾党的历史，缅怀党的丰功伟绩，深切表达对党的热爱之情；另一方面表彰公司党委系统先进集体和优秀个人，动员广大党员更好发挥先锋模范作用，在公司生产经营和改革发展中当先锋、做表率，以优异成绩向建党97周年献礼。在此，我谨代表公司党委，向今天和近期受到各级表彰的公司先进基层党组织、优秀党员和优秀党务工作者，表示热烈的祝贺！向公司全体党员致以节日的问候！

1921年7月，中国共产党第一次全国代表大会在浙江嘉兴南湖的一条游船上胜利闭幕，庄严宣告了中国共产党的诞生。从那时到现在，中国共产党已经走过了97年的光辉历程。97年来，中国共产党带领全国人民，一路披荆斩棘，走过了极不平凡的历程，取得了举世瞩目的历史性成就。特别是党的十八大以来，以习近平同志为核心的党中央接过历史的接力棒，举旗定向、谋篇布局，带领全党全军全国各族人民，砥砺奋进、攻坚克难，推动中国特色社会主义进入新时代，使中华民族迎来了从站起来、富起来到强起来的伟大飞跃，迎来了完成“两个一百年”奋斗目标、实现中华民族伟大复兴的光明前景。

唐钢的发展建设，始终与中国共产党的发展紧密相连。自1948年3月唐钢党的组织成立以来，在社会主义革命和建设、改革开放等各个历史时期，公司各级党组织和广大党员始终凝聚在党的周围，坚持党的领导，加强党的建设，团结带领全体干部职工，顽强拼搏、艰苦创业，创造出一个又一个无愧于时代的辉煌业绩，使唐钢从一个简陋破旧的作坊式工厂、从大地震后满目疮痍的断壁残垣，发展成为当今在国内外享有很高知名度和美誉度的现代化钢铁联合企业，成为我国重要的汽车板、家电板生产商与综合服务商。作为在唐钢工作的共产党员，我们无不为我们的党、我们的企业，感到骄傲和自豪！

97年接续奋斗，97年初心不改。习近平总书记在党的十九大报告中指出：中国共产党人的初心和使命，就是为中国人民谋幸福，为中华民族谋复兴。这个初心和使命是激励中国共产党人不断前进的根本动力。实践反复证明并将继续证明，中国共产党不愧为中国工人阶级的先锋队，不愧为中国人民和中华民族的先锋队，不愧为中国特色社会主义事业的领导核心。今天，我们庆祝党的生日，既要回望过去，继承和发扬党的优良传统，更要面向未来，在新的历史起点上展现新作为，努力把公司党的建设推向新的高度。

去年“七一”以来，在集团党委的正确领导下，公司党委坚持以习近平新时代中国特色社会主义思想为指导，深入学习贯彻党的十九大精神，紧紧围绕企业生产经营和改革发展，全面加强党的领导和党的建设，公司党的各项工作展现出新的气象、开创了新的局面：

一是党的政治建设和宣传思想工作全面加强。公司各级党组织把学习宣传贯彻党的十九大精神作为首要政治任务，积极组织开展理论学习、集中宣讲、专题培训，全面兴起学习宣传贯彻党的十九大精神热潮，引导广大党员自觉用习近平新时代中国特色社会主义思想和党的十九大精神武装头脑、指导实践、推动工作，全体党员干部的思想政治素质、理论水平、政治能力、政治担当都得到明显的增强。

二是党建工作整体水平显著提高。公司各级党组织认真落实新时代党的建设总要求，切实履行党建工作责任制，夯实党建工作基础，推动党建工作创新，先后启动开展了基层党建工作提升年、党员先锋行、党建工作网格化管理等党内特色活动和相关工作，围绕“三服务”广泛开展了富有唐钢特色的党建工作研究，将公司党建工作提升到了新的高度，开辟了企业党建工作的新境界。

三是党风廉政建设工作得到进一步强化。公司党委、纪委认真学习践行全面从严治党要求，持续压紧压实“两个责任”，扎实做好上级巡视巡察有关工作，坚持把纪律建设摆在突出位置。特别是深入开展了警示教育和政治性警示教育活动，通过学习研讨、剖析案例、召开民主生活会，营造了风清气正的良好政治生态。

总的看，一年来，公司党委各项工作均取得新的进步和可喜成绩。希望公司各级党组织和广大党员，按照公司党委总体部署，进一步总结经验、发扬成绩、再接再厉，推动公司党建工作再上新水平。

下面，就做好下一步公司党的工作，强调几点意见：

一、认真落实新时代党的建设总要求，推动公司党建工作再上新水平

党的十九大报告提出了新时代党的建设总要求，为我们加强和改进企业党的建设提供了根本遵循。公司各级党组织要深入贯彻落实党的十九大精神，积极主动开展工作，提高公司党建工作整体水平。

一是着力加强党建工作规范化管理。党的十八大以来，党中央关于管党治党、从严治党的要求越来越严格。特别是十九大之后，中央对党建工作的有关表述发生了很大变化。公司党委系统各单位各部门，要主动适应新形势、新变化、新要求，认真梳理各自领域的工作，及时建立健全党建制度清单、会议清单、工作清单等，与时俱进地把十九大精神渗透和融入公司两级党委各项规章制度之中、落实到具体工作之中，切实提高公司党建工作科学化规范化水平。

二是扎实开展党建相关活动。今年是全面贯彻落实党的十九大精神的开局之年。各单位党委要按照十九大的新要求，有序开展党建相关活动，通过活动来贯彻落实十九大精神和新时代党的建设总要求。要积极开展“不忘初心，牢记使命”主题教育。此次主题教育是中央部署开展的面向全体党员的一项重要活动。各单位党委要密切关注上级党委具体安排部署，积极开展好主题教育的各项活动。要扎实开展基层党建工作提升年活动。为贯彻落实党的十九大精神，进一步提升公司基层党建水平，公司党委将今年确定为“基层党建工作提升年”，谋划开展了以“双强双促”为主题的党建提升活动。各单位党委要以此项活动为契机，着力强化基层，持续夯实基础，筑牢党建工作根基，确保活动取得预期的效果。要开展好党建网格化管理。在总结去年试点经验的基础上，今年公司党委已全面铺开这项工作。下步，各单位党委要按照网格化的相关要求，将公司党委工作部署层层落实到党的各级网络；同时要在公司党委部门指导下，认真做好问题梳理和整改工作，切实提升自身党建工作管

理水平。

三是积极打造公司党建特色品牌。公司产品走向市场、开拓市场是一个创品牌、树形象的过程。公司党委工作也是同样的道理，这是与公司在集团内部、在全省国资系统、在全国冶金行业现有地位相匹配的内在要求。应该说，多年来我们这方面的工作还是很有建树的：比如前些年公司党委成功开展了“四气”工程、“双培双带”工程、“党员精品岗”活动、“党员能力与业绩双提升”活动、“党建双对标”活动等等，都取得了很好的效果。下一步，公司党委系统要在总结以往经验的基础上，进一步提高工作站位，切实增强品牌意识和争先意识，从各自职能出发，积极推动工作创新；要认真组织好各项党建特色活动，把活动的成功经验总结提炼出来，把先进典型选树起来，把富有唐钢特色的活动推介出去，把公司党建工作的品牌在全集团、全系统、全行业真正树立起来。

二、着力加强企业党的政治建设和思想建设，为公司生产经营和改革发展提供思想保证和精神动力

中央关于新时代党的建设的总要求，把党的政治建设和思想建设置于非常突出的位置，旨在通过强化两个方面的工作，不断增强党的政治领导力和思想引领力。对此，公司各级党组织和广大党员，一定要认真理解、深刻领会、自觉贯彻落实。

一是坚持把党的政治建设放在首位。党的政治建设是党的根本性建设，决定党的建设的方向和效果。在国有企业讲政治绝不是空洞的，而是有着鲜明而现实的内涵，那就是：坚决维护以习近平同志为核心的党中央权威和集中统一领导。为此，大家要切实加强政治理论学习，特别是要深入学习党的十九大精神，努力提高政策理论水平，提升政治站位，牢固树立“四个意识”、增强“四个自信”、做到“四个服从”，坚持运用习近平新时代中国特色社会主义思想，以马克思主义的立场、观点和方法，观察和处理问题，努力做政治上的明白人。要切实开展好经常性的理想信念教育。刚才我带领大家重温了入党誓词，这就是很好的理想信念教育和党性教育。希望各级党组织根据自己的情况，适时组织类似的活动，引导广大党员不忘初心、牢记使命，坚定共产主义的理想信念，牢固树立正确的世界观、人生观、价值观，以饱满的政治热情投入到新时代中国特色社会主义建设之中。要善于从政治高度看待和处理问题。公司党委正在开展政治性警示教育，这既是党风廉政建设的范畴，也是党的政治建设的范畴。从政治建设的角度讲，公司广大党员干部，特别是中层干部，一定要从违纪违法案例中吸取深刻教训，进一步增强政治敏锐性和政治鉴别力，保持政治忠诚，坚守政治定力，提升政治能力，增强政治担当，自觉地从政治高度分析、驾驭和解决企业内部已经出现或可能出现的问题，在企业内部积极营造良好的政治生态。

二是切实做好今年的舆论宣传工作。今年是我国实施改革开放 40 周年，也是集团成立十周年。今年以来，按照集团总体部署，公司认真开展了纪念集团成立十周年系列活动，集中展示了集团成立以来公司取得的巨大成就，收到了非常好的效果。下步要按照集团总体要求，继续做好有关的专题宣传。改革开放是 1978 年中共十一届三中全会作出的重大战略部署，中国大地从此开始实行对内改革、对外开放的政策，40 年间，国家方方面面发生了翻天覆地的变化。预计下半年，中央主流媒体将对改革开放 40 周

年进行系统回顾和深入报道。从公司来讲，要提前谋划改革开放40周年专题宣传，准备好公司方方面面的素材，分阶段分专题做好内外宣传工作。通过对内宣传，要鼓舞士气、振奋精神，引导职工以积极向上的精神面貌投入公司各项工作，推动公司生产经营和改革发展再上新台阶；通过对外宣传，要充分展示公司形象、体现唐钢变化，提高公司知名度、扩大企业影响力，为公司实现高质量发展创造良好的外部环境。

三是强化形势任务宣传和职工思想引导。今年的七一前夕，必将成为集团和公司发展史上一个极不平凡的时间节点：从6月27日到29日，集团将集中召开“七一”表彰座谈会、海外工作会、年度重点工作分析推进会、集团成立十周年纪念会等重要会议。这些会议的内容非常重要，对公司党委和行政做好下半年乃至今后一段时期的工作具有十分重要的指导意义。会后，公司各级党组织的一项重点工作，就是把集团近期多个重要会议的精神，及时传达到全体干部职工，特别是要结合各自实际，深入学习领会集团于勇董事长的重要讲话，确保公司在整体发展战略和重点工作上与集团保持高度一致，在集团具体工作中始终起到引领、支撑和示范作用；要引导全体干部职工，知形势、明任务、担责任，积极投身公司2018年生产经营中心工作，为实现全年生产经营目标作出应有的贡献。

与此同时，我们也要清醒地看到，当前和今后一段时期，公司面临着环保常态化限产限行、去产能、区位布局调整等方方面面的巨大压力，公司职工面临人员抽调、岗位变动、角色转换等一系列全新的挑战。这些重大变化，既关系到公司未来的发展，更关系到职工的切身利益，关系到每一个职工家庭的稳定。在此过程中，很多职工一定会有这样或那样的思想波动。为此，各级党组织，各级党员干部，一定要本着对企业负责、对职工负责的原则，高度重视并深入细致地做好职工思想引导。一方面，要结合公司发展变迁的具体实际，适时把国家、地方和行业大的形势和背景，以及公司相关的政策和要求，给职工讲清楚，把利害关系讲明白，最大限度地获得职工的理解和支持。另一方面，要尊重、理解和尽可能听取职工合理的意见和建议，进一步增强职工对企业的归属感和认同感，确保公司大局的总体稳定，为公司下步发展汇聚强大的力量。

三、坚持不懈地抓好党风廉政建设，为公司生产经营和改革发展提供坚强保障

今年以来，公司各级党委、纪委坚定不移地推进全面从严治党向纵深发展、向基层延伸，党风廉政建设各项工作得到深入落实和全面加强。下一步，要乘势而上，再接再厉，继续加大工作力度，在全公司进一步营造风清气正、干事创业的良好环境。

一是突出抓好“两个责任”。压紧压实“两个责任”是促进管党治党责任压力传导的有力抓手。4月份以来，集团党委立足于发挥“两个责任”考核的激励约束作用，对各子公司班子和班子成员落实“两个责任”实施了量化考核，取得了很好的效果。下步，公司党委、纪委也要突出强化对中层干部“两个责任”的考核。对于党风廉政建设责任落实不到位的问题，必须严肃追究当事人的责任，严肃追究单位党委、纪委和分管领导的责任，切实解决一些单位压力传导不平衡、个别党员领导干部“一岗双责”不落实或落实表面化的问题。公司各级党员干部，特别是中层干部，要更加清醒地认识落实“两个责任”的极端重要性，以毅然决然的使命担当，切实扛起管党治党的政治责任，管好自己，管好分管领域的党员干

部，抓好具体业务领域的党风廉政建设，推动管党治党责任全面覆盖、层层传导、落地见效。

二是从严抓好上级巡视巡察有关工作。今年以来，上级党委安排部署了包括八届省委巡视反馈意见整改等多方面的“回头看”工作；春节过后，十九届中央首轮巡视组进驻河北，开展了为期三个月的巡视工作；下半年，省委巡视组也要对省属国有企业进行巡视。公司党委各部门、各单位党委，一定要切实引起高度重视，严肃认真、不折不扣地组织好省委巡视和集团巡察反馈意见的整改落实“回头看”工作。从公司的观察和分析看，有些问题既涉及我们党风廉政建设层面的规范管理，也涉及经营管理部门的业务整改。为此，一方面，要把工作做在前，把问题解决在前，以良好的状态迎接上级巡察；另一方面，要强化制度建设，通过建章立制来提高公司党风廉政建设工作水平，引导党员干部提高党性、遵规守纪、廉洁从业。

三是突出抓好作风建设。今年初，按照上级党委部署，公司党委启动了纠正“四风”和作风纪律专项整治。各级党组织要认真开展这项工作，与“一问责八清理”专项行动、巡视巡察整改“回头看”、政治性警示教育专题民主生活会问题整改紧密结合起来，推动中央八项规定精神和作风建设各项要求真正落地。公司两级纪委要突出抓好暑期等敏感时段的廉洁自律教育和明察暗访，进一步强化办公用房、公务用车、公务接待、婚丧嫁娶等制度落实情况的监督检查，推动正风反腐向基层延伸。公司各级领导干部要坚持以上率下，带头纠正“四风”，积极解决“不作为、乱作为、慢作为”和“表态多、调门高、行动少、落实差”等作风问题，将改进作风和政治担当最大限度地体现到工作上，推动公司各项工作不断取得新成绩。

四、充分发挥广大党员的先锋模范作用，为公司实现年度目标提供有力支撑

发挥先锋模范作用是我们党对广大党员提出的根本要求。近一段时期以来，从中央到地方，各级党组织都在要求广大党员戴党徽、亮身份，这绝不是为了美观和好看，而是为了让每一名党员更好地接受组织和群众的监督，按照党章党规党纪约束自己的言行；同时也是时刻提醒大家共产党员的身份，严格要求自己，做出与共产党员标准相称的工作业绩。

今年以来，在严峻复杂的外部形势下，公司生产经营取得了令人振奋的可喜成绩。但要实现集团下达的全年目标，还需要公司上下付出更加艰苦的努力。广大党员是公司完成各项任务的中坚力量，为充分发挥党员的先锋模范作用，今年公司党委在全体党员中开展了“三亮三比”党员先锋行主题实践活动。与以往不同的是，我们把竞赛的形式引入到活动中来，每季度要评选100名优秀党员，年度还要进行总结表彰。各单位党委要实实在在地开展好这项活动，努力打造一支党性坚定、作风过硬、敢于担当、业绩突出的党员队伍。公司广大党员要提高政治站位，立足本职岗位，在各项工作中当先锋、做表率，彰显先进性，团结带领广大职工，积极融入公司中心工作，促进和保障公司全年目标任务的顺利完成。

同志们，重温党的历史，我们心潮澎湃；展望美好未来，我们深感责任重大。让我们继承和发扬党的光荣传统和优良作风，在集团党委的坚强领导下，以习近平新时代中国特色社会主义思想为指导，围绕公司生产经营中心工作，进一步加强和改进党的建设，推动公司生产经营、改革发展和党的建设再上新水平，以更加优异的成绩向建党97周年和集团成立10周年献礼！

谢谢大家！

月中工作例会

1月月中工作例会

坚持理念先行　抓成本　重创新　实现跨越提升

在1月15日公司召开的月中工作例会上，公司党委书记、董事长王兰玉强调，深入学习贯彻集团二届二次职代会暨2018年工作会议精神，认真落实公司职代会各项目标任务，坚持理念先行，重视岗位创新，强化成本管控，高标准、严要求，坚决完成2018年生产经营目标任务。

王兰玉指出，刚刚召开的集团二届二次职代会暨2018年工作会议，总结回顾了2017年集团主要工作，安排部署了2018年目标任务，为我们做好当前和今后一段时期的工作指明了方向。公司上下要把思想和行动迅速统一到集团决策部署上来，把“两个结构”优化作为首要任务，进一步坚定信心、振奋精神，坚持用新思维新视野新方式推进工作，以强大执行力和有力举措，努力在市场和产品、技术进步与管理创新等各项工作上实现新突破，坚决实现2018年各项工作目标。

王兰玉强调，要高标准、严要求，树立强烈的责任意识和忧患意识，坚持理念先行，引领跨越提升。企业的发展需要理念的引领，石钢各项工作取得的巨大进步，给我们的重要启示就在于石钢明确了“轴承钢做品牌，汽车钢上水平”目标，全体职工深刻理解并朝着这一目标全力以赴行动。思路决定出路，定位决定高度。理念是行动的先导，是提升工作最直接的动力。公司各单位、各部门要明确目标定位，明确工作理念，内化于心、外化于行，引导全体干部职工朝着目标共同努力，焕发全体干部职工干事创业的激情，开创各方面工作新局面，促进公司整体工作进步。

就成本管控工作，王兰玉指出，成本管控一直是公司生产经营的一项重点工作，在企业发展的任何时刻都不能松懈。近几年来，公司强调突出市场和产品工作，各单位、各部门的工作着眼点也放在了市场和产品工作上。在下大力气做产品、树品牌的同时，成本管控一定要常抓不懈、持续提升。要围绕落实全年任务目标，在全公司范围内集中开展成本管控大讨论，围绕当前标准成本、库存占用、物流费用以及其他费用控制，进行深入讨论，制定科学合理、切实可行的费用管控目标，以背水一战的精神，把成本管控工作真正做到位、见实效，为完成公司2018年30亿元利润目标打下坚实基础。

就职工岗位创新工作，王兰玉指出，近年来，公司深入开展管理创新、技术创新、岗位创新工作，公司广大职工结合实际，开放视野，创新思路，为生产经营和发展建设提出许多宝贵建议，有力地推动了各项工作实现快速进步。各单位要始终把创新作为重要抓手，大胆探索实践、持续改进提升，认真谋划好2018年各项课题攻关，努力为公司各项生产经营提供强力支撑。

公司副总经理高永春通报了1月以来公司生产安全情况，并对下半月重点工作进行部署。各事业部要提前筹划、早做准备，确保春节前品种订单生产组织和各项指标稳步提升。炼铁系统要高度关注临时发布的环保限停产政策，认真做好烧结机、竖炉等设备启停工作；炼钢系统要持续降低铁耗、增加废钢使用量；相关单位要做好设备功能维护和防寒防冻工作。同时，他还就做好当期安全生产和能源环保工作提出要求。

会上，财务经营部通报了上年12月公司各单位生产经营指标完成情况。

2月月中工作例会

强管理 提效率 实现生产经营水平再提升

在2月12日召开的公司月中工作例会上，公司党委书记、董事长王兰玉强调，要深入贯彻集团决策部署，树立强烈的危机意识、紧迫意识，提高站位，勇于担当，围绕2018年集团赋予工作目标任务，强管理、提效率，对标行业先进，推动各项工作快速进步，切实发挥集团核心企业示范引领作用。

王兰玉指出，在集团的坚强领导下，通过广大干部职工的共同努力，公司2017年客户结构和产品结构调整取得明显进步，企业经营业绩达到良好水平。但是同集团要求相比、同先进企业相比，公司在利润水平、成本控制、产量提升等方面都存在着较大潜力。各级领导要增强生存发展的危机意识、责任意识，树立协同观念，加大跨部门间横向协作，提高站位，勇于担当，一刻不能松懈地推进“两个结构”优化、能源环保、成本管控等工作，实现生产经营工作快速进步，发挥好集团核心企业示范引领作用。

王兰玉强调，随着国家环保要求越来越严格，钢铁企业限产将是一种常态。公司上下要始终树立“环保是企业生命线”的理念，积极落实国家政策和政府要求，开拓思路、创新方法，制定切实有效对策，努力实现企业绿色发展和效益发展兼顾。作为国家鼓励使用的资源，废钢使用直接影响着企业的长远发展。要开动脑筋、扩大资源渠道，加强管理，创新技术，不断提高转炉废钢使用量，为公司生产经营稳定顺行提供原料支撑。

王兰玉指出，要瞄准先进，强化攻关，提高产线效率，增强创效能力。要高度重视标准成本符合率工作，坚持不懈优化成本管理，不断提升成本控制力；要强化管理，提高机时效率，最大限度发挥装备潜能；要优化资金使用，做好市场分析预测，确保库存在合理区间运行，最大限度规避企业经营风险。非钢板块紧紧围绕制约企业发展的关键环节和突出问题，强管理、降成本、提效率、重经营，确保实现全面盈利，真正撑起公司发展的半壁江山。

公司副总经理张洪波通报了2月以来公司生产安全情况，并对下半月重点工作进行部署。炼钢系统要结合废钢效益测算情况，继续抓好降铁耗工作；高强汽车板有限公司要围绕吉利汽车用钢合同交付，进一步提高生产稳定性、质量稳定性，确保产品保质保量按时交付；各单位要做好春节假期的设备保驾，确保节期设备稳定运行。同时，他还就做好春节期间安全生产和能源环保工作提出要求。

公司总会计师赵丽树通报了1月公司各单位生产经营指标完成情况。

3月月中工作例会

改善成本　提升效率　持续增强企业竞争力

在3月12日召开的公司月中工作例会上，公司党委书记、董事长王兰玉强调，各单位要牢固树立“生产为用户、产就高效率”理念，正视在成本改善、效率提升上的差距，动用一切可以利用的手段，弥补不足，迎头赶上，持续增强企业竞争力。

就生产工作，王兰玉强调，今年以来，公司上下聚焦市场和产品，加快推进客户结构调整和产品结构升级，在产线效率提升方面做了大量工作，但与先进企业、与历史最好水平比，仍存在较大差距。要牢固树立“生产为用户、产就高效率”理念，切实提高全流程客户服务意识和服务能力，最大程度提高装备利用效率，实现生产全负荷、高效率运行。要继续下大气力解决制约企业运行效率提高的重点问题，强化设备管理，提高供辅系统保障能力，为发挥产线效率提供支撑。要学习借鉴多法斯科钢铁厂运行管理经验，进一步理清生产效率和品种结构的关系，寻求品种与效率的最佳结合点，实现产品高端化条件下的生产高效化。

结合成本工作，王兰玉强调，要高度关注成本管理，多角度、全方位认真审视在成本管理上存在的差距。首先要从理念上看差距。我们在成本管理中的问题是理念问题、效率问题。思路决定出路，理念对不对是决定成本能不能降下来的根本性问题，要深刻剖析理念差距，进一步明确理念定位，站在高标准、严要求的角度，瞄准行业先进指标，制定有力措施迎头赶上。其次，要从全流程角度看差距。要深度分析挖掘影响成本构成各要素间的关系，把成本意识深植到日常管理各项工作中。要提高成本管控能力，强化“两个端口”管理，转变传统观念和管理模式，健全完善原燃料采购、产品销售“后评价”机制，强化产线管控重点环节，真正提高管控能力和水平。面对差距，我们必须提高站位，树立领先意识，运用现代管理工具和方法，想方设法提高成本指标水平，促进成本工作快速改善。

王兰玉强调，技术领先是改善成本的关键抓手。要增强工作的责任感和主动意识，以只争朝夕、舍我其谁的精神和不断走在行业前列的胆略，主动追踪行业前沿技术，在技术突破上开动脑筋、做足文章，借助先进技术实现成本管理水平的跨越提升。要进一步提高驾驭产线的能力，促进产线效率提升，为降低成本提供支撑。要全员全流程关注成本改善，牢固树立成本改善意识，动用一切可以利用的手段促进成本降低，持续增强企业竞争力。

针对环保工作，王兰玉指出，要提高全员环保意识，高度重视环保工作，积极落实国家政策和政府要求，开拓思路、超前谋划、细致工作，制定切实有效对策，努力实现企业绿色发展和效益发展兼顾。要利用好已有环保设施，确保在线环保设备稳定运行、达标排放，与此同时加快在建环保设施建设。要高度关注“铁运代汽运”这一变化，制定有效措施，确保生产经营顺行。

王兰玉还对稳定工作提出要求。

公司副总经理张洪波对3月上旬工作进行总结，对中下旬工作提出要求。炼铁系统要保持稳产高产，保证铁水产量和质量；钢轧系统要提升工艺质量管控能力，强化产品过程质量控制，满足高端客户需求。各单位要牢固树立大局意识和红线意识，抓好环保和安全工作，为生产稳定顺行创造有利条件。

会上，财务经营部通报了2月各单位财务指标完成情况。

4月月中工作例会

降成本提效率 保持生产经营良好态势

在4月16日召开的公司月中工作例会上，公司党委书记、董事长王兰玉强调，要保持当前生产经营的良好态势，进一步强化成本管理，提高标准成本符合率，全力提升产线运行效率，确保盈利水平实现稳定增长。

结合当前生产经营工作，王兰玉强调，4月以来，公司各部门、各单位紧紧抓住采暖季错峰生产结束后有利时机，在加快推进客户结构调整和产品结构升级、加强成本管控、提升产线效率等方面做了大量工作，生产经营重点指标亮点纷呈。要进一步提高认识，认真总结归纳工作上取得进步和提升的有益经验，把好的做法、措施固化下来，保持生产经营良好态势，推动生产经营各项工作不断实现新提升。

王兰玉强调，各单位要清醒认识到，我们在成本管理上与先进企业、与历史最好水平比，仍存在较大差距。要进一步增强危机感和紧迫感，克服不利因素，充分发挥好公司在成本管理方面的传统优势，转变管理理念，树立领先意识，提升管控能力，拿出有力举措促进标准成本符合率等重点指标不断改善，确保公司全年挖潜增效目标实现。

王兰玉强调，各产线效率发挥和产能释放，尤其是炼铁产量水平的大幅提升，为公司生产经营稳定高效运行、快速提升获利能力提供了强力支撑。广大干部职工要继续秉承“生产为用户、产就高效率”的理念不放松，下大气力解决制约效率提升的难点问题，最大程度提高装备利用效率，通过不懈努力保持生产全负荷、高效率运行的良好势头，为公司提升整体盈利水平作出贡献。

公司副总经理张洪波对4月上半月工作进行点评，对下半月工作提出要求。炼铁系统要保持稳产高产，保证铁水产量和质量。钢轧系统要加大降铁耗攻关力度，加强成品库存管理，在保证产线高效的同时提升品种钢生产能力，满足高端客户需求。各单位要全力做好安全和环保工作，为生产稳定高效创造有利条件。

会上，财务经营部通报了3月各单位财务指标完成情况。

5月月中工作例会

用优异成绩向集团成立十周年献礼

在5月14日召开的公司月中工作例会上，公司党委书记、董事长王兰玉强调，要保持当前良好的生产经营态势，紧紧围绕市场和产品开展工作，进一步加强成本管控，持续提高生产效率，用优异成绩向集团成立十周年献礼。

王兰玉指出，河钢集团成立十年来，取得了令人瞩目的成就，从一个地方钢铁企业迅速发展成为排名世界前列的钢铁材料制造和综合服务商。特别是近几年，集团整合协同效率得到极大发挥；国际化战略迅速实施，国际化发展步伐走在国内冶金企业前列；坚持绿色发展，在全球掀起了一场绿色制造的风潮；聚焦市场和产品，客户结构和产品结构持续优化，已成为中国第二大汽车板供应商和第一大家电板供应商；专业管理和非钢领域发展同样成绩斐然。河钢集团的组建是到目前为止中国钢铁企业合并重组最成功的典范，得到了国内及世界冶金行业的认可。系统回顾集团成立十年来的发展历程和卓越成就，对于我们进一步坚定河钢自信、做好下步工作具有重大意义。

王兰玉指出，近日，公司启动了庆祝集团成立十周年系列活动。各单位要认真组织，特别是各单位党委和工会系统，要将迎庆集团成立十周年作为近一个阶段的工作重点。通过组织系列活动，使广大干部职工深刻认识集团成立十年取得的成绩，把广大职工紧紧团结起来，进一步坚定路径自信。要通过组织形式多样、职工喜闻乐见的活动，激发职工热爱河钢、爱岗敬业的热情。要在活动中培养职工团队协作的精神，营造企业大家庭的氛围，把职工更紧密地凝聚在一起，展示出企业朝气蓬勃的新气象。

王兰玉强调，良好的生产经营绩效，是向集团成立十周年献礼的最好“礼物”。5月公司生产经营形势持续向好，产线成本控制水平和生产效率均取得了明显进步，为生产高效稳定运行和利润水平提高起到了强大的支撑作用。公司上下要继续保持当前良好的生产经营态势，深入推进市场和产品工作，特别是围绕提升利润水平、提高运行效率、重点产品上量和提高产品集中度，主动工作、持续发力，推动生产经营再上新台阶，用优异成绩向集团成立十周年献礼。

公司副总经理张洪波对5月上半月工作进行点评，对下半月工作提出要求。炼铁系统要继续保持稳产，保证铁水产量和质量。钢轧系统要加强工艺质量控制，持续提升产线作业率和机时产量，提高品种钢生产能力，满足高端客户需求。各单位要全力做好安全和环保工作，为生产稳定高效创造有利条件。

会上，财务经营部通报了4月各单位财务指标完成情况。

6月月中工作例会

坚定信心 持续发力 以优异经营成果向集团献礼

在6月11日召开的公司月中工作例会上，公司党委书记、董事长王兰玉强调，坚定信心、脚踏实地，持之以恒加大市场和客户开发力度、推进产线效率提升、做好能源环保工作，以优异的经营成果向集团成立十周年献礼。

就当前生产经营工作，王兰玉指出，5月是公司近年来生产经营各项指标完成得最好的一个月份。这得益于公司各单位高度重视基础管理工作，从而有力地促进了产线效率的提升，产线效率的提升同时又带动了成本的大幅改善。今年以来，公司将生产经营重心放在了客户集中度提升、一对一直供比提高、重点用户开发上。目前，公司各单位不断加大工作力度，提升客户集中度，各条产线前10名终端大客户占比达45%左右，为产线效率提升打下了基础；一对一直供比不断攀升，强力带动了产线效率提升、成本降低；重点用户开发取得新进展，与上汽、长安、北汽、长城等汽车主机厂合作不断加深，推动了公司产品品质档次的持续提升，这些工作都为公司5月生产经营取得佳绩创造了良好条件。公司各单位要进一步坚定信心、脚踏实地、真抓实干，按照既定的目标任务，持之以恒推进产线效率提升、加大市场和客户开发力度，以优异的生产经营业绩向集团成立十周年献礼。

就能源环保工作，王兰玉强调，公司各单位要以高度的敏感性和超前意识，未雨绸缪、提前谋划，重点抓好运输方式调整、物资储备、环保设施建设等工作，为公司生产经营创造良好的外部环境。各区域要超前谋划，按照环保要求，制定“铁运替代汽运”运输方案，合理匹配运输结构、调整运输方式，确保原燃料大宗物资及时运达；要做好应对长期限产的准备工作，尤其是铁前各工序要做好烧结、球团等物料储备工作，保证物料充足供应，确保公司生产经营有序进行；要加快推进环保设施建设进程，各单位、各部门要把环保工程看作“生命线工程”，增强责任意识、大局意识，相互配合、互为支撑，确保环保设施尽快建成投产，尽早发挥效能。

就持续加大废钢利用工艺攻关工作，王兰玉指出，要开拓思路、创新方法，学习借鉴国内外先进钢企废钢使用技术，增强废钢技术攻关，提升废钢利用水平，在新一轮的市场竞争中抢占先机，争创最佳效益。今后，环保限产将处于常态，铁水必然紧缺，增加转炉废钢使用量，是钢企发展的必经之路。谁能在废钢使用中领先一步，谁就抢占了市场先机。近几年，公司各单位持续加大废钢使用技术攻关，虽然取得了一定成绩，但仍要清楚地意识到自身存在的差距和不足，进一步开拓思路、开阔视野，学习借鉴国内外先进钢企在废钢使用方面的新技术、新方法，进一步提升公司废钢应用水平，增加转炉废钢消耗比例，为公司在新的市场环境下抢占发展先机创造有利条件。

公司副总经理张洪波对6月上旬工作进行总结，对中下旬工作提出要求。炼钢系统要加大降铁耗攻关力度，加强废钢管控，确保废钢质量；要抓好库存管理工作，重点降低呆滞品和非计划品库存；积极响应，打赢蓝天保卫战。

会上，公司总会计师赵丽树通报了5月各单位财务指标完成情况。

7月月中工作例会

主动作为　确保生产高效运行　培树品牌　提高企业竞争实力

在7月16日召开的公司月中工作例会上，公司党委书记、董事长王兰玉强调，要积极适应环保新常态，主动作为、超前谋划，制定限产期生产组织方案，确保公司生产高效平稳运行；增强品牌意识，培树产品品牌，提升公司竞争实力。

就环保工作，王兰玉指出，目前，唐山地区下达了今年以来最大强度的限产政策，给公司当前生产经营带来了巨大挑战。相关部门要开动脑筋，深入研究唐山市环保限产“一企一策”政策，加强沟通，积极为企业争取好的政策支持；要主动作为，加快推进短平快环保项目建设，为唐山市空气质量改善作出积极贡献。要通过我们的不懈努力，为公司生产经营创造良好的外部环境。

王兰玉强调，结合这次限产，相关部门要提前谋划、周密部署，提前制定生产组织方案，确保公司生产高效运行。在限产条件下，公司生产组织要把铁水消耗水平作为生产平衡的出发点，确保整体发挥最大生产效率，创造最好效益。各单位要持续加大降低铁水消耗攻关，决不允许任何因素致使生产效率降低。

结合培树品牌工作，王兰玉强调，要树立强烈的品牌意识，坚定不移地走产品升级和结构调整的发展路线，以产品优势打败低成本优势，在行业内叫响河钢唐钢品牌。要注重品牌建设，做精产品、做优服务，不断提升产品质量稳定性和客户服务能力，努力适应高端客户的严苛要求，靠产品的高售价去对冲高成本，不断提升公司品牌知名度，增强公司整体盈利能力。

王兰玉还对安全工作提出要求。他强调，夏季炎热高温，降雨天气明显增多，极易引发电气类安全事故，公司各生产单元要提高安全意识，防范安全事故，确保公司生产和职工人身安全。

公司副总经理张洪波对7月上旬工作进行总结，对中下旬工作提出要求。各事业部要重点保交期、保质量，强化服务，进一步提高客户满意度与忠诚度，推动直供用户持续订货；要强化管理、夯实基础，把好原料质量关，为高炉炉况稳定向好创造条件，确保公司生产稳定顺行。

公司总会计师赵丽树通报了6月各单位财务指标完成情况。

8月月中工作例会

推进环保项目落地　为采暖季生产创造条件
持续降低铁水消耗　全力提升企业竞争实力

在8月13日召开的公司月中工作例会上，公司党委书记、董事长王兰玉强调，要加大排放物治理，加快推进环保项目落地，为公司采暖季生产创造有利条件；持续降低铁水消耗，提高废钢利用水平，全力提升企业竞争实力。

就能源环保工作，王兰玉强调，目前，公司环保设施陆续投运，排放物治理工作取得明显成效。有关单位要高度关注环保设施的调试运行工作，确保环保设施正常运转，达到超低排放标准。随着采暖季的逐步临近，公司将面临新一轮长周期、大规模限产，各单位要超前谋划，主动作为，加快环保试验项目在全公司范围内推广使用，为公司采暖季生产创造有利条件，为唐山地区环境质量改善作出贡献。

就降低铁耗工作，王兰玉强调，各单位要认真总结公司推进降低铁水消耗工作以来所取得的成绩和不足，制定降低铁耗的短期、长期规划，解决制约降低铁耗工作的瓶颈，为公司在当前市场竞争中赢得先机。降低铁水消耗是一项系统工程，决不能将该工作简单地等同为铁水消耗量的降低，而是要与生产组织、质量控制、品种生产等工作紧密结合起来。用好废钢资源，事关企业竞争力的提升，各单位要不断细化管理，提高工作深度，认真学习借鉴多法斯科钢厂废钢分类管理的经验，把废钢精细化管理做到位，最大限度地减少废钢使用量增加对产品质量造成的影响。

王兰玉强调，企业的发展需要强大的人力做支持，要进一步开拓思路、创新方法，释放人力资源潜能，提高人员劳效，为公司未来发展提供人力支撑。要勇于颠覆传统管理模式，培养一岗多能型的高素质职工队伍，更好地适应公司当前以及今后发展需要。

王兰玉还通报了上半年全国和唐山地区钢铁行业运行情况。

公司副总经理张洪波对公司 8 月上旬工作进行总结，对中下旬工作提出要求。炼铁工序要千方百计保持炉况稳定和铁水供应量；炼钢区域在持续攻关铁耗目标的基础上，强化废钢精细管理，提高转炉节奏和运转效率，全力以赴提高产量水平；各单位在持续降铁耗的前提下，要密切关注品种质量问题，确保完成品种比例目标。

公司总会计师赵丽树通报了 7 月各单位财务指标完成情况。

9 月月中工作例会

加强环保治理　实现超低排放　为秋冬季高效生产创造条件

在 9 月 17 日召开的公司月中工作例会上，公司党委书记、董事长王兰玉强调，加快环保项目建设，实现超低排放，提前谋划好冬季生产组织，为公司秋冬季高效生产创造条件。

王兰玉强调，近日，河北省大气办印发了《河北省严格禁止生态环境保护领域“一刀切”的指导意见》。《意见》指出，严禁错峰生产“一刀切”，对实现超低排放、工艺技术先进、产品优质高端的“领跑者”企业，不列入错峰生产名单。公司各单位要深入解读《意见》精神，重新定位、思考当前公司生产经营工作，公司完全具备“工艺技术先进”“产品优质高端”条件。同时，公司正在积极推进环保项目建设，有效减少污染物排放，中厚板、不锈钢脱硫脱硝项目建设进度加快，也为实现超低排放打下了坚实基础。公司上下要全力以赴、积极应对，保证在线环保设施高效运行，加快在建环保项目进度，以超低排放的优异环保业绩，为公司在政府实施的差异化环保管控措施中赢得好的政策支持。

王兰玉强调，各单位要提前谋划好秋冬季生产，积极适应新的生产组织方式，努力实现高效稳定生产，为公司增创效益。相关部门要提前谋划、周密部署，提前制定生产组织方案，确保公司生产高效运行。铁前各工序要做好烧结、球团等物料储备工作，保证物料充足供应；物流系统合理匹配运输结构、调整运输方式，确保原燃料大宗物资及时运达；各生产单元要进一步提升废钢应用水平，增加转炉废钢消耗比例，以铁水消耗水平作为生产平衡的出发点，确保整体发挥最大生产效率；全体干部职工要树立“生产为用户、产就高效率”理念，最大程度提高装备利用效率，确保公司秋冬季生产高效运行，创造最大效益。

公司副总经理张洪波对公司9月上旬工作进行总结，对中下旬工作提出要求。各单位要不断提高自身服务意识和服务效率，及时妥善处理客户投诉；要认真梳理生产组织、工艺管理、设备管理状态，查找问题根源，增强工作计划性，抓紧抓好事故、铁耗、环保等重点工作，确保公司高效稳定生产；要突出抓好中秋和国庆节期间的安全管理工作，开展好节期安全检查，确保公司安全生产形势总体稳定；要保证环保设备高效运行，要加快环保项目建设进度，确保如期完成。

公司总会计师赵丽树通报了8月各单位财务指标完成情况。

10月月中工作例会

解放思想明确目标　全面完成四季度挖潜增效任务

在10月15日召开的公司月中工作例会上，公司党委书记、董事长王兰玉强调，要解放思想，明确目标，增强本领和竞争能力，全面完成四季度挖潜增效任务；要确保环保项目按期完成，为公司取暖季生产争取有利条件，紧紧把握机遇，实现效益最大化。

王兰玉强调，要解放思想，全力完成公司下达的四季度挖潜增效任务。公司上周下达了四季度挖潜增效计划，总的讲，铁前系统挖潜增效重在成本和产量，钢轧系统重在利润和产量。完成挖潜增效任务的关键是要解放思想，要从思想意识上解决制约我们各项工作上台阶的思想藩篱。面对新任务，公司上下一定要解放思想，瞄准行业先进水平和标杆企业，明确学习提升的目标和方向，增强本领和竞争能力，不断爬坡过坎，提高整体工作水平，实现企业新跨越。为保证挖潜增效工作的顺利推进，公司将对照四季度挖潜增效要求，调整关键岗位、特殊贡献奖的绩效标准和奖励办法，进一步加大奖励力度，推动此项任务完成。

就采暖季错峰生产，王兰玉指出，利用好采暖季错峰生产带来的市场机遇是四季度实现目标的关键，而环保项目按期完工是把握好这一机遇的重要前提。主管部门和各项目单位要把环保项目建设当作目前头等大事来抓，按照“强服务、提效率”的要求，盯紧工期，切实提高自身工作效率，为施工单位和验收方预留充足时间，保证环保项目按期完工，为公司生产经营创造有利条件。

公司副总经理高永春对10月上旬工作进行总结，并对中下旬工作提出要求。各单位要坚定不移树品牌、做宽度，兼顾好生产效率和产品结构，提高产品售价水平；要按照“高效率、快节奏、低铁耗”原则组织生产。炼铁系统要继续保持稳定高产，抓好脱硫脱硝环保项目建设和现有环保设施运行。炼钢系统要继续提效率，降低铁水消耗、提高钢水产量；要按照“有效益地利用废钢、精细化地计算成本”的原则，做好降铁耗工作，统筹成本、效益，建立起符合公司实际的废钢利用模型，在新的铁水平衡下实现最大效益。要加强安全生产和环保工作，确保公司生产形势总体稳定。

公司纪委书记陶立国就开展形式主义、官僚主义突出问题调研工作进行安排部署，要求各单位党委、纪委高度重视、立即组织，迅速行动、深入自查，拿出切实可行的办法和措施，推动党员干部作风根本转变，助推公司生产经营、改革发展各项任务圆满完成。

公司总会计师赵丽树通报了9月各单位财务指标完成情况。

11月月中工作例会

做好充分准备应对市场变化　深挖自身潜力提升竞争实力

在11月12日召开的公司月中工作例会上，公司党委书记、董事长王兰玉强调，要做好充分准备，应对市场变化，尽最大努力消化中美贸易摩擦带来的不利影响；要深挖潜力，抓好成本和售价管控工作，提高模型化生产深度应用水平，全面提升企业综合竞争力。

王兰玉指出，进入10月以来，中美贸易摩擦对中国钢铁行业的影响逐渐显现，并呈现出加剧势头。钢铁下游行业所受冲击尤为剧烈，机电产品出口出现萎缩，家电、汽车行业传统旺季销售不旺，产量大幅下降，这一冲击逐渐蔓延到了钢铁行业，位居前沿的高强汽车板公司感受尤为明显。如果中美贸易摩擦进一步加大，明年钢铁行业将面临又一个发展低谷。公司上下要做好应对严峻市场的心理准备，市场营销部门要认真研究对策，根据市场变化调整营销策略，开拓新的目标市场，及时调整产品结构，对冲下游行业波动带来的不利影响。

王兰玉强调，要把成本和售价作为明年工作的重点。明年市场形势不容乐观，面对严峻的市场形势，各单位要深挖潜力，抓住制约成本升高的关键点，全面提升成本管控能力；要千方百计提升售价，努力在产品结构调整上下功夫，对标先进水平，加大高端产品市场推广力度，根据市场变化及时调整价格策略，全力提升产品售价水平。

王兰玉强调，要进一步解放思想，将模型化生产推广到全工序链条，全面提升企业竞争力。公司学习多法斯科经验推行模型化生产以来，各项工作取得了不同程度的进步。在此基础上，各单位要认真总结经验、不断改进提升，尤其在工艺技术路线的改进、工艺指标的制定等方面，还要进一步解放思想、狠抓管理，甩掉懒惰工艺思维，提升模型化应用的广度和深度。各单位要继续以模型化生产为抓手，提升标准化管理水平，增强企业综合竞争力。

王兰玉强调，今年以来，中厚板公司生产经营实现了历史性突破，各单位要认真思考“中厚板现象”，正视不足、改进提升，用足用好效率、品种、成本、费用控制等手段，强力推进各项重点工作落地，奋力开创生产经营新局面。

公司副总经理张洪波对11月上旬工作进行总结，并对中下旬工作提出要求。各单位要组织好产线订单，确保采暖季期间公司高效率生产；认真研判行业趋势，开拓新的市场，对冲下游产业波动造成的不利影响；要做好防寒、防冻自查工作，确保公司冬季安全生产；要加快在建环保项目进度，确保项目发挥最大效益，为公司生产经营争取更大空间。

公司总会计师赵丽树通报了10月各单位财务指标完成情况。

12月月中工作例会

明确抓手　敢于为先　扎实开展好解放思想主题活动

在12月17日举行的公司月中工作例会上，公司党委书记、董事长王兰玉强调，要深入学习贯彻落实集团重点工作分析说明会精神，扎实开展好“解放思想，对标赶超，实现2019年整体工作快速提升”主题活动，要真正实现思想的解放，要确保活动有抓手、有高度，敢于为先，以效益为中心，以设备为保障，带动各项工作实现新突破。

王兰玉指出，公司上下要扎实开展好“解放思想，对标赶超，实现2019年整体工作快速提升”主题活动。按照活动安排，当前是解放思想阶段，也是最重要的阶段。思想的阀门打不开，对标赶超的力度就会上不去，接下来的目标和措施效果更不会明显。

王兰玉强调，要实现思想的解放，一是要有抓手，各单位要通过反思自身工作，理顺思路、找出抓手，为解放思想找到切入的途径和载体，进而带动工作实现全方位的提升。二是要有高度。高度意味着瞄准行业高端对标，寻找差距，不断提升；高度还意味着要敢于为先，摆脱跟随式发展，实现引领式发展。要以敢为人先的勇气和魄力，加大产品开发、市场开拓力度，打造品牌影响力，提升企业竞争力。三是要以效益为中心。改变多年以来的成本型思维模式，不顾效益地谈成本则会带来大问题，要从对成本的关注，转移到对效益的关注上来，形成经营性思维。明年的标准成本考核要应用新思维，在以效益为先的基础上打开思路加强管控。四是提高对设备保障重要性的认识。信息化、自动化程度越高，设备的保障作用就越重要。此外，还要重视设备的点检维护，提高设备运行的稳定性。

就环保工作，王兰玉强调，当前，唐山环保形势依然严峻，全市正在开展“决战20天、打赢蓝天保卫战”工作。公司上下要把环保工作视为企业的生命线，一刻不能放松，确保环保项目落地见效，为唐山环境改善作出积极贡献，也为公司生产均衡稳定争取更好的政策环境。

就安全工作，王兰玉强调，要深刻吸取张家口“11・28”燃爆事故经验教训，反思自身并重新定位对安全工作的认识。要坚持一岗双责，进一步强化党政领导均为安全工作第一责任人的意识，坚持“管行业必须管安全、管业务必须管安全、管生产经营单位必须管安全”的“三个必须”原则，将一岗双责扩展到每一个领导岗位，确保安全工作有认识、有行动、留痕迹、有效果。各级领导干部要加强学习，不断提高对安全工作重要性的认识和抓好安全工作的责任意识，切实把安全工作抓在手上、落到实处，保障公司长治久安。

公司副总经理张洪波对12月上旬工作进行总结，并对下旬工作提出要求。安全方面，各单位要深刻吸取张家口“11・28”重大燃爆事故教训，全面开展危化品安全大检查。要持续做好冬季安全管理，做好防寒、防冻自查，并落实好冬季行车、用电、动火作业等安全防范措施，加强室外作业、高空作业等冬季事故易发环节管控，确保检修和在建项目施工安全。能源环保方面，要严格落实唐山市《“决战20天、打赢蓝天保卫战”强化管控工作方案》。做好环境管理体系外审整改，以此次整改为契机，梳理环保工作短板，切实提升各单位环保工作水平，为公司冬季生产创造良好外部条件。

公司总会计师赵丽树通报了11月各单位财务指标完成情况。

月末工作例会

2月月末工作例会

转变工作思路　抢抓市场机遇　确保生产经营高效运行

在2月26日召开的公司月末工作例会上，公司党委书记、董事长王兰玉强调，公司上下要进一步转变工作思路，抢抓市场机遇，着力解决制约企业运行效率提高的重点问题，运用现代管理理念和管理手段，推动生产经营高效运转。

结合当前生产情况，王兰玉指出，3月是公司生产经营的黄金季节，同时又面临着错峰生产的政策影响。如何组织好当前生产，对抓住当前市场机遇至关重要。各单位要尽快制定有效措施，解决制约生产经营上水平的问题；要持续强化事故管理，树立“事故为零”理念，有效防范和杜绝各类事故发生，确保生产稳定顺行。要认真研究环保“双错峰”政策，提前谋划，把工作做在前头，有针对性地制定生产、运输应对方案，最大限度降低生产错峰和物流错峰带来的影响，保障原燃料稳定供应，确保生产高效率运行。

王兰玉强调，面对新目标新任务，公司上下必须彻底解放思想，转变理念，用新思维新方式指导工作，促进各项工作实现新突破。在生产系统，要牢固树立“生产为用户，产就高效率”的理念，并深深植入生产一线，切实提高全流程客户服务意识和服务能力，最大程度提高装备利用效率，实现生产全负荷、高效率运行。要提高对废钢资源的认识。废钢利用的意义不仅仅是利用市场机会降低生产成本，更是钢铁企业生产原料发生的重大转换，是企业生存发展的战略物资。各单位必须站在战略高度，加强废钢资源管理，实施全流程科学管控，不断采取新技术提高废钢利用能力，为企业竞争力的提升奠定坚实基础；要紧盯成本管理不放松，进一步认清形势、加强对标，查找差距、制定措施，实现成本管理的新突破。

就事业部工作，王兰玉指出，各事业部要在做宽度上下功夫，提高客户集中度，加快战略性大客户开发。要结合自身实际，找到各自的目标战略客户，明确每条产线的产品利润点，实现高效产品提质上量，全力推动“前20位客户销售占比”和“重点客户销售量”两大关键指标快速改善。

结合部室管理工作，王兰玉强调，2018年，公司各部室要着力转变工作思路，改变工作方法，确保部室管理水平进一步提升。一方面，各部室要着力打造符合现代管理要求的管理理念，更新管理思路；另一方面，要尽最大努力引进、吸纳、使用全新的管理工具，推动部室管理工作取得进步。

王兰玉对巡视巡察反馈意见整改工作提出要求。他指出，抓好2018年巡视巡察反馈意见整改工作，是公司加强党的领导、强化党的建设、全面从严治党的重要体现，是扎实贯彻党的十九大精神、落实党章修正案的具体行动。公司各单位要充分认识并高度重视巡视巡察反馈意见整改工作，以高度的责任感做好相关工作。突出政治特性，切实增强整改工作的责任意识和担当精神；加强组织领导，层层压实责任，切实推动全面从严治党向基层延伸；固化整改成果，形成长效机制，推动企业党的领导、党的建设全面强化、全面过硬，全面从严治党、从严治企向纵深发展；夯实基础，为迎接新一轮上级党委巡视巡察做好充分准备。

王兰玉还就认真做好信访稳定工作提出要求。

公司副总经理张洪波对公司2月生产经营工作进行总结，并对3月工作提出要求。炼铁系统要保持稳产高产，朝着历史最高水平努力；炼钢系统要积极寻求最经济的废钢消耗方法，千方百计确保转炉多吃废钢，提升转炉炼钢能力。同时在1700线大修期间，要全力保持稳定生产，抢抓市场机遇，争取最佳效益。

公司党委副书记张小帅对公司3月党委工作进行安排。持续抓好党的十九大精神的学习培训，特别是两级党委理论中心组和各级领导干部，要从学习内容、方式以及时间上确保落实到位；围绕实现公司生产经营首季开门红，切实抓好形势任务教育，力促各项工作取得快速进步；做好集团巡察督导反馈意见整改落实、信访稳定等工作。

4月月末工作例会

瞄准目标持续发力　努力实现效益水平大幅提升

在5月2日召开的公司月末工作例会上，公司党委书记、董事长王兰玉全面传达学习集团经营例会精神并强调，要深入落实集团决策部署，坚定路径自信，瞄准目标持续发力，抢抓市场机遇，提高运行效率，推进重点工作，不断提升企业综合竞争力，实现效益水平的大幅提升。

王兰玉首先详细传达了集团经营例会上集团党委书记、董事长于勇的讲话精神。他指出，在4月28日召开的集团4月经营例会上，于勇董事长充分肯定了一季度集团各项工作取得的成绩，对下步工作提出要求。公司上下要深入学习、全面落实于勇董事长的讲话精神，认真贯彻集团决策部署和工作要求。一是提高政治站位，坚定不移地与党中央保持高度一致，坚定不移地贯彻落实省委、省政府在去产能和区位调整上的重大战略决策。辩证看待去产能和区位调整，牢牢抓住机遇，实现区位结构优化、产品结构优化、债务结构优化三大目标，提升竞争力。

二是继续把客户关系对接作为最核心工作来推进，增强主动性和超前性，加强对标与交流，进一步激发工作活力。三是坚定路径自信，全面抓好各项重点工作，在新一轮战略调整中保持企业持续健康发展，在河钢再次蜕变中充分发挥核心企业示范引领作用。

结合公司生产经营实际，王兰玉就深入贯彻集团经营例会精神，全面做好公司各项工作提出要求。他指出，4 月公司进入非采暖季生产状态，各单位抢抓机遇、主动工作，生产经营亮点频现、成效突出，为下步工作开展奠定了坚实基础。各单位要认真总结非采暖季生产组织经验，既看到成绩，又认清不足。轧钢系统，各条产线瞄准既定目标，开足马力，产线效率实现大幅提升，成本得到进一步降低。下一步，要进一步抓住细节，稳扎稳打，再接再厉，为公司效益增长作出更大贡献。炼钢系统，目前铁水消耗成为制约生产上水平的关键因素。各单位要主动适应环保限产新常态，抓住制约铁水消耗的关键点，即加强冶炼环节的工艺管理和废钢质量管理，积极调整工作思路和作业方式。要开展内部对标，借鉴先进经验，深挖产线潜力，促进生产水平再上新台阶。炼铁系统，高炉运行相对稳定，但对标历史最好成绩，仍有很大潜力可挖。对炼铁系统而言，提高运行效率是应对限产影响的最好方式，也是降低公司整体成本的有效手段。他强调，今年以来的生产经营实践证明，公司明确的发展路径是正确的，全体职工要坚定信心不动摇，锁定目标不放松，深入细致开展工作，努力实现公司效益水平的大幅提升。

就市场和客户工作，王兰玉强调，今年以来，公司深入贯彻落实集团决策部署，把市场和客户开发摆在所有工作的首位，下真功夫，花大力气，持续加大工作力度，取得了可喜成绩。下一步，要学习借鉴多法斯科钢铁厂运行管理经验，进一步理清生产效率和品种结构的关系，寻求品种与效率的最佳结合点，实现产品高端化条件下的生产高效化。要在做宽度上下功夫，加快战略性大客户开发，结合自身实际，找准目标战略客户，明确每条产线的产品利润点，提高客户集中度，实现高效产品提质上量。

就加强成本管控工作，王兰玉强调，今年以来，各单位按照公司要求，将加强成本管控作为一项重点工作来抓，取得了一定进步，但仍存在问题。炼铁系统要正视成本差距，开展内部对标，持续改善物料结构等经济技术指标；各产线要深入研究先进单位成本管理经验，结合实际，加强管理，下真功、下苦功，持续提高标准成本符合率。

公司总经理田欣就安全生产工作提出要求。田欣指出，安全生产是一项重大民生问题，也是深层次的政治问题，要认真落实上级要求，进一步增强做好安全生产工作的紧迫感、责任感。各单位领导班子要将安全生产工作摆在更加突出的位置，强化责任担当，增强管理意识，切实抓好安全生产工作。各单位要压实责任，严肃考核，让安全意识入脑入心，让各项措施落地生效，把各项管理抓实、抓细、抓到位。要开展好安全生产专项整治工作，进一步完善方案、细化措施，为公司圆满完成各项目标任务营造稳定的安全生产环境。

公司副总经理张洪波总结了公司 4 月生产经营工作，对 5 月工作提出要求。炼铁系统要继续优化高炉炉况，保持稳产高产态势；炼钢系统要继续加大降铁耗攻关力度；轧钢和辅助系统要按照“产就高效率”的原则，抓好生产组织，切实提高设备运行效率。张洪波还对安全环保工作提出要求。

公司党委副书记张小帅对公司 5 月党委工作进行安排。要深入落实集团二季度党群工作例会精神，认真开展好纪念集团成立十周年系列活动；积极组织开展公司党建品牌活动；抓好党风廉政建设“两个责任”落实；高度重视脱贫攻坚工作；认真落实保密工作年度部署。

会后，公司领导参观了2017年度公司职工岗位创新成果展。

5月月末工作例会

深入解读落实会议精神　推动非钢产业发展壮大

在5月28日召开的公司月末工作例会上，公司党委书记、董事长王兰玉传达学习集团2018年非钢产业工作会议精神，强调要全面深入学习集团会议精神，领会精神实质，吃透精髓要义，进一步明确非钢产业发展方向和改革目标，使非钢产业成为支撑公司未来可持续发展的战略板块。

王兰玉首先详细传达了集团党委书记、董事长于勇在集团2018年非钢产业工作会议上的讲话精神。他指出，于勇董事长充分肯定和高度评价了四年来集团非钢产业工作取得的成绩，进一步明确了今后一个时期非钢产业的发展重点和战略布局。公司上下要深刻领会、全面落实于勇董事长的讲话精神，认真贯彻集团决策部署和工作要求，抓住机遇，强化担当，勇往直前，在“伟大时期”顺势而为实现华丽转身。

王兰玉对于勇董事长的讲话精神进行了深入解读。他强调，于勇董事长就非钢产业发展提出的发展思路，不仅对非钢产业意义重大，而且对钢铁主业同样有着重要的指导意义。于勇董事长指出，在中国钢铁工业发展新“伟大时期”，要顺势而为实现华丽转身，即：钢铁总量少了，产业链条长了；钢铁总量少了，产品精了；钢铁总量少了，产值高了；钢铁总量少了，用人多了。这些新思路和理念的提出，对于挖掘人的价值，延伸产品链条，提高产品价值，钢铁主业做精做强，非钢产业发展壮大必然会带来思想和理念上的突破。我们要深入理解“少”与“长”、“少”与“精”、“少”与“高”、“少”与“多”之间的辩证关系，明确未来发展方向，以钢铁主业为支撑，不断延伸产业链，拓展工业服务等领域，将钢铁真正做成下道工序的材料和半成品，把人的价值体现为产品价值，使非钢产业成为支撑公司未来可持续发展的战略板块。要把非钢产业发展集中在钢铁主业产业链的延伸上，实现由做钢铁向做材料转变，在挖掘产品价值上做足文章。在京津冀转型发展时期，公司上下要做到顺势而为，在去产能和区位调整中主动寻求全新的发展机遇，切实实现华丽转身和完美蜕变。

结合集团对今后一个时期非钢产业发展重点和战略布局提出的七个方面要求，王兰玉强调，各单位要认真学习、深刻领会会议精神，按照集团部署明确下步发展方向，规划未来发展蓝图。非钢系统要集中开展学习讨论活动，本着“一厂一策”的原则，提出本单位发展方向、改革目标和工作举措，促进非钢工作取得长足进步和更大发展。

就扎实开展政治性警示教育，王兰玉强调，公司各级党组织和全体党员干部，特别是中层以上领导干部，要深入学习领会上级政治性警示教育大会精神，充分认识到开展这次政治性警示教育的重要性、严肃性、紧迫性和现实性，着力提高政治站位，扎实开展好政治性警示教育。各单位党委要按照上级和集团党委要求，落实公司党委部署，把政治性警示教育分阶段组织好、开展好，确保政治性警示教育有序推进并取得预期成效。

就进一步提高生产效率，王兰玉强调，目前，公司各产线处于相对高效的状态，成绩来之不易，更要倍加珍惜。要实现并保持生产的高效率，一方面要靠生产厂扎实的基础管理作支撑，另一方面要靠公司各协同部门提供强大的支持。设备系统、供应系统要更新管理思路，使用新的管理工具，推动管理工作取得新进步；销售系统要在做宽度上下功夫，加快战略性大客户开发，提高客户集中度。

公司副总经理张洪波总结了公司5月生产经营工作，对6月工作提出要求。各单位要在保持目前高效稳定生产状态的基础上，冷静审视自身基础管理中存在的问题并加以改进，创造条件，促进产线运行效率实现新提升。张洪波还对安全环保工作提出要求。

公司党委副书记张小帅对公司6月党委工作进行安排。要扎实开展政治性警示教育；认真开展迎庆建党97周年和集团成立十周年系列活动；深入贯彻落实集团党委工作会议暨基层党建工作述职会精神；切实开展好暑期“双服务”活动；坚持抓好信访稳定工作。

6月月末工作例会

认真开展好政治性警示教育活动　推动全面从严治党向纵深发展

在6月26日召开的公司月末工作例会上，公司党委书记、董事长王兰玉通报了公司领导班子政治性警示教育专题民主生活会情况并强调，要认真组织开展政治性警示教育活动，推动全面从严治党向纵深发展，营造风清气正的政治生态和干事创业的工作氛围，为集团建设最具竞争力钢铁企业作出更大贡献。

王兰玉通报了公司领导班子政治性警示教育活动专题民主生活会的基本情况。6月24日下午，公司召开了领导班子政治性警示教育专题民主生活会。集团党委书记、董事长于勇出席会议并讲话，在家的公司领导班子成员13人参加了会议，公司党委部门负责人列席会议。生活会上，公司领导班子和班子成员从政治忠诚、政治定力、政治担当、政治能力、政治自律五个方面，认真查摆存在的问题和差距，明确努力方向和整改措施，开展了深入的批评和自我批评。

王兰玉传达了于勇董事长在6月24日民主生活会上的讲话精神。于勇董事长对公司领导班子民主生活会给予了充分肯定，认为这次生活会主题鲜明，准备充分，查摆问题深入，相互批评坦诚，是一次高质量的民主生活会。结合下步工作，于勇董事长提出了六点意见：一是要坚持把党的政治建设摆在首位，进一步树牢“四个意识”。二是要严格落实“两个责任”，扎实推进全面从严治党向纵深发展。三是要以此次专题民主生活会为契机，认真贯彻落实集团党委关于开展政治性警示教育的安排部署，全面加强河钢唐钢党的建设，营造风清气正的政治生态和干事创业的工作氛围，为推进集团最具竞争力钢铁企业建设做出新的成绩。四是要超前谋划、主动作为，努力实现战略布局调整和转型发展。五是要加大力度做好无缝对接市场和产品转型升级工作。六是要以问题和目标为导向，凝聚士气，强化执行，以时不我待、奋发有为的精神状态，坚定走在集团发展的最前列。

王兰玉强调，公司班子在认真查摆、深入剖析的基础上，进一步明确了今后的努力方向和整改措施。一是旗帜鲜明讲政治。要认真学习习近平新时代中国特色社会主义思想，树牢“四个意识”，坚持把党的政治建设放在首位，努力营造企业良好的政治生态。二是坚定理想信念。着力加强共产主义理想信念的正向引导，夯实信仰支柱，增强“四个自信”，牢记党的宗旨，坚守共产党人的精神家园。三是严守党的政治纪律。要带头维护和尊崇党章，带头遵守宪法法律和党规党纪，带头严格执行中央八项规定，带头接受监督，带头严肃企业党内政治生活，在公司营造风清气正、积极向上的良好政治生态。四是始终保持清正廉洁的政治本色。要自觉践行党员干部廉洁自律准则，自觉接受组织和干部职工的监督，培养和强化自我约束、自我控制的意识和能力，增强拒腐防变的免疫力。五是认真整改上级党委巡视巡察中发现的问题。要认真抓好巡视巡察问题“回头看”，着力健全整改问题的长效机制，建立和完善有关制度，确保所有问题得到全面彻底整改。六是进一步强化责任担当。以新思维、新视野、新方式推动企业生产经营和改革发展，奋力完成各项目标任务。

公司副总经理张洪波总结了公司6月生产经营工作，对7月工作提出要求。生产系统要强化管理，保障公司生产高效稳定；各事业部要深入挖掘产品结构调整潜力，着力提高高端产品和特色战略产品产量；要在保持产线生产高效稳定前提下，优先保证重点产品按期交货。张洪波还对安全环保工作提出要求。

公司党委副书记张小帅对公司7月党委工作进行安排部署。要严肃认真地开展好政治性警示教育活动；认真学习宣传、贯彻落实集团和公司近期重要会议精神；进一步做好基层党建工作；切实搞好暑期“双服务”；坚持不懈地做好信访稳定工作。

7月月末工作例会

主动担当积极作为　为改善唐山地区环境质量作贡献

在7月30日召开的公司月末工作例会上，公司党委书记、董事长王兰玉强调，要树立危机意识和责任意识，加快环保项目建设，为改善唐山地区环境质量作贡献；进一步提升管理效率、保持高效生产，为公司营造良好生产经营环境。

就环保工作，王兰玉强调，当前唐山地区环保形势异常严峻，各单位、各部门要树立强烈的危机意识和责任意识，深刻认识环保与公司发展的紧密联系，要主动担当、积极作为，把环保项目建设作为天字号工程，进一步加大工作力度，加快推进环保项目建设进度，力争早建成、早投入、早使用、早见效，努力提升节能减排水平，为唐山市钢铁企业做一个好的示范，引领和带动这些企业共同为唐山地区环境改善贡献力量。

就加大废钢使用工作，王兰玉强调，要打破传统思维、创新工作方法，形成一套科学的、行之有效的方法，加大废钢利用，降低铁水消耗，为公司在当前市场竞争中赢得先机。深入推广使用废钢烘烤加热、二次燃烧氧枪、添加补热剂、铁水包加盖“四项措施”，并将“四项措施”应用到具体生产操作中，最大限度地降低铁水消耗。

王兰玉强调，公司两级机关和职能部室要把提升服务水平、提高办事效率作为今年下半年的一项重点工作。近年来，公司强力推进信息化建设，为提升管理效率奠定了基础。公司各部室要充分利用好信息化手段，不能简单地将信息化当成一种管理工具，而是要让信息化成为一种高效的管理方式，贯穿到专业管理中，通过简化工作流程，提升办事效率，为公司生产生活提供高效便捷服务，更好地适应公司发展需要。

公司副总经理张洪波总结了公司7月生产经营工作，对8月工作提出要求。要向装备要效率，最大限度减少环保限产对公司整体产量的影响；加大降铁耗攻关力度，把降铁耗措施应用到位；强化废钢精细管理，学习借鉴多法斯科钢厂废钢分类管理的经验，最大限度地减少废钢使用量增加对产品质量造成的影响。

公司党委副书记张小帅对公司8月党委工作进行安排部署。要认真抓好政治性警示教育后续工作；进一步做好基层党建各项工作；做好党风廉政建设两项重点工作；积极参加集团第九届“河钢杯”职业技能大赛；做好机关增强服务意识、提高管理效率工作；坚持不懈地做好信访稳定工作。

8月月末工作例会

牢固树立成本意识　持之以恒降低铁水消耗
加快环保项目建设　努力营造良好发展环境

在8月27日召开的月末工作例会上，公司党委书记、董事长王兰玉强调，要牢固树立成本意识，持之以恒降低铁水消耗，加快环保项目建设，为公司营造良好发展环境。

王兰玉强调，在当前环保限产形势下，公司各单位积极采取有效措施，主动应对环保限产对生产的冲击，整体生产运行良好，各项工作有条不紊推进。下步，各生产单元、供辅系统要进一步细化管理，确保稳产高产，保证公司在限产条件下多创效益。任何一项生产经营目标的实现，都离不开强大的基础管理作支撑。各生产单元、供辅系统要以基础管理为支撑，树立“零事故”理念，做到设备运行底数清、责任明，为产线高效运行提供坚强保障。

就降铁耗工作，王兰玉强调，要将成本意识植入降铁耗工作中，对标学习先进单位经验，结合产线实际，利用更加经济的手段实现铁耗降低与成本降低兼顾，努力为公司增创效益。同时，废钢作为公司战略性资源，要加大使用力度、创新使用方法，学习借鉴多法斯科钢厂经验，增加废钢比例，降低铁水消耗。

就环保工作，王兰玉强调，当前公司积极推进CO排放治理工作，取得明显成效，污染物排放大幅降低。与此同时，公司正在推进臭氧脱硝治理项目，牵头部门要加大工作力度，加快项目建设速度，力争尽早建成达效，努力为公司冬季生产争取好的政策支持，为公司发展赢得先机，为唐山地区环境质量改善作出贡献。

会上，王兰玉还对公司党风廉政工作提出要求。

公司副总经理张洪波总结了公司8月生产经营工作，对9月工作提出要求。各生产单位包括供辅系统，要认真梳理生产组织、工艺管理、设备管理状态，查找问题根源，增强工作计划性，抓紧抓好事故、铁耗、环保等重点工作，保持公司高效生产的连续性和稳定性；要密切跟踪组织好北汽新能源试模进度，确保各大汽车主机厂试模工作有序推进；要认真总结梳理各类事故故障，深入分析原因，举一反三，保障设备平稳运行。

公司党委副书记张小帅对公司9月党委工作进行安排部署。一要认真学习贯彻全国组织工作会议和全国宣传思想工作会议精神，并切实强化两级党委中心组学习；二要扎实做好巡视整改和基层党建有关工作；三要切实抓好9月生产经营形势任务教育，为公司决战四季度、冲刺全年目标打下坚实基础；四要积极、稳妥、有序地抓好信访稳定工作，确保公司信访形势长期稳定。

9月月末工作例会

抓住机遇　全力增产增效　提前着手　谋划明年工作

在9月28日召开的公司月末工作例会上，公司党委书记、董事长王兰玉强调，要克服困难、抢抓机遇、增产增效，打赢四季度生产经营翻身仗；解放思想、提前谋划，做好2019年预算编制工作。

王兰玉强调，10月是钢铁生产的黄金季节，无论是市场形势，还是气候条件，对公司生产十分有利。因此，要开足马力、千方百计组织好生产，提高产线运行效率，坚定不移加大废钢利用，抓好在线环保设施稳定运行，加快环保设施建设进度，最大限度克服秋冬季错峰生产对公司的不利影响，实现增产增效，在四季度打一场生产经营的翻身仗。

就2019年预算编制工作，王兰玉指出，要高标准做好公司2019年预算编制工作。各单位要利用国庆假期认真思考、梳理本单位工作，积极谋划好明年工作。在做预算编制时，要重点关注七个方面：一是要解放思想。我们处在一个新的时代，要设立新的目标，实现新的跨越，推动企业各项工作实现历史性突破。二是要坚持走品牌化、智能化、绿色化路线。要紧扣市场和产品，继续在提高服务能力、提高产品质量、提高营销手段上做工作，努力向服务型制造转变，促进品牌建设。要以智能化、网络化带动管理架构调整和管理效率提升，进一步推进产线无人化水平。要视环保为企业生命线，在绿色生产的基础上，继续向制造绿色的目标迈进。三是要做好强服务、提效率、转机制工作。公司面临的区位调整也是转换机制的重大机遇，要思考管理机制体制变革的方向、策略，助推公司华丽转身。四是要瞄准产线、夯实基础，强化体系落地。把工作重心向产线转移依然是今后的重要工作，要将产线打造成服务市场和用户的发源地，真正把企业的竞争力落实到产线。五是发力现代工业服务领域，实现非钢领域突破性发展。要把明年视为非钢发展的关键机遇期，充分利用好非钢领域这几年打下的基础，利用好区位调整的有利时机，推进体制机制改革。六是致力于做“世界的河钢”，在“一带一路”建设上再发力。目前，我们代管的河钢塞钢已取得非常好的成就，获得了国家认可。明年，按照集团要求，各单位也要有“走出去”意识，致力于做“世界的河钢”，进一步加快国际化发展步伐。七是要助力集团沿海项目建设。明年是河钢乐亭建设的关键年份，这对我们既是挑战、更是机遇，该项目代表着企业的未来，要有信心把这一项目建设好，为企业发展注入强大推动力。

会上，王兰玉还对国庆期间生产经营和党风廉政建设工作提出要求。

公司副总经理张洪波总结了公司9月生产经营工作，并对10月工作提出要求。各单位要着力抓好秋冬季错峰生产措施的落地和安全管理工作。针对安全环保项目工期紧、任务重的实际，各单位要加强现场检查及外委单位的人员管理，确保施工安全。要高效应对物流结构调整、设备启停机等变化，制定、执行完善的解决方案，确保安全稳定生产。要认真开展国庆节前安全检查，将重大隐患排查治理放在首位，强化重大隐患动态管理，坚决杜绝重大问题发生。要高度重视当前环保工作，确保不出问题。各单位负责人要将环保事项放在首位，尤其是保证环保项目质量过关，切实对本单位负责。

公司党委副书记张小帅对公司10月党委工作进行安排部署。一是全面做好决战四季度动员工作，为完成公司全年目标任务奠定坚实基础；二是认真学习《中国共产党支部工作条例》，进一步提高公司党支部建设规范化水平；三是扎实做好中央巡视组反馈意见的落实整改工作，确保如期完成整改任务；四是切实做好国庆期间廉洁教育和纠“四风”工作，确保广大党员干部过一个风清气正的国庆节；五是深入开展“强服务提效率”活动，推动工作作风转变，适应公司转型升级和高质量发展的需要；六是进一步规范党员干部的网络行为，弘扬主旋律、传递正能量。

10月月末工作例会

树立品牌意识　敢于扛红旗出精品
要对标新标杆　不断实现自我突破

在10月29日召开的公司月末工作例会上，公司党委书记、董事长王兰玉强调，要进一步解放思想，树立品牌意识，敢于扛红旗出精品；要对标新标杆，实现新突破。公司上下要以强烈紧迫感、责任感，抢抓有利市场机遇，努力保持高水平生产组织，奋力完成全年目标任务，为明年生产起好步、开好局打下坚实基础。

王兰玉强调，解放思想要大胆突破，敢于扛红旗，以强烈的品牌意识，推动各项工作实现新突破。解放思想不是一项老生常谈的工作，这是推动企业不断向前发展的精神动力。在不断解放思想的带动下，今年以来公司在市场和产品工作中取得了巨大进步。上个月全球首卷2000兆帕级别强度的薄规格热成型汽车钢在公司实现成功生产。这一产品的成功生产引起了众多行业内知名用户和同行的关注，极大地提升了公司的品牌影响力。同时，今年以来，宝马公司主动上门寻求合作。目前，认证工作正在有条不紊地推进，公司汽车板认证工作在短时间内实现了由国内自主品牌向国际顶级汽车品牌的跨越式进步。与宝马公司的合作，将对公司汽车板销售起到极大的推动作用，公司上下对此项工作显示出了强烈的自信心和自豪感。这些成绩的取得，得益于思想的不断解放。要通过解放思想，增强干事创业的勇气和魄力，以产品最难级别、客户最高级别为目标，不断突破自我、迎难而上，如此才能在各项工作中实现新突破，才能在激烈的市场竞争中赢得主动权。

王兰玉强调，解放思想要敢于对标新标杆，正视自身差距，不畏挑战，迎难而上，实现效率水平再提升。今年以来，公司学习借鉴多法斯科钢厂经验，打破旧有思维定式，努力追求品种和效率兼顾，生产效率实现大幅提升。炼铁系统铁水产量、中厚板公司和不锈钢公司转炉效率、一钢轧厂1700线产量水平和1810线轧制速度都实现了新突破，为公司在限产条件下争创最大效益打下了坚实基础。理念是行动的先导，只有敢于对标先进企业，敢于正视自身差距，才能不断改进自身工作，才能实现新的发展进步。

王兰玉强调，要紧跟形势，重新研究我们的市场。中美贸易战引发了钢铁市场一系列变化，卷板产品所受冲击最大。当前，国内冷轧厂正处在发展的两难境地。一方面，面临严重产能过剩，另一方面，国内ESP生产线、免酸洗等新兴工艺产线的崛起，正在不断分食日益萎缩的冷轧市场。同时，中国汽车、家电行业发展增速放缓，市场增长潜力有限，这些都给传统冷轧企业带来了巨大挑战。面对市场的变化，汽车板事业部、卷板事业部要认真思考，从新工艺、新技术角度入手，调整工艺适应能力，去适应全新的市场需求，为公司产品寻求新的发展空间。

就“强服务、提效率、转机制”工作，王兰玉强调，“强服务、提效率、转机制”工作是公司下半年的一项重点工作，这是公司对产线提出提效率工作以来，对整个管理系统提高效率提出的要求。公司专业部室、两级机关要按照公司安排，高度重视，按时提报方案，抓好具体实施，充分运用信息化手段来提高效率，实现网络化、流程化、无纸化高效运行，真正把管理水平、工作效率提升上去。

王兰玉强调，继续保持高效生产组织，抢抓有利时机，突出做好环保项目收尾工作，全力以赴实现全年任务目标，为明年起好步、开好局打好基础。11月是公司生产的关键月份，效率依然是公司生产经营的关键。公司各单位要继续保持高水平生产组织状态，供应公司要全力保障焦炭供应，炼铁系统要千方百计保证铁水产量，各系统要努力在效率水平上取得新突破，为公司明年工作奠定好的基础。要突出抓好环保项目收尾工作。市政府部门将在11月初，对唐山市钢铁企业环保绩效进行重新核定，相关单位要抓紧时间，尽快完成超低排放项目建设，以优异的环保绩效为公司秋冬季和明年一季度生产赢得好的政策支持。

公司副总经理张洪波总结了公司10月生产经营工作，并对11月工作提出要求。各事业部要通过保交期、保质量、强服务等举措，提高客户满意度与忠诚度，推动直供客户持续订货；各事业部要抢抓冬季错峰生产政策下催生的有利行情，进一步提高公司产品市场份额和售价水平；各区域要根据铁水供应情况，因地制宜地开展铁水降耗工作；要科学合理安排检修计划，对冲错峰生产任务，最大限度提高产线生产效率；相关单位要围绕功能恢复和精度提升做好大修管理工作，保证检修质量和工期进度。张洪波还对安全和环保工作提出要求。

公司纪委书记陶立国对公司11月党委工作进行安排部署。一要认真抓好集团党建调研组来公司调研发现问题的整改工作；二要紧密围绕“决战四季度”，再接再厉做好工作；三要认真开展“强服务、提效率、转机制”活动；四要积极做好廉政风险防控体系建设有关工作；五要认真做好全年工作总结和2019年工作谋划。

会上，陶立国还宣读了《中共河钢集团唐钢公司委员会关于表彰“三亮三比”明星党员的决定》，对“市场营销明星党员”“产品研发明星党员”“产线（岗位）创效明星党员”“岗位服务明星党员”进行了表彰。

11月月末工作例会

加强生产组织　全力开拓市场

在11月26日召开的公司月末工作例会上，公司总经理田欣强调，要进一步增强紧迫感和责任感，强化生产组织，提升产线快速适应市场能力，加大市场开拓力度，积极应对各种不利因素给生产经营带来的影响。

就生产组织，田欣强调，各生产单元要强化基础管理，消除各类事故，确保生产均衡稳定。铁前系统要从焦炭质量等生产要素保障抓起，努力减少高炉波动；钢轧系统要抓好产销衔接，及时调整品种结构，切实提升产线快速适应市场能力。特别是检修分公司等单位要全力以赴提升二棒材产线的达产速度，在当前市场形势下努力为公司增创效益。

就市场工作，田欣强调，面对市场需求萎缩、钢材价格持续下跌的不利态势，公司市场部、各事业部营销单元、销售公司、国贸公司等单位要树立大局意识，提高站位、积极应对，加强沟通、协同配合，认真分析形势，研判市场走向，千方百计抓好合同组织，确保各产线生产保持高效状态。同时，要继续抓好库存管理，加大国内、国际市场订单组织，进一步消化库存，将库存控制在合理区间，最大限度规避经营风险。

就环保工作，田欣强调，相关部门和单位要进一步提高站位，增强责任感和紧迫感，加快推进新投产环保项目的达产达效，确保项目尽快发挥作用，为公司生产经营创造良好外部环境。

就党委工作，田欣强调，近期，公司党委将在全公司范围内开展“解放思想，对标赶超，实现2019年整体工作快速提升”主题活动，各单位要高度重视，统筹安排，紧紧围绕贯彻落实集团2019年度重点工作分析说明会精神和公司2019年生产经营目标任务，以思想解放拓宽思路，以对标学习提升工作，用新的举措、新的目标争创新的业绩，确保公司持续健康发展。

公司副总经理张洪波总结了公司11月生产经营工作，并对12月工作提出要求。

要继续抓好库存管理，销售系统要积极组织订单，提高库存消化速度，相关部门要制定完善库存考核奖惩制度，加大库存考核力度，切实将公司库存保持在合理区间；要认真做好公司职业健康安全管理体系外审和应急管理规范化验收工作；要提高环保管理水平，为公司正常生产经营争取良好外部环境。

公司党委副书记张小帅对公司12月党委工作进行安排部署。一要组织开展好“解放思想，对标赶超，实现2019年整体工作快速提升”主题活动；二要全面推进廉政风险防控体系建设；三要做好公司二十二届职代会二次会议筹备工作；四要认真组织好元旦、春节“送温暖”活动；五要切实抓好岁末年初的信访稳定工作；六要扎实抓好集团军工保密资格认定涉及公司的相关工作。

12月月末工作例会

坚持高标准高站位
以敢为人先的魄力做好2019年预算编制工作

在2019年1月2日召开的公司2018年12月月末工作例会上，公司党委书记、董事长王兰玉强调，要全面贯彻落实集团重点工作分析说明会精神，坚持高标准高站位，以敢为人先的魄力做好2019年预算编制工作；要深入推进“强服务、提效率、转机制”工作，为生产经营、非钢发展提供有力支撑。

就做好2019年预算编制工作，王兰玉强调，各事业部要提高标准、提高站位，以敢为人先的魄力，站在行业发展最前沿，做好预算编制工作。炼铁事业部要在产量和成本上敢于突破，要树立标杆，对标赶超。四个产品事业部要开拓思路、大胆突破，把打造行业有代表性、有高度的产品作为重中之重，推进公司品牌建设迈上新台阶。汽车板事业部要大力推进锌铝镁、高强汽车板等红旗产品的快速增量，抢占先机，赢得效益；卷板事业部、中厚板事业部要紧贴市场需求，加大钢结构产品研发生产，拓展用户研究领域，重点关注装配式住宅用钢需求，密切关注市场变化，及时调整产品大纲，提升公司创效水平；型线事业部要将效率提升作为2019年工作的重点，加大市场开拓，提高综合竞争力。

王兰玉强调，效率依然是2019年的一项重点工作。效率是效益的基础，只有效率水平达到一定高度才能保证效益目标的实现。今年，集团下达30亿元效益目标，公司上下要树立信心、开拓进取，解放思想、开动脑筋，提高产线效率和盈利能力，坚决完成2019年公司年度利润目标。

王兰玉强调，要强化设备管理，以良好的设备状态为产线效率提升、模型化应用、质量控制等工作提供强大支撑。设备运行状态与生产经营息息相关，没有良好的设备状态，产线效率、模型化应用、产品质量控制、高端产品生产都无从谈起。2019年，要把设备问题作为头等大事，公司上下要以全新的视角、以关乎企业发展的高度，重新定位设备管理工作，搞好设备管理，真正让设备管理成为推动各项工作提升的基础支撑。

王兰玉强调，要在2019年财务预算工作中体现效益思维。成本固然重要，但过度强调成本，忽视对整个工艺链条的影响，将极大地制约企业创效能力。公司上下要解放思想、转变理念，从“成本为先”里走出来，树立“效益为先”思维，切实将提高效益作为工作的出发点，围绕效益制定目标和措施，推动公司圆满完成新的年度利润目标。

就“强服务、提效率、转机制”工作，王兰玉强调，公司机关和各事业部机关要在一季度前，按照方案、完成改造，注重发挥协同作用，提高专业服务水平，释放企业活力；各生产厂机关要深入研究制定提升服务效率措施，更好地服务于产线生产；非钢单位要按照国企改革“双百行动”工作方案，深入推进混合所有制、职业经理人改革，力争在6月底前完成改造，确保改革到位。

公司副总经理张洪波通报了公司2018年12月及全年重点指标完成情况，并对2019年1月工作提出要求。各单位、各部门要深刻汲取张家口“11·28”爆燃事故、内蒙古赤峰远联钢铁“12·15”煤气中毒事故教训，结合公司实际和冬季特点，抓好安全管理工作，确保公司冬季安全生产。要严格按照省、市深度减排实施方案要求，做好全面排查，确保环保管理到位，环保设施达标排放。

公司党委副书记张小帅对公司1月党委工作进行安排部署。要认真学习贯彻近期重要会议精神，抓好贯彻落实，以会议精神武装头脑、指导实践，推动工作取得新的进步；要结合开展解放思想主题活动，认真做好2018年工作总结和2019年工作谋划，推动公司2019年党的建设、生产经营、改革发展实现良好开局；要着力夯实公司党建基础工作，推动公司党建工作迈上新台阶；要切实做好春节期间纠“四风”、走访慰问送温暖、信访稳定等工作。

最后，参会人员还观看了集团纪录片《砥砺的征途》。

中高层领导调整

行　　政

河钢唐钢字〔2018〕3号　2018年1月8日，根据工作需要，经公司研究决定：崔绍宇任总经理助理。

河钢唐钢字〔2018〕4号　2018年1月9日，按照公司厂部级干部管理规定，厂部级干部任职试用期为半年。周舰等11人试用期满后，经组织考察，公司党委常委会研究决定：周舰任检修分公司总经理；许国新任保卫部部长；田川任运营改善部部长、董事会办公室主任；单庆林、薛亮任一钢轧厂副厂长；杨杰任冷轧薄板厂副厂长；李维亚任能源科技分公司副总经理；田中元任美锦（唐山）煤化工公司副总经理；张乐宁任人力资源部副部长；史云波任公司办公室副主任；杨利东任运营改善部副部长、董事会办公室副主任。

河钢唐钢字〔2018〕34号　2018年2月14日，根据工作需要，经公司研究决定：武士勇兼任型线事业部总经理；高永春兼任卷板事业部总经理；谭文振兼任汽车板事业部总经理；刁可山兼任汽车板事业部常务副总经理；么洪勇任卷板事业部副总经理，不再担任二钢轧厂厂长职务；刘海春任汽车板事业部副总经理；周国平任汽车板事业部副总经理、高强汽车板有限公司总经理，不再担任冷轧薄板厂厂长职务；陈兴伟任型线事业部副总经理；崔耀辉任型线事业部副总经理（副厂部级）、二钢轧厂副厂长（主持工作）；曹建利任一钢轧厂副厂长，不再担任不锈钢有限责任公司副总经理职务；宋志岗任卷板事业部销售服务中心总经理、卷板研发中心总经理（副厂部级），不再担任技术中心副主任职务；褚春光任汽车板事业部销售服务中心总经理（副厂部级）；马德刚任汽车板事业部汽车板研发中心总经理（副厂部级），不再担任技术中心副主任职务；刘春雨、杨杰分别任高强汽车板有限公司副总经理，均不再担任冷轧薄板厂副厂长职务；推荐刘丹赤任唐山时创高温材料股份有限公司副总经理，不再担任检修分公司副总经理职务；李文田任卷板事业部副总经理、冷轧薄板厂厂长（试用期半年）；于树海任青龙炉料有限公司总经理（试用期半年），不再担任青龙炉料有限公司副总经理职务；李晓刚任信息自动化部部长（试用期半年），不再担任信息自动化部副部长职务；訾文胜任型钢厂副厂长（试用期半年）；赵杨任不锈钢有限责任公司副总经理（试用期半年）；李波任检修分公司副总经理（试用期半年）；于航任青龙炉料有限公司副总经理（试用期半年）；项晓梅任教育中心（河北省冶金高级技工学校、河北冶金技师学院、唐山科技职业技术学院）副主任（副校长、副院长，试用期半年）；高贵敏任唐山创元方大电气有限公司总经理（副厂部级，试用期半年）；吴亚军任自动化信息公司副总经理（试用期半年）；王斌任保卫部副部长（试用期半年）；王映红任信息自动化部副部长（试用期半年）；杜雁冰任技术中心副主任（试用期半年）；郭祥军、崔艳忠分别任安全部副部长（试用期半年）；刘国良任能源环保部副部长（试用期半年）；刘杰任公司办公室副主任（试用期半年）；张太广不再担任唐山创元方大电气有限公司总经理职务；张成平不再担任企业大学筹备组副组长职务；孙红霞不再担任城市服务有限责任公司（行政福利处）副总经理（副处长）职务；徐波不再担任城市服务有限责任公司（行政福利处）副总经理（副处长）职务；崔树杰不再担任信息自动化部副部长职务；郑国富不再担任设备机动部副部长职务，调入河钢采购公司工作；赵振锐不再担任信息自动化部部长职务，聘任为公司首席专家，协助武士勇副总经理分管公司信息自动化工作；刘洪敏不再担任人力资源部副部长职务；郭永不再担任方信投资公司总经理职务（副厂部级）。

河钢唐钢字〔2018〕89 号　2018 年 8 月 23 日，根据工作需要，经公司研究决定：蒋泓津任城市服务有限责任公司（行政福利处）副总经理（副处长，试用期半年）；齐文方不再担任唐山惠唐新事业产业发展有限公司副总经理职务。

河钢唐钢字〔2018〕96 号　2018 年 9 月 4 日，经河钢集团研究决定（集团组干字〔2018〕40 号、44 号）：郭明举任河钢唐钢财务经营部部长（试用期半年）；张爱民不再兼任河钢唐钢财务经营部部长职务。根据工作需要，经公司研究，报请河钢集团研究批复（集团组干字〔2018〕51 号），决定：聘任邝霜为公司总经理助理。根据工作需要，经公司研究决定：高永春兼任一钢轧厂厂长；邝霜兼任汽车板事业部副总经理、技术中心副主任；么洪勇不再担任卷板事业部副总经理、一钢轧厂厂长职务，调河钢乐亭钢铁有限公司工作；王春峰不再担任一钢轧厂副厂长职务，调河钢乐亭钢铁有限公司工作；薛亮任一钢轧厂常务副厂长；翟春江不再担任设备机动部副部长职务，调河钢国际工作；张文彬派驻唐曹铁路公司工作；刘东生任发展规划部副部长，不再担任唐银钢铁有限公司副总经理职务；推荐曾庆军任不锈钢有限责任公司财务负责人；郭明举不再担任不锈钢有限责任公司总会计师职务；朱宝东任河北华奥节能科技有限公司副总经理（试用期半年）。

河钢唐钢字〔2018〕98 号　2018 年 7 月 31 日，根据工作需要，经公司研究决定：推荐孙国平兼任唐银公司董事长；张子忠不再担任唐银公司董事长职务，正式退休。

河钢唐钢字〔2018〕104 号　2018 年 9 月 18 日，按照公司厂部级干部管理规定，厂部级干部任职试用期为半年。李文田等 17 人试用期满后，经组织考核，公司党委常委会研究决定：李文田任卷板事业部副总经理、冷轧薄板厂厂长；于树海任青龙炉料有限公司总经理；李晓刚任信息自动化部部长；訾文胜任型钢厂副厂长；赵杨任唐山不锈钢有限责任公司副总经理；李波任检修分公司副总经理；于航任青龙炉料有限公司副总经理；项晓梅任教育中心（河北省冶金高级技工学校、河北冶金技师学院、唐山科技职业技术学院）副主任（副校长、副院长）；高贵敏任唐山创元方大电气有限公司总经理（副厂部级）；吴亚军任自动化信息公司副总经理；王斌任保卫部副部长；王映红任信息自动化部副部长；杜雁冰任技术中心副主任；郭祥军、崔艳忠任安全部副部长；刘国良任能源环保部副部长；刘杰任公司办公室副主任。

河钢唐钢字〔2018〕120 号　2018 年 12 月 4 日，经河钢集团研究决定（集团组干字〔2018〕73 号）：骆艳任河钢唐钢财务经营部副部长（试用期半年）。根据工作需要，经公司研究决定：赵军不再兼任公司总经理助理职务；杨利东不再担任运营改善部副部长、董事会办公室副主任职务，调河钢乐亭钢铁有限公司工作；推荐王树忠任唐银钢铁有限公司副总经理（试用期半年）；推荐王兴国任唐银钢铁有限公司副总经理（试用期半年）；推荐胡云波任唐银钢铁有限公司副总经理（试用期半年）。

河钢唐钢字〔2018〕127号 2018年12月28日，根据工作需要，经公司研究决定：检修分公司与惠唐乐港金属科技分公司合并，撤销惠唐乐港金属科技分公司行政机构。推荐万海龙任唐山创元方大电气有限公司董事长；王树森、岳向宏、孟令顺任检修分公司副总经理，不再担任惠唐乐港金属科技分公司副总经理职务；周满春不再担任惠唐乐港金属科技分公司副总经理（主持行政工作）职务，聘为公司首席专家；张太广不再担任唐山创元方大电气有限公司董事长职务，离岗休养；孟宪义不再担任炼铁厂副厂长职务，离岗休养；王燕生不再担任唐山惠唐新事业产业发展有限公司副总经理职务，离岗休养。

党　　委

河钢唐钢党发〔2018〕2号 2018年1月9日，按照公司厂部级干部管理规定，厂部级干部任职试用期为半年。姜伟等6人试用期满后，经组织考察，公司党委常委会研究决定：姜伟任检修分公司党委书记、工会主席；许国新任武装部部长；李振亮任公司党委办公室主任；张乐宁任组织部、老干部管理部、离退休职工管理部副部长；史云波任公司党委办公室副主任；闫希才任公司工会副主席（副厂部级）。

河钢唐钢党发〔2018〕12号 2018年2月14日，根据工作需要，经公司党委常委会研究决定：武士勇兼任型线事业部党委书记；高永春兼任卷板事业部党委书记；谭文振兼任汽车板事业部党委书记；刘晓光任型线事业部党委第一副书记、工会主席（正厂部级），兼任型线事业部党群工作部部长，不再担任二钢轧厂党委书记、纪委书记、工会主席职务；周作力任卷板事业部党委第一副书记、工会主席（正厂部级），兼任卷板事业部党群工作部部长，不再担任一钢轧厂党委书记、纪委书记、工会主席职务；高士峰任汽车板事业部党委第一副书记、工会主席（正厂部级），兼任汽车板事业部党群工作部部长，高强汽车板有限公司党委书记、工会主席，不再担任冷轧薄板厂党委书记、纪委书记、工会主席职务；于子庆任唐山惠唐新事业产业发展有限公司党委书记；曹文明任唐山惠唐新事业产业发展有限公司党委第一副书记、工会主席（正厂部级）；张晓光任公司工会常务副主席，不再担任信息自动化部党委书记、纪委书记、工会主席职务；刘春阳任卷板事业部党委副书记、纪委书记，不再担任不锈钢有限责任公司党委副书记、纪委书记职务；黄洁任汽车板事业部党委副书记、纪委书记，兼任不锈钢有限责任公司党委副书记、纪委书记，高强汽车板有限公司党委副书记、纪委书记，不再担任教育中心（河北省冶金高级技工学校、河北冶金技师学院、唐山科技职业技术学院）党委副书记、工会主席职务；刘彦君任检修分公司党委副书记、纪委书记；徐波任城市服务有限责任公司（行政福利处）党委副书记、纪委书记；孙红霞任唐山惠唐新事业产业发展有限公司党委副书记、纪委书记；张成平任教育中心（河北省冶金高级技工学校、河北冶金技师学院、唐山科技职业技术学院）党委副书记、纪委书记；高红梅任房地产开发有限公司直属党总支副书记，不再担任房地产开发有限公司直属党支部副书记职务；张克强任公司工会副主席（副厂部级）；张玉茜任唐钢气体有限公司党委书记（试用期半年），不再担任唐钢气体有限公司党委副书记职务；廖明任钢源冶金炉料有限公司党委书记（试用期半年），不再担任钢源冶金炉料有限公司党委副书记职务；梁福旺任保卫部（武装部）党委书记（试用期半年）；崔树杰任信息自动化部党委书记、工会主席（试用期半年）；王斌任武装部副部长（试用期半年）；刘杰任公司党委办公室副主任（试用期半年）；郭洪莲不再担任城市服务有限责任公司（行政福利处）纪委书记职务；姜伟不再担任检修分公司纪委书记职务。（工会主席的任免，请按《工会法》有关规定办理）。

河钢唐钢党发〔2018〕19号　2018年3月29日，按照公司厂部级干部管理规定，厂部级干部任职试用期为半年。尹宝良试用期满后，经组织考核，公司党委常委会研究决定：尹宝良任唐山中厚板材有限公司党委书记。

河钢唐钢党发〔2018〕39号　2018年6月22日，根据公司文件规定，经公司党委研究决定：李新不再担任唐钢华冶（天津）钢材营销有限公司党委书记职务，离岗休养。根据机构变更、人员调整，经公司党委研究决定：余大祥任唐钢华冶（天津）钢材营销有限公司党总支书记。

河钢唐钢党发〔2018〕48号　2018年8月23日，根据工作需要，经公司党委研究决定：齐文方任型线事业部党委副书记、纪委书记（正厂部级，试用期半年）。

河钢唐钢党发〔2018〕51号　2018年9月4日，根据工作需要，经公司党委研究决定：孙国平兼任唐银钢铁有限公司党委书记；赵骥调公司办公室（党委办公室）协助党委副书记张小帅抓信访稳定工作（享受正厂部级待遇），不再担任唐银钢铁有限公司党委书记、纪委书记、工会主席职务。

河钢唐钢党发〔2018〕53号　2018年9月18日，按照公司厂部级干部管理规定，厂部级干部任职试用期为半年。张玉茜等6人试用期满后，经组织考核，公司党委常委会研究决定：张玉茜任唐钢气体有限公司党委书记；廖明任钢源冶金炉料有限公司党委书记；梁福旺任保卫部（武装部）党委书记（政委）；崔树杰任信息自动化部党委书记、工会主席；王斌任武装部副部长；刘杰任党委办公室副主任。

河钢唐钢党发〔2018〕61号　2018年12月4日，根据工作需要，经公司党委研究决定：白连臣任唐银钢铁有限公司工会主席；马洪龙任唐银钢铁有限公司党委副书记、纪委书记（试用期半年）；马晓春不再担任公司工会副主席职务，调河钢乐亭钢铁有限公司工作；刘庆民不再担任唐钢美锦煤化工有限公司党委书记、纪委书记、工会主席职务，调河钢采购公司工作；刘存仁不再担任唐山弘慈医院有限公司党委书记、纪委书记、工会主席职务，调回公司工作，职务另行安排；杨静波不再担任能源科技分公司党委副书记、纪委书记职务，调河钢钢研院工作。

河钢唐钢党发〔2018〕66号　2018年12月28日，根据工作需要，经公司党委研究决定：检修分公司和惠唐乐港金属科技分公司合并，撤销惠唐乐港金属科技分公司党委，其所属党组织关系由检修分公司党委管理。李致清任唐山创元方大电气有限公司党总支书记；刘存仁任重机装备有限公司党委书记、纪委书记、工会主席；孙禹不再担任重机装备有限公司党委书记职务；王树森不再担任惠唐乐港金属科技分公司党委副书记、纪委书记、工会主席职务；张太广不再担任创元方大公司党总支书记职务，离岗休养；王树权不再担任重机装备公司党委副书记、纪委书记、工会主席职务，离岗休养。

文件目录索引

行 政 文 件

河钢唐钢字〔2018〕1号	关于下发《2017年安全生产工作总结及2018年工作重点》的通知
河钢唐钢字〔2018〕2号	关于下发《职能部室2018年1月份重点工作安排》的通知
河钢唐钢字〔2018〕3号	关于2017年专利申请完成情况通报及2018年专利工作安排的通知
河钢唐钢字〔2018〕4号	关于周舰等同志试用期满任职的通知
河钢唐钢字〔2018〕5号	关于二〇一八年劳动竞赛的实施意见
河钢唐钢字〔2018〕6号	关于表彰第三十一届职工技术比赛获奖选手的决定
河钢唐钢字〔2018〕7号	关于下达2018年预算的通知
河钢唐钢字〔2018〕8号	关于表彰2017年度安全生产先进集体和先进个人的决定
河钢唐钢字〔2018〕9号	关于下发《技能大赛获奖选手晋升岗位工资薪等管理办法》的通知
河钢唐钢字〔2018〕10号	关于做好2017年度省国资委驻河钢集团监事会集中检查谈话准备工作的通知
河钢唐钢字〔2018〕11号	关于下发《职工休假管理办法》的通知
河钢唐钢字〔2018〕12号	关于下发《河钢集团唐钢公司专业技术系列岗位体系改革实施方案》的通知
河钢唐钢字〔2018〕13号	关于印发2018年度员工素质能力提升实施方案及实施计划的通知
河钢唐钢字〔2018〕14号	关于下达2018年系统优化创效计划的通知
河钢唐钢字〔2018〕15号	关于下达《2018年经营绩效管理方案》的通知
河钢唐钢字〔2018〕16号	关于下发《2018年中厚板公司经营绩效考核办法》的通知
河钢唐钢字〔2018〕17号	关于开展春节慰问活动的通知
河钢唐钢字〔2018〕18号	关于2018年春节期间开展“保全勤、保安全”竞赛活动的通知
河钢唐钢字〔2018〕19号	关于成立不锈钢公司厂容治理工程建设指挥部的通知
河钢唐钢字〔2018〕20号	关于成立北区能效提升项目工程建设指挥部的通知
河钢唐钢字〔2018〕21号	关于二〇一七年度总结评比工作的安排意见
河钢唐钢字〔2018〕22号	关于下达《非钢单位2018年经营绩效管理方案》的通知
河钢唐钢字〔2018〕23号	关于做好2017年度部室管理评审工作的通知
河钢唐钢字〔2018〕24号	关于2018年春节放假及有关事宜的通知
河钢唐钢字〔2018〕25号	关于下发《职能部室2018年2月份重点工作安排》的通知

河钢唐钢字〔2018〕26 号　关于二〇一八年职工岗位创新工作的实施意见
河钢唐钢字〔2018〕27 号　关于下发《专业技术人员管理办法》的通知
河钢唐钢字〔2018〕28 号　关于下达二〇一八年二月份生产经营计划的通知
河钢唐钢字〔2018〕29 号　关于做好 2017 年度岗位工资薪等调整相关工作的通知
河钢唐钢字〔2018〕30 号　关于配合做好 2017 年度监事会集中检查的通知
河钢唐钢字〔2018〕32 号　关于进一步完善事业部制运营模式的通知
河钢唐钢字〔2018〕33 号　关于下发《河钢唐钢非钢单位新增外部收入奖励办法（试行）》的通知
河钢唐钢字〔2018〕34 号　关于武士勇等同志任免职的通知
河钢唐钢字〔2018〕35 号　关于印发《2017 年人口和计划生育工作总结及 2018 年工作计划》的通知
河钢唐钢字〔2018〕36 号　关于下发《职能部室 2018 年 3 月份重点工作安排》的通知
河钢唐钢字〔2018〕37 号　关于提高大学生员工试用期期间和试用期满薪酬待遇有关规定的通知
河钢唐钢字〔2018〕38 号　关于下达二〇一八年三月份生产经营计划的通知
河钢唐钢字〔2018〕39 号　关于 2018 年清明节放假及有关事宜的通知
河钢唐钢字〔2018〕40 号　关于深入开展争创“十佳百优”合理化建议活动的安排意见
河钢唐钢字〔2018〕41 号　关于下发《关键岗位贡献奖奖励办法》的通知
河钢唐钢字〔2018〕42 号　关于表彰二〇一七年度先进单位和先进个人的决定
河钢唐钢字〔2018〕43 号　关于下发《职能部室 2018 年 4 月份重点工作安排》的通知
河钢唐钢字〔2018〕44 号　2017 年挖潜增效奖励决定
河钢唐钢字〔2018〕45 号　关于下发《2018 年挖潜增效奖励办法》的通知
河钢唐钢字〔2018〕46 号　关于公司董事长、总经理、副总经理工作分工的通知
河钢唐钢字〔2018〕47 号　关于调整计划生育委员会成员的通知
河钢唐钢字〔2018〕48 号　关于开展企业风险集中检查的通知
河钢唐钢字〔2018〕49 号　关于下达二〇一八年四月份生产经营计划的通知
河钢唐钢字〔2018〕50 号　关于成立“三供一业”分离移交工作推进领导小组的通知
河钢唐钢字〔2018〕51 号　关于发布 2018 年重点课题和专家课题计划的通知
河钢唐钢字〔2018〕52 号　关于表彰 2017 年度“示范作业区”的决定
河钢唐钢字〔2018〕53 号　关于印发《2018 年河钢唐钢全面深化推进作业长制实施方案》的通知
河钢唐钢字〔2018〕54 号　关于 2018 年劳动节放假及有关事宜的通知
河钢唐钢字〔2018〕55 号　关于下发《优势培育企业工作方案》的通知
河钢唐钢字〔2018〕56 号　关于调整安全生产和消防委员会成员的通知
河钢唐钢字〔2018〕57 号　关于下发《职能部室 2018 年 5 月份重点工作安排》的通知
河钢唐钢字〔2018〕58 号　关于下达二〇一八年五月份生产经营计划的通知
河钢唐钢字〔2018〕59 号　关于印发《“一问责八清理”专项行动企业违规配车、用车问题清理工作“回头看”工作实施方案》的通知
河钢唐钢字〔2018〕60 号　关于组织 2018 年团体无偿献血的通知

河钢唐钢字〔2018〕62号　关于下发《2017年管理创新工作总结及2018年工作要点》的通知
河钢唐钢字〔2018〕63号　关于2018年职工北戴河休养工作的安排意见
河钢唐钢字〔2018〕64号　关于调整劳动竞赛委员会成员的通知
河钢唐钢字〔2018〕65号　关于下发《派驻河钢塞尔维亚公司团队管理暂行办法》的通知
河钢唐钢字〔2018〕66号　关于下达2018年度外排废墟、垃圾费用指标的通知
河钢唐钢字〔2018〕69号　关于下达5—6月份生产经营奋斗目标的通知
河钢唐钢字〔2018〕70号　关于深入开展“安康杯”竞赛活动的安排意见
河钢唐钢字〔2018〕71号　关于下发《职能部室2018年6月份重点工作安排》的通知
河钢唐钢字〔2018〕72号　关于下达二〇一八年六月份生产经营计划的通知
河钢唐钢字〔2018〕73号　关于贯彻落实集团2018年非钢产业工作会议于勇董事长讲话精神的通知
河钢唐钢字〔2018〕74号　关于2018年端午节放假及有关事宜的通知
河钢唐钢字〔2018〕76号　关于下发《2018年自动化专业管理考评办法》的通知
河钢唐钢字〔2018〕77号　关于2017年度科技进步奖获奖项目的通报
河钢唐钢字〔2018〕78号　关于下发《职能部室2018年7月份重点工作安排》的通知
河钢唐钢字〔2018〕79号　关于下发三季度关键岗位贡献奖奖励办法的通知
河钢唐钢字〔2018〕81号　关于下达二〇一八年七月份生产经营计划的通知
河钢唐钢字〔2018〕82号　关于做好2017年度监督检查整改工作的通知
河钢唐钢字〔2018〕83号　关于印发《固定资产投资项目管理文件汇编》的通知
河钢唐钢字〔2018〕84号　关于下发《职能部室2018年8月份重点工作安排》的通知
河钢唐钢字〔2018〕85号　关于下达二〇一八年八月份生产经营计划的通知
河钢唐钢字〔2018〕87号　关于加强网络管理与信息发布工作的通知
河钢唐钢字〔2018〕88号　关于下发《主体产线技管人员素质能力提升方案》的通知
河钢唐钢字〔2018〕89号　关于蒋泓津等同志任免职的通知
河钢唐钢字〔2018〕93号　关于下发《职能部室2018年9月份重点工作安排》的通知
河钢唐钢字〔2018〕95号　关于深入开展“强服务、提效率”工作的通知
河钢唐钢字〔2018〕96号　关于郭明举等同志任免职的通知
河钢唐钢字〔2018〕97号　关于开展第三十二届职工技术比赛的安排意见
河钢唐钢字〔2018〕98号　关于孙国平等同志任免职的通知
河钢唐钢字〔2018〕100号　关于下达二〇一八年九月份生产经营计划的通知
河钢唐钢字〔2018〕101号　关于2018年财产清查工作有关事宜的通知
河钢唐钢字〔2018〕102号　关于2018年中秋节放假及有关事宜的通知
河钢唐钢字〔2018〕103号　关于2018年国庆节放假及有关事宜的通知
河钢唐钢字〔2018〕104号　关于李文田等同志试用期满任职的通知
河钢唐钢字〔2018〕105号　关于下发《职能部室2018年10月份重点工作安排》的通知
河钢唐钢字〔2018〕106号　关于编制2019年预算的通知
河钢唐钢字〔2018〕107号　关于下达二〇一八年十月份生产经营计划的通知
河钢唐钢字〔2018〕108号　关于下达2018年四季度挖潜增效计划的通知

河钢唐钢字〔2018〕109 号　关于下发 2018 年四季度挖潜增效奖励办法的通知
河钢唐钢字〔2018〕113 号　关于发放 2018—2019 年度冬季取暖补贴的通知
河钢唐钢字〔2018〕114 号　关于下发《职能部室 2018 年 11 月份重点工作安排》的通知
河钢唐钢字〔2018〕115 号　关于下发《2018 年管理评审报告》的通知
河钢唐钢字〔2018〕116 号　关于下达二〇一八年十一月份生产经营计划的通知
河钢唐钢字〔2018〕117 号　关于下发《退城搬迁规划相关工作安排》的通知
河钢唐钢字〔2018〕118 号　关于开展国家宪法日系列活动的通知
河钢唐钢字〔2018〕119 号　关于下发《职能部室 2018 年 12 月份重点工作安排》的通知
河钢唐钢字〔2018〕120 号　关于骆艳等同志任免职的通知
河钢唐钢字〔2018〕121 号　关于下达二〇一八年十二月份生产经营计划的通知
河钢唐钢字〔2018〕122 号　关于 2019 年元旦放假及有关事宜的通知
河钢唐钢字〔2018〕124 号　关于开展春节慰问活动的通知
河钢唐钢字〔2018〕125 号　关于 2019 年春节期间开展“保全勤、保安全”竞赛活动的通知
河钢唐钢字〔2018〕127 号　关于万海龙等同志任免职的通知
河钢唐钢字〔2018〕128 号　关于下发《职能部室 2019 年 1 月份重点工作安排》的通知
河钢唐钢字〔2018〕129 号　关于表彰第三十二届职工技术比赛获奖选手的决定

党委文件

河钢唐钢党发〔2018〕1 号　关于在公司党员干部中深入开展党的十九大精神学习培训的通知
河钢唐钢党发〔2018〕2 号　关于姜伟等同志试用期满任职的通知
河钢唐钢党发〔2018〕3 号　关于做好 2018 年春节期间拥军优属工作的通知
河钢唐钢党发〔2018〕4 号　关于认真开好 2017 年度党员领导干部民主生活会的通知
河钢唐钢党发〔2018〕5 号　关于落实河钢集团巡察督导工作组反馈意见整改工作的安排意见
河钢唐钢党发〔2018〕6 号　关于开展 2017 年度厂部级领导班子和厂部级管理人员年度绩效考核和党风廉政建设考核工作的安排意见
河钢唐钢党发〔2018〕7 号　关于下发《二〇一八年二月份工作要点》的通知
河钢唐钢党发〔2018〕8 号　关于做好 2018 年民兵组织整顿工作的通知
河钢唐钢党发〔2018〕9 号　关于加强对 2017 年度党员领导干部民主生活会督导工作的通知
河钢唐钢党发〔2018〕10 号　关于召开 2017 年度基层组织生活会和开展民主评议党员的通知
河钢唐钢党发〔2018〕11 号　关于设置和调整事业部相关党组织机构的通知
河钢唐钢党发〔2018〕12 号　关于武士勇等同志任免职的通知

河钢唐钢党发〔2018〕13 号	关于印发《河钢集团唐钢公司纠正“四风”和作风纪律专项整治推进方案》的通知
河钢唐钢党发〔2018〕14 号	关于下发《二〇一八年三月份工作要点》的通知
河钢唐钢党发〔2018〕15 号	印发《关于开展巡视巡察整改“回头看”实施方案》的通知
河钢唐钢党发〔2018〕16 号	关于印发《2017 年工作总结及 2018 年工作要点》的通知
河钢唐钢党发〔2018〕17 号	关于印发《2017 年党风廉政建设工作总结和 2018 年工作要点》的通知
河钢唐钢党发〔2018〕18 号	关于下发《二〇一八年四月份工作要点》的通知
河钢唐钢党发〔2018〕19 号	关于尹宝良同志试用期满任职的通知
河钢唐钢党发〔2018〕20 号	关于公司党委书记、党委副书记、纪委书记工作分工的通知
河钢唐钢党发〔2018〕21 号	关于调整保密委员会组成人员的通知
河钢唐钢党发〔2018〕23 号	转发省国资委党委关于转发《中共河北省委办公厅关于贯彻〈中国共产党党委（党组）理论学习中心组学习规则〉的实施办法》的通知
河钢唐钢党发〔2018〕24 号	关于进一步加强公司两级党委理论学习中心组学习工作的通知
河钢唐钢党发〔2018〕25 号	关于开展“双强双促”基层党建工作提升年活动的安排意见
河钢唐钢党发〔2018〕26 号	关于开展“三亮三比”党员先锋行主题实践活动的安排意见
河钢唐钢党发〔2018〕27 号	关于印发《中共河钢集团唐钢公司委员会工作规则》的通知
河钢唐钢党发〔2018〕28 号	印发《关于开展党群工作网格化管理的实施意见》的通知
河钢唐钢党发〔2018〕29 号	关于下发《二〇一八年五月份工作要点》的通知
河钢唐钢党发〔2018〕30 号	关于印发《河钢集团唐钢公司贯彻落实“三重一大”决策制度的实施办法》的通知
河钢唐钢党发〔2018〕31 号	关于成立公司驻村脱贫攻坚工作领导小组的通知
河钢唐钢党发〔2018〕32 号	关于印发《河钢唐钢庆祝集团成立十周年系列活动方案》的通知
河钢唐钢党发〔2018〕33 号	关于开展纪念建党 97 周年活动的安排意见
河钢唐钢党发〔2018〕34 号	关于印发《河钢集团唐钢公司开展政治性警示教育活动方案》的通知
河钢唐钢党发〔2018〕35 号	关于下发《二〇一八年六月份工作要点》的通知
河钢唐钢党发〔2018〕36 号	关于印发《公司领导班子成员党风廉政建设工作职责范围和重点工作分工》的通知
河钢唐钢党发〔2018〕37 号	关于认真开好政治性警示教育专题民主生活会的通知
河钢唐钢党发〔2018〕38 号	关于部分单位党组织调整和设置的通知
河钢唐钢党发〔2018〕39 号	关于李新等同志任免职的通知
河钢唐钢党发〔2018〕40 号	关于下发《二〇一八年七月份工作要点》的通知
河钢唐钢党发〔2018〕41 号	关于表彰先进集体和优秀个人的决定
河钢唐钢党发〔2018〕42 号	关于下发《二〇一八年八月份工作要点》的通知

河钢唐钢党发〔2018〕43 号	关于下发《中青年干部挂职锻炼方案》的通知
河钢唐钢党发〔2018〕44 号	关于下发《厂部级干部选拔任用工作办法》的通知
河钢唐钢党发〔2018〕45 号	关于下发《厂部级干部管理办法》的通知
河钢唐钢党发〔2018〕46 号	下发《关于加强干部交流工作的暂行规定》的通知
河钢唐钢党发〔2018〕47 号	关于召开巡视整改专题民主生活会和基层组织生活会的通知
河钢唐钢党发〔2018〕48 号	关于齐文方同志任职的通知
河钢唐钢党发〔2018〕49 号	关于下发《二〇一八年九月份工作要点》的通知
河钢唐钢党发〔2018〕50 号	关于印发《中央巡视组反馈意见的整改落实方案》的通知
河钢唐钢党发〔2018〕51 号	关于孙国平等同志任免职的通知
河钢唐钢党发〔2018〕52 号	印发《关于开展彻底肃清周本顺等人恶劣影响进一步优化政治生态教育的实施意见》的通知
河钢唐钢党发〔2018〕53 号	关于张玉茜等同志试用期满任职的通知
河钢唐钢党发〔2018〕54 号	关于下发《二〇一八年十月份工作要点》的通知
河钢唐钢党发〔2018〕55 号	关于组织开展形式主义、官僚主义突出问题调研的通知
河钢唐钢党发〔2018〕56 号	关于开展宪法学习宣传贯彻实施情况专项督查的通知
河钢唐钢党发〔2018〕57 号	关于做好集团党委组织部党建工作调研提出问题整改工作的通知
河钢唐钢党发〔2018〕58 号	关于下发《二〇一八年十一月份工作要点》的通知
河钢唐钢党发〔2018〕59 号	关于表彰“三亮三比”明星党员的决定
河钢唐钢党发〔2018〕60 号	关于下发《二〇一八年十二月份工作要点》的通知
河钢唐钢党发〔2018〕61 号	关于白连臣等同志任免职的通知
河钢唐钢党发〔2018〕62 号	关于 2019 年元旦、春节期间开展送温暖活动的通知
河钢唐钢党发〔2018〕63 号	关于开展“解放思想，对标赶超，实现 2019 年整体工作快速提升”主题活动的安排意见
河钢唐钢党发〔2018〕64 号	关于认真学习宣传贯彻落实《中国共产党支部工作条例（试行）》的通知
河钢唐钢党发〔2018〕65 号	关于下发 2019 年元月份党委工作要点的通知
河钢唐钢党发〔2018〕66 号	关于李致清等同志任免职的通知
河钢唐钢党发〔2018〕67 号	印发《关于持续落实省委巡视整改暨督导省国资委巡察河钢承钢反馈意见整改的工作方案》的通知
河钢唐钢党发〔2018〕68 号	关于印发《河钢唐钢基层党的建设三年规划》的通知
河钢唐钢党发〔2018〕69 号	关于印发《河钢唐钢党建工作责任制实施办法》的通知
河钢唐钢党发〔2018〕70 号	关于推进基层党支部标准化、规范化建设的实施意见

河钢唐钢主要指标完成情况

指标名称	计算单位	2018年完成	2017年完成	增减/%	备注
一、工业总产值					
工业总产值（现价）	万元	5637227	4764669	18.31	
工业销售产值（现价）	万元	5598558	4742394	18.05	
工业增加值	万元	727369	626794	16.05	
二、主要产品产量					
人造富矿	吨	19821820	20347922	-2.59	
股份公司	吨	6776063	7876418	-13.97	
不锈钢公司	吨	3315025	2845532	16.50	
中厚板公司	吨	5962366	4752635	25.45	
唐银公司	吨	2225614	2857401	-22.11	
青龙炉料公司	吨	1542752	2015936	-23.47	
生铁	吨	13793650	13857030	-0.46	
股份公司	吨	5506493	5931562	-7.17	
不锈钢公司	吨	2267715	2393954	-5.27	
中厚板公司	吨	4140663	3422021	21.00	
唐银公司	吨	1878779	2109493	-10.94	
钢	吨	15620881	15070404	3.65	
股份公司	吨	6239882	6396662	-2.45	
不锈钢公司	吨	2592252	2652726	-2.28	
中厚板公司	吨	4634634	3771859	22.87	
唐银公司	吨	2154113	2249157	-4.23	
钢材	吨	14063451	14281797	-1.53	
股份公司	吨	6586978	6855002	-3.91	
不锈钢来料转商品	吨	408	705	-42.13	
供高强汽车板公司	吨	806105	829208	-2.79	
不锈钢公司	吨	2745893	2951485	-6.97	
供股份公司	吨	348553	310989	12.08	
供高强汽车板	吨	667473	669547	-0.31	
中厚板公司	吨	3297251	2806240	17.50	
唐银公司	吨	1911484	2092351	-8.64	
高强汽车板公司	吨	1483731	1484772	-0.07	
供股份公司	吨	140163	99014	41.56	

续表

指 标 名 称	计算单位	2018年完成	2017年完成	增减/%	备注
焦炭	吨	1494122	1470005	1.64	
美锦公司	吨	1494122	1470005	1.64	
三、能耗					
能源消耗总量（以标煤计）	吨	8324451	8566134	-2.82	
万元产值能耗（以标煤计）	吨	1.48	1.8	-0.32	
万元增加值能耗（以标煤计）	吨	11.44	13.67	-2.23	
吨钢综合能耗（以标煤计）	千克	532.91	568.41	-35.50	
吨钢可比能耗（以标煤计）	千克	451.70	486.11	-34.41	
四、财务					
营业收入	万元	7237162	6827871	5.99	
主营业务收入	万元	6623609	6091745	8.73	
主营业务税金及附加	万元	56023	41246	35.83	
实现利税总额	万元	416623	296340	40.59	
利润总额	万元	200353	132905	50.75	
净利润	万元	151085	91949	64.31	
管理费用	万元	308147	434004	-29.00	
财务费用	万元	217370	142680	52.35	
销售费用	万元	64676	78554	-17.67	
资产总计	万元	14884126	13974387	6.51	
固定资产原值	万元	9846739	8754737	12.47	
固定资产净值	万元	6808250	6043114	12.66	
流动资产	万元	3545650	2933662	20.86	
存货	万元	865961	866791	-0.10	
产成品	万元	334652	264983	26.29	
负债合计	万元	10117533	9347252	8.24	
流动负债	万元	8779017	8049319	9.07	
非流动性负债	万元	1338516	1297933	3.13	
总资产报酬率	%	2.82	2.11	0.71	
成本费用利润率	%	2.84	2	0.84	
国有资本保值增值率	%	103.01	106.5	-3.49	
资产负债率	%	67.98	66.89	1.09	
流动比率	%	40.39	36.45	3.94	
速动比率	%	30.52	25.68	4.84	
流动资产周转次数	次	2.23	2.35	-5.11	
存货周转次数	次	7.14	7.53	-5.18	
应收账款周转次数	次	20.83	35.48	-41.29	

续表

指标名称	计算单位	2018年完成	2017年完成	增减/%	备注
五、劳动工资					
从业人员劳动生产率（按现价产值计算）	元/(人·年)	1754997	1398699	25.47	
从业人员劳动生产率（按增加值计算）	元/(人·年)	226447	183999	23.07	
全部职工年末人数	人	32263	34184	-5.62	
全部职工平均人数	人	33195	35089	-5.40	
从业人员平均人数	人	32121	34065	-5.71	
全部职工工资总额	万元	231495	240014	-3.55	
六、安全环保					
千人负伤率	‰	0.3	0.28	0.02	
死亡人数	人	0	0	0.00	
工业废水排放处理率	%	100	100	0.00	
工业废气排放处理率	%	100	100	0.00	
污染物综合排放合格率	%	100	100	0.00	
七、外经外贸					
钢铁产品出口额	万美元	96025	92662	3.63	
钢材	万美元	96025	92662	3.63	
钢铁产品出口量	吨	1674275	2235051	-25.09	
钢材	吨	1674275	2235051	-25.09	

股份公司主要指标完成情况

指标名称	计算单位	2018年完成	2017年完成	增减/%	备注
一、工业总产值					
工业总产值（现价）	万元	2471382	2284826	8.16	
二、主要产品产量					
烧结矿	吨	6776063	7876418	-13.97	
生铁	吨	5506493	5931562	-7.17	
钢	吨	6239882	6396662	-2.45	
商品材坯	吨	6674863	6911648	-3.43	
钢材	吨	6586978	6855002	-3.91	
三、销售及库存					
钢材销售量	吨	6597915	6865380	-3.90	
钢材库存量	吨	60645	72240	-16.05	
钢材产销率	%	100.17	100.15	0.02	
四、主要产品质量及物耗					
生铁合格率	%	100	100	0	

续表

指 标 名 称	计算单位	2018 年完成	2017 年完成	增减/%	备注
连铸坯合格率	%	99.97	99.99	-0.02	
钢材合格率	%	99.99	99.99	0	
炼铁综合焦比	千克/吨	496.50	531.89	-35.39	
转炉金属料消耗	千克/吨	1100.70	1092.31	8.39	
钢材综合成材率	%	96.59	96.46	0.13	
五、财务					
主营业务收入	万元	4201687	3690999	13.84	
实现利税总额	万元	317415	166817	90.28	
利润总额	万元	217245	81310	167.18	
净利润	万元	187565	57498	226.21	
管理费用	万元	290693	222503	30.65	
财务费用	万元	107868	72759	48.25	
销售费用	万元	39798	43781	-9.10	
资产总计	万元	7451655	6780612	9.90	
流动资产	万元	1670499	1202684	38.90	
应收账款	万元	181381	213941	-15.22	
预付账款	万元	305692	58720	420.59	
存货	万元	409455	547285	-25.18	
非流动资产	万元	5781156	5577928	3.64	
固定资产	万元	4567797	4089749	11.69	
负债合计	万元	5694873	5173308	10.08	
流动负债	万元	5025602	4632990	8.47	
非流动性负债	万元	669271	540318	23.87	
总资产报酬率	%	4.90	1.67	3.23	
成本费用利润率	%	5.49	2.17	3.32	
资产负债率	%	76.43	76.30	0.13	
流动比率	%	33.46	25.96	7.50	
速动比率	%	25.33	14.15	11.18	
应收账款周转次数	次	19.99	24.13	-17.16	
存货周转次数	次	7.34	6.61	11.04	
六、劳动工资					
从业人员劳动生产率（按现价产值计算）	元/(人·年)	2231496	1889848	18.08	
年末全部职工人数	人	14415	15884	-9.25	
全部职工年平均人数	人	14943	15900	-6.02	
从业人员平均人数	人	11075	12090	-8.40	
全部职工工资总额	万元	98272	105095	-6.49	

续表

指标名称	计算单位	2018年完成	2017年完成	增减/%	备注
七、安全					
千人负伤率	‰	0.335	0.189	77.25	
死亡人数	人	0	0	0.00	
八、外经外贸					
钢铁产品出口额	万美元	82739	78741	5.08	
钢材	万美元	82739	78741	5.08	
钢铁产品出口量	吨	1469328	1876442	-21.70	
钢材	吨	1469328	1876442	-21.70	

股份公司主要技术经济指标完成情况

项目	计算单位	累计实际完成		比去年同期（±）
		2018年完成	2017年完成	
高炉综合指标				
生铁合格率	%	100.00	100.00	0.00
综合入炉焦比	千克/吨	490.74	531.89	-41.15
入炉焦比	千克/吨	355.96	412.47	-56.51
喷吹煤粉	千克/吨	142.64	106.58	36.06
炼铁电力消耗	千瓦时/吨	16.28	31.01	-14.73
高炉利用系数	吨/(立方米·日)	2.23	1.99	0.23
入炉矿石消耗	千克/吨	1653.57	1636.30	17.27
入炉矿石品位	%	58.28	58.46	-0.18
炼铁从业人员实物劳效	吨/人	23144.60	18032.02	5112.58
炼铁工序单位能耗（以标煤计）	千克/吨	413.34	430.51	-17.17
烧结综合指标				
烧结矿合格率	%	99.81	99.57	0.24
烧结矿品位	%	56.48	56.61	-0.13
烧结机利用系数	吨/(平方米·时)	1.14	1.07	0.07
烧结机日历作业率	%	63.34	75.22	-11.88
烧结矿含铁原料消耗	千克/吨	899.07	892.89	6.18
其中：铁精粉消耗	千克/吨	202.47	227.72	-25.25
富矿粉消耗	千克/吨	570.90	544.03	26.87
其他含铁原料	千克/吨	125.70	121.14	4.56
烧结电力消耗	千瓦时/吨	36.33	43.68	-7.35
烧结从业人员实物劳效	吨/人	25244.54	28029.96	-2785.42
烧结工序单位能耗（以标煤计）	千克/吨	51.37	52.99	-1.62
炼铁南区高炉指标				

续表

项　目	计算单位	累计实际完成		比去年同期（±）
		2018 年完成	2017 年完成	
生铁合格率	%	100.00	100.00	0.00
综合入炉焦比	千克/吨	482.23	534.06	-51.83
入炉焦比	千克/吨	343.93	420.30	-76.37
喷吹煤粉	千克/吨	147.59	97.45	50.14
炼铁电力消耗	千瓦时/吨	12.13	30.57	-18.44
入炉矿石消耗	千克/吨	1659.23	1627.50	31.73
入炉矿石品位	%	58.32	58.58	-0.26
高炉利用系数	吨/(立方米·日)	2.35	2.00	0.35
炼铁从业人员实物劳效	吨/人	26529.94	21337.56	5192.38
炼铁工序单位能耗（以标煤计）	千克/吨	410.53	429.21	-18.68
炼铁南区烧结指标				
烧结矿合格率	%	99.73	99.90	-0.17
烧结矿品位	%	56.51	56.72	-0.21
烧结机利用系数	吨/(平方米·时)	1.08	1.05	0.03
烧结机日历作业率	%	92.37	92.16	0.21
烧结矿含铁原料消耗	千克/吨	889.57	892.17	-2.60
其中：铁精粉消耗	千克/吨	250.10	263.37	-13.27
富矿粉消耗	千克/吨	518.05	534.84	-16.79
其他含铁原料	千克/吨	121.41	93.96	27.45
烧结电力消耗	千瓦时/吨	33.77	39.52	-5.75
烧结从业人员实物劳效	吨/人	55724.48	50522.09	5202.39
烧结工序单位能耗（以标煤计）	千克/吨	50.47	52.55	-2.08
炼铁北区炼铁指标				
生铁合格率	%	100.00	100.00	0.00
2 号炉	%	100.00	100.00	0.00
3 号炉	%	100.00	100.00	0.00
综合入炉焦比	千克/吨	499.18	530.48	-31.30
2 号炉	千克/吨	512.57	543.61	-31.04
3 号炉	千克/吨	497.57	523.28	-25.71
入炉焦比	千克/吨	367.90	407.38	-39.48
2 号炉	千克/吨	377.79	435.34	-57.55
3 号炉	千克/吨	366.72	392.03	-25.31
喷吹煤粉	千克/吨	137.71	112.50	25.21
2 号炉	千克/吨	147.29	98.73	48.56
3 号炉	千克/吨	136.57	120.05	16.52

续表

项　　目	计算单位	累计实际完成		比去年同期（±）
		2018 年完成	2017 年完成	
炼铁电力消耗	千瓦时/吨	20.41	31.30	-10.89
2 号炉	千瓦时/吨	31.58	36.22	-4.64
3 号炉	千瓦时/吨	19.06	28.60	-9.54
入炉矿石消耗	千克/吨	1647.95	1642.02	5.93
2 号炉	千克/吨	1663.81	1630.27	33.54
3 号炉	千克/吨	1646.05	1648.46	-2.41
入炉矿石品位	%	58.24	58.38	-0.14
2 号炉	%	58.19	58.40	-0.21
3 号炉	%	58.25	58.37	-0.12
高炉利用系数	吨/(立方米・日)	2.12	1.99	0.13
2 号炉	吨/(立方米・日)	2.14	1.98	0.16
3 号炉	吨/(立方米・日)	2.11	1.99	0.12
炼铁从业人员实物劳效	吨/人	20541.60	16443.53	4098.07
炼铁工序单位能耗（以标煤计）	千克/吨	416.14	431.35	-15.21
炼铁北区烧结指标				
烧结矿合格率	%	99.88	99.37	0.51
1 号机	%	99.88	98.11	1.77
2 号机	%	99.74	99.75	-0.01
3 号机	%	99.94	99.87	0.07
新 1 号机	%		99.31	-99.31
烧结矿品位	%	56.46	56.54	-0.08
1 号机	%	56.46	56.40	0.06
2 号机	%	56.46	56.60	-0.14
3 号机	%	56.45	56.56	-0.11
新 1 号机	%		56.61	-56.61
烧结机利用系数	吨/(平方米・时)	1.18	1.08	0.10
1 号机	吨/(平方米・时)	1.17	1.05	0.12
2 号机	吨/(平方米・时)	1.13	1.05	0.08
3 号机	吨/(平方米・时)	1.21	1.11	0.10
新 1 号机	吨/(平方米・时)		1.09	-1.09
烧结机日历作业率	%	53.67	70.37	-16.70
1 号机	%	49.93	70.68	-20.75
2 号机	%	41.21	69.29	-28.08
3 号机	%	69.87	80.80	-10.93
新 1 号机	%		50.92	-50.92

续表

项　　目	计算单位	累计实际完成		比去年同期（±）
		2018 年完成	2017 年完成	
烧结机台时产量	吨/(台·时)	256.55	224.16	32.39
1 号机	吨/(台·时)	210.79	188.17	22.62
2 号机	吨/(台·时)	202.81	189.62	13.19
3 号机	吨/(台·时)	320.95	293.76	27.19
新 1 号机	吨/(台·时)		196.97	-196.97
烧结矿含铁原料消耗	千克/吨	907.37	893.34	14.03
1 号机	千克/吨	906.32	890.91	15.41
2 号机	千克/吨	909.01	894.11	14.90
3 号机	千克/吨	907.25	894.28	12.97
新 1 号机	千克/吨		893.33	-893.33
其中：铁精粉消耗	千克/吨	160.90	205.25	-44.35
1 号机	千克/吨	161.84	197.29	-35.45
2 号机	千克/吨	163.01	202.73	-39.72
3 号机	千克/吨	159.67	206.72	-47.05
新 1 号机	千克/吨		226.14	-226.14
其中：富矿粉消耗	千克/吨	617.02	549.82	67.20
1 号机	千克/吨	612.64	556.25	56.39
2 号机	千克/吨	617.59	552.87	64.72
3 号机	千克/吨	618.86	549.11	69.75
新 1 号机	千克/吨		527.94	-527.94
其中：其他含铁原料	千克/吨	129.45	138.28	-8.83
1 号机	千克/吨	131.84	137.36	-5.52
2 号机	千克/吨	128.41	138.52	-10.11
3 号机	千克/吨	128.72	138.45	-9.73
新 1 号机	千克/吨		139.26	-139.26
烧结电力消耗	千瓦时/吨	38.56	46.31	-7.75
1 号机	千瓦时/吨	33.88	44.48	-10.60
2 号机	千瓦时/吨	33.38	45.48	-12.10
3 号机	千瓦时/吨	42.69	47.42	-4.73
新 1 号机	千瓦时/吨		48.10	-48.10
烧结从业人员实物劳效	吨/人	17087.72	21889.95	-4802.23
烧结工序单位能耗（以标煤计）	千克/吨	52.15	53.26	-1.11
炼钢综合指标				
连铸坯合格率	%	99.99	99.99	0.00
转炉日历利用系数	吨/(吨·日)	29.48	30.22	-0.74

续表

项　　目	计算单位	累计实际完成		比去年同期（±）
		2018 年完成	2017 年完成	
金属料消耗	千克/吨	1100.30	1092.31	7.99
钢铁料消耗	千克/吨	1089.70	1080.70	9.00
生铁消耗	千克/吨	881.29	922.50	-41.21
其中：铁水	千克/吨	874.65	907.98	-33.33
合格铁块	千克/吨	6.64	14.52	-7.88
废钢铁消耗	千克/吨	208.41	158.20	50.21
合金料消耗	千克/吨	10.60	11.61	-1.01
氧气消耗	立方米/吨	56.58	55.14	1.44
白灰消耗	千克/吨	50.94	43.47	7.47
转炉炉衬寿命	炉	7615.25	9810.67	-2195.42
炼钢电力消耗	千瓦时/吨	43.44	41.35	2.09
连铸机机时产量	吨/(台·时)	194.10	180.52	13.58
连铸机日历作业率	%	73.40	67.42	5.98
炼钢从业人员实物劳效	吨/人	2942.30	2795.74	146.56
炼钢工序单位能耗（以标煤计）	千克/吨	-17.44	-15.31	-2.13
热轧部				
连铸坯合格率	%	100.00	100.00	0.00
转炉日历利用系数	吨/(吨·日)	29.90	29.49	0.41
金属料消耗	千克/吨	1100.47	1091.25	9.22
钢铁料消耗	千克/吨	1092.66	1083.33	9.33
生铁消耗	千克/吨	881.82	925.53	-43.71
其中：铁水	千克/吨	873.44	909.27	-35.83
合格铁块	千克/吨	8.38	16.26	-7.88
废钢铁消耗	千克/吨	210.84	157.80	53.04
合金料消耗	千克/吨	7.81	7.92	-0.11
氧气消耗	立方米/吨	56.18	54.69	1.49
白灰消耗	千克/吨	52.05	43.70	8.35
转炉炉衬寿命	炉	8720.00	8570.00	150.00
炼钢电力消耗	千瓦时/吨	48.09	49.60	-1.51
连铸机机时产量	吨/(台·时)	224.61	205.88	18.73
连铸机日历作业率	%	83.20	67.13	16.07
炼钢从业人员实物劳效	吨/人	3697.43	3573.33	124.10
炼钢工序单位能耗（以标煤计）	千克/吨	-16.64	-14.09	-2.55
长材部				
连铸坯合格率	%	99.97	99.95	0.02

续表

项　目	计算单位	累计实际完成		比去年同期（±）
		2018 年完成	2017 年完成	
转炉日历利用系数	吨/(吨·日)	28.01	32.75	-4.74
金属料消耗	千克/吨	1099.65	1095.63	4.02
钢铁料消耗	千克/吨	1078.78	1072.49	6.29
生铁消耗	千克/吨	879.33	913.03	-33.70
其中：铁水	千克/吨	879.13	903.95	-24.82
合格铁块	千克/吨	0.20	9.08	-8.88
废钢铁消耗	千克/吨	199.45	159.47	39.98
合金料消耗	千克/吨	20.87	23.13	-2.26
氧气消耗	立方米/吨	58.05	56.54	1.51
白灰消耗	千克/吨	46.86	42.77	4.09
转炉炉衬寿命	炉	7247.00	10431.00	-3184.00
炼钢电力消耗	千瓦时/吨	26.28	15.64	10.64
连铸机机时产量	吨/(台·时)	129.24	130.44	-1.20
连铸机日历作业率	%	61.22	67.99	-6.77
炼钢从业人员实物劳效	吨/人	1676.90	1684.31	-7.41
炼钢工序单位能耗（以标煤计）	千克/吨	-20.39	-19.12	-1.27
轧钢综合指标				
钢材综合合格率	%	99.99	99.99	0.00
轧钢综合成材率	%	96.59	97.01	-0.42
轧钢综合电耗	千瓦时/吨	81.34	84.10	-2.76
轧钢综合煤气消耗	立方米/吨	176.39	168.69	7.70
轧机日历作业率	%	64.33	62.93	1.40
轧钢从业人员实物劳效	吨/人	2395.70	2380.17	15.53
轧钢工序单位能耗（以标煤计）	千克/吨	47.99	46.66	1.33
中型轧钢				
钢材合格率	%	99.98	99.98	0.00
钢材成材率	%	94.86	94.07	0.79
轧钢综合煤气消耗	立方米/吨	416.41	400.25	16.16
轧钢综合电耗	千瓦时/吨	59.83	63.06	-3.23
轧机日历作业率	%	77.93	60.54	17.39
轧机机时产量	吨/(台·时)	62.91	63.10	-0.19
轧钢工序单位能耗（以标煤计）	千克/吨	53.81	52.03	1.78
轧钢从业人员实物劳效	吨/人	1043.41	740.85	302.56
二线材				
钢材合格率	%	100.00	100.00	0.00

续表

项　　目	计算单位	累计实际完成		比去年同期（±）
		2018 年完成	2017 年完成	
钢材成材率	%	98.39	96.03	2.36
钢材电耗	千瓦时/吨	129.50	129.39	0.11
钢材煤气消耗	立方米/吨	220.16	238.50	-18.34
轧机日历作业率	%	10.85	49.66	-38.81
轧机机时产量	吨/(台·时)	84.91	80.10	4.81
轧钢工序单位能耗（以标煤计）	千克/吨	68.74	52.54	16.20
一棒材				
钢材合格率	%	100.00	99.99	0.01
钢材成材率	%	100.54	100.82	-0.28
钢材电耗	千瓦时/吨	56.06	57.09	-1.03
钢材煤气消耗	立方米/吨	146.54	133.49	13.05
轧机日历作业率	%	56.27	59.99	-3.72
轧机机时产量	吨/(台·时)	151.89	149.99	1.90
轧钢从业人员实物劳效	吨/人	2300.09	2341.70	-41.61
轧钢工序单位能耗（以标煤计）	千克/吨	42.81	40.33	2.48
二棒材				
钢材合格率	%	100.00	99.99	0.01
钢材成材率	%	99.31	100.21	-0.90
钢材电耗	千瓦时/吨	54.34	48.36	5.98
钢材煤气消耗	立方米/吨	115.51	68.88	46.63
轧机日历作业率	%	24.10	57.79	-33.69
轧机机时产量	吨/(台·时)	137.49	159.62	-22.13
轧钢从业人员实物劳效	吨/人	876.84	2298.39	-1421.55
轧钢工序单位能耗（以标煤计）	千克/吨	39.77	25.59	14.18
热轧薄板				
钢材合格率	%	100.00	100.00	0.00
钢材成材率	%	98.34	98.43	-0.09
钢材电耗	千瓦时/吨	63.86	62.62	1.24
钢材煤气消耗	立方米/吨	133.94	134.97	-1.03
轧机日历作业率	%	76.58	74.98	1.60
轧机机时产量	吨/(台·时)	350.32	360.74	-10.42
轧钢从业人员实物劳效	吨/人	7842.99	7904.02	-61.03
轧钢工序单位能耗（以标煤计）	千克/吨	34.09	35.92	-1.83
冷轧薄板厂				
酸轧连机				

续表

项　　目	计算单位	累计实际完成		比去年同期（±）
		2018 年完成	2017 年完成	
钢材合格率	%	100.00	100.00	0.00
钢材成材率	%	96.70	96.77	-0.07
钢材电耗	千瓦时/吨	53.52	51.60	1.92
轧机日历作业率	%	72.44	78.83	-6.39
轧机机时产量	吨/(台·时)	238.57	259.81	-21.24
轧钢从业人员实物劳效	吨/人	8552.78	10136.16	-1583.38
轧钢工序单位能耗（以标煤计）	千克/吨	13.40	12.28	1.12

不锈钢公司主要指标完成情况

指 标 名 称	计算单位	2018 年实际	2017 年实际	增减/%	备注
一、工业产值					
工业总产值（当年价格）	万元	1003554	919491	9.14	
销售产值（当年价格）	万元	989243	918562	7.69	
工业增加值	万元	213567	119347	78.95	
二、主要产品产量					
烧结矿	吨	3315025	2845532	16.50	
生铁	吨	2267715	2393954	-5.27	
粗钢	吨	2592252	2652726	-2.28	
商品材坯	吨	2745893	2951485	-6.97	
钢材	吨	2745893	2951485	-6.97	
热轧宽钢带	吨	2707940	2865049	-5.48	
平整切板	吨	37953	86436	-56.09	
企业自发电量	万千瓦时	37279	36411	2.38	
三、销售及库存					
钢材销售量	吨	2752111	2945506	-6.57	
钢材库存量	吨	22174	28382	-21.87	
钢坯库存量	吨	77323	34133	126.53	
钢材销售率（实物）	%	100.21	99.80	0.41	
钢材销售率（价值）	%	98.57	99.90	-1.32	
四、能耗					
能源消耗总量（以标煤计）	吨	1424023	1485439	-4.31	
万元产值能耗（以标煤计）	吨	1.42	1.62	-0.20	
万元增加值能耗（以标煤计）	吨	6.67	12.45	-5.78	

续表

指 标 名 称	计算单位	2018 年实际	2017 年实际	增减/%	备注
吨钢综合能耗（以标煤计）	千克	549.34	559.97	-10.63	
吨钢可比能耗（以标煤计）	千克	470.57	500.30	-29.73	
吨钢耗电	千瓦时	577.55	438.99	138.56	
吨钢耗新水	立方米	2.76	3.21	-0.45	
五、财务					
营业收入	万元	1076090	1013804	5.79	
营业税金及附加	万元	5582	3218	42.36	
利税总额	万元	65409	46586	28.78	
其中：利润总额	万元	33640	28513	15.24	
应交税金	万元	31769	2439	92.32	
管理费用	万元	95236	67416	29.21	
财务费用	万元	4233	3189	24.66	
销售费用	万元	1808	2128	-17.75	
净利润	万元	26524	20435	22.96	
资产合计	万元	1465101	1411414	3.66	
流动资产合计	万元	129108	151335	-17.22	
应收账款	万元	18996	26969	-41.97	
预付账款	万元	34221	31298	8.54	
存货	万元	30480	30468	0.04	
固定资产	万元	1829236	1660544	9.22	
负债合计	万元	1111389	1085321	2.35	
流动负债合计	万元	938978	904013	3.72	
资产负债率	%	75.86	76.90	-1.04	
流动比率	%	13.75	16.74	-2.99	
速动比率	%	10.50	13.37	-2.87	
六、劳动工资					
全员劳动生产率（现价总产值）	元/(人·年)	2845347	2598901	246446	
全员劳动生产率（工业增加值）	元/(人·年)	605520	337328	268192	
年末全部从业人员	人	3726	3712	0.38	
全部从业人员平均人数	人	3785	3797	-0.32	
全部从业人员工资总额	万元	29022	28905	0.40	
年末全部职工人数	人	3479	3449	0.86	
全部职工平均人数	人	3527	3538	-0.31	
全部职工工资总额	万元	24799	24717	0.33	
七、固定资产投资					
本年固定资产投资完成额	万元				

续表

指 标 名 称	计算单位	2018 年实际	2017 年实际	增减/%	备注
八、安全环保					
千人负伤率	‰	0.28	0.28	0.00	
千人工亡率	‰				
死亡人数	人				
工业废水排放处理率	%	100	100		
工业废气排放处理率	%	100	100		
污染物综合排放合格率	%	100	100		

不锈钢公司主要技术经济指标完成情况

指 标 名 称	计算单位	2018 年完成	2017 年完成	增减	备注
一、烧结					
烧结矿合格率	%	100.00	100.00	0.00	
烧结矿品位	%	55.31	55.74	-0.43	
烧结机有效面积利用系数	吨/(平方米·台·时)	1.301	1.395	-0.09	
烧结机日历作业率	%	64.35	68.65	-4.30	
烧结机台时合格产出量	吨/(台·时)	294.02	175.16	118.86	
烧结矿含铁原料消耗	千克/吨	921.23	928.03	-6.80	
其中：铁精粉消耗	千克/吨	200.20	278.04	-77.84	
富矿粉消耗	千克/吨	557.89	446.86	111.03	
其他含铁原料消耗	千克/吨	163.14	203.13	-39.99	
烧结电力消耗	千瓦时/吨	34.36	35.77	-1.41	
烧结从业人员实物劳动生产率	吨/(人·年)	18835.37	15089.01	3746.36	
烧结工序单位能耗（以标煤计）	千克/吨	48.50	50.02	-1.52	
二、高炉炼铁					
生铁合格率	%	100.00	100.00	0.00	
综合焦比	千克/吨	519.44	522.41	-2.97	
入炉焦比	千克/吨	412.65	415.88	-3.23	
喷煤比	千克/吨	133.49	133.15	0.34	
电力消耗	千瓦时/吨	10.41	10.88	-0.47	
入炉矿石消耗	千克/吨	1666.11	1657.75	8.36	
人造块矿消耗	千克/吨	1419.76	1448.03	-28.27	
烧结矿消耗	千克/吨	1220.77	1135.42	85.35	
球团矿消耗	千克/吨	198.99	312.61	-113.62	
天然矿石消耗	千克/吨	246.35	209.72	36.63	
入炉矿石品位	%	57.11	57.66	-0.55	

续表

指标名称	计算单位	2018年完成	2017年完成	增减	备注
高炉有效容积利用系数	吨/(立方米·日)	3.726	3.467	0.26	
炼铁从业人员实物劳动生产率	吨/(人·年)	5312.89	5155.68	157.21	
炼铁工序单位能耗（以标煤计）	千克/吨	418.89	424.85	-5.96	
三、炼钢指标					
连铸坯合格率	%	99.94	99.99	-0.05	
转炉日历利用系数	吨/(公称吨·日)	23.67	24.23	-0.56	
金属料消耗	千克/吨	1100.03	1079.12	20.91	
钢铁料消耗	千克/吨	1081.37	1072.40	8.97	
生铁消耗	千克/吨	914.51	915.01	-0.50	
高炉铁水	千克/吨	895.05	895.71	-0.66	
合格铁块	千克/吨	19.46	19.30	0.16	
废钢铁消耗	千克/吨	166.86	157.39	9.47	
合金料消耗	千克/吨	18.66	6.72	11.94	
氧气消耗	立方米/吨	49.52	50.09	-0.57	
冶金石灰消耗	千克/吨	56.66	48.52	8.14	
转炉炉衬寿命	炉/次	7291	7443	-152.00	
电力消耗	千瓦时/吨	33.98	26.09	7.89	
炼钢从业人员实物劳动生产率	吨/(人·年)	2947.14	3150.82	-203.68	
炼钢工序单位能耗（以标煤计）	千克/吨	-12.32	-14.48	2.16	
连铸机台时合格产出量	吨/(台·时)	132.21	131.31	0.90	
连铸机日历作业率	%	74.61	76.87	-2.26	
四、轧钢					
钢材合格率	%	99.56	99.72	-0.16	
钢材成材率	%	98.11	98.22	-0.11	
电力消耗	千瓦时/吨	88.81	88.26	0.55	
轧机日历作业率	%	73.31	79.13	-5.82	
轧钢从业人员实物劳动生产率	吨/(人·年)	8212.43	9804.35	-1591.92	
轧钢工序单位能耗（以标煤计）	千克/吨	40.74	41.26	-0.52	

中厚板公司主要指标完成情况

指标名称	计算单位	2018年实际	2017年实际	增减/%	备注
一、工业产值					
工业总产值（当年价格）	万元	1503286	938487	60.18	

续表

指 标 名 称	计算单位	2018 年实际	2017 年实际	增减/%	备注
销售产值（当年价格）	万元	1482661	909691	62.99	
其中：出口交货值	万元	56798	235088	-75.84	
工业增加值	万元	385391	148810	158.98	
二、主要产品产量					
烧结矿	吨	5569602	4316218	29.04	
球团矿	吨	392764	436417	-10.00	
生铁	吨	4140663	3422021	21.00	
粗钢	吨	4634634	3771859	22.87	
商品材坯	吨	4384522	2911468	50.59	
钢材	吨	3297251	2806240	17.50	
商品连铸坯	吨	1087271	105228	933.25	
企业自发电量	万千瓦时	68891	55375	24.41	
三、销售及库存					
钢材销售量	吨	3292981	2784276	18.27	
钢材库存量	吨	95145	92726	2.61	
钢坯销售量	吨	1087271	105228	933.25	
钢坯库存量	吨	41935	127099	-67.01	
钢材销售率（实物）	%	99.87	99.22	0.65	
钢材销售率（价值）	%	99.87	99.22	0.65	
四、能耗					
能源消耗总量（以标煤计）	吨	2315668	1869723	23.85	
万元产值能耗（以标煤计）	吨	1.54	1.99	-0.45	
万元增加值能耗（以标煤计）	吨	6.01	12.56	-6.55	
吨钢综合能耗（以标煤计）	千克	499.64	495.70	3.94	
吨钢可比能耗（以标煤计）	千克	419.69	464.94	-45.25	
吨钢耗电	千瓦时/吨	415.58	359.77	55.81	
吨钢耗新水	立方米/吨	2.50	2.81	-0.31	
五、财务					
主营业务收入	万元	1651880	1152285	43.36	
主营业务税金及附加	万元	11189	5813	92.48	
利税总额	万元	276817	72934	279.54	
其中：利润总额	万元	163517	50284	225.19	
税金	万元	113300	22650	400.22	
管理费用	万元	130532	70306	85.66	
财务费用	万元	34595	31693	9.16	
销售费用	万元	12139	10079	20.44	

续表

指标名称	计算单位	2018年实际	2017年实际	增减/%	备注
净利润	万元	138974	51119	171.86	
资产合计	万元	1701476	1834967	-7.27	
流动资产合计	万元	190085	275575	-31.02	
应收账款	万元	43660	28328	54.12	
预付账款	万元	23651	10238	131.01	
存货	万元	80747	84338	-4.26	
固定资产原值	万元	1806756	1642138	10.02	
负债合计	万元	1329349	1601083	-16.97	
流动负债合计	万元	1103856	952618	15.88	
非流动负债合计	万元	225493	648465	-65.23	
总资产贡献率	%	17.87	6.49	11.38	
成本费用利润率	%	11.10	4.58	6.52	
资本保值增值率	%	159.60	127.98	31.62	
资产负债率	%	78.13	87.25	-9.12	
流动比率	%	17.22	28.93	-11.71	
速动比率	%	9.91	20.07	-10.17	
息税后资产收益率	%	45.92	24.54	21.38	
流动资产周转次数	次	7.22	4.49	60.80	
应收账款周转次数	次	45.85	51.69	-11.30	
六、劳动工资					
从业人员劳动生产率（现价总产值）	元/(人·年)	5960495	2586789	3373706.00	
从业人员劳动生产率（工业增加值）	元/(人·年)	1528065	410171	1117894.00	
年末全部从业人员	人	3756	3932	-4.48	
全部从业人员平均人数	人	3843	3628	5.93	
全部从业人员工资总额	万元	36901	32054	15.12	
年末全部职工人数	人	2470	2613	-5.47	
全部职工平均人数	人	2541	2308	10.10	
全部职工工资总额	万元	22973	18789	22.27	
七、固定资产投资					
本年固定资产投资完成额	万元	34892	99542	-64.95	
八、安全环保					
千人负伤率	‰	0.00	0.40	-0.40	
千人工亡率	‰	0.00	0.00	0.00	
死亡人数	人	0.00	0.00	0.00	
工业废水排放处理率	%	100.00	100.00	0.00	
工业废气排放处理率	%	100.00	100.00	0.00	

续表

指标名称	计算单位	2018年实际	2017年实际	增减/%	备注
污染物综合排放合格率	%	100.00	100.00	0.00	
九、外经外贸					
出口创汇率	%	3.90	2.30	1.60	
钢铁产品出口额	万美元	8029	6041	32.91	
其中：钢材	万美元	8029	6041	32.91	
钢铁产品出口量	吨	134192	130396	2.91	
其中：钢材	吨	134192	130396	2.91	

中厚板公司主要技术经济指标完成情况

指标名称	计算单位	2018年完成	2017年完成	增减	备注
一、烧结					
烧结矿合格率	%	96.35	96.80	-0.45	
烧结矿品位	%	55.66	56.16	-0.50	
烧结机有效面积利用系数	吨/(平方米·台·时)	1.46	1.23	0.23	
烧结机日历作业率	%	88.51	91.86	-3.35	
烧结机台时合格产出量	吨/(台·时)	326.51	267.14	59.37	
烧结矿含铁原料消耗	千克/吨	934.69	934.77	-0.08	
其中：铁精粉消耗	千克/吨	107.93	177.25	-69.32	
富矿粉消耗	千克/吨	596.66	562.66	34.00	
其他含铁原料消耗	千克/吨	230.10	194.87	35.23	
烧结电力消耗	千瓦时/吨	65.43	35.93	29.50	
烧结从业人员实物劳动生产率	吨/(人·年)	55008.42	38129.13	16879.29	
烧结工序单位能耗（以标煤计）	千克/吨	45.89	45.82	0.07	
二、高炉炼铁					
生铁合格率	%	100.00	97.18	2.82	
综合焦比	千克/吨	491.59	490.04	1.55	
入炉焦比	千克/吨	360.81	376.23	-15.42	
入炉焦丁比	千克/吨	28.62	29.10	-0.48	
喷煤比	千克/吨	134.86	113.17	21.69	
电力消耗	千瓦时/吨	41.58	42.53	-0.95	
入炉矿石消耗	千克/吨	1663.06	1643.79	19.27	
人造块矿消耗	千克/吨	1408.47	1375.55	32.92	
烧结矿消耗	千克/吨	1242.91	1140.51	102.40	
球团矿消耗	千克/吨	165.56	235.04	-69.48	
天然矿石消耗	千克/吨	254.59	268.24	-13.65	

续表

指标名称	计算单位	2018年完成	2017年完成	增减	备注
入炉矿石品位	%	56.98	58.23	-1.25	
高炉有效容积利用系数	吨/(立方米·日)	2.68	2.48	0.20	
炼铁从业人员实物劳动生产率	吨/(人·年)	24356.84	25521.66	-1164.82	
炼铁工序单位能耗（以标煤计）	千克/吨	411.20	412.63	-1.43	
三、炼钢指标					
连铸坯合格率	%	99.96	99.92	0.04	
转炉日历利用系数	吨/(公称吨·日)	35.63	28.71	6.92	
金属料消耗	千克/吨	1101.62	1103.34	-1.72	
钢铁料消耗	千克/吨	1084.24	1086.45	-2.21	
生铁消耗	千克/吨	890.87	914.59	-23.72	
高炉铁水	千克/吨	888.48	911.80	-23.32	
合格铁块	千克/吨	2.39	2.79	-0.40	
废钢铁消耗	千克/吨	193.37	171.86	21.51	
其他含铁原料消耗	千克/吨	0.41	0.00	0.41	
合金料消耗	千克/吨	16.96	16.89	0.07	
氧气消耗	立方米/吨	57.30	56.48	0.82	
冶金石灰消耗	千克/吨	50.87	54.37	-3.50	
电力消耗	千瓦时/吨	60.08	54.41	5.67	
连铸机台时合格产出量	吨/(台·时)	185.41	190.33	-4.92	
连铸机日历作业率	%	58.98	53.20	5.78	
炼钢从业人员实物劳动生产率	吨/(人·年)	46848.63	30174.88	16673.75	
炼钢工序单位能耗（以标煤计）	千克/吨	-11.07	-9.74	-1.33	
四、轧钢					
钢材合格率	%	98.71	99.34	-0.63	
钢材成材率	%	93.74	93.22	0.52	
电力消耗	千瓦时/吨	44.25	47.91	-3.66	
轧机日历作业率	%	87.07	84.83	2.24	
轧钢从业人员实物劳动生产率	吨/(人·年)	7469.70	7397.83	71.87	
轧钢工序单位能耗（以标煤计）	千克/吨	37.10	37.54	-0.44	

唐银公司主要指标完成情况

指标名称	计算单位	2018年实际	2017年实际	增减/%	备注
一、工业产值					
工业总产值（当年价格）	万元	748892	703595	6.44	

续表

指 标 名 称	计算单位	2018 年实际	2017 年实际	增减/%	备注
工业销售产值（当年价格）	万元	735597	719942	2.17	
工业增加值	万元	150754	137435	9.69	
二、主要产品产量					
烧结铁矿	吨	2225614	2857401	-22.11	
生铁	吨	1878779	2109493	-10.94	
粗钢	吨	2154113	2249157	-4.23	
钢材	吨	1911484	2092351	-8.64	
热轧窄钢带	吨	444322	682705	-34.92	
钢筋	吨	762849	725933	5.09	
线材	吨	704313	683713	3.01	
企业自发电量	万千瓦时	20757	23937	-13.28	
三、销售及库存					
钢材销售量	吨	1874350	2146442	-12.68	
钢材库存量	吨	71267	34435	106.96	
钢坯销售量	吨	256365	135894	88.65	
钢坯库存量	吨	4142	23083	-82.06	
产品销售率（实物）	%	98.06	102.59	-4.53	
产品销售率（价值）	%	98.22	102.32	-4.10	
四、能耗					
能源消耗总量（以标煤计）	吨	1069415	1209461	-11.58	
万元产值能耗（以标煤计）	吨	1.43	1.72	-0.29	
万元增加值能耗（以标煤计）	吨	7.09	8.80	-1.71	
吨钢综合能耗（以标煤计）	千克	496.45	537.74	-41.29	
吨钢可比能耗（以标煤计）	千克	471.94	510.73	-38.79	
吨钢耗新水	立方米	2.83	3.15	-0.32	
五、财务					
主营业务收入	万元	753821	671933	12.19	
主营业务税金及附加	万元	4886	3631	34.57	
利税总额	万元	75023	81287	-7.71	
其中：利润总额	万元	47536.52	53213.19	-10.67	
应交税金	万元	39072	28074	39.18	
管理费用	万元	23926	39179	-38.93	
财务费用	万元	-9669	-6357	52.10	
销售费用	万元	3608	7114	-49.28	
净利润	万元	36310	53213	-31.76	
资产合计	万元	416260	418100	-0.44	

续表

指 标 名 称	计算单位	2018 年实际	2017 年实际	增减/%	备注
负债合计	万元	86127	124296	-30.71	
成本费用利润率	%	5.07	8.44	-3.37	
资产负债率	%	20.69	29.73	-9.04	
流动比率	%	357.10	222.76	134.34	
速动比率	%	288.99	159.71	129.28	
六、劳动工资					
全部从业人员劳动生产率（现价）	元/(人·年)	2161305	2037044	124261	
全部从业人员劳动生产率（增加值）	元/(人·年)	363175	397901	-34726	
年末全部从业人员	人	3337	3413	-2.23	
全部从业人员平均人数	人	3375	3454	-2.29	
全部从业人员工资总额	万元	25843	28066	-7.92	

唐银公司主要技术经济指标完成情况

指 标 名 称	计算单位	2018 年完成	2017 年完成	增减	备注
一、烧结					
烧结矿合格率	%	100.00	100.00	0.00	
烧结矿品位	%	55.5	54.38	1.12	
烧结机有效面积利用数	吨/(平方米·台·时)	1.39	1.38	0.01	
烧结机日历作业率	%	43.62	72.40	-28.78	
烧结机台时合格产出量	吨/(台·时)	194.14	150.19	43.95	
烧结矿含铁原料消耗	千克/吨	928.87	871.52	57.35	
其中：铁精粉消耗	千克/吨	37.11	41.42	-4.31	
富矿粉消耗	千克/吨	632.96	654.96	-22.00	
其他含铁原料消耗	千克/吨	258.79	175.15	83.64	
烧结电力消耗	千瓦时/吨	54.61	53.94	0.67	
烧结从业人员实物劳动生产率	吨/(人·年)	11531.68	9461.59	2070.09	
烧结工序单位能耗（以标煤计）	千克/吨	48.99	50.69	-1.70	
二、高炉炼铁					
生铁合格率	%	100.00	100.00	0.00	
综合焦比	千克/吨	512.47	543.85	-31.38	
入炉焦比	千克/吨	434.33	468.86	-34.53	
入炉焦丁比	千克/吨	2.46	1.99	0.47	
喷煤比	千克/吨	95.22	91.75	3.47	
电力消耗	千瓦时/吨	114.82	124.40	-9.58	
入炉矿石消耗	千克/吨	1655.46	1687.21	-31.75	

续表

指 标 名 称	计算单位	2018年完成	2017年完成	增减	备注
人造块矿消耗	千克/吨	1434.08	1463.95	-29.87	
烧结矿消耗	千克/吨	1137.57	1194.24	-56.67	
球团矿消耗	千克/吨	296.51	269.71	26.80	
天然矿石消耗	千克/吨	221.38	223.25	-1.87	
入炉矿石品位	%	57.61	56.49	1.12	
高炉有效容积利用系数	吨/(立方米·日)	2.987	2.766	0.221	
炼铁从业人员实物劳动生产率	吨/(人·年)	5273.77	5322.53	-48.76	
炼铁工序单位能耗（以标煤计）	千克/吨	430.85	427.28	3.57	
三、炼钢指标					
连铸坯合格率	%	99.86	99.88	-0.02	
转炉日历利用系数	吨/(公称吨·日)	24.59	25.68	-1.09	
金属料消耗	千克/吨	1098.05	1110.23	-12.18	
钢铁料消耗	千克/吨	1074.98	1077.52	-2.54	
生铁消耗	千克/吨	889.35	939.91	-50.56	
高炉铁水	千克/吨	872.87	933.96	-61.09	
合格铁块	千克/吨	16.48	5.95	10.53	
废钢铁消耗	千克/吨	185.62	137.61	48.01	
其他含铁原料消耗	千克/吨	1.51	11.32	-9.81	
合金料消耗	千克/吨	21.56	21.39	0.17	
氧气消耗	立方米/吨	58.15	59.20	-1.05	
冶金石灰消耗	千克/吨	39.14	42.27	-3.13	
电力消耗	千瓦时/吨	41.67	45.79	-4.12	
连铸机台时合格产出量	吨/(台·时)	190.43	187.53	2.90	
连铸机日历作业率	%	64.57	68.46	-3.89	
炼钢从业人员实物劳动生产率	吨/(人·年)	12976.58	13549.14	-572.56	
炼钢工序单位能耗（以标煤计）	千克/吨	-14.62	-13.14	-1.48	
四、轧钢					
钢材合格率	%	99.96	99.94	0.02	
钢材成材率	%	99.54	99.48	0.06	
电力消耗	千瓦时/吨	80.77	80.63	0.14	
轧机日历作业率	%	52.29	53.22	-0.93	
轧钢从业人员实物劳动生产率	吨/(人·年)	3640.92	3985.43	-344.51	
轧钢工序单位能耗（以标煤计）	千克/吨	41.27	40.69	0.58	
钢筋					
钢材合格率	%	99.93	99.97	-0.04	

续表

指标名称	计算单位	2018年完成	2017年完成	增减	备注
钢材成材率	%	100.99	101.14	-0.15	
电力消耗	千瓦时/吨	53.67	53.13	0.54	
轧机日历作业率	%	62.08	57.42	4.66	
工序单位能耗（以标煤计）	千克/吨	39.65	38.46	1.19	
窄带钢					
钢材合格率	%	99.99	99.97	0.02	
钢材成材率	%	98.80	98.79	0.01	
电力消耗	千瓦时/吨	79.07	76.16	2.91	
轧机日历作业率	%	42.91	55.40	-12.49	
工序单位能耗（以标煤计）	千克/吨	41.71	41.10	0.61	
线材					
钢材合格率	%	99.96	99.88	0.08	
钢材成材率	%	98.46	98.44	0.02	
电力消耗	千瓦时/吨	111.19	114.30	-3.11	
轧机日历作业率	%	51.70	50.03	1.67	
工序单位能耗（以标煤计）	千克/吨	42.74	42.64	0.10	

获省级（含省级）以上荣誉称号的先进集体

公司获得的省级以上荣誉称号

1月

△ 河钢唐钢被省文联、省企业（行业）文联授予“2017年度先进企业文联”称号。

4月

△ 河钢唐钢获“河北省第十届最具影响力和最具成长性企业”称号。

△ 河钢唐钢团委获“2017年度省国资委五四红旗团委”称号。

5月

△ 河钢唐钢获“2017年河北省管理创新先进单位”称号。

△ 河钢唐钢被中国冶金体育协会授予“第五届全国冶金职工运动会突出贡献奖”。

6月

△ 河钢唐钢在河北省第十届“最具影响力企业、最具成长性企业、最受关注企业家”评选中，获评五星级“双最”企业。

△ 河钢唐钢党委被省国资委党委授予“先进基层党组织”称号。

△ 河钢唐钢团委获“2017年度全国钢铁行业五四红旗团委”称号。

7月

△ 河钢唐钢被河北省冶金行业协会授予“2018年省冶金行业质量管理活动优秀企业”称号，成为集团内唯一获此荣誉企业。

10月

△ 河钢唐钢被中钢协授予“2018年度钢铁工业统计工作先进集体”称号。

△ 河钢唐钢团委获“2017年度全国钢铁行业‘青安杯’竞赛先进单位”称号。

11月

△ 河钢唐钢被中国设备管理协会评为“第十一届全国设备管理优秀单位”。

12月

△ 河钢唐钢被评为“2018年度河北省冶金行业统计工作先进单位”。

△ 河钢唐钢工会获“河北省模范职工之家”称号。

△ 河钢唐钢被人力资源和社会保障部授予“国家技能人才培育突出贡献单位”称号，系受表彰的全国67家单位中唯一一家冶金行业企业。

公司二级单位获得的省级以上荣誉称号

3月

△ 财务经营部费用科被省总工会授予“五一巾帼标兵岗”称号。

4月

△ 检修分公司机械维检中心、高强汽车板有限公司谢庆新镀锌技术创新工作室、技术中心梅淑文创新工作室获“河北省工人先锋号”称号。

△ 高强汽车板公司连镀作业区团支部获“2017年度省国资委五四红旗团支部”称号。

5月

△ 自动化信息公司被河北省软件与信息服务业协会评为“软件和信息技术服务综合竞争力‘五十强’企业”，是河钢集团旗下唯一入选的企业。

6月

△ 炼铁厂党委、汽车板事业部党委被省国资委党委授予“先进基层党组织”称号。

△ 高强汽车板公司连镀作业区团支部获“2017年度全国钢铁行业五四红旗团支部”称号。

△ 一钢轧厂转炉作业区甲班3号炉炼钢小组获“2016—2017年度河北省‘安康杯’竞赛活动优胜班组”称号。

7月

△ 河钢塞尔维亚公司管理团队被中共河北省委宣传部授予“燕赵楷模·时代新人”称号。

△ 能源科技分公司不锈钢动力分厂剑锋小组、给水三连铸棒材集控站质量QC小组被评为“冶金行业先进质量管理小组”。

9月

△ 创元方大公司获得河北省“诚信企业”称号。

△ 炼铁厂工会南区设备点检分会获“全国模范职工小家”称号。

10月

△ 炼铁厂、一钢轧厂、二钢轧厂获“2017年度全国钢铁行业‘青安杯’竞赛先进集体”称号。

△ 高强汽车板公司青年安全监督岗获

“2017 年度全国钢铁行业青年安全生产示范岗”称号。

△　高强汽车板公司镀锌作业区青年安全监督岗、中厚板公司连铸作业区青年安全监督岗、唐银公司动能部供电车间青年安全监督岗、信息自动化部信息中心青年安全监督岗、气体公司不锈钢分公司青年安全监督岗、检修分公司炼铁维检中心青年安全监督岗、自动化信息公司通讯运维中心青年安全监督岗、保卫部驻高强汽车板保卫科青年安全监督岗获“2017 年度全国钢铁行业‘青安杯’竞赛最佳青年安全监督岗”称号。

△　炼铁厂范兰涛烧结创新工作室、冷轧薄板厂张立新优化性能创新工作室、自动化信息公司王瑞宾信息化技术创新工作室、气体公司高贵敏制氧控制创新工作室获“第四批河北省劳模和工匠人才创新工作室”称号。

△　信息自动化部被中国计量协会冶金分会评为“冶金计量标杆示范活动标杆单位”。

11 月

△　信息自动化部被中国计量协会评为“产业计量标杆示范活动标杆单位”。

△　高强汽车板有限公司被中国设备管理协会授予“全国设备管理先进单位”称号。

12 月

△　卷板事业部工会 1810 连铸作业区分会获“河北省模范职工小家”称号。

获省级（含省级）以上荣誉称号的先进个人

4月

△ 河钢唐钢团委姜丽丽获“2017年度省国资委优秀团务工作者”称号；河钢唐钢型钢厂王君珂获“2017年度省国资委优秀共青团员”称号。

5月

△ 一钢轧厂徐伟被共青团河北省委、河北省人力资源和社会保障厅、河北省青年联合会授予“第二十一届河北青年五四奖章”。

△ 一钢轧厂徐伟获“2018年河北省向上向善好青年”称号。

△ 自动化信息公司万海龙被河北省软件与信息服务业协会授予“优秀创业人才”称号。

6月

△ 河钢唐钢党委书记、董事长王兰玉，总经理田欣在河北省第十届“最具影响力企业、最具成长性企业、最受关注企业家”评选中获“河北省第十届最受关注企业家”称号。

△ 河钢唐钢团委姜丽丽获“2017年度全国钢铁行业优秀共青团干部”称号；型钢厂王君珂获“2017年度全国钢铁行业优秀共青团员”称号。

△ 市场部葛亚东被省国资委党委评为“优秀共产党员”。

7月

△ 一钢轧厂徐伟被共青团中央、人力资源和社会保障部评为“全国青年岗位能手”。

8月

△ 一钢轧厂徐伟、自动化信息公司韩一杰获“2017年度河北省青年岗位能手”称号。

△ 型线事业部刘晓光被评为“省国资委企业优秀党务工作者”。

△ 检修分公司吴建雄在2018年中国技能大赛——河北省职工职业技能大赛数控机床装调维修工决赛中，获得个人第一名。

9月

△ 炼铁厂高炉作业区冯忠良被全国钢铁行业职业技术竞赛组织委员会授予“全国钢铁行业技术能手”称号。

△ 自动化信息公司李志亮获得第七届中国（河北）青年创业创新大赛专项赛（个人组）铜奖。

10月

△ 财务经营部胡丽君、杨旭、薛雅娟被中钢协评为“2018年度钢铁工业统计工作先进工作者”。

△　河钢唐钢团委姜丽丽获“2017年度全国钢铁行业‘青安杯’竞赛最佳组织者”称号。

△　河钢唐钢团委姜丽丽、汽车板事业部金鑫、技术中心孟令德获“2017年度全国钢铁行业‘青安杯’竞赛先进个人”称号。

△　河钢唐钢团委于洋、郭青阳，型钢厂夏时宇，能源科技分公司王森，设备机动部王静，市场部马艳丽，物流分公司王晶，教育中心孔令艳获“2017年度全国钢铁行业‘青安杯’竞赛最佳青安岗岗长（员）”称号。

11月

△　设备机动部姚永新被中国设备管理协会授予“全国设备管理优秀工作者”称号。

△　高强汽车板有限公司杨杰、王海滨，设备机动部赵勇波、赵伟、王秋芝、翟春江被评为“河北省设备管理优秀工作者”，设备机动部孙兆亮、付祎雄被评为“河北省设备管理维修技术能手”。

12月

△　工会生产保护部刘洋获得“河北省优秀工会工作者”称号。

△　财务经营部胡丽君、杨旭、丁藏、王小倩被评为“2018年度河北省冶金行业统计工作先进工作者”。

△　型线事业部白晓卫被河北省农民工工作领导小组办公室评为“河北省最美农民工”。

《河钢唐钢年鉴（2019）》资料提供者（按供稿先后顺序）

序号	单位	提供者
1.	办公室（党委办公室）	张　琴
2.	市场部	马艳丽
3.	运营改善部（董事会办公室）	张继柱
4.	工会	闫希才
5.	企业文化部（宣传部、统战部、党校）	李　烁
6.	人力资源部（组织部、老干部管理部、离退休职工管理部）	董　茜
7.	计划生育办公室	李丽芝
8.	团委	姜丽丽
9.	非钢管理部	张伟光
10.	华奥公司	刘晶晶
11.	设备机动部	马淑文
12.	发展规划部	王　琦
13.	河钢采购总公司唐钢分公司	李建国
14.	安全部	王志雄
15.	保卫部（武装部）	王一琪
16.	房地产公司	黄　超
17.	集团审计部驻唐钢审计处	芦永忠
18.	城市服务有限责任公司	李　烨
19.	中厚板公司	郑　磊
20.	总工办	龚瑞娟
21.	国际合作部	庞真丽
22.	河钢销售总公司唐钢分公司	鲁建军
23.	教育中心	王力宾
24.	财务经营部	张小康
25.	监察部（纪委）	姬颖玉
26.	能源科技分公司	侯丽娜
27.	唐银公司	周志庆
28.	气体公司	王静芳
29.	能源环保部	陈佳琛
30.	法律事务部	洪　伟
31.	物流分公司	刘会军
32.	技术中心	孟令德
33.	型线事业部	李　琨 刘艳艳
34.	青龙炉料有限公司	张　磊
35.	唐钢大学	崔丽宏
36.	检修分公司	杨建辉
37.	信息自动化部	刘学军
38.	钢源冶金炉料有限公司	高春辉
39.	美锦煤化工有限公司	张　磊
40.	汽车板事业部	董凤萍 邹金峰
41.	河钢塞尔维亚公司	姚　丹
42.	卷板事业部	万玉良 王　研
43.	自动化信息公司	邱　悦
44.	炼铁厂	李　阳
45.	新事业公司	裴翠环
46.	重机装备有限公司	王晓军
47.	惠唐物联	齐　伟
48.	唐龙（唐昂）公司	李宏莹
49.	唐钢华冶	杨　强
50.	生产制造部	陈　静
51.	河钢国际唐山分公司	胡　宇
52.	创元方大	施　宁